भीष्म साहनी : उपन्यास साहित्य

भीष्म साहनी : उपन्यास साहित्य

विवेक द्विवेदी

वाणी प्रकाशन

वाणी प्रकाशन
4695, 21-ए, दरियागंज, नयी दिल्ली 110 002
शाखा
अशोक राजपथ, पटना 800 004
फ़ोनः +91 11 23273167 फ़ैक्सः +91 11 23275710
www.vaniprakashan.in
vaniprakashan@gmail.com
sales@vaniprakashan.in

BHISHM SAHANI : UPANYAS SAHITYA
by Vivek Dwivedi
ISBN : 978-93-5000-115-8
Criticism

संस्करण : 1998, 2009
आवृत्ति 2017
मूल्य : ₹ 650

सिटी प्रेस, दिल्ली-110 095 में मुद्रित

वाणी प्रकाशन का लोगो मक़बूल फ़िदा हुसेन की कूची से

स्व. कक्का (पिताजी) के प्रति
जिनके चरणों के आशीर्वाद से कलम पकड़ने की
शिक्षा मिली
और
अम्मां, भैया, जिज्जी और भौजी के प्रति
जिनका स्नेह और प्रोत्साहन सम्बल बना।

अनुक्रम

प्रस्तावना

हिंदी साहित्य के विभिन्न साहित्यकारों के व्यक्तित्व और कृतित्व विषय पर शोध-परक अध्ययन होता रहा है। भीष्म साहनी के व्यक्तित्व और कृतित्व विषय पर प्रस्तुत शोध-प्रबंध भी इसी दिशा में किया गया एक विनम्र प्रयास है। तीस-पैंतीस वर्षों की निरंतर साधना के तदुपरांत भीष्म जी ने हिंदी साहित्य जगत् में एक विशेष उपलब्धि प्राप्त कर ली है। आज प्रेमचंद, यशपाल, वृंदावनलाल वर्मा, जैनेंद्र, अमृतलाल नागर, फणीश्वरनाथ रेणु जैसे प्रभृति साहित्यकारों के साथ भीष्म साहनी का भी नाम उसी सम्मान और आदर के साथ लिया जाता है। भीष्म जी ने न केवल उपन्यास विधा पर अपनी कलम चलाई है, बल्कि कहानी, नाटक, लेख आदि गद्य की अनेक विधाओं से हिंदी-साहित्य की श्रीवृद्धि की है। आज भीष्म साहनी प्रगतिशील लेखकों की श्रेणी की प्रथम पंक्ति में खड़े हैं। इस ऊँचाई तक पहुँचने के लिए भीष्म जी को जिंदगी के कई पड़ाव पार करने पड़े हैं। पाठक को उसका ज्ञान जीवनगत अनुभवों के परिचय से ही हो सकता है। इस शोध-प्रबंध में भीष्म साहनी के कृतित्व की सम्यक् विवेचना करने से पहले उनके व्यक्तित्व पर समुचित प्रकाश डाला गया है। दरअसल होता यह है कि पाठक लेखक की कृतियों को पढ़कर उसके संबंध में अपनी धारणा बना लेता है। परंतु अपनी दृष्टि से लेखक के प्रति किसी धारणा की पुष्टि की अपेक्षा अगर उसकी स्वयं की दृष्टि से उसके लेखन को देखा जाए तभी पाठक लेखक के विषय में समुचित मंतव्य दे सकता है। पाठक लेखक की कृतियों में जिस जीवन-दर्शन अथवा विचार-दर्शन को खोजता है, वह लेखक की सामयिक परिस्थितियों और जीवनगत अनुभवों के आधार पर ही निर्मित होती है। क्योंकि लेखक के व्यक्तित्व और कृतित्व का परस्पर घनिष्ठ संबंध है।

प्रस्तुत शोध-प्रबंध के प्रथम अध्याय में, भीष्म साहनी के व्यक्तित्व और विचारधारा की चर्चा की है, जिसमें उनके जन्म और जन्मकाल की परिस्थितियाँ, बालक भीष्म साहनी, पेशा और जीवन की विभिन्न स्थितियाँ, शरणार्थी के रूप में भारत आना। चिंतनपरक विकास, प्रगतिशील आंदोलन से संपर्क, विदेश यात्रा और स्वभाव आदि का शोधपूर्ण अध्ययन किया गया है। साहित्यिक क्षेत्र में पदार्पण करने के पूर्व, भीष्म साहनी के जीवन का एक लंबा हिस्सा रोजी-रोटी और स्थायित्व की तलाश में गुजर गया। भीष्म साहनी आज जिस ऊँचाई पर पहुँचे हैं उसके लिए उन्हें अनेक विकट परिस्थितियों का सामना करना पड़ा है। भीष्म जी इन परिस्थितियों से हताश नहीं हुए और अपने गंतव्य की ओर बढ़ने का निरंतर प्रयास करते रहे। प्रतिभा, परिश्रम और पत्नी के निरंतर सहयोग ने भीष्म साहनी को आज प्रसिद्धि की उच्चतम सीढ़ी तक पहुँचा दिया है।

दूसरे अध्याय में भीष्म साहनी के उपन्यास, कहानी, नाटक, लेख, संपादन और इनसे जुड़ी अन्य गतिविधियों का संक्षिप्त अध्ययन प्रस्तुत किया गया है। उपन्यासों का संक्षिप्त परिचय देते हुए कहानी और नाटकों के तत्त्वों के आधार पर समीक्षात्मक टिप्पणी प्रस्तुत की गई है। भीष्म साहनी ने कहानी और नाटकों में अतीत और वर्तमान जीवन की छोटी-बड़ी सभी समस्याओं का सूक्ष्म दृष्टि से अवलोकन किया है, इसीलिए भीष्म जी की कहानियाँ और नाटक विविध विषयों से संबंधित हैं। भीष्म जी का जितना अधिकार उपन्यास, कहानी और नाटक विधा में है, उतना ही लेख और संपादन में भी है। एक संपादक के रूप में भीष्म साहनी कैसे हैं, इसका भी अध्ययन प्रस्तुत किया गया है।

तीसरे अध्याय में भीष्म साहनी के उपन्यासों का वस्तुगत विवेचन प्रस्तुत किया गया। पहले उपन्यासों का कथासार प्रस्तुत किया गया है। तदुपरांत विषय की दृष्टि से औपन्यासिक कृतियों का वर्गीकरण करके, तत्त्वों के आधार पर उनकी समीक्षा की गई है। भीष्म जी ने राजनैतिक और सामाजिक विषयों को साथ-साथ लेकर कथा का निर्माण किया है। उन्होंने अनुभूत जीवन की घटनाओं के आधार पर उपन्यास-रचना करके पाठक को कटु सत्यों से अवगत कराने का प्रयास किया है।

चौथे अध्याय में भीष्म साहनी के उपन्यासों के पात्रों की चरित्र सृष्टि का अध्ययन प्रस्तुत किया गया है। भीष्म साहनी ने साधारण और असाधारण दोनों तरह के चरित्रों की सृष्टि की है। विशेषतया 'बंसती' जैसी नारी पात्र का उद्देश्य हिंदी साहित्य के लिए एक अद्वितीय भेंट का श्रेय भीष्म साहनी को ही जाता है। भीष्म साहनी स्वयं मध्यवर्ग के व्यक्ति हैं, अतः उनकी दृष्टि भी मध्यवर्ग का चित्रण करने में रमी है। पुरुष-पात्रों की तुलना में नारी-पात्रों को भीष्म जी के साहित्य में उच्च स्थान प्राप्त हुआ है। उनकी प्रगतिशील जीवन-दृष्टि ने उनके नारी-पात्रों को बहुत ऊपर उठा दिया है। भीष्म जी ने कुछ ऐसे भी पात्रों की सृष्टि की है, जो हिंदी-साहित्य में दुर्लभ दिखाई देते हैं, जैसे दीवान धनपत। अंततः इन सभी पात्रों का अध्ययन इस अध्याय के अंतर्गत किया गया है।

पाँचवें अध्याय में भीष्म साहनी के उपन्यासों में देशकाल के द्वंद्व का अध्ययन प्रस्तुत किया गया है। भीष्म साहनी के उपन्यास देशकाल व वातावरण की दृष्टि से भी काफी महत्त्वपूर्ण हैं। भीष्म जी ने बड़ी कुशलता से देशकाल के द्वंद्व को चित्रित किया है। वातावरण की सृष्टि अत्यंत सुखद और मनोरम है।

छठे अध्याय में भीष्म साहनी के उपन्यासों में रचनात्मक संगठन का अध्ययन प्रस्तुत किया गया है। इसके अंतर्गत रचनात्मक संगठन को तीन भागों में बाँटा गया है। पहले भाग में संवाद और नाटकीयता को लिया गया है। उपन्यासों में संवाद-योजना यथार्थ के निकट और बहुत रोचक बन पड़े हैं। यद्यपि संवाद कहीं-कहीं काफी लंबे हो गए हैं, परंतु कौतूहल स्वभाव की वजह से नीरस नहीं होते। सैद्धांतिक विवाद में उलझना तो वैसे भी भीष्म जी के स्वभाव में नहीं है, लेकिन अगर ऐसा कहीं आया भी है तो बहुत ही संक्षेप में कहकर आगे बढ़ गए हैं। शायद इसीलिए उनके संवाद नीरस और अरोचक नहीं बन पाए हैं। दूसरे भाग में उनके भाषा प्रयोग का अध्ययन प्रस्तुत किया है। भीष्म जी ने हिंदी, उर्दू, पंजाबी, संस्कृत और अंग्रेजी भाषा के शब्दों

का बड़ी कुशलता से प्रयोग किया है। ये (अन्य भाषा) शब्द विषय-वस्तु को बहुत रोचक बना देते हैं। तीसरे भाग में रचनात्मक कौशल के अंतर्गत भाषा शैली का अध्ययन प्रस्तुत किया गया है। यद्यपि भीष्म साहनी ने भाषा को सजाने-सँवारने का विशेष प्रयास नहीं किया है, फिर भी उनकी सीधी, सरल और सहज भाषा का प्रयोग पाठक को अपनी ओर आकर्षित कर लेता है। अतः इन्हीं बातों का अध्ययन करने के लिए इसे स्वतंत्र अध्याय में प्रस्तुत किया गया है।

सातवें अध्याय में समशील प्रमुख उपन्यासकारों के बीच भीष्म साहनी के अंतर्गत यशपाल, अमृतलाल नागर, मोहन राकेश, भैरवप्रसाद गुप्त और फणीश्वरनाथ रेणु के साथ भीष्म साहनी का संक्षिप्त तुलनात्मक अध्ययन प्रस्तुत किया गया है।

आठवें और अंतिम अध्याय में भीष्म साहनी का उपन्यासकार के रूप में योगदान का अध्ययन प्रस्तुत किया गया है। भीष्म साहनी ने अपने उपन्यास साहित्य में किन-किन बिंदुओं को उठाया है, उन्हें रेखांकित कर उन पर विस्तृत चर्चा की गई है। मुझे भीष्म साहनी के व्यक्तित्व और कृतित्व पर सिर्फ एक प्रकाशित पुस्तक मिली। वह उन पर लिखी किसी एक लेखक की कृति नहीं है, बल्कि म.प्र. प्रगतिशील लेखक संघ की ओर से बिलासपुर में आयोजित महत्त्व भीष्म, 1980 के अवसर पर पढ़े गए लेखों का संकलन है। जिसमें उनके व्यक्तित्व और कृतित्व पर प्रकाश डाला गया है, लेकिन शोधपरक विश्लेषण न होकर उनकी विचारधारा, प्रगतिशील लेखक संघ से संपर्क और कुछ रचनाओं के ऊपर संक्षिप्त समीक्षात्मक टिप्पणी ही बनकर रह गया है। इसके अलावा भीष्म साहनी के ऊपर कोई भी पुस्तक प्रकाशित नहीं मिली। यह बड़े आश्चर्य की बात है कि हिंदी साहित्य का इतना बड़ा लेखक, जिस पर एक भी पुस्तक नहीं लिखी गई। जब इस संबंध में मैंने भीष्म जी को पत्र लिखा तो उन्होंने स्पष्ट शब्दों में लिखा कि "तुम मेरी मूल रचनाओं में काम करो और जो तुम्हें उचित लगे, अपने विचार स्वतंत्रता के साथ रखो।"

भीष्म जी का यह सुझाव मेरे लिए संबल बन गया। यद्यपि कुछ पत्र-पत्रिकाओं में प्रकाशित आलोचनाएँ इस कार्य में काफी मददगार साबित हुईं। किन्हीं पूर्व-स्वीकृति एवं आरोपित सिद्धांतों के आधार पर भीष्म साहनी के साहित्य का मूल्यांकन करने के स्थान पर उन्हीं के सिद्धांतों और कृतित्व के बीच व्याप्त अंतःसूत्रों को पहचानने का प्रयत्न किया गया है। यही पहचान उनके साहित्य के अध्ययन-विश्लेषण का आधार रही है। विवेचन में तथ्यपरक, वैज्ञानिकता, निष्पक्षता और तटस्थता को यथासंभव बनाए रखने का सतत प्रयत्न किया गया है। इस प्रकार भीष्म साहनी के व्यक्तिगत अनुभवों और उनकी विचार-धारा के प्रकाश में सर्वांग रूप से उनके उपन्यास साहित्य का अध्ययन इस प्रबंध में संभवतः पहली बार हुआ है। अपनी सीमाओं को जानते हुए भी, भीष्म साहनी के उपन्यास साहित्य के विषय में अपना निश्चित मंतव्य प्रकट करना मैंने अपना कर्तव्य समझा है।

मैं विवेक द्विवेदी, उपनाम से पिछले एक दशक से कहानी लिख रहा हूँ। म.प्र. हिंदी साहित्य सम्मेलन, भोपाल द्वारा वर्ष 1986 में मुझे कहानी 'चैतू का आषाढ़' के लिए पुरस्कृत किया गया था। सम्मेलन ने 1986 में ही पहला 'भवभूति अलंकार' संयुक्त रूप से मुकुटबिहारी पांडेय और हरिशंकर परसाई को देने की घोषणा की थी।

यह कार्यक्रम जबलपुर 'सेठ गोविंददास हाल' में आयोजित किया गया था। उस समारोह के मुख्य अतिथि भीष्म साहनी जी थे, जिनके कर-कमलों से मुझे पहला पुरस्कार प्राप्त करने का सुअवसर उपलब्ध हुआ। भीष्म जी का अल्प सान्निध्य मुझे गहरे तक छू गया। जब मैंने श्रद्धेय गुरुवर डॉ. संकठाप्रसाद मिश्र जी से भीष्म जी के उपन्यास साहित्य में शोध करने की इच्छा व्यक्त की तो, गुरुदेव ने अपनी स्वीकृति तुरंत दे दी। शोध कीं इच्छा मात्र भीष्म जी के व्यक्तित्व से प्रभावित होने का परिणाम नहीं थी, बल्कि उनकी रचनाओं का मैं शुरू से एक अच्छा पाठक रहा हूँ।

मेरा यह प्रयास छत्रसाल शासकीय महाविद्यालय के प्राध्यापक एवं विभागाध्यक्ष पूजनीय डॉ. संकठाप्रसाद मिश्र के कुशल व सतत निर्देशन में पूर्ण हुआ। डॉ. मिश्र ने अपने व्यस्ततम समय में से अमूल्य क्षण निकालकर मेरी समस्याओं और कठिनाइयों को समय-समय पर हल कर मेरा मार्ग निर्देशन किया और असीम धैर्य, परिश्रम, लगन और मनोयोग से इस कार्य में मेरी सहायता की है। निस्संदेह, मेरा कार्य जो इतनी शीघ्रता से संपन्न हुआ है, उसके पीछे पूजनीय गुरुवर डॉ. मिश्र के असीम स्नेह, प्रेरणा और प्रोत्साहन ने ही कार्य किया है। मैं उनके प्रति किन शब्दों में आभार व्यक्त करूँ, क्योंकि अधिक कहकर मैं उस मूल्य को घटाना नहीं चाहता। हृदय से उनके प्रति अनुगृहीत हूँ। इनकी भार्या और मेरी पूजनीया विदुषी डॉ. उमा मिश्र के प्रति भी मैं हृदय से आभारी हूँ, जिनके मार्गदर्शन ने मेरी कई गुत्थियाँ सुलझाने में मदद की।

देश के लब्ध प्रतिष्ठित साहित्यकार एवं रीवा विश्वविद्यालय के 'केशव शोध संस्थान' के निदेशक एवं हिंदी विभागाध्यक्ष डॉ. कमलाप्रसाद के प्रति कृतज्ञता ज्ञापित करता हूँ, जिनके मार्गदर्शन और सहयोग ने समय-समय पर अनुपलब्ध सामग्री जुटाने में मेरी अपूर्व सहायता की। मैं उनकी उदार-वृत्ति के प्रति हृदय से आभारी हूँ।

इस कार्य में जिनका सहयोग एवं प्रोत्साहन मिला, उनमें सर्वश्री प्रो. वीरेंद्र दीक्षित, गोपाल श्रीवास्तव, आर.के. पांडेय, व्ही.के. पांडेय, रंगकर्मी देवेश मिश्र, डॉ. श्रीनिवास मिश्र, महेश खरे, हरिकिशोर शुक्ल, सुनील त्रिपाठी, अवधबिहारी प्यासी, डी. के. त्रिपाठी, राजीव बघेल और जगदीश रावत जी हैं। ऐसे और भी कई साथी हैं, जिनका प्रत्यक्ष एवं अप्रत्यक्ष सहयोग मुझे मिला, उन सभी के प्रति मैं हृदय से आभार प्रदर्शित करता हूँ।

माता-पिता की असीम अनुकंपा और बड़े भैया शंकरदयाल शर्मा (दद्दू) का निरंतर प्रोत्साहन, बड़ी बहन श्रीमती कुसुम शुक्ला एवं पत्नी श्रीमती शांति द्विवेदी का मूक सहयोग मेरी प्रेरणा का संबल रहा है। 'बररै बालक एक स्वभाऊ' को चरितार्थ करनेवाले सुमिताभ सौरभ और शुभम ने अपने-अपने स्वभाव के विपरीत जो सहयोग प्रदान किया है, मैं इन सभी परिवारजनों का हृदय से आभारी हूँ।

और अंत में, अपने यशस्वी साथी रामाश्रय प्रसाद त्रिपाठी के प्रति धन्यवाद प्रकट करता हूँ, जिन्होंने टंकण कार्य में अपना अमूल्य सहयोग प्रदान कर इस शोध-प्रबंध को अंतिम रूप प्रदान किया।

रमाशंकर द्विवेदी 'विवेक'
पन्ना, म.प्र.

प्रथम अध्याय

व्यक्तित्व और विचारधारा

किसी भी लेखक व साहित्यकार के कृतित्व को उसके व्यक्तिगत जीवन एवं अनुभवों से पृथक् करके नहीं देखा व परखा जा सकता, क्योंकि साहित्यकार के विचार एवं भावनाएँ उसके जीवन से फूटकर निकलती हैं बल्कि उसका कृतित्व उसके समूचे जीवन की प्रतिच्छाया होती है। वह अपने युग की राजनीतिक परिस्थितियाँ एवं समाजगत भावनाओं से मुँह मोड़कर साहित्य सृजन की किसी भी विधा में सफल नहीं हो सकता, भले ही उसका समूचा जीवन साहित्य सृजन से भरा पड़ा हो। उसकी साहित्यिक सृजन को समझने के लिए उसके वास्तविक जीवन को समझना आवश्यक होता है। साहित्यकार का व्यक्तित्व एवं कृतित्व दोनों उसी प्रकार मिले होते हैं, जैसे वाणी के साथ अर्थ होता है। साहित्यकार के व्यक्तित्व का प्रतिबिंब ही उसकी रचनाधर्मिता में दिखाई देता है। रचनाकार जो कुछ करता है रचना की पृष्ठभूमि उसी से निर्मित होती है और वाणी उसे शब्द देकर प्रवाह में बदल देती है।

भीष्म साहनी जैसे सशक्त, निर्भीक एवं साहसी साहित्यकार का व्यक्तित्व दोहरा है। भीष्म जी जहाँ एक तरफ प्रतिष्ठित और सफल स्थापित लेखक हैं, वहीं रंगमंच के जमे हुए कलाकार भी हैं। भीष्म जी की जिंदगी लगातार आदान-प्रदान का विषय रही है। अपने व्यक्तिगत जीवन के अनुभवों को भीष्म साहनी ने कथा साहित्य में ढालकर हिंदी साहित्य को अत्यधिक संवृद्ध किया है। भीष्म साहनी के एक मित्र का कथन उनके संदर्भ में द्रष्टव्य है—"जीने के स्तर पर भीष्म के पास सुथरा, सुरक्षित, मजबूत चौखटा है। जिसने भीष्म के समूचे लेखन और काफी हद तक जीवन दृष्टि को भी प्रभावित किया है। उनकी अपनी राजनीतिक आस्थाएँ हैं। इंटलैक्चुअल कमिटमेंट है। मोटे तौर पर भीष्म को अपने कितने साथियों से कहीं ज्यादा सुविधा और समग्रता जिंदगी में मिली है। छोटी-मोटी सुविधाएँ, अच्छा घर, पढ़ी-लिखी बीवी, किताबों से भरी शेल्फें और रचनाओं को एकसा करती एक बँधी-बँधाई जिंदगी जीवन के उस सुरक्षित पैटर्न ने जहाँ भीष्म को पनपने में मदद दी है, वहाँ लेखक के लिए जगने की जो जमीन सिर्फ चुनौतियों से बनती—भीष्म के आगे से दूर कर दी है, हटा दी है। यही वजह है कि लेखन के स्तर पर भीष्म को यह लड़ाई कुछ दूसरे ढंग से लड़नी पड़ती है।"[1]

भीष्म जी स्वभाव से जितने गंभीर हैं, उतने ही मृदु हैं, साथ ही उनकी सोच

बहुत व्यापक है। भीष्म जी के संदर्भ में उनके बड़े भाई और सिने जगत् के मशहूर अदाकार बलराज साहनी का मत द्रष्टव्य है–"भीष्म के मिजाज में एक खूबी मैंने यह देखी है कि उसमें जल्दबाजी नहीं है। कथावस्तु का चुनाव भी वह बड़े धीरज से करता है। सोचकर और थोड़ा बोलता है। साधारण लोगों के जीवन की छोटी-छोटी बातें, वह खुद अपनी आँखों से देखता है।...उन लोगों की सामाजिक और व्यक्तिगत प्रतिक्रियाओं का अध्ययन करता है, पात्रों की कल्पना से नहीं, जीवन से खोजना और चुनना है। लिखते समय भी वह यथार्थ से ज्यादा और अपनी कल्पना से कम काम लेता है। वह कहता है कि इस यथार्थ छद्म में ही कहीं स्तंभमणिक छिपा हुआ होता है, जो कलाकार या लेखक की प्यार भरी जोड़-तोड़ के कारण कभी-न-कभी नंगा होकर अपनी चमक दिखा जाता है। भीष्म न तो साहित्यिक वाद-विवाद में पड़ता है और न ही किसी सिद्धांत पर लिखता है। वह वही कुछ लिखता है, जो उसे खुद को अच्छा लगे। जो उसे खुद समझ में आए। जो कुछ भी उसने आज तक लिखा है, ईमानदारी से लिखा है। उसकी कुछ कहानियाँ किसी भी सर्वोत्तम कहानी-संग्रह की शान बन सकती हैं।"[2]

उपर्युक्त सभी बातों का साहित्यकार के जीवन से अकाट्य एवं अविभाज्य संबंध है। अतः सभी को पृष्ठभूमि में रखकर ही साहित्यकार के कृतित्व की समुचित समालोचना संभव है। प्रायः सभी साहित्यकार जीवन की परिस्थितियों तथा वातावरण से प्रेरणा ग्रहण करते हैं। इसी भाँति भीष्म साहनी को भी अपने जीवनगत अनुभवों तथा परिस्थितियों से पूर्णरूपेण प्रेरणा प्राप्त हुई है। तरुणावस्था से ही संघर्षपथ पर चलनेवाला यह साहित्यकार आज साहित्य के प्रसिद्धि के अनंत पथ की ओर अग्रसर है। इस साहित्यकार के कृतित्व की विवेचना और व्याख्या करने से पूर्व इनके जीवन पर प्रकाश डालना भी अत्यंत महत्त्वपूर्ण सिद्ध होगा।

परिवेश और परिवार–जन्म और जन्मकाल की परिस्थितियाँ

हिन्दुस्तान तब खंडित नहीं हुआ था और अंग्रेजों की गुलामी से बाहर निकलने के लिए आंतरिक और बाह्य दोनों प्रकार की लड़ाइयाँ लड़ रहा था। उस वक्त भी हिंदुस्तान, हिंदुस्तान था। उसकी अपनी पहचान थी, परंपराएँ थीं, रीति और रिवाज के साथ-साथ एक तरफ धर्म की रूढ़िगत मान्यताएँ जहाँ चरमोत्कर्ष पर थीं, वहीं उन रूढ़ियों के खिलाफ पूरे देश भर में अपने-अपने ढंग से विरोध भी प्रकट हो रहे थे। इस संदर्भ में मेरा आशय हिंदू धर्म को लेकर है। आज का बर्मा और कल का पाकिस्तान, तब हिंदुस्तान की पूर्वी और पश्चिमी सीमाएँ थीं। तब भी हिंदू-मुस्लिम और सिक्ख-ईसाई आदि जातियाँ गुलदस्ते में पुष्पगुच्छ की तरह रहते थे।

हिंदू धर्म में उस माहौल में भी सुधारवादी आंदोलन चल रहे थे। उनमें से ब्रह्मसमाज–राजाराम मोहनराय (1828), तत्वबोधिनीसभा–देवेंद्रनाथ टैगोर (1839), प्रार्थनासमाज–केशवचंद्रसेन (1867) और आर्य समाज–दयानंद सरस्वती (1875) आदि ऐसी संस्थाएँ थीं, जो हिंदू धर्म के अंदर कुरीतियों का विरोध करती थीं। इन संस्थाओं ने छुआछूत, मूर्तिपूजा, धार्मिक वितंडावाद, सतीप्रथा और अनमेल विवाह जैसी समस्याओं के उन्मूलन में बहुत बड़ा योगदान दिया। इन रूढ़ियों के उन्मूलन के दौरान समाज में एक नई क्रांति का जन्म हुआ और तत्पश्चात् सामाजिक मान्यताओं में एक

नई सोच पैदा हुई। स्वामी दयानंद सरस्वती का पश्चिमी भारत में काफी प्रभाव था। जहाँ पर एक ओर रूढ़ि समाप्त हो रही थी, वहीं दूसरे तरह की मान्यताओं का जन्म हो रहा था।

बात 1915 की है। रावलपिंडी पश्चिमी भारत का मशहूर शहर था, जो आज वर्तमान पाकिस्तान में है। रावलपिंडी शहर में साहनी अपने परिवार के साथ रहते थे। साहनी परिवार पेशे से व्यापारी थे। साहनी कट्टर आर्य समाजी थे। लेकिन समाज सुधारक माने जाते थे। समाज सुधार में उनकी गहरी दिलचस्पी थी। उन्हीं के घर 8 अगस्त, 1915 में भीष्म साहनी का जन्म हुआ। जब भीष्मजी का जन्म हुआ, उस वक्त साहनी परिवार उसके परिवेश का चित्र उन्हीं के शब्दों में कुछ इस प्रकार था—"उन दिनों घर के माहौल में कट्टरता आर्य समाजी थी बेशक, लेकिन उग्र प्रकार की कट्टरता नहीं थी। पिता जी कट्टर आर्य समाजी थे, पर समाज सुधार में गहरी दिलचस्पी रखते थे। आर्य समाज द्वारा संचालित अस्पताल, वनिता आश्रम, स्कूल-कालिज आदि में सक्रिय रूप से काम करते थे, जिसका असर अच्छा हुआ कि हम समाजोन्मुख हुए। आर्य समाज का आंदोलन उन दिनों जहाँ हिंदू संगठन चाहता था, वहाँ हिंदू समाज से अनेक कुरीतियों का विरोध भी करता था, जैसे—बाल-विवाह, छुआछूत, जात-पाँत और विधवा विवाह, अछूतोद्धार, स्त्री शिक्षा आदि का समर्थन करता था। मूर्ति पूजन का खंडन करता था। उसके अतिरिक्त पिता जी की दृष्टि मध्यवर्ग के पढ़े-लिखे व्यापारी की दृष्टि थी जो अध्यवसायी भी है और भौतिक दृष्टि से आगे भी बढ़ना चाहते हैं और जो यह समझता है कि उसके बच्चों का भविष्य आधुनिक शिक्षा के सहारे अधिक उज्ज्वल हो पाएगा। कुल मिलाकर उनका दृष्टिकोण उदारवादी अधिक और कट्टरपंथी कम था।"[3]

भीष्म जी से पूर्व बलराज जी का जन्म हो चुका था। बलराज साहनी आगे चलकर सिने जगत् के विख्यात कलाकार हुए। जब भीष्म जी का जन्म हुआ, परिवार की स्थिति हरी-भरी थी। माता-पिता के साथ-साथ बलराज जैसे भाई का साथ भी मिला। यद्यपि आगे चलकर भीष्म जी ने कभी बलराज जी का सहारा लेना उचित नहीं समझा और स्वयं अपने बलबूते पर फले-फूले और पल्लवित हुए। भीष्म जी के आत्मकथन से ही स्पष्ट है कि उनके जन्मकाल की परिस्थितियाँ कैसी थीं। भीष्म जी के पिता जी की सामाजिक स्थिति अच्छी थी। रावलपिंडी में उन्हें सम्मान से देखा जाता था। उनके पिता जी की जीवनचर्या दो भागों में बँटी हुई थी। पहला व्यापार जो परिवार के लिए जीविकोपार्जन का साधन था। और उसके बाद जो समय शेष बचता, वह आर्य समाज के कार्यों में व्यतीत होता। इससे एक बात तो तय थी कि भीष्म जी के पिता जी समाजोन्मुख थे। समाज की बुराइयों को जड़ से उखाड़ फेंकने के लिए पूरी तन्मयता से कार्य करते। यद्यपि उनका कार्य क्षेत्र हिंदू धर्म तक ही सीमित था। फिर भी ये कार्य बलराज और भीष्म जी के संस्कार बनते गए और मस्तिष्क में अमिट प्रभाव छोड़ते गए। शायद यही वजह है कि भीष्म जी का समूचा लेखन पूँजीवाद, सामंतवाद और शोषणवाद के विरुद्ध प्रतिपक्ष के रूप में खड़ा है।

भीष्म जी के शब्दों में उनका ही कथन द्रष्टव्य है—"बहुत कुछ है जो अपने बचपन से हम संस्कारस्वरूप ग्रहण करते हैं, ज्यों-ज्यों बालक अपने परिवेश पर आँखें खोलता

है, जो-जो कुछ वह देखता-सुनता है, वही संस्कार बनता जाता है। आकाश की नीलिमा, ठंडी हवा के झोंके, गली में घूमते भिखारियों की आवाजें जहाँ कहीं कोई छोटी-सी घटना दिल की अथक चेतना को छू जाती है, वहीं अपनी छाप छोड़ जाती है। इसके अतिरिक्त बचपन में माता-पिता और घर के परिवेश का असर बहुत गहरा पड़ता है। मैंने जिस माहौल में आँख खोली वह 'ठहरा' हुआ दौर नहीं था। उसमें हलचल थी। नए-नए विचार समाज को आंदोलित कर रहे थे। मेरे पिता जी आर्य समाजी विचारों के थे। घर के अंदर सदा समाज सुधार की चर्चा चलती रहती। दूसरी ओर स्वतंत्रता-आंदोलन भी जोर पकड़ रहा था। जलसे-जुलूसों का जमाना था। भावनात्मकता से भरा वातावरण हमारे चारों ओर था। उसका प्रभाव मुझ पर और मेरे लेखन पर जरूर पड़ा है।"[4]

बालक भीष्म साहनी

भीष्म जी का बचपन अपने साथ ढेरों यादें सँजोए हुए है। भीष्म जी से बड़ी पाँच बहनें और एक भाई बलराज जी थे। बलराज पाँच बहनों के बाद हुए थे, इसलिए घर में भीष्म जी से बड़ा ओहदा उनका था। भीष्म उनसे दो वर्ष छोटे थे। भीष्म जी अपने बचपन की याद कुछ इन शब्दों में करते हैं :

"मेरे भाई ने अपने संघर्ष द्वारा मेरा रास्ता साफ किया। लेकिन यह संघर्ष उसके विकास का संघर्ष था, विद्रोह का नहीं था। मेरे मन में भाई के प्रति गहरा आदरभाव था। साथ में मैं उसके साहस, पहल कदमी, निर्भीकता से ईर्ष्या भी करता था। यह भी सही है कि बचपन में यह बात भी मेरे अंदर घर कर गई थी कि वह एक उत्कृष्ट व्यक्ति है और मैं उसकी तुलना में निकृष्ट हूँ। घरवालों ने भी इसे दूर नहीं किया। वह गोरे रंग का था, मैं साँवला था, वह बड़ा स्वस्थ और हृष्ट-पुष्ट था, जबकि मैं बहुत दुबला था और अक्सर बीमार रहता था। वह पढ़ने में बहुत तेज था, जबकि मैं साधारण। स्कूल के उस्ताद भी हमारी तुलना करते हुए कहा करते थे कि लाला जी के दोनों बेटों में नार्थ पोल और साउथ पोल का अंतर है। हिंदुओं के घरों में बड़े बेटे का स्थान और भूमिका भी कुछ अलग होती है, विशेषकर पाँच बेटियों के बाद एक बेटा हुआ हो। ऐसा नहीं कि मैं दब्बू स्वभाव का था। काफी शरारती था। खेल-कूद का भी शौकीन, गली-मुहल्ले में से टप्पे और गालियाँ सीख-सीखकर आता था, लेकिन बाद में इसका असर भी मेरे मन पर उलटा हुआ। भाई शरीफ कहा जाने लगा और मैं आवारा। और जब होश सँभाली तो मैं दब्बू स्वभाव का बन गया।"[5]

भीष्म जी बचपन में बहुत बीमार रहते थे। बीमारी के दौरान मकान के ऊपरी हिस्से वाले कमरे में पड़ी खाट उनके लिए आरक्षित रहती। उस दौरान बालक भीष्म को घंटों उस खाट पर अकेले पड़ा रहना पड़ता और अक्सर बड़े भाई के पाँवों की आहट की ओर मन लगा रहता। भरा-पूरा घर था। दो बहनें, बड़ा भाई, माता-पिता, घर का नौकर, तलसी। कभी पिता जी के भारी कदम सीढ़ियाँ चढ़कर ऊपर जाते, फिर थर्मामीटर निकालकर उसे बार-बार झटकते, बालक भीष्म के माथे पर हाथ फेरते, फिर उसके बालक मन को दुलराने के लिए जेब से इकन्नियाँ-दवन्नियाँ पैसे निकालकर सिरहाने पर रख देते। और उसके बाद सीढ़ियाँ नापते नीचे उतर जाते। पिता जी के जाते ही घर में फिर मौन छा जाता। माँ सत्संग में चली जाती और बहनें अपने-अपने

स्कूल। भीष्म के लिए दोपहर काटना बहुत मुश्किल हो जाता। लंबी दोपहरी अक्सर खाली जाती। बालक भीष्म उस घड़ी का इंतजार करता रहता, जब छाँव का हाशिया धीरे-धीरे चौड़ा होकर ईंटों की तीसरी लाइन तक जा पहुँचेगा, तब माँ लौटेगी, जब पाँचवीं लाइन तक पहुँचेगा तो दोनों बहनें लौटेंगी, और हँसती-हँसती सीढ़ियाँ चढ़कर ऊपर आ जाएँगी, ज़ब छाँव का हाशिया और चौड़ा हो जाएगा और सातवीं रेखा पार कर ज़ाएगा, तब भाई लौटेगा। लेकिन बालक बलराज भी मनमौजा था। कोई निश्चित नहीं था, कि वह आ ही जाए। उस वक्त भीष्म को लगता कि स्कूल की छुट्टी के बाद आखिर कहाँ खेलता होगा। जल्दी लौटकर मेरे पास क्यों नहीं आता। जब भाई लौटकर आता तो भीष्म का दिल बल्लियों उछलने लगता। भाई के प्रति इतना आकुल कि क्षण-प्रतिक्षण देखने की इच्छा होती। साथ में खेलने की इच्छा होती। लेकिन जब भाई मिलता तो बालक भीष्म के दिल में एक हल्की-सी हूक भी उठती। वह घंटों बाहर खेलता है और मैं खाट पर पड़ा उसका रास्ता विसूरता रहता हूँ।

बालक बलराज जब लौटकर आता तो अपने छोटे भाई को ढेर सारी तरह-तरह की बातें सुनाता और उसी के सामने सारा वक्त उछलता रहता। वह हर बार भीष्म को कोई अनूठी बात सुनाता, जिसे सुनते ही बालक भीष्म की आँखें फैल जातीं। उसे लगने लगता, कि भाई सारा वक्त किसी परीलोक में खेलता रहता है। भाई आज तीर-कमान का खेल देखने जा रहा है, या फिर भाई ने नेजावाजी का कोई नया खेल निकाला है, या फिर आज बाहर हाकी स्टिक उठा लाया है, अब वह हाकी खेला करेगा। भीष्म के मन में कभी-कभी अपने भाई के प्रति ईर्ष्या होती। वह उस जगह के बारे में सोचता रहता, जहाँ भाई सारा दिन विचरता रहता। भीष्म की यह कल्पना इतनी सजीव होती कि जब भाई लौटकर आता सारी कल्पनाएँ साकार हो जातीं। बालक मन को लगता कि भाई को मिलनेवाली हर चीज घर में पहली बार आती है। उसे पीले रंग की धोती मिली है, वह अब गुरुकुल में पढ़ने जाया करेगा। उसे तो काले रंग की लाठी भी मिली।

भीष्म का भी जीवन जन सामान्य बालकों की तरह ही था। उसके अंदर भी उत्तम बालकों की तरह ललक, उत्सुकता, आत्मीयता, ईर्ष्या सभी भावनाएँ एक साथ मथती रहतीं। भीष्म जी ने स्वयं एक जगह लिखा है–"भाई को देखकर दोनों बहनें खिलखिलाकर हँसने लगी हैं, पर माँ ने उसे छाती से लगाकर चूम लिया है। भाई को मिलनेवाली हर चीज में एक प्रकार का नयापन होता है। जब मेरी बारी आती है, तो वह पहले से जानी-पहचानी होती है। उसमें कोई नयापन नहीं होता। भाई जैसे भविष्य की ओट में से नई-नई चीजें उठाकर ले आता है। मुझसे दो वर्ष बड़ा होने की वजह से वह सारा वक्त मेरे आगे-आगे चलता हुआ जैसे नए-नए दरवाजे खोलता रहता है। वह अभी से मुझे एक विलक्षण-सा व्यक्ति नजर आने लगा है, जो हाकी खेल सकता है, तीर-कमान चला सकता है, जो पीली धोती पहनकर गुरुकुल में जा सकता है, जो गणित के सवाल करता है, इतनी मोटी कापी में लिखता है, जिसे एक ऐसे मास्टर जी पढ़ाते हैं, जिनका नाम मित्रविलास है, मुझे इस नाम वाला अध्यापक क्यों नहीं पढ़ाता।"[6]

बीमारी के दिनों में माँ भीष्म का सर गोदी में रखकर बोबी की कहानी सुनाया

करती। कभी कहानी सुनाती तो कभी गीत गाने लगती, परंतु ये गीत पिता साहनी जी के कानों में पड़ जाएँ तो वह माँ को टोक देते—"बच्चों को वैराग्य के गीत नहीं सुनाया करते। इन्हें खुशी के गीत सुनाते हैं।" हँसी-खेल के, वीरता के, मधुर, अवसरपूर्ण गीत सुनते हुए बालक भीष्म अपार सुख अनुभव करता और न जाने कब गहरी नींद में डूब जाता।

दवा और दुआ दोनों एक साथ चलते और भीष्म जितनी जल्दी बीमार पड़ता उतनी ही फुर्ती से तंदुरुस्त भी होता। परंतु खाट छोड़ने की देर होती कि भीष्म बाहर की ओर ऐसे झपटता जैसे प्यासा तालाब की ओर झपटता है। रावलपिंडी में उन दिनों ताँगा बहुत चला करता। शहर के एक कोने से दूसरे कोने तक ताँगा ही ताँगा दिखाई देता। भीष्म के लिए वे ताँगा नहीं हवाईजहाज थे। राह चलते किसी ताँगा पर भीष्म दौड़ता हुआ चढ़ जाता। सीट बैठने के लिए मिले या न मिले, पायदान ही काफी होता। ताँगा जहाँ तक जाता, भीष्म के लिए मजा ही मजा होता। कभी-कभी कुछ ताँगेवाले ऐसे भी होते कि भीष्म को चढ़ते देख अपनी चाबुक पीछे की ओर चला देता। चाबुक का सरसराता तस्मा कभी कान, कभी गाल को जलाता हुआ निकल जाता और मजबूरन भीष्म को उस ताँगे से उतरना पड़ता। लेकिन इससे क्या फर्क पड़ता। शहर में एक ताँगा थोड़े ही होता, ढेरों होते। एक नहीं दूसरा, दूसरा नहीं तीसरा, बस पायदान पर कूदने भर की देर होती, भागते ताँगे पर दुनिया देखने का कुछ और ही मजा होता।

भीष्म की उद्दंडता और मनमौजी इतनी ज्यादा बढ़ चुकी थी कि पूरा घर परेशान रहता। अक्सर इस बात का भय होता कि कहीं रास्ता भटक गया तो कोई नई मुश्किल जन्म न ले ले। भीष्म जी उन दिनों को याद करते हुए बताते हैं—"ताँगे पर नहीं चढ़ता तो गलियों में घूमता। जहाँ मन आता निकल जाता और अक्सर रास्ता भटक जाता। पिता जी ने मेरे गले में एक पीतल का एक गोल-सा पतरा लटका रखा था, जिस पर पिता जी का नाम और पता अंकित था। रास्ता भटक जाने पर जब कभी किसी को सड़क पर डोलता नजर आता तो कोई न कोई खुदातर्स गोद में उठाकर घर छोड़ आता।"[7]

बालक भीष्म साहनी की शिक्षा और दोस्ती का दायरा

भीष्म साहनी की प्रारंभिक शिक्षा गुरुकुल से शुरू हुई। उस समय गुरुकुल की परंपरा जोरों पर थी। गुरुकुल में भीष्म जी को हिंदी और संस्कृत का ज्ञान प्राप्त हुआ, जो अध्यापक घर पर पढ़ाने आते थे, वह भी हिंदी और संस्कृत ही पढ़ाया करते। स्कूल में माध्यम उर्दू था। शायद यही वजह रही है कि भीष्म जी के लेखन में उर्दू का प्रभाव काफी दिखाई देता है, परंतु घर पर पंजाबी, हिंदी और संस्कृत का माहौल था। भीष्म जी को बचपन से पंजाबी, हिंदी, उर्दू और संस्कृत का सान्निध्य प्राप्त हुआ। इन भाषाओं के माध्यम से उन्होंने शुरू से विविध भाषाओं के साहित्य को जाना, परखा और आत्मसात किया।

घर पर पिता जी और माता जी से ज्यादा ध्यान बलराज जी का भीष्म की पढ़ाई पर था। बलराज जी कभी-कभी भीष्म का और उनके दोस्तों का घर पर ही इम्तहान लिया करते। वाकायदा पेपर तैयार करते और परीक्षार्थियों की तरह सभी को बैठाकर

पेपर देते। सभी लड़के उसी तरह उत्तर पुस्तिका में उत्तर लिखते जैसे परीक्षा हाल में छात्र परीक्षा देते हैं। उत्तर पुस्तिकाएँ जाँची जातीं, नंबर दिए जाते और परिणाम घोषित किया जाता। यह खेल का खेल होता और पढ़ाई की पढ़ाई। यानी भीष्म की शिक्षा-दीक्षा बचपन से ही एक निश्चित दिशा में चल रही थी। प्यार की जगह प्यार था, दुलार की जगह दुलार था, परंतु जहाँ विकास की बात थी, वहाँ कोई समझौता नहीं था, पढ़ाई का मतलब पढ़ाई थी। उसका स्थान खेलकूद, प्यार और पुचकार से सर्वोपरि था।

प्रथम मैडल

भीष्म जी अपनी पढ़ाई के संबंध में कहते हैं—"मैं पढ़ाई में अच्छा था, हालाँकि उत्कृष्ट नहीं था। आठवीं जमात में जिले में चौथी नंबर पर आया, जिसके लिए मुझे मैडल मिला। हमारे नगर में साल में एक बार घोड़ों की मंडी लगती थी, जिसमें फौज के लिए अच्छे नस्ल के घोड़े खरीदे जाते थे। अच्छे पले हुए घोड़ों को इनाम दिया जाता था। हुजूर डिप्टी कमिश्नर इनाम देते थे। ऐसे ही एक समारोह में मुझे एक मैडल से विभूषित किया गया। अंग्रेज बहादुर साहिब ने एक बढ़िया खच्चर के गले में मैडल डाला फिर मेरे गले में।"[8]

भीष्म जी की प्रारंभिक शिक्षा रावलपिंडी में हुई। एक औसत दर्जे के विद्यार्थी के रूप में भीष्म जी जाने जाते थे। एक सहज बालक स्वभाव जो किसी भी बालक में होता है, वह उनमें भी था। स्कूल के दिनों में विद्यार्थी जीवन में उनके दोस्त गरीब लड़के हुआ करते थे। बालक भीष्म सदैव उन गरीब लड़कों का खुद को सरपरस्त समझता था, जैसा कि उन्होंने स्वयं इस बात को स्वीकार भी किया है। "मैं उनकी सरपरस्ती कर सकता था, उनसे अपने को बेहतर महसूस कर सकता था, ऐसा स्कूल के दिनों में हुआ।"[9] ऐसा होना स्वाभाविक था। अगर बालक बड़ों जैसा व्यवहार करे तो उसका बालपन कैसा। बालक भीष्म भी अपने दोस्तों पर रौब गाँसता था। उनसे अच्छे कपड़े पहनकर अलग पहचान की प्रवृत्ति बालक भीष्म में थी। यद्यपि यह सब अनजाने में ही हुआ होगा। क्योंकि आज के भीष्म साहनी अपने से छोटे-छोटे लेखक को खुद से बड़ा समझते हैं। जैसे कि उन्होंने स्वयं एक साक्षात्कार में स्वीकार किया है।

बालक भीष्म के मित्रों को उनके घर पर आदर मिलता था। वे बेरोक-टोक उसके घर आ-जा सकते थे। भीष्म की जिन गरीब लड़कों से मित्रता थी, उनमें प्रमुख रूप से बरकतराम, हरबंसलाल, रोशनलाल और धर्मदत्त थे। ये चारों मित्र धीरे-धीरे परलोकवासी हो गए। भीष्म जी केवल गोस्वामी के साथ एक साक्षात्कार में चर्चा करते हुए दुखी हो जाते हैं। स्कूली काल के अंत तक पहुँचे-पहुँचते उनमें से एक भी नहीं बचा। एक-एक करके सभी परलोकवासी हो गए। उनके बारे में सोचकर दिल दहल जाता है, बड़े समझदार और बड़े स्नेही मित्र को। भीष्म जी अपने बचपन के दोस्तों की चर्चा करते हुए बताते हैं—"बरकतराम तो स्कूल के दिनों में ही मर गया था। बड़ा जहीन लड़का था, वजीफे के इम्तहान में बैठा था। अंत तक मुकाबले में डटा रहा था, पर उसे वजीफा नहीं मिला। बाद में धीरे-धीरे वह पढ़ाई में पिछड़ता गया। सातवीं

जमात में पहुँचते-पहुँचते जैसे वह आँखों से ओझल हो गया। दूसरे लड़के हरबंसलाल के साथ मेरी बेतकल्लुफी थी। वह पढ़ाई में ज्यादा दूर नहीं गया। दसवीं जमात पढ़कर बाद में बिजली में फिटर बन गया। उसके बाद जब भी घर आता तो झेंप महसूस करता, धीरे-धीरे उसने घर आना छोड़ दिया और एक दिन जब मैं लाहौर से छुट्टियों में घर गया तो पता चला वह भी नहीं रहा। तीसरा रोशनलाल बी.ए. तक पढ़ा, पर घर की गरीबी ज्यों की त्यों बनी रही, उसे अपनी गरीबी कचोटती थी। वह शीघ्र ही तपेदिक का शिकार होकर मरा। लाहौर के अस्पताल में दाखिल हुआ था, जहाँ मैं उससे मिलने जाता था। चौथा धर्मदत्त अंधे बाप का बेटा था। उसका पिता गीत लिखता था, विवाह के गीत नाम से उसने एक छोटा-सा गुटका छपवाया था, पर जिस कोठरी में वे लोग रहते थे—वैसी अँधेरी कोठरी मैंने उम्र भर कभी नहीं देखी। लड़का बड़ा जहीन था, क्लास में अक्सर पहले नंबर पर आता था। पढ़ाई के दिनों में ही उसे सरसाया हुआ और चलता बना। तब हम लोग आठवीं जमात में पढ़ते थे।"[10]

भीष्म जी के बचपन का प्रिय शौक हाकी था। यूँ तो हाकी खेलना और गुल्ली डंडा भी उन्हें अच्छा लगता था। फिर भी हाकी से उनका विशेष लगाव रहा। यह शौक कालेज के दिनों तक कायम रहा। हाकी उनका सिर्फ प्रिय शौक ही नहीं था, बल्कि भीष्म जी हाकी के एक अच्छे खिलाड़ी भी थे।

बालपन में साहित्य के प्रति रुझान

कला के प्रति कई प्रकार की किंवदंतियाँ प्रचलित हैं। कहा जाता है कि कला पैदाइशी होती है। अगर उसे समय और वातावरण मिल जाए तो वह विकसित हो जाती है। जबकि कुछ लोग कला का नैसर्गिक होना स्वीकार नहीं करते। उनके मत में कला का संचार सांसारिक गतिविधियों को देखकर होता है, और जैसे-जैसे उसका अभ्यास जारी रहता है, उसमें निखार आता जाता है। यह बात सत्य है कि कला के बीज इंसान के साथ जन्मते हैं। भले ही उनके उभरने का समय कोई भी हो।

भीष्म जी के साथ भी ऐसा ही हुआ। भीष्म साहनी को पढ़ने का शौक बचपन से ही था। बचपन में उनके प्रिय लेखक प्रेमचंद और सुदर्शन थे। भीष्म साहनी जी के पिता जी को शेरो शायरी का बड़ा शौक था। उनके पास मेहर साहिब का कलाम था। पिता साहनी बालक भीष्म को नज़्में पढ़-पढ़कर सुनाया करते थे। शेखशादी के शेर भी पिता जी सुनाया करते। भीष्म साहनी का रुझान उर्दू साहित्य के प्रति बचपन से ही था। पंचतंत्र और हितोपदेश की कहानियाँ भीष्म जी बचपन में ही पढ़ चुके थे। बहुत-सी कहानियाँ तो वह अपनी माँ और पिताजी से सुन चुके थे। हालाँकि उनके घर का कोई सदस्य उस जमाने में न साहित्यकार था और न कलाकार। फिर भी माहौल पढ़ने-पढ़ाने का ही था।

उस जमाने में प्रेमचंद और सुदर्शन बहुत लोकप्रिय थे। लोग प्रेमचंद और सुदर्शन की कहानियाँ ढूँढ़-ढूँढ़कर पढ़ा करते। भीष्म जी पर प्रेमचंद का गहरा प्रभाव पड़ा है। जैसा कि स्वयं भी स्वीकार किया है—"प्रेमचंद का मेरे ऊपर गहरा प्रभाव पड़ा है। अब भी है। उनकी कहानियों के कुछ पात्र या स्थितियाँ मुझे हाट करती रहीं। जैसे उनकी एक कहानी, जिसमें एक गरीब क्लर्क साहब की कोठी पर जाता है। वहाँ उस पर

साहब का कुत्ता झपटता है। प्रेमचंद ने इस घटना का बयान इतने सशक्त तरीके से किया है कि उसकी छाप देर तक मेरे मन पर रही।"[11] इस तरह भीष्म जी बचपन से ही प्रेमचंद के दीवाने थे और उनके साहित्य का अध्ययन कर एक कहानीकार की पृष्ठभूमि तैयार करते रहे।

बीतता बचपन और जवानी की ओर बढ़ते कदम

भीष्म जी का बचपना शनैः-शनैः बीत चुका था और उनके कदम लड़कपन की दहलीज पार करते हुए जवानी की चौखट पर दस्तक देने की तैयारी कर रहे थे। बचपन को लाँघकर, लड़कपन में कदम रखते हुए कब सिर पर से चुटिया गायब हो गई, उस बात का पता भीष्म को भी नहीं था। अब सिर पर कंघी करने लायक बाल भी उग आए थे और पायजामा की जगह पतलून ने ले ली थी। आहिस्ता-आहिस्ता हर चीज में परिवर्तन परिलक्षित होने लगे थे। घर पर पंजाबी की जगह अंग्रेजी ने ले ली थी और आर्य समाजी परिवार जो कल तक चौके पर बैठकर भोग लगाया करता था, उसका आसन कुर्सी और मेज पर जमने लगा था। फिर मुसलमान दोस्तों की भीड़ भी घर पर जमनी शुरू हो गई थी। घर की दीवारों पर भगतसिंह और उनके साथियों की तस्वीर लटकने लगी थीं। ये सारे परिवर्तन समय के साथ-साथ होते गए। बँटवारे के साथ-साथ मार्क्सवाद की चर्चा भी होने लगी।

स्कूल तक की शिक्षा भीष्म जी की रावलपिंडी में ही हुई। इंटर की परीक्षा उत्तीर्ण करने के पश्चात् भीष्म बी.ए. की शिक्षा लेने लाहौर चले गए। लाहौर भीष्म जी के लिए एक नया शहर था। फिर दोस्ती का सिलसिला शुरू हुआ। अपरिचित परिचित से लगने लगे और धीरे-धीरे दोस्तों की मंडली बननी शुरू हो गई। कालेज के साथियों के बीच एक बार पुनः हाकी टीम तैयार की गई। भीष्म जी हाकी के अच्छे खिलाड़ी माने जाते थे। गोल करने में उनके उत्साह को देखते बनता था। जैसा कि उन्होंने स्वयं स्वीकार किया है—"वक्त-वक्त में आदमी तरह-तरह के सपने देखता है। पर यह उसकी स्थिति से कहीं न कहीं जुड़े होते हैं। जब हाकी खेलता था तो गोल करने और मैडल जीतने के सपने देखता था।"

अभिनय के प्रति रुचि

भीष्म जी की रुचि अभिनय के प्रति कालेज के दिनों में ही जाग्रत हो गई थी। कालेज के दिनों में भीष्म जी ने कई नाटक खेले थे। नाटक में अभिनय के प्रति भीष्म जी में पर्याप्त ललक बनी रही। उन्होंने अभिनय के लिए कई पुरस्कार भी प्राप्त किए हैं। यद्यपि अभिनय के प्रति यह अभिरुचि बलराज जी के फिल्मों में प्रवेश के पूर्व हो चुकी थी। फिर भी बलराज जी की प्रेरणा ने भीष्म जी का पथ प्रशस्त किया था। भीष्म जी के अभिनय में धीरे-धीरे निखार आता गया। डॉ. कमला प्रसाद ने अपने आलेख 'जैसा मैंने जाना' में भीष्म जी के अभिनय के संबंध में लिखा है। बलराज साहनी ने 'मेरी फिल्मी आत्मकथा' में अपनी जीवनयात्रा के अनेक मार्मिक प्रसंगों और मोड़ों में अपने छोटे भाई भीष्म जी को याद किया है। एक याद है—बंबई में 'इप्टा' के द्वारा खेले गए नाटक में इनकी भूमिका के बारे में लिखते हैं—"किस्मत से मैंने इस मुश्किल

वक्त में सहायक होने के लिए अपने छोटे भाई भीष्म साहनी को रावलपिंडी से बुला लिया था। पहले शो में उन्होंने एक नहीं बल्कि तीन छोटे-छोटे पात्रों का रोल, मेकअप बदल-बदलकर बहुत अच्छी तरह निभाया है। एक दृश्य में वे म्यूनिसपैलिटी के कर्मचारी के रूप में गली की लालटेन जलाने आए, जिसके नीचे मूढ़ों पर बैठकर मीर साहब, मिजा सेठ साहब और मुंशी बेदिल की गप्प गोष्ठी होनी थी। संवाद न उसको याद थे और न मुंशी बेदिल को। पता नहीं किस बात पर दोनों एक-दूसरे से उलझ पड़े। यह झपट इतनी स्वाभाविक, दिलचस्प और मजेदार सिद्ध हुई कि हमेशा के लिए नाटक का भाग बन गई।"[12]

भीष्म जी एक सशक्त अभिनेता के रूप में भी जाने जाते हैं। जब बात अभिनय की चल पड़ी है तो कुछ बातों की चर्चा भी जरूरी है। भीष्म जी ने कई अच्छे नाटकों में अभिनय किया है और उसके साथ कुछ खास फिल्में भी की हैं। भीष्म जी इप्टा से एक लंबे अर्से तक जुड़े रहे। उनकी चर्चित फिल्मों व सीरियल्स जिनमें उन्होंने अभिनय किया है, निम्न हैं। सईद मिर्जा द्वारा निर्देशित फिल्म 'मोहन जोशी हाजिर हो' और गोविंद निहलानी द्वारा निर्देशित 'तमस' सीरियल में बेहतरीन अदाकारी की है। गोविंद निहलानी जो एक सफल और सशक्त निर्देशक के रूप में जाने जाते हैं, भीष्म जी के संदर्भ में अपने विचार व्यक्त करते हुए कहते हैं—"जहाँ तक भीष्म जी द्वारा 'तमस' में अभिनय करने की बात है, तो जब मैंने उपन्यास पढ़ा और सरदार हरनाम सिंह का चरित्र पढ़ा तो मुझे लगा कि भीष्म जी इस किरदार को बखूबी निभा पाएँगे। क्योंकि उस चरित्र में एक सादापन था, जिसे कहते हैं न पैदाइशी ईमानदारी, वह थी और भीष्म जी में ये सारी बातें मुझे दिखाई दीं। उनकी आँखों में आवाज में, मुझे ईमानदारी दिखी। इसलिए मैंने उन्हें चुना। जब हम शूटिंग कर रहे थे, तो मेरा अंदाजा सही निकला। बेहद स्वाभाविक अभिनय किया उन्होंने। उनकी 'परफार्मेंस' ऐसी थी कि वो पूरी यूनिट को 'रच' करते थे।"[13] सईद मिर्जा जी भी जो फिल्मी दुनिया के जाने-माने निर्देशक हैं, भीष्म जी को 'मोहन जोशी हाजिर हो' में अनुबंधित कर शूटिंग के पश्चात् कुछ इस तरह विचार व्यक्त करते हैं :

"मैंने भीष्म जी से अभिनय करवाने का निर्णय इसलिए लिया, क्योंकि मुझे उनके चेहरे पर बहुत कुछ नजर आया। साफ लवजों में कहूँ तो उनके चेहरे पर मुझे तवारीख (इतिहास) नजर आई। एक तरह की डाक्यूमेंटरी और फिल्म इस बात की शाहिद (गवाह) है कि मेरी आँखों ने धोखा नहीं खाया था। कितनी गजब की परफारमेंस दी उन्होंने। मैं जितना सोचता था, उससे कहीं बढ़कर बेहतरीन काम किया। सबसे अहम बात यह रही कि मुझे उन्हें कुछ भी सिखाना नहीं पड़ा। एक बार भी यह नहीं कहना पड़ा कि मैं यह चाहता हूँ या आप ऐसा करिए। जबकि वो खुद मुझसे कहते थे कि तुम सबको कुछ न कुछ बताते हो, सिखाते हो, मुझे भी सिखाओ। लेकिन बतौर निर्देशक मैं जानता था कि उन्हें कुछ सिखाने-बताने की कोई जरूरत ही नहीं है। यकीनन भीष्म साहनी जी में अद्भुत अभिनय क्षमता है, महान अभिनेता हैं वो।"[14]

भीष्म जी का अभिनय के प्रति लगाव बचपन से रहा। नाटक की दुनिया उन्हें बहुत आकर्षित करती रही है। एक लंबी उम्र पार करके भी भीष्म जी का नाटक के प्रति क्या विचार है, असगर वजाहत के साथ बातचीत में उन्होंने अपने दिल की बात

कह दी है—"नाटक की दुनिया बड़ी आकर्षक और निराली दुनिया है। किस तरह धीरे-धीरे एक नाटक रूप लेता है और रूप लेने पर किस एक नए संसार की जैसे सृष्टि हो जाती है। यह अनुभव बहुत ही सुखद और रोमांचकारी होता है। नाटक खेलनेवालों के सिर पर एक तरह का जुनून छाया रहता है, जिसका मुकाबिला नहीं। मंच पर खेले जानेवाले नाटक से भी कहीं अधिक मनमोहक नाटक गृह का ग्रीन रूम होता है। अपनी-अपनी लाइनों तथा वेश-भूषा से उलझते अभिनेता किस रूप में प्रकट होंगे, जिंदगी में वे क्या हैं, यह गौण हो जाता है और नाटक में उसकी भूमिका—जो अपने में छाया से भी अधिक कहीं महत्त्वपूर्ण हो जाती है। बरसों बाद हानूश की रिहर्सलों के समय फिर से उस दुनिया में दाखिल होने का मौका मिला। एक दिन सुबह ग्यारह बजे निर्देशक महोदय से मिलने गया तो श्रीराम सेंटर की बाहरी दीवार पर कुछ लड़के-लड़कियाँ बैठे थे। उनके चेहरों पर अभी भी पिछली रात की खुमारी थी। कहीं-कहीं पर 'मेकअप' की सुर्खी भी थी। अभिनेताओं के लिए आसपास की कारोबारी दुनिया का कोई महत्त्व नहीं होता। जहाँ सुबह ग्यारह बजे लोग दफ्तर-बाजारों में काम कर रहे होते हैं, यहाँ सुबह ग्यारह बजे रिहर्सल की तैयारी थी। उनके लिए अस्तित्व होता है। नाटक की दुनिया का जो महीने दो महीने में अस्तित्व में आएगी और आँख झपकते फिर टूट-फूट जाएगी। बरसों बाद भी यह दुनिया मुझे बड़ी हृदयग्राही लगी और मन चाहा कि सब काम छोड़कर फिर नाटक खेलूँ।"[15]

लेखन के प्रति रुचि और पहली कहानी

जैसे कि पहले ही इस विषय पर चर्चा की जा चुकी है कि भीष्म जी एकभाषी कभी नहीं रहे, वे बहुभाषी लेखक थे। बचपन में घर पर ही हिंदी और संस्कृत के शिक्षक पढ़ाने आते थे। स्कूल में उर्दू की शिक्षा मिली। परिवार में ऐसे लोग थे जो हिंदी में लिखते थे। भीष्म जी की बुआ जी की बेटी सत्यवती मलिक हिंदी में लिखती थीं। उनके जीजा जी चंद्रगुप्त विद्यालंकार और बड़े भाई बलराज साहनी की कहानियाँ 'विशाल भारत' में छपती थीं। बुआ जी की बेटी हिंदी में कविताएँ लिखती थीं। इन्हीं वजहों से भीष्म जी का लगाव हिंदी के प्रति ज्यादा हुआ और हिंदी से जुड़ गए।

बात उन दिनों की है जब भीष्म जी लाहौर से अंग्रेजी में एम.ए. करके पुनः रावलपिंडी वापस लौट आए थे और अपने पिता जी के साथ व्यापार में हाथ बँटाने लगे थे। परंतु भीष्म जी का मन व्यापार में कम और इतर विषयों के प्रति ज्यादा था। भीष्म जी शाम के वक्त अपने व्यापार से लौटकर घर की ओर जा रहे थे। जैसा कि रोज आना-जाना होता था। उस दिन भी लौट रहे थे। रास्ते में लौटते वक्त एक घटना घटती दिखाई दी। भीष्म जी भी अन्य दर्शकों की भाँति वहीं रुक गए। भीड़ जमा थी और उसके बीच एक निरीह लड़की अपराधिनी की भाँति खड़ी थी। उसके पास ही एक अस्पताल था। अस्पताल के बरामदे में एक युवक बैठा था। युवक शक्ल से बीमार लग रहा था। बाद में पता चला कि दोनों युवक-युवती गाँव से भागकर शहर आ गए हैं। शहर में मेहनत मजदूरी करते हैं। परंतु सर छुपाने की जगह कहीं नहीं मिली है। लड़की बहुत ही सुंदर लग रही थी। खासकर उसकी आँखें बहुत आकर्षक थीं। लोग उससे छेड़छाड़ कर रहे थे।

भीष्म जी ने उस घटना को देखकर 'नीली आँखें' नाम की पहली कहानी लिखी, जिसे अमृतराय ने 'हंस' में छापकर भीष्म जी का साहित्य में पदार्पण कर दिया। दरअसल वो नीली आँखें आम दर्शक के लिए मात्र मौज-मस्ती का साधन थीं, लेकिन भीष्म जी के लिए वे आँखें साहित्य की आँखें साबित हुईं। उन आँखों से भीष्म जी को एक नई दृष्टि और आलोक मिला।

आजीविका और जीवन की विभिन्न स्थितियाँ

भीष्म जी 1933 में एम.ए. करने लाहौर चले आए थे। अंग्रेजी में एम.ए. करने के पश्चात् 1935 में भीष्म जी पुनः रावलपिंडी लौट आए। पढ़ाई पूरी करने के बाद जैसा कि हर युवा के मस्तिष्क में एक विचार उठता है कि अब आगे क्या किया जाए। वह विचार होता है, रोजगार से जुड़ा सवाल। यह सवाल भीष्म जी के सामने भी उठ खड़ा हुआ कि आखिर अब क्या किया जाए। यद्यपि भीष्म जी के परिवार में व्यापार विरासत से चला आ रहा था। आपके पिता जी भी एक अच्छे व्यापारी थे। बाजार में एक साख थी। परिवार के किसी भी नए सदस्य के लिए इस क्षेत्र में उतरना सुविधाजनक रहता। परंतु एम.ए. अंग्रेजी से करने के बाद क्या कोई नवयुवक व्यापार करना पसंद करेगा? कदापि नहीं। उसकी कुछ और ही आकांक्षाएँ होती हैं। परंतु कभी-कभी परंपरागत विवशताएँ होती हैं, जो इंसान को अपने-आप उस ओर धकेल देती हैं, जिससे वह दूर भागना चाहता है। कुछ ऐसा ही भीष्म साहनी के साथ भी हुआ।

बलराज साहनी भीष्म जी से पहले अपनी पढ़ाई पूरी करके पिता जी के साथ व्यापार में लग गए थे। परंतु व्यापार में जब उनका मन न लगा तो पिता जी और परिवार की अनिच्छा के बावजूद बलराज जी व्यापार से अलग हो गए। उन्होंने इस उद्यम में लगभग तीन वर्ष गुजारे और जब उनका मन न लगा तो रावलपिंडी छोड़कर अन्य व्यवसाय की तलाश में 'शांतिनिकेतन' चले गए। उस परिस्थिति में भीष्म जी ही अकेले ऐसे सदस्य बचे जो पिता के व्यवसाय को आगे बढ़ा सकते थे, साथ ही माँ-बाप के बुढ़ापे की लाठी बन सकते थे। भीष्म जी पिता जी के कार्य में हाथ बँटाने लगे। भीष्म जी के पिता जी भी सच्चे मायने में व्यवसायी नहीं थे। उनकी रुचि सामाजिक कार्यों में ज्यादा थी। वे महत्त्वाकांक्षी व्यापारी नहीं थे। जब भीष्म जी व्यापार में उतरे तो उनके पिता जी व्यापार से मुक्त हो गए। उन्होंने सारा भार भीष्म जी के कंधों पर डाल दिया।

कलाकार का मन भला व्यापार में कब तक लगता। वैसे भी कहा जाता है कि कलाकार का आधा मन जमीन पर और आधा आसमान में विचरता रहता है। भीष्म जी का मन भी कुछ ऐसा ही था। व्यापार करना उनकी मजबूरी थी। क्योंकि बड़े भाई बलराज पहले ही घर छोड़कर चले गए थे। भीष्म जी सुबह से शाम तक कोल्हू के बैल की तरह जुते रहते। इस तरह काम करते-करते उनका मन बहुत जल्दी उचट गया। परंतु इस बोरियत से छुटकारा मिलना इतना आसान नहीं था। फिर भी भीष्म जी इस बोरियत के विकल्प की तलाश में जुट पड़े।

भीष्म जी ने स्थानीय नाटक मंडली की स्थापना की। उनकी ऐसी मान्यता थी कि अगर कुछ समय व्यापार के साथ नाटक में व्यय किया जाए तो अंदर की उदासी

को कम किया जा सकता है। इस तैयारी में लगे ही थे, तभी उन्हें स्थानीय डी.ए.वी. कालेज से अंग्रेजी पढ़ाने का निमंत्रण आ पहुँचा। वह अवसर भीष्म जी के लिए स्वर्ण अवसर के समान था। भीष्म जी व्यापार के साथ-साथ डी.ए.वी. कालेज रावलपिंडी में आनरेरी तौर पर अंग्रेजी पढ़ाने लगे।

कालेज का पढ़ाना या शिक्षा जगत् से जुड़ जाने का मुख्य फायदा यह हुआ कि वर्षों से मन में बसे नाटक के शौक को फलने-फूलने का मौका हाथ आ गया। कालेज में ही नाटक शुरू हो गया। इस तरह भीष्म जी ने एक साथ व्यापार, कालेज में पढ़ाना और नाटक खेलना शुरू कर दिया। इससे उनके मन में व्यापार की जो उलझन थी, बहुत कुछ कम हो गई।

युवाकाल में जीवन की विभिन्न स्थितियाँ

कलाकार हो या साहित्यकार उसकी जिंदगी सिर्फ कला व साहित्य के इर्द-गिर्द ही नहीं घूमती बल्कि उसकी भी जिंदगी आम आदमी की तरह कई स्थितियों-परिस्थितियों के बीच से गुजरती है। उसे भी आम जिंदगी से बँधना पड़ता है। परिवार, समाज, मोहल्ला और अपने गाँव-शहर के साथ-साथ युगानुकूल हवा के साथ भी बहना पड़ता है। उससे जुड़ी हुई कई अन्य जिम्मेदारियों से खुद को बाँधना पड़ता है। ये सारी समस्याएँ भीष्म जी के साथ भी जुड़ी हुई थीं, जैसा कि परिवार और माता-पिता को लेकर उन्होंने सही ही कहा है—"मैं व्यापार करता रहा पर साथ ही साथ स्थानीय कालेज में आनरेरी तौर पर पढ़ाने भी लगा। इससे व्यापार की कोफ्त कम हो गई। थोड़ा बहुत कांग्रेस में काम करने लगा। पर व्यापार का तौक भी दस साल तक गले के साथ लटका रहा। इससे निजात तब मिली, जब देश का बँटवारा हो गया। तब मैंने सचमुच बड़ा आजाद महसूस किया। इससे पहले छोड़ सकता था, अगर विरोध करता, पर न तो विरोध करने की हिम्मत ही थी और न ही मन मानता था। क्योंकि भाई एक बार घर से निकले तो लौटकर नहीं आए, और हम केवल दो ही भाई थे और हम दोनों ही माँ-बाप को छोड़कर घर से निकल जाएँ, यह सही नहीं लगता था। फिर व्यापार की घुटन, नाटक खेलने, कांग्रेस में काम करने और कालेज में पढ़ाने से बहुत कुछ कम हो गई थी।"[16]

यह बात उन दिनों की है जब भारत आजादी की लड़ाई अपने हथियारों से लड़ रहा था। देश का हर नौजवान इस लड़ाई में अपने ढंग से भागीदारी निभा रहा था। खासकर पंजाब और सिंध का प्रांत अंग्रेजी हुकूमत की दमनकारी नीति का बेहद शिकार था। रावलपिंडी उसी प्रांत की एक छोटी जगह थी, जो हर दृष्टि से पिछड़ा था। इसके बावजूद अंग्रेजी सरकार के रवैये से लोग काफी परेशान थे।

भीष्म जी भी 1942 के भारत छोड़ो आंदोलन में कूद पड़े। उन्होंने कांग्रेस की सदस्यता ग्रहण की। यद्यपि भीष्म जी कभी जेल नहीं गए। परंतु उनकी लड़ाई अपने ढंग की थी। उन्होंने हिंदू-मुस्लिम दंगे और अंग्रेजों का दमन अपनी आँखों से देखा है। शायद यही वजह है कि जब भीष्म जी ऐसे प्लाट अपनी कहानियों और उपन्यासों में उठाते हैं, तो ऐसा लगता है कि भीष्म जी चित्रात्मक शैली में उसके रेशे-रेशे को उकेरते जाते हैं। भीष्म जी ने भारतीय स्वतंत्रता आंदोलन में खुलकर भाग लिया। भीष्म जी ने बँटवारे की पीड़ा को भी जिया है। उनका उपन्यास 'तमस' जहाँ हिंदू-मुस्लिम दंगे और अंग्रेजी हुकूमत की दोगली नीति का पर्दाफाश करता है, वहीं 'मैयादास की

माड़ी' में उस कालखंड में हो रहे हिंदुस्तानी चरित्र में लीपा-पोती का जीता-जागता दस्तावेज है।

भीष्म जी की सगाई और शीला जी के संग ब्याह

व्यक्ति कितना ही सुशील, सभ्य और शालीन हो, परंतु किसी न किसी स्तर पर विरोध के लिए उसे भी खड़ा होना पड़ता है। यह वैचारिक स्तर पर भी हो सकता है और व्यक्तिगत रूप में भी हो सकता है। भीष्म जी में इतनी हिम्मत नहीं रही कि पिता जी से व्यापार न करने का विरोध करें। यद्यपि उनकी इच्छा बिल्कुल नहीं थी कि वह व्यापार करें, फिर भी उन्हें मालूम था कि बलराज जी के जाने के बाद और कोई नहीं है, जो पिता जी के कार्य में हाथ बँटाए, और अगर भीष्म जी भी व्यापार से अलग हो जाते तो निश्चित रूप से पिता जी अकेले पड़ जाते। शायद इसीलिए भीष्म जी ने इसका विरोध नहीं किया, परंतु जब बात उनके जीवन साथी चुनने की आई तो उन्होंने पिता जी के समक्ष खुद न करके अपने मित्र के माध्यम से विरोध दर्ज कराया।

भीष्म जी के पिता जी ने भीष्म जी की सगाई अपने एक मित्र की लड़की से कर दी। लड़की पढ़ी-लिखी बिल्कुल नहीं थी। भीष्म जी ने विरोध किया और अपने तर्क प्रस्तुत किए, पिता जी मान गए। शीला जी भीष्म जी के जीवन में जीवन-संगिनी बनकर कैसे आईं, इस अतीत को उन्हीं के शब्दों में कुछ इस प्रकार हुआ—''भीष्म जी से पहली बार आमने-सामने होने के संदर्भ में बताते हुए शीला जी कहती हैं कि रावलपिंडी में मेरे पिता जी पुलिस में थे। एक बार भीष्म जी के 'भूतगाड़ी' नामक नाटक को दिखाने ले गए। इसी नाटक में भीष्म जी को मैंने पहली बार देखा। यह नाटक मुझे काफी अच्छा लगा। इसमें भीष्म जी ने अभिनय भी अच्छा किया था।

मैं रावलपिंडी में डी.ए.वी. कालेज में बी.ए. (तृतीय वर्ष) की छात्रा थी। वहीं अंग्रेजी की क्लास में पढ़ाते हुए उनसे पहली मुलाकात हुई। उन्होंने बहुत अच्छा पढ़ाया था। अंग्रेजी के नाटक का पहले उन्होंने सारांश बता दिया, फिर रोचक ढंग से नाटक पढ़ाया। इससे मैं काफी प्रभावित हुई थी।

उन दिनों मैं साइकिल से कालेज जाती थी। भीष्म जी बहुत सीधे-सादे, बहुत चुप और गंभीर रहनेवाले प्राध्यापक थे, जबकि मैं काफी चंचल थी।

1944 में मैं बीस बरस की थी और भीष्म जी 28 बरस के थे। एम.ए. की परीक्षा देने के पाँच दिनों बाद मेरी शादी हुई। हालाँकि भीष्म जी की सगाई उनके माता-पिता ने बचपन में ही किसी और लड़की के साथ तय कर दी थी। वह लड़की काफी मोटी-तगड़ी थी। वह पढ़ी-लिखी नहीं थी। भीष्म जी ने मुझे पसंद किया था।''[17] इस तरह भीष्म जी शीला जी के साथ बंधन में बँध गए।

शरणार्थी के रूप में भारत आना

जब भारत और पाकिस्तान के बँटवारे पर देश की आजादी मिलने की बात आई, तो देश भक्तों के सामने पुनः किंकर्तव्यविमूढ़ जैसी स्थिति पैदा हो गई। जो लोग इस बात के विरोध में थे कि देश का बँटवारा नहीं होना चाहिए, शायद उन्हें ही सबसे ज्यादा इस त्रासदी को भोगना पड़ा। अगर इतिहास के अलावा खुली आँखों से उस त्रासदी

को जिन्होंने देखा है और भोगा है, उनमें भीष्म साहनी भी एक हैं। बँटवारे के पूर्व और बँटवारे के बाद की स्थिति यशपाल के 'झूठा सच' को पढ़ने के बाद साफ हो जाती है। भीष्म जी ने उसी त्रासदी को (बँटवारे के पूर्व) 'तमस' में व्यक्त किया है।

बात 13 अगस्त, 1947 की है। हजारों परिवारों के साथ भीष्म साहनी का भी परिवार दिल्ली के लिए रवाना हुआ। यह संयोग की बात थी कि इसके पूर्व बलराज जी के पाँव फिल्मी दुनिया बम्बई में जम चुके थे। कभी-कभी अनजाने में कुछ गलतियाँ ऐसी होती हैं, जो आगे चलकर बड़ी सार्थक सिद्ध होती हैं। शायद उस दिन बलराज जी का घर से जाना उनके पिता को अच्छा न लगा होगा। परंतु जब दिल्ली शरणार्थी के रूप में आना और वहाँ से बंबई आकर एक व्यवस्थित जिंदगी का पुनः मिल जाना एक सुखद अनुभूति ही हुई होगी।

भीष्म जी बलराज जी के पास आकर 'इप्टा' से जुड़ गए और नाटक खेलने लगे। बलराज जी चूँकि स्वयं एक अच्छे कलाकार थे और उनकी पत्नी भी फिल्मों में काम करती थी, इसलिए घर का माहौल पूरी तरह से कलात्मक था। भीष्म जी का मानना है कि जब वह रावलपिंडी में थे उस समय वह कला के संदर्भ में सिर्फ किताबी ज्ञान रखते थे। परंतु बलराज जी और 'इप्टा' के संपर्क में आकर भीष्म जी के विचारों और कार्य-शैली में व्यापक परिवर्तन आया। बलराज जी एक-दो बार भीष्म जी को फिल्मों में काम दिलाने के लिए भी गए, परंतु बात नहीं जमी। फिर भीष्म जी का स्वाभिमान भी आड़े आने लगा। भीष्म जी स्वयं के बनाए रास्ते पर चलने के लिए विवश थे।

इप्टा से जुड़ने के बाद भीष्म जी कांग्रेस से अलग हो गए और कम्युनिस्ट पार्टी से संबद्ध हो गए।

विचारपरक विकास, प्रगतिशील आंदोलन से संपर्क

भीष्म साहनी ने स्वयं रास्ता चुनना ज्यादा पसंद किया। जब वह जनवादी विचारधारा से जुड़े तो भीष्म जी के विचार और जीवन पद्धति में आमूल परिवर्तन हो गया। जनवादी विचारधारा ने जहाँ उन्हें सोचने का नया क्षितिज प्रस्तुत किया वहीं उन्हें पूरी तरह से समाजोन्मुखी बना दिया। बंबई के बाद भीष्म जी पंजाब आ गए और अंबाला के एक कालेज में पढ़ाने लगे, परंतु भीष्म जी अब पहले वाले भीष्म साहनी नहीं रह गए थे। उन्होंने साम्यवादी विचारधारा के समर्थन में कालेज के प्राध्यापकों की यूनियन बनाई। उस यूनियन का इतना अच्छा प्रभाव हुआ कि वह यूनियन पूरे प्रदेश में फैल गई। पूरे प्रदेश में एक दिन की सफल हड़ताल भी आयोजित हुई। यूनियन रातों-रात चर्चित हो गई। लेकिन यूनियन की सफलता भीष्म साहनी के लिए मुसीबत सिद्ध हुई। भीष्म जी शहर-शहर घूमकर पैम्फलेट छपवाते और बाँटते, फिर मीटिंग करते। जिसका परिणाम यह हुआ कि पुलिस उनके पीछे पड़ गई और कालेज से उन्हें निकाल दिया गया।

भीष्म जी अपने साथियों के साथ जिस शहर में नाटक खेलते, पुलिस वहीं उनके पीछे पड़ जाती। उन्हें जल्दी ही वह स्थान छोड़ना पड़ता और किसी दूसरी जगह मंच जुटा लेते। कुछ महीने तक यह चलता रहा। इस बीच उन्हें एक और कालेज में नौकरी

मिली। परंतु उनकी जनवादी गतिविधियों और मार्क्सवादी विचारधारा ने वहाँ से भी छुट्टी करा दी। भीष्म जी के प्रगतिशील आंदोलन में फिर भी कोई कमी नहीं आई। परंतु उनकी पत्नी शीला जी की स्थिति सुदृढ़ होती दिखी। उन्हें पहले जालंधर में नौकरी मिली, फिर दिल्ली में और भीष्म जी भी उन्हीं के साथ 49-50 में पुनः दिल्ली आ गए।

वास्तव में भीष्म जी प्रगतिशील आंदोलन से दिल्ली आने के बाद एक लेखक की हैसियत से जुड़े। दरअसल इसके पहले तक तो उनकी जिंदगी खानाबदोश ही रही। प्रगतिशील आंदोलन और विचारपरक आंदोलन की चर्चा आगे बढ़ाई जाए, इसके पूर्व प्रगतिशील आंदोलन के इतिहास पर संक्षिपत रूप से विचार करना आवश्यक प्रतीत होता है।

प्रगतिशील लेखक संघ का पहला सम्मेलन 1936 में लखनऊ में हुआ। जिसकी अध्यक्षता कथा सम्राट प्रेमचंद ने की थी, लेकिन प्रगतिशील लेखन की शुरुआत वहीं से हुई है, इस बात से सहमत, पूरी तरह से नहीं हुआ जा सकता। दरअसल हमारी प्राचीन मानवतावादी परंपरा उन्नीसवीं शताब्दी के अंतिम वर्षों में ही समाजोन्मुख होने लगी थी। आदर्शवादी पुट देर तक बना रहा, लेकिन सामाजिक चेतना निश्चय ही बढ़ने लगी। ऐसा अकारण नहीं हुआ। उसके पीछे सचेत प्रयास भी थे और वातावरण में पाई जानेवाली एक नई दायित्व भावना भी थी, जिसे नवजागरणकाल कहना गलत न होगा। इसमें प्राचीन संस्कृति का गौरव भी था। समाज में पाई जानेवाली कुरीतियों और कुप्रथाओं की कटु आलोचना भी थी और आगे बढ़ने, उन्नति करने की एक राष्ट्रव्यापी भावना भी थी, देश प्रेम भी था।

1936 के सम्मेलन के आसपास यह दृष्टि और भी अधिक सजग हुई। पिछला आदर्शवादी दृष्टिकोण असंगत होने लगा, संस्कृत का गौरवगान भी कम हुआ, लेखक समाज के भीतर पाई जानेवाली विसंगतियों और अंतर्विरोधों के प्रति अधिक सचेत हुआ, समाज एक इकाई में न रहकर वर्गों में बँटा हुआ जनसमुदाय बन गया। समाज के प्रति उत्तरोत्तर मार्क्सवादी दृष्टि अपनाई जाने लगी। इसे पिछले समाजोन्मुख, मानवतावादी लेखन के विकास का अगला चरण कहना अधिक संगत होगा।

भीष्म साहनी भी इसी जनोन्मुख आंदोलन की एक विशेष उपलब्धि हैं। उन्होंने एक साथ इप्टा, आई.एस.सी.व्ही.एस. और पी.डब्ल्यू.ए. तीनों में समन्वित रूप से कार्य किया। तीनों संस्थाएँ देशव्यापी आंदोलन के रूप में उभरीं। इस आंदोलन ने कला और साहित्य के क्षेत्र में एक से बढ़कर एक लेखक, साहित्यकार और कलाकार दिए। संगठन के संबंध में भीष्म जी का स्वयं का मत है—"साहित्य सृजन के स्तर पर भले ही किसी संगठन का योगदान बहुत सीमित रहा हो—हालाँकि संगठन की गतिविधि से, साहित्य और समाज के प्रति उसकी दृष्टि से, तथा उस संगठन से जुड़े प्रतिभासंपन्न सहकर्मियों से, लेखक को अपने काम में भी बड़ी प्रेरणा और उत्साह मिल सकता है। पर इससे अलग सामाजिक-सांस्कृतिक भूमिका होती है। यदि आज सांप्रदायिक, विसर्जनवादी तत्त्वों के विरुद्ध खड़ा होने की जरूरत है, तो एक संगठन उसमें प्रभावी भूमिका निभा सकता है। इसी भाँति लेखक प्रकाशन से जुड़ी समस्याओं के समाधान के लिए एक साझा मंच जुटा सकता है। समाज में एक जीवंत सांस्कृतिक माहौल पैदा करने की

दिशा में भी अपना योगदान दे सकता है।"[18]

भीष्म साहनी विचारों से मार्क्सवादी हैं, परंतु रचना और विचारधारा के अंतःसंबंधों को लेकर उनके यहाँ कोई परेशानी नहीं है। इसका कारण यह है कि विचारधारा उनके जीवन में पूरी तरह रच-बस गई है। यही कारण है कि उनके यहाँ कोई वैचारिक स्खलन नहीं है, आरोपण नहीं है, धारणात्मक इरादे नहीं हैं। यदि है तो यथार्थ का एक संपूर्ण और संश्लिष्ट बोध, जिसे वे बिना किसी आवेश या उतावलेपन के एक मानवीय संस्पर्श तथा प्रमाणिकता के साथ रचना-प्रक्रिया में ढाल देते हैं। इस संदर्भ में साहनी जी की रचना-दृष्टि बिल्कुल साफ है। वास्तव में जब किसी विचारधारा को कोई आत्मसात करता है तो वह उसके संपूर्ण अस्तित्व में घुल-मिल जाती है। इस तरह उस व्यक्ति के साहित्य में और कहें कि उसकी जीवन-दृष्टि में परिलक्षित होती है। वह कोई बनावटी चेष्टा नहीं रह जाती। पर यदि वह वास्तव में किसी विचारधारा को आत्मसात न कर सकेगा, तो जाहिर है वह अच्छा नहीं लिख पाएगा। यह दिखने के लिए वह निश्चित विचारधारा की मानता है, लेखक बने-बनाए निष्कर्ष निकालने लगेगा। व्याख्याएँ देने लगेगा। भीष्म जी ने विचारधारा को पूरी तरह आत्मसात् किया है। उन्होंने निष्कर्ष निकालने की कोशिश कभी नहीं की।

दिल्ली आने के बाद भीष्म जी युवा रचनाकारों के बीच साहित्यिक गोष्ठियों में निरंतर भाग लेने लगे। उसी दौरान आपको दिल्ली कालेज में प्राध्यापक की नौकरी मिल गई और भीष्म जी के जीवन में यहीं से भागदौड़ की जिंदगी से मुक्ति मिली और स्थायित्व के द्वार भी खुल गए। प्रगतिशील आंदोलन ने जहाँ भीष्म जी के विचारों को पुष्ट किया है, वहीं जीवन के अधिक निकट जाने को बाध्य किया है। 'तमस' यद्यपि उस कालखंड की व्यथा-कथा कहता जब देश आजादी के कगार पर खड़ा था। परंतु भीष्म जी ने उस सच्चाई को तब समझा और लिखा, जब जिंदगी के अधिक निकट जाकर मानवीय पीड़ा को भी महसूस किया। यही बात उनके उपन्यास 'बसंती' के साथ भी लागू होती है। संगठन से जुड़ने के कई लाभ भी हैं और कुछ हानि भी। लेखक सिर्फ बहसों में उलझा है तो उसका हश्र कभी अच्छा नहीं हो सकता, परंतु उसके साथ-साथ अगर उसका लेखन भी जारी है तो एक नई स्फूर्ति और प्रेरणा के साथ आगे बढ़ता जाता है। उसमें आत्मविश्वास बढ़ता है, एक तंग घेरे में से निकलने में सहायक होता है, और बहुत सारे नकारात्मक तत्त्व उभरने लगते हैं।

विदेश यात्रा

भीष्म जी ने जब कालेज की पढ़ाई पूरी की थी उन्हीं दिनों लाहौर में नया रेडियो स्टेशन खुला था। कालेज के प्रिंसिपल ने सिफारिश की। परंतु भीष्म जी जाऊँ या न जाऊँ की दुविधा में पड़ गए। रेडियो की नौकरी का मतलब था, शहर छोड़ना, माँ-बाप को अकेले छोड़ना, क्योंकि बड़े भाई बलराज पहले से ही घर छोड़कर जा चुके थे और भीष्म जी नहीं गए। परंतु जब 1957 में भारत सरकार ने उनका चयन मास्को में अनुवादक के रूप में किया, तब वही दुविधा पुनः सामने आ खड़ी हुई। क्योंकि माता-पिता वृद्ध थे। फिर भी उस अवसर को ठुकराना बहुत बड़ी भूल होती। भीष्म जी 1957 में मास्को चले गए। उसी दौरान भीष्म जी ने यूरोप के कई देशों की यात्रा

की। चेकोस्लोवाकिया की राजधानी प्राग में भीष्म जी निर्मल वर्मा से मिले। प्राग की एक मशहूर लोककथा को आधार मानकर भीष्म जी ने एक बहुचर्चित नाटक 'हानूश' लिखा। भीष्म जी पूरे सात वर्षों तक मास्को में रहे। भीष्म जी वहाँ पर रूसी पुस्तकों का हिंदी में अनुवाद करते थे। और भारतीय लेखकों का अंग्रेजी अनुवाद भी किया है जिसकी चर्चा आगे की जाएगी।

गतिविधियाँ

भीष्म साहनी 'राष्ट्रीय प्रगतिशील लेखक संघ' के महासचिव हैं। भीष्म जी एफ्रोएशियाई लेखक के भी महासचिव हैं। उनमें एक जागरूक संगठनकर्ता की सूझ-बूझ है। 1963 में जब भीष्म जी मास्को से लौटे तो पुनः दिल्ली कालेज में पढ़ाने लगे और प्रगतिशील लेखक संघ से पुनः जुड़कर उसकी गतिविधियों में भाग लेने लगे। इसी बीच, कमलेश्वर जी ने 'नई कहानियाँ' के संपादक के पद से इस्तीफा दे दिया। भीष्म जी की प्रतिभा यहाँ भी काम आई। भीष्म जी 1965 में 'नई कहानियाँ' के संपादक बना दिए गए, 1968 में संपादक की हैसियत से अलग होकर, लेखन और अध्यापन के प्रति पूरी तरह से समर्पित हो गए। 1980 में अध्यापन से सेवानिवृत्त होने के बाद भीष्म जी का अधिकतम समय संगठन के कार्य में व्यतीत होने लगा। उन्हीं के निर्देशन से पूरे देश भर में 'राष्ट्रीय प्रगतिशील लेखक महासंघ' की सैकड़ों इकाइयाँ सक्रिय हैं।

भीष्म जी का कथन है कि नगरों, कस्बों और गाँवों में छोटे-छोटे आयोजनों से वर्ग-बोध विकसित होता है। समकालीन समस्याओं के प्रति दृष्टिकोण बनता है। उदासीनता टूटती है, सक्रिय होने की ललक पैदा होती है। छोटे-छोटे आयोजनों से मनुष्य के भीतर छिपी सृजनात्मकता मचलने लगती है। इन आयोजनों की शिरकत से एक सही मनुष्य होने और बनने की इच्छा बलवती होने लगती है।

भीष्म साहनी आज भी देश-विदेश की साहित्यिक गतिविधियों में बराबर अपनी भागीदारी निभाते हैं। जितनी सक्रियता उनके लेखन में है, उतनी ही सक्रियता नाटकों में भी है। भीष्म जी दिल्ली की नाट्य-मंडली 'प्रयोग' के अध्यक्ष भी हैं। 'प्रयोग' अब तक उनके नाटक 'हानूश', 'कबिरा खड़ा बाजार में' और 'माधवी' के सैकड़ों मंचन पूरे देश में कर चुका है। भीष्म जी उतनी ही सक्रियता से 'इप्टा' जैसी संस्था से आज भी जुड़े हैं। देश के किसी भी कोने में अगर कहानी, नाटक से संबंधित कार्यक्रम होते हैं, भीष्म जी की उपस्थिति अवश्य होती है।

इसके अलावा बहुचर्चित फिल्म 'मोहन जोशी हाजिर हो' मोहन जोशी के रूप में और 'तमस' सीरियल में सरदार हरनाम सिंह का सफल चरित्र अभिनीत किया है।

निजी परिवार

भीष्म साहनी के परिवार के संदर्भ में इसके पूर्व चर्चा की जा चुकी है। फिर भी निजी परिवार में एक अच्छा लड़का और एक लड़की है। लड़की की शादी हो चुकी है और वह अपने बाल-बच्चों के साथ ससुराल में है। भीष्म जी का बच्चा वरुण मास्को में अध्ययन पूरा करके नौकरी कर रहा है।

व्यक्तित्व के विशेष गुण

व्यक्ति कितनी ही ऊँचाई क्यों न छू ले, परंतु अगर वह एक अच्छा इंसान नहीं बन सका तो उसकी सारी उपलब्धि एक दिन नकार दी जाती है। इतिहास के पन्नों में इतने चरित्र भरे पड़े हैं, जिनकी उपलब्धि उन्हें ऐतिहासिक पात्र बनाती है। परंतु स्वभाव की जड़ता, असहयोग की भावना, खुद को सब कुछ समझना और तंगदिली ने उन्हें हाशिये में ला दिया है फिर भी लेखक साहित्यकार व कलाकार होने की पहली शर्त है कि वह व्यक्ति अच्छा इंसान हो।

भीष्म जी जितने बड़े कलाकार हैं, उससे भी बड़े इंसान हैं। उनका स्वभाव तो ऐसा है जैसे वाणी में मिश्री घुली हो। कम बोलना तो उनकी प्रकृति है, परंतु जितना बोलते हैं, ऐसा लगता है, जैसे फूल की पंखुड़ियाँ झर रही हों। सामनेवाले पर कभी वजनी नहीं पड़ते। उनसे बातें करनेवाला व्यक्ति यह कभी नहीं महसूस कर सकता कि भीष्म जी उससे बड़े व अंतर्राष्ट्रीय ख्याति प्राप्त लेखक हैं। उनके इस स्वभाव को करीब से देखने और परखने का सबसे ज्यादा मौका मिला है, उनकी पत्नी श्रीमती शीला साहनी जी को। देखें शीला जी अपने पति के संदर्भ में क्या कहती हैं ?

शीला साहनी : "वो पति के रूप में तो बहुत अच्छे हैं, परंतु व्यावहारिक बिल्कुल नहीं हैं। इनकी अच्छाई का सभी नायायज फायदा उठाते हैं। मैं तो इनकी विनम्रता से परेशान हूँ। इनकी विनम्रता का लाभ दूसरे लोग उठाते हैं, और उससे तकलीफ मुझे होती है। वे साधु हैं, कर्मयोगी हैं, निष्काम कर्मयोगी हैं ये सारी बातें तो बड़ी ऊँची हैं, परंतु बीवी के लिए यह कमाल की बातें नहीं होतीं, बल्कि मुसीबत होती हैं। भीष्म जी को हुक्म लेना खूब आता है, देना नहीं आता। वे खुद मेरे साथ खाना बनाते हैं। ये कुछ भी करते हुए कभी थकते नहीं। उन्होंने मुझे कभी भी दबाया नहीं। परंतु मेरी सुख-सुविधाओं के प्रति उनका ध्यान भी नहीं गया।"[19]

"भीष्म जी की आदत है शाम को लिखने की। उस वक्त अक्सर कोई न कोई आ जाता। शीला जी बताती हैं कि भीष्म न चाहते हुए भी उसके सामने आकर बैठ जाते हैं। विचारों में इतना खोये रहते हैं कि मुझे मजबूरन सामनेवाले से आकर बात करनी पड़ती है। भीष्म मेहनत बहुत करते हैं। एक बार लिखेंगे, फिर उसे ठीक करेंगे, फिर उसकी फेयर कापी बनाएँगे। एक ही चीज को कई-कई बार लिखते हैं। इनमें पैसेन्स बहुत ज्यादा है। कई बार कहती हूँ कि टाइप करवा लीजिए, तो कहते हैं, हाथ से फेयर करने में एक फायदा है कि कई नई बातें सूझ जाती हैं।"[20]

भीष्म जी का व्यक्तित्व उनके समकालीनों की नजर में

कृष्णा सोवती : प्रसिद्ध लेखिका कृष्णा सोवती भीष्म जी के संबंध में कहती हैं—"भीष्म वह चेहरा है जो आप में से किसी का बेटा हो सकता है, किसी का भाई, किसी का भतीजा और हर किसी का दोस्त। कहने का मतलब यह कि आप किसी भी कबीले में भीष्म जैसे बरखुरदार को मजबूती से बँधा देख सकते हैं। भीष्म जी जो हैं वह सामने हैं। जितनी आँख और सब्र आपके पास है, उतना ही सहजपन आप

भीष्म के इर्द-गिर्द देख सकते हैं, पा सकते हैं। भीष्म के पास कोई हाशिया नहीं है। कोई पर्दा नहीं। वह सादगी पसंद सादा मिजाज इंसान है।"[21]

डॉ. नामवर सिंह : भीष्म साहनी वर्तमान हिंदी जगत् के उन थोड़े से लेखकों में हैं, जो सच्चे अर्थों में धर्म-निरपेक्ष और प्रतिबद्ध हैं। खास बात यह है कि वे अपनी रचनाओं में इस आस्था का ढोल नहीं पीटते। यह विशेषता उनके व्यक्तित्व का अभिन्न अंग है कि इसे उन्हें दिखावे की जरूरत नहीं पड़ती। उनके सौम्य, शालीन, सहज और विनम्र व्यक्तित्व के साथ विचारों की दृढ़ प्रतिबद्धता इतना घुलमिल गई है कि कभी-कभी उसके बारे में भ्रम भी होता है। बिना आक्रामक हुए भी कोई लेखक प्रतिबद्ध हो सकता है, इसकी सर्वोत्तम मिसाल भीष्म साहनी है।"[22]

राजेंद्र यादव : "भीष्म में एक खास तरह का ठंडापन है जिसे कुछ लोग आलोचना करते वक्त एकयांत्रिक एप्रोच कहते हैं। इस बात पर मुझे शिकायत है भीष्म से कि वे बहुत तीव्र आवेशों के कथाकार नहीं हैं, चाहे वह प्रेम भावना या मानवीयता हो। यही कारण है कि इस स्तर पर 'तमस' की माँ भी एक सामान्य, निरीह और असहाय बूढ़ी औरत है। इसलिए उसमें अलग से कुछ नहीं है, वो टाइप्ड ज्यादा हैं, व्यक्ति कम।"[23]

विष्णु प्रभाकर : "भीष्म साहनी बहुत ही संवेदनशील व्यक्ति हैं। इसका असर भी उनके साहित्य में देखने को मिलता है। उनके इस सरल और सौम्य व्यक्तित्व के कारण ही उन पर मार्क्सवाद उस रूप में हावी नहीं है, जैसा अन्य वामपंथी लेखकों में देखने को मिलता है।"[24]

डॉ. कमला प्रसाद : "भीष्म जी स्वभाव से बेहद नम्र हैं। मैंने उन्हे गुस्से में कम देखा है। अकारण गुस्से में रहनेवाले साथी उन्हें गांधीवादी कहते हैं। हमें मालूम है कि यह नम्रता न कायरता है और न नाटकीयता, वह स्वभाव की निर्भयक्तिकता है। वह ज्ञानात्मक संवेदना की झलक है।"[25]

फिल्म निर्देशक सईद मिर्जा : "भीष्म जी का स्वभाव इतना सहयोगी है कि पूछिए मत। एक अत्यंत उम्दा इंसान में जितनी खासियत होनी चाहिए, सारी की सारी उनमें है। बुजुर्ग होते हुए भी वो किसी मुश्किल के सामने विचलित नहीं होते थे। पानी में तैरते हुए वो कई दफा लोकेशन पर पहुँचे और एकबार भी यह शिकायत नहीं की गई, मैं बुजुर्ग आदमी हूँ, मुझे इस तरह तकलीफ होती है।"[26]

भीष्म साहनी अपने व्यक्तित्व और कृतित्व दोनों में सादगी पसंद हैं। उनमें बनावटीपन कहीं नहीं है। यही वजह है कि भीष्म युवा और बुजुर्ग दोनों में लोकप्रिय हैं।

भीष्म साहनी की अब तक की उपलब्धियाँ

उपन्यास झरोखे (1967), कड़ियाँ (1970), तमस (1973), बसंती (1980), मैयादास की माड़ी (1988) एवं कुंतो (1993)

कहानी संग्रह भाग्यरेखा (1953), पहला पाठ (1956), भटकती राख (1966), पटरियाँ (1973), वाड़चू (1978), शोभायात्रा (1981), निशाचर (1983), पाली (1989) के अतिरिक्त मेरी प्रिय कहानियाँ और हिंदी कहानी संग्रह (संपादन)

नाटक हानूश (1977), कबिरा खड़ा बाजार में (1981), माधवी (1984), मुआवजा (1993)

निबंध संग्रह अपनी बात (1989)

बाल साहित्य गुलेल का खेल (1980) तथा वापसी

पुरस्कार-सम्मान

1. भाषा विभाग, पंजाब द्वारा 1975 में 'शिरोमणिलेखक' पुरस्कार।
2. तमस उपन्यास पर 1976 में साहित्य अकादेमी पुरस्कार।
3. अफ्रोएशियायी लेखक संघ की ओर से 1980 में 'लोटस' पुरस्कार।
4. 1979-80 में दिल्ली साहित्य कला परिषद द्वारा सम्मानित।
5. 1985 में उपन्यास 'बसंती' पर उत्तर प्रदेश हिंदी संस्थान से पुरस्कृत।
6. 1990 में हिंदी-उर्दू साहित्य पुरस्कार (लखनऊ)
7. 1990 में मैयादास की माड़ी उपन्यास के लिए हिंदी अकादेमी, दिल्ली से पुरस्कृत।

संदर्भ

1. भीष्म साहनी : व्यक्ति और रचना, पृ. 9; 2. सारिका के अगस्त अंक 1965 में, पृ. 26; 3. भीष्म साहनी : व्यक्ति और रचना, पृ. 30; 4. भीष्म साहनी : व्यक्ति और रचना, पृ. 11; 5. भीष्म साहनी : रचना और व्यक्तित्व, पृ. 18; 6. भीष्म साहनी : व्यक्ति और रचना, पृ. 49; 7. भीष्म साहनी : व्यक्ति और रचना, पृ. 50; 8-9. भीष्म साहनी : रचना और व्यक्तित्व, पृ. 33, 34; 10. भीष्म साहनी : व्यक्ति और रचना, पृ. 37; 11. भीष्म साहनी : व्यक्ति और रचना, पृ. 12; 12. भीष्म साहनी : व्यक्ति और रचना, पृ. 39; 13. भीष्म साहनी : व्यक्ति और रचना, पृ. 39; 14. सारिका, पृ. 19, वर्ष 90; 15. भीष्म साहनी : व्यक्ति और रचना, पृ. 16; 16. बातचीत-तीन : भीष्म साहनी : केवल गोस्वामी, पृ. 31; 17. सारिका, पृ. 18, वर्ष 90; 18. सारिका, पृ. 37, वर्ष 1990; 19. शीला साहनी : सारिका, वर्ष 1990, पृ. 18; 20-21. भीष्म साहनी : व्यक्ति और रचना, पृ. 69; 22-24. सारिका, वर्ष 1990, पृ. 44; 25. भीष्म साहनी : व्यक्ति और रचना, पृ. 71; 26. सारिका, वर्ष 1990, पृ. 19।

द्वितीय अध्याय

सामान्य परिचय

1. भीष्म साहनी कहानीकार के रूप में

स्वातंत्र्योत्तर हिन्दी कहानी साहित्य को जिन रचनाकारों ने अपनी सार्थक रचनाशीलता के माध्यम से एक व्यापक फलक प्रदान किया, उनमें भीष्म साहनी का महत्त्वपूर्ण स्थान है। 'चीफ की दावत', 'अमृतसर आ गया है', 'ओ हरामजादे', 'वाड़चू', 'त्रास', 'लीला नंदलाल की' जैसी कहानियों के रचनाकार भीष्म साहनी ने विभाजन की त्रासदी के साथ ही टूटते मानवीय मूल्यों, कला और संस्कृति के क्षेत्र में बढ़ते राजनीतिक हस्तक्षेप निम्न और मध्यवर्गीय चरित्र को पूरी जीवंतता के साथ अपनी कहानियों में उकेरा है। भीष्म साहनी की कहानियों में भारतीय जन-जीवन अपने पूरे परिवेश के साथ भिन्न-भिन्न कहानियों में उभरकर सामने आया है।

नई कहानी के अनेक रचनाकारों की तरह भीष्म जी ने भी अपना कथा परिवेश ज्यादातर शहरी मध्यवर्ग के जीवन को ही बनाया है। उनके समकालीन कथाकारों के यहाँ मध्यवर्ग के उच्च मध्यवर्गीय और निम्न मध्यवर्गीय दोनों तबकों और उनके सूक्ष्मतर स्तरों की विविधता और सूक्ष्मदर्शिता प्रायः दुर्लभ है। परंतु भीष्म साहनी की कहानियों में ये सारे तत्त्व मौजूद हैं। किसी भी उपन्यास या कहानी में मध्यवर्गीय जीवन का कथा-परिवेश मात्र होने से उसकी अन्तर्वस्तु मध्यवर्गीय नहीं हो जाती। यह भी हो सकता है कि मध्यवर्गीय कथा-परिवेशवाली किसी रचना की अन्तर्वस्तु क्रांतिकारी और सर्वहारा वर्ग की हो। इसके विपरीत यह भी एकदम संभव है कि क्रांतिकारी और सर्वहारा कथा-परिवेशवाली किसी रचना की अन्तर्वस्तु निरी सुधारवादी हो। भीष्म साहनी की यह विशेषता रही है कि कथा-परिवेश और यहाँ तक कि विषयवस्तु भी मध्यवर्गीय होने के बावजूद उनकी अन्तर्वस्तु किसी भी तरह से मध्यवर्गीय या सुधारवादी नहीं होने पाती। इसकी वजह यह है कि मध्यवर्ग का चित्रण करते हुए भी उनकी दृष्टि कहीं भी मध्यवर्गीय सीमाओं की शिकार नहीं होती। मध्यवर्ग की कठोर आलोचना और तीखे विरोधाभास के जरिए यह तीव्र द्वंद्व पैदा करने की कला ही उनको नयी कहानी आंदोलन के आधुनिकतावादी कथाकारों से अलग और विशिष्ट बनाती

है।

डॉ. नामवर सिंह–"सादगी और सहजता भीष्म जी की कहानी कला की ऐसी खूबियाँ हैं, जो प्रेमचंद के अलावा और कहीं नहीं दिखाई देती हैं। जीवन की विडंबनापूर्ण स्थितियों की पहचान भी भीष्म साहनी में अप्रतिम है। यह विडंबना उनकी अनेक अच्छी कहानियों की जान है।"[1]

भीष्म जी की कहानियों की सफलता का सबसे बड़ा राज जो खुलकर सामने आया है, वह सीधे जनता खासकर आम जनजीवन से जुड़े रहना है। शायद यही वजह है कि भीष्म जी हिन्दी भाषा में अच्छी क़हानी दे सकने में सफल हुए हैं। कथाकार शानी का भी ऐसा ही कुछ मत है–"वे उन थोड़े से लेखकों में से हैं जो अच्छी कहानियाँ लिखते हैं और लोगों को निराश नहीं करते। चलतऊ ढंग से उन्होंने कुछ नहीं लिखा है। बहुत साफ शब्दों में मैं एक बात कहना चाहूँगा कि मैं उनको जितना अच्छा कहानीकार समझता हूँ, उतना अच्छा उपन्यासकार नहीं।"[2]

भीष्म साहनी प्रेमचंद के बाद दूसरे ऐसे लेखक हैं जो कहानी को वास्तविक जगत् से उठाते हैं। उनके पात्र हमारे इर्द-गिर्द दिखाई देते हैं। प्रेमचंद की तरह उनके भी पात्र एक पूरे वर्ग का प्रतिनिधित्व करते हैं। भीष्म साहनी किसी भी चरित्र के विकास के लिए प्रयास नहीं करते, बल्कि उन पात्रों के चरित्र का विकास अपने-आप होता जाता है। मशहूर कथाकार विष्णु प्रभाकर भी भीष्म साहनी के संबंध में एक परिचर्चा के दौरान अपने विचार व्यक्त करते हुए कहते हैं कि–"भीष्म साहनी कहीं भी चरित्र के विकास के लिए प्रयास नहीं करते, वस्तुतः महान् चरित्र वही होता है, जो अपने आप आगे बढ़ जाता है। 'अमृतसर आ गया है' के बाबू के साथ भी ऐसा ही हुआ है। बाबू की मानसिकता को लगता है, भीष्म साहनी ने खुद जिया है। इस मामले में मैं भीष्म साहनी को यशपाल से ऊपर मानता हूँ। खासकर विभाजन की त्रासदी को लेकर उन्होंने जिन चरित्रों का निर्माण किया है, उसमें बड़ी खूबी के साथ सारी स्थितियाँ सहज भाव से आती हैं।"[3] भीष्म साहनी ने स्वयं अपनी कहानी रचना प्रक्रिया के संबंध में एक जगह साक्षात्कार में विचार व्यक्त किए हैं। "कहानी लिखते समय हम स्थितियों-घटनाओं को तो वास्तविक जीवन में से अक्सर उठाते हैं, साथ ही साथ पात्रों को भी उठाते हैं, जहाँ कोई स्थिति कहानी में पनपने, अपना स्वरूप और आकार ग्रहण करने लगती है। कल्पना द्वारा की जानेवाली जोड़तोड़ के साथ वहाँ पात्र भी अपना स्वरूप, चरित्र और व्यक्तित्व ग्रहण करने लगता है। यों तो यह कहना सरलीकरण होगा कि हम किसी स्थिति अथवा घटना को जीवन में से उठाते हैं। घटना उस सक्रिय पात्र के साथ जुड़कर ही हमारा ध्यान आकृष्ट करती है। पात्र काल्पनिक अथवा अमूर्त नहीं होता। जो विसंगति किसी स्थिति विशेष में पाई जाती है, वैसी ही कोई विसंगति उस पात्र में भी पाई जा सकती है, जो उसमें सक्रिय है। इस तरह पात्र की ओर ध्यान अधिक जाता है।"[4]

भीष्म साहनी के अब तक आठ कहानी संग्रह प्रकाशित हो चुके हैं। पहला कहानी संग्रह (1953) में 'भाग्यरेखा' प्रकाशित हुआ। उसके पश्चात् 'पहला पाठ' (1956) में, 'भटकती राख' (1966) में, 'पटरियाँ' (1973) में, 'वाड़चू' (1978) में, 'शोभायात्रा' (1981) में, 'निशाचर' (1983) में एवं 'पाली' (1989) में प्रकाशित हो

चुके हैं। इसके अतिरिक्त 'मेरी प्रिय कहानी', 'प्रतिनिधि कहानियाँ' और 'हिंदी कहानी संग्रह' (संपादन) भी प्रकाशित हो चुके हैं। इनमें से बहुत सी ऐसी कहानियाँ हैं, जो संग्रह के पूर्व विभिन्न पत्र-पत्रिकाओं में प्रकाशित हो चुकी हैं।

भीष्म साहनी की कहानियों का विहंगावलोकन

भीष्म साहनी का रचनाकार अपने व्यक्तित्व के विकास के अनुरूप रचना को अधिक परिपक्व, प्रामाणिक और यथार्थग्राही बनाता चलता है। भीष्म का प्रथम कहानी संग्रह 'भाग्यरेखा' से लेकर उनके नवीनतम कहानी संग्रह 'पाली' के रचना संसार तक उनके कथायात्रा के विविध आयामों को तथा निरंतर परिपक्व होते स्वरूप को देखा जा सकता है।

भीष्म साहनी एक सच्चे अर्थ में मार्क्सवादी रचनाकार हैं। उनकी समूची मानवीय आस्था, प्रगतिशील दृष्टि और वैज्ञानिक सोच को भारतीय जीवन के संदर्भ में अपनी धरती से जुड़े अपने जातीय जीवन की जय-पराजय में शामिल और सामान्य जन को संबोधित अपनी रचना को वे पक्षधर भूमिका के साथ प्रस्तुत करते हैं। भीष्म जी की अधिकांश कहानियाँ एक ऐसा प्रतिपक्ष तैयार करती हैं जो यथास्थिति की जड़ता के विरुद्ध, भद्रजनों की लूटमार करनेवाली संस्कृति के विरुद्ध और मेहनत-मजदूरी करनेवाली, परन्तु एक लंबे अर्से से छली गई शोषण की शिकार जनता के साथ है। भीष्म जी किसी भी दर्शन के वैचारिक कठमुल्लेपन को नारे के रूप में प्रयोग नहीं करते बल्कि वह उनके लिए ऐसी सक्रिय स्फूर्ति है, जिसे चीजों को देखने-समझने और विश्लेषित करने का उपयोग करते हैं।

उनकी कहानियों का रचना संसार गहरे रचनात्मक दायित्व बोध को स्वीकार करता है। शायद यही वजह है कि भीष्म जी उसके प्रति प्रतिबद्ध नहीं हैं जो जड़त्व स्थिर है। यद्यपि भीष्म जी का समूचा लेखन सोद्देश्य है। सोद्देश्यता के संदर्भ में जब हम उनका पहला संग्रह 'भाग्यरेखा' देखते हैं, तो ऐसा प्रतीत होता है कि लेखक ने बड़ी स्थूलता और सपाटबयानी का सहारा लिया है। कहानियों का शिल्प जहाँ तक एक तरफ खुरदुरा है, वहीं मनुष्य और चीजों के बीच मौजूद द्वंद्व को समझने की दृष्टि भी सतही नजर आती है। बहुत कुछ यही बात 'पहला पाठ' संग्रह में भी पाते हैं। इनकी कहानियाँ पढ़ने पर यह महसूस होता है कि लेखक जो कुछ कहना चाहता है, जिंदगी के बारे में कहना चाहता है, उसकी पक्षधरता यथार्थ के प्रति है, किन्तु उसका मँजा हुआ कलाकार इन कहानियों में नजर नहीं आता। यद्यपि भीष्म साहनी में अंतर्विरोध को पकड़ने की गंभीर दृष्टि है और यथार्थ अंकन में सूक्ष्म कला के अच्छे जानकार हैं। फिर भी शुरुआती दौर में इन बातों की कमी महसूस होती है, यह उस दौर की कहानियों की सीमा है। यह स्थिति इस दौर की अधिकांश कहानियों के बारे में है, मसलन 'जीत', 'मुर्गी की कीमत', 'नीली आँखें', 'ऊब', 'गंगो का जाया', 'भाग्यरेखा', 'घर-बेघर', 'पहला पाठ', 'खून के छींटे', 'घर की इज्जत' आदि।

भीष्म साहनी की असली पहचान एक सफल कहानीकार के रूप में, उनकी बहुचर्चित और वजनदार कहानी 'चीफ की दावत' से शुरू होती है। 'चीफ की दावत' कहानी में मध्यवर्गीय जीवन के अंतर्विरोध को बहुत सूक्ष्मतापूर्वक उद्घाटित करने का

प्रयास किया गया है। शामनाथ नाम का एक व्यक्ति है, जिसके घर पर शाम के वक्त चीफ की पार्टी है। शामनाथ की माँ बहुत ही बूढ़ी और बेडौल शरीर की निरक्षर देशी औरत है। यद्यपि शामनाथ को पढ़ाने-लिखाने और एक ओहदेदार बनाने में अपना सर्वस्व न्यौछावर कर देती है। फिर भी वही शामनाथ और उसकी पत्नी इस बात से परेशान हैं कि चीफ दावत के समय माँ को कहाँ कर दिया जाए, ताकि उसकी नजर से माँ को बचाया जाए और मेरी भद्दगी न हो पाए। परंतु जिस बात से शामनाथ सबसे ज्यादा परेशान था, अंत में वही होता है। चीफ को उस पूरी पार्टी में अगर कोई पसंद आता है तो माँ के द्वारा बनाई गई फुलकारी। बेटे के व्यवहार से तंग माँ हरिद्वार जाने का निश्चय कर लेती है, परंतु अपनी पार्टी की सफलता का सबसे बड़ा कारण माँ को पाकर आलिंगन में भर लेता है। लेकिन जब माँ को यह पता चलता है कि एक नई फुलकारी बनाकर चीफ को भेंट कर देने से मेरे बेटे की पदोन्नति हो जाएगी तो हरिद्वार जाने का विचार त्याग कर एक बार पुनः बेटे के भविष्य के लिए अपनी रोशनी की अंतिम किरण भी उस पर समर्पित कर देती है। मध्यवर्गीय जीवन के जिस यथार्थ को आजादी के बाद देश में विकसित होने को मिला, उसमें इस जीवन की आंतरिक और बाह्य स्थिति बड़ी विसंगतियों, विचित्रताओं और अमानवीयता से लथपथ हो गई। 'चीफ की दावत' कहानी का मूल स्वर इसकी यही विडंबना उद्घाटित करना है। 'शामनाथ' जैसे चरित्र हमारे मध्यवर्गीय की ही देन है।

साहनी जी की बहुचर्चित कहानियों में 'वाड़चू', 'अमृतसर आ गया है', 'ओ हरामजादे' और 'त्रास' जैसी कहानियों की चर्चा करना अतिआवश्यक प्रतीत होता है।

'वाड़चू' एक ऐसे बौद्ध भिक्षु की कहानी है, जो चीन से भारत बौद्ध धर्म को जानने, समझने और महाप्राण की जन्मस्थली में रहकर उसके संबंध में कार्य करने आता है। भारत के बौद्ध धर्म संबंधी अवशेषों और संस्थाओं में घूमनेवाला भावुक चीनी बौद्ध वाड़चू समकालीन जीवन-प्रवाह से बिल्कुल कटा हुआ रहता है। लगभग पंद्रह वर्षों तक भारत में रहने के बाद वाड़चू को अपने देश लौटने की इच्छा होती है और वह चीन कुछ दिनों के लिए चला जाता है। दुर्भाग्य की बात यह होती है कि भारत के अत्यंत महत्त्वपूर्ण राजनीतिक-सामाजिक परिवर्तनों से वह निर्लिप्त नहीं रहता बल्कि चीन की गतिविधियों से भी अनजान बना अपने ध्येय में मग्न रहता है। शायद इसी वजह से भारत और चीन के बीच तनावपूर्ण राजनीतिक वातावरण और युद्ध के दौरान भारत से चीन जाना और चीन से पुनः भारत लौटने का अव्यावहारिक निर्णय लेता है। फलस्वरूप चीन के अधिकारी उसे भारत का जासूस समझते हैं और भारत के अधिकारी उसे चीन का। वाड़चू इसी शक के दोनों पाटों के बीच बुरी तरह से पिसता रहता है और एक दिन उन मुट्ठी भर लोगों का प्रतिनिधि, जो सार्वभौमिकता की भावना को जीने के कारण निर्वासन की जिंदगी जीते-जीते भूख और यातना की गोद में दम तोड़ देता है। प्रस्तुत कहानी वाड़चू साहनी जी की व्यापक और गहन दृष्टि की परिचायक है। देशकाल-निस्संग मानवता के प्रति इतनी गहरी सहानुभूति को सफलता के साथ अंकित करनेवाली हिंदी में कोई दूसरी कहानी शायद ही लिखी गई हो। साथ ही, शिल्प की दृष्टि से भी कहानी अत्यंत सफल है। दो देशों के सामाजिक-राजनीतिक परिवेशों को इतने संक्षेप में और इतने अधिकार के साथ अंकित कर देना, इतने संयम और

तटस्थता के साथ वर्णन प्रस्तुत करते हुए भी पाठक में वाड़चू के प्रति संवेदना उत्पन्न कर देना और इतनी लंबी कहानी में भी उत्सुकता का अबाध निर्वाह शिल्प की दृष्टि से कहानी की उत्कृष्टता का ही परिचय देते हैं।"[5]

विभाजन की त्रासदी को लेकर लिखी कहानी 'अमृतसर आ गया है' की कथा 'तमस' जैसे उपन्यास की आधारशिला है। 'अमृतसर आ गया है' कहानी में ट्रेन के एक कंपार्टमेंट का चित्रण है, जिसमें हिंदू, मुस्लिम, सिक्ख बैठे हैं। जगह कम है, लोग ज्यादा हैं, इसलिए जो पहले से आसन जमाए बैठे हैं, वे आनेवालों को कंपार्टमेंट में चढ़ने ही नहीं देते, और अगर कोई चढ़ जाता है तो उसे बैठने नहीं देते। ऊपर के बर्थ में एक पठान लेटा रहता और कुछ भी बोलता जाता है। नीचे एक हिंदू बाबू बैठा उसका व्यवहार देखता रहता है। तभी पठान एक हिंदू औरत जो गर्भवती रहती है, नीचे उतरकर उसके पेट में लात मारता है और वह तिलमिला कर बैठ जाती है। बाबू अंदर ही अंदर तमतमा जाता है, क्योंकि उस वक्त वहाँ पर पठानों की संख्या ज्यादा रहती है। परंतु जैसे ही अमृतसर आता है, बाबू शेर हो जाता है। चीख-चीखकर गालियाँ देता है। उसमें न जाने कहाँ से शक्ति आ जाती है। भीष्म जी ने उस बाबू के माध्यम से एक सहज मानवीय प्रवृत्ति जो अपने परिवेश में प्रकट हो जाती है, चित्रित करते हैं। इस संदर्भ में विष्णु प्रभाकर जी की बात ज्यादा सार्थक प्रतीत होती है। 'अमृतसर आ गया है' के बाबू के साथ भी ऐसा ही हुआ है। बाबू की मानसिकता को लगता है, भीष्म साहनी ने खुद जिया है। इस मामले में मैं भीष्म साहनी को यशपाल से ऊपर मानता हूँ। खासकर विभाजन की त्रासदी को लेकर उन्होंने जिन चरित्रों का निर्माण किया है, उसमें बड़ी खूबी के साथ सारी स्थितियाँ सहज भाव से आ जाती है।"[6]

'त्रास' कहानी भी एक बहुत ही मार्मिक कहानी है। 'त्रास' जिसमें एक मोटरकारवाला साइकिलवाले को टक्कर मार कर घायल कर देता है। गरीब साइकिलवाला उसे अपना परम हितैषी और दयालु समझता है। जबकि मोटरकार वाला मुआवजे के रूप में पाँच रुपये देने में भी सोच-विचार करता है। यही वह कहानी है जिसमें भीष्म जी ने आधुनिक महानगरों में पलनेवाली अमानुषिक घृणा की ओर संकेत किया है और यह भी बताया है कि आधुनिक अमूर्त घृणा पुराने जमाने की सरल घृणा से कितनी अलग है।

'ओ हरामजादे' कहानी में एक प्रवासी भारतीय की कहानी है, जिसमें लाल नामक इंजीनियर के अपने देश के प्रति अद्भुत प्रेम का वर्णन किया है। इंजीनियर 'लाल' के लिए देश प्रेम का मतलब उसके लिए देश की प्रकृति नहीं, बल्कि देश का वासी और देश की संस्कृति भी है। देश प्रेम के दूसरे छोर पर लाल का पत्नी प्रेम है। कहानी इन दोनों के तनावों के बीच ही रूप ग्रहण करती है। यद्यपि तनाव कभी विस्तार नहीं ले पाता। लाल देश प्रेम और पत्नी प्रेम इन दोनों मूल्यों में सामंजस्य की स्थिति कायम रखता है। भारत के प्रति ललक बनाये रखकर देश प्रेम का परिचय देता है और भारत न लौटने का निश्चय करके पत्नी प्रेम का परिचय देता है।

इसी तरह अन्य कहानियाँ 'सागमीट', 'मालिक का बंदा', 'अहं ब्रह्मास्मि', 'खूँटें' आदि कहानियों में व्यंग्य का प्रयोग है। ये कहानियाँ बिना किसी सैद्धांतिक आवेग के समकालीन सामाजिक यथार्थ को पूर्ण प्रमाणिकता से सामने रखती है। 'सागमीट' कहानी

वर्ग विभाजित समाज में पनपती अमानवीयता और उस तर्कहीन घृणा का चित्र प्रस्तुत करती है जो उच्च वर्ग के लोगों के मन में, निम्न वर्ग के लिए होती है। 'सागमीट' की श्रीमती सुमित्रा की दृष्टि में छोटे लोग उन कुत्तों की तरह हैं, जिनके मुँह में हड्डी दिए रहो तो वे भूँकते नहीं हैं। उनके पति उन्हीं के शब्दों में—"इनको भगवान ने ऐसी समझदारी दी है, इनकी कोई कसम तक नहीं खाता। सभी इनके सामने हाथ जोड़ते हैं। ये जल्दी घबरा नहीं जाते ना, यही इनकी सबसे बड़ी खूबी है।" अपनी इसी खूबी के कारण श्रीमती सुमित्रा के पति अपने उस भाई को बड़ी खूबी से बचा लेते हैं, जो उनके नौकर जग्गा की नवेली दुल्हन के साथ मजा मारता है और जिसके कारण जग्गा ट्रेन के सामने कूदकर आत्महत्या कर लेता है। ये सारी घटनाएँ सुमित्रा के लिए समय बिताने के लिए गप्पबाजी का मसाला है।

'मालिक का बंदा' कहानी में एक कांस्टेबल और ऐसे कवियों की कथा है, जो मानव मूल्यों से पूर्णतः कटे हुए हैं। रेल के एक डिब्बे पर कब्जा किये बैठे हैं। स्थिति की विडंबना ऐसी है कि ये कविगण एक जनवादी कवि सम्मेलन में कविता पाठ करने जा रहे हैं। 'अहं ब्रह्मास्मि' कहानी भी उन्हीं कहानियों में से एक है जो मानव मूल्यों की पड़ताल करती है। इस कहानी में यह प्रश्न उठाया गया है कि किसी बाहरी अमूर्त लक्ष्य को लेकर अध्यात्मवादी होना अच्छा है या ठोस और सार्थक उद्देश्य को आत्मसात कर भौतिकवादी होना अच्छा है। अंग्रेजों और उनकी जीवन पद्धति के तर्ज पर जीनेवाला भाटिया जब एक दिन उन्हीं के द्वारा अपमानित होकर घर आता है तो 'अहं ब्रह्मास्मि' आइ एम द डिवाइन फलेम की जाँच करते हुए अपने अपमान, अवज्ञा और तिरस्कार को भूलने का प्रयास करता है, जबकि उसी समय थाने में पुलिस के डंडे की मार सहता हुआ कांग्रेस का कार्यकर्ता 'भारत माता की जय' के साथ दम तोड़ता है।

'खूँटें' कहानी इस मायने में एक विशिष्ट कहानी है। नौकरीपेशा मध्यवर्ग के अंदर की भी अपनी-अपनी चौहद्दियों से घिरे लोगों के मनोविज्ञान को यह बखूबी उभारती है। 'पिकनिक' और 'राधा-अनुराधा' समाज के निम्न वर्ग की संघर्षशीलता और जिजीविषा की कहानियाँ हैं। 'पाली' भीष्म साहनी का अंतिम नव्यतम कहानी संग्रह व उनके लगातार रचनात्मकता का प्रतीक है। संग्रह की पहली 'पाली' विभाजन की त्रासदी को उनके पूर्ववर्ती कहानियों 'अमृतसर आ गया है', 'जहूरवक्श' या 'सरदारिनी' की जमीन पर होते हुए भी उनसे पूरी तरह अलग-अलग रूप में घटित होती है। संग्रह की पहली कहानी 'पाली' जिस नाम से संग्रह है, एक अबोध और मासूम बालक है। परिस्थितियों के कालचक्र में फँसकर 'पाली' को पहले हिंदू से मुसलमान बनाया जाता है, फिर मुसलमान से हिंदू बनाया जाता है। परंतु 'पाली' मुस्लिम संस्कारों से मुक्त नहीं हो पाता। उसके मुस्लिम संस्कार का खत्म न होना कई प्रश्न खड़े करती है। 'पाली' के दोनों तरफ हिंदू और मुस्लिम पंडित-मुल्लाओं का घेरा है, जो अपने धर्म और मजहब से उसे बाँधने की कोशिश करते हैं, जबकि उसकी हिंदू-मुस्लिम माताएँ हैं—ममता से छलछलाता हृदय लिए जो उसे सिर्फ बेटे की तरह ही स्वीकारती हैं। दरअसल, भीष्म साहनी धर्म या मजहब के पंजे से मुक्त मनुष्य की कल्पना करते हैं, ठीक उसी तरह जैसे कबीर ने कभी आवाज उठाई थी, जिसकी गूँज

आज भी सुनाई पड़ती है। आज मजहबों से घिरा मनुष्य कितना दारुण, विवश और त्रस्त है, इसकी गहरी पीड़ा हमारे भीतर वे उतारते हैं।

संग्रह की दूसरी कहानी 'झुटपुटा' 1984 में घटित सिख विरोधी दंगों की पृष्ठभूमि पर आधारित है। यह कहानी उस विरोधी माहौल की भीतरी परतों को हटाती है। पूरा शहर दंगे की चपेट में है। दंगाई सिख की एक दुकान में आग लगाने जाते हैं, लेकिन आग नहीं लगाते, क्योंकि वह मकान हिंदू का है। इसी तरह एक ड्राइक्लीनर की दुकान में आग इसलिए नहीं लगाई जाती, क्योंकि उसमें एक हिंदू और एक सिख–दोनों भाईवाल हैं। ठीक उसके मोतीनगर में ड्राइक्लीनर की एक दुकान किसी सिख सरदार की है, जब दंगाई उसे जलाने गये तो किसी ने ऊँची आवाज में पुकारकर कहा–"ओ कमबख्तो दुकान तो सिख की है, पर उसमें कपड़े तो ज्यादा हिंदुओं के हैं" इस पर उस दुकान में आग नहीं लगाई जाती।

दूध लेनेवालों की कतार में प्रायः हर आदमी अपने पड़ोसी सिखों के भी दूध के बरतन ले आया है और अंत में एक सरदार ड्राइवर अपनी जान जोखिम में डालकर ट्रक से दूध ले आता है। इन तमाम दृश्यों को देखकर भीष्म जी को लगने लगता है जैसे हम लोग इतिहास के झुटपुटे जी रहे हैं, आपसी रिश्तों के इतिहास का पन्ना पलटा जा रहा है, दूसरा द्वार खुल रहा है। अगले पन्ने पर जाने हमारे लिए क्या लिखा होगा?

भीष्म साहनी में दंगे, लूट-पाट, नृशंसता के बीच भी किस तरह मनुष्यता जीवित है और कहीं हमारे समाज को सांस्कृतिक एकता में बाँधे है–इसका जीवित और मार्मिक चित्र अपनी कहानियों में प्रस्तुत किया है।

'नौसिखुआ' एक ऐसे सिख नवयुवक की कहानी है, जो आतंकवादियों से प्रभावित होकर उनके बीच एक नए आतंकवादी के रूप में शामिल हुआ है। अन्य लोगों की तरह उस नवयुवक को भी एक दुकानदार को मारने का आदेश दिया जाता है। वह युवक जब उस दुकानदार को मारने जाता है तो उसके पैर अचानक रुक जाते हैं और पूरा शरीर जड़वत हो जाता है। वह देखता है कि उस दुकानदार के हाथ में भी उसके जैसा ही गुरु का कड़ा चमचमा रहा है। उसके अंदर एक अपनत्व की भावना जाग्रत हो उठती है और वह उस पर गोली नहीं चलाता। परंतु दूसरे आतंकवादी उस नवयुवक को जान से खत्म कर देते हैं।

दरअसल यह कहानी इस तथ्य को उजागर करके सामने रखती है कि आतंकवादियों ने सिख धर्म को सिर्फ कवच की तरह पहन रखा है। वास्तविक रूप से वे सिख धर्म के भी उतने ही विरोधी हैं, जितने मानवता के और अंततः देश के भी।

'आवाजें' कहानी ऐसे बदनसीब इंसानों की कहानी है, जो पाकिस्तान से विस्थापित होकर हिंदुस्तान आते हैं। भारत सरकार उन्हें दिल्ली की एक कालोनी में बसाती है। परंतु वर्तमान समय में अपनी आगामी पीढ़ी उन्हें उपेक्षा से ठुकरा देती है। वे समूचे विस्थापित लोग अपने अतीत और वर्तमान में एक साथ विस्थापन की पीड़ा झेलते हैं।

'झूमर' कहानी इस संग्रह की सबसे लंबी और मार्मिक कहानी है। भीष्म साहनी

कहानी के नायक अर्जुनदास के माध्यम से एक ऐसे पात्र को सामने रखते हैं, जो स्वतंत्रता के संघर्ष के उच्चादर्शों को जीता है। त्याग, बलिदान और देशप्रेम के भावाकुल अंतस को लिए प्रस्तुत होता है। अर्जुनदास जो कल तक देश की आजादी के लिए जीवन तक को भी दाँव पर लगाता है, वही अर्जुनदास आजादी के बाद पतनशील मूल्यों के बीच आर्थिक अभाव और मानसिक यंत्रणा में जीता है। भीष्म जी इन कहानियों में मनुष्य को उसके अतीत के साथ वर्तमान की जटिल और भयावह परिस्थितियों के बीच, एक साथ उजागर करते हैं।

संग्रह की अन्य कहानियाँ 'प्रादुर्भाव', 'सेमिनार', 'खुशबू' और 'चोटी' शीर्षक कहानियाँ अपने समय के व्यवसायीकरण के बीच बहुत कुछ तलाशती और एक तीखा व्यंग्य लिए हैं।

"भीष्म साहनी ने अपने कथा साहित्य में यह स्पष्ट कर दिया है कि धर्म और पूँजीवादी आधुनिकता-बोध से जीवन में विसंगतियों का जाल बुनता है, वह अमूर्त हो जाता है। इन्हीं दोनों के कारण इतिहास में अतिरिक्त मूल्योंवाली मुनाफाखोर संस्कृति का विकास हुआ है।"[7] कुल मिलाकर साहनी ने अपने कथा साहित्य में आधुनिक भारत की ऐतिहासिक, सामाजिक उथल-पुथल के चित्र बनाए हैं। इनमें वे आलोचनात्मक यथार्थवादी के रूप में सामने आए हैं। भीष्म जी ने वर्गीय द्वंद्वों को पकड़ा है, साथ ही जनता के इतिहास को विकासमान गति के अनुरूप क्रांतिकारी चेतना तक पहुँचाने का आधार बनाया है।

भीष्म जी उन कहानीकारों में हैं, जिन्होंने कथा-साहित्य की जड़ता को तोड़ा है और उसे ठोस सामाजिक आधार देकर एक महत्त्वपूर्ण कार्य किया है। उन्होंने सामाजिक विसंगतियों, संकीर्णताओं और विषमताओं से निराश पलायनवादी रुख के स्थान पर उन कारणों की ओर इशारा किया, जिसकी वजह से साहित्य में ये चीजें पनपीं। उन्होंने कहानियों में 'व्यक्ति' के स्थान 'मनुष्य' को रखा। "स्वाधीनता आंदोलन, स्वतंत्रता की प्राप्ति, सांप्रदायिक दंगे, विदेशी आक्रमण, पूँजीवादी शिकंजा, गड़बड़ाते जीवन मूल्य, वर्ग घृणा का फैलाव, अफसरशाही, दोगली राजनीति, सस्ती नेतागिरी हमारे इतिहास के हिस्से हैं। इन तमाम त्रासदियों के अंतःसूत्रों की पहचान सही लेखन के लिए जरूरी शर्त है और भीष्म साहनी का लेखन उसे पूरा करता है। पूँजीवादी व्यवस्था में पनपती विषमता, अमानवीयता, शोषण और चरित्र संकट के विरुद्ध किसी प्रकार का फार्मूलाबद्ध रूमानी दृष्टिकोण न रखकर उनके विद्रूप को उजागर करने का काम भीष्म साहनी की कहानियाँ करती हैं।"[8]

इसी तरह कपिल तिवारी जी भी भीष्म साहनी के प्रति अपने विचार व्यक्त करते हैं। "अमरकांत की कहानियों में व्यंग्य से जहाँ प्रायः करुणा से छना अवसाद पैदा होता है तो प्रायः तल्खी समाप्त हो जाती है। उस अवसाद को धीरे-धीरे सहलाने की सी तबियत बनने लगती है। वे इस मामले में लेखक के बहुत निकट हैं। लेकिन भीष्म साहनी निर्मम चोट करते हैं। वे इस मामले में कवि-कथाकार, नागार्जुन और हरिशंकर परसाई के निकट बैठते हैं।"[9]

निश्चित रूप से भीष्म साहनी एक सफल, सार्थक सोद्देश्य कहानी लेखक के रूप में कथा जगत् में स्थापित हैं, जिनकी अपनी अलग पहचान है।

2. भीष्म साहनी उपन्यासकार के रूप में

स्वातंत्र्योत्तर हिंदी उपन्यास की श्रृंखला में छठवें दशक के उत्तरार्द्ध में भीष्म साहनी ने अपने प्रथम उपन्यास 'झरोखे' के साथ उपन्यास जगत् में प्रवेश किया। 'झरोखे' (1967) एक बालक के जीवन पर आधारित एक बाल मनोवैज्ञानिक उपन्यास है। उसके बाद भीष्म जी ने पारिवारिक पृष्ठभूमि पर आधारित पति-पत्नी और प्रेमिका के त्रिकोणीय संबंधों को लेकर 'कड़ियाँ' उपन्यास (1970) में लिखा। उपन्यास लेखन् का क्रम बढ़ता ही गया और अपने जीवन की बहुचर्चित वृत्ति 'तमस' जिसे बाद में चलकर साहित्य अकादेमी पुरस्कार मिला, भीष्म साहनी ने उपन्यास जगत् को एक अनुपम कृति भेंट की।

'तमस' उस कालखंड की कहानी कहता है, जब देश आजादी के कगार पर खड़ा है और अंग्रेजी हुकूमत सत्ता सौंपने के पहले एक ऐसी फूट डालने में सफल हो जाती है, जो वध तो कराती ही है, साथ ही जिसका परिणाम यह होता है कि हिंदू-मुस्लिम के बीच आपसी रिश्ते दरक जाते हैं, या यह कहा जाए कि ब्रिटिश हुकूमत ने उस आईने को ही तोड़ दिया था, जिसमें कभी हिंदुस्तान जनता एक साथ अपना साफ चेहरा देखा करती थी। 'तमस' के ऊपर टी.वी. सीरियल भी गोविंद निहलानी के निर्देशन में बना।

1980 में भीष्म जी ने 'बसंती' उपन्यास की रचना कर बसंती जैसी अल्हड़, बेफिक्र और एक ऐसे संजीदे पात्र की रचना की, जो हिंदी उपन्यास साहित्य में दुर्लभ ही दिखाई देता है। बसंती उस समूचे वर्ग का प्रतिनिधित्व करती है, जो फुटपाथ पर जन्मता है, उठता है, महत्वाकांक्षा को लिए आगे बढ़ता है, परंतु एक पल ऐसा होता है कि जब सब कुछ बालू के ढेर की तरह ढह जाता है।

उसी क्रम में 1988 में भीष्म जी ने 'मैयादास की माड़ी' जैसी सफल कृति की रचना की। यह भी उस कालखंड की बात करता है, जब ब्रिटिश हुकूमत भारत की धरती पर अपनी जड़ें गहराई तक मजबूत करने में लगा था। 'कुंतो' 1993 में प्रकाश में आया है।

उपर्युक्त कृतियों का संक्षिप्त परिचय निम्नानुसार है :

झरोखे : भीष्म साहनी ने इसमें एक छोटे से बालक की आँखों से एक परिवार में घटनेवाली छोटी-छोटी घटनाओं को देखने और उनका उल्लेख करने का अविस्मरणीय प्रयोग किया है। उसके सामने घटनेवाली प्रत्येक घटना उसके भीतर एक प्रबल संस्कार बनकर आती है और परिवार के बच्चों के भावी चरित्र की रूपरेखा गढ़ती चली जाती है। दरअसल बच्चों के समक्ष घटनेवाली प्रत्येक घटनाएँ चाहे जितनी क्षणिक और साधारण हों, संस्कारों के रूप में उनका महत्त्व असाधारण होता है। इस सच्चाई को 'झरोखे' उपन्यास में बहुत अच्छी तरह से प्रस्तुत किया गया है। अंततः 'झरोखे' उपन्यास में जहाँ एक ओर जीवन के उल्लसित क्षणों का चित्रण है, वहीं हमारे आज के मध्यवर्गीय जीवन के दुःख-दर्द और उसकी बहुविध त्रासदियों का भी अविस्मरणीय अंकन हुआ है।

कड़ियाँ : हमारे समाज में तेजी से बदलते हुए सामाजिक-नैतिक मूल्यों ने आज

विवाह जैसी संस्थाओं के लिए खतरा पैदा कर दिया है। जिन समस्याओं से पश्चिमी देशों के लोग आये दिन जूझते नजर आते हैं, वे ही समस्याएँ हमारे देश में भी छुटपुट ही सही दिखाई देने लगी हैं। इससे त्रस्त व आशंकित लोग यह समझ नहीं पाते कि आखिर क्या किया जाए। पटरी से उखड़े वैवाहिक जीवन को पुनःस्थापित करने के लिए जो भी उपाय किये जाते हैं, या जो भी सलाह देता है, उससे समस्या उतनी ही उलझती जाती है। क्योंकि उनके समाधानों में या तो परंपरागत नैतिकता का दुराग्रह होता है या उनमें पूरी तरह से नये मूल्यों को आत्मसात करने की क्षमता का अभाव होता है। लेकिन नये मूल्यों से उत्पन्न समस्या का समाधान इन दोनों ही स्थितियों में संभव नहीं है। इसके लिए जरूरी हो जाता है कि हम इन स्थितियों से ऊपर उठकर देश और काल के अनुरूप सोचें। भीष्म जी ने इसी समस्या को 'कड़ियाँ' उपन्यास में कथावस्तु का विषय बनाया है।

तमस : भीष्म जी का 'तमस' उपन्यास बहुचर्चित उपन्यासों की शृंखला में अग्रगण्य है। इस उपन्यास में आजादी के ठीक पहले का पंजाब और सांप्रदायिकता भय के अंधेरे में डूबे वे चंद दिन···धार्मिक जड़ता को इस्तेमाल करती पूँजीपरस्त राजनीति और उससे रक्त-रंजित हजारों बेकसूर लोग···सुअर और गाय को बचा लेने का पुण्य और उसी के लिए होती हुई मनुष्य की हत्याएँ···इस दंगे-फसाद के पीछे खतरनाक मस्तिष्क। यह एक वातावरण है, जिसे भीष्म साहनी ने 'तमस' में इतिहास बोध के साथ प्रस्तुत किया है।

बसंती : बसंती 'बसंती' उपन्यास की मुख्य नायिका और उस पीढ़ी या वर्ग की प्रतीक है, जो गाँव में पैदा होकर रोजगार की तलाश में निकले माँ-बाप के साथ महानगरों के फुटपाथों, पार्कों, खोलियों और झुग्गी-झोंपड़ियों में पलकर बड़ी होती है। बसंती अपने परिवार और समाज के परंपरागत नैतिक मूल्यों से विद्रोह करती है और भले ही यह विद्रोह उसे दैहिक और मानसिक शोषण तक ले जाता है, पर उसकी निजता को कोई हादसा तोड़ नहीं पाता। बसंती अपने इसी संघर्ष से रूढ़ियों और आर्थिक अभावों से मुक्त होने की भरपूर चेष्टा करती है, परंतु इस कुचक्र से वह बाहर नहीं निकल पाती। इसी चरित्र को भीष्म साहनी उपन्यास का केंद्रीय पात्र बनाकर संपूर्ण कृति की रचना करते हैं। राजनीति इस उपन्यास का विषय नहीं, लेकिन जन-जीवन पर पड़नेवाले उसके प्रभावों को इसमें गहरे तक महसूस किया गया है, और यह इसकी एक बहुत बड़ी सृजनात्मक उपलब्धि है।

मैयादास की माड़ी : 'मैयादास की माड़ी' एक ऐसे कालखंड की कहानी कहता है, जब सिख-अमलदारी के पाँव दिन-ब-दिन उखड़ते जा रहे थे और ब्रिटिश-साम्राज्यशाही अपने पाँव फैलाती जा रही थी। भारतीय इतिहास के इस अहम परिवर्तन को भीष्म साहनी ने एक कस्बाई कथा भूमि में चित्रित किया है। उस काल में कुछ ऐसे भी पात्र थे, जो बदलते परिवेश में किसी तरह के समझौते के लिए तैयार नहीं थे, कुछ ऐसे भी थे, जो बदलते परिवेश में अपनी भूमिका की तलाश में संघर्षरत थे और कुछ ऐसे थे जो उस माहौल में पूरी तरह से अपने आपको आत्मसात् कर चुके थे। वस्तुतः भीष्म जी का यह उपन्यास एक हवेली अथवा एक कस्बे की कहानी होकर भी बहते काल-प्रवाह और बदलते परिवेश की दृष्टि से एक

समूचे युग को समेटे हुए है और उनकी रचनात्मकता को एक नई ऊँचाई सौंपती है।

कुंतो : भीष्म साहनी का कुंतो उपन्यास एक ऐसे कालखंड की कहानी कहता है, जब लगने लगा था कि हम इतिहास के किसी निर्णायक मोड़ पर खड़े हैं, जब करवटें लेती जिंदगी एक दिशा विशेष की ओर बढ़ती जान पड़ने लगी थी। आपसी रिश्ते, सामाजिक सरोकार, घटना प्रवाह के उतार-चढ़ाव, उपन्यास के विस्तृत फलक पर उसी कालखंड के जीवन का चित्र प्रस्तुत करते हैं। केंद्र में जयदेव, कुंतो, सुषमा, गिरीश के आपसी संबंध हैं, अपनी उत्कृष्ट भावनाओं और आशाओं-अपेक्षाओं को लिए हुए हैं। लेकिन कुंतो-जयदेव और सुषमा-गिरीश के अंतःसंबंधों के आस-पास जीवन के अनेक अन्य प्रसंग और पात्र उभरकर आते हैं। इनमें हैं प्रोफेस्साब, जो एक संतुलित जिंदगी को जीवन का आदर्श मानते हैं और इसी 'सुनहरी मध्यम मार्ग' के अनुरूप जीवन को ढालने की सीख देते हैं। हीरालाल है जो मनादी करके अपनी जीविका कमाता है, पर उत्कट भावनाओं से उद्वेलित होकर मात्र मनादी करने पर संतुष्ट नहीं रह पाता। हीरालाल की विधवा माँ और युवा घरवाली है। सात वर्ष बाद विदेश से लौटा डॉ. धनराज और पत्नी है। सहदेव है। ऐसे अनेक पात्र उपन्यास के फलक पर अपनी भूमिका निभाते हुए, अपने भाग्य की कहानी कहते हुए, प्रकट और लुप्त होते हैं और रिश्तों और घटनाओं का यह ताना-बाना उन देशव्यापी लहरों और आंदोलनों की पृष्ठभूमि के सामने होता है, जब लगता था कि हमारा देश इतिहास के किसी मोड़ पर खड़ा है।

परन्तु यह उपन्यास किसी कालखंड का ऐतिहासिक दस्तावेज न होकर मानवीय संबंधों, संवेदनाओं की करवट लेते परिवेश और मानव नियति के बदलते रंगों की ही कहानी कहता है।

भीष्म जी के इन संपूर्ण उपन्यासों की विस्तृत चर्चा अगले अध्यायों में पृथक्-पृथक् की जाएगी।

3. भीष्म साहनी नाटककार के रूप में

यह बात बहुत कम व्यक्तियों में देखने को मिलती है कि वह उच्चकोटि का उपन्यासकार भी हो, उसी श्रेणी का कहानीकार भी हो और उसी हैसियत से नाटककारों की पंक्ति में भी खड़ा हो। लेकिन भीष्म साहनी में ये सारी धाराएँ बहती हैं और भीष्म साहनी इन विधाओं के शीर्ष पर बैठे हैं। उनका व्यक्तित्व बहुआयामी है।

हिन्दी नाटकों के इतिहास पर अगर एक नजर डालें तो हम पाते हैं, कि हिंदी में नाटकों का अनुवाद देश के प्रथम आंदोलन 1857 के बाद ही शुरू हो गया था। "कलकत्ता के क्विंस कालेज के प्रोफेसर पिंकाट साहब की प्रेरणा से राजा लक्ष्मणसिंह ने संस्कृत नाटक 'शकुंतला' हिंदी अनुवाद प्रस्तुत किया।"[10] पिंकाट साहब ने अन्य नाटककारों को भी हिंदी में लिखने की प्रेरणा दी—"भारतेंदु व उनके समकालीन साहित्यकारों को भी ये पत्रों के द्वारा प्रोत्साहित किया करते थे।"[11] सर विलियम जोन्स के 'शकुंतला' के अंग्रेजी अनुवाद ने भारतीयों व विदेशियों को संस्कृत-नाट्य साहित्य की ओर आकर्षित किया। संवत् 1832 में वारेन हैस्टिंग्ज और सर इम्पे के श्लाघनीय

प्रयत्नों से कलकत्ता थिएटर का निर्माण हुआ।[12]

डॉ. ग्रियर्सन ने यह सिद्ध किया है कि विद्यापति ने सर्वप्रथम अपने नाटकों में देशी भाषा को स्थान दिया है। डॉ. कीथ का भी कथन है कि विद्यापति ने सर्वप्रथम देशी गीतों को स्थान दिया है। मिश्र बंधुओं ने हिंदी-नाट्य परंपरा का संबंध मिश्र बंधुओं से जोड़ा है। डॉ. रसाल भी मौलिक और महत्त्वपूर्ण परिवर्तन करते हुए इसी धारणा की पुष्टि करते हैं। डॉ. दशरथ ओझा ने इस संबंध पर सोदाहरण आलोचनात्मक प्रकाश डालते हुए हिंदी की नाट्य-परंपरा को बहुत प्राचीन माना है। यह बात तो स्पष्ट ही है कि विद्यापति के 'रुक्मिणी परिणय' और 'परिजात हरण' में देशी शब्दों का प्रयोग किया गया है। जहाँ उन्होंने संवादों की भाषा संस्कृत रखी वहीं गीतों में देशी भाषा को स्थान दिया।"[13]

भारतेंदु का नाटक रचनाकाल (1867-85) ऐसा समय है, जब भारत का भाग्य बन चुका था। सन् 1867 तक अनेक ऐसी घटनाएँ हुईं, जिन्होंने भारत के राजनीतिक, सामाजिक एवं सांस्कृतिक विकास पर आवश्यकता से अधिक प्रभाव डाला। साहित्य भी इससे अछूता न बच सका। ये नये आंदोलन धार्मिक भी थे और साहित्यिक भी। इस आंदोलन से भारतेंदु भी प्रभावित हुए बिना न रह सके। स्वयं भारतेंदु ने पहली बार हर्ष रचित नाटक रत्नावली का अनुवाद हिंदी में किया।

यद्यपि हिंदी का प्रथम नाटक महाराजा विश्वनाथ जी द्वारा रचित 'आनंद-रघुनंदन' माना जाता है। फिर भी भारतेंदु ने इस काल में कई महत्त्वपूर्ण रचनाएँ हिंदी साहित्य को प्रदान कीं। जिनमें 'प्रेम जोगिनी' (1875), 'चंद्रावली' (1876), 'भारत-जननी' (1877) और 'भारत दुर्दशा' (1880) आदि। इस परंपरा को कई नाटककारों ने आगे बढ़ाया। जिनमें प्रमुख रूप से शरलकुमार मुखर्जी, गोपालराम गहमरी और जगत नारायण आदि। लगभग 1900 के आस-पास रंग मण्डलियों की स्थापना शुरू हुई। कुछ ऐसे भी नाटककार हुए जिनकी अपनी मण्डली भी थी और लेखक भी थे। पं. नाधव शुक्ल और आनंद प्रसाद खत्री (1912-1930)। पं. माखनलाल चतुर्वेदी पत्रकार के साथ-साथ एक अच्छे नाटककार भी थे। जयशंकर प्रसाद का नाटक के क्षेत्र में प्रवेश एक नूतनता को लेकर हुआ। यद्यपि उनकी कथा तो ऐतिहासिक एवं सांस्कृतिक हुआ करती थी, परंतु रंगमंचीय विधान आधुनिक क्षण के इस काल में जिन नाटककारों के नामों की चर्चा आती है, उनमें प्रमुख हैं—मैथिलीशरण गुप्त, विश्वंभरनाथ शर्मा कौशिक, शिवनंदन मिश्र और गोविंदबल्लभ पंत आदि।

प्रसादोत्तर नाटक-साहित्य में जिन लेखकों ने नाटक के क्षेत्र में अपना योगदान प्रदान किया उनकी भी कथावस्तु ऐतिहासिक व पौराणिक ही रही। इस कालखंड के रचनाकारों की नाट्यकला बड़ी मँजी हुई है। प्रसाद के पश्चात् उन्होंने प्रस्तुत धारा को बड़ी सावधानी और कुशलता से आगे बढ़ाया है। उदयशंकर भट्ट का 'दाहर या सिंह पतन' (1934), द्वारका प्रसाद मौर्य कृत 'हैदर अली' (1934), कुमार हृदय का 'भग्नावशेष' (1936), गोपालचंद देव का 'शिवाजी' (1937), हरिकृष्ण प्रेमी का 'रक्षा-बंधन' (1934) और सेठ गोविंददास का 'कुलीनता' (1941) आदि।

इस युग के नाटकों में मानव-मानव एक समान के नारे गूँजने शुरू हो गए थे। वर्ष 1940-42 के दौरान रेडियो नाटक का प्रादुर्भाव हुआ और इस बीच कई अच्छे

रेडियो नाटक प्रकाश में आए। तब तक फिल्मों का दौर भी चल पड़ा था। फिल्मों के साथ-साथ नाटक के क्षेत्र में पारसी रंगमंचीय और पृथ्वी थियेटर जैसी संस्थाओं ने इसके विकास में काफी योगदान दिया। यह क्रम छठवें दशक तक निरंतर चलता रहा। हिंदी रंगमंच के ही शतवार्षिकी समारोह (1968) के बाद से ही हिंदी नाटकों के तेवर में परिवर्तन लक्षित किया जाने लगा। आधुनिकता के विभिन्न पहलुओं को आधार बनाकर बदले हुए तेवर वाले इन नये नाटकों का आविर्भाव काल यद्यपि खींचतानकर कुछ आगे भी बढ़ाया जाता है और वास्तव में कहीं-कहीं बात ऐसी है भी तथापि व्यापक रूप से नये नाटकों के युग का प्रारंभ 1970 के आस-पास ही ठहराया जाता है। इस सिलसिले में किसी एक नाटक और किसी एक नाटककार को युग प्रवर्तन का श्रेय नहीं दिया जा सकता। क्योंकि यह व्यक्तिगत प्रयास न होकर एक सामूहिक प्रयास रहा है। बिना किसी योजना और संगठन के जो अनायास घटता चला गया। इसलिए यह माना जा सकता है कि यह युग की उपज है, व्यक्ति की नहीं।

नाट्य-रचना एक लंबे अंतराल के बाद नये सिरे से रंग सापेक्षता के साथ जुड़ने लगी है। शैली, शिल्प और कथ्य के बहुरूपी और बहुरंगी रंग-प्रयोग जीवन की गंभीर सच्चाइयों के बीच से अपना रूप रंग ग्रहण करने लगे हैं। नाट्य रचना अब जन-जीवन और रंगमंच को जोड़ने वाले एक सेतु के रूप में प्रस्तुत होने लगी है। जीवन और जगत् की नाटककारों की पकड़ अब पैनी और गहरी होती जा रही है, अब हर नाटककार को रंगमंच से नहीं बल्कि रंग-दर्शन से भी जुड़ना अनिवार्य हो गया है। "यह बात महसूस करने लगे हैं कि विश्वविद्यालयीन पाठ्यक्रमों में भी अब वे अधिक दिनों तक टिकने वाले नहीं कि नाटकों के प्रकाशन की अपेक्षा अब उनका प्रदर्शन महत्त्वपूर्ण समझा जाने लगा है और शायद इसीलिए अधिकतर स्तरीय नाट्य रचना किसी नाट्य-संस्था द्वारा प्रयुक्त होने के पश्चात् ही प्रकाशित हुई पाई जाती है।"[14]

इस काल में जिन नाटककारों ने नाटक दृश्य-काव्य होने के कारण काव्यत्व और दृश्यत्व का संतुलन निभा पाने की सफल चेष्टा की है, उनमें जगदीशचंद्र माथुर, रमेश वक्षी, लक्ष्मीनारायण लाल, गिरिराज किशोर, शंकर शेष, सुरेंद्र वर्मा, मणि मधुकर, दयाप्रकाश सिन्हा, रेवतीरमण, बृजमोहनशाह, मुद्राराक्षस आदि प्रमुख हैं। इनकी नाट्य रचना वर्तमान हिंदी रंगमंच के दर्शकों का आकर्षण केंद्र बन पाई है। परंतु इन रचनाकारों के बावजूद कुछ रचनाकार ऐसे भी हुए हैं, जिन्होंने एकाध रचना के माध्यम से इस मंच पर काफी ख्याति अर्जित की है, उनमें से नरेंद्र कोहली, सुशील कुमार सिंह, सर्वेश्वरदयाल सक्सेना, सत्यव्रत सिन्हा, लक्ष्मीकांत वर्मा और विपिन कुमार अग्रवाल आदि। और अब इसी सूची में एक नया नाम जुड़कर सामने आया है, भीष्म साहनी का, जो 'हानूश' के माध्यम से रंगमंच की दुनिया में प्रवेश करके चर्चित नाटककारों की पंक्ति में आ खड़े हुए हैं।

भीष्म साहनी ने 'हानूश' (1977) के बाद 'कबिरा खड़ा बाजार में' (1981) एवं 'माधवी' (1984) में लिखकर जहाँ नाटक की दुनिया में अपना योगदान दिया, वहीं रंगमंच और रंगदर्शन को एक सफल कृति भेंट की। यह बात तो पूरी तरह से तय है कि साहित्यकार जिस युग और परिवेश में जीता है उसकी समस्याएँ, उसकी

विसंगतियाँ प्रश्न बनकर उसके मन को कुरेदती रहती हैं। अन्य विधाओं की अपेक्षा नाटककार के लिए ऐसे प्रश्नों से कुछ ज्यादा ही जूझना पड़ता है, जिसका संबंध एक समूह से हो, अगर वह आम आदमी से संबद्ध हो तो नाटककार की वह अनुभूति और अधिक व्यापक बन सकती है। इसलिए नाटक में देखनेवालों के लिए या देखनेवालों की चीज मौजूद हो—यह जरूरी होता है, इसके अभाव में यह समस्त आयोजन ही व्यर्थ हो जाता है। इसलिए नाटककार को जीवन-जगत् और अपने परिवेश की उन्हीं स्थितियों को नाटक में स्वीकार करना पड़ता है, जो अधिक से अधिक दर्शक को अपनी अनुभूति लगे।

'हानूश' के साथ कुछ इसी तरह की घटना भीष्म साहनी के साथ जुड़ी हुई है, 1960 के आस-पास भीष्म साहनी चेकोस्लोवाकिया की राजधानी प्राग घूमने गए हुए थे। प्राग शहर में घूमते हुए संयोगवश उन्होंने वहाँ की वह ऐतिहासिक मीनारी घड़ी देखी जिसके संबंध में वहाँ कई दंतकथाएँ प्रचलित हैं। सार जिसका इतना है कि घड़ी के निर्माता-कलाकार, घड़ीसाज-कारीगर को तत्कालीन बादशाह द्वारा अजीब तरीके से पुरस्कृत किया गया था। बादशाह ने उस कलाकार-कारीगर की आँखें निकलवा ली थीं, शायद इसीलिए वह पुनः दूसरी घड़ी न बना सके। इसी किंवदन्ती को भीष्म साहनी ने नाटक के ताने-बाने में बुनकर 'हानूश' के रूप में प्रस्तुत किया। नाटककार ने मध्ययुग का एक भरा-पूरा परिवेश गढ़ा, काल्पनिक घटना-विन्यास द्वारा कथावस्तु का निर्माण किया और कथा का भार ढोने के लिए उपयुक्त चरित्र गढ़े। नाटककार ने इस संबंध में स्वीकार किया है, उनका उद्देश्य एक मानवीय स्थिति को मध्ययुगीन परिवेश में प्रस्तुत करना रहा है।

हानूश की कथावस्तु का अनुशीलन

लगभग पाँच सौ वर्ष पहले प्राग नगर में हानूश नाम का एक ताला मिस्त्री रहता था। उसका भाई एक पादरी था। परिवार में पत्नी और एक बच्ची थी। बाद में एक निराश्रित जेकन को भी परिवार में रख लिया गया। जेकन ताले बनाने का काम करता और कात्या उसे बाजार में बेच आती। इस प्रकार पूरे घर का खर्च चलता। हानूश ने अन्य लोगों से कहीं घड़ी बनाने की बात सुनी तो उसके मन में भी इच्छा हो आई कि वह भी एक घड़ी बनाएगा। हानूश ने नगर के एक शिक्षक से गणित के हिसाब-किताब की बातें समझीं, लुहार से आवश्यक औजार बनवाए और पादरी भाई की मदद से चर्च से अनुदान उपलब्ध कराकर काम में जुट गया। स्थिति यह हो गई कि घड़ी बनाने के चक्कर में हानूश का परिवार आर्थिक विपन्नता का शिकार हो गया। क्योंकि जो कलाकार परिवार का खर्च चलाता था, अब वह घड़ी बनाने में व्यस्त हो गया था। चर्च से जो अनुदान मिलता था, वह घड़ी के पुर्जे में ही खप जाता था। परंतु जेकन ने उस परिवार में एक नई रोशनी की तरह प्रवेश किया। उसके ताले बाजार में बिकने लगे और परिवार का खर्च चलने लगा। लेकिन इस बीच पंद्रह-सोलह वर्ष गुजर गए। जेकन के आ जाने से हानूश को भी मदद मिली। हानूश उसे जब तब घड़ी का तंत्र समझता रहता और उससे सहायता लेता रहता।

निराश हानूश जेकन के आ जाने से एक बार पुनः हिम्मत जुटाने में सफल हुआ

और घड़ी बनाने में लग गया। इस तरह सत्रह वर्ष गुजर गए। हानूश की लगन और मेहनत को देखकर कुछ शुभचिंतकों ने उसे इस शर्त पर नगर के व्यापारियों से मदद दिलाई कि घड़ी के बन जाने पर घड़ी को उन्हीं लोगों की इच्छानुसार स्थान पर स्थापित किया जाए। इन सत्रह वर्षों में न जाने वह कितनी बार टूटा, फिर भी एक अनजानी शक्ति उसे खींचकर अपनी ओर ले ही जाती। न जाने कितने घात-प्रतिघात झेलने के बाद, पारिवारिक विपन्नता और अभावग्रस्तता की सीमाओं से गुजरने के बाद, आशा और निराशा के अनेक झटके खाने के बाद अंततः हानूश घड़ी बनाने में सफल हो गया।

हानूश अपने भाई पादरी का आभारी था, जिसने प्रारंभिक सहायता दिलवाई और सदैव उत्साहित करता रहा। अपने परिवार के प्रति कृतज्ञ था, जिसने दुःख-तकलीफ सहकर एक महान् कलाकृति गढ़ने में मदद की और उन व्यवसायियों के प्रति आभारी था, जिन्होंने अंतिम समय में सहायता करके मंजिल तक पहुँचने में अपना योगदान दिया। यद्यपि व्यवसायियों की मदद में, अपना निजी स्वार्थ अंतर्निहित था। वे घड़ी के महत्त्व को समझते थे। वे यह भी समझते थे कि अगर घड़ी बन गई तो इस घड़ी के द्वारा वे न केवल बादशाह पर ढीले हो रहे अपने वर्ग के प्रभाव को मजबूत बना सकेंगे, अपितु देश का गिरता हुआ बाजार भी फिर से समृद्ध हो सकेगा। बादशाह पर चर्च और पादरियों का विशेष प्रभाव था। बादशाह के दरबार में व्यवसायियों का प्रतिनिधित्व भी स्वल्प था। इसलिए हानूश की घड़ी जब बनकर तैयार हुई तो व्यवसायी वर्ग ने उस घड़ी को नगर के बीच चौराहे में लगवाने का और बादशाह से उद्घाटन कराने का निश्चय किया।

दरअसल बाजार की गति मंद थी। व्यवसायियों का खयाल था कि अगर चौराहे पर घड़ी लगी तो लोग इसे देखने के बहाने यहाँ अवश्य आएँगे और इसी बहाने बिक्री का माहौल बनेगा। बाजार में रौनक आएगी। व्यवसाय का न चलना उनके जीवन-मरण का प्रश्न था। यह उनकी दूसरी विजय होगी। व्यवसायियों का यह अनुमान था कि बादशाह घड़ी के उद्घाटन के अवसर पर न केवल हानूश को पुरस्कृत और सम्मानित करेंगे, बल्कि उनके आवेदन पर व्यापारी वर्ग के प्रतिनिधित्व को बढ़ाना भी मंजूर करेंगे। यह उनकी तीसरी विजय होगी। बाद में घड़ी का छोटे पैमाने पर निर्माण और व्यवसाय भी उनका लक्ष्य है। वस्तुतः व्यापारियों का अनुमान गलत नहीं रहता। वे चर्च और शासन, धर्म और बादशाही की काफी दिनों से चली आ रही दुरभिसंधि को तोड़ सकने में सफल होंगे, ऐसा उनका अनुमान सफल होता दिखाई देता है। जिसमें प्राग की आर्थिक स्थिति और व्यापारिक परिवेश पतनोन्मुख और विस्फोटक स्थिति में उबरकर पुनः सामान्य स्थिति ग्रहण कर सकेगी। वैसा होता भी है, केवल हानूश के पुरस्कृत और सम्मानित किए जाने तथा घड़ी का व्यापार करने का उनका अनुमान कुछ गलत साबित होता है।

हानूश द्वारा निर्मित घड़ी उसी व्यस्त चौराहे में लगा दी जाती है। बादशाह उद्घाटन करते हैं। उस अनोखी घड़ी को देखने के लिए भीड़ उमड़ पड़ती है। सबकी जुबान पर हूनश का नाम चढ़ा होता है। नगर की जनता के अलावा बादशाह के द्वारा भी हानूश को पुरस्कृत और सम्मानित करने की घोषणा की गई। हानूश को

सम्मानस्वरूप दरबारी का सम्मानित पद और पुरस्कार स्वरूप सरकारी वृत्ति प्रदान की गई। मान-सम्मान, यश और प्रतिष्ठा पाकर हानूश का हृदय खुशी से गद्‌गद था। परंतु पर्दे के पीछे क्रूर नियति कुछ और ही कुचक्र रच रही थी।

बादशाह पूरी तरह से चर्च और पादरियों के प्रभाव में थे, उनकी इच्छा थी कि घड़ी चर्च में लगाई जाए। क्योंकि घड़ी के निर्माण में चर्च का विशेष योगदान है। बादशाह की भी इच्छा यही थी। लेकिन हो सकता है कि बादशाह के मन में घड़ी अपने महल में लगवाने की रही हो और जो कुछ हुआ उसकी इच्छा के विरोध में हुआ हो। बादशाह को यह सब अपमान लगा हो अथवा चर्च और पादरियों के खिलाफ व्यापारियों का उठता सिर बादशाह को अच्छा न लगा हो, या हानूश ऐसी कोई दूसरी घड़ी न बना दे, जिससे उस घड़ी की प्रतिष्ठा गिर जाए। कारण कुछ भी रहा हो, बादशाह ने आदेश दिया कि इसकी आँखें निकाल ली जाएँ और बादशाह के आदेश से हानूश की आँखें निकाल ली जाती हैं। आँखें तो जिंदगी होती हैं। हानूश क्या कोई भी व्यक्ति आँखों के बिना विक्षिप्त हो सकता है। यह विक्षिप्तता हानूश की यहाँ तक बढ़ जाती है कि कभी तो खुद ही समाप्त कर देने की बात सोचता है, तो कभी उस घड़ी को विनष्ट कर देने की बात सोचता है। उसके मन में यह बात घर कर जाती है कि अंधत्व का कारण यह घड़ी ही है।

सामंती प्रशासन द्वारा एक कलाकार का यह अनूठा अभिनंदन जिसने एक ऐसे कलाकार भीष्म साहनी जिसका उस घटना से कोई संबंध न होते हुए भी, के हृदय में भी एक ऐसी आग सुलगा दी थी जिसे लावे के साथ कभी ज्वालामुखी की तरह फूटना ही था। एक दूसरा विस्फोट जेकन के भीतर भी सुलग रहा था। वह घड़ी का भेद छिपाए किसी तरह प्राग से बाहर भागने में सफल हो जाता है। हानूश भी उस संताप से जल रहा था। कभी घड़ी को, तो कभी खुद को खत्म करने की कोशिश में। लेकिन जब घड़ी खराब हो गई तो उसे पुनः घड़ी के निकट जाना पड़ा। किन्तु क्या वह घड़ी को नष्ट कर सकता है ? क्या कोई कलाकार अपनी कृति को नष्ट कर सकता है ? हो सकता है, पर हानूश ऐसा नहीं कर सका। महाराज के आदेश से पकड़ने आए हुए अधिकारी से उसने यह वाक्य कहा कि–"मेरी ही घड़ी के पास मुझे घसीटकर ले जाओगे या चलिए साहब, मैं आपके साथ चलूँगा। मैं आपके साथ एक वफादार कुत्ते की तरह आपके कदमों में लोटता हुआ चलूँगा, क्योंकि मैंने एक दिन घड़ी बनाई थी।" घड़ी के निकट पहुँचकर हानूश का सरल कलाकार हृदय ठीक उसी प्रकार सहज वात्सल्य से ओत-प्रोत हो उठा, जिस प्रकार किसी बीमार बच्चे को देखकर उसका पिता विचलित हो उठता है। उसने घड़ी को दुरुस्त कर पुनः चालू कर दिया। हानूश का द्वंद्व, अनुभव और भावनात्मक स्पर्श का ऐंद्रिक अनुभूति के स्तर पर पाठक के मर्म को गहराई तक कचोटता है। अत्यंत कारुणिक और मार्मिक। अंत में हानूश का यह कथन नाटक के लक्ष्य को सामने लाता है–"घड़ी बन सकती है, घड़ी बंद भी हो सकती है, लेकिन यह बहुत बड़ी बात नहीं है। जेकन चला गया, ताकि घड़ी का भेद जिंदा रह सके। यही सबसे बड़ी बात है।"[15] क्रांति, सृजन मनुष्य और उसके भविष्य में विश्वास इस नाटक का मूल बिंदु है। घड़ी चलने लगी है, घड़ी बंद नहीं होती। इसी में हानूश अर्थात् कलाकार या रचनाकार की सृजनेच्छा उसके संकल्प

और मानवीय अस्मिता में निष्ठा निहित है।

नाट्य शिल्प और रंगमंच के संदर्भ में श्री नेमिचंद्र जैन ने लिखा है—"वास्तव में नाट्यात्मक अनुभूति एक विशेष प्रकार की तीव्रतम काव्यात्मक अनुभूति ही है, जिसमें संवेदनाओं, भावों और विचारों के अधिक प्रत्यक्ष और दृश्य खंडों का सुनियोजन होता है।"[16] जहाँ तक सवाल हानूश का है, भीष्म साहनी का यह पहला नाटक है। भीष्म साहनी प्रवृत्ति से नाटककार के रूप में अवश्य सफल हुए हैं, परंतु किसी आग्रह या आंदोलन या कलात्मक पक्ष का सामने वाले या हिंदी नाटक में शिल्प या रंगमंच की कोई नई अवधारणा प्रस्तुत करने की दृष्टि से उन्होंने नाट्य रचना नहीं की है। क्योंकि वह स्वभावतः कथाकार हैं। मोहन राकेश ने जिस प्रकार नाटक और रंगमंच, भाषा और शिल्प को एक मोड़ देना चाहा था, वैसा कोई प्रयास था, आंदोलन दृष्टि न होकर 'हानूश' एक सहज स्फुरण है। समकालीन भारतीय नाट्य साहित्य के संदर्भ में 'हानूश' की चर्चा करते हुए श्री नेमिचंद्र जैन ने लिखा है—"राकेश की नाटकों की तरह यह भी यथार्थवादी शैली में लिखा गया है। यद्यपि इसमें शिल्प के स्तर पर वह प्रयोगशीलता और जमीन तोड़ने की कोशिश नहीं है तथापि इसमें कथा और शिल्पगत तड़क-भड़क या वैचित्र्य के बिना ही जीवन की नाटकीय विडंबना की बड़ी मार्मिक पकड़ है।"[17]

जहाँ तक सवाल नाट्य भाषा का है, नाट्य भाषा भी नाट्य के दृश्यपक्ष उसकी रंगमंचीयता को साकार करने का सबसे बड़ा आधार है। नाटक में शब्द की उचित और सार्थक जगह तलाश लेना, शब्दों का संयोजन, उनके मेल से उत्पन्न होनेवाली लय, लयों का अन्तर और वैपरीत्य, ध्वनियाँ, संकेत, बिंब—सब मिलकर नाटक को सृजन तक लाते हैं। प्रायः भीष्म साहनी के कहानी, उपन्यास की तरह उनके संवादों में स्वाभाविकता है और उनका लहजा बहुत ही सहज है, जैसे आरंभ में कात्या के संवाद एक घरेलू पत्नी की मानसिकता, उसके अनुभवों की यंत्रणा को उसी के मुहावरे में व्यक्त करते हैं। यह बात 'कबिरा खड़ा बाजार में' और 'माधवी' की भाषा में भी पाई जाती है। हानूश की मानसिक यातना, द्वंद्व, सृजनशीलता, संवदेनशीलता, तन्मयता, तल्लीनता, करुणा और पीड़ा आदि मनोभावों को भी उन्होंने सहज भाषा में बड़ी ऊष्मा और आंतरिक ठुअन के साथ अभिव्यक्ति दी है। घड़ी के नाजुक पुर्जों को छूने की उसकी कोमलता और आकुलता के अनुरूप ही भाषा और संवादों की अत्यंत नाजुक गठन है, जिसे तृतीय अंक में महसूस किया जा सकता है। हानूश अपने आपमें बहुत लचीला नाटक है। नाटक का अपने शिल्प में लचीला होना उसकी अनिवार्य शर्त मानी जाती है। यही लचीलापन हानूश के नाटक में भी है—एक घरेलू सहज प्रवाह, बोलचाल की भाषा का सार्थक स्वरूप। कुल मिलाकर नाटक भाषा के निरर्थक विस्तार को काटता है और भाषा के बिना भी संकेतों के माध्यम से बहुत कुछ कहता है।

भीष्म साहनी का नाटक 'कबिरा खड़ा बाजार में' एक ऐसी महत्त्वपूर्ण नाट्यकृति है, जो एक स्तर पर कबीर के तत्कालीन समाज, उस समाज में उनके निर्भय, सत्यभाषी और अन्याय के खिलाफ लड़नेवाले प्रखर व्यक्तित्व की पुनर्रचना करती है, साथ ही दूसरी ओर वह हमारे समकालीन समाज, उसमें युद्धरत संप्रदाय-विरोधी, फासिजा-विरोधी और बाह्याचार-विरोधी शक्तियों की महत्त्वपूर्ण भूमिका की ओर इशारा कर देती है।

भीष्म जी ने बड़ी पैनी दृष्टि से 'कबिरा खड़ा बाजार में' में कबीर के जीवन को देखा है। राजकुमार सैनी ने लिखा है—"भारतीय नाट्यशास्त्र की प्राचीन शब्दावली में कहना चाहें तो अभिधा के स्तर पर कबीर के बेपरवाह, सुदृढ़, उग्र और तेजस्वी सामाजिक व्यक्तित्व को चित्रित करनेवाला एक ऐतिहासिक नाटक है, लेकिन लक्षणा और व्यंजना के स्तरों पर हमारे वर्ग-विभक्त, जाति-विभक्त, धर्म-विभक्त और अंतर्विरोधपूर्ण तथा भेदभावपूर्ण विषम समाज के समकालीन संदर्भों को एक साथ ध्वनित कर देनेवाला एक आधुनिक नाटक है।

'कबिरा खड़ा बाजार में' की कथावस्तु कबीर का समूचा जीवन है। इस नाटक में दिल्ली का शहंशाह सिकंदर लोधी है। सिकंदर लोधी आज की निरंकुश और तानाशाही सत्ता का प्रतीक है। काशी नगर का कोतवाल आज की अफसरशाही का प्रतीक है। कायस्थ का चरित्र आज के दोगली नीति की ओर इशारा करता है। अंधा भिखारी वह अभागा आधुनिक जन है, जो आए दिन किसी-न-किसी जोर-जुल्म का शिकार होता है। मठ का महंत सांप्रदायिकता, धर्मांधता, विचारांधता और भावोन्माद का प्रतीक है। यह महंत नये और पुराने चोले पहनकर आज भी उसी तरह का खेल खेल रहे हैं, जैसे कभी कबीर के जमाने में होता रहा था वही तद्‌युगीन मौलवी हैं, पंडे हैं, पुजारी हैं और वही धार्मिक दुष्चक्र है। सच्चे, ईमानदार और पाखंड-विरोधी, सहज, स्वाभाविक, फक्कड़ और फकीर इंसान के लिए चुनौतियाँ हैं, जिनका मुकाबला कबीर को करना पड़ा था।

कबीर के साथ रैदास, सेना, पीपा, वशीरा की टोली ऐसी ही आधुनिक प्रतिबद्ध प्रगतिशील इंसानों के अग्रिम दस्ते की ओर हमारा ध्यान आकर्षित करती है, जो सब कुछ दाँव पर लगाकर मौजूदा व्यवस्था के संपूर्ण पाखंडतंत्र का भंडाफोड़ करने के लिए कमर कसे हुए हैं। ऐसी कमर जो सदियों से कोड़े खाती आ रही है, फिर भी उसके कसाव में कोई कसर या कोई कमी नहीं आई। व्यंजना के स्तरों पर इन्हीं सारे संदर्भों को यह नाटक गुंजायमान कर देता है। यही इसकी शक्ति है और यही उसका प्रभाव। इसीलिए वह ऐतिहासिक होते हुए भी अत्यंत आधुनिक है। शायद इसीलिए वह अर्थवान भी है और इसकी कथावस्तु बेहद प्रासंगिक हो उठी है। समूचे नाटक के नारी पात्रों में कबीर की माँ और उसकी पत्नी लोई का चरित्र बहुत अच्छा बन पड़ा है।

नीमा कबीर की माँ नहीं थी। परंतु पालने का काम नीमा ने ही किया था। नीमा कबीर को बता देती है और कहती है—"वह मिल जाए तो चला जा बेटा, मैं तुझे नहीं रोकूँगी।"[18] इस पर कबीर उत्तर देता है—"मुझे घर से निकाल रही हो माँ। गोद लिए बालक को भी कोई निकालता है।" नीमा प्रत्युत्तर में कहती है—"मैं तुझे घर से निकालूँगी रे। जिसे पालकर इतना बड़ा किया है, उसे घर से निकालूँगी।"[19] माँ-बेटे का संवाद बहुत ही हृदय-स्पर्शी बन पड़ा है। नीमा व्यवस्था के उस बिंदु पर चोट करते हुए कहती है, जो थोथी है, दिखावा है, छलावा है—"वह भी बदनसीब थी, कबीरा वरना अपना बच्चा कौन फेंकता है···उसे पता चल गया था कि तुम्हें मैं उठा लाई हूँ। कहीं-कहीं छिपकर देखती, फिर लौट जाती।"

कबीर और लोई के चरित्रों को उत्कर्ष प्रदान करने में नाटककार भीष्म साहनी ने

अपनी मौलिक उद्भावना द्वारा इस प्रसंग का बेहद सर्जनात्मक इस्तेमाल करते हुए एक बड़े कलाकार की क्षमता का परिचय दिया है। कबीर को जब इस तथ्य का पता चलता है कि लोई किसी और लड़के से प्रेम करती थी और उसके पिता ने उसके साथ ब्याह कर अन्याय किया है तो वह उससे कहता है—"उसके साथ तू खुश रहेगी तो तू जरूर उसी के पास चली जा।"[20] कबीर इतना ही नहीं करता, बल्कि उसे वहाँ तक भेजने भी जाता है। लोई कबीर की उदारता को देखकर हैरान हो जाती है। उसके बारे में उसकी सोच बदलती है और एक तरह से लोई के व्यक्तित्वांतरण की प्रक्रिया शुरू हो जाती है। लोई जाते समय गहने छोड़ जाती है, क्योंकि गहने तो ससुराल के होते हैं। लेकिन कबीर गहने उसे लौटा देता है। लोई चलते वक्त पूछती है—"अपनी माई से क्या कहेगा।"[21] कबीर कहता है कि—"मैं माई को समझा लूँगा।"[22] लोई बड़े उत्साह से कहती है—"अच्छा तो हम जा रही हैं, तू इधर ही ठहर। हमारे बापू को सब बता देना बोल देना हमारे कहने से गई है।"[23]

लोई का प्रेमी उसे वापस लेने को तैयार है। कबीर स्वयं उसकी मदद करता है। लोई कबीर के इस मानवीय औदार्य और औदात्य से विचलित हो उठती है। जाते समय वह सोचती है कि यह कैसा इंसान है ? इसका हृदय सचमुच कितना विशाल है। लोई के व्यक्तित्वांतरण की गति काफी तेज हो जाती है। इस प्रक्रिया की आग से लोई के हृदय में साहूकार के छैल-छबीले बेटे के प्रति आसक्ति की झड़ियाँ जल उठती हैं और वहाँ उसके हृदय में कबीर के प्रति एक दायित्व की भावना से ओत-प्रोत प्रेम का उदय होता है। लोई एक निर्णय लेती है कि वह अब कबीर की अर्द्धांगिनी होकर रहेगी, कहीं नहीं जाएगी। इस प्रकार हम देखते हैं कि भीष्म साहनी का यह नाटक समाज के फलक पर और व्यक्ति के मन में चल रहे द्वंद्व और अंतर्विरोधों की कलात्मक और अर्थपूर्ण अभिव्यक्ति का एक सशक्त और बेहद प्रासंगिक दस्तावेज है।

तीसरे क्रम में भीष्म साहनी का नाटक 'माधवी' है। माधवी नाटक महाभारत की अंतःकथाओं पर आधारित उस प्रसंग का उद्घाटन करता है, जब महाराजा ययाति अपना राज-पाट त्यागकर वानप्रस्थ आश्रम में आ जाते हैं। उस वक्त गालव नाम का एक युवा जो महर्षि विश्वामित्र का शिष्य था, ययाति के पास अपने गुरु विश्वामित्र के अश्वमेध में यज्ञ के लिए आठ सौ सफेद घोड़े माँगने आता है। ययाति बहुत बड़े दानी माने जाते थे। लेकिन उनके पास एक बेटी माधवी के अलावा और कुछ था ही नहीं। ययाति युवक गालव को न भी नहीं कर सकते, न करना उनके स्वभाव में नहीं था।

ययाति युवक को निराश भी नहीं कर सकते थे क्योंकि उन्हें महसूस होता है कि विश्वामित्र उनकी परीक्षा ले रहे हैं। राजा ययाति अपनी बेटी माधवी को गालव को दान कर देते हैं। ययाति गालव से बताते हैं कि माधवी को एक ज्योतिषी ने बताया है कि उसे इससे जो पुत्र प्राप्त होगा वह राजा चक्रवर्ती होगा। तुम इसे ले जाओ और जिस राजा को माधवी के बारे में बताओगे वह माधवी के बदले में तुम्हें अश्वमेध के लिए आठ सौ श्वेत घोड़े दे देगा।

माधवी पिता की आज्ञा पाकर एक गाय की तरह गालव के पीछे-पीछे चल देती है। भीष्म साहनी की दृष्टि यहाँ पर बहुत साफ है, औरत चाहे राजा की बेटी हो या गरीब

की दुल्हन। उसकी अपनी निजी चाह का कोई महत्त्व नहीं है। ययाति ने एक पल के लिए यह नहीं सोचा कि माधवी से इस बात के लिए इतना भी पूछ लें कि क्या वह ऐसा करने के लिए तैयार है। माधवी का समर्पण इस हद तक उभरकर सामने आता है कि माधवी, गालव की प्रतिज्ञा पूरी करने के लिए तीन-तीन राजाओं के रनिवास में रहकर तीन पुत्रों के बदले में छह सौ घोड़ों की व्यवस्था करती है और अंत में जब उसे इस बात का पता चल जाता है कि पूरे भारत में अब अश्वमेध के घोड़े और कहीं नहीं हैं तो वह दो सौ घोड़ों के लिए विश्वामित्र के पास स्वयं पहुँच जाती है और उनसे कहती है–"ये छह सौ घोड़े ग्रहण करें महाराज, और शेष दो सौ घोड़ों के लिए...।"[24] माधवी बोलती-बोलती रुक जाती है, तो विश्वामित्र बोल उठते हैं–"हाँ कहो, क्यों रुक गई ?" माधवी तपाक से बोलती है–"शेष दो सौ घोड़ों के लिए आप मुझे अपने पास रख लें।" विश्वामित्र स्तंभित-सा माधवी की ओर देखते हैं। माधवी पुनः बोलती है–"मुझे ग्रहण कर आपको पश्चात्ताप नहीं होगा, महाराज। सभी राजा मेरे साथ प्रसन्न थे। सभी मुझे अपने रनिवास में रखना चाहते थे। पुत्र लाभ होने पर आप गालव को गुरु-दक्षिणा के दायित्व से मुक्त कर दें।"[25]

गालव को मुक्ति मिलती है, विश्वामित्र की जिद पूरी होती है और राजा ययाति एक महान् दानी के रूप में दुनिया में प्रसिद्ध होते हैं। लेकिन माधवी का क्या हुआ ? जिस गालव के लिए उसने अपने-आपको चार-चार पुरुषों के संग बाँट दिया, वही गालव माधवी के प्रणय निवेदन को ठुकरा देता है। क्योंकि माधवी अब वैसी सुंदर राजकुमारी नहीं रह गई थी ? या अब माधवी से उसका कोई स्वार्थ नहीं रह गया था। माधवी उसके लिए एक ऐसी वस्तु हो गई थी, जिसका अब कोई उपयोग नहीं रह गया था। भीष्म जी यही तो दिखाना चाहते हैं कि पुरुष प्रधान समाज चाहे आदिम युग का रहा हो, प्राचीन मध्य या आज का हो, नारी उसके लिए सदैव भोग और इस्तेमाल की वस्तु रही है। माधवी गालव से कहती है–"मैं सारा वक्त यही समझती रही कि गालव सच्ची साधना और निष्ठावाला व्यक्ति है। तुम भी गुरुजनों जैसे ही निकले, गालव...। तुम सचमुच एक दिन ऋषि गालव बनोगे।...तुम स्वतंत्र हो गालव।"[26]

अभिनय रंगमंच की अपनी भाषा है। अभिनय के अवसर संवादों के बीच से संवाद के शब्दों के बीच उभरते हैं। इस दृष्टि से संवाद-संघटन का विशेष महत्त्व है। कभी-कभी स्थिति यह होती है कि संवाद के शब्दों से कुछ और अर्थ निकलते हैं, जबकि अभिनय के द्वारा कुछ और अर्थ की अपेक्षा होती है। इन बारीकियों को समझने के लिए केवल प्रतिभा ही नहीं, रंगमंच से जुड़ा नाटककार का अनुभव भी अनिवार्य होता है। भीष्म साहनी विद्यार्थी जीवन से ही रंगमंच से जुड़े थे। उन्हें इन बारीकियों का काफी ज्ञान है।

भीष्म साहनी हिंदी के गिने-चुने उन नाटककारों में हैं जिनके नाटक पिछले तेरह वर्षों से लगातार करने के बावजूद कलाकार उसे बार-बार मंचित करना चाहते हैं और दर्शक भी उसे बार-बार देखना पसंद करते हैं। उनके नाटक गाँव-किसान, नगर-महानगर के मजदूर, बुद्धिजीवी और अमीर-गरीब, हर वर्ग के लोग समान उत्साह से देखते हैं। वे दिल्ली की नाट्य मंडली 'प्रयोग' के अध्यक्ष भी हैं और 'प्रयोग' ने 600 से 20,000 दर्शकों के सामने उनके नाटक पिछले कई वर्षों से दिल्ली और देश

के कई हिस्सों में मंचित किये हैं। 'प्रयोग' के निर्देशक और कलाकारों के भीष्म जी के संबंध में क्या विचार हैं, द्रष्टव्य हैं।

एम.के. रैना एक मशहूर रंगमंचीय निर्देशक हैं। भीष्म साहनी के नाटकों के संबंध में उनका कहना है कि–"भीष्म साहनी का 'कबिरा खड़ा बाजार में' नाटक जो पुस्तक के रूप में प्रकाशित है, वह हमारे पांडुलिपि से अलग है। यह फर्क मुख्य रूप से गीत, संगीत और भाषा को लेकर है। हमने अपनी पांडुलिपि में पात्र के अनुरूप भाषा का प्रयोग किया है। जैसे नाटक में जो निम्न जाति के पात्र हैं, वे हमारी पांडुलिपि में अवधी बोलते हैं, जो उच्च वर्ग के हैं, वे तत्सम मिश्रित हिंदी बोलते हैं। भाषा का जो यह स्तर है, इसे हमने अपनी पांडुलिपि में जोड़ा है। वही हम मंचों पर जोड़ते हैं।"[27]

प्रसिद्ध रंगमंचीय कलाकर जलीस एहसन का कहना है कि–"मुझे उनका सबसे अच्छा नाटक 'हानूश' लगा। 'हानूश' की दो सबसे बड़ी विशेषताएँ हैं। एक तो उसमें जबरदस्त नाटकीयता है और दूसरे उसमें ठोस ऐतिहासिक संदर्भ उभरकर आया है। भीष्म की दृष्टि मार्क्सवादी है। उन्होंने बड़े ही खूबसूरत ढंग से सामंतवाद से पूँजीवाद के संक्रमण के क्षण को दिखाया है। किस प्रकार देश में सामंती शक्तियाँ पूँजीवाद पर हावी हैं, उसे बड़े ही खूबसूरत ढंग से उन्होंने लिखा है। माधवी में नाटकीयता की कमी है। जिस मिथ का प्रयोग किया है, वह ज्यादा लोकप्रिय नहीं है। भीष्म जी के हर नाटक में उनकी सामाजिक प्रतिबद्धता उभरकर आई है और सबसे बड़ी बात यह है कि यह प्रतिबद्धता नाटक में थोपी हुई नहीं होती।"[28]

काव्य कुमार भी एक अच्छे मजे हुए कलाकार हैं। उन्होंने भी भीष्म जी के नाटकों में काम किया है। उनका कहना है कि–"भीष्म जी का नाटक बहुत ही संतुलित होता है। उनके हर नाटक के दृश्य की अपनी उपयोगिता होती है। वे बड़ी ही सीधी-सादी भाषा में बहुत ही गूढ़ बातें कह जाते हैं। कुछ नाटककार सिर्फ पढ़ने में अच्छे लगते हैं, करने में नहीं। परंतु भीष्म के नाटक पढ़ने और करने में एक जैसा आनंद देते हैं।"[29]

अनीस एहसान आजमी का मत है कि–"भीष्म जी के साथ काम करते हुए विरोध नाम की चीज ही पैदा नहीं होती। वे संशोधन को बड़े सहज ढंग से स्वीकार कर लेते हैं। बात को जोरदार ढंग से कहने के लिए संशोधन की जरूरत हर नाटक में होती है। भीष्म जी ने बहुत कम नाटक लिखे हैं। यदि उन्होंने अपनी रचना का केंद्र बिंदु नाटक बनाया होता, तो विजय तेंदुलकर और बादल सरकार जैसे नाटककारों की श्रेणी में उनकी गिनती होती।"[30] इसी तरह कुछ विचार अनूप वरुणा के भी हैं–"अलग-अलग लेखक के अलग-अलग इंटरप्रिटेशन होते हैं, हिंदुस्तान के अंदर किसी नाटक कंपनी ने कबीर के ऊपर इतने शो नहीं किए।"[31]

निश्चित रूप से अगर भीष्म साहनी के समूचे नाटक लेखन पर नजर डालें तो यह बात तो तय हो चुकी है कि भीष्म जी एक सफल नाटककार के रूप में रंगमंचीय दुनिया में उभरते हैं। भले ही उन्होंने बहुत कम नाटकों की रचना की है, परंतु फिर भी सफल नाटककारों की पंक्ति में भीष्म जी खड़े अवश्य हैं।

4. अन्य–लेख, संपादन, साक्षात्कार और अनुवाद

लेख : भीष्म साहनी उन विरले लेखकों में से हैं, जिन्होंने जिस उत्साह और पूरे मनोयोग से उपन्यास, कहानी और नाटक विधा में कलम चलाई है, उसी गति से अपने लेख, संपादन और अनुवादों के क्षेत्र में भी अपनी लेखनी का प्रयोग किया है। भीष्म जी ने कई लेख लिखे हैं, जो विभिन्न पत्र-पत्रिकाओं में प्रकाशित हुए हैं। परंतु निबंध संग्रह के रूप में उनकी सिर्फ एक पुस्तक ही हमारे बीच उपलब्ध है। पुस्तक का नाम 'अपनी बात' है, जिसका प्रकाशन वाणी प्रकाशन नई दिल्ली से हुआ है।

दरअसल किसी भी लेखक की निजी उधेड़बुन उसके रचे जा चुके तथा रचे जानेवाले साहित्य की एकमात्र खाद-पानी होती है। उस उधेड़बुन के चलते एक रचनाकार सारी उम्र एक ऐसे खेल में खुद को सम्मिलित करता है, जिसमें वह अपने लिए मात ही मात चुनता है। यह 'मात' उससे और-और लेखन कराती जाती है। वह अपनी आयु के वरिष्ठ पड़ाव में भी सक्रिय रहता है। इस अवधारणा को यदि हम अपने समय के महत्त्वपूर्ण रचनाकर्मी भीष्म साहनी के संदर्भ में तौलें तो बात यकायक पारदर्शी हो उठती है। इस आयाम से सोचने का सुअवसर जुटाती है। उनकी किताब 'अपनी बात' जिसमें उनके कुछ संस्मरण, आलोचनात्मक टिप्पणियाँ आदि सत्ता इस निबंध में संकलित हैं। इन सभी टिप्पणियों को एक साथ पढ़ते हुए जहाँ एक ओर किसी बड़े साहित्यकार के नेपथ्य की झाँकियों से पाठक का साक्षात्कार होता है, वहीं दूसरी ओर पिछले लगभग चार दशकों का राजनीतिक, सामाजिक, सांस्कृतिक तथा साहित्यिक परिदृश्य भी जीवंत हो उठता है।

बँटवारे के समय की पीड़ा को कई लेखकों ने देखा और भोगा होगा। कुछ लेखकों ने उस पर बेहद जीवंत रचनाएँ भी रची हैं, परंतु 'तमस' जैसी रचना भीष्म साहनी ने अकेले ही लिखी है। इसी तरह 'अमृतसर आ गया है' कहानी हो या 'चीफ की दावत' भीष्म साहनी ने ये रचनाएँ देकर कथ्यों को उघाड़ दिया है। यह कितनी बड़ी उपलब्धि है कि इतिहास के एक बर्बर दौर को किसी साहित्यिक रचना में कैद कर लिया जाए और फिर भी वह साहित्यकार खुद को साहित्य का 'जमाई' घोषित न करे। यह खूबी भीष्म जी में मौजूद है।

सुविधा की दृष्टि से इन निबंधों में से कुछ को हम आत्मपरक, कुछ को निबंधात्मक, आलोचनात्मक या संस्मरणात्मक कह सकते हैं। वस्तुतः भीष्म साहनी एक कथाकार हैं। कथा दृष्टि उनके लेखन का प्रधान अंग रही है, लेकिन उन्होंने समय-समय पर अपने विचारों, अनुभूतियों और दृष्टिकोण की व्याख्या, विश्लेषण, तर्क-वितर्क की ठोस निबंधात्मक पद्धति के द्वारा भी पाठक तक पहुँचाने का प्रयास किया है। बाबू गुलाबराय के अनुसार–"निबंध उस गद्य रचना को कहते हैं जिसमें एक सीमित आकार के भीतर किसी विषय का वर्णन या प्रतिपादन एक विशेष निजीपन, स्वच्छंदता, सौष्ठव और सजीवता तथा आवश्यक संगति और संबद्धता के साथ किया गया हो।"[32]

भीष्म जी किसी भी बात को जब निबंध के माध्यम से समझाते हैं तो उसकी एक-एक बात की चर्चा करते हैं। व्यंग्यकार हरिशंकर परसाई के ऊपर लिखे दोनों निबंधों में व्यंग्य को किसी विशुद्ध आलोचक की तरह समझाते हैं। एक उदाहरण द्रष्टव्य

है—"आमतौर पर व्यंग्य के बारे में हमारी धारणा अच्छी नहीं होती। एक तो इसके साथ हम कटुता को जोड़ते हैं, कि व्यंग्यकार वे लोग हैं, जो दूसरों का मजाक उड़ाते हैं, दूसरों की कमजोरियों को उघाड़ते हैं, उनकी खिल्ली उड़ाते हैं, इसलिए व्यंग्य सद्भावना से प्रेरित न होकर द्वेष और घृणा से प्रेरित होता है। यह भी कहा जाता है कि व्यंग्यकार जिंदगी को टेढ़े शीशे में देखता है और इसीलिए उसे जिंदगी टेढ़ी-मेढ़ी ही नजर आती है। मैं भी वर्षों तक साहित्य का अध्यापक रहा हूँ। मैं भी व्यंग्य के स्वरूप और स्वभाव को समझा पाने के लिए, व्यंग्यकार की तुलना, कार्टून बनानेवाले कार्टूनिस्ट से किया करता था और कहा करता था कि अतिशयोक्ति व्यंग्य का नैसर्गिक लक्षण होती है। किसी कार्टून की ओर देखें, कार्टून बनानेवाला कभी भी आदमी की सही तस्वीर नहीं उतारता, कभी तो नाक को लंबा खींच देता है, कभी कानों को, कभी गर्दन को। अच्छे-भले इंसान को भोंडा बनाकर दिखाता है। इसके पीछे द्वेषभाव नहीं तो क्या है या दिल्लगी उड़ाने का भाव या उसकी कमजोरियों का भंडाफोड़ करने का भाव। यह भी कहा जाता है कि व्यंग्य पढ़ने के बाद मुँह के स्वाद में कड़वाहट सी आ जाती है कि व्यंग्य आपको ऊँचा नहीं उठाता, उस स्तर तक नहीं ले जाता जहाँ से समस्त मानवता के प्रति आपका दिल सद्भावना से ओत-प्रोत हो, जहाँ से जीवन सुंदर और अलौकिक नजर आए, उस मानवेतर संबंधों के स्तर तक नहीं ले जाता, जहाँ से आध्यात्मिक दर्शन आरंभ होता है (आदि-आदि) कि इसके विपरीत व्यंग्य सारा वक्त, धरती के साथ-साथ रेंगता रहता है, धरती से कभी भी ऊँचा नहीं उठता, इसी कारण वह साहित्य की अन्य विधाओं की तुलना में निम्न स्तर की विधा है।"[33]

यशपाल ने अपनी निबंध पुस्तक 'बात-बात में बात' में एक जगह लिखा है कि—"कला का प्रयोजन मनुष्य जीवन में सामर्थ्य की बुद्धि और माधुर्य की सृष्टि करना है। जीवन में माधुर्य की अनुभूति कर पाने के लिए जीवित रह सकना आवश्यक है। मजदूर-श्रेणी की धारणाओं और भावनाओं का प्रतिनिधित्व करनेवाला प्रगतिशील साहित्य सर्वसाधारण के लिए जीवन के अवसर की माँग करता है। वह समाज के किसी भी व्यक्ति को वह चाहे पूँजीपति हो या मजदूर, जीवन के साधनों से वंचित नहीं रहने देना चाहता। वह इस उद्देश्य के लिए प्रतिज्ञाबद्ध है। इस उद्देश्य से विरोध उसी वर्ग या व्यक्ति का हो सकता है, जो सर्व-साधारण के साधनहीन और अवसरहीन बने रहने में ही अपनी सत्ता की रक्षा समझता है।"[34]

भीष्म साहनी जिस ऋजुता, धैर्यशीलता, पारदर्शिता तथा संवेदनशीलता के खाद्य से अपनी कथाओं, उपन्यासों या नाटकों को पालते-पोसते प्रस्तुत करते हैं, वही तमाम गुण उनके इस निबंध विधा में देखने को मिलते हैं। उनके निबंध उपदेश न देकर चुपचाप पाठक के दिलो-दिमाग में असर डालते हैं और इस तरह वे इस विधा में लालित्य भी जोड़ देते हैं। भीष्म साहनी ने जिंदगी की पकड़ की बातें एक लेख में कुछ इस तरह व्यक्त की हैं—"कहानी लिखने में इसे भी तरह-तरह के लालच परेशान करते हैं। किसी महान् लेखक की रचना पढ़ लें तो उसी के अंदाज में कहानी लिखना चाहता है। उसी लेखक की दृष्टि से लिखने की कोशिश भी करता है। उस वक्त उसे भी लगता है कि उसी की आँखों से दुनिया को देख रहा है और उसी के अंदाज में बात कह रहा है। लेकिन इस कोशिश में हर बार उसे चपत ही पड़ी है। थोड़ी ही

देर में मन पर छाया गुबार छनने लगता है और कलम घिसटने लगती है। बात बनती नहीं। दोबारा पढ़ने पर अक्सर झाग ही झाग हाथ लगती है। अब इसने जान लिया है कि किसी दूसरे की दृष्टि से जिंदगी पकड़ में नहीं आती।"[35]

लेखक ने इन निबंधों में अपन दुःख-दर्दों, अभावों, असफलताओं को फैशन-परेड की अनिवार्य नियति से बहुत साफगोई के साथ बचाया है तथा कबीर या प्रेमचंद तथा कभी शेक्सपियर के बहाने तो कभी कबीर या प्रेमचंद के साहित्य की सार्थक चर्चाएँ करते हुए उन्होंने अनेकानेक पनप रहे साहित्यिक प्रपंचों-षड्यंत्रों को भी उघाड़ा है।

इन सभी निबंधों में किसी बड़े लेखक की वह 'पहली दुनिया' दिखाई पड़ती है जो उसके विचारों को कण-कण सुस्पष्ट बनाती है। एक भीष्म साहनी जैसे सफल लेखक की 'मैं अपनी नजर में' निबंध में वर्णित 'असफलता' पाठक को निराश नहीं करती बल्कि उसकी नितांत व्यक्तिगत छटपटाहट को जान लेने का संतोष प्रदान करती है।

'माया' भारत की एक बहुचर्चित राजनीतिक पत्रिका है। वर्ष 1991 का अप्रैल अंक 'राष्ट्रीय एकता विशेषांक' के रूप में निकाला गया है, उसमें भीष्म साहनी का भी एक लेख है 'राष्ट्रीय एकता के प्रति जनचेतना'। इस लेख को पढ़ने के बाद ऐसा लगता है कि भीष्म साहनी अपने देश की हालात से बहुत चिंतित हैं। उनकी दृष्टि बहुत व्यापक और सूक्ष्म निरीक्षण वाली है। उनका मानना है कि आज देश में जो घृणावाद घृणास्पद वातावरण निर्मित है, उसके पीछे राजनीतिक षड्यंत्र कार्य कर रहा है। इस बात को बहुत अच्छी तरह समझाते हैं । कुछ उदाहरण द्रष्टव्य हैं–"जिनकी किसी के साथ दुश्मनी नहीं, जो हर दिन की रोटी कमा पाने के लिए हिंदू का भी मुँह जोहते हैं और मुसलमान का भी। उन्हीं को दंगाई तलवार की धार पर उतारना चाहते हैं।"[36] भीष्म साहनी इस जहरीले वातावरण की परिणित की चर्चा करते हुए लिखते हैं–"इन भावनाओं से पैदा होनेवाले विषैले वातावरण की यह देन है कि पाकिस्तान की क्रिकेट टीम के विरुद्ध भारत की टीम का मैच हो, तो मुसलमान युवक 'पाकिस्तान-जिंदाबाद' के नारे लगाते हैं। पाकिस्तान की टीम जीत जाए तो आतिशबाजी होती है, पटाखे छोड़ते हैं।"[37] और शायद इसी वजह से भीष्म साहनी ने इस दुविधा से मुक्त होने के लिए साझी संस्कृति की बात की है। "हमें हमारे इतिहास ने मंदिर और मस्जिद ही नहीं दिए, एक साझी संस्कृति भी दी है, जिसमें हमारी भाषाएँ पनपी हैं, जिंदगी की एक कद्रो-कीमतों में आदान-प्रदान हुआ है, एक साझी जीवन-दृष्टि विकसित हुई है, रस्म-रिवाज साझे हुए हैं। यह हमारी अमूल्य विरासत है। इन साझे दायरों को बढ़ाना होगा और अधिक व्यापक बनाना होगा। जितना अधिक हम एक-दूसरे से अलग होते जाएँगे, उतना ही अधिक हम अलगाव, संशय, अविश्वास और सांप्रदायिकता को बढ़ावा देते जाएँगे।"[38]

जीवनोन्मुख कहानी की माँग ही संभवतः भीष्म साहनी के कथाकार की बड़ी सफलता है। जिसे उनके न केवल आत्मपरक वक्तव्यों में पाया जाता है, बल्कि प्रेमचंद, परसाई और यहाँ तक कि 'तमस' की शूटिंग के दौरान लिखे जानेवाले डायरीनुमा रिपोर्ताज में थामा जा सकता है। व्यंग्यकार हरिशंकर परसाई पर लिखे गए दोनों आलेखों में भीष्म साहनी की वही विश्लेषक-विशेषज्ञ की दृष्टि स्थापित होती है. जो संभवतः वे किसी कहानी को लिखने के पूर्व भी अवश्यतः प्रयोग में

लाते होंगे। इतनी सहजता से व्यंग्य को समझकर, परसाई के व्यंग्य को समझा देना तो किसी विशुद्ध आलोचक के वश का भी नहीं लगता। एक उदाहरण और द्रष्टव्य है—"उनके निबंध पढ़ते हुए लगता है कि हम जिंदगी को टेढ़े शीशों में से देख रहे हैं, पर धीरे-धीरे वही टेढ़ा शीशा जिंदगी की सही वस्तुपरक तस्वीर दिखाने लगता है।"[39] भीष्म साहनी यदा-कदा व्यंग्य की फुलझड़ियाँ भी छोड़ते हैं, जो पाठक के लिए एक सूचना हो सकती है। इसके अतिरिक्त जो एक बात उनके आत्मपरक लेखन में है, उसके जरिए हम जान पाते हैं कि व्यक्तिगत तौर पर भी यह रचनाकार कितना सहज तथा सरल है और इसीलिए वह बेहतर साहित्य हमें सौंप सका है।

संपादन : भीष्म साहनी पेशे से अंग्रेजी के प्राध्यापक थे, इसकी चर्चा पहले ही की जा चुकी है। 'नई कहानियाँ' उन दिनों कहानी की बहुत ही मशहूर पत्रिकाओं में एक थी। इसके संपादक कमलेश्वर थे। कमलेश्वर ने अचानक उस पत्रिका का संपादन छोड़ दिया। तब बात आई कि इसका संपादन किसे सौंपा जाए। उन दिनों भीष्म साहनी मास्को से लौट आए थे और दिल्ली के कॉलेज में पढ़ा रहे थे। उस वक्त उनकी कहानियों की चर्चा शुरू हो गई थी। 'नई कहानियाँ' का संपादन उनके कंधे पर आ पड़ा, जिसे उन्होंने सहर्ष स्वीकार कर 1965 से 1967 तक बड़ी कुशलता से संपादित किया। 'नई कहानियाँ', ही उन दिनों एक ऐसी पत्रिका थी, जो नए लेखकों को मंच प्रदान कर रही थी। दूधनाथसिंह, ज्ञानरंजन, गिरिराज किशोर के अलावा बहुत से ऐसे कहानीकार थे, जिनकी पहचान 'नई कहानियाँ' से ही बनी है।

एक संपादक की हैसियत से भीष्म जी ने सदैव नए हस्ताक्षरों को खोजा है और पल्लवित होने का सुअवसर उपलब्ध कराया है। भीष्म जी की एक बहुत खास आदत रही है कि उन्होंने मानवीय लेखन को काफी महत्त्व दिया है, साथ ही बढ़िया साहित्य जुटाने में पत्रिका के माध्यम से एक मंच प्रदान किया है। संपादक और संस्था के बीच के रिश्ते को भीष्म जी ने कुछ इस प्रकार व्यक्त किया है—"संस्था सीधे-सीधे पत्रिका के संपादक पर कोई अंकुश नहीं लगाती, लेकिन जो व्यक्ति किसी संस्था का अंग बनकर पत्रिका चलाएगा तो वह संस्था के चरित्र और स्वभाव को भी धीरे-धीरे पहचान लेगा और कुछ-कुछ उसके रंग में रंगता भी जाएगा। साहित्यिक पत्रिका के संपादक को बड़ी छूट होती है, लेकिन वह कोई ऐसा कदम उठाने से गुरिज नहीं करेगा जिससे संस्था को नुकसान पहुँचाने का डर हो। किसी संस्थान में पत्रिका के संपादन का काम करते हुए सरकार विरोधी उग्र नीति अपनाना लगभग असंभव है।"[40]

लेकिन भीष्म साहनी स्वयं में एक कथाकार हैं, और होता यह है कि कोई लेखक या साहित्यकार जब किसी साहित्यिक पत्रिका का संपादक बनता है तो उसके अंदर अपना भविष्य बनाने की चिंता भी होती है, जो उसके नाम को आगे बढ़ा सके। परंतु भीष्म साहनी के इस संदर्भ में विचार अन्यों से कुछ भिन्न हैं। वक्तव्य द्रष्टव्य हैं—"संपादक बनने पर दृष्टि अधिक वस्तुनिष्ठ होने लगती है अक्सर संपादक अपनी रचनाएँ छपवाना पसंद नहीं करते। वह यह आरोप भी सुनना नहीं चाहते, कि वह अपनी ही दृष्टि के लेखकों की रचनाओं को प्राथमिकता दे रहे हैं। घिसीपिटी लाइन पर चलना भी पसंद नहीं करते। पत्रिका में कुछ परिवर्तन जरूर चाहते हैं। नए लेखकों को ढूँढ़ निकालने में उन्हें विशेष सुख मिलता है। संपादक बनना नई-नई चुनौतियों को स्वीकारने के बराबर होता है, संपादक की जरूर यह चेष्टा रहती

है कि उसकी पत्रिका विशिष्ट भूमिका निभा पाए।"[41]

दरअसल संपादक की अपनी दृष्टि होती है। वह दृष्टि अगर साफ, सजग है तो निश्चित रूप से पत्रिका के लिए सहायक होता है। भीष्म जी में वे सभी गुण हैं, जो एक कुशल संपादक में होने चाहिए।

साक्षात्कार : भीष्म साहनी ने किसी का साक्षात्कार लिया है, ऐसा कार्य उनका कहीं नहीं मिला। भीष्म जी ने साक्षात्कार दिए अवश्य हैं। उनके साक्षात्कार भी उतने ही रोचक होते हैं, जितनी उनकी रचनाएँ। भीष्म की सरलता और सहजता उनकी रचनाओं में देखने को मिलती है। किसी भी बात को साफ शब्दों में कहना उनका विशेष गुण है। भीष्म जी गूढ़ से गूढ़ विषय को उसी अंदाज से बयान करते हैं, जैसे किसी गैर महत्त्व की सामान्य सी बात हो।

अनुवाद : भीष्म जी एक कुशल अनुवादक के रूप में भी जाने जाते हैं। 1957 में भारत सरकार द्वारा भीष्म जी का चुनाव अनुवादक के रूप में मास्को (सोवियत संघ) के लिए हो गया। भीष्म जी 1963 तक मास्को में रहे। वहाँ उन्होंने कई भारतीय लेखकों की कृतियों का अनुवाद अंग्रेजी में किया। भीष्म साहनी में अनुवादक के वे सभी गुण हैं, जो एक अनुवादकर्ता में होने चाहिए। अनुवाद करते वक्त विशेष रूप से इस बात पर ध्यान रखा जाता है कि मूल कृति की आत्मा नष्ट न होने पाए। उसके भाव का ज्यों का त्यों भावानुवाद होना चाहिए। भीष्म साहनी ने सोवियत संघ की लगभग 25 कृतियों के अनुवाद किए हैं। उनमें से लियो तॉलस्तॉय के 'रिसरक्शन' का अनुवाद विशेष रूप से उल्लेखनीय है और सर्वोत्कृष्ट बन पड़ा है। इसके अतिरिक्त इन्होंने यशपाल, अमरकांत, कमलेश्वर और रमाकांत तथा पंजाबी के कथाकार नवतेज सिंह और गुरुदयाल सिंह की पंजाबी कहानियों का भी अंग्रेजी में अनुवाद किया है। 1963 में वापस लौटने के बाद भीष्म जी ने फिर अनुवाद कार्य लगभग छोड़ सा दिया और पूरी तन्मयता से लेखन के प्रति झुक गए।

संदर्भ

1. सारिका, 1990, पृ. 43; 2. सारिका, 1990, पृ. 45; 3. सारिका, 1990, पृ. 43; 4. भीष्म साहनीः सारिका, पृ. 37; 5. भीष्म साहनी : व्यक्ति और रचना, पृ. 204; 6. सारिका, पृ. 43; 7. भीष्म साहनी : व्यक्ति एवं रचना, पृ. 88; 8-9. भीष्म साहनी : व्यक्ति एवं रचना, पृ. 95, 110; 10. (क). देखिए नाटक की भूमिका (ख) डॉ. दशरथ ओझा : हिंदी नाटक, उद्भव और विकास, पृ. 193; 11. आचार्य रामचंद्र शुक्ल : हिंदी साहित्य का इतिहास, अष्टम संस्करण, पृ. 442; 13. डॉ. दशरथ ओझा : हिंदी नाटक, उद्भव और विकास, पृ. 176; 14. डॉ. शांति गोपाल पुरोहित : हिंदी नाटकों का विकासात्मक अध्ययन, पृ. 22; 15. नाट्य साधना, आलेख : नरनारायण राय, पृ. 166; 16. हानूश, पृ. 129; 17. रंग दर्शन : नेमिचंद्र जैन, पृ. 29; 18. आधुनिक हिंदी नाटक और रंगमंच, पृ. 131; 19-20. कबिरा खड़ा बाजार में, पृ. 20, 21; 21-24. कबिरा खड़ा बाजार में, पृ. 73-74; 25. माधवी, पृ. 80; 26-27. माधवी, पृ. 94 वर्ष 1990 विशेषांक; 28-29. सारिका, पृ. 55, वर्ष 1990 विशेषांक; 30-32. सारिका, पृ. 55, वर्ष 1990 विशेषांक; 33. काव्य के रूप : बाबू गुलाबराय, पृ. 221; 34. 'अपनी बात' लेख से : भीष्म साहनी; 35. बात-बात में बात : यशपाल, पृ. 27; 36. 'अपनी बात' के एक लेख से : भीष्म साहनी; 37-40. 'माया' वर्ष 1991, अप्रैल, पृ. 86-87; 41. भीष्म साहनी : व्यक्ति और रचना, पृ. 47।

तृतीय अध्याय

उपन्यास साहित्य : वस्तुगत विवेचन

'झरोखे' उपन्यास का वस्तुगत विवेचन

कथासार : 'झरोखे' भीष्म साहनी का पहला उपन्यास है। भीष्म जी ने इस उपन्यास के माध्यम से एक छोटे-से बालक की आँखों से एक परिवार में घटनेवाली छोटी-छोटी घटनाओं को देखने और उनका उल्लेख करने की अविस्मरणीय कथा प्रस्तुत की है। उसके सामने घटनेवाली प्रत्येक घटना उसके भीतर एक प्रबल संस्कार बन कर आती है और परिवार में बच्चों के भावी चरित्र की रूपरेखा गढ़ती चली जाती है।

एक छोटा-सा बालक जिंदगी के कुछेक झरोखे अपने हाथों से खोलता है। बहुत-सी भूली-बिसरी यादें उसके मस्तिष्क में ताजी होकर सिलसिलेवार चलचित्र की तरह उतरती जाती हैं। उसे लगने लगता है जैसे अतीत अपने समूचे स्वरूप के साथ एक बार पुनः सामने प्रकट हो जाता है।

"शाम के झुटपुटे में आँगन के एक ओर तंदूर भभक रहा है, रसोईघर के बाहर आले में लैम्प जल रहा है, रसोईघर के अंदर लाल लौ देता हुआ चूल्हा जल रहा है। घर का कोई व्यक्ति आले में रखे लैम्प को उठाकर रसोईघर में से बाहर निकला है और घर का आँगन लाँघने लगा है। प्रकाश और अंधकार सहसा आपस में उलझ गए हैं, उनमें हरकत आ गई है, और दीवारों पर भयावह लंबे-लंबे साये पड़ने लगे हैं। उन व्यक्ति की टाँगों से लिपटी रोशनी की लौ दूर होती जा रही है।"[1]

बालक को लगता है कि शाम ढलते ही असंख्य भूत-पिशाच मेरी छत पर उतर आते हैं और सारे के सारे मेरी ओर झाँकते हैं। बंद आँखों में तरह-तरह के डरावने सपने उतरते हैं। अटपटी काली रेखाओं का जाल एक काले धब्बे में सिमट जाता है, फिर धीरे-से छत से उतरकर कमरे में आ जाता है और उस बालक के पास आकर विकराल रूप धारण कर लेता है। उसके मुँह से 'ऊँह' शब्द निकलता है। माँ माथे पर हाथ फेरती है। माथा तपता रहता है। माँ अस्वस्थ बालक की भावनाओं से परिचित रहती है ? इसीलिए प्यार से उसे मोतीराम का बारहमासा सुनाने लगती है।

'इस माया दा माण न करिए
माया काग बन्हेरे दा
पल विच आँखें, छिन विच जावे
सैर करे चौफेरे दा" [2]

(इस माया पर गर्व नहीं करते। यह माया तो उस कौवे के समान है जो कुछ देर के लिए तुम्हारे घर की दीवार पर आकर बैठता है और फिर उड़ जाता है।)

माँ बारहमासा सुनाए जा रही है और बालक बार-बार करवट भी बदल रहा है। सहसा पिता जी की आहट होती है। बालक को अहसास है कि पिता जी को जब छड़ी ढूँढ़ना पड़ता है तो माँ पर गुस्सा होते हैं। इसलिए वह फिर से 'ऊँह' करता है, ताकि माँ समझ ले। परंतु पिता जी इसके पहले ही गरज उठते हैं। "हजार बार मना किया कि बच्चों के सामने विराग के गीत नहीं गाया कर। पर तू ऐसी हुड़मत है कि मानती ही नहीं।"[3] माँ धीरे से कहती है, "मुझे यही अच्छे लगते हैं, मैं क्या करूँ। मैं यही गाऊँगी।"[4] पिता जी समझाने के लहजे से कहते हैं—"ये निराशा के गीत हैं, बच्चों को अच्छे-अच्छे गीत सुनाने चाहिए। इनके कान में वेद मंत्र पढ़ने चाहिए। तू विराग के गीत ले बैठती है। शाम के वक्त ये गीत गाओ तो बच्चों के दिल पर बुरा असर पड़ता है।"[5]

पिता जी आर्य समाजी हैं। सिद्धांत के पक्के हैं। घर में और भी सदस्य हैं। बालक से बड़ा एक भाई है। दो बहनें हैं। दोनों साये की तरह एक साथ रहती हैं। घर में एक नौकर है। उसका नाम तुलसी है, सभी के हुक्म का गुलाम। पूरे घर का गुस्सा उसी पर उतरता है।

गुरुकुल में तीर और कमान के खेल होनेवाले हैं। बालक का बड़ा भाई और तुलसी दोनों खेल देखने जाना चाहते हैं। पिता जी की अनुमति मिल जाती है। परंतु माँ इजाजत नहीं देती। बालक चाहता है कि माँ भाई और तुलसी को खेल देखने की इजाजत बिल्कुल न दे। पिता जी तुलसी को डाँटते हैं तो वह चाहता है कि तुलसी लैम्प जलाने चला जाए तो भाई भी खेल देखने न जा पाए। परंतु जैसे ही उन दोनों की बात बनती है, बालक भी चीख पड़ता है। मैं भी जाऊँगा। मैं जरूर जाऊँगा। पिता जी तो भेजना चाहते थे कि तुलसी के साथ कंधे पर बैठकर घूम आए। लेकिन बालक जाने में सफल नहीं हो पाता और भाई तुलसी के साथ बाहर निकल जाता है। पिता जी बालक को समझाते हैं। तू राजी हो जा, मैं तुझे ले चलूँगा। बालक पुनः मायूस होकर छत की ओर देखने लगता है, और उसकी आँखों के सामने रेखापुंज तैरता हुआ उतर आता है।

दिन के उजाले में सब कुछ स्वाभाविक हो जाता है, स्थिर और सुनिश्चित। रात उसके लिए भयानक साये की तरह होती है। दिन में वह माँ का हाथ पकड़कर सीढ़ियाँ उतरता है और 'पहाड़ डंडे' चिल्लाने वाले फकीर की झोली में आटा डालता है। यद्यपि डर फिर भी उसका पीछा करता है। माँ उसे ढाढ़स बँधाती है और फकीर से कहती है कि कुछ सुनाओ बाबा। फकीर गाना गाता है :

'न कह दुनिया तेरी बढ़िया
न कह दुनिया मेरी !
यह दुनिया कुल चार दिहाड़े
अंत खाक दी ढेरी।[6]

पूरे दिन बालक घर में फुदकता रहता है और शाम के वक्त सोते समय से लड़ता है। घर की हर चीज पर उसकी नजर पड़ती है। यह अलमारी बहनों की। इसकी तकियों पर कुछ लिखा है, वगैरह, वगैरह। इसी तरह घर के प्रत्येक सदस्यों के बीच होनेवाली हर गतिविधि पर उसकी नजर बराबर बनी रहती है। बहनों का आपस में वेद के संबंध में चर्चा करना। पिता जी द्वारा आँगन में खड़े होकर पुकारना, "बलदेव की माँ, थोड़ी दही भेज दो, मैं नहा लूँ।"[7] वह छोटी-छोटी बातों पर बारीकी से नजर रखता है।

पिता जी के दफ्तर की उसे एक-एक चीज की जानकारी रहती है। अगर तुलसी वहाँ पहुँच जाता तो पिता जी उसे डाँट देते। दफ्तर में घड़ी है, टाइपराइटर है, पिता जी ऐनक चढ़ाए घड़ी की तरह टिक-टिक करते रहते हैं। स्वामी जी की तस्वीर है। नीचेवाली तस्वीर कपड़े में है और ऊपरवाली नंगी है। बहन कहती है–"देखो स्वामी जी किसी से नहीं डरते थे, शेर से भी नहीं, चीते से भी नहीं।"[8]

वह जब 'भैन चोद' गाली बकता है, तब तुलसी की शिकायत पर माँ पिटाई करती है। तुलसी गाय को सानी करते वक्त गाना गाता है। और बालक टीन बजा-बजाकर चिल्लाता है–"उठो मुसलमानो, रोजे रखो ए !" उसकी इस हरकत पर पड़ोस के लोग हँसते हैं। अस्वस्थता के बावजूद बालक छज्जे पर खड़ा होकर बाहर का दृश्य देखता रहता। गिरधारी, मनोहर और इंदर बर्रे पकड़ते। भिश्ती मशक में पानी भरता और फैजअली ताँगे से घोड़ों को अलग करता है। उसका बेटा लगाम पकड़े-पकड़े सड़क के बीचोंबीच ले आया है। बालक छज्जे से यह सब देखता रहता। फैजअली हुक्का पी रहा है और गिरधारी जमीन पर गड़े पत्थर पर टाँगें लटकाकर पुकारता है–"आ गुल्ली डंडे।" यह गुल्ली-डंडा खेलने का न्यौता है, उसके लिए, उसके भाई के लिए और मोहल्ले के अन्य लड़कों के लिए। सूबेदार जलालखान का बेटा फैजअली के घोड़े की तरह चरनी से अतरसिंह की दुकान तक और फिर लौटकर चरनी तक टहलता है। गिरधारी अभी भी गुल्ली डंडा खेलने के लिए पुकार रहा है। छज्जों पर बहनों का आना सख्त मना है। पिता जी छज्जे पर विद्या-विमला को देखकर चिल्लाते हैं। पुराने सुफे और नए सुफे की खिड़कियों से भी बाहर नहीं देख सकती। दोनों बहुत हँसती हैं। विमला कम हँसती है और विद्या जो बड़ी बहन है, सारा वक्त हँसती रहती है। परंतु तुलसी को देखकर दोनों तेजी से हँसती हैं।

तुलसी और बालक की दोस्ती चौबीस घंटों की रहती है। दोपहर के वक्त जब पंडित जी पढ़ाने आते हैं तब तुलसी दहलीज पर बैठा रहता है। भाई गोंद में बुरादा मिलाकर छापखाना बनाता है, तो तुलसी और बालक कोयला पीसकर प्रेस के लिए रोशनाई तैयार करते हैं। तुलसी के रहते किसी में हिम्मत नहीं रहती जो बालक से झगड़ सके। "यह तो बहशी है", माँ हमेशा कहा करती है। "यह कोई आदमी है, यह तो डंगर है।"[9] तुलसी को शौच की जगह नहीं है। वह जब भी शौच के लिए जाता है, तो उसे पत्थर मार-मार कर मोहल्लेवाले भगा देते हैं। वह लहू-लुहान घर लौटता है। "देखो जी, कुछ तो सोचा करो। आसपास सब मकान बन गए हैं। तुलसी रफा-हाजत के लिए जाए तो कहाँ जाए। रोज मार-पिटाई होती है।"[10] माँ कहती है। "तो यह जल्दी क्यों नहीं जा सकता", पिता जी हड़बड़ाकर कहते हैं। "यह खाता बहुत है, आठ-आठ रोटियाँ खा जाता है", पिता जी कहते हैं। पिता जी को तुलसी

का रफा-हाजत के लिए 'ऊपर' जाना बहुत बुरा लगता है। अंत तक वह इस स्थिति को स्वीकार नहीं कर पाए कि तुलसी उसी शौचालय का इस्तेमाल करे जहाँ घर के सभी लोग जाते हैं।[11]

'रूमली' तुलसी के गाँव का नाम है। कभी-कभी तुलसी के चाचा और उसके भाई मिलने आते हैं। दोनों बहनें उन्हें देखकर हँसती हैं। पिता जी की कोई अँगुली तोड़ देता है। भाई पूछता है तो बहन बताती है। "पिता जी को एक आदमी ने पीटा है। उनकी अँगुली तोड़ दी है।"[12] बालक दुखी हो जाता है। माँ सबको मना करती है कि तुलसी को मत बताना। वह हबशी है। तुलसी को तलाश किया जाता है। तुलसी घर पर नहीं मिलता। माँ का दिल जोरों से धड़कता है। तुलसी कुछ समय बाद लौटकर आता है। तुलसी की आँखें सूजी हैं और माथे पर गूमड़ सा उभर आता है। माँ गुस्सा होती है, "तुझे वहाँ जाने को किसने कहा था।" तुलसी कुछ नहीं बोलता। फिर एकाएक बोलता है, "उसके दाँत से खून बह रहा है। वह तीन थे, मैं अकेला था। मैंने उसकी छाती में टक्कर मारी है, और बाजू में दाँत गाड़े हैं, याद करेगा, मैंने उसकी उँगली भी मरोड़ी है।" तुलसी उसके दो खीरे भी उठा लाया था। माँ नाराज है, परंतु मैं खुश हूँ। उसने पिता जी का बदला ले लिया है। वह पिता जी के प्रति समर्पित है। तुलसी हम दोनों भाइयों को लड़ाई के दाँव-पेंच समझाता है। भाई उससे दाँव-पेंच के कई प्रश्न करता है।

पंडित जी बालक और उसके भाई को रोज पढ़ाने आते हैं। पहले तनख्वाह की बात करते हैं फिर श्लोक याद कराते हैं। अच्छी-अच्छी बातें सिखाते हैं। "सदाचार जीवन है, दुराचार मृत्यु है।" भाई पंडित जी से बता देता है कि बालक पेशाबवाली जगह में हाथ लगाता है। "जी !" मैं सिर हिलाकर कहता हूँ, "मैं उसे लंबा भी कर सकता हूँ।"[13] पंडित जी बालक को पीटते हैं, भला-बुरा कहते हैं। तुलसी उन्हें मलाई की लस्सी पिलाता है। बालक चिढ़ाने के अंदाज से कहता है, "आपके नाक से रेलगाड़ी गुजरी थी।" पंडित जी पहले डाँटते हैं, फिर समझाते हैं। बालक पंडित से न पढ़ने की घोषणा कर देता है। माँ को जब मालूम चलता है कि पंडित जी उसे मारते हैं तो बहुत गुस्सा होती है, लेकिन जब भाई बताता है कि यह पेशाबवाली जगह में हाथ लगाता है तो उल्टे उसी की पिटाई होती है। पेशाबवाली जगह को हाथ लगाने से तरह-तरह की बीमारीवाली बात उसके मन में उपजती है।

हर शाम घर पर संध्या होती है। पूरा परिवार उसमें भाग लेता है। कभी-कभी घर पर साधु-महात्माओं की भीड़ भी होती है। माँ उनसे ध्यान न लगने का कारण पूछती है। महात्मा लोग गायत्री उपासना और प्राणायाम की सलाह देते हैं। माँ सिर्फ आर्य समाजी ही नहीं है, वह गुरुद्वारे भी जाती है और शिवाले भी। मगर पिता जी की चोरी से जाती है।

जिस दिन पड़ोस में म्लेच्छों के घर बकरे की सिरी भुनती है, उस दिन घर पर हवन होता है। पूरा घर गुस्सा होता है। "हवन की पवित्र आहुतियों से जो धुआँ उठेगा वह पापी म्लेच्छों के गंदे धुएँ को खत्म कर देगा"[14], तुलसी अपनी खरज आवाज में कहता है। तुलसी को यज्ञ के सारे मंत्र याद हैं। घर की भलाई के लिए प्रार्थना होती है। तुलसी की आवाज सबसे ऊँची है। बहनें हँसती हैं। माँ गुस्सा है। परंतु बालक परेशान

है। पिता जी तुलसी पर नाराज होंगे। तुलसी उनसे भी मंत्रोच्चारण में आगे हैं। परंतु पिता जी तुलसी से खुश हैं। "जीव सब संसार दे, गिनती न आखी जांवदी, अन्न पाणी दान कर दा, जो जिसे मन भवंदी…।"[15] परंतु तुलसी का प्रार्थना में भाग लेना माँ को अच्छा नहीं लगता, "पहले ही कोई काम नहीं करता, अब आपने सिर चढ़ाया तो बिल्कुल काम नहीं करेगा।" पिताजी जी तुलसी को पढ़ाना चाहते हैं। भाई को कलम और कापी लाने को कहते हैं। लेकिन माँ विरोध में है। उसे डर इस बात का है कि कहीं तुलसी पढ़ गया तो वह पूरी तरह से अकेली काम के लिए हो जाएगी। इस बात को लेकर दोनों में झगड़ा हो जाता है। फिर भी पिता जी कहते हैं—"बोलती जा, बोलती जा, जो मन में आए, कहती जा। बस नहीं करना। तुलसी दो अक्षर पढ़ लेगा तो इसमें तेरा क्या नुकसान है ?"[16]

माँ की चाभी अक्सर गुम जाया करती है। पिता जी बार-बार कहते हैं कि कोई भी सामान सही जगह नहीं रहता। मौसी चाभी पूछने के लिए नजूमी (ज्योतिषी) के पास जाना चाहती है। परंतु पिता मना कर देते हैं। चाभी रखने के लिए एक निश्चित जगह पर कील ठोंक देते हैं। पिता जी छोटी-छोटी बातों पर ही विशेष ध्यान देते हैं। घर के सामने खंभे के साथ एक आदमी बँधा हुआ है। फैजअली ने अपनी पगड़ी उतार रखी है और उसके साथ वह उसे खंभे के साथ जोर-जोर से बाँध रहा है। आदमी दोहरा होकर आगे की ओर झुक गया है। फैजअली उसे बहुत मार रहा है। बाकानूर भी उस आदमी को अपनी छड़ी से पीट रहा है। पिता जी माँ के विरोध के बावजूद भी उसके पास तक जाते हैं। फैजअली और बाकानूर उस आदमी को मारने का कारण बताते हैं। दूसरे पक्ष के लोग भी फैजअली और नूर पर टूट पड़े हैं। पिता जी पुनः दफ्तर में बैठकर काम करने लगे हैं।

रसोईघर के बाहर एक आले में दो चीनी की प्लेटें, दो फूलदार प्याले और नमूने की चायदानी रखे रहते हैं। ये मुसलमान के बर्तन होते हैं। उन्हें इन्हीं में खाना और चाय दिया जाता है। पिता जी के पास मुसलमान व्यापारी आते रहते हैं। पिता जी व्यापारी मुसलमानों से अच्छी-अच्छी बातें करते हैं और बालक को मोहल्ले के मुसलमान लड़कों के साथ खेलने नहीं देते। घर पर पिता जी और माता जी के बीच किसी न किसी बात को लेकर अक्सर झड़प होती रहती है। एक दिन पिता जी गुस्से से घर छोड़कर चले जाते हैं। घर में कोहराम छा जाता है। माँ रोती और पछताती है। भाई बलदेव, दोनों बहनें बहुत दुखी होती हैं। पिता जी अचानक आ जाते हैं। सभी लोग खुश हो जाते हैं।

कश्मीर से मेहमान आए हैं। तीन लड़कियाँ और उनके भाई भी हैं। बालक का बात-बात में मजाक उड़ाती है। वे श्लोक सुनाती हैं। बालक मन ही मन सोचता है, श्लोक क्या होता है ? बुखारी क्या होती है ? मंतू क्या होता है ? परंतु बड़ी बहन तुलसी की ओर इशारा करके कहती है, "इसे भी मंत्र आते हैं।"[17] छोटी बहन बड़े गर्व से कहती है, मानो जतलाना चाहती हो कि अगर आपके पास बाकरखानियाँ और श्लोक हैं तो हमारे पास दिखाने को तुलसी है। फिर भाई से बालक से नाटक की बातें होती हैं। भाई बताता है कि वह पृथ्वीराज चौहान, श्रवणकुमार और महाराणा प्रताप का नाटक खेलता है। माँ तुलसी पर नाराज होती है, "घंटा भर से बैठा यहाँ

किताब पढ़-मर रहा है, और इसे ढूँढ़-ढूँढ़कर मेरी टाँगें टूट गई हैं।…नौकरों को पढ़ाई से मतलब ? जो पढ़ना-मरना था तो यहाँ क्यों आया ?"[18] तुलसी गुस्से से अपना बाजू काट खाता है और फूट-फूटकर रोता है।

बालक शहर के किसी ताँगे पर चढ़कर शहर की सैर करता है। मकान, छतें, टंगे हुए कपड़े, सड़कों पर अनगिनत लोग, हर मोड़ पर दृश्य बदल जाता है। कभी मकान ऊँचे हो जाते हैं, तो कभी नीचे। कभी तुलसी दोनों भाइयों को घोड़ों में बैठाकर घुमाता है। तुलसी कभी-कभी ब्रह्मचारियों के साथ बैठकर चने और गुड़ खाता है और अष्टाध्यायी के सूत्र बोलता है। मनोहर का बाप मनोहर की नई माँ को बहुत मारता है। मनोहर कहता है कि उसकी माँ बदमाश है। इसलिए बाबू जी उसे मारते हैं।

भाई को पीली धोती पहनकर आर्य समाज के मंदिर में बैठकर पूजा करते देखकर बालक को ईर्ष्या होती है। वह पीली धोती पहनना चाहता है। कोशिश भी करता है। परंतु श्रम बेकार जाता है। पहन नहीं पाता। किंतु बालक की इच्छा यज्ञोपवीत के दिन पूरी हो जाती है। दोनों भाई पीली धोती पहनकर मंडप के नीचे बैठे हैं। वह 'माँ भिक्षां देहि' करता है और अपने गुरु को गुरुदक्षिणा देता है। पंडित बिना भोजन खाए चले जाते हैं। परंतु तुलसी उन्हें वापस ले आता है। भाई गुरुकुल में पढ़ना नहीं चाहता। उसे पीली धोती मिली है। फिर भी नहीं। बालक को आश्चर्य होता है। पिता जी घर पर हिंदी और संस्कृत की व्यवस्था कर देते हैं। पंडित जी घर पर ही पढ़ाते हैं। पिता जी कहते हैं–"तुम मेरी दाईं आँख हो और यह मेरी बाईं आँख है। तुम्हारा मन गुरुकुल से उचट गया है। मत पढ़ो वहाँ तुम स्कूल में पढ़ो…।"[19] घर के सामने एक मकान मालिक है। विद्या और विमला जब छत पर जाती है तो वह कपड़े उतारकर नंगा हो जाता है। माँ पिता जी पर गुस्सा होती है। कहती है कि विद्या-विमला की शादी जल्दी कर दो। पिता जी चाहते हुए भी अपनी असमर्थता व्यक्त करते हैं।

बचपन का झुटपुटा बहुत कुछ छन चुका है। बड़ी बहन की शादी हो चुकी है और दोनों बालक गुरुकुल के स्थान पर स्कूल जाने लगे हैं। एक दिन अचानक तुलसी माँ से कहता है, "माता जी, सारी उम्र मैं बरतन माँजता रहूँगा ?" पूरा घर तुलसी की इस बात से स्तब्ध रह जाता है। माँ बेहद गुस्सा हो जाती है। तुलसी को बरतन नहीं माँजने देती। तुलसी घबड़ाया है और पिता जी दोनों को समझा रहे हैं। माँ अड़ गई है, "मेरे सिर की कसम जो अब बरतनों को हाथ लगाया।"[20] पिता जी डाँटते हैं। माँ फिर कहती है–"मैं चिल्ला-चिल्लाकर कहती थी, इसे मत पढ़ाओ। नौकरों का क्या काम किताबों से। अब घर के काम से चिढ़ हो गई है।"[21] पिता जी समझाते हैं–"कुछ पढ़ गया है तो बुरा क्या हुआ है ? जब आया था तो जानवर था। तालीम इंसान का जेवर होती है।"[22] माँ पिता जी को समझाती है कि तुम तुलसी को अपने दफ्तर में रख लो। अब वह पढ़ना-लिखना जानने लगा है। व्यापारियों से मिल आया करेगा।

तुलसी फिर भी बर्तन माँजने की कोशिश करता है। लेकिन माँ उसे उसके क्षमा माँगने के बाद भी बर्तन नहीं माँजने देती। तुलसी बहुत उदास रहता है। पिता जी ने गुरुकुल औषधालय में उसकी नौकरी की बात पक्की कर दी है। तुलसी घर से चला गया है। पिता जी कहते हैं–"गुरुकुल समाजवालों ने मेरे आदमी को रख तो

लिया है, पर इनका कोई एतबार नहीं। बीसियों बार एहसान जताएँगे।"[23] तुलसी के बारे में चर्चा होती रहती है।

विद्या बहन ससुराल से आई हुई है। विमला बीमार है। घर में दुख का माहौल है। मौसी भी आई हुई है। विमला की बीमारी से सभी परेशान हैं। विमला ठीक नहीं होती। विमला मर जाती है। घर में सभी रोते हैं। पिता जी और माँ जी को मौसी समझाती है। विद्या को उसी दौरान बच्ची होती है। माँ चिल्लाती है। विमला लौट आई है। पिता जी कहते हैं कि उसके जीभ में शहद से 'ओम' लिखो। पुनः वातावरण में बदलाव आ गया है।

औषधालय का दरवाजा बंद है। आर्य समाज का बड़ा फाटक भी बंद है। औषधालय के बंद दरवाजों के ऊपर बड़े-बड़े अक्षरों में लिखा है 'धर्मार्थ आर्य औषधालय'। बालक तुलसी से मिलने आया है, लेकिन तुलसी से मिलकर उसे आश्चर्य होता है। वह कुछ और सोचता था, परंतु यहाँ कुछ और दिखाई दिया। मैं कुछ देर वहीं खड़ा तुलसी को देखता रहता हूँ। मैं तो कुछ दूसरी ही आशाएँ लेकर आया था कि औषधालय में मरीजों की भीड़ लगी होगी और तुलसी पगड़ी लगाये और कोट पहने दवाइयों की पुड़िया बना-बनाकर दे रहा होगा। यहाँ तो यह सीढ़ियाँ धो रहा है। क्या यहाँ भी यह घर का काम करता है। भाई तो कहता है कि "तुलसी वैद्य बनेगा।"[24] वहाँ भी वैद्य जी की पत्नी तुलसी के साथ घर के नौकर जैसा ही व्यवहार करती है, "जल्दी करना वहीं पर नहीं मर जाना।" बालक सीधे तुलसी के कमरे में जाता है। वहाँ उसकी पत्नी देवकी मिलती है। "माता जी ने नए कपड़े भेजे हैं"[25] बालक कपड़े की पोटली उसके सामने रख देता है। कमरे में एक ओर चटाई बिछी है। चटाई के सामने ही कुछेक बर्तन रखे हैं, एक ओर मिट्टी का चूल्हा है। और चटाई के ही दूसरी ओर कुछेक किताबें दीवार के साथ फर्श पर पड़ी हैं। यह तुलसी का अपना घर है। वैद्य जी की पत्नी तुलसी से बहुत काम लेती है। तुलसी को रोटी खाने की फुर्सत नहीं रहती। तुलसी घर पर था तो एक परिवार का नौकर था। अब यहाँ वह आर्य समाज के बीसियों सदस्यों का नौकर है।[26] "तुलसी तुम वैद्य बन जाओगे ?" बालक उससे जानना चाहता है। "वैद्य जी कभी पढ़ाते हैं, तो कभी नहीं पढ़ाते। मुझे तो वक्त ही नहीं मिलता।"[27] तभी वैद्य जी तुलसी को थैला पकड़ाकर बोलते हैं, "तुलसी राम, यह थैला पकड़ो और मंडी से थोड़ा सौदा-सुलफ ले आओ।"

भाई छुट्टियों में घर आया है। वह कालेज में पढ़ता है। वह उसे बहुत सुंदर लगता है। बालक को वीर्यपात होने लगा है। पूरे घर को पता है। भाई को बताता है। वह दाढ़ी भी बनाने लगा है। भाई उसे हर चीज समझाता है, खासकर औरत और हस्त मैथुन के संबंध में। भाई चिंतित है धीरे से कहता है, "मैं अपने प्रोफेसर साहब से पूछूँगा। जैसा कहेंगे, वैसा करेंगे। इन छुट्टियों में मैं तेरा वीर्यपात बंद करके जाऊँगा।"[28] बालक वीर्यपात रोकने के लिए तरह-तरह के उपाय करता है। कभी पैदल चलता है, कभी सारी रात जागकर पार करता है तो कभी ठंडे पानी से स्नान करता है।

बालक स्वप्नदोष की दवाई लेने तुलसी के पास जाता है। परंतु वहाँ औषधालय में ताला लगा रहता है। आत्मदर्शी जी बहुत गुस्सा हैं। एक-एक को देख लेने की धमकी देते हैं। बालक वहाँ से चला आता है। परंतु स्वप्नदोष की चिंता उसे घुन की तरह

खाए जा रही है। हर कोई उससे पूछता है, "तुम कितने दुबले हो गए हो।" उसे लगने लगता है कि लोग मेरी तुलना मेरे भाई से करने लगेंगे। भाई चरित्रवान है और मैं चरित्रहीन हूँ, इसीलिए साँवला हूँ।

कुलदीप उसका दोस्त है। वह उससे भी पूछता है। तेरा वीर्य गिरता है ? कुलदीप हँसता है, तो वह और गंभीर हो जाता है। "तू हँसे जा रहा है, तुझे नहीं मालूम कि वीर्य कितनी कीमती चीज है। इसे इसी कारण अमृतबूँद कहते हैं। चार सौ खून की बूँदों में से एक बूँद वीर्य की बनती है और रीढ़ की हड्डी में वीर्य जमा होता रहता है। अगर वीर्य गिरने लगे तो रीढ़ की हड्डी कमजोर पड़ जाती है। सारा शरीर कमजोर पड़ जाता है।

वह चौबीसों घंटे उसी उधेड़बुन में लगा रहता है। कुलदीप से तरह-तरह के प्रश्न करता है। कुलदीप उसपर हँसता है। फिर डाँट देता है, "चल हट, मुझे जाने दे। देर हो रही है। पागल कहीं का। वीर्यपात के दिन गिनता है।" जवानी के दिनों वह पढ़ने लाहौर आ गया था और एक लंबे अर्से बाद अपने शहर लौट रहा था। उसकी तरसती आँखें झाँक-झाँककर अपने शहर की सड़कों-मकानों को देखे जा रही हैं। शहर बहुत कुछ बदल गया है। रेल का पुल जो पहले भीमकाय दिख रहा था, अब मामूली सा नजर आने लगा है। सड़कें भी मानो सिकुड़ गई हैं। अब वे कम लंबी, कम चौड़ी नजर आती हैं। दोपहर की धूप वैसी ही धुली-धुली, खिली-खिली है। जैसे पहले हुआ करती थी। उसे हर एक के बारे में जानने की विशेष उत्सुकता है। बाबा नूरा मर गया उसे जानकर दुख होता है। माँ का पोपला मुँह देखकर उसे आश्चर्य होता है। माँ बताती है—"मैंने दाँत निकलवा दिए हैं।" पिता जी हमेशा की तरह अपने दफ्तर में बैठे एक उँगली से टाइपराइटर पर चिट्ठियाँ टाइप कर रहे हैं। पिता जी उसे गले लगा लेते हैं।

तुलसी पुनः घर पर लौट आया है। यह जानकर उसे आश्चर्य होता है। जब माँ बताती है कि उसकी नौकरी छूट गई है, वह दुखी होता है। "क्या वह औषधालय छोड़ आया है ?...कब का ! झगड़े इन लोगों के आपस में, पिस वह गया। उसके बाद बहुत पापड़ बेल चुका है, अपने गाँव में जाकर हकीमी भी कर चुका है।"[29]

घर पर नया नौकर आ गया है। वह बड़ी उम्र का है। दुबला-पतला आदमी है। मुँह पर कई दिनों की दाढ़ी, एक पैर पूरब की ओर दूसरा पैर पश्चिम की ओर उठाता हुआ आगे बढ़ रहा है। पागलखाने से भागा हुआ आदमी नजर आता है। तुलसी की पत्नी देवकी मर जाती है। तुलसी बोझिल मन से बताता है। तुलसी की दो संतानें हैं। उसने आर्य समाजियों की तरह दोनों का नाम वेद और शांति रखा है। वेद बड़ा और शांति छोटी है।

जिंदगी की असल दौड़ कहाँ से शुरू होती है, कौन-सा मोड़ काटो तो लड़कपन पीछे छूट जाता है और जवानी शुरू हो जाती है। कौन कह सकता है कि इस मोड़ के पीछे जो कुछ था, वह धूमिल और अस्पष्ट था, महत्त्वहीन था, पर जो कुछ आगे होगा, वह बिल्कुल साफ होगा, महत्त्वपूर्ण होगा। क्या बचपन में धूल उड़ती रहती है, तो जवानी में नहीं उड़ती, और क्या वह मृत्युपर्यंत नहीं उड़ती रहती। सब कुछ अनिश्चित रहता है। परंतु तुलसी इसका अपवाद है। बलदेव धंधे का काम छोड़कर बाहर की तैयारी में है और अपनी सारी जिम्मेदारियाँ छोटे भाई के कंधे पर डालकर

उसे व्यापार के तौर-तरीके सिखाता है। पिता जी की सिफारिश में तुलसी को बैंक में नौकरी मिल जाती है। परंतु स्वयं अपने हाथों अपने पाँव में कुल्हाड़ी मार लेता है। "उठ एक गिलास पानी ले आ", खजांची फिर कहता है, "यह थूथना क्यों सूजा हुआ है तेरा ? क्या बात हुई है ? जरा हाथ हिलाया कर, चुस्ती से काम किया कर।"[30]

तुलसी अपनी पुरानी आदत की तरह बैंक में भी अपना बाजू काट खाता है। बैंक से भी उसकी नौकरी छूट जाती है। बलदेव को पिता बहुत समझाते हैं। भाई फिर भी नहीं मानता है। वह स्वतंत्र रूप से बाहर जाकर कुछ करना चाहता है। पिता जी के हाथ में ऐक्जिमा फूट निकलता है। अपने दोनों हाथ भाई के सामने करके भरे गले से कहते हैं, "तेरे दिल में दर्द मर गया है ? तू यह भी नहीं देख सकता।"[31] माँ पिता जी पर गुस्सा हो जाती है, "देखो जी, मैं बेवकूफ, अनपढ़ आप लोग दाना, सियाने अक्लमंद। पर सीधी सी बात है। बच्चा व्यापार नहीं करना चाहता तो तुम जबरदस्ती क्यों करते हो ? तुमने अपना फर्ज निभा दिया है। इन्हें अच्छा पढ़ा दिया है, अपने पैरों पर खड़ा होने लायक बना दिया है। अब जो आगे इनकी किस्मत।"[32]

पिता जी खामोश हो जाते हैं। भाई चला जाता है। व्यापार का सारा का सारा भार उसके ही कंधे पर आ गिरता है। बैंक से जब तुलसी निकाल दिया जाता है, वह गाँव चला जाता है। गाँव से लौटकर तुलसी पुनः घर जाता है तो उसके साथ उसका बेटा वेद भी आता है। तुलसी चाहता है कि उसका बेटा उसी घर में रहे, जहाँ उसने अपनी सारी जिंदगी गुजारी है। "बेटे को अपने पास क्यों रखते ?" "यहाँ रहेगा तो कुछ पढ़-लिख जाएगा, अच्छी बातें ग्रहण करेगा।"[33] पढ़-लिख जाएगा ! लगता है जैसे तुलसी व्यंग्य में कह रहा है। तुलसी के विचार सुनकर माँ हँस देती है। "इसे भी और कोई घर नहीं मिलता। घूम-फिर कर यहीं पहुँच जाता है।"[34]

चाँदनी छिटक आई है, वैसे ही जैसे बरसों से हर साल इस मौसम में छिटका करती थी। मुहल्ले में चौका-बर्तन निपटाने से पहले की आवाजें आ रही हैं। पिछवाड़े में किसी आदमी को प्यास लगी है और वह सुराही में पानी उड़ेल रहा है। छतों पर सोने के लिए खाट बिछाए जा रहे हैं। पिछवाड़े में दो घर छोड़, तीसरे घर की छत पर से, किसी पुराने खेल की आवाज़ें आ रही हैं। कुछेक बच्चे गा रहे हैं :

'फूलों में हम आते हैं, आते हैं
ठंडी मौसम में, ठंडी मौसम में,
तुम किसको लेने आते हो, आते हो, ठंडी मौसम में !'

आवाजें बाबू ईश्वरदास के घर की छत पर से आ रही हैं। विद्या बहन का बेटा राजीव भी वहाँ खेलने गया है। तुलसी का बेटा उसकी देखभाल के लिए उसके साथ है। बच्चों की आवाजों में मैं राजीव की आवाज पहचानने की कोशिश कर रहा हूँ।

वस्तुगत विवेचन : भीष्म जी ने इस उपन्यास में धार्मिक आडंबरों, मिथ्या आदर्शों, झूठे सिद्धांतों और रूढ़ि परिपाटियों के विरुद्ध एक गैर सांप्रदायिक सामाजिक दृष्टिकोण की खोज की है। जीवन के 'झरोखे' खोलने के पहले उन्होंने स्वयं उपन्यास में लिखा है—"जिंदगी पर के कुछेक 'झरोखे' लगता है, अपने हाथों से खोल रहा हूँ।"[35] इसके साथ ही उन्होंने अपनी जिज्ञासा भी व्यक्त की है। "क्या जीवन की गतिविधि को सूत्रबद्ध करनेवाले कोई तंतु हुआ भी करते हैं या नियमितता की भूखी

हमारी कल्पना ही उन्हें कोई सुसंगत रूप देने की चेष्टा करती रहती है।"[36]

वस्तुतः भीष्म साहनी का कथा-साहित्य मुख्यतः मध्यवर्ग और निम्नवर्ग के जीवन की समस्याओं का उद्‌घाटन है। उन्होंने इन वर्गों के पर्त-दर-पर्त विश्लेषण करने की सफल कोशिश की है। झरोखे उपन्यास में परिवार के बालकों पर पड़नेवाला पारिवारिक वातावरण का प्रभाव किस तरह संस्कार का रूप लेता जाता है, और भविष्य में उस बालक पर इस प्रभाव का क्या असर पड़ता है, दिखाया गया है। बालक परिवार की मूल जीवन चेतना को पारिवारिक द्वन्द्वों को सहज ही ग्रहण कर लेता है और उसके जीवन की छोटी-छोटी घटनाएँ, अप्रमुख से लगनेवाले प्रसंग, बड़ी गहराई के साथ उसके भावी जीवन का निर्माण तथा चरित्र की रचना करते हैं। जैसा कि प्रभा खरे ने 'आत्म निर्वासन के खिलाफ' आलेख में लिखा है, "भारत के मध्यवर्गीय जीवन में धर्म का विशेष महत्त्व है। मध्यवर्गीय परिवार ने अपनी नैतिक परंपराओं और निष्ठाओं की समीक्षा की है, जिनसे बच्चे न केवल प्रभावित होते हैं, बल्कि अपने जीवन के गंतव्य को उन्हीं झरोखों के माध्यम से देखते चलते हैं। इतिहास-परंपरा और व्यक्ति के आंतरिक संबंधों, संघर्षों का अत्यंत सजीव चित्र इस उपन्यास में उभरा है।"[37]

झरोखे उपन्यास में जिस सामाजिक परिवेश में जीवित और व्यावहारिक मान्यताओं का विश्लेषण किया गया है, वह किसी सिद्धांत को आधार बनाकर नहीं, बल्कि इस बात को दिखाने की कोशिश की है कि हमारे नैतिक बोध पर, धर्म किस तरह भारी पड़ता है। जबकि सच्चाई यह होती है कि इस बाह्य-आडंबर के चलते व्यक्ति वास्तविक सामाजिक गुणों से वंचित हो जाता है। उसके सामाजिक संबंध तथा मानवीय संबंध संकीर्ण अर्थ में जातीय परिपाटी के अंधानुकृत रूप हुआ करते है। 'झरोखे' उपन्यास में इन्हीं संकीर्णताओं की जाँच-पड़ताल की गई है।

झरोखे की कथावस्तु एक मध्यवर्गीय हिंदू परिवार की है, जो पूरी तरह से आर्य समाजी है। जिसका प्रत्येक सदस्य आर्य समाजी है। परिवार में मंत्र, पूजा, संध्या और हवन का वातावरण है। पिता वेदज्ञ है और परिवार के सभी सदस्यों को इस परंपरा की पटरी में अनुशासनात्मक तरीके से चलने के लिए प्रतिबद्ध कर देता है। घर पर मोतीराम संत के बारहमासे गीत सुनाए जाते हैं, जिसमें संसार को मिथ्याभाव से देखा जाता है। जीवन को क्षण-भंगुर समझा जाता है और मृत्यु ही शाश्वत मानी जाती है। जिसका प्रभाव बच्चों पर यह होता है कि जीवन के प्रति उनका रागात्मक लगाव टूटने लगता है। परिवार में एक ऐसा अनुशासन रहता जो किसी भी सदस्य को मुक्त कंठ से हँसने की इजाजत भी नहीं देता। यह आर्य समाजी परिवार ऐसे मोहल्ले में है, जहाँ हिंदू और मुसलमान दोनों साथ-साथ रहते हैं। परंतु दोनों के बीच वैमनस्य, विद्वेष और घृणा का वातावरण व्याप्त है। यदि किसी मुसलमान के घर बकरी का मांस भूना जाता तो वातावरण की शुद्धि के लिए हिंदू परिवार अपने घरों में हवन करना जरूरी समझता।

उपन्यास में एक खास बात धर्म को लेकर जो सामने आती है, वह यह है कि व्यापारिक वर्ग का धर्म हिंदू और मुसलमान दोनों से भिन्न है। व्यापार की न कोई जाति होती है और न धर्म। अतः हिंदू व्यापारी और मुसलमान व्यापारी के बीच मतभेद बिल्कुल न के बराबर है। हिंदू परिवार के लोग मुसलमान के बच्चों से अपने बच्चों को दूर रखते हैं, क्योंकि उन्हें मुसलमान म्लेच्छ लगते हैं। दरअसल भीष्म जी

की दृष्टि बहुत ही सूक्ष्म है। वे बहुत ही बारीकी से इस तथ्य को पकड़ते हैं कि दोनों धर्मावलंबी अपनी-अपनी कुंठाओं के शिकार हैं। उपन्यास की कथा हजारों-हजार अंतर्विरोधों से भरी है, जो कुंठाओं के रूप में बीच-बीच में उभरती रहती है।

झरोखे उपन्यास में बच्चों को पढ़ानेवाला पंडित भी बच्चों को ब्रह्मचर्य और योग की घिसी-पिटी बातें सिखाता है। बच्चों के मन में औरत के प्रति, लिंग के प्रति घृणा और भय पैदा कर दिया जाता है। उन्हें अर्जुन, पृथ्वीराज चौहान, महाराणा प्रताप जैसे आर्य वीर बनने की शिक्षा दी जाती है। यहाँ तक कि घर का नौकर तुलसी भी मंत्रपाठी हो जाता है। उसे विश्वास दिलाया जाता है कि यदि हवन, संध्या करेगा तो आर्य वीर बन जाएगा, लेकिन तुलसी की सामाजिक स्थिति में कहीं कोई परिवर्तन नहीं आता। तुलसी अपनी प्रखर बुद्धि और मेहनत के बल पर पढ़ना-लिखना, मंत्र, श्लोक, संध्या, हवन-पूजा, वैद्यगिरी, सिलाई सभी कुछ सीख लेता है, लेकिन उसके मन में एक प्रश्न बराबर गूँजता रहता है। जिस बात को उसने घर की मालकिन से एक दिन व्यक्त कर ही दिया—"माता जी" तुलसी धीरे-से कहता है, "क्या सारी उम्र मैं बरतन ही माँजता रहूँगा ?"[38] इस वाक्य से उसे बर्तन माँजने की नौकरी से मुक्ति तो अवश्य मिल जाती है, परंतु जब औषधालय में वैद्यगिरी सीखने जाता है तो वहाँ उसका पूरा समय सीढ़ियाँ धोते, वैद्य जी का काम करते गुजर जाता है। उसकी नियति नहीं बदल पाती और उसी की नियति को उसका बेटा वेद भी प्राप्त होता है। तुलसी की वास्तविक स्थिति नहीं बदल पाती।

इस परिवार के दोनों बच्चों को ब्रह्मचर्य की शिक्षा दी जाती है। प्रवृत्ति दमन की शिक्षा दी जाती है। स्त्रियों के प्रति गैर मनोवैज्ञानिक दृष्टि दी जाती है, उन्हें बदले हुए सामाजिक संबंधों से पृथक् रखा जाता है। फलस्वरूप उनमें ग्लानि और हीनता आ जाती है। वे दिशाहीन हो जाते हैं और पुस्तकों से औरतों के चित्र फाड़कर फेंक देते हैं। वीर्यपात और स्वप्नदोष से आतंकित होकर यथार्थ से विमुख हो जाते हैं। फलस्वरूप वे अपना आत्मविश्वास खो बैठते हैं। एक सार्थक भूमिका से वंचित रह जाते हैं। वे विरासत भरी उधार की जिंदगी जीने को मजबूर हो जाते हैं। वे व्यवस्था के प्रति सोच भी नहीं पाते। वे निर्णयहीनता की अनिवार्य नियति को भोगते हैं।

भीष्म साहनी ने झरोखे में प्रवृत्ति दमन और व्यक्तित्व दमन का सूक्ष्म चित्रांकन किया है। छोटे-छोटे अनुभवों को पूरी संवदेनशीलता के साथ उभारा है, और यह स्पष्ट किया है कि ऐतिहासिक परंपरा, धार्मिक, सामाजिक, सांस्कृतिक और चली आ रही परंपरावादी मूल्यों के यथास्थितिवादी भ्रमों से तभी मुक्त हुआ जा सकता है, जब मनुष्य को सामाजिक विकास के यथार्थवादी दृष्टिकोण से परिचित कराया जा सके।

'कड़ियाँ' उपन्यास का वस्तुगत विवेचन

कथासार : भीष्म साहनी के उपन्यासों में कड़ियाँ दूसरे क्रम का सामाजिक और पारिवारिक उपन्यास है। यह उपन्यास पति, पत्नी और प्रेमिका के अंतःसंबंधों को लेकर लिखा गया है। इसकी कथावस्तु मानवीय संबंधों के टूटते-जुड़ते रिश्तों पर आधारित है। कथासार कुछ इस प्रकार है :

महेंद्र अधिकारी के पद पर दफ्तर में कार्य करता है। महेंद्र शादी-शुदा है। उसकी

पत्नी का नाम प्रमिला है और उन दोनों के बीच एक बेटा पप्पू है, जिसकी उम्र लगभग सात साल की है। महेंद्र के ही कार्यालय में सुषमा नाम की एक प्रौढ़ महिला कैशियर के पद पर कार्य करती है। सुषमा और महेंद्र एक-दूसरे के प्रेम-सूत्र में बँधे हुए हैं। लेकिन सुषमा से संबंध बनाने के बाद महेंद्र संशय में जीता है। जब भी वह उसके फ्लैट में जाता है, उसका हाथ घंटी दबाने के पहले ठिठक जाता है। सुषमा महेंद्र की मनःस्थिति को समझती है। परंतु दिल नहीं मानता तो ज़ब महेंद्र उसके फ्लैट पर पहुँचता है, वह कह उठती है—"मैं तुम्हें किसी से छीन तो नहीं रही हूँ", सुषमा की आवाज पहले से भी ज्यादा अलसा गई थी। "मैं तुमसे कुछ नहीं माँगती, महेंद्र। केवल कभी-कभी तुम्हारे साथ दो घड़ियाँ बिताना चाहती हूँ। बस, इतना ही। इसमें किसी को क्या एतराज होना चाहिए ? तुम्हारे वक्त से जो दो घड़ियाँ टूटकर मेरी गोद में पड़ जाएँ, मैं उन्हीं से संतुष्ट हूँ।"[39]

निष्प्राण महेंद्र जैसे प्राणवान हो गया हो। सुषमा की आत्मीयता ने उसके अंदर के प्रेमी को पुनः जगा दिया था फिर भी महेंद्र को लगता यह फरेब है, तो भी मैं इसमें डूबे रहना चाहता हूँ, इसमें खोये रहना चाहता हूँ। सुषमा का प्यार बढ़ता ही जा रहा था। "तुम कितने थके-थके लग रहे हो ? क्या तुम्हें बहुत काम करना पड़ता है। बहुत काम क्यों करते हो ?" और सुषमा उसके बहुत नजदीक सिमट आई थी, और उसका हाथ महेंद्र के हाथ को सहलाने लगा था। "क्या बहुत सोचते रहते हो ?" उसकी आँखें एकटक महेंद्र के चेहरे पर लगी थीं। सहसा वह सीधी होकर बैठ गई थी।[40]

तभी महेंद्र को सुषमा की छाती पर झूलते लॉकेट की याद आई। लॉकेट का छाती के बीच इधर-उधर फिसलना और फिर उस लॉकेट पर अपनी तस्वीर देखकर महेंद्र क्षणभर के लिए पुनः विचलित हो उठता है। "अब जनाब की नजर गई अपनी तस्वीर पर, मैं घंटों से उसे हिला-डुला रही हूँ कि अब देखते हैं, अब देखते हैं।"[41] सुषमा की इस बात पर महेंद्र नाराज हो गया। वह उसे लॉकेट को उतार देने की सलाह देता है। फिर उसे मन ही मन लगता है कि, "मैं क्यों सुषमा से परहेज करूँ। मैंने कुछ भी बुरा नहीं किया है। ये मेरे संस्कार हैं, जो मुझे परेशान कर रहे हैं। जवानी के पाँच-सात साल बाकी रह गए हैं और जिन बातों में मेरा विश्वास नहीं है, उनसे मैं चिपटा नहीं रहूँगा, जहाँ से प्रेम मिलेगा, लूँगा।"[42]

प्रमिला एक गृहस्थ महिला है। उसे नाज-नखरे बिल्कुल नहीं आते। महेंद्र के असंतोष का सबसे बड़ा कारण यही है। कभी जब उसका मन प्रमिला में रमने लगता है, वह बड़े प्यार से उसे अपनी बाँहों में भर लेता है। परंतु प्रमिला को यह सब पसंद नहीं है। खासकर उस वक्त जब पप्पू घर पर होता है और घर की खिड़कियाँ खुली होती हैं। "क्या करते हो, कोई देख लेगा...।" "...नहीं प्रमिला, इसमें कुछ भी बुरा नहीं है, तुम मेरी पत्नी ही तो हो।" "...नहीं जी, बस यह बेशर्मी है, मैंने कह दिया। मुझे अब हाथ नहीं लगाना। तुम गंदी किताबें पढ़ते रहते हो, इसलिए ऐसा करते हो।"[43] महेंद्र चाहता था कि उसकी पत्नी बाहर की दुनिया में कुछ ज्यादा दिलचस्पी ले, उसकी पसंद के कपड़े पहने, कभी-कभी अपने-आप भी उसके गले में बाँहें डाल दिया करे, कुछ ज्यादा चुलबुलापन दिखाए, परंतु प्रमिला सारा वक्त घर में और बच्चे में ही खोती चली गई थी। फिर भी सुषमा के संबंध को लेकर

महेंद्र के मन में जो शंका-कुशंका और ग्लानि उठती, उससे वह अपराध बोध में दबता रहता। उसने मन ही मन ठान लिया था कि यह सब प्रमिला से बता दूँगा। महेंद्र को तभी अपने मित्र नाटे की बातें याद आईं। "भले ही बीसियों स्त्रियों के साथ संबंध रखो, पर घरवाली से छिपाए रखो। इसी में सच्ची नैतिकता है।"[44] लेकिन इसके बावजूद महेंद्र ने प्रमिला से कह ही दिया। "हमारे दफ्तर में एक लड़की है। वह···वह मुझ पर डोरे डालती रही है, और मैं···मैं उससे मिलता रहा हूँ।"[45] कमरे में मौन छा गया। एक बोझिल सा क्षण, बीच में से फटा हुआ, शून्य में जैसे लटकता रहा। "तुम दूसरी स्त्रियों के पास जाते हो। तुम बुरे आदमी हो।"[46] प्रमिला के मुँह से निकला। उस दिन पूरी रात प्रमिला और महेंद्र के बीच कुछ न कुछ मन-मुटाव की बातें होती रहीं। महेंद्र पूरी रात माफी माँगता रहा। लेकिन महेंद्र यह भी चाहता रहा कि प्रमिला समझे कि अपना पति क्योंकर दूसरी औरत के पास सहारा लेने जाता है। वह कहता भी है–"औरतों पर बहुत कुछ निर्भर करता है, प्रमिला। औरत चाहे तो मर्द को अपनी मुट्ठी में रख सकती है और सच कहूँ प्रमिला, मर्द मुट्ठी में रहना चाहता है।"

विलायती पद्धति से बना 'लाकवाना' रेस्तराँ युवा धड़कनों का केंद्र था। शाम होते ही महफिल जमने लगती। लड़के-लड़कियाँ, औरत-मर्द आ-आकर जमने लगते। महेंद्र भी नाटा के साथ आया करता। नाटा का लड़कियों की तरफ देखना महेंद्र को अच्छा न लगता। महेंद्र तो नाटे को टुच्चा और लंपट कहा करता और मानता भी। महेंद्र कहता–"बड़ा लच्चर आदमी है तू नाटे, अभी बैठा नहीं कि इधर-उधर नजरें दौड़ाने लगा है।"[47] दोनों में बहसें होतीं। फिर जैसे नाटा यथार्थ के ऊपर से आहिस्ता-आहिस्ता पर्दा उठाता–"तुम शरीफ आदमी हो, शरीफ आदमी केवल मन से व्यभिचार करते हैं, वह भी बीसियों से, मगर व्यवहार में अपनी शराफत को आँच नहीं आने देते। क्यों, भोले बादशाह, सच कहा है ना ? इसलिए कहा कि तुम अपने घरौंदे में ठीक सिमटे बैठे हो, वहीं बैठे रहो।"[48]

तभी महेंद्र को रेस्तराँ में प्रवेश करती सुषमा दिखी, जिसका उसे बेहद इंतजार था। दोनों नाटे के सामने ऐसे मिले जैसे कोई खास परिचय न हो। सुषमा जब दूर जाकर बैठ गई, तब महेंद्र ने नाटे से बताया कि वह उसके दफ्तर में कैशियर है। नाटा को मजाक सूझा। "बुरी नहीं है, दुलार अच्छा करती होगी। गदराए शरीरवाली औरतें दुलार अच्छा करती हैं। तुझे थपकियाँ देती होगी।" महेंद्र को नाटे की बात अच्छी नहीं लगती। सुषमा को वह अपनी अमानत समझता है। वह उसके खिलाफ बिल्कुल कुछ नहीं सुनना चाहता है। जब नाटा और महेंद्र रेस्तराँ में से निकले तो नौ बज रहे थे और साजिंदे नाच की धुन बजा रहे थे, और मेजों के पीछे से जोड़े उठ-उठकर मंच के सामने खुले स्थान की ओर बढ़ रहे थे। महेंद्र ने अपने घर की घंटी बजाई।

"आज फिर बड़ी देर लगा दी", प्रमिला ने दरवाजा खोलते ही कहा, और संशय और अविश्वास भरी आँखों से महेंद्र के चेहरे की ओर देखने लगी। प्रमिला ने एक साथ कई बार उससे पूछा और जब महेंद्र ने नहीं बताया, तपाक से बोल उठी–"तुम फिर उस औरत के पास गए होंगे। तुमने मुझे वचन दिया था। मुझे क्या···।"[49] प्रमिला इतना बोलकर जैसे ही रसोईघर की ओर मुड़ी महेंद्र ने हाथ उठाया और प्रमिला की

गर्दन पर जोर से थप्पड़ दे मारा। थप्पड़ की गूँज पूरे घर भर में फैल गई। महेंद्र उस पर बुरी तरह से चीख उठा—"तुम्हारा मतलब क्या है ?" महेंद्र ने गुस्से से काँपते हुए कहा, "तुम अपने को समझती क्या हो।"[50]

प्रमिला ने कोई प्रतिवाद नहीं किया। सब कुछ चुपचाप सह गई। बल्कि उल्टे महेंद्र को ही समझाया—"बस भी करो ना, पप्पू डर गया है, उसकी हिचकियाँ बंद होने में नहीं आतीं। तुम्हें आज क्या हो गया है।" महेंद्र का गुस्सा ठंडा हुआ तो उसे भी मन ही मन पछतावा भी हुआ। परंतु रात को जब दोनों बिस्तर पर पड़े तो प्रमिला की डकार फूट पड़ी। उसने महेंद्र को जी भर के खरी-खोटी सुनाई। परंतु उसकी झिड़की में बहुत ही मासूमियत छिपी रहती है। "अपनी पत्नी को कोई चाँटा मारता है ?···पप्पू की हिचकियाँ थमने में नहीं आती थीं।···नई-नई बातें सीखने लगे हो तुम···।"[51]

यद्यपि महेंद्र ये सारी बातें समझता था। परंतु न जाने क्यों उसने प्रमिला को तलाक दे देने का निर्णय ले लिया। "मैं तुम्हारे साथ नहीं रह सकता, यह शादी भूल थी। मैंने फैसला कर लिया"[52] महेंद्र ने कहा। प्रमिला पर जैसे पहाड़ टूट पड़ा हो। वह रो-रोकर अपनी बात कहने लगी। महेंद्र को अपनी और अपने बेटे पप्पू की बात करके कहने लगी, "हमारी शादी नाकामयाब कैसे रही है, अच्छी-भली चल रही है। तुम सीधे रास्ते पर चलते जाओ तो भगवान जी की कृपा है। हमें इतना सुंदर बेटा मिला है। इतनी सुंदर तुम्हारी नौकरी है।"

लेटे-लेटे महेंद्र को लगा जैसे फिर भूल कर बैठा है। आवेश में उसके मुँह से बात निकल गई थी, और नया बखेड़ा उठ खड़ा हुआ था। अगर घर आने पर प्रमिला के व्यवहार से वह भड़क नहीं उठा होता तो न वह थप्पड़ दे मारता, न यह कांड उठ खड़ा होता। क्षुब्ध और खिन्न, वह उठकर फिर छज्जे पर चला गया।

सतवंत प्रमिला की सहेली थी। सतवंत के पति सरदार जी और प्रमिला के पति महेंद्र एक दफ्तर में ही काम करते हैं। दोनों के फ्लैट एक ही आकार और नमूने के थे। परंतु महेंद्र की पदोन्नति हो जाने की वजह से उसे डी टाइप का क्वार्टर मिल गया था। जिस दिन प्रमिला का जन्मदिन था, प्रमिला ने उस रात को महेंद्र को बताया था, परंतु महेंद्र ने कोई ध्यान नहीं दिया था। इसीलिए प्रमिला सतवंत के घर चली आई थी। सतवंत जब से प्रमिला आई थी, अपने पति सरदार जी की ही तारीफ किए जा रही थी। सरदार मेरे बिना एक पल नहीं रहता। बालों में तेल नहीं डालने देता। कहता है, प्यार करते वक्त हाथ में तेल लग जाता है। उसे अपने कपड़ों के बारे में कोई होश नहीं रहता। मुझे ही उसका पूरा ध्यान रखना पड़ता है, वगैरह वगैरह। प्रमिला दाँतों तले उँगली दबाकर रह जाती और फीकी सी हँसी हँस देती।

अंगीठी पर प्लास्टर-आफ-पेरिस का बना दो प्रमियों का बुत रखा था। वह पहले भी उसे देख चुकी थी, मंगर अब की बार उसे देखकर उसके दिल में गहरी टीस उठी। दोनों प्रेमी उसकी ओर देखते जान पड़ते थे। मानो प्रमिला की खिल्ली उड़ा रहे थे। कॉफी का प्याला हाथ में लेते हुए प्रमिला ने धीरे-से कहा—'मैं तेरे घर आई ही चाय-कॉफी पीने के लिए हूँ, सत्तो। आज मेरा जन्मदिन है।"[53] सतवंत ने उसे रसोई में बचा-खुचा हलवा खिलाया। पर हलवा निकालते वक्त उसे थोड़ी-सी हैरानी हुई—जन्मदिन और यहाँ अकेली भाग आई है, मेरे घर चाय-कॉफी पीने। आखिर उसने

प्रमिला को हल्के से कुरेद कर पूछ ही लिया। प्रमिला ने दिल की सारी भड़ास सतवंत के सामने निकाल दी। सतवंत को मालूम था कि महेंद्र का एक बंगालन से संबंध है, परंतु अब प्रमिला के साथ मार-पीट भी करने लगा है।

पप्पू के जन्मदिन की पार्टी में सुषमा महेंद्र के घर पर आई थी। नाटा बिना बुलाए ही आ गया था। सुषमा ने प्रमिला का जूड़ा बाँधा था। उसके लिए पार्टी में पहनने के लिए साड़ी का चुनाव भी किया था। प्रमिला ने व्यंग्य में कहा भी था—"आपने मेरे लिए साड़ी चुनी है, आप उनके लिए भी सूट चुनिए ना।"[54] फिर सुषमा से प्रमिला ने ढेरों सवाल किए थे। सुषमा प्रमिला से खूब बातें कर रही थी। मौका पाकर महेंद्र प्रमिला को समझाने की कोशिश करता कि तुम भी सुषमा से बात करो ना। प्रमिला चिढ़ जाती—वह तुमसे मिलने आई है, मुझसे थोड़ी।

जब महेंद्र सुषमा को टैक्सी तक छोड़ने गया, नाटा नशे में धुत, प्रमिला का कई बार हाथ दबा चुका था और एक बार तो उसके गले में चूम भी लिया था। प्रमिला हैरान थी। यह सब क्या हो रहा है। घर की जिंदगी का सारा क्रम ही मानो ढर्रे पर से उखड़ गया था और वह अपना संतुलन खोए जा रही थी। उसने रात में नाटे की हरकतों की शिकायत महेंद्र से की भी परंतु महेंद्र ने हँसकर बात टाल दी—"जो तुम्हें अच्छा लगे उसी का हाथ दबा लो। मैं बुरा नहीं मानूँगा।"[55] महेंद्र तो सुषमा में खोया था। उसे लगा था जैसे जिंदगी में एक ही चीज निश्चित है, और वह वासना है, बाकी सब कुछ अनिश्चित है, डगमगा रहा है।

सतवंत ने सारी बात सुनने के बाद बड़े स्पष्ट शब्दों में कहा था—"जाए भी तो भी पापी, तू कुछ नहीं कर सकती। तुझे कुछ करना भी नहीं चाहिए। चुप, मगन बनी रह। अगर इसे रोकेगी तो मामला बिगड़ जाएगा। इसकी शराफत है, जो इसने खुद तुम्हें बता दिया और माफी माँग ली, वरना आजकल माफी कौन माँगता है। यह दो दिन का उबाल है, अपने-आप ठंडा पड़ जाएगा।"[56] "...पर यह चाँटे मारने वाली बात बहुत बुरी है। चाँटे मारने का भला क्या मतलब है ?"[57] प्रमिला जब घर आने लगी तो उसने सतवंत से वादा किया था कि मैं महेंद्र से कुछ नहीं बोलूँगी। परंतु महेंद्र जब शाम को घर से घूमने जाने लगा तो प्रमिला का धैर्य टूट गया और उसने एक साथ कई बार पूछा कि तुम कहाँ जा रहे हो और अंत में खुद ही कह दिया, तुम सुषमा के घर जा रहे हो। प्रमिला उसका बाजू पकड़े-पकड़े सड़क तक जा पहुँची। महेंद्र ने बहुत समझाया और बात-बात में धमकी भी देता रहा। "इसका नतीजा तुम्हारे लिए अच्छा नहीं होगा।" परंतु प्रमिला की आँखें ऐंची होते देख वह वापस लौट आया, "अच्छी बात है, मैं कहीं नहीं जाऊँगा। चलो, अंदर चलो।"

इसके बाद घटनाएँ तेजी से घटने लगीं। सुषमा ने सबसे पहले अपने तबादले की बात चलाई। "मैं तुम्हारी जिंदगी को कठिन नहीं बनाना चाहती। मैं तुम्हारा परेशान चेहरा नहीं देख सकती। अगर तुम्हारे मन पर इतना ही ज्यादा बोझ है तो मैं यहाँ से चली जाऊँगी। मैं जैसे-तैसे सह लूँगी। मैं तुम्हारा सुख देखना चाहती हूँ, तुम्हारे घर को तोड़ना नहीं चाहती", उसने महेंद्र के बालों को सहलाते हुए कहा और महेंद्र की आँखें चूम लीं और मुँह छिपाकर रो दी। उस दिन प्रमिला महेंद्र को रोकने में कामयाब अवश्य हो गई थी, परंतु उसकी हिम्मत जवाब दे गई थी। महेंद्र ने उससे पूछा था,

"तुमने सुषमा के बारे में किसी से जिक्र तो नहीं किया।" प्रमिला ने कुछ अंतराल में सतवंत से बताने की आत्म-स्वीकृत कर ही ली। महेंद्र थोड़ा-बहुत बुरा-भला कहकर चुप रहा। उसके अंदर कुछ था, जो उत्तरोत्तर कड़ा होता जा रहा था। प्रमिला के प्रति उसके मन में चुनौती स्वीकार कर ली गई थी। उसने मुकाबला करने की ठान ली थी।

इसी बीच पप्पू भी परेशान करने लगा था। वह बैठा-बैठा आँखें मिचकाने लगता और देर तक मिचकाता रहता। किसी-किसी रात बिस्तर भी गीला कर देता और बुरी तरह से रोने लगता। महेंद्र पप्पू को लेकर काफी चिंतित हो उठा। उसे लगा घर के इस माहौल में पप्पू बिगड़ जाएगा। इसलिए महेंद्र पप्पू को बोर्डिंग में डालने का निर्णय ले लेता है।

नारंग साहब प्रमिला के पिता थे। वकालत करते थे। वकालत कोई खास नहीं चलती थी। बस छोटे-मोटे मुकदमों से गुजारा चल रहा था। पत्नी कम उम्र में ही चल बसी थी। बड़ा लड़का आवारा निकल गया था। नारंग साहब के घर के सामने सात साइनबोर्ड लिखे थे, जिसमें पहला बोर्ड सबसे बड़ा था। उसमें चार भाषाओं में उनका नाम लिखा था। "भगवानदास नारंग, बी.ए., एल.एल.बी. वकील।"[58] नारंग साहब सबको ग़रीबनवाज शब्द से संबोधित करते। यह संबोधन छोटे-बड़े सभी के लिए था।

अचानक महेंद्र का पत्र पाकर नारंग साहब विचलित से हो गए। महेंद्र ने प्रमिला से अलग होने की बात लिखी थी। साथ ही धमकी भी दी थी कि इस मामले को आप न्यायालय मत ले जाइएगा, अगर ले जाते हैं तो भी कोई बात नहीं है। नारंग साहब को पहले लगा कि प्रमिला के आ जाने से घर का चूल्हा जलने लगेगा, गर्म-गर्म रोटियाँ मिलने लगेंगी, फिर जैसे उन्होंने महसूस किया, यह गलत होगा। प्रमिला अपने घर पर ही रहे। अन्यथा महेंद्र के हाथ मजबूत हो जाएँगे।

नारंग साहब जैसे ही महेंद्र से मिलने के लिए अपने बेटे को खत लिखने के लिए बैठे, दरवाजे पर दस्तक सुनाई पड़ी। उन्होंने दरवाजा खोलकर देखा, प्रमिला खड़ी थी। प्रमिला को पाकर उन्हें ऐसा लगा, जैसे सारा समाधान हो गया हो। लेकिन प्रमिला का इस तरह आना उन्हें अच्छा नहीं लगा। लेकिन प्रमिला भी क्या करती। महेंद्र ने तो उसे घर से निकालकर पप्पू को बोर्डिंग में डाल दिया था। इस कार्य में उसकी मदद की थी, उसकी चाची ने। नारंग साहब की परेशानी बढ़ गई थी। पहले तो प्रमिला को डाँटा करते। वैसे भी अब वकालत न चलने की वजह से आर्थिक तंगी बनी रहती। लेकिन पिता ही थे, प्रमिला को दुखी भी तो नहीं देख सकते थे। उसके सर पर हाथ फेरते हुए दुलराते हुए बोले थे—"दुखी न हो प्रमिला, मेरी बच्ची, मैं तेरा दुख समझता हूँ। मुझसे जो बन पड़ेगा, मैं करूँगा। पर जमाना ऐसा आया है कि किसी को कुछ सूझता ही नहीं कि क्या करे।"[59]

परशुराम प्रमिला का भाई है। नारंग ने उसे प्रमिला के संबंध में लिखा था कि महेंद्र ने उसे घर से बाहर निकाल दिया था। परशुराम खत पाते ही बौखला उठा था और अपने कमरे में अपनी पत्नी के सामने बुरी तरह से महेंद्र के ऊपर बरस रहा था—"उसने समझ क्या रखा है, अपने-आपको ? मैं नाकों चने चबवा दूँगा।" परशुराम के गुस्से को देखकर ऐसा लगता जैसे वह दिल्ली जाकर सारी समस्याओं का निराकरण कर देगा और महेंद्र को धूल चटा देगा। उसकी पत्नी बार-बार दिल्ली जाने के बारे

में पूछती और मन ही मन सोचती कि दिल्ली जाने का मतलब पूरे एक सौ रुपये का खर्च। फिर उसे भी लगने लगा, परशुराम दिल्ली नहीं जाएगा। परशुराम भी आजकल-आजकल कहता रहा, फिर इस संबंध में सोचना तक उसे बोझिल लगने लगा और पट्ठे ने खत का जवाब तक नहीं दिया।

नाटा भी महेंद्र को समझाता है–"तू एक से नहीं दसियों से प्रेम कर, मगर अपना घर मत तोड़। अपने इश्क को छिपाकर रखा कर। छिपाने का नाम ही सदाचार है। कौन नहीं छिपाता, साले सभी छिपाते हैं। कौन एकव्रती है ? केवल वही एकव्रती है, जो है।"[60] परंतु महेंद्र को कोई बात समझ में नहीं आई। वह प्रमिला को वापस करने के पक्ष में बिल्कुल नहीं था। सतवंत भी प्रमिला को घर से निकाल देने की बात सुनकर बहुत दुखी हुई। उसने अपने पति से कहा कि महेंद्र को समझाओ। परंतु सरदार जी ने यह कह कर बात टाल दी कि यह उन दोनों का आपसी मामला है। सतवंत को पहली बार महसूस हुआ जैसे कहीं कुछ टूटा है, जिसे जोड़ना आसान काम नहीं है, और उसका दिल दहल गया। जिस सुरक्षा को वह स्थायी समझे बैठी थी, उसमें किसी भी वक्त दरारें पड़ सकती हैं।

सतवंत ने अपने पति सरदार से प्रमिला के पक्ष में कई तर्क रखे, लेकिन सभी ढाक के तीन पात जैसे ही रहे। सरदार जी महेंद्र के पास में ही कहते रहे कि उसने महेंद्र को चारों तरफ बदनाम किया। नब्बे प्रतिशत आदमी दूसरी औरत के पास जाते हैं, फिर सब ठंडा हो जाता है। दोनों के बीच का एक उदाहरण द्रष्टव्य है–"औरत चाँटे क्यों खाए ? किसी का कोई मतलब नहीं चाँटे मारने का।" सतवंत ने फिर उत्तेजित होकर कहा–"मैं उसकी जगह होती तो उसका मुँह तोड़ देती।"[61] "बस-बस संतो, बहुत बढ़-चढ़कर बातें नहीं किया करो। प्रमिला ने उसका मुँह नहीं तोड़ा फिर भी महेंद्र ने पकड़कर उसे बाहर निकाल दिया।"[62] सरदार जी को लगा कि संतो प्रमिला की ओर से मेरा विरोध कर रही है। शायद इसी वजह से सरदार जी भी उत्तेजित हो उठे।

दिल की बेचैनी में प्रमिला पागलों की तरह जाप पर झपटी। उसके रुग्ण मन को लगा जैसे उसे अवलंब मिल गया हो। प्रमिला की माँ भी गायत्री मंत्र का जाप किया करती थी। वह मन ही मन सोचती भी जाती। क्या कभी माँ ने भी पिता जी के लिए जाप किया होगा ? क्या पिता जी भी किसी परस्त्री के पास गए होंगे। हजार बार सोचने पर भी प्रमिला यह कल्पना नहीं कर पाई कि जवानी के दिनों में उसके पिता जी कैसे रहे होंगे। प्रमिला ठंडे से ठंडे पानी में नहाती। जितना अधिक पानी ठंडा रहेगा, उसका मन उतना ही शांत रहेगा और भगवान उसकी प्रार्थना उतनी ही सुनेंगे।

प्रमिला को जाप करते-करते लगता, महेंद्र उसकी ओर खिंचता चला आ रहा है। वह और भी नजदीक आ रहा है। पर पप्पू कहाँ है ? धक् से प्रमिला के मंत्रपाठ की शृंखला टूट गई, और क्षणभर के लिए वह व्याकुल हो उठी। उसे लगा महेंद्र और पप्पू उससे दूर होते जा रहे हैं। नारंग साहब को चाय का प्याला लेकर पहुँची तो नारंग साहब ने कहा–"जाप-वाप में क्या रखा है, इनसे क्या होता है, फिजूल की बात। तुम बैठकर जाप करो और मैं अदालत की खाक छानूँ।"[63] प्रमिला को लगा जैसे वह कोई अपराध करती पकड़ी गई। नारंग साहब प्रमिला को बार-बार

समझाते–"अभी वक्त है, समझौता हो जाए तो अच्छा है।"[64] तभी अनायास ही प्रमिला को लगा कि संभव है कि कुछ बातें ऐसी भी हों जिन्हें उसका बाप नहीं समझ पाता कि जीवन की गति में उसका बाप पीछे छूट गया है। नारंग साहब और प्रमिला में काफी बातें होती हैं। प्रमिला उन्हें समझाती है। महेंद्र किसी कीमत पर समझौता नहीं करेगा। अगर आप मुझे पढ़ा-लिखा दिए होते तो शायद अच्छी नौकरी मिल जाती।

नाटे के घर के ऊपर वाले हिस्से में दो पलंग पास-पास बिछाए गए थे। नाटे ने महेंद्र और प्रमिला को मिलाने के लिए दोनों को वहाँ पर इकट्ठा किया था। नारंग साहब और चाची ने प्रमिला को समझाया था, कि महेंद्र का पाँव पकड़कर माफी माँग लेना और कहना मार डालो पर घर से नहीं निकालो। परंतु सतवंत की सीख उन दोनों की सीख से अलग थी–"सीधे मुँह उससे बात नहीं करना। उसे यह पता नहीं चले कि तू उससे दया की भीख माँगने आई है।" प्रमिला ने ही बात शुरू की थी। दोनों के बीच बातचीत सौहार्दपूर्ण वातावरण में शुरू हुई। प्रमिला ने पप्पू के बारे में पूछा तो महेंद्र ने बताया कि पप्पू बोर्डिंग में है। प्रमिला ने सुषमा के बारे में पूछा तो महेंद्र ने साफ-साफ शब्दों में बता दिया कि वह अपने बाप के पास नागपुर गई हुई है। प्रमिला ने पुनः पूछा–"क्या तुम उस बंगालन से शादी करोगे।" महेंद्र ने बड़ी सपाटबयानी की–"मैं किसी से ब्याह नहीं करूँगा। एक बार ब्याह करके बहुत सुख भोग लिया है।"[65]

प्रमिला ने घर वापस लौटने की बात की तो महेंद्र ने साफ शब्दों में मना कर दिया। थकी-हारी प्रमिला पुनः गिड़गिड़ाती हुई बोली–"पप्पू को मुझे दे दो, मैं और कुछ नहीं माँगती। अगर तुमने घर तोड़ने का फैसला कर ही लिया है तो तुम्हारी खुशी। पर पप्पू को नहीं छोड़ सकती।" फिर भी महेंद्र पर इस बात का कोई असर नहीं हुआ। उसने प्रमिला को सौ रुपये देने की बात की, महेंद्र ने मना कर दिया।

प्रमिला उस पलंग पर बैठकर प्रार्थना करने लगी। तभी महेंद्र अनायास उसकी ओर खिंचा और उसके माथे पर लटक आए बालों की लट को दाएँ कान के पास बालों में खोंस दिया। प्रमिला हड़बड़ाकर महेंद्र की ओर देखने लगी। महेंद्र अपने आपको रोक न सका और आगे बढ़कर उसे अपनी बाँहों में भर लिया। आखिर ऐसा क्यों न करता। बारह साल उसने एक साथ गुजारे हैं। बारह साल कोई पल-दो-पल का क्षण नहीं होता। आखिर दोनों भावुकता के आवेग में खोते गए। प्रमिला चहकती-काँपती आवाज में कह रही थी–"जानते हो ? मैं पूरे एक लाख बार गायत्री का जाप करके आई हूँ। मुझे जाप फल गया।"[66] लेकिन भावना और वासना की लहरें उतरते ही महेंद्र को लगा–"यह सब जाल था जिसमें उसके वकील बाप ने मुझे फँसाने की कोशिश की है। और पागलों की तरह इस जाल में कूद गया हूँ।"[67] जब प्रमिला जागी तो कमरे में धूप खिली थी। उसने महेंद्र की खाट की ओर देखा, खाट खाली थी। महेंद्र का बैग भी वहाँ नहीं था। महेंद्र को उसने गुसलखाने में देखा, रेलवे यार्ड की ओर देखा, महेंद्र कहीं नहीं दिखा। उसे लगा जैसे वह रातभर सपना देखती रही। तभी नौकर चाय को पूछने आया तो वह फटी-फटी आँखों से उसकी ओर देखने लगी।

सुषमा ने दरवाजा खोला तो सामने महेंद्र को खड़ा देखकर घूम गई। महेंद्र को यह समझते देर नहीं लगी कि सुषमा मेरे प्रति उदासीन हो चुकी है। परंतु महेंद्र सदैव की तरह बातें करता रहा। सुषमा ने आज खिड़की का पर्दा भी गिराया था। दोनों उखड़ा-उखड़ा महसूस कर रहे थे। महेंद्र ने कभी न आने के लिए धमकाया भी था, लेकिन सुषमा जानती थी कि न आने की धमकी कई बार दे चुका है और दो दिन भी नहीं बीते हैं कि महेंद्र आ धमका है। परंतु उपन्यासकार ने नरेटर के रूप में एक उपयुक्त बात लिखी है—"हर जिंदगी किसी न किसी खूँटे से बँधी रहे तो वह अपना संतुलन बनाए रखती है, खूँटा टूट जाए तो वह जैसे अधर में लटक जाती है।"[68] प्रमिला के जाने के बाद महेंद्र का घर भाँय-भाँय करने लगा था और सुषमा-महेंद्र के बीच औपचारिकता ज्यादा आ गई थी। कभी-कभी दोनों में तेज झड़पें भी हो जातीं। दोनों एक-दूसरे के प्रति उदासीन होते जा रहे थे।

इधर सुषमा की स्थिति जटिल होती जा रही थी। उसके क्षितिज पर एक कमी सी प्रकट हो गई थी। वर्मा जी दफ्तर में डिप्टी डायरेक्टर थे। सतवंत ने इसी से महेंद्र की शिकायत की थी। तब से उन्होंने सुषमा को अपनी गिरफ्त में ले लिया था। यद्यपि महेंद्र को यह नहीं पता था कि वर्मा जी और सुषमा के बीच नया रिश्ता कायम हो गया है। इसी बात की चिंता सुषमा को थी। क्योंकि वह अब महेंद्र को पहले से ज्यादा चाहती थी।

पप्पू बोर्डिंग में रहता था। महेंद्र छह महीने के बाद पप्पू से मिलने जा रहा था। वह वैसे ही प्रमिला को पीछे छोड़ आया था, जैसे अपने गलीवाले मकान को छोड़ आया था, जहाँ वह क्लर्कों के जमाने में रहा करता था, वैसे ही जैसे अपनी पुरानी साइकिल को छोड़ आया था, अपने क्लर्क दोस्तों की मंडली को छोड़ आया था, जो हर शाम चाय की चुस्कियों के साथ घंटों अपने अफसरों की बातें करते रहते थे। उसने उस जमाने की बहुत सी चीजों को तिलांजलि दे दी थी। दो दिन पहले अपना नया ओवरकोट बाँह पर डाले, हाथ में छोटा-सा सूटकेस उठाए रेलवे स्टेशन के आँगन में से निकला था तो तीन टैक्सियों वाले उसकी ओर लपके थे। जमाना था जब इसी रेलवे स्टेशन पर उतरते समय वह धक्के खाता बसों के पीछे भागा करता था। अब टैक्सियों वाले अपने आप पहचानने लगे थे कि यह आदमी उस श्रेणी का जिसके बच्चे पब्लिक स्कूल में पढ़ते हैं। जिस टैक्सी में महेंद्र बैठा था उसी टैक्सी में मिसेस भगत भी महेंद्र से अनुमति लेकर बैठ गई थी। शुरू-शुरू में महेंद्र ने संकोच किया था, लेकिन मिसेस भगत ने उसके संकोच को बहुत जल्दी खत्म कर दिया था और दोनों के बीच खुलकर बातें शुरू हो चुकी थीं।

मिसेस भगत किसी हवाई सेना के किसी अफसर की पत्नी थी। जिसका स्थानांतरण किसी दूर स्टेशन पर हो गया था। मिसेस भगत अपने दोनों बच्चे, एक लड़के और एक लड़की को बोर्डिंग में भर्ती कराकर स्वयं दिल्ली में रहती थी। मिसेस भगत खुशदिल महिला थी। दोनों ने अपनी जिंदगी की कहानी एक-दूसरे को खुलकर बता दी थी और एकबार पुनः महेंद्र के अंदर पड़ी हुई गाँठें धीरे-धीरे खुलने लगीं। मिसेस भगत के बच्चे अपनी माँ से बहुत खुले हुए थे। परंतु पप्पू के साथ ऐसी बात नहीं थी। महेंद्र मिसेस भगत के बच्चे रेणु और अशोक के साथ बड़े चाव से मिला था। परंतु मन ही

मन सोचने लगा था कि पप्पू मिसेस भगत के सामने न आए। क्योंकि मिसेस भगत के बच्चों के सामने उसकी आदत भोंडी लगेगी। उधर पप्पू को भी महेंद्र का आना अच्छा नहीं लगा था। छह महीने का एकाकीपन उसके मन में भूचाल पैदा कर गया था। उसकी घबड़ाहट बढ़ गई थी। मेट्रन के आग्रह पर उसके पास तक गया था। परंतु बिना मिले ही सरपट भागता हुआ वापस डारमिट्री में लौट आया था।

महेंद्र से मिलते ही मिसेस ने कहा—"कितना अच्छा मौसम है, है ना ? मेरा तो जी चाहता है, सारा वक्त धूप में घूमती रहूँ। पहाड़ियाँ उतरूँ-चढ़ूँ। चलिए, लंच के बाद बच्चों को पिकनिक पर ले चलें।"[69]

महेंद्र को मिसेस भगत के साथ घूमना अच्छा लगा। परंतु बच्चों को साथ में ले चलने की बात जमी नहीं। इसीलिए वह बच्चों की बात टालने के विचार से बोला—"मैं सोच रहा था कि बच्चों को साथ ले जाना क्या ठीक रहेगा ? बच्चे अपने दोस्तों-साथियों के साथ रहेंगे तो खेलेंगे-कूदेंगे, हमारे साथ रहेंगे तो बँधे-बँधे महसूस करेंगे।"[70] मिसेस भगत ने महेंद्र की ओर आँख उठाकर देखा, फिर हँसकर बोली—"यही फर्क होता है मर्द और औरतों में। मर्द बच्चों से पिंड छुड़ाते फिरते हैं, औरतें अपने बच्चों के पीछे भागती फिरती हैं, उनके पीछे पागल हुई फिरती है।"[71] महेंद्र खिसियाकर चुप हो गया था। फिर दोनों डाइनिंग हाल के अंदर प्रवेश कर गये। पप्पू की शिक्षिका ने महेंद्र को बताया कि पप्पू अब धीरे-धीरे खुलने लगा है। पहले तो काफी उदास रहता था। महेंद्र उसकी पढ़ाई की बात पूछकर चुप हो गया था। जैसे उसे लगा कि गुणवती को सब कुछ मालूम है। गुणवती बात करते-करते आगे निकल गई थी, अन्य अभिभावकों से मिलने।

प्रमिला को पागलपन का दौरा पड़ने लगा तो उसे पागलों के अस्तपाल में भर्ती करा दिया गया। नाटा के सहयोग और सलाह से महेंद्र नाटा के साथ प्रमिला को देखने अस्पताल गया। वहाँ तरह-तरह के मरीजों का जमावड़ा देखकर महेंद्र को कुछ अटपटा लगा। डायरेक्टर से परिचय होने पर महेंद्र को अपनी पत्नी प्रमिला से मिलने की इजाजत मिल गई। महेंद्र और नाटा कई मरीजों से मिलते जैसे ही आँगन में पहुँचे एक औरत मैली सी सलवार और कुर्ता पहने, दुपट्टा की झोली-सी बनाए इधर-उधर घूम रही थी और जमीन पर से कागजों के टुकड़े, खपच्चियाँ, थिगलियाँ आदि चुन-चुनकर अपनी झोली में डाल रही थी। महेंद्र और नाटे ने ध्यान से देखा। वह प्रमिला नहीं थी। परंतु डायरेक्टर ने सहसा कहा—"वही आपकी पत्नी है।" प्रमिला को देखकर महेंद्र का मन क्षोभ और परिताप से भर उठा। लेकिन जैसे ही डायरेक्टर की आवाज—"धीरे-धीरे जब पेट में बच्चा बड़ा होता जाएगा तो इनकी मानसिक स्थिति बेहतर होती जाएगी। अभी से इनका मन सुधरने लगा है।"[72] महेंद्र अटपटा-सा महसूस करने लगा। इसे वह जानता था कि प्रमिला के पेट में मेरा ही बच्चा है। लेकिन शंका-कुशंका के घेरे में चक्कर लगाने लगा। हो सकता है, किसी और का पेट में भर लाई हो ? क्या भरोसा, पूरे दिन तो इधर-उधर भटकती रहती थी, परंतु नाटा इस रहस्य को ताड़ गया। वह सारा रहस्य समझ रहा था।

डायरेक्टर ने बताया कि प्रमिला सारे दिन चुटका लिखकर भेजती रहती है। कभी बच्चे को दूध पिलाने की बोतल माँगती है, तो कभी ग्राइप वाटर, साबुन, नैपकिन जाने

क्या-क्या। आप कुछ जरूर भिजवा दीजिए। उनका स्वास्थ्य सुधर रहा है। महेंद्र ने हाँ तो कर दिया, लेकिन उसका मन खिन्न हो उठा। जब महेंद्र और नाटा बाहर निकले तो महेंद्र नाटे से बोला—"न जाने कहाँ से गर्भ ले आई।"[73] नाटा भड़क उठा—"अरे वाह रे, हमारे सामने बनता है। यह किसी और का बच्चा कैसे हो सकता है साले, हमारे साथ मक्कारी करता है। इसे बसाना नहीं चाहता तो बात दूसरी है, मगर हमारे सामने यह फरेब तो नहीं कर। हमें तो यह उसी रात की करामात जान पड़ती है।"[74] महेंद्र को आत्मग्लानि महसूस होने लगी।

प्रमिला ठीक हो गई थी और अपने पिता के घर आ गई थी। उसे लड़का हुआ था। सतवंत उससे मिलने आई तो खुशी-खुशी से वह सतवंत को सुनाने लगी कि अब मेरे पिता जी मेरे लिए दवाई की दुकान खोलवा रहे हैं। मैं उनके एक दोस्त जिन्हें मैं चाचा कहती हूँ, उनकी दवाई की दुकान में काम सीखने जाती हूँ। प्रमिला अपने बेटे को बार-बार दुलराती और तरह-तरह की मन को खुश करनेवाली बात करती। बीच-बीच में सतवंत से पूछती भी जाती कि—"संतो मेरी दुकान चलेगी न ?" सतवंत के मन में बार-बार उस बच्चे का भेद जानने की इच्छा होती। परंतु खुशी के माहौल में यह सब न पूछ पाती।

सतवंत पागलपन के दिनों की बात पूछती तो प्रमिला कहती कि मुझे कुछ भी याद नहीं है और बात टाल जाती। सतवंत ने महेंद्र के बारे में पूछा तो प्रमिला ने झटककर कहा—"मुझे मालूम करके क्या लेना है। वह जाने उसका काम। सच पूछो तो सत्तो, अब वह मेरे मन से उतर गया है। उसके पीछे बहुत भागी-भटकी हूँ। पर अब मन नहीं करता।"[75] लेकिन उसने चहकते हुए बताया कि "मैं पप्पू से मिल आई हूँ। हर महीने मिलने जाऊँगी। पहले तो पप्पू डरता रहा, सहमा-सहमा रहा, फिर धीरे-धीरे खुलने लगा। तुझे मालूम है सत्तो, जब मैं चलने लगी तो कहने लगा—"तू मत जा माँ, यहीं पर स्कूल में चपरासन की नौकरी कर ले।"[76] प्रमिला हँस दी, "बेटा भी जानता है कि माँ चपरासन ही बनने योग्य है।" सतवंत ने बीच में पूछ ही लिया—"अगर महेंद्र तुझे पुनः बसा लेने की बात कहे तू चली जाएगी।" प्रमिला ने बड़ी सहजता से जवाब दिया, "कभी लगता है कि बच्चे बड़े होंगे तो क्या कहेंगे, हमारा बाप था भी फिर भी हम अनाथों की तरह पले हैं। पर अब उसके पीछे मारी-मारी नहीं फिरूँगी। रूखी-सूखी खिलाकर पाल लूँगी।"[77]

प्रमिला ने बातों-बातों में यह भी स्पष्ट कर दिया कि तुम्हारी तरह पिता जी इस बच्चे को गलत समझते थे, परंतु उन्हें विश्वास हो गया है कि यह बच्चा महेंद्र का ही है। प्रमिला ने पहले उसे कहीं फेंकने की कोशिश की भी, परंतु उसकी ममता ने उसके इस कठोर कदम में बेड़ियाँ डाल दीं। प्रमिला अपनी स्थिति से खुश थी। सतवंत ने बच्चे की ओर देखा। इस बीच वह मुँह में अंगूठा डाले प्रमिला की छाती से लगा सो गया था। जिंदगी का फासला लंबा था। सतवंत को विश्वास था कि वह चल पाएगी, अपने पैरों पर चलती हुई बहुत सी मंजिलें काट डालेगी।

वस्तुगत विवेचन : कड़ियाँ उपन्यास की कथावस्तु दिल्ली महानगर के उस परिवेश से ली गई है, जहाँ मध्यवर्गीय परिवार पाश्चात्य सभ्यता के अनुकरण में अपने परंपरागत नैतिक मूल्य के साथ संघर्ष करता है, जिसके परिणामस्वरूप वह ना तो उस

बदलाव को ही पूरी तरह से आत्मसात कर पाता है और न ही अपने पुराने संस्कार को ही छोड़ पाता है। इन दोनों परिस्थितियों के बीच पेन्डुलम बना अनिर्णय की स्थिति में पिसता रहता है।

भीष्म जी ने शुरू में ही इस विसंगति की ओर संकेत किया है। जब महेंद्र सुषमा के पास जाने के लिए अपने पुराने संस्कारों से द्वंद्व करता है। उसके पैरों में परंपरागत मूल्य बेड़ियाँ डालने की असफल कोशिश करते हैं, परंतु महेंद्र एक झटके के साथ सिर झटक देता है। "मैंने कोई गुनाह नहीं किया है। एक छोटी सी बात को तूल दिए जा रहा हूँ।"[78]

'कड़ियाँ' उपन्यास में जिन पात्रों की चर्चा की गई है, वे सभी मध्यम परिवार से संबंधित हैं। दिल्ली जैसे महानगर के वातावरण में जीते हैं, जहाँ से पूरे देश के भविष्य का निर्माण होता है। जहाँ विश्व की प्रत्येक घटना का सीधा असर होता है और उसके बाद उससे पूरा देश प्रभावित होता है। भीष्म जी ने इस बात को बड़े सूक्ष्म ढंग से पकड़ने की कोशिश की है, कि जहाँ स्त्रियाँ अपने परिवार से अलग रहकर बड़े शहरों में नौकरी करने जाती हैं, और वहाँ अकेली रहती हैं, उस दौरान निश्चित रूप से उन्हें एक ऐसे साथी की जरूरत रहती है जो उनके अकेलेपन को बाँट सके। परंतु बात सिर्फ यहीं तक हो तो कुछ हद तक उन विषमताओं से बचा जा सकता है, लेकिन औरत और मर्द की समीपता का अपना एक अर्थ होता है। उस अर्थ से बच पाना न महेंद्र के लिए संभव था और न सुषमा के लिए। फलस्वरूप अगर महेंद्र की पत्नी प्रमिला इन दोनों के बढ़ते हुए प्रसंग में अपना भविष्य तबाही के रूप में देखती है तो इसमें कोई आश्चर्य नहीं होना चाहिए।

सुषमा महेंद्र के दफ्तर में कैशियर थी। दफ्तर में ही दोनों की नजरें मिलीं। औरत सदियों से एक अवलंब के सहारे आगे बढ़ी है। उसे अपनी प्रशंसा और प्रेमी से मिला उपहार सदैव अच्छा लगा है। पुरुष के लिए यह एक सशक्त माध्यम था, औरत के करीब आने का। लेकिन हमारे संस्कार, हमारी नैतिकता और पीढ़ियों से चली आ रही मान्यताएँ, ऐसे प्रेम-प्रसंग को अनैतिक मानती हैं। शायद यही वजह थी कि महेंद्र इस पल रहे अवैध प्रेम को लेकर छटपटाता रहता है। उसे कहीं न कहीं अपनी भूल का आभास होता है। उसके अंदर बैठा पीढ़ीगत संस्कार उसे अंदर से झकझोरता है तो एक दिन अपनी सीधी-सादी एक गृहस्थ पत्नी प्रमिला से इस बात को स्वीकार करके माफी माँग लेता है। प्रमिला शुरू-शुरू में इस बात को बड़ी सहजता से लेती है, लेकिन नारी मन, उसका अपना एक विशेष गुण होता है, शंका करने का। भीष्म साहनी इस गुण की स्वाभाविकता को बहुत अच्छी तरह समझते हैं। प्रमिला का अपने पति पर शंका करना कोई बड़ी बात नहीं थी, यह नारी की मानसिकता है। उधर महेंद्र जिस प्रेम सूत्र से बँध गया था अपनी पत्नी से स्वयं क्षमा माँगकर फिर उसके विरोध के बावजूद सुषमा से अलग नहीं हो पाया और एक दिन प्रमिला को ही छोड़ने का निर्णय ले बैठता है। भीष्म साहनी जैसे यहीं पर भारतीय मध्यवर्गीय परिवारों पर बढ़ते पाश्चात्य प्रभाव को दिखाने की सफल कोशिश करते हैं। जिसका प्रभाव पड़ते ही हमारी मान्यताएँ हमारे संस्कार और हमारे रीति-रिवाज बालू की भीति की तरह भरभराकर गिर जाते हैं। प्रमिला का निर्दोष होकर भी अपने ही घर से निकलना इस बात का

प्रतीक बन जाता है, जैसे हमारी चिर-परिचित पगड़ी उतारकर किसी आक्रमणकारी ने उसे लुढ़का दिया हो और एक अपरिचित और सर्वथा अटपटी सी लगनेवाली अपनी पगड़ी हमारे सर पर रख दी हो।

कड़ियाँ में महेंद्र के समानांतर एक और पात्र चलता है नाटा। नाटा एक ऐसा चरित्र है, जो व्यभिचार में लिप्त होने के बाद भी अपने आपको पाप और पुण्य से परे समझता है। वह मानता है कि यह जिंदगी तो औरतों की पूजा के लिए बनी है, अगली जिंदगी फिर देखी जाएगी। परंतु महेंद्र से वह ज्यादा चालाक और समय के साथ-साथ चलने में विश्वास रखता है। वह घर का टूटना अच्छा नहीं मानता। आदमी घर के बाहर कुछ भी करता रहे, परंतु जब वह शाम को अपने घर में आए तो एक अच्छी नींद सोने के लिए बीवी-बच्चों का सान्निध्य आवश्यक है। यही बात वह महेंद्र को भी समझाता है। परंतु स्थिति यह होती है कि महेंद्र इतना आगे बढ़ चुका होता है, कि अब उसके लिए न तो नाटा का उपदेश काम आता है और न प्रमिला की विनती और न ही नारंग साहब या अन्य रिश्तेदारों की कोशिशें। उसे तो प्रमिला के बदन से पिछड़ेपन और बासीपन की बू आने लगी थी। नारंग साहब जो प्रमिला के पिता थे, उस उम्र में जहाँ उन्हें स्वयं अपनी संतान के सहारे की जरूरत थी, वही एक बार पुनः उन्हें प्रमिला का सहारा बनने के लिए खुद को मजबूत बनाने की जरूरत महसूस हुई।

सतवंत प्रमिला की सहेली के साथ-साथ एक नारी होने के नाते उसे जो अपना फर्ज निभाना चाहिए, वह निभाती है। वह प्रमिला को हर स्थिति से जूझने के लिए प्रोत्साहित करती है। यहाँ तक कि वह महेंद्र के सामने प्रमिला को तनकर खड़े होने की प्रेरणा और बल देती है। परंतु भीष्म साहनी ने उस स्थिति को सफलतापूर्वक उकेरा है। जब पति-पत्नी के विवाद का प्रभाव मासूम संतान पर पड़ता है, तो उसका विकास अवरुद्ध हो जाता है। मानसिक, शारीरिक और भावनात्मक रूप से वह कुंठित हो जाता है। यही हाल कड़ियाँ में पप्पू का होता है। पप्पू को यद्यपि महेंद्र प्रमिला से अलग होने पर बोर्डिंग में डाल देता है। लेकिन क्या वह उस मनःस्थिति से छुटकारा पा जाता है ? नहीं, बिल्कुल नहीं। बल्कि उसकी स्थिति यह हो जाती है कि वह बोर्डिंग में पूरे दिन अपने बीते दिनों के बारे में सोचता रहता है। वह स्कूल के सभी छात्रों से अलग-थलग रहता है। यहाँ तक कि उसे इस बात का भी ध्यान नहीं रहता कि उसने खड़े-खड़े पैंट में पेशाब कर दिया। "मेंहेतरानी, आइयो चार नंबरवाले बाबा ने फिर निक्कर में पेशाब कर दी है।" फिर बड़बड़ाती हुई बोली, "यह लड़का कभी नहीं सुधरेगा।"[79] यह है हमारे भारतीय समाज की विसंगति। गलती एक करता है, और सजा उससे जुड़े सभी लोग भुगतते हैं, चाहे नारंग साहब हों, या पप्पू हो।

भारतीय समाज धर्मभीरु समाज है। भीष्म जी जानते हैं कि हमारे समाज में किसी भी समस्या का समाधान भगवद्-भजन में ही ढूँढ़ा जाता है। प्रमिला भी महेंद्र को वापस पाने के लिए गायत्री मंत्र का जाप करती है। महेंद्र से एकबार मुलाकात होती भी है तो एक रात के लिए और वह रात प्रमिला के जीवन की काली रात बनकर आती है। प्रमिला गर्भवती हो जाती है। ऐसा लगता है जैसे उसका संघर्ष अब शुरू हुआ है, और यह संघर्ष उसे पागलपन तक ले जाकर दिल्ली की सड़कों में भटकाने

के लिए मजबूर कर देता है। यहाँ पर ऐसा लगता है, जैसे प्रमिला नहीं, बल्कि हमारी पीढ़ीगत नैतिक मान्यताएँ और हमारे संस्कार सड़क पर उतर कर अपना अधिकार माँग रहे हैं। लेकिन भीष्म जी को इन विषमताओं का बड़ा ज्ञान है। महेंद्र जिस लड़की से प्यार करता है, वह अपने डिप्टी डायरेक्टर वर्मा जी के मोहजाल में फँस जाती है और महेंद्र के लिए वहाँ भी दरवाजा बंद हो जाता है। राजेश्वर सक्सेना ने लिखा है—"कड़ियाँ उपन्यास में मध्यवर्गीय संस्कार और संवेदन का संघर्ष है, जो महेंद्र के जीवन को बदल देता है। महेंद्र सुषमा के फेर में अपनी पत्नी प्रमिला को छोड़ देता है। वह पाप-पुण्य को बकवास मानते हुए भी स्वयं को संस्कारी कहता है, अपने भीतर की हीनताओं से मुक्ति पाने के लिए परिवार के नैतिक बंधनों को तोड़ डालता है। आधुनिकता की छाप ने महेंद्र को विसंगतियों का नमूना बना दिया है। महेंद्र की भावुकता पूरे परिवार को तोड़ डालती है। महेंद्र अपनी मनोग्रंथियों के कारण स्वतः ही विडंबनापूर्ण परिस्थितियों को आमंत्रित करता है।"[80]

अंततः भीष्म जी प्रमिला रूपी भारतीय नारी के स्व की पहचान करा ही देते हैं। प्रमिला उस मोहजाल से मुक्ति पा लेती है, जो उसे महेंद्र की ओर झुकने के लिए विवश करती रहती थी। अब महेंद्र उसके लिए अतीत का वह पन्ना बन चुका था, जिसका पुस्तक में लगा रहना या न रहना कोई मायने नहीं रखता था। प्रमिला ने अपनी स्थिति पहचान ली थी। जब व्यक्ति अपनी स्थिति पहचान लेता है, तो उसे समस्या का समाधान भी मिल जाता है। प्रमिला ने अपने आपको स्वयं के पैरों पर खड़ा कर लिया था। नारी की वर्तमान परिवेश में आर्थिक निर्भरता ही सबसे बड़ी कमजोरी मानी गई है, जिसे प्रमिला ने जीत लिया था। जीवन की टूटी हुई कड़ियों को वह एकबार स्वयं जोड़ने में सफल हो गई थी। निश्चित रूप से भारतीय समाज की विसंगतियों को उजागर करने में भीष्म जी ने सफलता प्राप्त की है।

'तमस' उपन्यास का वस्तुगत विवेचन

कथासार : आले में रखे दीये ने फिर झपकी ली। ऊपर, दीवान में, छत के पास से दो ईंटें निकली हुई थीं। जब-जब वहाँ से हवा का झोंका आता, दीये की बत्ती झपक जाती और कोठरी की दीवारों पर साये से डोल जाते। थोड़ी देर बाद बत्ती अपने-आप सीधी हो जाती और उसमें से उठनेवाली धुएँ की लकीर आले को चाटती हुई फिर से ऊपर और सीधे रुख जाने लगती। नत्थू की साँस धौंकनी की तरह चल रही थी और उसे लगा जैसे उसके साँस के कारण दीये की बत्ती झपकने लगी है।

यद्यपि नत्थू सुअर मारने का काम नहीं करता था। लेकिन मुरादअली जो सालोतरी साहब का नौकर था, सालोतरी साहब को उसे एक सुअर मारकर डाक्टरी परीक्षण के लिए लाना था। मुरादअली ने इस कार्य को नत्थू को सौंप दिया और बदले में उसने उसे पाँच का कड़कता नोट भी थमा दिया। नत्थू के ऊपर मुराद अली के इतने एहसान थे कि यह काम न चाहते हुए भी मना नहीं कर सका। सुअर मारना भी कोई सरल काम नहीं था। मुरादअली ने चेतावनी भी दे दी—"इधर का इलाका मुसलमानी है। किसी मुसलमान ने देख लिया तो लोग बिगड़ेंगे। तुम भी ध्यान रखना। हमें यह काम बहुत बुरा लगता है। मगर क्या करें, साहिब का हुक्म है, कैसे मोड़

दें।"[81]

नत्थू ने सुअर को कोठरी में तो किसी तरह बंद कर दिया था, परंतु चोरी का सुअर मारना उसे काफी कष्टप्रद लग रहा था। फिर उस अलसाई रात में अपनी गदराई औरत का बदन याद करके सिहर उठता। जी में आता कि यह सब छोड़कर चला जाए और जाकर अपनी औरत को बाँहों में भर ले। मगर मुरादअली को दिया हुआ वचन उसके पाँव में बेड़ियाँ डाल देता और बार-बार पाँच का नोट उसकी आँखों के सामने झूम जाता। आखिर नत्थू ने पूरी ताकत लगा दी और सुअर को मारने में सफल हो गया।

शहर में प्रभात फेरी निकाली जाती है। जिला कांग्रेस कमेटी के सभी सदस्यों को बख्शी जी, अजीज मेहता जी, देसराज, शंकर, मास्टर रामदास, कक्कड़ इंसाने जनरैल और कश्मीरी लाल आदि को प्रभात फेरी में सम्मिलित होने हेतु प्रातः चार बजे से ही उपस्थित होने हेतु पूर्व संध्या में कह दिया जाता है। जिला कांग्रेस कमेटी के अध्यक्ष मेहता जी होते हैं और सचिव समय के पाबंद बख्शी जी। परंतु ये दोनों समय से नहीं पहुँचते। समय से पहुँचता है सिर्फ अजीज। बख्शी जो को हाथ में हरीकेन लैम्प लिए आता देखकर एक शेर गुनगुना उठता है :

'मुल्ला मियां मिशाल ची, तीनों एक समान।
लोकां तू दस्सण चाणना, आप हनो जाण।'[82]

बख्शी जी यह शेर सुनते ही शरमा जाते हैं और देरी से पहुँचने के लिए क्षमा माँगते हैं। फिर अन्य सदस्य भी धीरे-धीरे आते दिखाई देते हैं। एक सदस्य दूसरे का पोल भी खोलता चलता है। ऐसा लगने लगता है, जैसे कांग्रेसी ऊपर से कुछ और अंदर से कुछ और हैं। मास्टर रामदास कांग्रेस कमेटी से इन्हीं कामों के लिए वेतन पाते हैं। फिर भी विलंब से पहुँचते हैं। कांग्रेस कमेटी का एक सदस्य जनरैल जो सभी सदस्यों से अलग और मुँहफट इंसान है। फटे-पुराने जूतों के छह इंच ऊपर खाकी पतलून पहनता था, फिर उसके ऊपर खाकी कोट, जिस पर गांधी और नेहरू के जितने तमगे मिल सकते थे, लगा रखा था। ऊपर खसखस दाढ़ी नुची-खुची और सबसे ऊपर मूंगिया रंग की पगड़ी। एक बूढ़ा अल्हड़ इंसान। जिसके न आगे कोई और न पीछे। किसी को कुछ भी कह देना और हफ्ते में दो-तीन बार किसी के हाथ से पिट जाना, मोहल्ले-मोहल्ले घूमना और एक-एक व्यक्ति से उसके सुख-दुख की बातें करना, कुल मिलाकर जनरैल का यह व्यक्तित्व था। वह जब भी जिला कांग्रेस कमेटी में जाता, किसी न किसी से उसकी नोकझोंक शुरू हो जाती।

कश्मीरी लाल जनरैल को छेड़ता तो जनरैल भी उसे आड़े हाथों लेते हुए ऊपर से कांग्रेसी और अंदर से कम्युनिस्ट कहकर फटकारता। अँधेरे में प्रभात की पीलिमा मिलते ही बख्शी जी ने हरीकेन लैम्प बुझा दिया। शंकर मनादीवाले को बख्शी जी का यह व्यवहार अच्छा नहीं लगा। उसने बख्शी जी को खरी-खोटी सुना दी। बख्शी जी को बुरा लगा। क्योंकि वह लैम्प बख्शी जी का स्वयं का था। इसलिए उन्होंने तपाक से कहा—"कांग्रेस से मंजूरी ले लो तो मैं इसे रात-दिन जलाए रखूँगा।"[83] शंकर भी जवाब देने में पीछे नहीं रहता। जैसे उसे मौके की ही तलाश थी। उसने भी प्रतिउत्तर में कहा—"सिंगरेटों के लिए आपको मंजूरी की जरूरत नहीं है तो मिट्टी के तेल के

लिए क्यों होगी ?"[84]

इसी तरह शंकर और मेहता जी में वाद-विवाद होता है। मेहता जी कांग्रेस कमेटी के अध्यक्ष थे। परंतु अपने पद का दुरुपयोग बीमा एजेंट के रूप में करते थे। जहाँ भी कांग्रेस के काम से जाते वहीं बीमा के लिए किसी नये मुर्गे की तलाश करते। फिर शंकर से तो उनकी पुरानी लड़ाई थी। मेहता जी ने ही लाहौर में होनेवाले कांग्रेसी सम्मेलन में शंकर का नाम सूची से काट दिया था। उस सम्मेलन में मेहता जी संबोधित करनेवाले थे। परंतु शंकर फिर भी गया। तभी से दोनों के बीच तलवारें खिंची रहतीं।

बख्शी जी परेशान थे कि प्रभात फेरी निकलने में विलंब हो रहा है। फिर भी मास्टर रामदास और देसराज नहीं आए थे क्योंकि ये दोनों गायक थे और प्रभात फेरी में कम से कम एक गायक को तो होना ही चाहिए। लेकिन कश्मीरी लाल ने जनरैल को तकरीर शुरू करने के लिए कहकर और मुसीबत पैदा कर दी। मास्टर रामदास तो गए लेकिन जनरैल की तकरीर तो खत्म ही नहीं हो रही थी। जनरैल ने किसी कदर बोलना बंद किया तो मास्टर रामदास ने गोसाईं जी का निर्णय सुनाते हुए कहा कि आज प्रभात फेरी नहीं होगी, क्योंकि इमामदीन के मोहल्ले के पीछे ढोक में गलियाँ साफ करेंगे। कश्मीरी लाल को जब पता चला कि उस गली में वर्षों का लसलसा कीच पड़ा है तो वह मुकर गया। इस पर जनरैल ने कहा कि तुम गद्दार हो। गलियाँ साफ मैं करूँगा।

भीष्म जी बारी-बारी से सभी कांग्रेसी सदस्यों की असलियत की गाँठ खोलते हैं। ओढ़ा हुआ समर्पण बहुत जल्द बेपर्दा हो जाता है। अंततोगत्वा प्रभात फेरी के स्थान पर गोसाईं जी द्वारा लिया गया सफाई अभियान का निर्णय रद्दी की टोकरी में चला जाता है और लोग धीरे-धीरे गुनगुनाते प्रभात फेरी पर निकल पड़ते हैं।

सारी रात सुअर से जूझता नत्थू जैसे ही उसके पाँव गली में पड़े, उसे बड़ा आराम महसूस हुआ। भोर हो चुका था। सुबह की दैनिक क्रिया प्रत्येक घरों में शुरू हो चुकी थी। फकीर रोज की तरह सुबह-सुबह इकतारे के साथ गा रहा था। कोई जानवरों को सानी-पानी कर रहा था तो किसी के घर से बर्तनों की आवाज आ रही थी। कुछ लोग मंदिर व गुरुद्वारे में माथा नवाने जा रहे थे।

नत्थू इमामदीन मोहल्ले के बाहर कमेटी के बड़े मैदान के किनारे-किनारे चल रहा था। यही वह मैदान था जहाँ आये दिन कुछ न कुछ होता रहता था। इतवार को कुत्तों की लड़ाई, ताराबाई और परशुराम का सरकस हुआ करता था। यहीं पर वैशाखी का ढोल बजता था और सियासी जलसे हुआ करते थे। मुस्लिम लीग, वेलना पार्टी और कांग्रेस के भी जलसे यहीं पर होते थे। नत्थू ठंडी-ठंडी रोलिंग के ऊपर बैठकर बीड़ी का कस लगाने लगा। तभी उसे ध्यान आया कि मुरादअली भी यहीं कहीं रहता है।

मुरादअली के बारे में सोच ही रहा था, तभी सामने से आठ-दस लोग गांधी टोपी पहने सामने से गुजरे। एक आदमी ने कौमी नारा लगाया 'बंदे मातरम्'। थोड़े अंतराल में दूसरी गली से पाकिस्तान का भी नारा गूँजा 'पाकिस्तान–जिंदाबाद'। नत्थू के कान में छन-छन कर आवाज आने लगी।

"कांग्रेस हिंदुओं की जमात है। इसके साथ मुसलमानों का कोई वास्ता नहीं

है।"[85]

"वह देख लो, सिक्ख भी हैं, हिंदू भी हैं, मुसलमान भी हैं। वह अजीज सामने खड़ा है, हकीम जी खड़े हैं।"[86]

"अजीज और हकीम हिंदुओं के कुत्ते हैं।[87] मौलाना आजाद क्या हिंदू हैं, या मुसलमान ?[88] मौलाना आजाद हिंदुओं का सबसे बड़ा कुत्ता है।"[89]

नत्थू समझ चुका था कि बात कुछ बिगड़ चुकी है। मुरादअली भी देख लिया तो जवाब तलवी करेगा। सुअर मारा या नहीं। सालोतरी साहब के यहाँ पहुँचा है या नहीं। इसलिए नत्थू पीछे पीठ करके उठा और गली से बाहर निकलकर सरपट भागने लगा।

रिचर्ड शहर का डिप्टी कमिश्नर है और लीजा उसकी पत्नी है। लीजा को भारत अच्छा नहीं लगता। इसलिए वह बार-बार इंग्लैंड चली जाया करती है। इस बार छह महीने के बाद लौटी है। रिचर्ड उसके मूड को बनाए रखना चाहता है। लीजा भारत की सभी चीजों से अपरिचित है। वह पिकनिक स्पॉट की जानकारी लेती है। पहाड़ की तलहटी एक अच्छा पिकनिक स्पॉट है। रिचर्ड उसे वहाँ नहीं ले जाना चाहता है। क्योंकि वहाँ हिंदू-मुस्लिमों में तनाव बना हुआ है। लीजा को आश्चर्य होता है। वह पूछती है–"मैं तो अभी तक हिंदू और मुसलमान को अलग-अलग से पहचान भी नहीं सकती। तुम पहचान लेते हो, रिचर्ड, कि आदमी हिंदू है या मुसलमान ?"[90]

रिचर्ड बहुत ही चतुर प्रशासक है। असली बात लीजा से नहीं बताता। फिर भी लीजा सब समझाती है, "बहुत चालाक नहीं बनो, रिचर्ड। मैं सब जानती हूँ। देश के नाम पर ये लोग तुम्हारे साथ लड़ते हैं और धर्म के नाम पर तुम इन्हें आपस में लड़ाते हो। क्यों ठीक है न ?"[91] रिचर्ड को अपनी पत्नी का भोलापन अच्छा लगता है। वह झुककर लीजा का गाल चूम लेता है–"डार्लिंग, हुकूमत करनेवाले यह नहीं देखते कि प्रजा में कौन-सी समानता पाई जाती है। उसकी दिलचस्पी तो यह देखने में होती है कि वे किन बातों में एक-दूसरे से अलग हैं।"[92]

लीजा जानती है कि अंग्रेज इसी नीति के बल पर हिंदुस्तान में हुकूमत कर रहे हैं। लेकिन उसे यह सब अच्छा नहीं लगता। उसका नारी हृदय संवेदनशील है। उसे भय है कि कहीं हिंदुस्तानी जनता भड़क उठी तो अकेला रिचर्ड क्या करेगा। लेकिन रिचर्ड उसे आश्वस्त करता है। उसे रिचर्ड की काबिलियत पर विश्वास है।

अंततः गोसाईं जी की बात मान ली गई और कांग्रेस कमेटी के सभी सदस्य इमामदीन मोहल्लों की नालियों की सफाई में जुट गए। सफाई अभियान समापन की ओर था, उसी समय मोहपाल ने बताया कि केलो की मस्जिद की सीढ़ी में किसी ने सुअर मार कर रख दिया है। स्थिति को भाँपते हुए बख्शी जी ने भंगियों को बुलवाकर सुअर को फेंकवाने की सलाह दी। कुछ लोग इस बात से सहमत हुए, कुछ असहमत। लेकिन बख्शी जी और जनरैल सुअर की टाँगें पकड़कर सीढ़ी से घसीटकर स्वयं सड़क के पार ले गए और ईंटों के ढेर के पीछे छिपा दिया। तभी उन लोगों ने देखा कि एक आदमी जिसके गले में तावीज लटक रही थी, चिकनी खाल वाली, बादामी रंग की गाय को गली के अंदर हाँके ले जा रहा है। उसके हाथ में गड़ासा था। यह दृश्य देखकर लोग सहम गए। बख्शी जी भी देर तक ठिठके खड़े रहे। फिर धीरे-से

बोले—"लगता है शहर पर चीलें उड़ेंगी। आसार बहुत बुरे हैं।"[93]

शहर की स्थिति सचमुच बिगड़ चुकी थी। वानप्रस्थी जी के मार्गदर्शन में चलनेवाला साप्ताहिक सत्संग 'हिंदू बचाओ' रक्षा अभियान में परिवर्तित हो गया। सारे सदस्य मंत्री जी, देवव्रत, लाला जी व दानवीर प्रधान आदि लोग इस विजय पर विचार मुग्ध थे कि अपना बचाव और मुसलमानों पर आक्रमण किस तरह किया जाए। क्योंकि यह चर्चा जोरों पर थी कि माई सत्तो की धर्मशाला के बाहर गाय के कटे अंग फेंके गए हैं और मस्जिद में हथियार इकट्ठा किए जा रहे हैं। यद्यपि अन्य लोग अभी इतना उत्तेजित नहीं हो पाए थे जितना वानप्रस्थी जी थे। कुछ लोग तेल गरम करवाकर ऊपर उँड़ेलने की सलाह दे रहे थे, तो कुछ लोग युवाओं को लाठी सिखाने की सलाह दे रहे थे। एक बुजुर्ग ऐसे भी थे जिन्होंने डिप्टी कमिश्नर से मिलने की सलाह दी और शासन के हस्तक्षेप की माँग की। परंतु यह रास्ता किसी को भी नहीं रुचा।

अखाड़ा संचालक मास्टर देवव्रत के कई शिष्य थे। उन शिष्यों में रणवीर मास्टर देवव्रत के काफी करीब था। मास्टर देवव्रत कुछ ऐसे लड़के तैयार करना चाहता था, जो किसी भी वक्त तूफानी हमला कर सकता हो। इस काम के लिए उन्होंने रणवीर को चुना। रणवीर दीक्षित तभी हो सकता था जब वह एक मुर्गे का वध करे। रणवीर कच्ची उम्र के साथ-साथ कच्चे दिल का भी था। परंतु मास्टर देवव्रत का झापड़ उसे कठोर बना देता है और वह मुर्गा हलाल करने में सफल हो जाता है। रणवीर, धर्मदेव और बोधराज जहरीले बाण और तेल गर्म करने की योजना में पूरी तरह से लग जाते हैं। रणवीर पहले से काफी दबंग हो जाता है। अब कुछ भी कर सकता है। उसे कोई भय नहीं रह गया था।

दरअसल यह विवाद डिप्टी कमिश्नर रिचर्ड के थोड़े से प्रयास से रुक सकता था। लेकिन उसने इस फसाद को रोकने के लिए कोई प्रयास किया ही नहीं। बख्शी जी, हयातबख्श और मेहता जी आदि लोगों ने अनुनय-विनय की, प्रार्थना की और सुझाव भी दिया कि आप कर्फ्यू लगा दीजिए, सेना बुला लीजिए, ऐसे बहुत से उपाय हैं जो आप कर सकते हैं। लेकिन रिचर्ड ने साफ शब्दों में यह कहकर मना कर दिया कि यह सब मेरे अधिकार क्षेत्र में नहीं है। आप लोग पंडित नेहरू और रक्षामंत्री बलदेव सिंह से मिले। इससे साफ जाहिर हो रहा था कि रिचर्ड इस फसाद के जड़ में कहीं न कहीं था और वह चाहता था कि यह विवाद बढ़े।

सुअर की चर्चा पूरे शहर में थी। नत्थू इस बात से ज्यादा परेशान था। उसे रह-रहकर यह डर सता रहा था कि कहीं यह राज खुल गया तो उसका क्या होगा। इस भय से मुक्ति पाने के लिए शराब और शबाब के आगोश में भी जाता है, लेकिन मुरादअली का अचानक रास्ते में मिलना और नत्थू से न बोलना, नत्थू अपने आपको और संदेह के घेरे में पाता है। उसके अंदर का भय बाह्य रूप में परिवर्तित हो जाता है। पत्नी का सुकोमल स्पर्श भी उसे नहीं रोक पाता। शहर में हिंदू-मुसलमान दंगा हो गया है। यह बात जब लीजा को मालूम होती है तो लीजा को अफसोस होता है, "तुम्हारे रहते फिसाद हो गया रिचर्ड।"[94] रिचर्ड हँसता है, "हम इनके धार्मिक विवादों में दखल नहीं देते।"[95] लीजा को यह अच्छा नहीं लगता। वह फिर तर्क प्रस्तुत करती है, "ये लोग आपस में लड़ें, क्या यह अच्छी बात है।"[96] रिचर्ड पुनः हँसता है, "क्या

यह अच्छी बात होगी कि ये लोग मिलकर मेरे खिलाफ लड़ें, मेरा खून करें।"[97]

शहर पूरी तरह आग की लपेट में आ गया था। लाला लक्ष्मीनारायण एक तरफ अपने बेटे रणवीर की चिंता से परेशान थे तो दूसरी तरफ अपनी पत्नी और बेटी विद्या को ढाढ़स भी बँधा रहे थे। रणवीर ऐसे माहौल में भी घर से बाहर था। ननकू लाला जी का नौकर था। लाला जी को जरा सा भी संकोच नहीं होता। पत्नी के मना करने के बावजूद ननकू को पत्र लेकर अपने समधी के पास भेजते हैं कि वह शहनवाज को भेजकर उन्हें और उनके परिवार को यहाँ से लिवा ले जाए। ननकू नौकर था। नौकर का अस्तित्व लाला जी की निगाह में कुछ नहीं था। अपने बचाव के लिए लाला जी ननकू को एक मसहरी का डंडा देते हैं।

स्थिति बद से बदतर होती जा रही थी। इधर-उधर से हिंदू और मुसलमानों के मारे जाने का समाचार जल्दी-जल्दी सुनाई पड़ने लगा था। ऐसे माहौल में भी शहनवाज जैसा व्यक्तित्व उभरता है। जब उसे मालूम चलता है कि उसके दोस्त रघुनाथ ने भय में आकर अपना पूरा मकान छोड़कर दूसरे मोहल्ले में मकान ले लिया है। शहनवाज सारी सीमाओं को तोड़ता हुआ, रघुनाथ से मिलने पहुँच जाता है और कुशलक्षेम पूछता है। अन्य औपचारिकताओं के बाद रघुनाथ की पत्नी बोलती है कि खान जी हम लोग खाली हाथ चले आए हैं। मेरे और मेरी जेठानी के जेवर का एक डिब्बा घर में पड़ा है। वह निकलवाना है। शहनवाज लाने को तैयार हो जाता है। लेकिन उसे जैसे कुछ ध्यान आता है, "और जो मैं तुम्हारा जेवर हज्म कर जाऊँ तो भाभी ?" "तुम उसे फेंक भी आओ तो मैं सी नहीं करूँगी। मैं कहूँगी तुम्हारी बला से।"[98] रघुनाथ की पत्नी इतना बोलकर चाभियों का गुच्छा उसके हाथ में धर देती है। अनास्था और अविश्वास के वातावरण में भी जाति व धर्म से ऊपर उठकर एक इंसानियत का एक ऐसा रिश्ता होता है, जिसे जोड़ना उतना कठिन नहीं होता जितना तोड़ना। शहनवाज इस रिश्ते को जीता है।

फिसाद थमता नहीं, बढ़ता जाता है। देवदत्त और उसके कम्युनिस्ट पार्टी के सदस्यों का मत था कि कांग्रेस और मुस्लिमलीग के बीच अगर सौहार्दपूर्ण चर्चा हो जाए तो स्थिति पर काबू पाया जा सकता है। देवदत्त इस ओर प्रयास करता है। हयातबख्श जो मुस्लिम लीग का मुखिया है, उसके घर बैठक होती है। बख्शी जी कांग्रेस की ओर से रहते हैं। हयातबख्श बख्शी जी से यह कहलवाना चाहता है कि कांग्रेस हिंदुओं की जमात है। बहरहाल पाकिस्तान हम लेके रहेंगे नारों के बीच देवदत्त अमन कायम करने की सहमति पत्र में हयातबख्श के भी दस्तखत करा लेता है। परंतु उसी समय मालूम चलता है कि जनरैल मारा जाता है। उसका यह नारा "यह अंग्रेजों की चाल है। वही हम लोगों को लड़ा रहा है। गांधी जी की तरह मेरी भी लाश पर पाकिस्तान बनेगा।" उसका यह नारा पूरा नहीं हो पाया था तभी उसके सिर पर लाठी आ गिरी और···।

मोहल्लों-मोहल्लों में दलबंदी हो गई है एक धर्मवाला दूसरे धर्मवाले को मार रहा है। रणवीर भी दल के सदस्यों को निर्देशन दे रहा है। गरीब इनफरोश उस दिन भी इत्र बेचने से बाज नहीं आता। आता भी कैसे ? पेट तो साथ में था। उस दिन वह अपने व्यापार के लिए निकला ही था, तभी तितली पकड़नेवाला एक इंद्र नाम का

लड़का उसके पेट में नश्तर घुसेड़ देता है।

यह सब देख-सुनकर नत्थू खुद को इस फिसाद के लिए सबसे बड़ा दोषी मानता है। वह इस बात को लेकर परेशान है कि अगर वह सुअर न मारता तो शायद ऐसी वीभत्सता देखने को न मिलती। लेकिन वह भी सोचता है कि यह जरूरी नहीं है कि यह वही सुअर हो। अगर है भी तो मुरादअली ऐसा क्यों करने चला। माना मैंने ही यह अपराध किया। लेकिन मेरा अपराध अनजाने में हुआ। यहाँ तो लोग जानबूझ कर एक बिना किसी कारण के एक-दूसरे की जान लेने में तुले हुए हैं। उसके दिल में बोझ बढ़ता जाता है। राज खुल जाने की भय से वह किसी से कहता भी नहीं। फिर भी जब बोझ उससे न सहा गया तो पत्नी से कह ही डालता है।

द्वितीय खंड : उपन्यास के द्वितीय भाग में सांप्रदायिकता शहर से गाँवों में प्रवेश कर जाती है। जब आस्था और विश्वास का संकट पैदा होता है उस वक्त आदमी कहीं अंदर तक हिल जाता है और व्यवस्था की सारी कड़ियाँ टूटकर बिखर जाती हैं। वर्षों से जिस गाँव में हरनाम सिंह अपनी पत्नी बंतो के साथ होटल का धंधा करता चला आ रहा था। माहौल को बिगड़ते देख पत्नी उसे सचेत करती है कि समय रहते गाँव छोड़ दो। परंतु हरनाम सिंह का विश्वास अडिग रहता है। उसे अपने गाँववालों पर यकीन रहता है। उनसे भी ज्यादा अपने मित्र करीम खान पर। ले-देकर एक ही सिख परिवार तो इस गाँव में है। कौन मारेगा उसे ? लेकिन जब करीमखान स्वयं आकर कह जाता है कि गाँव का कोई व्यक्ति तुम्हें भले कुछ न बोले, लेकिन बाहर से जो दंगाई आनेवाले हैं उन पर मेरा भी बस न चलेगा, यह सुनकर हरनाम सिंह के हाथ से तोते उड़ गये। सब कुछ उसी तरह अस्त-व्यस्त छोड़कर हरनाम सिंह बंतो को लेकर गाँव छोड़ देता है। अपने ही गाँव में वह परदेशी हो जाता है। उसे इस वक्त यह भी नहीं सूझता कि अपने बेटे इकबाल सिंह के पास मीरपुर चला जाए।

पूरे गाँव के सिक्ख गुरुद्वारे में इकट्ठे हो गए थे। सुरक्षा व्यवस्था पर विस्तृत चर्चा चल रही थी। जत्थेदार किशन सिंह, निहंग सिंह, बिशन सिंह, मनिहारीवाले एवं तेजा सिंह आदि सुरक्षा व्यवस्था के अलग-अलग मोर्चे पर डटे हुए थे। सिक्ख एवं मुसलमान दोनों खेमे में असले आने शुरू हो गए थे। स्थिति को बदतर होते देख सिक्खों के बीच सोहनसिंह एवं मुसलमानों के बीच मीरदाद अपनी-अपनी बिरादरी को समझा देते हैं और कहते हैं कि यह अंग्रेजों की चाल है। हम हिंदू-मुस्लिमों को मिलकर रहना चाहिए। अन्यथा बर्बादी के अलावा कुछ हाथ आनेवाला नहीं है। लेकिन धर्मांधता इतनी बढ़ चुकी होती है कि दोनों पक्षों द्वारा इन्हें नकार दिया जाता है। वे चाहकर भी इस फिसाद को रोक नहीं पाते।

अंततः हरनाम सिंह बंतो के साथ थक-हारकर जिस दरवाजे की कुंडी खटखटाता है, वह घर मुसलमान का ही निकला। सास राजो और बहू अकरां ही घर पर थी। अन्य मर्द बाहर गए थे। यद्यपि राजो ने जब उन्हें शरण दी, तब उसे इस बात का ध्यान नहीं रहा कि ये काफिर हैं। उसकी नजर में हरनाम और बंतो शरणागत ही थे। परंतु अकरां ने आपत्ति की। उसे राजो की यह उदारता अच्छी नहीं लगी। राजो उन्हें न चाहते हुए भी सुरक्षित जगह ऊपर अटारी में बैठा देती है। समय के कुछ अंतराल बाद एहसान अली एक बड़ा सा ट्रंक लेकर आता है। हरनाम सिंह उस ट्रंक को पहचान

लेता है। उसे अब पूरी तरह से विश्वास हो जाता है कि कल इन्हीं लोगों ने मेरा घर लूटा है। अच्छा हुआ जो हम लोगों ने गाँव छोड़ दिया था।

अकरां उस ट्रंक का ताला हथोड़ी से तोड़ने लगती है तो हरनाम सिंह ताकी से अपनी मुंडी बाहर निकालकर आत्मविश्वास के साथ बोलता है—"ताला क्यों तोड़ती हो बेटी, यह लो चाभी यह हमारा ही ट्रंक है। एहसान अली मैं हरनाम सिंह हूँ। तुम्हारी घरवाली ने हमें पनाह दी है। गुरु महाराज तुम्हें सलामत रखें। यह ट्रंक हमारा है। पर अब इसे तुम अपना ही समझो। अच्छा हुआ जो यह तुम्हारे हाथ लगा, किसी दूसरे के हाथ नहीं लगा।"[99]

एहसान अली की नजरें झुक गईं। फिर भी वह भला-बुरा कहकर यह चेतावनी दे देता है कि मैं तो खुदा के वास्ते कुछ नहीं कहता, लेकिन मेरा बेटा रमजान तुम्हारे साथ क्या बर्ताव करेगा, मैं कुछ नहीं जानता। क्योंकि हिंदुओं के कारनामों ने उसके हृदय में नफरत भर दी है। और हुआ भी वही। रमजान अली की भद्दी-भद्दी गालियाँ सुनकर हरनाम सिंह और बंतो के पाँव तले की जमीन खिसक गई। परंतु उन्होंने सोच ही लिया था कि अब मृत्यु के अलावा और क्या हो सकता है। राजो ने रमजान को बहुत डाँट लगाई, रमजान तो गुस्सा निगलते हुए बढ़ गया। फिर भी राजो का मन अशांत रहा। वह अर्द्धरात्रि की वेला में हरनाम सिंह और बंतो को गाँव के पार उस हद तक छोड़ने गई, जहाँ तक उसे विशेष खतरा महसूस हो रहा था।

हरनाम सिंह की बंदूक और ट्रंक में रखे जेवरातों की एक छोटी सी पोटली थमाते हुए राजो द्रवित स्वर में बोली—"एह तुसांडे संदूक विचो मिले है न। मैं कड़ढ लियायी हाँ। तुसांडे ऊपर औख्स बेला आया है। जेवल कील होये ताँ सहारा होवेगा।"[100]

इस बीच देहात की ऊबड़-खाबड़ जमीन पर एक और नाटक खेला जा रहा था। हरनाम सिंह का लड़का इकबाल सिंह लुकते-छिपते अपने माँ-बाप के पास जा ही रहा था कि उस पर लूटपाट करके लौट रहे रमजान नूरदीन और उनके साथियों की नजर पड़ ही गई। वह भागने व छिपने की कोशिश करता रहा, लेकिन वह उनकी नजरों से नहीं बच पाया। अंततः उसे मार-पीटकर इतना मजबूर कर दिया जाता है कि वह इस्लाम कबूल कर लेता है।

गाँवों में हिंदू-सिक्ख से ज्यादा मुसलमान थे। फिर भी सिक्ख युद्ध की कमान सँभाले हुए थे। घमासान युद्ध हुआ। बहुत से सरदार मारे गए। निहंग सिंह और सोहन सिंह भी मारे गए। कुछ मुसलमान भी मारे गए। दोनों लोग पस्त भी हो चुके थे। असला खत्म हो चुका था फिर भी अपनी-अपनी पोल छिपाने के लिए 'सतसिरी अकाल' और 'अल्ला हो अकबर' के नारे बुलंद हो रहे थे। चारों तरफ हाहाकार मचा था। सिक्ख स्त्रियाँ झुंड के झुंड कुएँ में कूद रही थीं। सबसे पहले जसवीर कौर कूदी थी। जब तुर्क लाशों को रौंदते हुए गुरुद्वारे में पहुँचे तो गुरुद्वारे में एक भी औरत न थी। सिर्फ कुएँ के अंदर से चीख पुकार अवश्य सुनाई पड़ रही थी।

तुर्कों की डर से एक हिंदू लड़की भागने की कोशिश करती है। लेकिन भाग नहीं पाती। दस-बारह आदमी उसे एक साथ दबोच लेते हैं। फिर बारी-बारी से लोग उससे अपना मुँह काला करते हैं। पशुता की पराकाष्ठा इस वाक्य से और स्पष्ट हो जाती है—"कसम अल्लाह पाक की जब मेरी बारी आयी तो नीचे से न हूँ, न हों।

वह हिले ही नहीं, मैंन देखा तो लड़की मरी हुई।" वह खोखली-सी हँसी हँसकर बोला–"मैं लाश से ही जना किए जा रहा था।"[101]

जब सब कुछ उजड़ चुका था, तब गाँव में रोशनी ने अपने पंख खोले थे। परंतु उस वक्त चीलें, कव्वे ढेरों के ढेरों आसमान में उड़ने लगे थे। कुएँ के ऊपर, घरों की मुँडेरों के ऊपर जगह-जगह गिद्ध मँडराने लगे थे। गलियाँ सुनसान पड़ी थीं, बिखरी लाशें उस वक्त गाँव की निःस्तब्धता को और भी गहरा बना रही थीं। हालात बदल चुके थे। बदलते हुए हालात में अंग्रेज का हवाई जहाज गाँव के ऊपर घरघराते हुए तीन बार उड़ा था। लेकिन उसका उड़ना न उड़ना किस अर्थ का। खेल तो अपने आप समाप्त हो चुका था।

रिचर्ड और लीजा का प्रसंग कथानक के बीच में स्वाभाविक रूप से चलता रहता है। कई गाँव जल चुके होते हैं। हजारों की तादाद में हिंदू-मुस्लिम मौत के घाट उतार दिए जाते हैं। जानमाल का बहुत नुकसान होता है। मोहल्लों-मोहल्लों में रिलीफ कमेटी नियुक्त की जाती है। जान-माल की हुई क्षति की ब्यौरेवार जानकारी ली जा रही होती है। इसी बीच रिचर्ड लीजा को हालात की बिगड़ी हुई तस्वीर को दिखाने के लिए घुमाने ले जाना चाहता है। "मुझे जलते गाँव की सैर कराओगे ? मैं कुछ भी नहीं चाहती, कहीं भी जाना नहीं चाहती।"[102] "तुम कैसे जीव हो रिचर्ड, ऐसे स्थानों पर भी तुम नये-नये पक्षी देख सकते हो। लार्क पक्षी की आवाज सुन सकते हो ?"[103] क्रूर रिचर्ड लीजा की इस बात को हँसी में टाल देता है। उसे उसकी यह भावना अच्छी नहीं लगती। "यह मेरा देश नहीं है। न ही ये मेरे देश के लोग हैं।"[104]

दरअसल अगर पूरे कथानक पर नजर डालें तो हम पाते हैं कि रिचर्ड का ही वह चेहरा है, जो नेपथ्य के पीछे खड़ा डोरी को कभी अपनी ओर खींच लेता है तो कभी ढीला छोड़ देता है।

अमन कमेटियों ने अपना काम शुरू कर दिया था। हरनाम सिंह अपने बेटे इकबाल सिंह के लिए परेशान था। प्रकाशो को अल्लाहरक्खा ने जबरदस्ती ब्याह लिया था। किसी का बेटा लापता हो गया था, किसी की बेटी। अमर कमेटी द्वारा जो निष्कर्ष निकाला जा रहा था, उससे इस बात का पता चल रहा था कि जान-माल का नुकसान हिंदू और मुसलमानों का लगभग बराबर हुआ था। कांग्रेस मुस्लिम लीग अब करीब आ गए थे और सियासी चाल को बखूबी समझ गए थे। फिर भी कुछ हिंदू बहुतायत मुसलमानी इलाके का अपना मकान बेचकर अपने लोगों के बीच जा रहे थे और मुसलमान हिंदुओं के मोहल्लों से निकलकर। हजार-हजार की संपत्ति पाँच सौ में जा रही थी।

कांग्रेस के बख्शी जी, मुस्लिम लीग के हयातबख्श जैसे लोग मतभेदों को भुलाकर पूरे शहर में अमन कायम करने के लिए एक-दूसरे के प्रति विश्वास पैदा करने के लिए नगर के अंदर जुलूस निकाल रहे थे। हिंदू-मुस्लिम जिंदाबाद के नारे लगाए जा रहे थे। बस में लाउडस्पीकर लगाकर जगह-जगह घुमाया जा रहा था, जिस पर कांग्रेस, कम्युनिस्ट और मुस्लिम लीग के लोग बैठे थे। मुरादअली माइक पर था। दुर्भाग्य से नत्थू मार दिया गया था। वरना आज इस एकीकरण में वह सबसे आगे रहता।

रिचर्ड और लीजा बहुत स्वस्थ दिखाई दे रहे थे। रिचर्ड इस पूरे फिसाद को लीजा

को सुनाना चाहता था, लेकिन लीजा अपने कंधे बिचका दी थी। जैसे कह रही हो, सुनाओ या न सुनाओ, अब कोई खास फर्क नहीं पड़ता।

वस्तुगत विवेचन : देश की आजादी के बाद भी अगर भारत 'अँधेरे' में है, तो यह निश्चित रूप से कहा जा सकता है कि इस देश की धरती में अभी सांप्रदायिकता का तमस छटा नहीं है। इसका जीता-जागता दृष्टांत आज भी आए दिन देखने को मिल ही जाता है। भीष्म साहनी का यह एक उपन्यास क्या ऐसे सैकड़ों उपन्यास लिखे जाएँ तो भी कम हैं। समय विस्तार की दृष्टि से यह उपन्यास मात्र (स्वतंत्रता के पूर्व) पाँच दिवसों की कहानी कहता है। परंतु कथा में जो प्रसंग, संदर्भ और निष्कर्ष उभरते हैं, उससे यह पाँच दिवस की कथा न होकर बीसवीं सदी के हिंदुस्तान के अब तक की लगभग सौ वर्ष की कथा हो जाती है। यह उपन्यास जाति-प्रेम, धर्म, संस्कृति, परंपरा, इतिहास और राजनीति जैसी संकल्पनाओं की आड़ में शिकार खेलनेवाली प्रतिगामी शक्तियों के दुःसाहस भरे जोखिमों को खुले तौर पर प्रस्तुत करती है। साथ ही, इन जोखिमों की पीठिका में छिपे दुराशयों से आगाह करती हुई यह सुझाव भी देती है कि अर्थवान संकल्पनाओं और उनमें निहित सदाशयों को जिस तत्परता और आतुरता के साथ आत्मसात् करना जरूरी है, उतना ही जरूरी है कि उन संकल्पनाओं के नकारात्मक पहलुओं में निहित अनर्थकारी मंतव्यों से खबरदार रहा जाए।

उपन्यास का प्रारंभ नत्थू चमार के एक बदरंग, कटीले और मोटे सुअर को मारने की लंबी, उबाऊ और थका देनेवाली प्रक्रिया से होता है। मुरादअली नाम का एक व्यक्ति नत्थू को पाँच का एक नोट थमाता हुआ बोलता है, "हमारे सालोतरी साहब को एक मरा हुआ सुअर चाहिए। इधर पिगरी के सुअर बहुत घूमते हैं। एक सुअर को इधर कोठरी के अंदर कर लो और उसे काट डालो।"[105] बाद में वही सुअर एक मस्जिद के द्वार पर फिंकवा दिया जाता है। यह कार्य किसके द्वारा संपन्न होता है, इसका उद्घाटन बाद में होता है। मस्जिद के सामने सुअर का शव देखकर मुसलमान उत्तेजित हो जाते हैं। उसके तत्काल बाद एक गाय काटी जाती है, जिससे हिंदू भड़क उठते हैं। संदेह, अविश्वास और असुरक्षा के भाव जोर पकड़ लेते हैं। तनाव की यह स्थिति शहर, कस्बे और गाँवों तक महामारी की तरह फैल जाती है। स्थिति संवाद-प्रतिक्रियाओं द्वारा यही दंगा एक वीभत्स और अमानवीय जन-संहार में बदल जाता है।

भीष्म साहनी ने फिरकापरस्ती, कट्टरधर्मिता और धर्मांधता आदि की मनःस्थितियों के सामाजिक संदर्भों को पर्त-दर-पर्त उघाड़ा है। हिंदू या मुसलमान इतने कट्टर हो सकते हैं, इसकी सहज रूप में कल्पना भी नहीं की जा सकती। कट्टर हिंदूवाद की बखिया उघाड़ती भीष्म जी की भाषा शैली ने उस वातावरण का सफल चित्रांकन किया है। "युवकों को तेल उबालने के लिए कड़ाही नहीं मिल रही थी। खिड़की के दासे पर तीन चाकू, एक छुरा, एक छोटी सी किरपान साथ-साथ जोड़कर रख दिए गए थे। कमरे के कोने में दस लाठियाँ रखी थीं, जिनके सिर पर पीतल की मूठ और नीली मेखें गाड़ दी गई थीं, आदि···।"[106]

भीष्म साहनी ऐसे दृश्य प्रस्तुत कर जैसे यह कहना चाह रहे हैं कि कट्टरपंथी हिंदुत्व और मुस्लिमों की घृणा का पात्र अक्सर गरीब बनता है, चाहे वह हिंदू हो या

मुसलमान। परंतु जब किसी धनाढ्य मुसलमान से उसकी मुलाकात होती है तो वह शिष्टता, शालीनता और इंसानियत का चोला पहनकर एक दोस्ताने अंदाज में हाथ बढ़ाता है। यह छद्म व्यक्तित्व ही तो कहीं हमारे बीच विवाद की जड़ तो नहीं है ? यही व्यक्तित्व तो उन लाखों लोगों की बर्बादी का कारण बनता है। धर्मांध और कट्टर हिंदूवाद पीढ़ी-दर-पीढ़ी किस प्रकार फैलता है, भीष्म जी ने इसका चित्रण भी बड़े सटीक ढंग से किया है। दीक्षा-प्रसंग का वर्णन करते हुए उपन्यासकार यह दिखाने में सफल होता है कि एक भोले-भाले युवक रणवीर को देवव्रत की दीक्षा पद्धति किस प्रकार नृशंस हत्यारा बना देती है और देखते ही देखते देवव्रत के बाद रणवीर के रूप में अपने जहरीले दाँत लिए एक और पीढ़ी तैयार हो जाती है।

इस मोर्चाबंदी का दूसरा पक्ष भी है। सिक्खों द्वारा आक्रमण की तैयारी करना। असला पिछले लंबे बरामदे में तथा ग्रंथी की कोठरी में इकट्ठा किया जा रहा था। गाँव में सात गुरु सिंहों के पास दोनाली बंदूकें थीं और पाँच बक्से कारतूसों के थे। जत्थेदार किशन सिंह सुरक्षा का प्रबंध कर रहा था।"[107] उधर मुसलमानों का जिक्र करता हुआ लेखक लिखता है। "हर छज्जेवाले शेखों के मकान में कस्बे के मुसलमान असले इकट्ठे कर रहे थे। यहाँ पर गाँव के सभी मुसलमान किसान, तेली, नानबाई अब मुजाहिद बन गए थे, काफिरों के खिलाफ जिहाद की तैयारियाँ चल रही थीं। आँखों में यहाँ भी खून उतर आया था और कुर्बानी का जज्बा दिलों में लहरें मार रहा था।"[108]

धर्मांधता कितनी अमानवीय और खतरनाक होती जा रही थी कि लोगों ने एक-दूसरे के ऊपर पूरी तरह से रक्तपात करने के लिए खुली छूट ले रखी थी। जैसे देवी चंडिका एक हाथ में खप्पर और एक हाथ में तलवार लेकर जादुई तरीके के खचाखच सर धड़ से अलग करती जा रही हो। लेकिन ऐसी बात नहीं थी कि इस रक्तपात को रोकने के लिए प्रयास नहीं किए गए। देवदत्त, सोहनसिंह और मीरदाद जो कम्युनिस्ट कार्यकर्ता थे इस ओर प्रयास करते हैं और उनकी कोशिश होती है कि सामाजिक एकता कायम हो सके। कांग्रेस के बख्शी जी भी ऐसा ही प्रयास करते हैं। परंतु स्थिति इतनी बिगड़ चुकी होती है कि सारे प्रयास विफल हो जाते हैं। ऐसी बात नहीं थी कि इनकी भावनाओं को लोग नहीं समझते। लेकिन मजहबी जुनून और सामनेवाले के आगे समझौता करना घुटने टेकने के समान समझते हैं। अंग्रेजों की चाल, कांग्रेस, लीग और कम्युनिस्ट के साथ-साथ जनता भी समझती है। तभी तो बूढ़ा करीमखान कहता है–"हाकिमों के मन की थाह पाना आम आदमी के बस की बात नहीं है। हाकिम दूर की सोचता है, उसके हर फैसले के पीछे दूरअंदेशी पाई जाती है, जो कुछ वह देखता है उसे आम इंसान नहीं देख पाता।"[109] शायद अंग्रेजों से दंगा रोकवाने के लिए किए गए प्रयास की विफलता ने बख्शी जी को यह कहने के लिए मजबूर कर दिया, "फिसाद करानेवाला भी अंग्रेज, फिसाद रोकनेवाला भी अंग्रेज, भूखों मारनेवाला भी अंग्रेज, रोटी देनेवाला भी अंग्रेज, घर से बेघर करनेवाला भी अंग्रेज, घर में बसानेवाला भी अंग्रेज, फिर बाजी ले गया अंग्रेज।"[110]

इस सबके बावजूद शहनवाज जैसे संपन्न मुसलमान और रघुनाथ जैसे संपन्न हिंदू के बीच उस वातावरण में भी दोस्ती बराबर बनी रहती है। लेकिन शहनवाज की हिंदू विरोधी घृणा रघुनाथ पर न बरस कर उसके नौकर मिल्सी पर ही बरसती है और

उस संपन्न हिंदू को अपने जेवर की चिंता तो है लेकिन उस वफादार नौकर के प्रति वह अपना कोई दायित्व नहीं समझता, जबकि उसके घर की रखवाली कर रहा है। जब शहनवाज उससे कहता है कि मिल्सी की हड्डी टूट गई है, उसे तुम्हारे पास छोड़ जाऊँ। रघुनाथ दम्पती इस सुझाव से परेशान हो जाते हैं। अंततः शहनवाज को ही स्वयं उस जिम्मेदारी को अपने सर लेना पड़ता है। घृणित स्वार्थ के इस बिंदु पर सांप्रदायिकता-ग्रस्त समाज की खोखली और स्वयंसेवी आध्यात्मिकता भी नंगी हो जाती है। साथ ही उच्च वर्गीय गठजोड़ पर आधारित पूँजीवादी समाज की समाजवाद संबंधी थोथी संकल्पना का राज भी उद्‌घाटित हो जाता है।

भीष्म साहनी इसी के समानांतर कस्बे और गाँव की ओर जब कथानक को मोड़ते हैं तो सांप्रदायिक वैषम्य की महामारी से पीड़ित हिंदू-मुस्लिम समाज के विडंबनापूर्ण यथार्थ के कई रहस्यों का उद्‌घाटन होता है। गरीब हरनाम सिंह जो चाय की दुकान करता है, और उसकी पत्नी बंतो को बेघर होना पड़ता है। सरदार तेजासिंह तुर्कों से पंथ की रक्षा के लिए गरीब सरदारों और उनके बीवी-बच्चों से कुर्बानी माँगते हैं, जिसे सहर्ष देने को तैयार हो जाते हैं। परंतु जब तुर्कों से समझौते के बदले दो लाख रुपये देने की बात आई तो तेजासिंह सभी औरतों के जेवरात उतरवाने पर आमादा हो जाते हैं, जबकि उनके पास स्वयं इतना धन रहता है कि इतनी रकम अकेले दे सकते थे। बल्कि एक सिक्ख कहता भी है—"देना चाहें तो दो लाख आप अकेले दे सकते हैं, तेजासिंह जी, आपने बड़ी माया इकट्ठी की है।"[111] किंतु तेजासिंह जी इस ओर ध्यान नहीं देते। भीष्म साहनी यहाँ पर बड़े सटीक ढंग से इस तथ्य की ओर रेखांकित करते हैं कि कट्टरपंथी मतांधता के मूल में कोई सच्चा जाति-प्रेम या समुदाय प्रेम नहीं होता, बल्कि कुछ स्वार्थों के लिए एक घालमेल पूर्ण अभिनय-मुद्रा ही उसकी नैतिकता होती है।

तमस की प्रासंगिकता यह है कि वह आजादी से पूर्व अंग्रेज हाकिमों की फूट पैदा करनेवाली चाल जो पहले विवाद को जन्म देते हैं फिर वहाँ शांति व्यवस्था बहाल करने के लिए मसीहा बनकर उभरते हैं। प्रायः अंग्रेजों ने ऐसा ही किया। विश्व के समक्ष यह बात सिद्ध करने में सदैव सफलता प्राप्त की है कि हिंदुस्तान की जनता को एक सूत्र में बाँधने के लिए हमारे सिवा कोई सक्षम नहीं है। लीजा कहती है—"मैं सब जानती हूँ। देश के नाम पर ये लोग तुम्हारे साथ लड़ते हैं, और धर्म के नाम पर तुम इन्हें आपस में लड़ाते हो।"[112] जैसे लीजा ने इस सच्चाई को सचमुच जान लिया था। रिचर्ड ही मुरादअली नाम के कारिंदे को सुअर मरवाकर मस्जिद में फिंकवाने के लिए तैयार करता है। नरसंहार के बीज बोकर स्वयं परदे के पीछे हो लेता है। जब उसकी मंशा पूरी हो जाती है तो शांतिदूत बनकर पुनः उभरकर सामने आ जाता है। फिर हवाई जहाज के गड़गड़ाने की आवाज आती है। गोरा सैनिक हाथ हिलाता हवाई जहाज में बैठा है। किशनसिंह सलूट मारे बिना नहीं रह सका। सब कुछ खोने के बाद भी उसे यही संतोष है कि गोरे सैनिक ने हवाई जहाज से उसके अभिवादन उत्तर में हाथ हिलाया जबकि मुसलमानों के अभिवादन का कोई उत्तर न देते हुए अंग्रेज ने अपना हाथ अंदर खींच लिया।"[113]

अमन कमेटी बनती है। रिलीफ कमेटी बनती है। लेकिन मनोहरलाल का यह

वाक्य कितना सार्थक जान पड़ता है, "अमन अब क्या करवाओगे। अमन तो तुम्हारे साहब ने करवा दिया। फिसाद करवाने के बाद अब अमन करवा रहा है।"[114] वही मुरादअली जो इस दंगे की जड़ में था, एक बार पुनः अमन कराने के लिए बस की अगली पंक्तिवाली सीट पर बैठा शांति-अभियान का अगुआ बना हुआ था। रिलीफ कमेटी का कार्यकर्ता अपना रजिस्टर खोले सिर्फ आँकड़ा चाहता है। किसके साथ क्या गुजरी इससे उसका कोई वास्ता नहीं है। कितने गरीब मरे, कितने अमीर, कितने हिंदू मरे, कितने मुसलमान, भला इससे उसे क्या वास्ता। परंतु जरा सोचिए और हिसाब लगाइए कि देश के भीतर बार-बार होनेवाले सांप्रदायिक दंगों में कितने गरीब मरते हैं। फिर चाहे वे हिंदू हों या मुसलमान, सिक्ख हों या कोई और, उनमें अधिकांश संख्या गरीबों की होती है। शहनवाज जैसे रईस मुसलमान, रघुनाथ जैसे खाते-पीते हिंदू और तेजासिंह जैसे मुखिया सरदार इन सारे दंगों में साफ बेदाग होकर बच जाते हैं। लेकिन क्या ये सचमुच बच जाते हैं ? क्या इनमें दाग नहीं लगता ? शायद ये भी नहीं बचते।

इतिहास की साहित्य में पुनर्रचना की आवश्यकता है, जिसे भीष्म जी ने 'तमस' में बहुत हद तक पूरा किया है। एक ओर अंग्रेज अधिकारी का निर्दय और अमानवीकृत रवैया है, जो भारतीय जनता के मानवीय अस्तित्व को भी कुछ-कुछ और कुछ नहीं के बीच कोई चीज मानता है। रिचर्ड और लीजा अपने सेक्युअल क्षणों में भारतीय खानसामे की उपस्थिति को कोई महत्त्व नहीं देते और खानसामे की यह मानवीय उपस्थिति उनके एकांत को भंग नहीं करती, जैसे खानसामा मनुष्य न हो, कोई पालतू जानवर हो, जो कमरे में उपस्थित हो गया हो। अंग्रेज हाकिम का यही दृष्टिकोण कुएँ में औरतों और बच्चों के डूब जाने की घटना को महज अपने कौतूहल का एक नया विषय मानने में प्रकट होता है। निश्चित रूप से यह कहा जा सकता है कि तमस मानवतावादी अद्यतन दर्शन की सीमाओं का अतिक्रमण कर सांप्रदायिकता की समस्या और उससे संपृक्त विचारधारात्मक संदर्भों को नए और वैज्ञानिक यथार्थवादी दृष्टिकोण के साथ व्याख्यायित करता है। जितना कुछ इस उपन्यास में वर्णित है, वह महत्त्वपूर्ण और समसामयिक है।

'बसंती' उपन्यास का वस्तुगत विवेचन

कथासार : बसंती भीष्म साहनी का एक सामाजिक उपन्यास है। जो मानवीय संबंधों के जुड़ते-टूटते रिश्तों का सूक्ष्म चित्रांकन है। बसंती उपन्यास की कथा कुछ यूँ है—

राजस्थान में सूखा पड़ने के कारण वहाँ के राज-मजदूर व मिस्त्री, धोबी, नाई, चाय-पान का धंधा करनेवाले लोगों का पलायन सीधे दिल्ली की ओर होता है और दिल्ली में आकर सड़क के किनारे खुले आसमान के नीचे अपना डेरा डालते हैं, फिर धीरे-धीरे झोंपड़ियाँ खड़ी होने लगती हैं और देखते-देखते पूरा मैदान बस्ती में बदल जाता है। ऐसा लगने लगता है कि वहाँ पर एक छोटा-सा राजस्थान आकर बस गया है। परंतु जैसे ही वहाँ पर पक्के मकान खड़े हो जाते, झोंपड़ी हट जाती। धीरे-धीरे जब रमेश नगर बनकर तैयार हो गया तो जो झोंपड़ियाँ शेष रह गई थीं, वे भी पक्की झोंपड़ियों में तब्दील हो गईं और राज-मजदूरों के नाम से बस्ती विख्यात हो चली।

उस बस्ती के इर्द-गिर्द हरियाणा, उत्तर प्रदेश, पंजाब और अन्य प्रांतों के मजदूर

भी अपनी-अपनी झोंपड़ी बनाकर रहने लगे थे। बस्ती के सारे राज-मिस्त्री, धोबी, नाई आदि एक व्यवस्थित जिंदगी जीने के आदी हो चुके थे। परंतु इस बात का खटका उन्हें बराबर सताता रहता कि बस्ती के संबंध में सरकार आखिर क्या निर्णय लेती है। क्योंकि बस्ती का निर्माण अवैध ढंग से किया गया था। जमीन सरकारी थी और उसके लिए कभी सक्षम स्वीकृति प्राप्त नहीं की गई थी और एक दिन यह आदेश सख्ती से सुना दिया गया, "तुम्हें निकलना होगा, बस्ती खड़ी नहीं रह सकती, अब बहस करने की कोई जरूरत नहीं है।"[115]

बस्ती के लोगों ने बहुत हाथ-पाँव जोड़े, लेकिन उनकी प्रार्थना पर कोई गौर नहीं किया गया। फिर भी लोगों ने उम्मीद नहीं छोड़ी। उनका भी सोचना सही था, "दस-बीस रोज की बात होती तो झोंपड़ियों में पड़े रहते। अब तो यहाँ रहते बरसों बीत गए। घर पक्का बना लिया तो क्या गुनाह किया।"[116]

बस्ती में दो-दो पीढ़ियाँ कुलाँचे भरने लगी थीं। अतः अब सभी बस्तीवाले समझ गए थे कि झोंपड़ियाँ टूटेंगी, चाहे जब टूटें। इस तरह की बातें सुनकर चौधरी अपने झोंपड़े की तरफ चला। अपनी कोठरी के पास गुजरते हुए चौधरी ने देखा उसकी अधेड़ उम्र की पत्नी रोज की तरह मैली-कुचैली बनी, कोठरी के बाहर आग जलाने के लिए चूल्हे में फूँकें मार रही है। अपने पति को पास से गुजरते देख, अपना पोपला मुँह फुलाकर बोली—"देर कर दी, आज काम पर नहीं जाओगे ?"[117] चौधरी ने चलते-चलते जवाब दिया—"इस मौसम में तेरा बाप हजामत बनवाने आएगा। ऊपर देखती नहीं, कैसी घटा छाई है ?"[118]

चौधरी नाईगिरी का काम करता था। उसके तीन बेटे और तीन बेटियाँ थीं। तीन बेटों में एक जो सबसे बड़ा था, अपने परिवार के साथ कहीं और गृहस्थी बसाए हुए था। बीचवाला राजस्थान से दिल्ली आते वक्त किसी स्टेशन पर छूट गया था। कहते हैं ट्रेन के नीचे आ जाने से उसके दोनों पैर कट गए थे, और वह वहीं भीख माँगता फिरता है। दो बेटियों का बेमेल विवाह करके उनसे मुक्ति पा ली थी, बची थी बसंती और उसका छोटा भाई रामू। रामू माँ-बाप का बहुत ही लाड़ला था, जबकि बसंत उतनी ही उपेक्षित।

बुलाकीराम एक लंगड़ा दर्जी है, जिसकी नजर बसंती पर है। चौधरी बसंती की शादी बुलाकीराम से करना चाहता है और बदले में उससे बारह सौ रुपये चाहता है। संवाद द्रष्टव्य है—(चौधरी और बुलाकीराम)

"बारह सौ होंगे। कहेगा तो आज ही उसके हाथ पीले कर दूँगा। चार सौ पेशगी अभी दे दे, पूरे एक हजार हो जाएँगे। दो सौ, लुगाई घर आ जाने पर दे देना।"[119]

"बारह सौ क्यों ? आठ सौ पर तैने जबान की थी।"[120]

"जबान दे चुका हूँ, इसीलिए कह रहा हूँ। चौदह बरस की भी नहीं है छोरी, अब चौदहवें में पैर रखा है और तेरे जैसे के हाथ में दे रहा हूँ। नहीं तो दस आदमी रोज इसके लिए पूछते हैं। अब मंजूर हो तो बोल।"[121]

बात दोनों के बीच तय हो जाती है। चौधरी शादी के लिए कपड़ों का एक जोड़ा ले कर जब अपनी कोठरी में पहुँचा तो उसकी पत्नी अभी भी बाहर गीली लकड़ियों में फूँक मार रही थी और बसंती अंदर खाट पर लेटी खर्राटे भर रही थी। चौधरी शादी

का जोड़ा अपनी पत्नी को बढ़ा दिया और बोला–"ले इसे और जल्दी से बसंती को पहना दे। दूल्हा आनेवाला है और मैं बात कर आया हूँ।" मौसम की खराबी की वजह से उसकी पत्नी ने न नुकुर किया तो चौधरी ने उसे डाँट दिया और बसंती को घूँसा मारकर जगा दिया। उसके बाद उसे नल पर मुँह धोने के लिए भेजकर बाहर आ गया।

चौधरी कोठरी से बाहर जैसे ही आया उसके कानों में कुछ अजीब किस्म की आवाज सुनाई पड़ी। तभी मनवा ने आकर बताया कि बस्ती में पुलिस की लारियाँ आ गई हैं और बस्ती तोड़ी जा रही है। यह सुनते ही चौधरी का मुँह पीला पड़ गया। देखते ही देखते औरत और मर्द अपना-अपना सामान ले-लेकर कोठरियों से बाहर निकलने लगे। चारों तरफ भगदड़ मच गई। चौधरी भी बसंती को नल की ओर आवाज देकर सामान सहेजने लगा।

बसंती ने इस दृश्य को देखा तो अपनी सहेली शामों को नल पर छोड़कर उस ओर भागी जहाँ झोंपड़ियों को नेस्तनाबूद किया जा रहा था। हर कोई अपना टीन-कनस्तर उठाए उस मूसलाधार बारिश में एक-दूसरे से टकराते-उलझते नीचे मैदान में जा रहे थे। किसी का सामान छूट रहा था तो किसी का बेटा, किसी का बाप तो किसी की माँ। उस अजीब से शोरगुल में बसंती अपने माँ-बाप की ओर जा ही रही थी तभी लंगड़ा बुलाकीराम मिल गया। परंतु बुलाकीराम को चकमा देती हुई, लारी के पास जा पहुँची जहाँ उसका सामान लद रहा था।

बस्ती के सामने रमेशनगर बसा हुआ था। रमेशनगर संभ्रांत लोगों की जगह थी। श्यामा बीबी भी रमेशनगर में रहती थी। बसंती उनके यहाँ चौका बर्तन का काम करती थी। श्यामा बीबी को कोई संतान न थी। शादी हुए भी दस-बारह बरस हो गए थे। श्यामा रूढ़िवादी विचार की भाग्यवादी महिला थी। उसके दांपत्य जीवन में एक छाया-सी मँडराने लगी थी। लेकिन गुरु महाराज की आज्ञा से "सेवा में तेरी मुक्ति है बीबी। किसी एक मनुश की सेवा कर। तेरा कष्ट दूर हो जाएगा।"[122] जब दूसरे दिन सुबह श्यामा बीबी ने दरवाजा खोला तो यही कलमुँही बसंती उधर से गुजर रही थी और श्यामा ने आगे बढ़कर उसका हाथ पकड़ लिया था। श्यामा बीबी बसंती पर इतनी मेहरबान हो गई कि बसंती की बड़ी से बड़ी गलती भी नजरअंदाज कर जाती। श्यामा बीबी को इसका फल भी प्रत्यक्ष नजर आया। उनका स्वास्थ्य ठीक रहने लगा और रोज-रोज की खिच-खिच से ऊबकर उसके सास-ससुर अपने छोटे बेटे के घर चले गए।

श्यामा बीबी कभी-कभी बसंती के व्यवहार से बहुत तंग रहती, लेकिन गुरु महाराज की आज्ञा का ध्यान आते ही सब कुछ झेल जाती। बसंती पेड़ पर चढ़ती तो चढ़ती ही जाती। श्यामा बीबी टोकती, "अगर नीचे गिर जाती तो···।"[123] "तो क्या बीबी जी···।"[124] "टाँग टूट जाती तो कुछ नहीं होता ?"[125] "भगवान जी खुश कब हुए हैं ?" बसंती ने कहा, "भगवान जी तो मेरे साथ सदा ही मुँह फुलाए रहते हैं यों !" बसंती ने गाल फुलाते हुए कहा, और कहते ही ठहाका मारकर हँसने लगी, "ऐंठकर बोलो तो नाराज, हँसो तो नाराज, पेड़ पर चढ़ो तो नाराज, नीचे उतरो तो भी नाराज···और अपने ही मजाक पर हँसने लगी।"[126]

बसंती का बाप उसे बहुत मारता था। उसका विवाह उस दर्जी बुलाकीराम से

करना चाहता था, लेकिन बसंती उसके विरोध में थी। यहाँ तक कि वह ऐसी शादी न करके चूहे मारनेवाली गोली खाकर मर जाना ज्यादा पसंद करती। वह श्यामा बीबी के संगत में आकर धीरे-धीरे आधुनिक परिवेश में ढलती जा रही थी। टी.वी. देखना, टाटा और बाई-बाई करना उसके तहजीब का अंग बनता जा रहा था।

बस्ती पूरी तरह से उजड़ चुकी थी। पुलिसवाले रमेशनगर से पाँच मील दूर खुले मैदान में बस्तीवालों को उनके सामान के साथ छोड़ आए थे। इस आश्वासन पर कि झोंपड़े बनाने की जगह दे दी जाएगी। इस आश्वासन से आश्वस्त होकर बहुत से लोग अपने बाल-बच्चों को लेकर खुले मैदान में ही पड़े रहे और आस-पास की बस्तियों में काम तलाशने लगे। युवतियाँ व स्त्रियों की टोलियाँ पैदल या टेम्पो या बस की मदद से पुनः रमेशनगर पहुँचने लगी थीं। राज-मजदूरों को छोड़कर अन्य धंधों के लोग फिर इसी ओर आ-आकर अपनी रोजी-रोटी का जुगाड़ करने लगे। बस्ती टूटने के साथ जात-बिरादरी का अंकुश भी नहीं रहा था। अहीर कपड़ों में स्त्री करने लगे थे और राजपूत जूते गाँठने और नाई के काम करने लगे थे। बस्ती टूटने के बाद उस भू-खंड को कँटीले तार से घेर दिया गया था और चौकीदार को पहरे पर बैठा दिया गया था।

अन्य लोगों की तरह बसंती के बाप चौधरी ने भी टैक्सी-स्टैंड के पास रमेशनगर को जानेवाली सड़क की पटरियों पर अपनी नाई की दुकान लगा ली थी। परंतु दुर्भाग्य यह था कि वहाँ सभी टैक्सी-ड्राइवर सिक्ख थे और एक था भी हिंदू, लेकिन कभी पैसे देकर दाढ़ी नहीं बनवाता था। उस पर पहले ही दिन मंगलू राजपूत का बेटा उसके ही बगल से अपनी भी नाई की दुकान लगा कर बैठ गया। पहले तो उसे लगा, कोई ग्राहक होगा। परंतु राज खुलने पर चौधरी ने उससे कहा–"धरती तो भैया भगवान की है, इस पर जो भी बैठे, मनाही नहीं है। पर यहाँ तो हमारी भी दो जून की रोटी का जुगाड़ नहीं हो पाता। तुम यहाँ बैठने लगोगे तो न तुम्हारे हाथ कुछ लगेगा और न हमारे।"[127] परंतु चौधरी की बात का उस पर कोई असर न हुआ। दोनों में तू-तू, मैं-मैं शुरू हो गई। चौधरी ने उसका थैला उठाकर दूर फेंक दिया। इस पर मंगलू राजपूत का बेटा बोला–"नाराज हो गए चाचा, हमारा थैला उठा दो, हम चले जाएँगे।"[128] इस पर चौधरी अकड़ा तो उस नौजवान ने उसे ही उठाकर फेंक दिया। अंततः चौधरी उसका थैला उठाकर दे देता है और नवयुवक अपना थैला लेकर चला जाता है।

चौधरी के लिए वह दिन अच्छा नहीं था। अभी राजपूत की मार खाकर अपनी पटरी में बैठा ही था कि कौआ काँव-काँव करने लगा। उसके मन में एकाएक आया, अब कौन आएगा। तभी लाठी पटपटाता लंगड़ा बुलाकीराम आता दिखाई दिया। बुलाकीराम चील-सा मँडराता उसके पास खड़ा होता हुआ बोला–"छोकरी कहाँ है ?"

दीनू और बसंती की पहचान उस वक्त हुई, जब रमेशनगर के ग्यारहवें ब्लाक में तिमंजिला घरवालों की शादी थी। शादी में बसंती को बर्तन मलने का काम मिला था और दीनू को खाना बनाने का काम मिला था। बसंती के पास लगे बर्तनों का ढेर देखकर दीनू ने कहा कि जल्दी-जल्दी हाथ चला, ऐसे काम नहीं चलेगा। इस पर बसंती ने कहा कि तू भी आकर धोले न। बसंती के कहने का अंदाज कुछ ऐसा था कि दीनू सचमुच उसके साथ बर्तन धोने बैठ गया। बसंती दीनू के बर्तन धोने की कला से बहुत प्रभावित हुई और दोनों एक-दूसरे की ओर आकर्षित होने लगे। परंतु उसके बाद दोनों के बीच मुलाकात

नहीं हो पाती। एक अंतराल सा आ जाता है। अचानक एक दिन दीनू की मुलाकात श्यामा बीबी के घर के सामने हो जाती है। दोनों इस तरह मिलते हैं, जैसे वर्षों से मिलने के लिए उतावले हों। दीनू बताता है कि वह लड़कों के हॉस्टल में नौकरी करता है और बसंती उसे बताती है कि वह श्यामा बीबी के घर में काम करती है। दीनू उसे बताता है कि उसे हॉस्टल में कमरा भी मिला है।

बसंती दीनू के साथ भाग जाने का प्रोग्राम बनाती है और एक दिन उसके साथ साइकिल पर बैठकर उसके हॉस्टल में जा पहुँचती है। हॉस्टल में औरतों के रहने के लिए अनुमति नहीं थी। इसलिए दीनू उसे लड़के के वेश में ले जाता है। दीनू उसे कमरे में छोड़कर काम पर चला जाता है। बसंती अकेली बैठी भावनाओं के ज्वार में डूबती, उतराती दीनू की राह देखती-देखती खाट पर टेक लगाए न जाने कब सो गई। बसंती की नींद तब खुली, जब कोई हाथ उसके शरीर को टटोलता हुआ स्तनों पर ठहर गया। वह हड़बड़ाकर उठी और दीनू को पाकर कुछ समय के लिए उसकी बाँहों में समा गई। उसके लिए यह अनुभव अनूठा था। परंतु उसे जैसे कुछ याद आया हो और वह अलग होकर धीमी आवाज में बोली—"ऐसा नहीं करते। भगवान जी के सामने हम दोनों खड़े होंगे। हाथ जोड़कर। सिर नवाएँगे। भगवान जी के सामने। ऐसे ब्याह करेंगे। तू मेरे माथे पर टीका लगाना, मैं तेरे माथे पर टीका लगाऊँगी, है तेरे पास भगवान की तस्वीर।"

फिल्मों में हेमामालिनी की शादी होते, बसंती ने देखा था उसे भी वह अंदाज बहुत प्यारा लगा था। बसंती उसी तरह दीनू के साथ विवाह करती है। यद्यपि यह विवाह दीनू के लिए काम-वासना के रास्ते में महज औपचारिकता थी। लेकिन बसंती के जीवन का सबसे अमूल्य क्षण था। दोनों आले में रखे भगवान की फोटो के सामने खड़े होकर विवाह सूत्र में बँध जाते हैं।

बस्ती के उजड़ते ही राजस्थानियों की पंचायत भी तार-तार हो गई थी। फिर भी आपसी सुख-दुख के बँटवारे के लिए मूलराज और बोधराज जैसे सात-आठ लोग किसी न किसी मुद्दे को लेकर बैठते रहते। इसी पंचायत में बुलाकीराम भी चौधरी के विरुद्ध शिकायत लेकर आता है। चौधरी बसंती के विवाह के लिए उससे कई बार पैसे ले चुका होता है। फिर भी बसंती की शादी उससे नहीं करता। पंचायत में बैठे लोग बुलाकी से अच्छी तरह परिचित रहते हैं। वैसे तो चौधरी उस पंचायत का नहीं था फिर भी बुलाकी को झूठा आश्वासन देकर कहा जाता है कि अगर चौधरी तेरे साथ विवाह नहीं करता तो हम लोग कोर्ट में गवाही देकर तुझे वहाँ से जिता देंगे और इस आश्वासन के बदले उससे पूरी पंचायत मिठाई खाती है। बुलाकी खुशी से फूला नहीं समाता और लाठी पटपटाता वापस लौट जाता है।

बसंती जैसी लड़की का जीवन हॉस्टल में कुछ ऐसा हो गया था, जैसे उछलते-कूदते हिरण को कठघरे में बंद कर दिया जाए। वह न गाना गा सकती थी और न तेज आवाज में बोल सकती थी। पौ फटने के पहले एक-दो बार बाहर निकल पाई थी। दीनू से जब भी वह बातें करने की कोशिश करती, मना कर देता। उसे भय था कि कहीं किसी ने आवाज सुन ली तो नौकरी चली जाएगी। लेकिन बसंती पूरे दिन चुप रहने के बाद जब रात को बातें करती तो उस वक्त दीनू कामदेव की

सवारी पर होता। जिस वक्त भी वह बसंती के करीब होता उस पर वासना का भूत सवार होता। बसंती मना भी करती थी तो जवाब में उसे "तुझे लाया किसलिए हूँ", उसे रह-रहकर ध्यान आता। मेरा बापू भी तो ऐसा ही था। माँ रात में इसीलिए बड़बड़ाती थी। इसीलिए कुतिया की तरह बच्चे जनती रही है। मुझे बड़ा गंदा लगता है। बसंती तो दीनू के पास दुल्हन बन कर आई थी। मगर दीनू की रुखाई और क्रूर हविश का व्यवहार पाकर दुखी हो जाती। वह कहती—"जिसके साथ शादी हुई है, उससे ऐसी बातें नहीं करते।" दीनू के दिल की बात जबान पर आ जाती, "तेरे साथ ब्याह किया किसने है ?" बसंती ने कहा—"भगवान के सामने सौगंध खाई थी, मेरी माँग सिंदूर से भरी थी। तथा बालों में फूल लगाए थे।" दीनू बोला, "तू मेरे पीछे पड़ गई थी, तो क्या करता। तेरी जैसे तो यहाँ रोज मिल जाती हैं। तू मेरे साथ भागने पर तुली थी। तू अपने को मेरी बीवी समझे बैठी तो बैठ।" बसंती ने पुनः तर्क किया—"तू मेरे को अपनी बीवी नहीं समझता। तू अपने को मेरा घरवाला नहीं समझता।"

अंततः दीनू राज खोल देता है कि वह शादी-शुदा है। उसकी पत्नी का नाम है रुक्मी। उसके बच्चा नहीं होता है। वह गाँव में रहती है। बसंती बहुत दुखी होती है। लेकिन जब दीनू कहता है कि उसकी जाति में दो-तीन शादियों का रिवाज है तो वह मन को मारकर उसकी पत्नी के बारे में पूछने लगती है। बसंती स्वयं उससे कहती है कि तू उसे यहाँ लिवा ला। मैं सब सिखा-पढ़ा दूँगी। उसे मन ही मन गर्व भी होता है कि वह रुक्मी से ज्यादा होशियार और समझदार है।

एक दिन हॉस्टल का दूसरा नौकर मंगलू बसंती को दीनू के कमरे में देख लेता है और उसके बाद हॉस्टल सुपरिन्टेंडेंट से शिकायत कर देता है। दीनू को नौकरी से अलग कर दिया जाता है। दीनू बसंती को लेकर अपने दोस्त बरडू की खोली में चला जाता है। अभी कुछ ही दिन गुजरे थे कि दीनू बसंती को बरडू के हाथ 300 रुपये में बेचकर अपने गाँव चला जाता है। बसंती को इस राज का पता जब चलता है, जब बरडू उस पर अपना अधिकार जताता है। बसंती उसकी खोली छोड़कर अपने जीजा के यहाँ चली जाती है। परंतु वहाँ भी इज्जत पर आँच की संभावना देखकर अन्यत्र चली जाती है। बसंती गर्भवती थी और इसके लक्षण स्पष्ट उभरने लगते हैं। परंतु दुर्भाग्य यह था कि जहाँ-जहाँ जाती है, बरडू साये की तरह उसका पीछा करता है। अंत में हारी-थकी बसंती श्यामा बीबी के घर जा पहुँचती है और उन्हें अपना सारा हाल कह सुनाती है। श्यामा बीबी उसे अपने बाप के घर वापस लौटने की सलाह देती है। लेकिन बसंती यह कहकर बाप के घर जाने से मना कर देती है कि मेरा बाप मुझे लंगड़े दर्जी के साथ ब्याह देगा। श्यामा बीबी के मस्तिष्क में बरडू का डर छाया रहता है। वह भी साफ शब्दों में शरण देने से मना कर देती है। परंतु बसंती जैसे ही अपनी खाट उठाकर चलने लगती है, श्यामा बीबी को अपने गुरु महाराज की बात याद आ जाती है। श्यामा बीबी का मन डरने लगता है और उसे वापस लौटाकर अपनी सहेली के घर व्यवस्था कर देती है।

सूरी साहब और उनकी पत्नी के बीच बसंती को लेकर विवाद होता है। श्यामा बीबी के कहने पर मिसेस सूरी ने बसंती को जगह दे दी थी। परंतु सूरी साहब इस

पक्ष में नहीं थे। फिर बसंती पकड़ी जाती है। पकड़नेवाला और कोई नहीं, उसका बाप चौधरी होता है। बसंती जाने में न-नुकुर करती है। सूरी साहब पहले तो चौधरी को डाँट-डपट करते हैं, फिर बसंती को समझाते हैं। आखिर चौधरी तेरा बाप है। बसंती मान जाती है और अपनी खाट लेकर चौधरी के साथ चली जाती है। उसके जाने के बाद सूरी साहब पत्नी से बोलते हैं—"अपनी चीजों को देख-सँभाल लिया है न ? इन लोगों का कोई भरोसा नहीं। जिस बर्तन में पीते हैं, उसी में छेद करते हैं। कहीं कुछ उठाकर चंपत न हो गई हो।"[129]

आखिर जिस चीज से डरकर बसंती दीनू के साथ भागी थी, उसके साथ वही हुआ। चौधरी 300 सौ रुपये उसके पेट के बच्चे का और 1200 रुपये उसका, कुल 1500 रुपये बुलाकीराम से लेकर उसके साथ बसंती की विदाई कर देता है। बसंती का यह सपना कि मेरे माँ-बाप के सामने से एक दिन दीनू आकर लिवा ले जाएगा, टूटकर बिखर जाता है। बुलाकी बरसों से औरत की चाहत लिए बैठा था। उसे लगता कि बसंती के लिए क्या कर दे। वैसे भी इसके पूर्व उसकी तीन-तीन बीवियाँ भाग चुकी थीं। बसंती के पैर दबाता। तलवे को चूमता। उसके बच्चे के लिए पहले से ही अच्छे-अच्छे कपड़े सिलता। बसंती के लिए घाघरा-चोली और चुनरी पहले से ही तैयार कर रखा था, उसे दिखाता, "इसे पहन कर देख बसंती।"[130] बुलाकी की खुशी देखते बनती। वह बार-बार बसंती से कहता—"अब मुझे छोड़कर मत जाना बसंती रानी। तुम्हारे बिना मैं जिंदा न रह पाऊँगा।"

बसंती मन ही मन सोचती। चलो मेरे बच्चे के लिए तो सहारा मिला, अब मैं अच्छी तरह पाल-पोस सकूँगी। अब न यहाँ बरडू का डर है और न फजूल की भाग-दौड़। उसे जिंदगी में पहली बार सुकून मिला था। मोहल्ले के लोग बुलाकी पर छींटाकशी करते—"लुगाई के साथ बैठा होगा। तुम्हें किवाड़ क्यों खोलेगा।"[131] "खोल दरवाजा दर्जी, हमारे कपड़े दे दे, नहीं तेरी यह लुगाई भी हमारे कपड़े लेकर भाग जाएगी।"[132] बुलाकी कोई जवाब नहीं देता और बसंती की सेवा में लगा रहता। बसंती के मन में भी बुलाकी के प्रति अनुराग पैदा होने लगा था। लेकिन दीनू की याद फिर भी उसे सताती रहती।

गाँव में दीनू की शादी को दस वर्ष बीत चुके थे। लेकिन उसके बच्चा नहीं होता था। गाँव में डाक्टर-वैद्य तो थे नहीं, हाँ गंडा-ताबीज करवा चुका था। दीनू का झाड़-फूँक पर विश्वास नहीं था, किंतु गाँव के पंडित जी और माँ के कहने पर दीनू रुक्मी को ज्वालामुखी के मंदिर ले गया। मंदिर में पहुँचकर जगह-जगह पैसे चढ़ाये और माथा नवाया। कुएँ में शंकर जी के दर्शन भी किए, देवी जी को एक मेमने की बलि भी चढ़ाई तथा उसके गर्म लहू का टीका माथे पर लगवाया। अनुष्ठान पूरा कराने के लिए गाँव से लाई हुई सामग्री को लेकर चौक में बैठ गया।

अनुष्ठान के दौरान पंडित ने जैसे ही हवन का भभका निकाला, उसने रुक्मी को उस धुएँ के ऊपर झुका दिया। रुक्मी छटपटा उठी। उसकी आँखें पलट गईं और चेहरा पीला पड़ गया। पंडित बोला—"छोड़ दो, देवी प्रवेश कर रही है, देवी क्रोध में है।"[133] रुक्मी बुरी तरह से व्याकुल हो उठी थी। अंत में पुजारी ने उसके मुँह में लड्डू डाला। और हवा दी, तब जाकर उसे होश आया और सचेत होकर बैठ गई। "देवी

तृप्त हुई, देवी प्रसन्न हुई", पुजारी ने कहा और दीनू से पाँच रुपया लेकर उसे प्रसाद दिया। फिर बोला—"तेरे बेटा होगा। देवी की कृपा से होगा। देवी को भोग लगाया कर, हर पंद्रहवें दिन भोग लगाया कर।"[134]

दिन गुजरने लगे और बसंती दीनू के बिना भी बुलाकी के साथ रहने की आदी हो गई थी। बसंती के लड़का हुआ था। उसका नाम पप्पू था। एक दिन बुलाकी बसंती को कुछ सामान खरीदवाने बाजार ले गया। बसंती रमेशनगर होते हुए गई। पहले तो उसकी इच्छा हुई कि वह श्यामा बीबी के घर होते हुए जाए। फिर उसका मन पलट गया। उसे लगा श्यामा बीबी मिलते ही कहेंगी, "बसंती तूने अच्छा किया जो बुलाकी के साथ ब्याह कर लिया। मारी-मारी फिरती थी उससे अच्छा तो है ही।"

बसंती को रमेशनगर भी बदला-बदला नजर आ रहा था। बसंती मन ही मन सोचती बहुत कुछ बदल गया। बसंती खरीदारी करके लौट रही थी, तभी रास्ते में अचानक दीनू टकरा गया। बसंती को लगा जैसे दीनू का मिल जाना उसके लिए अतीत, वर्तमान और भविष्य के सभी अभावों की पूर्ति हो गई है। बुलाकी आगे-आगे लाठी पटपटाता चला जा रहा था। दीनू ने जब लंगड़े के बारे में पूछा तो उसने बताया कि तेरे जाने के बाद मेरे बापू ने उससे मेरी शादी कर दी थी। परंतु यह बेटा तेरा ही है। दीनू बच्चे को पाकर बेहद खुश हुआ। दोनों की मनःस्थिति एकबार पुनः पलटी। बसंती दीनू का इशारा पाकर उसके साथ चल दी। बुलाकी ने जब देखा कि बसंती किसी गैर पुरुष के साथ पीछे लौटी जा रही है तो वह जोरों से चिल्लाया—"ओ बसंती! रुक जा ! कहाँ जा रही है ? मैं यहाँ पर हूँ।...लौट आ हरामजादी लौट आ ! अब भी मैं कह रहा हूँ।...मैं मुकदमा करूँगा। मैं छोड़ूंगा नहीं बसंती। ओ हरामजादे लौट आ। लौट आ !"[135]

बसंती ने रास्ते में उससे रुक्मी के बारे में पूछा—"उसके लड़का हुआ ?" जब दीनू ने कहा नहीं। उस वक्त उसे गर्व महसूस हुआ कि मैं उसके बेटे पप्पू की माँ हूँ। बसंती ने सारे गिले-शिकवे भुला दिए थे। पप्पू के लिए बाप मिल गया और उसके लिए दीनू। इससे बड़ी खुशी और उसे क्या चाहिए। लेकिन रास्ते में उसने पूछ ही लिया—"तूने मुझे 300 रुपये में बरडू को बेच दिया था।" दीनू ने अपनी सफाई में कहा कि मैंने उसे अपनी साइकिल बेची थी। बसंती को लगा, अब वह झूठ बोले तो मुझे मंजूर है, सच बोले तो मंजूर है। अब मुझे कोई फर्क नहीं पड़ता। फिर उसने उसकी पहली पत्नी के बारे में कहा—"तू उसे यहाँ ले आ। मैंने पहले ही कहा था। कहा था न ? उसे यहाँ ले आ। शकुंतला बीबी के भी गर्भ नहीं ठहरता था। इधर नव नंबर खोली वाली बीबी। पर मेरठ में एक औरत ने उसे दवाई दी। काली सी दवाई थी, जैसे पिसा हुआ कोयला होता है न ? वैसे ही थी और वह ठीक हो गई। सच उसे यहाँ ले आ। शादी के सोलह बरस बाद शकुंतला बीबी के यहाँ बेटा हुआ था और उसके बाद दो बच्चे और भी हुए। उसे यहाँ ले आ।"[136] दीनू बसंती से नहीं बताता कि रुक्मी यही है, लेकिन जब कोठरी का दरवाजा खुलता है और सामने जो औरत खड़ी दिखाई देती है, दीनू कहता है—"यही रुक्मी है, मेरे साथ आई है।"[137]

दीनू ने रुक्मी से बसंती के संबंध में कुछ नहीं बताया था। फिर भी उस परिवार में रुक्मी को ही ब्याहता स्त्री का दर्जा मिलता है। रुक्मी, दीनू के साथ बड़ी खाट

में लेटती थी और बसंती अपने पप्पू के साथ छोटी खाट में। फिर भी बसंती खुश थी। रुक्मी के प्रति उसका लगाव हो गया था। पूरे दिन उसे सिखाती बताती रहती। उसे इस बात का गर्व महसूस होता है कि वह रुक्मी से ज्यादा होशियार और एक बेटे की माँ है। यह तो गँवार, देहातिन है। घर में मेरा ही हुक्म चलेगा। परंतु दीनू की वजह से ऐसा नहीं हो पाता। वह बसंती पर हुक्म चलाता है और रुक्मी की बुराई करने पर उसे मारता भी है।

दरअसल दीनू तो बसंती को इसलिए रखे था, कि रुक्मी के बच्चा नहीं हुआ तो पप्पू तो है ही। पूरे घर में बसंती ही थी जो कमाती थी। वह चार-पाँच घरों में पुनः बर्तन माँजने का काम शुरू कर दी थी। दीनू चौका बर्तन का काम पसंद नहीं करता था, इसलिए दूसरा काम भी नहीं तलाशता था। वह दोनों बीवियों पर हुक्म चलाता और पूरे दिन घूमता रहता। रात होते ही दोनों बीवियों में कभी रुक्मी को तो कभी बसंती को चिचोंडता रहता। यही उसकी दिनचर्या बन गई थी।

बसंती ने परिस्थितियों से बहुत जल्दी समझौता कर लिया था। दीनू बरडू से साइकिल लेने के लिए 60 रुपये भी ले गया था। बसंती जब गृहस्थी का खर्चा चलाने में कमजोर पड़ने लगी तो घर में प्यार की जगह घुटन, ईर्ष्या और आपसी कलह ने स्थान ले लिया। बात-बात में झगड़ा होने लगा और रुक्मी की सौतिया डाह ज्यादा उभरने लगी। दीनू बसंती को मारता, गाली बकता और उलाहने देने से भी न चूकता। इससे तंग आकर बसंती झगड़ पड़ती और पप्पू को लेकर दूसरी जगह चले जाने की धमकी देती। दीनू कहता कि तू जा सकती है, किंतु पप्पू नहीं जाएगा। बसंती का गुस्सा इसी बात पर ठंडा हो जाता । उसे लगता, दीनू का व्यवहार मेरे साथ जैसा भी हो, परंतु पप्पू को तो बहुत चाहता है। मन ही मन सोचने लगती, दीनू मैं और पप्पू के अलावा इस कोठरी में कोई चौथा नहीं है। उसके सपनों का घर अस्तित्व में है, टूटा नहीं है।

कल तक बात-बात पर दीनू का मुँह जोहनेवाली बसंती, आज अपने आप ही घर की मालकिन की तरह व्यवहार करने लगी थी, जैसे उसने अपने को पहचान लिया हो, जैसे उसने यह भी समझ लिया हो कि घर टूट नहीं सकता, इसे बनाए रखने में ही कुशल है। दीनू पप्पू को बहुत चाहता है, मैं पप्पू को उससे अलग क्यों करूँ ? दीनू रुक्मी को भी नहीं छोड़ सकता। वह उसे यहाँ लाया है, तो कैसे छोड़ दे ? रुक्मी अब उसे सौत नजर नहीं आ रही थी, पर एक ऐसी औरत जो उस पर निर्भर थी, जो उसकी कमाई खाती थी। बसंती की नजर में एक संतुलन-सा आ गया था और संतुलन आते ही अपनी स्थिति पर उसकी पकड़ मजबूत हो गई थी। दबती तो वह पहले भी नहीं थी, करती भी सदा मनमानी थी। पर मानो उसने अपनी स्थिति का भेद पा लिया हो और निस्सहायता, संशय और अनिश्चय का भाव, शरद के सूखे पत्तों की तरह झर गया हो। दीनू भी अब पहले जैसी उस पर हुकूमत नहीं चला पाता था।

इसी बीच बुलाकीराम ने उसके विरुद्ध मुकदमा भी दायर कर दिया। परंतु बसंती और दीनू इस बात पर मुकदमा जीत गए कि दीनू की पहली पत्नी से कोई संतान न थी। दीनू ने भी इस बात को न्यायालय के समक्ष स्वीकार किया कि इसीलिए उसने बसंती से शादी की थी। बसंती इधर काफी दिनों से श्यामा बीबी जी के घर नहीं गई

थी। लेकिन उसने जैसे ही श्यामा बीबी की ड्योढ़ी में अपना पाँव रखा, श्यामा बीबी छूटते ही बोल उठी–"तू चोरियाँ करती फिरती है, मुझे बदनाम करती है।"[138] बसंती बहुत सफाई देती है, फिर भी श्यामा बीबी उसे चोर मानती है। अंततः बसंती कहती है–"छोटी-मोटी चोरी तो सभी करते हैं, बीबी जी, पर मैंने नहीं की।"[139] श्यामा बीबी बहुत ही कड़ी जबान में बोलती है–"पप्पू को इतने अच्छे कपड़े पहनाएगी तो कोई तुझे घर में घुसने नहीं देगा। सब तुझे चोर समझेंगे।"[140] बसंती बोलती है–"बच्चे को अच्छे कपड़े पहनाओ तो भी चोर ! अपने पैसों से खरीदकर पहनाओ तो भी चोर।"[141]

फिर भी श्यामा बीबी को बसंती ने बताया कि रुक्मी को बच्चा होनेवाला है। श्यामा बीबी ने झट से कहा कि अगर रुक्मी को बच्चा हो गया तो तुझे दीनू दो कौड़ी का नहीं पूछेगा। परंतु बसंती को इतना आत्मविश्वास रहता है कि वह जवाब में बोलती है कि घर का खर्च मेरे बल पर चलता है, और अगर ऐसा हुआ भी तो दीनू पप्पू को तो चाहता ही है। श्यामा बीबी बसंती को हर तरह से समझाती है। फिर भी बसंती का मोहभंग नहीं होता और हर बात 'तो क्या बीबी जी' कहकर उड़ा देती है।

लेकिन श्यामा बीबी की यह बात कि 'रुक्मी के बच्चा होने पर उसकी हैसियत दो कौड़ी की हो जाएगी' याद आते ही उसकी नींद हराम हो गई थी। बसंती बेचैन रहने लगी और उसका मानसिक संतुलन डगमगा गया। रुक्मी को बेटा हुआ तो बसंती की अजीब सी प्रतिक्रिया हुई। एक ओर जहाँ संतोष की लहर उठती नजर आई, वहीं दूसरी ओर घोर निराशा के बादल मँडराने लगे। रुक्मी को बसंती अब अपनी शुभचिंतक व सहेली न लगकर डायन के समान लगने लगी थी। वह अपने बच्चे को बसंती के साये से दूर रखती कि कहीं वह कुछ खिलाकर मेरे बच्चे को मार न डाले। इधर बसंती भी पप्पू को घर पर छोड़कर न जाती। उसे भी मन ही मन भय सताता रहता। स्थिति यह हो गई थी कि एक कोठरी में जैसे दो साँप लोट रहे हों। दोनों शंकित रहतीं।

श्यामा बीबी ने बसंती को मोहल्ले में बदनाम कर दिया था। बसंती ने हार्लिक्स के डिब्बे की बात कह दी थी। घड़ी की चोरी का इल्जाम भी बसंती पर था। इसी कारण चौका बर्तन के पाँच घरों में से तीन ही रह गए थे। जिससे घर की गुजर नहीं होती थी, इसलिए बसंती तंदूर लगाने का विचार बनाने लगी।

यद्यपि घर का वातावरण दूषित हो जाने की वजह से बसंती की मनःस्थिति ठीक नहीं रह पाती थी। ऐसी स्थिति में उसे लगता जैसे रुक्मी के बच्चे की आँख टेढ़ी हो रही है, उसकी साँस ऊपर-नीचे हो रही है। चमड़ी नीली पड़कर ऐंठ रही है और वह चिल्लाने लगती कि बच्चे को क्या हो गया है, देखो। एक दिन रुक्मी के बच्चे को सचमुच दस्त लगने लगा। बच्चे को परेशान देखकर रुक्मी बसंती को गाली बकने लगी। डायन ने मेरे बच्चे को कुछ कर दिया। उसने जरूर कुछ खिला दिया है। आखिर बसंती से न रहा गया और आधी रात बीत जाने के बावजूद, उसने रुक्मी के बच्चे को उठाया और डाक्टर की डिस्पेंसरी की ओर दौड़ लगा दी। इस पर रुक्मी चिल्ला-चिल्लाकर कहने लगी। वह डायन मेरे बच्चे को मार डालेगी। दीनू भी बसंती को चिल्लाता रहा। बंसती लौट आ। परंतु बसंती तभी लौटी, जब उसने बच्चे को डाक्टर को दिखा यह नहीं मालूम कर लिया कि बच्चे को दस्त के अलावा और कुछ

नहीं हुआ है।

बसंती जब बच्चे को लेकर लौट रही थी तो उसे लगा जैसे दुःस्वप्न टूट गया है और हर चीज सुहावनी लगने लगी है। उसने महसूस किया कि रुक्मी के लड़के की साँस समतल और बड़ी धीमी चलने लगी है। उसने बच्चे को रुक्मी के हाथ में सौंप दिया और स्वयं अपने पैसे से दवा लेने चली गई।

बसंती की भीगी-भीगी ममता जो एकबार फूटी तो फिर थम नहीं पाई। उसी में उसका सारा द्वेष, घृणा और ईर्ष्या बह गई। उसके जीवन में एकबार पुनः स्थिरता आ गई थी। बसंती ने अपनी मेहनत से सामान जुटाकर रोटी बनाने का तंदूर लगा लिया। दीनू और रुक्मी भी उसी तंदूर में काम करने लगे। गृहस्थी फिर पहले की तरह चलने लगी थी।

परंतु बसंती का तंदूर नहीं चल पाता। उसके जीवन में एकबार फिर काले बादल मँडराने लगते हैं। रुक्मी की नजर में ईर्ष्या और अविश्वास झलकने लगा था और दीनू पहले जैसे ही कड़वा बोलने लगा था। बसंती को लगा था कि फिर कोई संकट आनेवाला है। बसंती जिस बात से घबड़ाती थी, आखिर वही हुआ। एक दिन रुक्मी और दीनू सामान बाँधकर गाँव जाने की तैयारी करने लगे। बसंती उसे छोड़ने बस स्टॉप तक गई। दीनू को गए जब कई दिन हो गए तो मन ही मन सोचने लगी। दीनू तो कह गया था कि रुक्मी और बच्चे को छोड़कर वह जल्दी लौट आएगा, लेकिन जब दीनू जल्दी नहीं लौटा तो उसे लगने लगा कि अब दीनू नहीं लौटेगा। आता भी क्यों ? अब उसे बसंती और पप्पू की भी जरूरत नहीं रही। परंतु बसंती में अब पहलेवाली बात नहीं थी। वह सोचने लगी। चला गया तो जाए। मैं अपना तंदूर कायम रखूँगी, कोठरी है ही और अपना व पप्पू का पेट चलाऊँगी। अपनी माँ को भी यहाँ बुला लूँगी। इन्हीं खयालों में उलझी बसंती चली जा रही थी कि पटरी पर बैठनेवालों को पुलिस द्वारा भगाए जाने का शोरगुल सुनाई पड़ा। बसंती देखती रही, सारे बाजार में भगदड़ मच गई थी। पटरी के खोमचेवाले, नाई, धोबी, मोची, ठेलेवालों को खदेड़ा जा रहा था। इन्हीं में बसंती का बाप चौधरी भी था, जो अपने सामान के लिए पुलिस लारी के पीछे भाग रहा था। उसी के पीछे-पीछे बसंती की माँ भी भाग रही थी।

उसी समय बसंती को भी अपने तंदूर का खयाल आया। बसंती उसी ओर चल पड़ी। लेकिन बसंती के पहुँचने के पहले ही उसका भी तंदूर मलवे में बदल चुका था और सारा सामान पुलिस उठाकर ले गई। बाजार का शोर सुनकर श्यामा बीबी भी उस तरफ चली आई और बसंती को देखकर पूछने लगी कि दीनू और रुक्मी कहाँ है ? बसंती ने बताया कि वे लोग अपने बच्चे के साथ गाँव चले गए। यह सुनकर श्यामा बीबी कहने लगी, ''बसंती दीनू अच्छा आदमी नहीं है। वह तुझे बर्बाद करके छोड़ेगा।'' बसंती फिर भी सहज भाव से बोली–''तो क्या बीबी जी।'' श्यामा बोली–''मैंने पहले ही कहा था, इस जमीन पर तंदूर मत लगाना। अब पुलिस ने तोड़ डाला कि नहीं।'' बसंती फीकी मुस्कराहट के साथ पप्पू को गोद में लिए पिछली सड़क की ओर चल दी। श्यामा बीबी के पूछने पर बोली–''बापू का थैला पुलिस उठा ले गई है, वह लारी के पीछे रोता भाग रहा था। माँ भी रोती भाग

रही थी। मैं उनकी ही तरफ जा रही हूँ।" यह कहकर बसंती चल दी।

वस्तुगत विवेचन : भीष्म साहनी की उपन्यास यात्रा में 'बसंती' का क्रम चौथा है। बसंती पिछले तीन उपन्यास झरोखे, कड़ियाँ, तमस से भिन्न है। बल्कि यह कहा जाए कि इन उपन्यासों के विकास की अगली महत्त्वपूर्ण कड़ी बसंती है। बसंती उपन्यास के माध्यम से भीष्म जी ने अपने दृष्टिकोण और कलात्मक कौशल के प्रति एक नया विश्वास पैदा किया है।

बसंती की कथावस्तु दिल्ली महानगर की झोंपड़पट्टी से ली गई है। बसंती ही पहला उपन्यास है, जिसमें भीष्म साहनी ने जमीन से जुड़ी आम जिंदगी जिसे निम्न वर्ग या सर्वहारा कहा जाता है, उसके जीवन को अपना कथा-परिवेश बनाया है। इन मटमैले जनों के धूसर जीवन को उसी अनोखे रंग में उनकी स्वाभाविक सादगी के साथ उभारा है। जिनकी जिंदगी शहरी बनावटी चमकीली और भड़कीली जिंदगी से बिल्कुल अलग है। जिसकी अपनी पृथक् पहचान है। भीष्म साहनी ने जिन निम्न वर्गीय समुदाय के जीवन को बसंती में चित्रित किया है, वे सूखा, भुखमरी, महामारी, बेरोजगारी से तंग पंजाब, उत्तरप्रदेश, हरियाणा और राजस्थान के भागे हुए मजदूर थे। दिल्ली में रोजी-रोटी कमाने के लिए आ बसे थे। ये मजदूर असंगठित थे और इनकी पिछली दो पीढ़ियाँ इसी शहर में गुजर गई थीं।

दिल्ली की ही एक सड़क के किनारे छोटा-सा राजस्थान, पंजाब और हरियाणा बसा था। गारे-अधकचरी झोंपड़ियों के बीच जिसमें शामिल थे, राज-मज़दूर, धोबी, नाई, चाय-पान और तरह-तरह के लोग जो तरह-तरह के काम करते थे। जब रमेशनगर बना था, तब बस्ती नहीं तोड़ी गई थी, क्योंकि यह बस्ती उससे दूर बसी थी। लेकिन ये झोंपड़े फिर भी नहीं बचते। बड़ी निर्ममता से इन्हें तोड़ डाला जाता। जिन झोंपड़ों को तैयार करने के लिए बस्तीवालों की पीढ़ियाँ लग गईं, पुलिसवालों ने उन्हीं के आदमियों से उसकी सूरत ही बदल दी। "बसंती के लिए पहचानना मुश्किल हो रहा था कि कौन-सी कोठरी किसकी थी···। दीवाल पर नीले रंग के दो सुंदर बड़े-बड़े मोर बने हुए थे। यह विशु की कोठरी थी। उसकी ही दीवार पर नाचते मोर बने हुए थे, नहीं तो और लोगों की दीवारों पर कहीं घोड़ा तो कहीं हाथी के चित्र थे।"[142] भीष्म साहनी यहाँ पर बसंती की आँखों से पूँजीवाद के विस्तार और विकास की निर्मम कहानी जो मेहनतकशों के बार-बार बस कर उजड़ने की त्रासदी से भरपूर है, चित्रांकित करते हैं। यह कितनी बड़ी विडंबना है कि आदमी को अपना ही घोंसला अपने ही हाथों उजाड़ना पड़ता है। एक औरत की आवाज जैसे पूरे जनमानस को हिला देती है—"अपनी ही बस्ती के घर तोड़ रहा है, हरामजादे ! सारी सरम बेच खायी है। तुझे कोढ़ पड़े।"[143] लेकिन वह जानता है कि इस झोंपड़ी के साथ हमारी नियति क्या है ? इसलिए उसी अंदाज में कहता है—"सरकार तो इन्हें तोड़ेगी ही ? हम अपनी मजदूरी ही क्यों छोड़ें। हम नहीं तोड़ेंगे तो कोई दूसरा तोड़ेगा ही।"[144] उपन्यासकार की टिप्पणी भी कितनी सटीक है—"जितना जल्दी हो सके शुरू के तीस-चालीस घरों को तोड़ डालना जरूरी था, ताकि बस्ती रहने के लिए नकारा हो जाए और लोग यहाँ से निकल जाएँ, बस्ती खाली कर दें।"[145]

भीष्म साहनी यहाँ पर बड़े खुले तौर पर पूँजीवादी व्यवस्था की कलई खोलते

हैं। इस व्यवस्था में श्रमिक पहले वस्तु बनता है, अर्थात् दूसरों की शर्तों पर अपना श्रम बेचने के लिए मजबूर होता है, और फिर अपने श्रम और उपकरणों के प्रति अजनबीपन का शिकार होता है, जिन्हें कभी इस्तेमाल किया था, और फिर समूचे घर-बार और परिवेश के प्रति भी पराया हो जाता है। सरकार जो कभी इन्हीं की मदद से अपने खंभे मजबूत किया करती थी, आज उन्हें ही कमजोर करने के लिए थोड़ा भी संकोच नहीं कर रही है। इस तरह निजी परायापन व्यापक स्तर पर सामाजिक परायापन में बदल गया। लोग एक-दूसरे के लिए अजनबी हो गए। यह विरोधाभास और द्वंद्व एक ही वर्ग के बीच है। इस विरोधाभास को तीव्र करने के लिए भीष्म जी उजड़ते हुए मेहनतकशों की ढहती हुई बस्ती के ठीक पड़ोस में बसने वाले संभ्रांत मध्यवर्गीय लोगों को ला खड़ा करते हैं, जिसे रमेशनगर कहते हैं। सड़क के पार रमेशनगर में रहनेवाले बहुत-से बाबू लोग आकर खड़े हो गए थे। बसंती बहुत-से लोगों को पहचानती थी, कुछेक के घरों में काम भी कर चुकी थी। इसी बस्ती के लोग रमेशनगर वासियों के यहाँ काम करते थे, परंतु एक भी व्यक्ति उनके दुख में संवेदना जताने नहीं आता, बल्कि उल्टे उन्हें ही कोसता है।

अकेली बस्ती ही नहीं खड़ी थी। शादी-ब्याह होते थे। पंचायत लगती थी। यद्यपि नई पीढ़ी के लिए उस पंचायत का कोई अर्थ नहीं रह गया था। पुरानी पीढ़ी के कम ही लोग थे जो इस पंचायत पर विश्वास करते थे। आखिर क्या करते। यह पंचायत उस बस्ती को भी नहीं बचा सकी तो क्या बचा पाएगी। मतिराम की यह बात भी–"यह तो हम भी जानते हैं कि कुछ नहीं कर सकते। पर मिल बैठते तो हैं अपने दुख-सुख की बात तो करते हैं।" बेमानी हो जाती है, जब चौदह साल की बसंती का विवाह साठ साल के बूढ़े बुलाकी के साथ होने के प्रस्ताव के खिलाफ पंचायत कुछ नहीं बोलती, बल्कि उल्टे बुलाकी से मिठाई खाने की कोशिश करती है।

हरियाणा का अहीर चौधरी नौवा अपनी 14 वर्ष की बेटी बसंती को लंगड़े दर्जी 60 साल के बुलाकीराम के हाथ बेचना चाहता है, जिसे वह ब्याह करना कहता है। यहाँ पर भीष्म जी सामंतवादी, रूढ़िवादी मूल्यों पर उँगली रखने से नहीं चूकते। बसंती नई पौध थी जिसे दिल्ली की हवा लग चुकी थी। लिपस्टिक लगाना, फोटो खिंचवाना, टेलीविजन देखना और फिल्मी गाने सुननेवाली लड़कियों में एक बसंती भला बूढ़े बुलाकी से क्यों शादी करने चली। फिल्में देखकर उसके अंदर रूढ़ियों के खिलाफ विद्रोह फूट निकला, साथ ही अल्हड़ प्रेम की कोमल कल्पनाओं की भी नई-नई भावनाएँ जड़ जमाने लगीं।

भीष्म साहनी शायद ऐसे पहले लेखक हैं, जिन्होंने सस्ती भावुकता और पूँजीवादी संस्कृति के फूहड़ प्रचार के बावजूद फिल्मों की सार्थकता बसंती के किरदार में पैदा कर दी है। यह फिल्मों का ही असर था कि बसंती बूढ़े बुलाकी से ब्याह न कर अपने प्रेमी दीनू के साथ भाग जाती है। वह सामाजिक विद्रोह की चिंगारी फूँक देती है। श्यामा बीबी से कहती है–"हमारा बापू बेटियाँ बेचता है।" वह श्यामा बीबी से यह भी बताती है कि उसका बाप बड़ी बेटी को आठ सौ रुपये में किसी बूढ़े के हाथ बेच दिया था। लेकिन बसंती चुनौती देती है। "करके तो देखे, बीबी जी, मैं उसे करने ही नहीं दूँगी। मैं फिर से चूहे मारनेवाली गोलियाँ खा लूँगी।"[146]

बसंती पर फिल्मी अंदाज पूरी तरह से छाया था। दीनू के साथ भागती हुई बसंती सरदार के वेश में थी। जब उसने दीनू के साथ विवाह किया था तो बिल्कुल फिल्मी अंदाज में। आले में भगवान की तस्वीर रखकर। उस वक्त उसने स्वयं को फिल्म की नायिका और दीनू को नायक माना। पुरुष की सामंती प्रवृत्ति और पूँजीवादी शोषण के खिलाफ उसका यह विद्रोह था। नरेटर के रूप में लेखक ने बहुत अच्छी बात लिखी है, "फिल्म की अभिनेत्री और बसंती में अंतर यही था कि फिल्मों की अभिनेत्री का साहस झूठा होता है और उसका जोखिम झूठा होता है, जबकि अपने को अभिनेत्री मानकर व्यवहार करनेवाली बसंती का साहस सच्चा था, और उसका जोखिम भी सच्चा था, जिसके पीछे अनेक खतरे मँडरा रहे थे।"[147] यद्यपि दीनू के लिए तो यह मात्र उसके शरीर तक पहुँचने का आधार था। उसने कह भी दिया कि मैंने दूसरी शादी नहीं की है। तू मेरे साथ भाग आई है।[148] परंतु बसंती ने तो इसे मन से स्वीकार किया था। वह तो ब्याह ही मानती थी। दीनू की लंपटता और उसकी आँखों में उतर आए शैतान की असलियत तब वह नहीं समझ सकी थी, जबकि दीनू शादी-शुदा था और उसकी पत्नी गाँव में रहती थी। लेकिन बसंती जिस भविष्य की कल्पना करने लगी थी, उसमें दीनू का स्थान उसने ठीक ढंग से नहीं आँका था।[149] बसंती जिस बूढ़े बुलाकी की वजह से दीनू के साथ भागी थी, नियति ने उसे पुनः उसी के आगोश में आने के लिए मजबूर कर दिया। "मैं कहूँ बसंती रानी आएगी, एक दिन जरूर आएगी।"[150] दीनू तीन सौ रुपये में बसंती को बरडू के हाथ बेचकर गाँव भाग गया था। तब बसंती गर्भवती थी। बसंती की निश्छलता यहाँ तक थी कि वह दीनू से कहती थी, "मैं सब काम कर लूँगी। उसे सब काम सिखा दूँगी। तू उसे यहाँ ले आ।" परंतु दीनू का अमानवीय व्यवहार सारी पुरुष जाति को लाकर कठघरे में खड़ा कर देता है।

भीष्म साहनी ने कथा-साहित्य को बसंती के रूप में एक उदात्त, ममतामयी, संघर्षशील और शक्तिशाली चरित्र प्रदान किया है जो हिंदी साहित्य और कला जगत् में प्रायः दुर्लभ ही नजर आता है। बसंती बड़ी से बड़ी मुसीबतों को 'तो क्या बीबीजी' कहकर ऐसा टाल जाती है, जैसे कुछ हुआ ही न हो। लेकिन जब उसके अंदर की सहनशक्ति का विस्फोट होता है तो वह तनकर खड़ी हो जाती है और भरपूर चोट करती है। "बड़ा आया बेचनेवाला। मेरे पेट में अपना बच्चा देखकर मुझे बेचने चला था, हरामी, बेशर्म, बदजात।"[151] दीनू उसे धमकाता है तो वह गरजती है, "मैं तेरी आँखें खींच लूँगी, तू समझता क्या है ? लगा तो हाथ मुझे ?"[152]

बसंती उपन्यास में सर्वहारा वर्ग के अलावा मध्यवर्गीय चरित्र भी आते हैं, जो अपने छद्‌म और भावनाशून्य हृदयहीनता के कारण निम्नवर्गीय चरित्रों को उभारने में बेहतर ढंग से मदद करते हैं। भीष्म जी ने इन चरित्रों को बड़ी बारीकी से उभारा है। उनमें से एक है श्यामा बीबी, जिनके यहाँ बसंती काम करती थी। श्यामा बीबी की सहानुभूति बसंती के प्रति इसलिए कतई नहीं थी, कि बसंती एक गरीब और असहाय थी, बल्कि गुरुमहाराज के दिए हुए आदेश का प्रतिफल था। "किसी एक मनुश की सेवा कर जो सबसे पहले उसके सामने पड़े।" बसंती ही श्यामा बीबी को प्रातः दरवाजा खोलते दिखी थी। बसंती को एक सहारा मिल गया और श्यामा पुण्य कमा रही थी। भीष्म जी की बारीक निगाहों का कौशल देखिए कि श्यामा के सास-ससुर उसके बाद

अपना बोरिया बिस्तर बाँधकर चलते बने थे और श्यामा बीबी का विश्वास अटल हो गया था। लेकिन जब गर्भवती बसंती श्यामा बीबी के घर शरण माँगने पहुँचती है तो श्यामा की पाखंड की एक परत और खुल जाती है। बसंती जिसे सहज स्नेह और आत्मीयता समझती थी, वह तो दरअसल धर्मभीरु और पाखंड ही था। उसे अपने घर में नहीं, सूरी दंपती की खोली में शरण दिलाती है। लेकिन जिस सूरी साहब ने अपनी बीवी से सिर्फ इसलिए झगड़ा किया था कि वह आवारा है, उसे घर में एकपल नहीं रुकने दो वही सूरी साहब बसंती के बाप के सामने नैतिकता की बातें करने लगते हैं, "इसकी हालत देखते हो ? क्या इस हालत में हम इसे घर से निकाल देते ? हम इंसान हैं या कसाई ?" भीष्म साहनी ने यहाँ पर मध्यवर्गीय चरित्र का खोखलापन दिखाया है। आदमी क्या सचमुच इतना पाखंडी होता है कि उसके सामने गिरगिट भी फीका पड़ जाता है।

बसंती इन विसंगत परिस्थितियों से परिचित है। लेकिन वह अपनी स्थिति समझ चुकी होती है। उपन्यास का एक दिलचस्प पात्र बुलाकीराम है। वह जितना दिलचस्प पात्र है, उतना ही जटिल भी है। भीष्म साहनी बुलाकीराम के माध्यम से इस बात को स्पष्ट करते हैं कि पुरुष के अंदर लाख कमजोरी हो फिर भी उसके मन में नारी की चाहत बराबर बनी रहती है। बुलाकी के लिए नारी की उपस्थिति ही काफी थी। बसंती का एहसास उसे रोमांचित कर देता है। परंतु बसंती हो या कोई और नारी उसे तो पूरा पुरुष चाहिए, जिससे उसकी शारीरिक भूख शांत हो सके। फिर भी बसंती को गर्भवती स्थिति में भी खरीदता है। लेकिन मौका मिलते ही बसंती पुनः दीनू के पास लौट आती है। दीनू जैसे बसंती की सौहार्दता और ममतामयी स्वरूप को पहचान लेता है। शायद इसीलिए अपनी पत्नी रुक्मी सहित उस पर अमरबेल की तरह आश्रित हो जाता है। जोंक की तरह उसे चूसता है। जब रुक्मी के बच्चे का बाप बन जाता है, तो एक दिन बसंती और उसके बेटे को मझधार में छोड़कर पुनः अपने गाँव चला जाता है।

बसंती का चरित्र एक केंद्रीय चरित्र है। सारे पात्र उसी के इर्द-गिर्द चक्कर लगाते हैं। सभी की छवि उसी के स्वच्छ आईने में देखी जा सकती है। "बसंती जिसे अपने हाथ की कमाई पर नाज है, और जो खुद किसी पर कभी आश्रित नहीं रही, बल्कि घरों में चौका बर्तन करके स्वयं दूसरों को पालनेवाली औरत है। सारे सामंती और पूँजीवादी मूल्यों और संस्कारों पर बेरहमी और साहस के साथ प्रहार करती है। मर्द और औरत के रिश्तों और परिवार तथा सांप्रदायिक जीवन के शोषण और तमाम दमनकारी शक्तियों को बसंती जैसी दृढ़ता के साथ चुनौती देती है, वह हिंदुस्तान में एक सर्वथा नई औरत की उभरती शक्ल है—सारे पतनशील सामाजिक संबंधों और आर्थिक दासता के बंधनों को तोड़ती हुई बराबरी के दावेदार के रूप में। लेकिन इस चट्टानी दृढ़ता के नीचे बसंती एक निहायत कोमल और अपनी जड़ों तक मानवीय चरित्र भी है, जिसकी सभी खूबियों का भीष्म जी ने अपनी पूरी कलात्मक सामर्थ्य और सर्जनात्मक प्रतिभा के साथ सफल चित्रांकन किया है।"[153] अगर ऊपरी तौर से देखा जाए तो बसंती हारी हुई पात्र है, परंतु बसंती हारकर भी जीती हुई है। उसने उस जाति के एकाधिकार को तोड़ा है, जो वर्षों से नारी के ऊपर अपना सर्वाधिकार सुरक्षित

समझता था। बसंती आनेवाली पीढ़ी के लिए एक प्रेरणा है और पुरुष सामंती वर्ग के लिए चेतावनी। निश्चित रूप से बसंती उपन्यास भीष्मजी की एक सफल कृति है।

'मैयादास की माड़ी' उपन्यास का वस्तुगत विवेचन

कथासार : 'मैयादास की माड़ी' उस कालखंड की कहानी कहता है जब पंजाब की धरती पर सिक्ख-अमलदारी के पाँव उखड़ रहे थे और ब्रिटिश हुकूमत अपनी जड़ें गहरे तक फैलाती जा रही थी। भारतीय इतिहास के इस अहम बदलाव को भीष्म जी ने एक कस्बाई कथा-भूमि पर चित्रित किया है। कथासार कुछ इस प्रकार है। कहानी फ्लैश बैक शैली में चलती है।

माड़ी का मालिक दीवान धनपत राय बूढ़ा हो चला था। लेकिन कस्बे में अपने सनकी स्वभाव के लिए ज्यादा मशहूर था। दीवान की बिरादरी में यही एक आदमी था जो आज भी पीले रंग का अंगरखा पहनता था और सिर पर केसरी रंग की पगड़ी, जबकि अंगरखे का चलन कस्बे में अंग्रेजी की अमलदारी कायम होने के साथ खत्म हो गया था औरे केसरी रंग की पगड़ी केवल ब्याह-शादी में ही पहनी जाती थी। माड़ी के बारह चबूतरे के ऊपर आराम कुर्सी पर बैठा धनपत राय पुरोहित रामदास से बतिया रहा था। बीच-बीच में हुक्का भी गुड़गुड़ा लेता। एक जमाना वह भी था, जब इस कस्बे में उससे हर कोई ठिठोली किया करता था। वह पीला अंगरखा पहने छोटे से मरियल टट्टू पर सवार आँखों में सुरमें की लकीर खींचे और कानों में बालियाँ लटकाए, कस्बे की गलियों में घूमता था तो लोग तरह-तरह के नाम डाल रखे थे। चाचा सनकी दीवान, दुमकटा दीवान आदि।

हर पाँचवें-दसवें दिन वह दाढ़ी-मूँछों पर मेंहदी लगाकर इसी चबूतरे पर बैठ जाता, राह जाते लोग झुक-झुककर 'जयराम जी की', 'पा लागूँ दीवान जी' कहते हुए बगल से निकल जाते। पुरोहित रामदास ने लेखराज के आने की बात सुनाकर दीवान धनपत के कान खड़े कर देता है। लेकिन धनपत को लगा कि अब लेखराज कस्बे में आए या न आए, इससे कोई फर्क नहीं पड़ने वाला। पुरोहित दीवान धनपत से मिलने के बाद जैसे की माड़ी से बाहर आया, पहले तो भा सुद्धी मिली, फिर जैसे ही आगे बढ़ा फाटक के बाहर माड़ी के लड़को के दोस्त यार टकरा गए। लड़को ने जी भरकर पुरोहित का मजाक उड़ाया। पुरोहित बड़ी मुश्किलों के बाद उन मनचलों से छुटकारा पाकर कस्बा घूमते हुए सीधे हरनारायण के घर जा पहुँचा।

हरनारायण दीवानों की पंक्ति का ही एक दीवान था। आजकल फाँका मस्ती के दिन काट रहा था। उसके साथ उसकी विधवा बेटी वीरावली और उसकी नातिन रुक्मिणी भी रहती थी। रामदास पुरोहित और हरनारायण के बीच औपचारिक वार्तालाप होने के बाद पुरोहित ने बताया कि "दीवान धनपत के बेटे कर साक मलिक मंसाराम के घर होने जा रहा है।"[154] "अच्छा ?...बड़े आदमियों के बड़े लेखे तुमने साक करवाया है पुरोहिता ?[155] हरनारायण धनपत का रिश्तेदार था और कभी धनपत के रियासत में लगान वसूल करने का करता था। परंतु कुछ समय पश्चात धनपत ने उन्हें काम से अलग कर दिया। उसके बार हरनारायण के दिन बहुत बुरे हो गए थे। किसी तरह दाल-रोटी का जुगाड़ कर अपनी विधवा बेटी के साथ रह रहा था। पुरोहित ने

लेखराज की चर्चा की तो हरनारायण ने सिर्फ सिर हिला दिया। जब उसने कहा कि धनपत आपको गेहूँ के कुछ बोरे भेजने की बात कर रहे थे। हरनारायण की मानो तंद्रा टूटी हो। ''आपको, दीवान जी ! अबकी बार अनाज का तोड़ा है। मुझसे पूछने लगे कि हरनारायण तंगी में तो नहीं रहता ? मैंने कहा—आप तो जानते हैं दीवान हरनारायण किसी के सामने अपना हाथ नहीं फैलाते। पर उनकी हालत किसी से छिपी नहीं। इस पर वह मुझे डाँटने लगे कि तुमने पहले कभी क्यों बताया···खून तो, दीवान जी कुछ भी कहो, एक ही है ना !''[156]

हरनारायण कुछ बोला नहीं बल्कि पुरोहित ही बोलता गया। पुरोहित हरनारायण की दोहती रुक्मिणी की शादी की बात की तो हरनारायण और उसकी विधवा बेटी बहुत खुश हुई। यद्यपि रुक्मिणी की उम्र अभी मात्र बारह साल की थी। फिर भी हरनारायण ने कहा—''तुम्हारी बच्ची है, रामदास तुम बिरादरी के पुरोहित हो। चार-चार पीढ़ियाँ तार ही चुके हो, तुमसे ज्यादा बच्ची का भला कौन चेत सकता है।''[157] उसके बाद पुरोहित 'राम भली करेंगे' बुदबुदाता गली में से निकल गया।

मलिक मंसाराम की बेटी का विवाह दीवान धनपत के मझले बेटे से तय हुआ था। दोनों परिवार कस्बे के जाने-माने परिवार थे। दोनों तरफ से जोरदार तैयारियाँ थीं।

शादी-ब्याह की रस्म पूरी होते ही बारात की विदाई की जा चुकी थी। घर के अंदर ईशरादेई को बड़ा खाली-खाली लगने लगा था। एक बोझिल सी महक घर के कमरों में छाई थी, कुम्हलाए फूलों की महक, मिठाइयों की महक, मेहंदी, केवड़ा और गुलाब की महक, घर की स्त्रियों के सरसराते कपड़ों, उनके साँस और शरीर की गंध। वातावरण बोझिल हो रहा था, धीरे-धीरे महक बासी होती जा रही थी और उसमें एक तरह का कसैलापन भरने लगा था। बारातियों के व्यवहार से भी नाखुश थे। बारातियों ने बहुत ऊधम किया था। लोगों को बेइज्जत किया था। लड़कीवाले भी बदले की भावना से उत्तेजित थे। परंतु तरह-तरह की विचारधारा में एक विचारधारा यह थी कि—दोनों पगगड़धारी बुजुर्गों में से एक बुजुर्ग लक्ष्मीदास देर तक सिर हिलाते रहने के बाद बोला, ''अब तो कुछ भी करने-धरने से लाभ नहीं होगा। पर एक बात गाँठ बाँध लो कि आगे से दीवानों के घर लड़की नहीं देंगे। और सब ठीक है, पर लड़की का रिश्ता नहीं करेंगे। अपने सीधे रास्ते पर आ जाएँगे।''[158] इसके बावजूद लोग बुरी तरह से भड़के हुए थे।

बारात अभी माड़ी वापस नहीं गई थी। बल्कि दीवान धनपत का इशारा पाकर बाराती दुल्हन की डोली को टीले पर ले गए। टीला वर्षों से एक पवित्र स्थान के रूप में माना जाता था। डोली जैसे ही टीले पर पहुँची, बाराती पुनः मौज-मस्ती में उतर आए। दुल्हन भी अपने सपनों में खोई रही। परंतु दीवान धनपत की इस चाल को भला कौन समझ रहा था। जब दीवान धनपत का यह संदेश—''दुल्हन अभी हमारे घर में नहीं गई है। घर में पहुँचेगी तो हमारी होगी। इसे वापिस ले जाओ।''[159] सुनकर सभी सकते में आ गए। किसी ने दीवान धनपत को जाकर यह बता दिया कि समधी लोगों ने अब भविष्य में आपकी माड़ी में कोई भी लड़की न देने का निर्णय लिया है। बस दीवान धनपत को मौका मिल गया। उसने अपने पुरोहित से साफ शब्दों में कह

दिया। जब तक एक लड़की की शादी हमारे दूसरे लड़के से समधी लोग नहीं करेंगे, दुल्हन यहाँ से नहीं जाएगी। दुल्हन की डोली लौटा दी गई। लड़की का चाचा और मामा भी डोली के साथ लौटे। इन लोगों ने बहुत समझाया। परंतु सब बेकार। धनपत पर किसी का कोई असर नहीं हुआ। बाराती लोग दुल्हन की डोली लौटते ही लोकनीति के अनुसार दवे यानी साँड को घूँसे मार-मारकर बेदम करने का खेल खेलने लगे।

शाम हो रही थी। कस्बे के इतिहास में एक और पन्ना खुलने जा रहा था। बारात पुनः सज-धज रही थी। शहनाई भी बजने लगी थी। ईशरादेई को अभी तक यह रहस्य नहीं मालूम चल पाया था कि उसकी बेटी की डोली पुनः उसी दरवाजे पर लौट रही थी, जिसे उसने सम्मान से विदा की थी। रामजवाया जो दोनों तरफ का रिश्तेदार था, मिठाई लेने के बहाने ईशरादेई के पास आया था। लेकिन इसकी सूचना सबसे पहले हरनारायण की बेटी रुक्मिणी लाई थी। "चाची, चाची डोली आ रही है।"[160] कल रात की भाँति इस समय भी वह हरे रंग की चुन्नी ओढ़े हुए थी, और मुँह में पान ठूँस रखा था। कल रात बारात के समय यह लड़की, अपनी छोटी-छोटी शरारतों से सभी का मन बहलाती रही थी। ईशरादेई पर जैसे गाज गिर पड़ी हो। यह गाज सिर्फ ईशरादेई पर नहीं बल्कि पूरे परिवार और रिश्तेदारों पर भी थी। लखमीदास, लक्ष्मीदास, मलिक मंसाराम आदि सभी परेशान थे। पहले तो सभी लक्ष्मीदास पर नाराज हुए कि किसने यह मनहूस खबर समधी को दी। फिर मंसाराम पुरोहित के ऊपर बिगड़ उठे—"समधियों को किसने बताया है कि हमने दीवानों के घर लड़की न देने की बात की है ? साफ-साफ बता ब्राह्मण, नहीं तो तिल-तिलकर मरेगा, नरकों में जाएगा।"[161]

यह बताया किसने वाली बात गौण हो गई और ईशरादेई ने साफ शब्दों में पूछ लिया कि समधी जी चाहते क्या हैं ? पुरोहित दोनों हाथों की उंगलियों को नचाता हुआ बोला—"मलकाणी जी, समधियों ने कहा है कि आज ही के लगन में दूसरा विवाह भी हो जाए।" ईशरादेई तुरंत इस बात के लिए तैयार हो गई। उन्होंने स्पष्ट कह दिया, आखिर जब एक लड़की दे चुकी हूँ तो दूसरी लड़की देने में क्या हर्ज है। घरवालों ने इस बात का विरोध भी किया। परंतु ईशरादेई एक न मानी। लेकिन जब बात दूल्हे की आई कि दूल्हा कौन होगा। किसे लड़की देनी होगी, तो पूरे परिवार में यह बात चिंतनीय हो गई। क्योंकि दबी जबान में यह बात निकलने लगी कि दूल्हा दीवान धनपत का बड़ा बेटा कल्ले होगा। कल्ला पागल था, जिसका इलाज भी चल रहा था। वह मन ही मन सोचने लगी—अगर वह अपने रोगी बेटे के लिए हमारी ही दूसरी बेटी माँग रहा है, उसके पति को नीचा दिखाने के लिए—तो हम क्या करेंगे ? या तो पहले को भी घर में बिठाएँ और या दूसरी को भी कुएँ में फेंकें ? यह मैं क्या कर बैठी हूँ ?

फिर भी विवाह होना तय हो चुका था। पुनः बारातियों की टोली सजने लगी थी। ईशरादेई और मलिक मंसाराम रो-धोकर पुनः बारातियों की तैयारियों में जुट गए थे।

इस बार धनपत पूरी तरह से झुक गया था। स्वयं मलिक मंसाराम के गले मिला था। कुंदनलाल उसी तरह पैसे की रेजगारी बारातियों की ओर उछालने लगा था। दूल्हे के सर पर बहुत बड़ा सेहरा बाँधा गया था। फिर भी लोगों ने पहचान लिया था कि यह दीवान धनपत का बड़ा बेटा कल्ला है। बाराती उसी तरह उछलकूद कर रहे थे।

लेकिन इस बार कोई लड़की दूल्हे के पास नहीं जा रही थी। शादी का मुहूर्त निकला जा रहा था। पुरोहित बार-बार चिल्ला रहा था। सायत निकल जाने में सचमुच गिन-चुने क्षण ही रह गए थे, जब पुरोहित रामदास सहसा अपने आसन से उठा, कदम बढ़ाता हुआ मंडप के बाहर निकला और झट-से आगे बढ़कर एक खेलती बच्ची को, जो कुछेक सहेलियों के साथ मंडप के किनारे खड़ी विवाह का कौतुक देखे जा रही थी, झपटकर उठा लाया और मंडप में लाकर खारों पर बिठा दिया, और उसी क्षण आसन पर बैठाकर विवाह के मंत्र पढ़ने लगा।

इस तरह दीवान धनपत के रोगी बेटे का विवाह, हरनारायण की विधवा बेटी वीरावली की बारह-तेरह बरस की पुत्री रुक्मणी के साथ संपन्न हुआ, जो कस्बे के इतिहास में दसियों साल तक चर्चा का विषय बना रहा। हर कोई दीवान धनपत को दोष दे रहा था। हरनारायण की बेटी वीरावली तो रामदास पुरोहित को गुस्से में यहाँ तक कह डाली—"इससे कहो जी, चला जाए, यहाँ से। इस द्वार पर इसका साया भी नहीं पड़े। जिसने मेरी बेटी को कुँए में झोंका है, वह तिल-तिलकर मरे, उसे बावले कुत्ते काटे, उसे फनियर साँप डस-डस जाए।"[162] परंतु पुरोहित उसे और उसके बाप को समझाता रहा कि यह रुक्मो का भाग्य है, जो उस माड़ी में ले गई। अच्छे-अच्छे तरसते हैं। यदि ईशरादेई को चक्कर न आता तो रुक्मो क्यों मंडप पर बैठाई जाती। उस वक्त तो उसकी छोटी बेटी ही आती। इस संदर्भ में कोई कुछ कहता, तो कोई कुछ। परंतु यह बात सत्य थी कि धनपत ने अपना स्वार्थ बड़े तरीके से हल कर लिया था।

ईशरादेई की बेटी जब ससुराल से लौटकर आई तो उसकी माँ ने पूरे माड़ी की जानकारी उसी से ली। परंतु उसकी बांत पर यह बात स्पष्ट हो गई थी कि वह रुक्मो को अच्छी नजर से नहीं देखती। रुक्मणी के लिए माड़ी के अंदर घूमना किसी शहर की गलियों में घूमने जैसा था। एक गलियारा दूसरे में खुलता, जैसे एक गली, दूसरी गली में खुलती है, और जगह-जगह कोई-न-कोई अद्‌भुत चीज देखने को मिलती। पहले कुछ दिनों तक तो उसकी समझ में नहीं आया कि वह कहाँ पहुँच गई है। माँ की याद भी बहुत सताती रही। पर फिर बाल-सुलभ कुतूहल के सामने उसकी घबड़ाहट दूर होने लगी। दो अँधेरी कोठरियोंवाले बालिश्त-भर घर में से आई रुक्मो को माड़ी की विशालता ने पहले तो अभिभूत कर दिया, पर फिर उसका कोना-कोना देखने के लिए वह उत्सुक होने लगी। चकित हिरनी की सी कुतूहल-भरी बड़ी-बड़ी आँखों से हर कोने में झाँकती फिर रही थी। उसे यह भी नहीं पता था कि उसका पति पागल है। जब बारात मलिक मंसाराम के दरवाजे पर पहुँची थी, तब यही रुक्मो अपने चंचल स्वभाव से सबका मन मोह रही थी। उसे क्या मालूम था कि दूसरे दिन बारात पुनः आएगी और मुझे डोली में बिठाकर ले जाएगी। माड़ी का एक टहलुआ रुक्मो को माड़ी की एक-एक चीज के बारे में बता रहा था। वैसे अपने नाना से वह पूरी कहानी पहले सुन चुकी थी। टहलुआ और लाला की बात में उसे साम्यता दिखाई पड़ रही थी। जिन-जिन लोगों के नाम टहलुआ ले रहा था, रुक्मो को सभी नाम परिचित से लग रहे थे। टहलुआ बता रहा था कि यह तस्वीर बड़े मालिक की है। यह जो आजकल बड़े दीवान जी हैं ना, उनके ताऊ जी की तस्वीर है। "सब वक्त-वक्त की बात है

बीबी, पहले तो यही माड़ी के मालिक थे। इन्हीं के पिता ने माड़ी बनवाई थी। तस्वीर में देखो यह जो पोस्तीन पहने हैं ना, यह काबुल की है। ऐसी पोस्तीन काबुल में पहनते हैं। बड़े मालिक काबुल में ऊँचे ओहदे पर बहुत दिन तक रहे थे। लाहौर दरबार ने भेजा था। हम उन्हीं की नौकरी पर यहाँ आए थे।"[163]

रुक्मो की बड़ी-बड़ी आँखें टहलुवे के चेहरे पर लगी थीं। कुतूहल, उत्सुकता, आश्चर्य सभी कुछ उसकी आँखों में था। टहलुआ कैसा आदमी है। ऐसा आदमी उसने पहले कभी नहीं देखा था। उसके घर में भी और माड़ी में भी चुप्पी छाई रहती थी, पर यहाँ तो यह आदमी गा रहा है, नाच रहा है। कल्ला रुक्मो की ओर देखकर दहलीज पर खड़ा मंद-मंद मुस्करा रहा था।

द्वितीय खंड : माड़ी की पिछली कहानी अतीत के धुँधलके में खोई हुई है। कस्बे में तरह-तरह की कहानियाँ भी माड़ी को लेकर प्रचलित हैं। जैसे-जैसे अमलदारी गई माड़ी के अंदर बसनेवालों का भाग्य बदलता गया, वैसे ही माड़ी की स्थिति और रूप-सज्जा भी बदलती गई। कहते हैं माड़ी की नींव दीवान मथरादास ने रखी थी। उन दिनों माड़ी एक साधारण-सा एकमंजिला पुश्तैनी घर था। कारदार सरकारी अधिकारी हुआ करता था। जमीन-जायदाद के झगड़े निपटाता था। मथरादास कारदार थे। कस्बे में उनकी अच्छी साख थी। जब इलाके में सूखा पड़ा था और लगता था कि सूखा दुर्भिक्ष का रूप ग्रहण कर लेगा तो दीवान मथरादास ने अपना बहुत सा धन लगाकर कुछ माँग-माँगकर बाहर से अनाज खरीदकर कस्बेवालों को राहत पहुँचायी थी। तभी उसकी पत्नी ने भी मन्नत मानी थी कि यदि दुर्भिक्ष टल गया तो वह जन-कल्याण के लिए घर की पुश्तैनी हवेली की खुली जमीन में एक ताल बनवाएगी। पर कहते हैं कि तभी कोई महामारी फूटी थी और उसी में दीवान मथरादास परलोक सिधार गया था। मथरादास के बाद उसका बेटा मैयादास माड़ी का मालिक बना था। उसने अपने पिता के नक्शे-कदम में चलकर कुछ ही दिनों में काफी अच्छी लोकप्रियता प्राप्त कर ली थी। मैयादास भी काबुल में ऊँचे पद पर नियुक्त किया गया था। यह पद उसकी ईमानदारी के लिए दिया गया था। इस सबके कारण मैयादास को कस्बे के बड़े दीवान की उपाधि दी जाने लगी थी, बल्कि माड़ी के बढ़ते प्रभाव और हैसियत के सामने कस्बे के राजा अमीरचंद की हैसियत भी कुछ-कुछ फीकी पड़ने लगी थी।

मैयादास की पत्नी देवकी भी बड़ी नेम-धरमवाली स्त्री थी। वह भी दोनों हाथों से दान-दक्षिणा देती रहती, उसके हाथ भी सदा जुड़े रहते। इधर-उधर दान-पुण्य करती रहती। जब कभी मैयादास का ओहदा ऊँचा होता तो वह तीर्थ करने निकल जाती, कभी कटासराज कभी अमरनाथ। घर में सारा वक्त घुमक्कड़ साधुओं का ताँता लगा रहता। जब भी कभी कोई साधु-संत कस्बे में आकर टीले पर धूनी रमाता कि देवकी पालकी में बैठकर उस ओर चल देती। मंदिर-गुरुद्वारा दोनों में माथा टेकने पहुँच जाती।

समय बीतता गया। मैयादास का एक जवान बेटा था, परंतु अचानक काल का ग्रास बन गया। जिसका असर उसकी माँ पर ज्यादा पड़ा। मैयादास इस मुसीबत को झेल तो अवश्य गया, परंतु जमाने से उसका दिल टूट गया। मैयादास का एक छोटा भाई दीवान गोकुलदास था। मैयादास के प्रभाव की वजह से उसे भी काबुल दरबार में कारदार नियुक्त कर दिया गया था। गोकुलदास को लगातार तीन लड़कियाँ हुई थीं।

पुत्र की चाहत लिए गोकुलदास अक्सर तड़पा करता। इसीलिए एक दिन अपनी औरत को मारकर बेटियों सहित मायके भेज दिया और चंद्रा नाम की एक रखैल को माड़ी में ले आया। शुरू-शुरू में बड़ा विरोध हुआ। परंतु गोकुलदास ने किसी की एक न सुनी और लगभग ढाई-तीन साल तक माड़ी में रखे रहा। उस समय दीवान मैयादास काबुल में ही थे। लेकिन एक दिन न जाने क्यों गोकुलदास को क्या सूझी, गोकुलदास ने उस रखैल को इतना मारा कि अगर अचानक मैयादास न पहुँचते तो शायद जीवित न बचती। मैयादास गुस्सा होते हुए बोले थे—"गोकुलदास, हरजाई घर में बैठाओगे तो ऐसा ही होगा। अच्छा हुआ जो वक्त रहते तुम्हें अक्ल आ गई। एक न एक दिन तो तुम्हारी आँखें खुलती ही, अब शर्मसार होने की कोई जरूरत नहीं है।"[164] और रखैल उसी दिन घर छोड़कर चली गई। लेकिन मैयादास ने देख लिया था कि वह गर्भवती है। इस गर्भ का भावी परिणाम भी उसके सामने कौंध गया था।

मैयादास ने उसके बाद गोकुलदास के कहने पर माड़ी के दो भाग कर दिए थे। कुछ दिनों के बाद गोकुलदास की पहली पत्नी भी वापस लौट आई थी और उससे लेखराज नाम का लड़का भी हुआ। परंतु बीस साल बाद जब गोकुलदास की मृत्यु हो चुकी थी, उसी रखैल चंद्रा का बेटा धनपत एक दिन अचानक माड़ी में प्रकट होकर अपना हिस्सा माँग रहा था। मैयादास ने जो सोचा था, आज प्रत्यक्ष हो रहा था। मैयादास से ऊँची आवाज में बोला था—"दीवान जी, सीधे हाथ से दोगे तो भी लूँगा, और उल्टे हाथ से दोगे तो भी लूँगा। मैं माड़ी का अपना हिस्सा छोड़नेवाला नहीं हूँ। मैं भी दीवान हूँ।"[165] और एक दिन दीवान धनपत ने मैयादास के मुंशी दोहराम की बेटी मोतिया को लाकर माड़ी में भी बैठा लिया था। मैयादास इस दुष्कार्य को बर्दाश्त न कर सके थे। उन्होंने धनपत का सारा सामान माड़ी से बाहर फिंकवा दिया था और सारी कोठरियों में ताला लगवा दिया था। धनपत गंभीरता से बोला था—"कोई बात नहीं ताऊजी, फेंक दो सामान, पर मैं भी दीवान हूँ और अपना हक लेकर रहूँगा।"[166]

लेखराज उन दिनों एक छोटा-सा बालक था। दादी रोज कहानी सुनाती। पर एक शाम की याद उसके मानस पटल पर गहरे तक बैठ गई थी। कस्बे में एक सालार हाथ में भाला लिए घोड़े पर सवार आया था। उसके गले में मोतियों का हार था। लेखराज उसे देखकर मंत्र-मुग्ध हो गया था। दादी माँ से जब उसने बताया तो दादी माँ ने कहा था कि वह सालार ही है। काबुल से आया है। फिर दादी माँ ने गुरु महाराज के पंच प्यारों की कहानी भी सुनाई थी। गुरु महाराज को आतताइयों ने किस कदर मारा था। लेखराज जंग के मैदान में उस सालार की सूरत को नहीं भूल पाया था।

उसी दिन ढलती दोपहरी के बाद कस्बे में मनादी की गई थी—"खलक खुदा दाँ, हुक्म बादशाह दा, हर खास-ओ-ऊम का मतला किया जाता है कि फिरंगी के लश्कर सल्तनत-ए-खालसा की तरफ बढ़ते आ रहे हैं। कल से शीशमहल में भरती शुरू हो जाएगी।"[167] कस्बे में सभी प्रतिष्ठित लोग जिसमें मैयादास भी शामिल थे शीश-महल की ओर जा रहे थे। कस्बे का राजा अमीरचंद था, जो खालसा राज्य का प्रतीक था उसी पर लोगों का ध्यान केंद्रित होने लगा था। सभी महसूस कर रहे थे कि मुसीबत लाहौर दरबार पर नहीं, समूचे राज्य पर आई है।

मैदान में अनेक मनचले खड़े थे। बांशी, हरनारायण और रामजवाया की टोली

भी वहीं पर थी। दीवान धनपत मैदान पार करता हुआ उन्हीं की ओर बढ़ता जा रहा था। मनादी के कारण वातावरण में जो तनाव पैदा हो गया था, दीवान धनपत के सामने आ जाने पर वह तनाव ढीला पड़ने लगा था, लोग हँसने-बतियाने लगे थे।

भर्ती का कार्य जोरों से हुआ। दीवान मैयादास का भतीजा लेखराज जो बचपन में दादी के मुख से वीरता और बलिदान की कहानी सुनता आया था। उसी उत्प्रेरणा से प्रभावित होकर लेखराज भी फौज की भर्ती में अपना नाम लिखा आया था। दीवान मैयादास और बूढ़ी दादी ने भी उसे बहुत समझाया, परंतु लेखराज देश की सेवा के लिए पूरे प्राणपण से समर्पित हो गया था। अंत में दादी ने आशीर्वाद दे ही दिया—"रब्ब सुखी रखे, जाओ बेटा, जाओ। बाप-दादा का नाम रोशन करना। कस्बे का नाम रोशन करना। सूरमा बनकर आना।"[168]

जंग खत्म होने के महीनों बाद लेखराज भटकता हुआ जब थका-हारा नानाबाई की दुकान में पहुँचा, उस वक्त उसे मालूम चला कि हमारे सालार तेजसिंह और लालसिंह फिरंगियों से मिले हुए थे। इसलिए जंग के मैदान से सरक गए थे। यह चर्चा जगह-जगह थी। लेखराज को बुरा तो बहुत लग रहा था, परंतु मजबूर था।

लड़ाई खत्म हो चुकी थी। लाहौर दरबार में फिरंगियों का झंडा फहरा रहा था। कस्बे में भी मातम जैसा ही छाया था। राजा अमीरचंद शीश महल में कैदियों की तरह हो गया था। एक गली के मोड़ में बांशी अपने साथियों के साथ जमा बैठा था तभी उसकी नजर धनपत पर पड़ी। दीवान धनपत अभी भी मरियल टट्टू पर बैठा चला आ रहा था। कोई कहता—"आ गए मोतिया काले।" कोई कहता—"किला फतह हो गया दीवान जी ?" धनपत कुछ न बोला, लेकिन जैसे ही किसी ने राजा अमीरचंद की बात की, धनपत की मूँछें ऐंठ गईं। "उसे कौन मिलेगा ? उसे राजा कौन कहता है ? उसे तो लाट साहिब अपनी खच्चर पातरी में भी नहीं रखेगा।"[169]

कस्बे में एक आदमी लौटा था तो उसने सुनाया कि धनपत दो गधों पर बोरे लादे फिरंगी की छावनी की ओर जाता देखा गया है और बोरों में ऊँटों की दुमें भरी हुई थीं। सुनते ही लोग हँसी से लोट-पोट होने लगे थे। सुनने में आया कि ऊँटों का दुम काट-काटकर एक-एक दुम पर दीवान एक-एक अशरफी वसूल करता था। बात ही इतनी बेतुकी थी कि कस्बे में लौटने से पहले ही धनपत का नाम दुमकटा दीवान पड़ गया था। धनपत मरियल टट्टू पर बैठा माड़ी की ओर चला जा रहा था और उसके पीछे कस्बे की भीड़ नाचते-गाते चल रही थी। हिजड़े भी शरीक हो गए थे। लोग समझ रहे थे कि यह धनपत का मजाक उड़ाया जा रहा है, जबकि धनपत उसे अपना स्वागत जुलूस समझ रहा था।

दीवान मैयादास ने जब माड़ी के अंदर उस जुलूस को देखा तो उन्हें पहले कुछ समझ में नहीं आया, लेकिन दीवान धनपत को देखकर अंदर चले गए। दीवान मैयादास ने एक लाख अशर्फी और ढेर सारी दौलत खालसा दरबार को उधार देकर, जहाँ एक तरफ वफादारी सिद्ध की वहीं कंगाल भी हो उठे। शायद यही वजह थी कि फिरंगियों की सरकार के आते ही कस्बे में उनकी अब पहले जैसी इज्जत नहीं रही।

बेशक कुछ वर्ष तक अनिश्चय डोलता रहा था कि मुमकिन है, खालसा राज्य फिर से करवट बदले, और फिरंगी को अपनी छाती पर से उतार फेंके। जगह-जगह

झड़पें भी होती रहीं, पर फिरंगी सरकार का पंजा मजबूत ही होता गया और अंत में पंजाब पर अंग्रेजों का पूर्ण अधिकार हो गया। नये-नये कानून और नये-नये बंदोबस्त बनने लगे थे। नये-नये जिले और संभाग बनने लगे। जहाँ सब कुछ परिवर्तन की ओर था, वहाँ राजा अमीरचंद और मैयादास की स्थिति काफी चिंतनीय थी। कस्बे में अंग्रेज अफसर आ गया था। तेजसिंह, लालसिंह फिरंगी सेना में ओहदेदार हो गए थे। कस्बे में पटवारी और नायब तहसीलदार नये कानून के तहत कार्य करने लगे थे और लेखराज आज भी कस्बे में किंवदंती बना हुआ था।

कस्बे का साहिब बहादुर जमीन बाँटने की मनादी कर दिया था। पहले तो लोगों को समझ ही नहीं आ रहा था कि सनदें क्या होती हैं ? अंग्रेज सर्जेंट बड़ी मुस्तैदी से कस्बे में नजर रखे हुए था। यह हलचल देखकर एकबार पुनः राजा अमीरचंद के इर्द-गिर्द दीवान, रायजादे, मलिक आदि इकट्ठा होने लगे थे। सभी रईस, दरबारी पोशाकों में सज-धजकर आए थे। एकाएक ऐसा लगा जैसे राजा अमीरचंद की रियासत एक बार पुनः जिंदा हो उठी। "मैं तो कहीं नहीं जाऊँगा" नाटा राजा अमीरचंद तुनककर बार-बार कह रहा था, "मैं नहीं जाऊँगा। मैं क्यों जाऊँ ? मैं रियासत का बादशाह उस पिल्ले, चितरिमाटे के पास जाऊँ ? जमीन उसके बाप की है ? हमारी सल्तनत में वह जमीनें बाँटनेवाला कौन है ? पिल्ले, चितरियार वह कैसे...बाँट सकता है ?"[170] राजा अमीरचंद अभी भी अपने को ही राजा माने बैठा था। परंतु उसके दरबारियों के उसके प्रति विचार बदल रहे थे। जैसे दीवान गोविंदराय का रुख दूसरा ही था। वह मन ही मन पछताता रहा, "वह इसके पास आया ही क्यों ? अभी भी वक्त है। चुपचाप यहाँ से सरक जाऊँ, भले ही राजा कितना बबेला मचाए। यह अब कहाँ का राजा रह गया है ? इसे पूछता ही कौन है ? इसकी औकात ही क्या रह गई है।"[171]

परंतु राजा अमीरचंद का भ्रम यही था कि अंग्रेज सर्जेंट मेरे पास आएगा और मुझे सलामी देगा। मात्र मैयादास और कुछ रईस राजा के पास ही बने रहे। दीवान मैयादास कम बोलते थे, पर राजा को उत्तेजित देखकर कह रहे थे—"अगर फिरंगी को जमीनें देना है तो दस्तूर और कायदा यही कहता है कि वह खुद कस्बे के राजा के पास आए। यहीं पर आकर कस्बे के लोगों से मिले। कस्बे के रईस पाँव घसीटते उसके पास जाएँ, उसके सामने हाथ फैलाएँ कि साहिब, थोड़ी-सी जमीन हमें इनायत कर दो, यह तो सिर पर से अपनी पगड़ी उतार कर फिरंगी के पाँव पर रख देनेवाली है।"[172] हर बात मान-मर्यादा से करनी चाहिए इस बात का ज्ञान मैयादास को बहुत था।

धनपत कस्बे का पहला व्यक्ति था जो साहिब बहादुर के पास कुछ माँगने गया था। धनपत ने अपना परिचय बड़ा संक्षिप्त दिया था, "हुजूर ने मुझे किसी छावनी में देखा होगा। खादिम ने बहुत छावनियाँ छानी हैं।" और यह कहते हुए उसने हाथ बढ़ाकर अपनी पोटली खोल दी—"यही हमारे कागजात हैं हुजूर यह हमारी वफादारी का सबूत है।"[173] पोटली में ऊँटों की छोटी-छोटी दुमें, जिनके एक-एक सिरे पर काले-काले बालों का छोटा-सा गुच्छा था और पीछे सूखी बेंत की तरह अकड़ी हुई, धूसर रंग की पूँछ। साहिब बहादुर ने मन ही मन सोचा था, "तो यह है वह आदमी जो जंग के दिनों में ब्रिटिश सरकार को ऊँट सप्लाई किया करता था और मरे हुए ऊँटों की पूँछ काट-काटकर नये-नये आर्डर लिया करता था।"[174] धनपत की लाटरी

खुल गई थी। साहिब बहादुर ने उसे तीन गाँव की जागीरदारी की सनद सौंपी थी। यद्यपि कस्बे के रईस साहूकारों को भी सनदें मिली थीं। परंतु पलड़ा भारी धनपत का ही था।

मुरब्बा मिल जाने के बाद धनपत का कायाकल्प ही हो गया था। नगर भ्रमण के बाद सीधे माड़ी जा पहुँचा था और दीवान मैयादास को पायलागी कर पैसे की माँग की थी। जब मैयादास ने उससे पैसे लेने का कारण पूछा तो उसने तपाक से कहा–"माड़ी खरीदना है। दीवान मैयादास की माड़ी।"[175] मैयादास ने अपनी असमर्थता व्यक्त कर दी थी और धनपत गुस्से से चला गया था। परंतु उसके जाने के बाद मैयादास ने महसूस किया था कि कहीं वह एक सनद किसी साहूकार के यहाँ गिरवी रखकर माड़ी के लिए दावा कर दिया तो मेरा क्या होगा ? उन्होंने तुरंत एक सेवक को भेजा, परंतु धनपत बाहर जा चुका था। बाद में पता चला कि वह मनादीवालों को लेकर अपनी जागीर की ओर बढ़ गया।

कस्बे में रेलगाड़ी के प्रवेश को लेकर कई तरह की चर्चाएँ शुरू हो गई थीं। रेलगाड़ी को लेकर कइयों के मन में ढेरों कुशंकाएँ भरी हुई थीं। "जहाँ-जहाँ से रेलगाड़ी गुजरेगी, आसपास की जमीन जलकर राख हो जाएगी।" बूढ़ा लखमीदास कहता–"उसके आगे भट्टी जलती है, जो सारा वक्त दहकती, आग उगलती रहती है। पेड़-पौधे भस्म नहीं होंगे तो क्या होगा।"[176] तरह-तरह की बातें होतीं, लोग रेलगाड़ी में बैठने से परहेज करते। समाज के बुजुर्गों की अपनी अलग शिकायत थी। वे भंगी, चूड़ा-चमार के साथ गाड़ी में बैठने से अपना अपमान महसूस कर रहे थे। रेलगाड़ी के बारे में एक चर्चा और होती, कैसे चलती है ? कौन चलाता है ? कस्बे के बच्चे पहले तो सहमे-सहमे से दाँतों तले अँगुलियाँ दबाए कभी इंजन को तो कभी डिब्बों को देखते थे। फिर धीरे-धीरे सरकती गाड़ी के पास जा पहुँचते और डिब्बे में घुसने लगते। गाड़ी जहाँ रुकती, वहाँ एक लंबा चबूतरा बना होता। तभी दीवान मैयादास हाथ में पोटली लिए रेलगाड़ी की ओर आते दिखाई दिये। दीवान मैयादास इंजन में बैठा बड़ी-बड़ी मूँछवाले गोरे को फर्सीसलाम करते हुए विनय करने लगे, "हुजूर का इकबाल बना रहे। बंदा कस्बे के पुराने रईसों में से है, हुजूर के पास इंसाफ की माँग करने हाजिर हुआ है।"[177] यह सब धनपत देख रहा था। करीब आकर बोल उठा–"ताऊ जी यह फिरंगी हाकिम नहीं है। यह तो रेलगाड़ी का गार्ड है। मैं आपको असली हाकिम के पास ले चलूँगा।"[178] दीवान मैयादास ने आँख उठाकर देखा और उनका दिल धक्-से रह गया। वहीं पर रामजवाया और बांशी भी थे। बांशी को बहुत दुख हुआ। उसने ऐसी उम्मीद मैयादास से नहीं की थी। बांशी और रामजवाया बात कर ही रहे थे तभी एक लड़का दौड़ता हुआ आया और चिल्लाता हुआ बोला, "मैयादास का स्वर्गवास हो गया। दीवान मैयादास चलाणां कर गये।"[179]

मैयादास की मृत्यु के तुरंत बाद धनपत ने इस बार अपने तीन बेटे, पत्नी और एक जुलूस के साथ माड़ी में प्रवेश किया था। माड़ी में प्रवेश करते ही उसने सबसे पहले मैयादास का सारा सामान उसी जगह माड़ी के बाहर फिंकवा दिया, जहाँ कभी दीवान मैयादास ने उसका सामान फिंकवाया था। परंतु पुरोहित ने कहा–जब तक माड़ी आपके नाम न हो जाए, सामान बाहर मत फिंकवाइए। धनपत पुरोहित की बात मान

गया था। लेकिन अब उसकी भी अदालत मैयादास की तरह माड़ी में लगने लगी थी। माड़ी के बाहर किसानों की एक लंबी पाँत बैठने लगी थी। दीवार पर फिरंगियों की मलका महारानी विक्टोरिया का बड़ा चित्र टाँग दिया गया था। उसने वह सब कुछ कर दिया था जो एक दीवान की कचहरी में होना चाहिए। जब वह सिंहासन पर बैठता तो अपने आपको किसी बादशाह से कम न समझता। उसका सबसे बड़ा आलोचक बांशी उसका नौकर हो गया था। गाँवों में लगान वसूल करता था। धनपत से अगर कस्बे में कोई नहीं दबता था तो सिर्फ भागसुद्धी। पर इसके बावजूद उसके मन में लगा रहता कि कस्बेवालों ने दीवान मैयादास की तरह दर्जा दिया कि नहीं।

अचानक ढोल की आवाज सुनकर भागसुद्धी को लगा कि मैयादास की माड़ी नीलाम हो रही है। बांशी ने बताया कि माड़ी नहीं, दीवान जी की हवेली नीलाम हो रही है। इस बात को लेकर भागसुद्धी बांशी, दीवान हरनारायण और कस्बे के कई लोग दुखी थे।[180] "एक दिन हवेली भी नीलामी पर चढ़ेगी, कौन जानता था।" हरनारायण इतना बोलकर गीतासहस्र नाम का पाठ करने लगा। रामजवाया अब दीवान धनपत का पक्षधर हो गया था। हवेली खरीदने धनपत पालकी में सवार होकर आया था। पालकी चार कहारों के कंधे पर सवार थी। कहारों के पाँवों में घुँघरू और उनके माथे पर घंटियाँ बँधी थीं। धनपत पूरी तरह से सजा-धजा था। यह दिन उसके जीवन का गौरवमय दिन था। आज वह अपने प्रतिरोधी स्वर्गीय दीवान मैयादास को चारों खाने चित करने जा रहा था। उसके इस विझूकेपन को देखने के लिए कस्बे के लड़के उमड़ पड़े थे।

धनपत सोचता था, नीलामी में मैं अकेला रहूँगा। परंतु कई लोग आ गए थे। जिसमें राजयादा टेकचंद और मलिक मंसाराम प्रमुख थे। नीलामी की शुरुआत गुमाश्ते की बोली से हुई। फिर धनपत ने बोला। जब मलिक मंसाराम ने बोली में भाग लिया तो धनपत ने उस पर आपत्ति लगाने की कोशिश की, परंतु धनपत की एक न चली। मलिक मंसाराम ने बोली और ऊँची कर दी थी। दीवान धनपत आज दीवान मैयादास को बेइज्जत करने आया था, परंतु उसकी स्वयं स्थिति बहुत खराब हो गई थी। नगर के अन्य दीवान मूलराज मलिक मंसाराम को समझा रहे थे—"यह दीवानों की पुस्तैनी हवेली है। आपके किस काम की ? यों तो पाँच हजार में भी महँगी है, टूटी-फूटी इसमें क्या रखा है, पर आपने बोली बारह हजार तक चढ़ा दी है।"[181] मलिक मंसाराम ने एक भी नहीं सुनी और उसने बोली पंद्रह हजार एक, दो, तीन तक ले जाकर हवेली को खरीद लिया। धनपत अपना सा मुँह लिए खाली हाथ वहाँ से चला गया।

पिछले दो दिन से लेखराज कस्बे की गलियों में किसी छाया की तरह घूम रहा था। जान-पहचान के लोग थे जो बुढ़ा गये थे या इस दुनिया से ऊपर उठ चुके थे। लेखराज को कस्बे का रंग फीका लगने लगा था। गंजमंडी के बाहर, थोड़ी दूर पर एक पीली कोठी बन गई थी, जहाँ फिरंगी डिप्टी कमिश्नर अपनी कचहरी लगाता था। शीश-महल के आस-पास की जमीन मकानों से घिर गई थी। लगता था जैसे शीश-महल के ही ईंट-पत्थरों से लोगों ने अपने-अपने घर बना लिए हों। लेखराज को लगा, जैसे अपना घर बनाने में किसी को पत्थर की सिल कहीं लगानी होती तो शीश-महल में से उखाड़कर ले आता और कहीं लाल पत्थर की दीवार चुनवानी होती तो शीश-महल

की पूरी की पूरी बारहदरी तोड़ लेता।

सेठियों के मुहल्ले में से निकलकर, जहाँ वह माड़ी की प्रदक्षिणा करता रहा था, तभी एक बुढ़िया उसके सामने से रास्ता काटते हुए निकली। लेखराज ने पहचान लिया। वह उसकी 'मोरा' है। दोनों एक-दूसरे को पहचान गये। मोरा शादी के तुरंत बाद विधवा हो गई थी। फिर भी लेखराज को वह नहीं भूल पाई थी। मोरा से मिलने के बाद उसका मन खिन्न हो उठा। यहाँ लौटकर आने में क्या तुक था ? मैं यहाँ आया ही क्यों ? इस बूढ़े शहर को देखने ? फिर बांशी मिला। रामजवाया मिला, केशरसिंह मिला। ये सभी दीवान धनपत के इर्द-गिर्द घूमनेवालों में हो गए थे। सभी ने बारी-बारी से लेखराज को दीवान धनपत की शरण में जाने की सलाह दी। बांशी ने पुनः अपनी बात दोहराई–"दीवान धनपत के पास चला जा, वही तुम्हें किसी काम पर लगा देगा। तेरी उम्र जगह-जगह भटकने की नहीं रह गई है।"[182]

रामजवाया जो कभी अंग्रेजों का आलोचक बन गया था, वही अब उनका भक्त और अंग्रेजों के सामान का एजेंट हो गया था। लोगों का मजाक उड़ाने लगा था। वैसे तो वह लड़कियों को किलिप और झोने दुपट्टे बेचने में कोई शर्मिंदगी महसूस नहीं करता, परंतु वानप्रस्थी का कस्बे में स्कूल खोलना, बहू-बेटियों की इज्जत के खिलाफ समझता है और कह रहा है कि, "वानप्रस्थी स्कूल खोलेगा तो लड़कियाँ बेपर्दा होंगी।"[183]

लेखराज घूमता-फिरता हरनारायण के पास पहुँचा तो हरनारायण कोई उल्लास के साथ उससे नहीं मिला। लेखराज अपनी तरफ से बात करता। उसी ने रामलाल के बारे में पूछा। उसकी नातिन रुक्मो के बारे में पूछा। हरनारायण तो सब कर्मों का खेल कहकर विरक्त भाव से बैठा रहा।

रुक्मणी ने पढ़ने के लिए स्कूल में अपना नाम क्या लिखा दिया, मझले ने माड़ी में कोहराम मचा दिया। सभी चुप थे, मगर भागसुद्धी रुक्मणी की ओर से लड़ी-भिड़ी। "किन कसाइयों के घर जा पहुँची है यह मासूम बच्ची।"[184] कल्ला पगला होते हुए भी उसे रुक्मणी के साथ अन्याय का आभास होते ही ऊपर से मझला, बालमुकुंद और उसके दोस्तों पर पत्थर फेंकने लगा। उस दिन पहली बार रुक्मणी को लगा था, कि वह अकेली नहीं है। उसे भी जीने का ढाल मिल गया था। मगर मझले आये दिन घर में बवेला मचाने लगा। कभी-कभार कल्ला को पीट भी देता। मगर दीवान धनपत के रहते उसकी एक भी न चल रही थी। कभी उसने पूरे माड़ी का मालिक बनने का सोच रखा था, अब तो कल्ले और विलायत का भाई भी हिस्सेदार था। दीवान धनपत मंसाराम की बेटी ब्याहने के बाद भी अपना अपमान नहीं भूला था। परंतु लेखराज का ध्यान आते ही वह अपना संतुलन खो देता।

वानप्रस्थी अपने व्यक्तिगत प्रयासों से कस्बे में स्कूल बनाने में सफल हो गया था। दरअसल वानप्रस्थी के एक बेटी सुमित्रा थी, जो असमय विधवा हो गई थी। उसने अपने पिता से कहा था कि अगर मैं पढ़ना जानती तो शायद अपने पति की चिट्ठी पढ़कर उन्हें बचा लेती। और इसी गम में एक दिन वह भी चल बसी थी। उसी क्षण वानप्रस्थी ने प्रतिज्ञा की थी कि वह स्कूल खोलेगा। मेरी बेटी न सही, किसी की बेटी तो पढ़ेगी। परंतु रामजवाया जैसे मौकापरस्त लोग अभी भी स्कूल का विरोध कर रहे थे। इसके पहले तक तो उसे यह सब बहुत आसान लगा था, परंतु अब उसे सामने

की दीवार अष्टधातु की लग रही थी। एक भी लड़की का नाम लिखवाने कोई नहीं आ रहा था। "जैसे ऊसर भूमि में खड़ा अकेला पेड़ धरती में से अपना रस खींच लेता है और जीवित बचा रहता है, वैसे ही जीवित रह पाने के लिए वानप्रस्थी अपने लिए बल, साहस और शक्ति का रस खींच रहा था।"[185] उस दिन सिर्फ रुक्मणी ने आकर अपना परिचय दिया था और पढ़ने के लिए नाम लिखवाया था। कस्बे में रुक्मणी का बहुत विरोध हुआ था। मझले के आदमी और रामजवाया ने वानप्रस्थी को गालियाँ भी दी थीं। मगर रुक्मणी को देखकर दो लड़कियों ने और नाम लिखाया था। कस्बे में भागसुद्धी ही ऐसी थी जो रुक्मणी का साथ दे रही थी। क्योंकि उसे न माड़ी का डर था और न ही किसी आदमी का।

दीवान धनपत के इशारे पर रामजवाया ने वानप्रस्थी को बुरी तरह से पीटा। भागसुद्धी और लेखराज के अलावा और किसी ने साथ नहीं दिया। वानप्रस्थी की अस्वस्थ हालत पर लेखराज स्कूल सँभालने लगा। परंतु दीवान धनपत ने अंग्रेजी पुलिस से यह कहकर कि हुजूर लेखराज खालसा फौज की तरफ से अपनी फौज से लड़ता रहा है, सदैव के लिए लापता कर दिया।

लेखराज के जाने के बाद दीवान धनपत को लगने लगा कि उसका ही बेटा मझला उसे ही आँख दिखाने लगा। कल्ले और रुक्मणी को लेकर और परेशान हो उठा। उसे रह-रहकर हर चीज से बदबू आने लगी। पहले तो सफाई की वजह से समझता रहा, लेकिन अपने हाथ से बदबू का भास होते ही वह बौखला सा गया। बार-बार उँगलियों के नाखून साफ करता और नाक के पास ले जाता। फिर भी गंध बराबर आ रही थी। टहलुवे ने देखा दीवान जी की आँखें टेढ़ी हो गईं।

और उस दिन जब दीवान धनपत कचहरी की ओर जा रहा था, तभी मझले ने रास्ते में रोककर बहुत बुरा-भला कहते हुए आगे बोला था—"रुक्मणी को पालकी में स्कूल भेजते हैं ? तुम्हारी माँ लगती है क्या ?"[186] दीवान तिलमिला कर रह गया था। उसी समय जब दीवान अपनी गाड़ी पर बैठा था उसे पक्षघात ने सीधे धर दबोचा था। उसके नाक से बहुत खून बहा था। धनपत बच तो गया था, लेकिन उसका शरीर बेकार हो गया था और एक दिन जब धनपत अपने कक्ष में लेटा हुआ था, उसी समय पुष्पा आई और तिजोरी की चाभी उसकी बंडी में से निकालकर सारा जेवरात और सारे कागजात निकालकर चाभी पुनः दीवान की बंडी में डालकर चली गई थी। दीवान बैं-बैं चिल्लाता रह गया था। पुष्पा ने भी उस दिन अपने बाप का बदला ले लिया था। टहलुआ जब हकीम को लेकर आया था, दीवान को औंधा पड़ा पाया था।

दीवान धनपत की मृत्यु को बीस वर्ष हुए थे। उसके बाद कस्बे में 'कांग' नाम की महामारी फैली थी। बहुत लोग मरे थे। कस्बे का नक्शा बदल गया था। जगह-जगह फिरंगियों की कोठी बन गई थी। दीवान धनपत की जगह उसका छोटा बेटा जो इंगलैंड से बैरिस्टर पढ़कर आया था, अब वह कस्बे का दीवान था। मझले को उसने खेत में भेज दिया था। उसने कहा था—"तुम जैसे जाहिल आदमी के लिए वही ठीक जगह है। जाओ, और खेती-बारी को सँभालो।"[187] हुकूमत राय ने खुद को हवेली को पूरी तरह से इंग्लिशिया शैली में ढाल लिया था। रुक्मणी अब स्कूल की बड़ी उस्तानी बन गई थी। वह अपने पति के साथ माड़ी छोड़कर स्कूल

के सामने हलवाई के ऊपर दो कमरों का मकान लेकर रहने लगी थी। कल्ले में भी सुधार हुआ था। वह सदैव लट्ठ लिए रुक्मणी की सुरक्षा में तैनात रहता।

रुक्मणी गर्मियों की छुट्टियों में कल्ले को लाहौर के अस्पताल में भर्ती करा आई थी। उसे विश्वास हो गया था कि जब ढाई माह बाद वहाँ से लौटेगा तो पूर्णतः स्वस्थ होगा। रुक्मो लक्ष्मी, भागां और परमेश्वरी बुआ के साथ बाबा अमरनाथ के दर्शन में चली गई। परंतु वहाँ जाने के बाद उसे बहुत पछतावा हो रहा था। उसे रह-रहकर कल्ला याद आ रहा था। एक दिन अचानक वह ऊँची चट्टान पर बैठी पहाड़ का दृश्य देख रही थी, तभी उसे लगा भगवान कृष्ण बाँसुरी बजाते और नाचते मुझे अपनी ओर बुला रहे हैं। तभी उसे लगा, नहीं, नहीं, वह कृष्ण नहीं मेरा पति कल्ला है। वह अपनी लाठी लिए मुझे ढूँढ़ रहा है। वह मेरे लिए भटक रहा है। रुक्मणी वहाँ से उसे बुलाने के लिए जैसे ही आगे बढ़ी, नीचे गहरे खड्ड में जा गिरी और जीवन से मुक्त हो गई।

फिरंगी अधिकारी को खुश रखने के लिए हुकूमत राय तरह-तरह के रास्ते अपनाता है। जोगे अपनी माँ से कहता है कि माड़ी में उल्लू बैठे देखा है। उल्लू बैठना दुखद होता है माँ विश्वास नहीं करती। फिर भी उसे विश्वास करना पड़ता है। जोगे की माँ भी बोलती है—"उल्लू नहीं बैठेगा उस घर पर तो क्या तोता-मैना बैठेगी।"[188] उसने जैसे कह दिया हो कि अब माड़ी के दिन बुरे आ गये हैं। कल्ला ठीक होकर लौटा था। लेकिन रुक्मणी को न पाकर पुनः पगला गया।

छत के ऊपर उल्लू बैठा था और छत के नीचे माड़ी का तत्कालीन मालिक दीवान धनपत का तीसरा बेटा बैरिस्टर हुकूमत राय, दिन-भर के उत्तेजनापूर्ण कार्य-कलाप के बाद अपनी थकान उतार रहा था। शहर में कहा जाता था कि अगर किसी को कत्ल करना हो तो पहले एक हजार रुपया दीवान हुकूमत के लिए अलग से रख ले, फिर बेधड़क होकर, बेशक दिन-दहाड़े जाकर कत्ल कर दे। उसका बाल भी बाँका नहीं होगा। दीवान हुकूमत राय ने माड़ी के निचले हिस्से में अपने लिए छोटा-सा इंगलैंड बना लिया था। घर के अंदर भयावह चुप्पी छाई रहती। इसे तोड़ने के लिए बैरिस्टर ग्रामोफोन पर रिकार्ड बजाता था।

जब हुकूमत राय लंदन से लौटा था, उस वक्त कस्बे की एक छरहरी लड़की लाजो पर उसकी नजर पड़ी थी और उसने उसे अपनी पत्नी बना लिया था। सात वर्ष तक उसे लाजो बहुत पसंद रही। फिर उससे उसका मोह हट गया। हुकूमत राय उसे तिल-तिलकर जलाने लगा। लाजो ने एक दिन आत्महत्या कर ली। उसे भी मरे बीस वर्ष हो चुके थे। हुकूमत राय नहीं बदला था। जनता पर लाठियाँ चलवाता। फिरंगियों के विरोध में जुलूस निकालने में विरोध पैदा करता। फिर तिलकराज 'आजाद' हुकूमत राय को आकर माड़ी में धमका गया। "कल फिर लाठी चार्ज करवाना। लाठी नहीं, गोली चलवाना कुछ लोग आज घबराकर भागे हैं पर कल नहीं भागेंगे।...सुना है तुम राय बहादुर बनोगे ?"

एक बार पुनः कस्बे में फिरंगियों के खिलाफ विद्रोह शुरू हो गया था।

वस्तुगत विवेचन : तमस में विभाजन के तत्काल पहले, 1946 का जलता हुआ पंजाब है, उसके सौ साल पहले भी पंजाब की भूमि में एक आग लगी थी। उस समय महाराजा रणजीत सिंह के लगभग 40 वर्ष के शांतिपूर्ण शासन के बाद,

जो मल्का विक्टोरिया के कंपनी शासन में भारत के पूर्ण विलय का अंतिम काँटा था। सिक्ख अमलदारी के अंग्रेजी अमलदारी में संक्रमण का द्वंद्व चल रहा था। 'मैयादास की माड़ी' इसी संक्रमण के द्वंद्व की कथा है, जिसमें भीष्म साहनी के ही शब्दों में—''प्रश्न किसी के देशभक्त या देशद्रोही होने का नहीं बल्कि अपने-अपने हित के अनुसार समय को पहचान कर आचरण करने का था। जो समस्त द्वंद्व का आधार है। शायद उन्होंने यह बात भी उतनी ही सच कही है कि अमलदारी बदल जाने का अर्थ होता है कि कल तक जो दुश्मन थे, वे दोस्त बन जाते हैं। कल तक जो भगोड़े थे, वे सिपहसालार बन जाते हैं। जो काला था वह उजला लगने लगता है, और सैनिक ? सैनिक नहीं बदलता। वह केवल लड़ता है, मरता है, जान हथेली पर रखकर जंग के मैदान में उतरता है, अपने जौहर दिखाता है, क्योंकि वह अपने सालार के हुक्म पर मर-मिटने की कसम खाए होता है।''[189]

'मैयादास की माड़ी' वैसा तथाकथित ऐतिहासिक उपन्यास नहीं है जो अंततः इतिहास पुरुषों की वीरगाथा बनकर रह जाते हैं। वस्तुतः यह 19वीं शताब्दी में ब्रितानी शासन व्यवस्था के मजबूत होने के साथ केवल पंजाब ही नहीं संपूर्ण भारतीय सामाजिक विकास (वस्तुतः पतन) का एक मानवीय दस्तावेज है और वह भी उतनी खूबसूरती के साथ लिखा गया है, जो इन बारीकियों से अनभिज्ञ हैं, फिर कथा-रस में डूब जाता है। पाठक इसके अनेक हास्यजनक स्थलों पर हँसते हैं, क्षोभजनक स्थलों पर कुपित होते हैं, दुखद स्थलों पर अवसाद से घिर जाएँगे और अंततः अपने अतीत जन-जीवन के बारे में कुछ नया जान पाते हैं।

कथा के केंद्र में दीवान मैयादास की माड़ी है। किलानुमा महल। जो टीले के पार काबुली दरवाजे के आगे फैले कस्बे पर जैसे शासन करती है। यद्यपि खालसा शासन का वैधानिक प्रतिनिधि शीशमहल में रहनेवाला राजा अमीरचंद है। दीवान मैयादास खालसा दरबार लाहौर में ऊँचे पदों पर और राजदूत रह चुका है, फिर भी वह कथा-नायक नहीं है, बल्कि उस पुरानी व्यवस्था का अस्तगामी प्रतिनिधि है, जिसका सूरज भारतीय आकाश में डूब रहा है। नए कानून और नई व्यवस्था के रहते कुछ समय तो किसी तरह दृढ़ता से खड़ा रहता है, पर अंततः इतना टूट जाता है कि नई-नई शुरू हुई रेलवे के गार्ड को ही अंग्रेज अधिकारी समझकर उसके समक्ष झुक जाता है—''हुजूर का इकबाल बना रहे। बंदा कस्बे के पुराने रईसों में से है, हुजूर के पास इंसाफ की माँग करने हाजिर हुआ है।''[190]

दरअसल मैयादास का इस तरह टूटना, समय को न समझकर पुराने आदर्शों से चिपके रहनेवालों की दयनीयता है। समय को समझता है उसके छोटे भाई की जारज संतान दीवान धनपत जो कथा को आगे बढ़ानेवाला प्रतिनायक है। वह पीला अंगरखा और केसरिया रंग की पगड़ी पहने मरियल टट्टू पर चलता है। अंग्रेजों की फौज को ऊँटों की सप्लाई करता है, जिनकी दुमें काटकर वह एक की जगह दो के हिसाब से पैसे वसूलता है और जब तीन लड़ाइयों में खालसा राज्य को मुख्यतः जनरलों की गद्दारी के कारण, हराकर अंग्रेज हाकिम की अमलदारी शुरू होती है तो अपनी सेवाओं के बदले तीन गाँव की सनद पाकर अपनी कुटिलता से मैयादास की माड़ी पर भी काबिज हो जाता है, जहाँ से कभी उसका सामान फेंकवा दिया गया था। अब वही धनपत

अंगरखे, केसरिया पगड़ी और मोतियों की माला पहने, ऊपर से अंग्रेज भक्ति के प्रमाणस्वरूप नेकटाई लगाकर अपना दरबार लगाता है और लगान न देनेवाली रैयत को कोड़ों से पिटवाता है। अंग्रेजी अमलदारी का एक और परिणाम उस व्यापारी वर्ग का विकास है जो भारतीय पूँजीवाद का आदि रूप है। उसका प्रतिनिधि मलिक मंसाराम है जो विदेशी सामानों के व्यापार से अमीर बन दीवान मैयादास की हवेली की नीलामी में दीवान धनपत के दबदबे को धूल चटा देता है। इस क्षति की पूर्ति के लिए दीवान धनपत की बेटी से अपने मझले बेटे को ब्याहकर दहेज में हवेली प्राप्त कर तथा बारात की बेइज्जती के बहाने अपने पगले बड़े बेटे से मलिकों की एक और बेटी ब्याहे बिना दुल्हन को विदा न कराने की जिद करता है। और अंततः नाटकीय परिस्थितियोंवश एक गरीब विधवा की पुत्री रुक्मणी को ब्याहकर लौट जाता है।

मैयादास की माड़ी की शुरुआत ही इसी नाटकीय घटना से प्रारंभ होती है, परंतु यह सारी कुटिलता नाकाम हो जाती है। अंततः अपने ही पापों के प्रतीक के रूप में अपनी ही बदबू न सह पाने के कारण लकवाग्रस्त हो प्राण त्याग देता है और बागडोर लंदन से लौटे उसके सबसे छोटे बेटे हुकूमत राय के हाथ में आ जाती है, जो बाप की तरह ही अंग्रेजपरस्त है। लेकिन तब तक माड़ी की धूल झड़ने लगती है और उसकी सबसे ऊँची बुर्जी पर उल्लू बैठकर भावी पतन का अशुभ संकेत देने लगता है।

लेकिन जीवन की द्वंद्वात्मकता एकाकी नहीं होती। जहाँ हम सिक्ख अमलदारी की जगह अंग्रेजी अमलदारी के साथ रेलवे, जमींदारी व्यवस्था, विदेशी माल तथा विकृति लानेवाले मनोरंजनों आदि के आयात के जरिए जीवन के रूपांतरण का साक्षात् करते हैं, वहीं बीज रूप में आगामी बदलाव की दूसरी शक्तियाँ—कूका विद्रोह, आर्यसमाज के शिक्षा प्रसार आदि के संकेत भी पाते हैं, जो जड़ता की शक्तियों से टकराती दिखाई देती है। अंततः दीवान हुकूमतराय की नींद हराम करती हुई आजादी की शक्तियाँ दस्तक देने लगती हैं।

यथा—"कल फिर लाठी चार्ज करवाना ! लाठी नहीं, गोली चलवाना कुछ लोग आज घबराकर भागे हैं, पर कल नहीं भागेंगे !...सुना है तुम रायबहादुर बनोगे ?"[191]

भीष्म जी इस उपन्यास के माध्यम से यह बताने की सफल चेष्टा करते हैं कि अंग्रेजी शासन व्यवस्था ने भारत के संसाधनों की कैसी लूट की है। उनके थोड़े ही समय के शासन में यहाँ कितने अकाल पड़े और पुरानी सामंती व्यवस्था की जगह जहाँ खेती की भूमि पूरे गाँव की होती थी और लगान भी राजा उपज के अनुसार ही लेता था, वहाँ अंग्रेजों द्वारा स्थापित जमींदारी व्यवस्था ने किस प्रकार ग्रामीण पंचायती समाज को निजी खेतिहरी की शोषणकारी व्यवस्था में बदलकर उसे रैयत और जमींदार के रूप में बाँट दिया। लेकिन 'मैयादास की माड़ी' एक सामाजिक दस्तावेज ही नहीं, यह नाटकीय उतार-चढ़ावों के साथ अनेक चरित्रों के घात-प्रतिघात की मानवीय कथा है। 'तमस' में श्वेत-श्याम रंग की प्रधानता है तो यहाँ संभवतः अंग्रेजों के आगमन से पहले भारत की समृद्धि के प्रतीक स्वरूप नीले-पीले, हरे अंगरखों, मणि-मालाओं, रेशमी पगड़ियों, मुश्की घोड़ों के साथ आकाश और प्रकृति के रंगों की छटा आदि से अंत तक छायी रहती है। मैयादास की माड़ी निःसंदेह हमें मुग्ध ही नहीं करता, बल्कि हिंदी उपन्यास साहित्य की प्रौढ़ता और समृद्धि प्रदान करता है।

'कुंतो' उपन्यास का वस्तुगत विवेचन

कथासार : प्रोफेसर को खेतों की ओर घूमना ज्यादा पसंद था, जबकि उनका युवा शिष्य जयदेव कैंटोनमेंट में घूमना ज्यादा पसंद करता था। कैंटोनमेंट में रौनक ज्यादा रहती थी, गहमागहमी, साफ-सुथरी सड़कें, जगमग करती दुकानें, अंग्रेज अथवा एंग्लो-इंडियन औरतें, कदम मिलाकर चलते गोरे फौजी अथवा बाँह में बाँह डाले प्रेमी युगल। प्रोफेसर को प्राकृतिक स्थलों का शांत वायुमंडल और एकांत अधिक प्रिय थे, जबकि जयदेव उत्तेजना चाहता था। उत्तेजना और स्फूर्ति और कसमसाहट।

चौराहे पर पहुँचने के पहले ही जयदेव के मन में धुकधुकी-सी लग गई थी कि प्रोफेसर किस ओर घूमेंगे, खेतों की ओर या कैंटोनमेंट की ओर। प्रोफेस्साब के साथ घूमने निकलो तो प्रोफेस्साब इन दो रास्तों में से किसी एक रास्ते पर पड़ जाते थे और अक्सर खेतों की ओर ही उनके कदम उठते। कभी-कभी जयदेव के मन में भी सवाल उठता था कि प्रोफेस्साब क्यों इतने ज्यादा एकांत प्रेमी थे, क्यों भीड़ से दूर भागना चाहते थे। उनके भाइयों का ऐसा स्वभाव क्यों नहीं है, पर फिर चरित्र का ऐसा निखार भी उनमें से किसी में नहीं था, जैसा प्रोफेस्साब में है। जयदेव जब उनके साथ सैर में होता तो तरह-तरह के प्रश्न करता। प्रोफेस्साब उसका उत्तर भी उसी गति से देते जाते।

प्रोफेस्साब अंग्रेजी के प्रोफेसर थे, साथ ही साथ कविता के क्षेत्र में उनकी अच्छी पैठ थी। जयदेव जब भी अंग्रेजी में कविता लिखता प्रोफेस्साब उसे सुधारकर कालेज की पत्रिका में छाप देते। प्रोफेस्साब जयदेव को अपने बहुत करीब समझते। उसी से उसके भविष्य की योजना के संबंध में पूछते—"अब आगे क्या इरादा है जयदेव।"[192] जयदेव के परिवारवाले लाहौर में व्यवसाय करते थे, इसलिए उसे इसका जवाब देने में बिल्कुल वक्त नहीं लगा। फिर एकाएक प्रोफेस्साब पूछ बैठे—"कभी कोई लड़की तुम्हें अच्छी लगी है, जिसने तुम्हें आकृष्ट किया हो ?"[193] जयदेव पहले तो अचंभित हुआ। फिर एकाएक बोला—"मेरी मौसी की बेटी मुझे अच्छी लगती है और तो मैं किसी को नहीं जानता। बचपन में हम लोग एक साथ खेला करते थे, तभी से वह मुझे अच्छी लगती है।"[194] प्रोफेस्साब ने इस विषय को बड़ी सहजता से लिया। उसने मन ही मन जैसे खुद से कहा—"कुंतो की तुलना में सुषमा उन्नीस ही पड़ेगी। कुंतो ज्यादा सुडौल है, हँसमुख भी ज्यादा है, दिन-भर चहकनेवाली। सुषमा कद-बुत में छोटी है, 'बहिनजी' टाइप है, गुमसुम, कुछ-कुछ स्थूल सी है, चौड़ी हड्डी वाली"[195] लेकिन प्रोफेस्साब ने जयदेव से स्पष्ट कह दिया, हमारे हिंदू समाज में मौसेरी बहन से शादी नहीं होती। जयदेव एक नई सोच में फँस गया। जैसे प्रोफेसर ने उसे कुछ सोचने के लिए मजबूर कर दिया हो।

जब लोग पिकनिक में गए थे, तो जयदेव के साथ सुषमा भी गई थी। मदनगोपाल, रामनाथ, गिरीश, सहदेव, उसकी बड़ी बहन विद्या भी थी। परंतु जयदेव और सुषमा सबसे एकांत में तश्तरी पकड़ने का खेल खेल रहे थे। परंतु उसका झुकाव खेल-कूद से ज्यादा संगीत, साहित्य और ललित-कलाओं की ओर था। जब वह जयदेव से खेल में बराबरी न कर पाती तो मन ही मन खुद को ढाढ़स बँधाती। "मेरी रुचि

संगीत में है, साहित्य मं, ललित-कलाओं में। मैं चाहूँ भी तो खेलकूद में आगे नहीं बढ़ सकती। यह अपने-अपने स्वभाव की बात है, अपने-अपने संवेदन की। मैं इसके लिए बनी ही नहीं हूँ।"[196] जयदेव दोपहर के वक्त जब खाना खाकर सोने लगे या आराम करने लगे, उसने रणवीर, रामनाथ और सहदेव को लेकर नाला कूदने की प्रतियोगिता आयोजित कर दी। परंतु उनमें से एक भी नाला पार नहीं कर पाया। रामनाथ रेफरी की तरह बीच में बोल उठा, "बस, बस गुस्सा थूक दो। यह तुम लोगों के बस का नहीं, अगले जन्म में लंबी टाँगें लेकर आना।"[197] परंतु जयदेव ने जैसे ही चट्टान पर बैठी सुषमा को देखा, उसमें दुगुना उत्साह पैदा हो गया। वह सुषमा के सामने हार नहीं देखना चाहता था और उसने पूरी ताकत के साथ छलाँग लगाई और उस पार हो गया। फिर सीधा ऊँची आवाज में चिल्लाता हुआ सुषमा के पास जा पहुँचा–"कर लिया ! मैंने नाला पार कर लिया।"[198]

प्रोफेस्साब ने अपने व्यक्तित्व से न केवल विद्यार्थियों को बल्कि अन्य लोगों को भी प्रभावित किया था। जयदेव तो इन्हें अपना हीरो मानने लगा था। उनके दिये किसी भी आदेश का पालन करना वह अपना परम सौभाग्य समझता था। प्रोफेस्साब जयदेव को तरह-तरह के ज्ञानवर्धन की बातें बताया करते। उन्होंने पहली बार बताया था–"यही कुंतो है, मेरी छोटी बहन। तुमने पहले भी जरूर कभी उसे देखा होगा।"[199] प्रोफेस्साब के पाँच भाई और दो बहनें थीं। सबसे बड़ा भाई वकील और एक भाई डॉक्टर था। कुंतो सबसे छोटी थी। बड़ी बहन अमृतसर में ब्याही थी। जयदेव से प्रोफेस्साब ने सबका परिचय कराया था। और उस दिन अपनी पत्नी से जयदेव के बारे में कहा था–"हमारा अजीज यहाँ खाना खाएगा। इसे बढ़िया खाना खिलाना पहली बार घर के अंदर आया है।"[200] जयदेव की आँखें कुंतो को ढूँढ़ रही थीं। थोड़ी देर में बड़ी बहन कुंतो को लेकर स्वयं बीच दरबार में आ गई। कुंतो दसवीं की छात्रा थी और स्कूल की दीवार फाँदकर चाट खाने जाया करती। उसके इस स्वभाव को लेकर प्रोफेस्साब और बड़ी बहन जयदेव के सामने ही छेड़े जा रहे थे। बड़ी बहन ने पूछा–"पढ़ाई कैसी है हमारी कुंतो ?" तो इस पर डॉ. भैया ने उसकी ओर से खुद ही सफाई दे दी, "शरारतों की पूछो, पढ़ाई की क्या पूछते हो ?"[201] लेकिन बड़ी बहन ने उसी का पक्ष लिया, "यही दिन खेलने के हैं। खेलने दो जितना खेलती है।"[202] जयदेव मन ही मन सोचता रहा इस परिवार में कितना खुलापन है। सभी भाई एक साथ बैठकर खाते हैं। एक-दूसरे से काफी हद तक खुले हैं। वकील भाई को जैसे मालूम चल गया था कि जयदेव एक दिन इस घर का जमाई बनेगा बातों-बातों में बोले जा रहा था, "महाशय जी को मिष्टान्न खिलाओ। क्यों महाशय जी, कुछ और आए ? इसे अपना ही घर समझो। आज नहीं तो कल समझोगे ?"

"मेरी आँखों ने जो देखा है, उसे मैं मुँह पर नहीं ला सकती, इससे कुछ लाभ नहीं होगा।"[203] जयदेव की माँ का यह वाक्य उसके पिता के लिए परेशानी पैदा कर गया। दरअसल जयदेव अपनी मौसेरी बहन सुषमा को उसके घर से अपने घर पढ़ने को लिवा लाया था। रात के समय वह सुषमा का सर क्या दबाने लगा, माँ ने अर्थ का अनर्थ सोच लिया। जयदेव की माँ ने उस वक्त कई आवाज भी लगाईं, परंतु सुषमा ने भी अपनी साँस बाँध ली। यद्यपि जयदेव कोई नाटक नहीं खेल रहा था। वह अपनी

मौसेरी बहन पर रोआब भी नहीं गाँठ रहा था। कहीं गहरे में वह उसके प्रति अपने को जवाबदेह महसूस करने लगा था, उसके प्रति अपने दायित्व को महसूस करने लगा था। वह इस बात को नजरअंदाज कर रहा था कि सुषमा के प्रति उसका आकर्षण ही दायित्व का जामा ओढ़ रहा है, ताकि उसकी अपनी नजर में ही वह आकर्षण न रहकर दायित्व बोध ही बना रहे और वह मन के अंतर्द्वंद्व से बचा रहे।

वास्तव में अपने अंदर तेजी से बढ़ते द्वंद्व से वह आँखें मूँदे रहना चाहता था। वह अपने को झुठलाना चाहता था कि "यह आसक्ति नहीं, दायित्व बोध है, वह अपनी छोटी मौसेरी बहन के प्रति अपना फर्ज निभा रहा है।"[204] दोनों बचपन से हँस-खेल बड़े हुए थे। सुषमा सदैव जयदेव की डाँट-फटकार सुना करती। फिर तो उसे जयदेव की यही बात अच्छी लगने लगी। जयदेव भइया उसे कहीं न कहीं गहरे तक छू जाते। जयदेव भी सुषमा पर अपना पूरा-पूरा अधिकार समझता। जबकि जयदेव की सगाई प्रोफेसर की बहन कुंतों से तय हो चुकी थी। फिर भी माँ ने पिता से कह ही दिया–"सीधी-सी है बात जी कुछ समझा करो। बेटे को इस बच्ची के साथ उन्स हो गया है। यह जल्दी से छूटेगा नहीं।"[205] और फिर दोनों सुषमा की शादी की बात को लेकर चिंतित हो उठे।

सुषमा की सगाई जगदीश सहगल से होने जा रही थी। परंतु इस सगाई से न तो जयदेव खुश था और न सहदेव और ना ही उसकी बड़ी बहन विद्या। दरअसल विद्या की भी शादी बचपन में ही कर दी गई थी, इसलिए वह चाहती थी कि सुषमा की शादी उसी से हो जिसे सुषमा पसंद करे। जयदेव और सहदेव दोनों ने यह तय कर लिया कि सुषमा की सगाई नहीं होने देंगे और हुआ भी वही। जयदेव स्वयं जाकर सहगल परिवार में मना कर आया कि यह सगाई नहीं हो सकती। लड़के वाले आकर गोविंदराम यानी सुषमा के पिता के ऊपर बरस रहे थे, "आपने हमारी बेइज्जती करवाई है। हमारी पगड़ी उछाली है। उसने साफ कहा है कि आपका इरादा बदल गया है। यह सगाई नहीं होगी।"[206] सहगल का गुस्सा बढ़ता ही जा रहा था। परंतु घर पर यह किसी को भी नहीं मालूम था कि आखिर यह काम किसने किया। अंततः सुषमा की सगाई होते-होते टूट गई। सहगल लोगों ने खुद ही मना कर दिया। आखिर इस बात का पता जयदेव के पिता को चल ही गया। उन्होंने जयदेव और सहदेव से असलियत उगलवा ही ली। पिता ने बहुत डाँटा-फटकारा, लेकिन बात बिगड़ चुकी थी। फिर भी माँ ने जयदेव के करीब जाकर पूछा–"अगर तेरा सुषमा के साथ उन्स हो गया है, और तू उसके साथ ब्याह करना चाहता है तो बता दे। सारी दुनिया एक तरफ और मेरे बेटे की खुशी एक तरफ, मैं जैसे भी होगा, तेरा साथ दूँगी।"[207]

परंतु जयदेव साफ शब्दों में मना कर गया था कि सुषमा के साथ उसका प्रेम है। फिर भी माँ का मन सशंकित था। माँ ने तो निर्णय ही ले लिया था कि अगर जयदेव कह दे वह सुषमा से उसकी शादी करके रहेगी। मगर जयदेव की एक छोटी-सी गलती से सुषमा के घर में शोक छा गया था। सुषमा के परिवारवाले जयदेव की सूरत भी देखना नहीं चाहते थे। परंतु जयदेव ने ही यह झूठ बोलकर कि जिस लड़के से सुषमा की सगाई होने जा रही थी वह वकील नहीं है, बल्कि उन लोगों ने झूठ बोला है। वह तो अपने चाचा की दुकान में कापी-किताब बेचता है और उसी की बहन दिल

की बीमारी से मरी है। मौसा-मौसी का गुस्सा ठंडा पड़ गया था। उन्होंने एक बार सोचा भी कि चलो अच्छा हुआ, सुषमा बच गई। लेकिन जयदेव की गतिविधि से न केवल उसके घरवाले बल्कि पूरे रिश्तेदार और प्रोफेस्साब भी असंतुष्ट थे। लेकिन सगाई के बाद जयदेव का झुकाव कुंतो की तरफ हो गया था। इसे कुंतो ने और प्रोफेस्साब ने भी महसूस किया था।

सहदेव को दलालन की गली से रात के वक्त निकलते देखकर जयदेव के पाँव तले की जमीन खिसक गई थी। परंतु जब उसने बताया कि—"उस घर में एक राजनीतिक कैदी की माँ और पत्नी रहते हैं, वे बहुत गरीब हैं। लगभग डेढ़ साल से वह जेल के अंदर पड़ा है और अभी तक उस पर मुकदमा भी नहीं चलाया गया है। मैं...उसकी माँ को कुछ पैसे देने गया था...।" सहदेव धारा-प्रवाह बोले जा रहा था, "मुझे यह रकम किसी ने उन तक पहुँचाने के लिए दिया था।"[208] जयदेव की जैसे पूरी चिंता दूर हो गई थी। उसे लगा, मेरा भाई किसी गलत रास्ते में नहीं था।

प्रोफेस्साब ने महसूस किया कि अगर कुंतो और जयदेव शादी के पहले आपस में मिल, उठ-बैठ लें तो उनके बीच की झिझक दूर हो जाए। लेकिन उन्होंने ऐसा घर के अंदर ही करने की छूट दी थी। परंतु कुंतो और जयदेव के पर जम आए थे। दोनों मौका मिलते ही बाहर घूमने निकल पड़ते। यद्यपि यह बात न तो प्रोफेस्साब को अच्छी लगती और न जयदेव के माता-पिता को। फिर भी कुंतो और जयदेव किसी की परवाह किए बगैर एक-दूसरे के करीब होते गए। कुंतो कहती है—"तुम तो मुझे पहले दिन से ही अच्छे लगे थे, जब तुम भइया के साथ हमारे घर पर आए थे।...मैं तो उसी दिन से मनौतियाँ मनाने लगी थी कि तुम मेरे हो जाओ।"[209] इस पर जयदेव उसे बाँहों में भींचते हुए बोला—"मैं तुम्हारा ही तो हूँ। मैं तो बड़ा खुशनसीब हूँ। प्रोफेस्साब ने मुझे इस योग्य समझा कि अपनी बहन मुझे दे दी। मुझे तो जैसे दुनिया-भर की दौलत मिल गई है।"[210] शायद जयदेव की माँ भी यही चाहती थी कि जयदेव सुषमा को भूलकर कुंतो की तरफ मुड़ जाए। माँ को अपनी इच्छा की पूर्ति होते दिखने लगी थी।

थुलथुल का पति डॉ. धनराज प्रोफेस्साब का छोटा भाई था। सात साल पहले सिंगापुर डॉक्टरी पढ़ने गया था। आज सात साल बाद अपने शहर अपनों के बीच आ रहा था। रेलवे स्टेशन उसके सगे-संबंधियों से भरा था। थुलथुल की खुशी देखते बनती थी। धनराज के स्वागत में जैसे पूरा शहर उमड़ पड़ा था। धनराज यह सब देखकर खुश था। घर का माहौल उसे पहले जैसा ही मिला। पूरे घर के लोगों के लिए उपहार लाया था। थुलथुल के लिए लाल गाउन लाया था। थुलथुल आज पुनः अपने-आपको सधवा मानने लगी थी। परंतु धनराज के पास सिंगापुर की मेम डॉक्टर की तस्वीर देखकर उसका मन सशंकित हुआ, लेकिन धनराज की बातों से वह संतुष्ट हो गई।

और कुंतो की शादी जयदेव से कर दी गई। घर पर मेहमानों की भीड़ जैसे ही उमड़ी थी, वैसे ही छँट गई। शादी के बाद जयदेव बहुत खुश नजर आया था। वह अपने भाई सहदेव से स्त्री और सेक्स को लेकर घंटों बतियाता रहा—"सेक्स से बड़ी शांति मिलती है। अंदर की सारी छटपटाहट शांत हो जाती है। मुझे मालूम नहीं था, इससे इतना सुकून मिलता है।"[211] वह भाई से कहे जा रहा था, "यह केवल शरीर

का अनुभव नहीं है, इसे तुम्हारा रोम-रोम अनुभव करता है, तुम्हारा समूचा अस्तित्व अनुभव करता है, इसमें उन्माद है, पर इस उन्माद का अनुभव तुम्हारी आत्मा करती है, यह एक आध्यात्मिक अनुभव है।"[212] कुंतो इसी अनुभव को अपने अंदर समेट कर रखना चाहती है। उसकी फुफेरी बहन तृप्ति चाहकर भी नहीं पूछ पाती। दोनों एक-दूसरे के काफ़ी समीप जा चुके थे। दोनों को एक-दूसरे में अपनापन मिलने लगा था।

धनराज सिंगापुर से लौटने के कुछ ही दिनों बाद अपने कमरे में विदेशी शैली में रहने लगा था। परंतु सिंगापुरवाली प्रेमिका मोना को लेकर थुलथुल और उसके बीच में द्वंद्व शुरू हो गया था। थुलथुल मोना को लेकर हंगामा खड़ा कर देती। धनराज उसकी चिट्ठी पाकर उसमें इतना खो जाता कि वह थुलथुल की उपेक्षा करने लगा। बार-बार सिंगापुर लौट जाने की जिद करता। जिस परिवार में कभी इस तरह की चर्चा भी नहीं हुई थी, उसी परिवार में आए दिन विवाद शुरू हो गया था। फिर भी बड़ा भाई प्रोफेस्साब उसे समझाता, "अगर तुम्हें मोना की याद सताने लगी है और तुम सिंगापुर लौट जाना चाहते हो तो मैं तुम्हें रोकूँगा नहीं। तुम बेशक लौट जाओ, मुझे तुम्हारी खुशी चाहिए। पर जरा सोचो धनराज, तुम सात साल के बाद घर लौटो और अपनी घरवाली की आँखों के सामने, जो पूरे सात साल तक तुम्हारे इंतजार में पलकें बिछाए बैठी रही है, अपनी प्रेमिका की तस्वीर सजाकर रख दो और कुछ दिन बीत जाने पर उसे जली-कटी भी कहने लगो तो उसके दिल पर क्या गुजरती होगी ? उसके दिल को भी तो ठेस पहुँच सकती है। उसे इस ब्याह में क्या मिला ? छोटी-सी तो थी, जब ब्याहकर हमारे घर आई थी और ब्याह के दो ही साल बाद तुम सिंगापुर चले गए थे। अगर बच्चा भी हो गया होता तो उसका दिल बहला रहता। सात साल का समय कोई कम तो नहीं होता।"[213] प्रोफेस्साब इसी बात को लेकर बहुत चिंतित थे। बड़ा भाई जर्मनी गया था तेरह साल से नहीं लौटा था। यहाँ उसकी औरत पहले से ही विधवा की तरह जिंदगी गुजार रही थी। थुलथुल को देखकर उसके सामने बड़ी भाभी का चेहरा घूम जाता।

प्रोफेस्साब के भाषण का धनराज पर असर अवश्य हुआ था। वह थुलथुल की ओर झुकने भी लगा था। परंतु जैसे ही उसे पता चला कि थुलथुल माँ बनने वाली है, वह बुरी तरह से झन्ना उठा। उसे लगा जैसे थुलथुल ने सिंगापुर न लौटने देने के लिए उसके पाँव में बेड़ियाँ डाल दी हों। थुलथुल धनराज के अपमान से चीख-सी उठी–"हे भगवान, मुझे उठा लो ! हे रब्ब जी, मुझे उठा लो ! मुझे उठा लो !"[214] प्रोफेस्साब इस स्थिति को सँभाल भी नहीं पाए थे कि जयदेव अपने दिल की आशंकाएँ लेकर पहुँच गया था।

जयदेव ने शादी के कुछ दिनों बाद मंसूरी जाने के लिए तैयारी बना ली थी। जिस दिन कुंतो के साथ वह मंसूरी जाने के लिए बस में बैठा था, अचानक सुषमा पर कुंतो की नजर जैसे ही पड़ी, उसे एक झटका सा लगा। जयदेव ने बताया नहीं कि सुषमा भी साथ जाएगी। लेकिन कुंतो ने उसे उसी प्यार से लिया, जैसे पहले मिला करती। दरअसल जयदेव कुंतो को सरप्राइज देना चाहता था। प्रोफेस्साब से उसने पहले ही अनुमति ले ली थी, जिस दिन एक बार पुनः अपने दिल की बात जयदेव ने उनके

सामने रख दी थी–"मैं सुषमा को नहीं भुला पाया हूँ प्रोफेस्साब ! वह मुझे बहुत याद आती है।"[215] प्रोफेस्साब जानते थे कि अगर इसे प्यार से न समझाया गया तो इससे कुंतो प्रभावित होगी। और जयदेव भविष्य में अपने दिल की बात मुझे न कहेगा, उन्होंने कहा–"घबराने की कोई बात बात नहीं है, जयदेव ! मैं सोचता हूँ कि तुम्हें सुषमा के लिए कोई अच्छा-सा वर तलाश करना चाहिए।"[216] और जयदेव ने इस जिम्मेदारी को अपने ही ऊपर ओढ़ लिया था फिर सुषमा ने भी कह दिया था–"मुझे नहीं मालूम, जैसा आप ठीक समझें !"[217] जयदेव को लगा कि सुषमा आज भी उसके प्रति पूरी तरह से समर्पित है।

जयदेव, कुंतो और सुषमा के साथ जयदेव का एक मित्र भी अपनी पत्नी के साथ होटल में खाना खाने बैठे थे। परंतु सर्दी-खाँसी के बावजूद जब कुंतो अचार खाने से नहीं मानी तो वह गुस्सा हो गया। कुंतो ने भी मनमाना ही किया। सुषमा को लगा वह गलत इन लोगों के साथ आई। कुंतो का यह व्यवहार किसी को अच्छा नहीं लगा। जयदेव बार-बार सोच रहा था कि शायद कुंतो सुषमा की वजह से नाराज है। दरअसल वजह भी वही थी। पिछली रात जब कुंतो लान से सर्दी के कारण अपने कमरे में चली आई थी, उसके बाद जयदेव सुषमा को उसके कमरे तक छोड़ने ले गया। बीच में ही उसने सुषमा को बताया कि तुम्हें यहाँ गिरीश से मिलवाने लाया हूँ। मैं चाहता हूँ गिरीश से तुम्हारी शादी हो। अच्छा लड़का है। साहित्यकार है। तुम्हारा पसंदीदा वर है। तुम खुद ही देख लो। सुषमा मन ही मन खुश थी। उसने अपनी स्वीकृति भी दे दी थी। तभी जयदेव को लगा कि अब सुषमा उससे दूर हो जाएगी। वह भावावेश में खुद को रोक नहीं पाया और सुषमा को अपने आलिंगन में भरकर चूमने लगा था। इस दृश्य को देखकर कुंतो बुरी तरह से परेशान थी। लेकिन जब जयदेव ने सारी बात साफ-साफ बता दी तो, उसका मन साफ हो गया। उसे अपने गलती का भी एहसास हुआ। उसने जयदेव से माफी भी माँग ली और मन ही मन सोचती थी कि अगर सुषमा और गिरीश का विवाह हो जाता है तो यह बहुत अच्छा रहेगा।

गिरीश स्वभाव का बहुत गंभीर था। बहुत कम बोलता, और जितना बोलता नपा-तुला बोलता। कुंतो इसके स्वभाव पर चटखारे लेकर हँसती, जबकि सुषमा को इस बात पर गर्व हो रहा था कि उसके बीच एक युवा लेखक बैठा है। गिरीश ने जब बात बाहर चलकर घूमने की आई, तो जाने से इंकार कर दिया। कुंतो ने सुषमा को भी जाने से रोक दिया। वह गिरीश और सुषमा को अलग से मिलने का मौका देकर जयदेव के साथ बाहर निकल गई। गिरीश स्वयं सुषमा के कमरे में जाकर उसे घूमने के लिए बाहर लिवा लाया। दोनों एक-दूसरे से खुलकर बातें करते उसी लान में घूमने लगे। लेकिन सुषमा को गिरीश का रवींद्र संगीत के प्रति विचार सुनकर अच्छा नहीं लगा। गिरीश को सुषमा का शांति निकेतन संगीत सीखने जाना भी अच्छा नहीं लगा। फिर भी दोनों आपस में बतियाते घूमते रहे।

गिरीश जब जाने लगा तो जयदेव ने पूछा–"तुमने कुछ कहा नहीं गिरीश।"[218] "कहने को है क्या ?" गिरीश बोला और उसके चेहरे पर मुस्कान फैल गई। फिर बस जैसे ही आगे सरकी–गिरीश पुनः बोला–"ठीक है, मुझे मंजूर है।...अच्छा चलूँगा।"[219] इस प्रस्ताव को सुनकर कुंतो और सुषमा दोनों बहुत खुश हुईं। परंतु

जयदेव मन ही मन कुंतो को कोसने लगा, अगर मेरी जिंदगी में यह न आई होती तो शायद आज सुषमा को इस तरह पराए हाथों में न सौंपना पड़ता।

धनराज अभी मोना 'डाकी डार्लिंग' के लिए पागल था। उसने सिंगापुर वापस चले जाने का निर्णय भी ले लिया था। परंतु प्रोफेसर साहब ने इस बार बड़े स्पष्ट शब्दों में उससे कहा–"बाबू जी थे तो बात अलग थी। अब कोई भी उसका बोझ उठाना नहीं चाहेगा।" कहते-कहते प्रोफेस्साब आवेश में आ गए थे, "यह नहीं हो सकता कि तुम तो अपनी जिंदगी से अपनी पत्नी को निकाल फेंको और हम उसे सँभालते फिरें।"[220] फिर भी धनराज के विचार में जब कोई खास असर नहीं हुआ तो प्रोफेस्साब ने अपने दोस्त बख्शी जिसका छोटा भाई सिंगापुर में व्यापार करता था, से सिंगापुर में मोना डार्लिंग को धनराज की वास्तविक स्थिति की जानकारी दिला दी। मोना को जैसे ही मालूम चला, धनराज शादी-शुदा है, उसने धनराज की ओर से मुँह मोड़ लिया और उसके नीले लिफाफे आने बंद हो गए। धनराज ने तार किया, रजिस्ट्री की, परंतु कोई जवाब नहीं आया। धनराज छटपटाकर रह गया। लेकिन उसकी उदासी को देखकर प्रोफेस्साब ने उसे अपने दोस्तों से मिलवाना शुरू कर दिया था, उसी दौरान उसके फलक में कोकिला नाम की एक छरहरे बदन की लड़की प्रकट हो गई थी। धनराज का उसके प्रति झुकना प्रोफेस्साब को अच्छा लगा था, शायद इसीलिए कि मोना से पिंड छूट चुका था।

जब सुषमा ब्याहकर गिरीश के साथ उस फ्लैट में आई थी, सुषमा को लगा था कि गिरीश की जिंदगी इस फ्लैट की तरह ही खाली है। मैं दोनों को खुशियों से भर दूँगा। परंतु हुआ उल्टा। सुषमा गिरीश के जितना करीब जाती, गिरीश उससे उतना ही दूरी बनाता। जब कभी वह सुषमा से प्यार करता तो उसे लगता कि वह धन्य हो गई। परंतु एक दिन जैसे उस पर गाज ही गिर पड़ी हो। जब वह सोकर उठी, तिपाई पर रखा कागज, जिस पर लिखा था–"हम एक-दूसरे के लिए नहीं बने हैं। इस विवाह को घसीटना भूल होगी।"[221] पढ़कर सुषमा के पाँव तले की जमीन खिसक गई थी। उसने पूरे घर में गिरीश को ढूँढ़ने को कोशिश की थी, परंतु गिरीश का कहीं दूर-दूर तक पता नहीं था। लेकिन जब वह कुछ समय बाद लौटकर आया तो सुषमा को लगा जैसे उसे उसकी मंजिल मिल गई। गिरीश हर शनिवार को अपनी मौसेरी बहन के पास मीरपुर चला जाता। इस बात को उसने सुषमा से छिपाया भी नहीं था, लेकिन सुषमा छटपटा उठी थी। सुषमा पूरे दिन अकेली उसी कमरे में बंद रहती। गिरीश था तो अपनी किताब या किसी नई कविता की उधेड़बुन में लगा रहता था फिर बाहर चला जाता। और जब गिरीश की गतिविधि अपनी मौसेरी बहन के साथ कुछ ज्यादा ही बढ़ गई तो सुषमा का शक पुख्ता हो गया था कि दोनों के बीच का रिश्ता पति-पत्नी जैसा ही है। तभी वह एक दिन गिरीश का बैग बीच सड़क में जाकर पकड़ते हुए बोली थी, "मैं आपको नहीं जाने दूँगी। कहीं नहीं जाने दूँगी। लौट चलिए घर लौट चलिए।"[222] और गिरीश सधी आवाज में बोला था–"जो कुछ आप कर रही हैं, इसका परिणाम अच्छा नहीं होगा। आप घर लौट जाइए।"[223] इतना बोलकर वह आगे बढ़ गया था। जयदेव को इस बात की सूचना उसके दोस्त अमृत ने दी, जिसने बीच बाजार में सुषमा को गिरीश के हाथों अपमानित होते देखा था। लेकिन

जयदेव जिस उम्मीद से सुषमा के पास आया था, सुषमा बे उसके प्रति पूरी तरह से उदासीनता ही बरती। जैसे वह अपने इस व्यवहार से स्पष्ट कह देना चाह रही थी कि यह समस्या मेरी है, अब मैं ही इससे निपटूँगी जयदेव भइया। जयदेव को भी लगा था कि हम दोनों एक-दूसरे के लिए अप्रासंगिक हो चुके हैं। वह चुपचाप उठा और बाहर चला आया था।

आजादी के दीवानों में एक हीरालाल था। जो शहर में मनादी करके अपनी और परिवार की रोजी-रोटी चलाता था। सहदेव हीरालाल का सहयोगी था। जब भी अंग्रेजी सरकार के खिलाफ कोई जलसा शुरू होता उसकी शुरुआत हीरालाल ही करता। 'साहिबवान मेहरबानो, यह स्वायत्त शासन क्या है ? मेहरबान, यह समझो कि ब्रिटिश सरकार हमसे कहती है कि मैं तुम्हें बेटा दूँगी, पर मूत्री बगैर। अब खुद ही फैसला कर लो कि ऐसा बेटा तुम्हें चाहिए कि नहीं।"[224] पुलिस इन्हीं गतिविधियों की वजह से हीरालाल के विरोध में थी, इसीलिए पुलिस ने उसे पकड़कर इतना मारा था कि वह मरणासन्न स्थिति में पुलिस थाने में ही था, जिसे छुड़ाने के लिए कई क्रांतिकारियों के साथ सहदेव भी था।

थुलथुल जल मरी थी। प्रोफेस्साब की सारी कोशिशें बेकार हो गई थीं। यह एक दुर्घटना थी। थुलथुल की मृत्यु ने धनराज को बहुत रुलाया था। परंतु इस सबके लिए कहीं न कहीं दोषी प्रोफेस्साब स्वयं को ही मान रहे थे। दरअसल जब मोना की चिट्ठी आनी बंद हो गई थी, उस समय धनराज पूरे दिन उखड़ा-उखड़ा रहने लगा। प्रोफेस्साब को लगा कि कहीं धनराज सिंगापुर न लौट जाए, इसलिए उन्होंने ही धनराज का परिचय डॉ. देवीदयाल की बेटी कोकिला से कराया था। धनराज धीरे-धीरे कोकिला के करीब होता जा रहा था। प्रोफेस्साब ने सोचा था कि धनराज भले ही उधर मुँह मारता रहेगा, परंतु रहेगा अपने घर पर ही। इस तरह थुलथुल की समस्या का निदान हो जाएगा। लेकिन ऐसा नहीं हुआ। थुलथुल की उपेक्षा बढ़ती ही गई। प्रोफेस्साब जब भी थुलथुल को समझाते कि तू जल्द से जल्द धन्ना से बच्चा ले ले और अपने को संयत कर ले। थुलथुल सर झुकाकर कहती—"आप जो कहोगे, वैसा ही करूँगी।"[225] और एक दिन अचानक थुलथुल के दुपट्टे में आग लग गई और लाख कोशिशों के बावजूद थुलथुल नहीं बचाई जा सकी।

लाला जी का एक दोमंजिला घर श्रीनगर में था। जहाँ उनकी बेटी विद्या अपने चार बेटों के साथ रहा करती। उसका पति व्यापारी था। वह बाहर-बाहर ही रहता। सभी रिश्तेदारों और इस नाटक के सारे पात्र श्रीनगर में एकत्रित हो रहे थे। सभी के रुकने और खाने-पीने की व्यवस्था विद्या के ऊपर थी। जयदेव अपनी पत्नी कुंतो को और दोनों बच्चों को लेकर पहुँच गया था। प्रोफेस्साब, धनराज और सहदेव भी आए थे। सभी के लिए अलग-अलग कमरों की व्यवस्था की गई। धनराज अपने कमरे में डाकी डार्लिंग की तस्वीर लगाया था। पेशावरवाले अपनी बेटी की सगाई सहदेव से करने के लिए भी आ रहे थे।

मेहमानों की इतनी संख्या बढ़ जाने की वजह से लाला जी बहुत नाराज हो रहे थे। उससे भी ज्यादा उन्हें अपने बेटे जयदेव पर गुस्सा आ रहा था—"कोई काम-वाम नहीं करता, दडंगे मारता फिरता है। अपनी घरवाली को भी बिगाड़ रहा है,

वह घर पर टिककर बैठती ही नहीं।"[226] दरअसल कुंतो भी जयदेव के साथ काफी घुमक्कड़ हो गई थी। उसका सर खोलकर चलना भी सास-ससुर को अच्छा नहीं लग रहा था। फिर जयदेव की माँ सब कुछ सँभाले हुए थी।

धनराज थुलथुल की मृत्यु के बाद एक बार पुनः 'डार्की डार्लिंग' के प्रति झुकने लगा। यद्यपि धनराज जब शराब के नशे में होता तभी मोना को लेकर काफी बकझक करता। लेकिन अब एक नहीं, दो हो गई थीं। मोना और कोकिला। वह दारू के नशे में कहता—"उसका बाप भी डॉक्टर ! मैं भी डॉक्टर उनके घर में भी ताँगा, हमारे घर में भी ताँगा। वह भी साँवली, डार्लिंग भी साँवली। वह भी मेरी माशूका, यह भी मेरी माशूका ! दोनों मेरी माशूका।"[227] जब प्रोफेस्साब डाँटते तो वह चुप हो जाता।

विद्या अपने पाँचवें गर्भ को लेकर चिंतित थी। क्योंकि अगर जयदेव को मालूम चला तो वह पुनः लानत-मलानत करेगा। वैसे भी आते ही मुझे शर्मिन्दा कर चुका है, "तुम भी कैसी हो बहन, छह साल ब्याह को नहीं हुए और चार कतूरे जन चुकी हो।"[228] इसलिए जब धनराज नशे में चूर विरह के गीत गा रहा था, उस वक्त विद्या पाँचवाँ गर्भ गिराने के लिए स्टूल पर चढ़कर बार-बार कूद रही थी।

जयदेव मीरपुर से लौटने के बाद और भी उदास रहने लगा। सुषमा की गृहस्थी का टूटना उसे परेशान किए हुए था। जयदेव की मनःस्थिति को देखकर कुंतो और प्रोफेस्साब दोनों ने क्रम से कह दिया था कि अगर तुम सुषमा के बिना नहीं रह सकते तो स्पष्ट बता दो। परंतु कुंतो से अलग होने को तो जयदेव के मन में विचार ही कभी नहीं आया। प्रोफेस्साब को लगा कि जयदेव पटरी से नीचे नहीं उतरा है। वे उसे पुनः जीवन दर्शन की बात समझाने लगे। परंतु कुंतो का मन उदास हो चुका था। वह मन ही मन जयदेव की जिंदगी से निकलने की सोच रही थी।

और एक दिन पता चला कि सुषमा गिरीश के व्यवहार से क्षुब्ध होकर शांतिनिकेतन चली गई थीं। वहाँ उसने संगीत साधना शुरू कर दी थी। जाने के पहले उसनें अपनी माँ को एक पत्र के माध्यम से सारा वृत्तांत कह सुनाया था। वही पत्र माँ ने सहदेव के माध्यम से जयदेव को भेज दिया था।

धीरे-धीरे श्रीनगर से सभी मेहमान चले गए थे। पेशावरवाली लड़की से सहदेव की सगाई नहीं हुई थी और प्रोफेस्साब को सहदेव ने वहीं पर बता दिया था कि सुषमा गिरीश से अलग होकर शांतिनिकेतन चली गई है। उन्होंने एक लंबी साँस ली थी और मन ही मन कहा भी था कि चलो अच्छा हुआ कुंतो के रास्ते का काँटा तो साफ हुआ। श्रीनगर में सिर्फ सहदेव रह गया था और विद्या। विद्या का पति तो अक्सर व्यापार के सिलसिले में बाहर ही रहता। विद्या ने गर्भपात के चक्कर में स्टूल से कूदने का जो नया तरीका निकाला था, वही उसके जीवन के लिए खतरा बन गया। विद्या की कूल अपनी जगह से हट गई थी। मामला इतना बिगड़ चुका था कि आप्रेशन के पहले ही उस दर्द ने उसकी जान ले ली। उसके छोटे-छोटे बच्चे अनाथ हो गए। जिसका भार एक बार पुनः जयदेव की माँ के ऊपर आ पड़ा।

सहदेव की जिंदगी में संतुलन आ गया था। उसके जीवन में चुपके से एक लड़की प्रवेश कर गई थी। परंतु बहुत कम समय शादी के बाद उसके साथ बिता पाया था और क्रांतिकारियों के साथ वह जल्द ही दूर हो गया था। वहीं से देश

में भड़क रहे शोले के बारे में अपनी पत्नी को चिट्ठी में लिखा था। चिट्ठी में यह लिखा था कि किस तरह हीरालाल की पत्नी को सफेद वर्दीधारी पकड़कर ले गए थे और उसकी माँ ने किस तरह मेरी बाँहों में दम तोड़ा था। उधर जयदेव अपने पिता की इच्छा के विरुद्ध कुंतो को लेकर बंबई चला आया। बंबई में शुरू-शुरू के दिन तो फाँकामस्ती के रहे, परंतु उसके बाद जयदेव सहगान मंडली से जुड़ गया और कुंतो घर का खर्च चलाने के लिए एक नाटक मंडली में काम करने लगी थी। दोनों अतीत को भूल चुके थे, और कुंतो जयदेव को पूरी तरह से पाने में सफल हो गई थी। परंतु जयदेव अभी भी सुषमा के प्रति अपने-आपको दोषी समझ रहा था। उसने कई पत्र भी डाले थे, लेकिन सुषमा ने कोई जवाब नहीं दिया था।

जब सुषमा शांतिनिकेतन में थी, तब गिरीश शांतिनिकेतन एक गोष्ठी में गया था और पता लगाते-लगाते सुषमा के कमरे तक जा पहुँचा था। सुषमा भौचक्का होकर उसकी ओर निहारती रह गई थी। गिरीश को सुषमा का न बोलना बड़ा अजीब-सा लगा था—"हमारा चले आना आपको अटपटा लग रहा है। हम चले जाएँगे। केवल आपका कुशल-क्षेम पूछने आए थे। आपको परेशान करने नहीं आए हैं।"[229] गिरीश वापस लौट आया था, लेकिन सुषमा बेचैन हो उठी थी। परंतु धीरे-धीरे सब शांत हो गया था।

कुंतो अपने बच्चे के स्थान पर जयदेव पर ज्यादा ध्यान देती। रात-दिन काम, सहगान मंडली के साथ गाँव-गाँव जाकर, राष्ट्रीय गाने, नाटक करते कुंतो इतनी थक जाती कि उसे अपने स्वास्थ्य का भी ध्यान न रहता। जबकि उसे रक्ताल्पता की बीमारी हो गई थी। और एक दिन कुंतो भी इस दुनिया से चल बसी। प्रोफेस्साब को पहली बार अपने आदर्श, परामर्श और प्रयास व्यर्थ लगे थे।

देश का बँटवारा हो चुका था। भारत-पाक सीमा में दोनों तरफ के तंबू गड़ने लगे थे। हीरालाल शरणार्थियों के लिए तंबू गाड़ने में मस्त था। वहीं पर उसकी मुलाकात सहदेव से हुई। पूरा लाहौर खाली हो चला था। जयदेव के पिता लाला जी ने न जाने का निर्णय ले लिया था। चारों ओर कत्लेआम का दृश्य देखकर उनका मन सशंकित अवश्य होता। फिर भी कहते—"यों भी कभी हुआ है, बेअंतसिंह ? हाकिम बदलते हैं, अमलदारियाँ बदलती हैं, पर रिआया तो अपनी जगह पर ही बनी रहती है।"[230] लेकिन हालात अच्छे न होने से उन्हें भी लाहौर छोड़ना पड़ा। उनका घर छोड़ना था कि एक दाढ़ीवाले ने उस घर में अपने बच्चों सहित जाकर कब्जा कर लिया। फिर धीरे-धीरे सभी एक-एक करके जयदेव के पास बंबई पहुँच गए थे। माँ जी, लाला जी और सहदेव भी।

कुंतो को दुनिया को छोड़े साल-भर बीत गया था। जयदेव की दयनीय स्थिति देखकर माँ बहुत दुखी होती। वह बार-बार सुषमा से शादी के लिए प्रेरित करती, उसे समझाती, "सुषमा भी बहुत ठोकरें खा चुकी है। तेरा घर भी सूना हो गया है। छोटे-छोटे बच्चों के साथ कैसे जिंदगी गुजार पाएगा ? कुंतो अपने छोटे-छोटे बच्चे तेरे खाले कर गई है। तू जो फैसला करे, मुझे मंजूर है।"[231]

वस्तुगत विवेचन : भीष्म साहनी का यह उपन्यास नवीनतम है। इस उपन्यास के माध्यम से भीष्म जी ने उस समय विशेष की कहानी व्यक्त की, जब लगने

लगा था कि हम इतिहास के निर्णायक मोड़ पर खड़े हैं और जिंदगी करवट लेती एक दिशा विशेष की ओर बढ़ती जान पड़ती है। जहाँ एक ओर देश आजादी की ओर और आजादी मिलने पर स्थायित्व की ओर शनैः-शनैः आगे बढ़ रहा था, वहीं आपसी रिश्ते, सामाजिक सरोकार घटना-प्रवाह के उतार-चढ़ाव उपन्यास के विस्तृत फलक पर उसी कालखंड के जीवन का चित्र प्रस्तुत करते हैं।

काल विस्तार की दृष्टि से स्वतंत्रता के पचीस वर्ष पूर्व से स्वतंत्रता के ठीक कुछ दिनों बाद तक के बीच की कहानी है। लेकिन इन वर्षों की कथा में जो प्रसंग, जो संदर्भ और जो निष्कर्ष निकलते हैं, वे कहीं पर झरोखे उपन्यास की याद दिला जाते हैं तो कहीं तमस की याद ताजा कर जाते हैं। वस्तुतः कुंतो में ये प्रसंग बड़ी गंभीरता, सहजता, सरलता और रोचकता के साथ उभारे गए हैं। कुंतो उपन्यास उस रिश्ते की कहानी को कहता है जो हमें परंपरा से भारतीय संस्कार के रूप में मिली है। परंतु जब वही रिश्ता मान्यता प्राप्त पारंपरिक मूल्यों से हटकर एक नए आयाम की तलाश करता है, तो हमारी सामाजिक व्यवस्था बालू की भीत की तरह भरभरा कर ढह जाती है। जिसका दूरगामी परिणाम आनेवाली पीढ़ी को भुगतना पड़ता है। शायद इसी तर्क को मद्देनजर रखकर प्रोफेस्साब जयदेव को समझाते हैं, "आकर्षण का होना स्वाभाविक है, परंतु आकर्षण पर अपना बस भी होना चाहिए। किसी की पत्नी सुंदर है, मैं उसके सौंदर्य की ओर खिंचा जाता हूँ, पर मैं बेलगाम होकर उसका पीछा नहीं कर सकता। मनुष्य की वृत्तियों के ऊपर उसका विवेक होता है, होना चाहिए।"[232]

इस उपन्यास में कथानक लाहौर से लिया गया है। अविभाजित भारत का लाहौर जो वर्तमान में पाकिस्तान का एक शहर है। उपन्यास का प्रारंभ प्रोफेस्साब और जयदेव के वार्तालाप से शुरू होता है। प्रोफेस्साब शहर के कालेज में अंग्रेजी के प्राध्यापक हैं। शहर के जाने-माने व्यक्तियों में से एक हैं। हर कोई उनकी इज्जत करता है। जब बीच बाजार से गुजरते हैं तो पूरा बाजार उनके सम्मान में खड़ा हो जाता है। प्रोफेस्साब पाँच भाई और दो बहन हैं। कुंतो सबसे छोटी है। जयदेव उनका प्रिय विद्यार्थी है। प्रोफेस्साब की इच्छा है कि कुंतो का विवाह जयदेव से हो जाए तो उनकी सबसे बड़ी जिम्मेदारी पूरी हो जाए। प्रोफेस्साब एक आदर्श पुरुष हैं। उनकी जुबान में जादू है। एक-एक बात तोलकर बोलते हैं। परंतु इतना सब कुछ होते हुए प्रोफेस्साब एक भूल शुरू में कर बैठते हैं। जब जयदेव अपने और सुषमा के बीच प्रेम-प्रसंग की चर्चा साफ तौर से कर देता है, तो प्रोफेस्साब यह कहकर उसे अपनी बात मनवा लेते हैं कि हिंदू परिवार में मामा, मौसी और बुआ की लड़की के साथ विवाह नहीं होता। जयदेव प्रोफेस्साब के व्यक्तित्व से इतना प्रभावित रहता है कि चाहकर भी न नहीं कर पाता। प्रोफेस्साब अपना तर्क भी प्रस्तुत करते हैं।

"ऐसी भावनाओं का इस उम्र में उठना बड़ी स्वाभाविक बात है। ऐसी चाहत दिल में उठती है, पर धीरे-धीरे शांत भी हो जाती है। वैसे ही जैसे बसंत ऋतु में हरी-भरी कोपलें निकलती हैं पर मौसम बीत जाने पर झर भी जाती हैं। ऐसी चाहत स्थायी चाहत नहीं होती, मात्र आकर्षण होता है।"[233] प्रोफेस्साब यूनान का फलसफा मध्यम मार्ग की शिक्षा के आधार पर अति से दूर रहने की शिक्षा देते हैं। जिसे 'गोल्डन मीन' कहा जाता है। लेकिन युवा मन इतना चपल और मनमौजी होता है कि उसे

किसी उपेदश और सिद्धांत की परिधि में नहीं बाधा जा सकता। जयदेव का मन प्रोफेस्साब के विचारों से जितना प्रभावित हुआ था, उससे भी तीव्र गति से सुषमा के करीब भी जा पहुँचा था। यद्यपि सुषमा अभी भी जयदेव भैया ही कहकर संबोधित करती और एक छोटी बहन की तरह ही बड़े के आदेश का पालन करती। शायद सुषमा को इस बात का पता भी नहीं था कि जयदेव भैया किसी दूसरे तरह का प्यार करते हैं, जो भाई और बहन के बीच नहीं होता।

भीष्म साहनी जयदेव और सुषमा के माध्यम से उस प्रेम-प्रसंग की चर्चा करते हैं जो बालपन में साथ-साथ हँसते-खेलते उपजते हैं और धीरे-धीरे मन में अपना स्थायी प्रभाव भी छोड़ता जाता है। कभी-कभी यह प्यार बसंत ऋतु में उग आई कोपलों की तरह झर भी जाता है, कभी-कभी ये कोपलें एक शक्ल धारण कर लेती हैं। लेकिन वह प्यार वासनात्मक नहीं होता, और न ही पानी के बुलबुले की तरह होता है। वह अमूर्त और भावनात्मक होता है। जयदेव और सुषमा के बीच कुछ इसी तरह का प्रेम उपजता है। जयदेव पिकनिक में भी सुषमा को ले जाता है और उसके सामने ऐसे करतब दिखाता है, जिससे सुषमा उससे प्रभावित हो सके। परंतु जयदेव का यह कार्य उसे विस्मय में डाल देता है। वह प्रतिक्रिया व्यक्त करते हुए कहती भी है—"मेरे होने न होने से क्या फर्क पड़ता है, आपने तो कमाल कर दिया है।"[234] जयदेव सुषमा पर अपना एकाधिकार भी समझता है। यहाँ तक कि सुषमा को अपने घर इसलिए लिवा लाता है कि उसे विधिवत पढ़ाकर परीक्षा में अच्छे नंबरों से उत्तीर्ण करा सके। लेकिन भीष्म जी की आँखें बड़ी पारखी हैं। माँ की आँखों से इस उफनते प्यार को देख ही लेते हैं। माँ ने जैसे भविष्य को उन आँखों से पढ़ लिया हो। वह साफ शब्दों में कहती है—"अगर तेरा सुषमा के साथ उन्स हो गया है, और तू उसके साथ विवाह करना चाहता है तो बता दे। सारी दुनिया एक तरफ और मेरे बेटे की खुशी एक तरफ, मैं जैसे भी होगा तेरा साथ दूँगी।"[235] परंतु यहाँ उभर आता है पीढ़ीगत संस्कार। जयदेव इस प्यार से साफ इंकार कर देता है। लेकिन क्या सचमुच इससे मुक्ति पाता है ? नहीं। जयदेव इस सीमा तक सुषमा पर अधिकार समझने लगता है कि अपने परिवार के लाख विरोध के बावजूद वह सुषमा की सगाई तोड़ देता है। इस कार्य में सहायता देता है, उसका भाई सहदेव। यद्यपि इस समस्या का निदान लाला जी को जयदेव की शादी में दिखा और कुंतो से उसका विवाह कर दिया जाता है।

प्रोफेस्साब का एक भाई जर्मनी में था, एक बंबई में, एक सिंगापुर में और एक वकील भाई जो साथ में ही रहता था। सिंगापुरवाला भाई धनराज वहाँ से सात साल बाद डॉक्टरी पढ़कर लौटा था। लेकिन विडंबना यह थी कि जब से वह सिंगापुर गया था, तब से उसकी पत्नी थुलथुल उसके इंतजार में चौखट पर खड़ी उसकी राह देखती रही थी। लेकिन डॉ. धनराज जब लौटा तो पूरी तरह से पाश्चात्य सभ्यता का प्रतीक बनकर। वो भी अकेले नहीं अपने साथ डाकी डार्लिंग उर्फ मोना की याद दिल में छिपाए और ढेरों सामान के साथ उसकी तस्वीर जिसे उसने थुलथुल के सामने ही गोल तिपाई में सजा दिया। यह थी सात साल की कुल उपलब्धि, जो तबाही के रूप में मिली। भीष्म जी जैसे धनराज के माध्यम से यह कहना चाह रहे हों कि परिवेश और वातावरण बदल जाने से आदमी का संस्कार नहीं बदल जाता। डाकी डार्लिंग सिंगापुर की धरती

पर डॉक्टर धनराज के साथ शोभायमान हो सकती है, लेकिन भारत की धरती पर थुलथुल ही महत्त्वपूर्ण होगी और जहाँ हमारा उद्देश्य विदेश जाकर वहाँ से कुछ सीखना है, अगर उसके स्थान पर हम वहाँ की सभ्यता और संस्कृति से अपना तालमेल बैठाने की कोशिश करेंगे तो डॉ. धनराज जैसा ही हमारा हश्र होगा और यह कितनी बड़ी विडंबना है कि एक पत्नी अपना ही अधिकार पाने के लिए पति को खुश रखने के लिए उसकी प्रत्येक ताड़नाओं को सर-आँखों पर स्वीकार करती है। अंततः एक दिन उसी आग में जलकर अपनी इहलीला समाप्त कर देती है। यह है हमारा विदेशी संस्करण जो धनराज के रूप में कुत्ते की तरह किसी नई लड़की की तलाश में सूँघता फिरे। जिसे प्रोफेस्साब जैसा विद्वान्, भूत, भविष्य और वर्तमान को समझनेवाला व्यक्ति भी सँभालने में अपने-आपको अक्षम पाता है। उन्हीं के शब्दो में—"पर इंसान कोशिश करना बंद तो नहीं कर देता। अपने लक्ष्य की ओर बढ़ने के लिए ठोकरें खाना बंद तो नहीं कर देता यही शायद प्रकृति का नियम है। हमारी बहुत-सी कोशिशें बेकार जाती हैं। पर हम कोशिश करना नहीं छोड़ सकते। कोशिश करने पर ही हमारा बस है और किसी पर नहीं। यही इंसान की नियति है और इसी में उसके जीवन की सार्थकता भी। चारों ओर से सीमाओं से घिरा वह केवल कोशिश ही कर सकता है।"[236] संभवतः इसीलिए धनराज को स्थिर करने के लिए ही बिगड़ी हुई परिस्थिति को पुनः सँभालने के लिए प्रोफेस्साब अपने दोस्त डॉक्टर की बेटी कोकिला से धनराज की मुलाकात करा देते हैं।

कुंतो में एक रंग और है, और वह है देश की आजादी का। आजादी के दीवानों का। क्रांति का। भीष्म जी जैसे पूरे कथानक में यह रंग भरकर बताना चाहते हों कि जहाँ मानवीय रिश्तों की पड़ताल जारी है, वहीं भारत की धरती में देश की आजादी के लिए कई दीवाने अपना घरबार छोड़कर क्रांतिपथ पर लहू-लुहान धरती पर एक नये रंग की तलाश में खुद को मिटा रहे हैं। जिसमें शामिल हैं हीरालाल, मनादीवाला उसकी बीवी जानकी और माँ और ऐसे हजारों लोग जो कभी खुले आसमान के नीचे रात गुजारते हैं, तो कभी सड़ाँध से भरे उस सैलाब के ऊपर जहाँ अंग्रेजी हुकूमत की नजर सहसा नहीं जा पाती। उनका प्यार जयदेव, गिरीश और धनराज की तरह सुषमा, कुंतो, डार्की डार्लिंग, कोकिला और मीरपुरवाली मौसेरी बहन तक सीमित नहीं है। उसके प्यार में तो समूची देश की धरती समाई हुई है, जिसकी आजादी में उन्हें खुली साँस लेने की उम्मीद है। जिसे पहचाना था सहदेव ने, और अपने सुखों को त्यागने में उसने पहल भी दिखाई थी।

जब प्रोफेस्साब से जयदेव ने अपने दिल की बात कह दी कि सुषमा को नहीं भूल पाया है तो प्रोफेस्साब ने सुषमा के विवाह की जिम्मेदारी जयदेव पर ही डाल दी थी। और इस जिम्मेदारी को उसने अपने रिश्ते के भाई गिरीश के साथ ब्याह कर पूरी कर दी। परंतु नियति को कुछ और मंजूर था या यह कहा जाए कि जयदेव की तरह गिरीश का भी स्वाद विकृत हो गया था। कुंतो ने सोचा था कि सुषमा के ब्याह के बाद उसकी जिंदगी का काँटा निकल जाएगा। लेकिन ऐसा नहीं होता। गिरीश भी अपनी मौसेरी शादी-शुदा बहन के मोह-पाश में बँधा हुआ था। सुषमा कभी जयदेव के हाथों खेलती रही, अब वही गिरीश के पिजड़े में कैद पक्षी की तरह तड़फड़ा रही

थी। लेखक का मत शायद इस ओर है कि इंसान की एक गलती उसकी जिंदगी के लिए रिसता फोड़ा बन जाता है। फिर बुजुर्गों की राय व सलाह का अपना अलग महत्त्व होता है। क्योंकि उनके साथ जुड़ा होता है, जिंदगी का एक लंबा अनुभव। अगर जयदेव अपनी दिल की बात माँ से कह देता तो विरोध के बावजूद उसका विवाह सुषमा से ही हो जाता। लेकिन उसने ऐसा नहीं किया। जिसका परिणाम यह निकला कि न तो वह सारी जिंदगी कुंतो का ही बन सका और न सुषमा का। जबकि सुषमा यही सोचती रही कि जयदेव भैया जो करेंगे, उसमें मेरा हित होगा। लेकिन गिरीश के अमानवीय व्यवहार और जयदेव के अनावश्यक अधिकार-भावना दोनों ने सुषमा के अंदर पुरुष जाति के प्रति घृणा पैदा कर दी। हो सकता वजह भी यही रही हो कि सुषमा ने घर आए जयदेव को पढ़े हुए पन्ने की तरह पलट दिया। जयदेव मुँह कुचले साँप की तरह पुनः अपनी बाँबी में लौट आया। सुषमा गिरीश को छोड़कर शांतिनिकेतन चली गई। उसने गिरीश जैसे प्रसिद्ध लेखक के अंदर झाँककर जैसे देख लिया हो, यहाँ जैसे कुछ कल्पना में उड़ान भरनेवाली कोरी भावनाएँ हैं। इधर जयदेव सुषमा की आग में अंदर ही अंदर जलता रहा। जब कुंतो को लेकर बंबई चला गया तो वहाँ से अपने एक थियेटर के साथी के माध्यम से सुषमा को पत्र लिखा, लेकिन एक का भी जवाब नहीं आया। कुंतो इस स्थिति को बड़ी गहराई से परख रही थी और बार-बार उससे कहती भी कि तुम सुषमा को अपने पास लिवा लाओ। लेकिन कुंतो पूरी तरह से जयदेव-मय हो गई थी। जयदेव की मदद के लिए उसने थियेटर में नौकरी कर ली। रात-दिन की भागम-भाग से उसका शरीर बहुत ही जर्जर हो गया और वह एक दिन जयदेव की गोद में अपने दोनों बच्चे छोड़कर अनंत पथ की ओर चल पड़ी। लेकिन जयदेव ने कभी भी कुंतो का अपमान नहीं किया। उसके दिल में जो था उसे साफ शीशे की तरह व्यक्त किया और सबसे बड़ी बात यह है कि अपनी भावना को सुषमा के सामने कभी भी व्यक्त नहीं किया। उसकी यह अव्यक्त भावना सुषमा के लिए, कुंतो के लिए और गिरीश के लिए विनाश का कारण बन गई। शायद सुषमा को यह पता होता कि जयदेव मुझे इस रूप में देखता है तो वह जयदेव से अलग कतई नहीं होती।

कुंतो का अंत देश की आजादी से होता है। हिंदुस्तान और पाकिस्तान का बँटवारा होता है। एकबार पुनः जो देश की आजादी के नाम पर बलिवेदी पर हँसते-हँसते अपने प्राणों को न्यौछावर करते गए, उन्हें ही आजादी के बाद हिंदू और मुस्लिम होने की वजह से बँटवारे के नाम पर घर से बेघर होना पड़ा और अपनी ही धरती पर अपने ही लोगों द्वारा राजनीतिक सीमा रेखा की बेदी पर उन्हें अपने प्राणों की बलि देनी पड़ी। संभवतः यह दर्द जितने करीब से पंजाब की धरती के लोगों को सहना पड़ा है, शायद अन्य को नहीं। अगर भीष्म साहनी इस वेदना को 'झरोखे' से लेकर 'कुंतो' तक नहीं भूल पा रहे हैं तो इसमें कोई अतिशयोक्ति नहीं होनी चाहिए। कुचली हुई जिंदगी जब भी साँस लेती है तो उससे कराह निकलती है। जब पूरा परिवार लाहौर से भागकर अपने बड़े बेटे जयदेव के पास बंबई आ जाता है, तो एकबार माँ पुनः कहती है—"देख बच्चा, तू सुषमा के साथ ब्याह करना चाहता है तो बेशक उसे बुला ले। मैं उसे छाती से लगाकर रखूँगी। मुझे सब मंजूर है। मुझे तुम्हारी खुशी चाहिए।"[237] जैसे जयदेव की माँ के रूप में हिंदुस्तान की धरती बोल रही है कि अगर

जाति और धर्म के नाम पर ही बँटवारा करना था तो पहले ही कर लेना था, शायद यह खून न होता। फिर भी, अगर आगे भी यही करना है तो अभी वक्त है, जो एक-दूसरे की धरती में बचे हैं, उन्हें अपने-अपने पास बुला लो। वैसे भी बहुत कुछ नष्ट हो चुका है। निश्चित रूप से भीष्म जी का 'कुंतो' उपन्यास एक श्रेष्ठ कृति है, जो बदलते मूल्यों का जीता-जागता दस्तावेज है।

संदर्भ

1. झरोखे : भीष्म साहनी, पृ. 7; 2. झरोखे, पृ. 9; 3-5. झरोखे, पृ. 12; 6-8. झरोखे : भीष्म साहनी, पृ. 17,18,19; 9-12. झरोखे : भीष्म साहनी, पृ. 24, 25, 26, 27; 13-16. झरोखे : भीष्म साहनी, पृ. 32, 41, 44, 46; 17-18. झरोखे : भीष्म साहनी, पृ. 65,69; 19-22. झरोखे : भीष्म साहनी, पृ. 76, 79, 80; 23-27. झरोखे : भीष्म साहनी, पृ. 92, 96, 101; 28-29. झरोखे : भीष्म साहनी, पृ. 113; 30-33. झरोखे, पृ. 123, 126, 131; 34-36. झरोखे, पृ. 131, 7; 37. भीष्म साहनी : व्यक्ति और रचना, पृ. 112; 38. झरोखे, पृ. 79; 39-41. कड़ियाँ, पृ. 9, 10, 15; 42-46. कड़ियाँ, पृ. 16, 19, 28, 29; 47-51. कड़ियाँ, पृ. 29, 36, 45; 52-53. कड़ियाँ, पृ. 51, 59; 54-57. कड़ियाँ, पृ. 63, 66, 67; 58. कड़ियाँ, पृ. 100; 59-62. कड़ियाँ, पृ. 102, 105, 110; 63-65. कड़ियाँ, पृ. 119, 121, 130; 66-68. कड़ियाँ, पृ. 138, 139, 143; 69. कड़ियाँ, पृ. 168; 70-72. कड़ियाँ, पृ. 168, 185; 73-77. कड़ियाँ, पृ. 188, 195, 196, 197; 78. कड़ियाँ, पृ. 8; 79. कड़ियाँ, पृ. 174; 80. भीष्म साहनी : व्यक्ति और रचना, पृ. 86; 81. तमस, पृ. 9; 82-84. तमस, पृ. 16, 18; 85-92. तमस, पृ. 31, 32, 38, 45; 93. तमस; पृ. 59; 94-97. तमस, पृ. 114, 115; 98. तमस, पृ. 133; 99. तमस, पृ. 198, 203; 100-103. तमस, पृ. 215, 233; 104. तमस, पृ. 8; 105-107. तमस, पृ. 69, 171, 173; 108-109. तमस, पृ. 93, 223; 110-113. तमस. पृ. 213, 44, 216, 259; 114-117. बसंती, पृ. 9, 10, 14, 15; 118-120. बसंती, पृ. 160, 121-125. बसंती, पृ. 34, 36; 126-127. बसंती, पृ. 42, 43; 128-131. बसंती, पृ. 112, 114, 120; 132-135, बसंती, पृ. 128, 130, 140, 144; 136-137. बसंती, पृ. 145; 138-141. बसंती, पृ. 159, 160, 161; 142-144. बसंती, पृ. 24,25; 145. बसंती, पृ. 25; 146-150. बसंती, पृ. 38, 47, 80, 136, 103; 151-152. बसंती, पृ. 140, 141; 153. श्याम कश्यप : भीष्म साहनी : व्यक्ति और रचना, पृ. 150; 154-155. मैयादास की माड़ी, पृ. 20, 23; 156-158. मैयादास की माड़ी, पृ. 24, 42; 159-161. मैयादास की माड़ी, पृ. 45, 56, 58; 162. मैयादास की माड़ी, पृ. 73; 163. मैयादास की माड़ी, पृ. 88; 164-167. मैयादास की माड़ी, पृ. 104, 106, 108, 117; 168-169. मैयादास की माड़ी, पृ. 121, 139; 170-171. मैयादास की माड़ी, पृ. 157-159; 172-175. मैयादास की माड़ी, पृ. 163, 166, 167, 172; 176-179. मैयादास की माड़ी, पृ. 175, 182, 183; 180-181. मैयादास की माड़ी, पृ. 183, 194; 182-184. मैयादास की माड़ी, पृ. 216, 220, 241; 185-186. मैयादास की माड़ी, पृ. 264, 296; 187-188. मैयादास की माड़ी, पृ. 303, 326; 189. मैयादास की माड़ी, पृ. 137; 190. मैयादस की माड़ी, पृ. 182; 191. मैयादास की माड़ी, पृ. 333; 192-194. कुंतो, पृ. 12, 18, 19; 195-200. कुंतो, पृ. 20, 29, 31, 34, 40, 42; 201-205. कुंतो, पृ. 45, 49, 51, 58; 206-208. कुंतो, पृ. 68, 73, 93; 209-212. कुंतो, पृ. 93, 103, 121, 131; 213-214. कुंतो, पृ. 145; 215-217. कुंतो, पृ. 151, 152, 156; 218-221. कुंतो, पृ. 178, 185, 196; 222-224. कुंतो, पृ. 196, 205, 223; 225-228. कुंतो, पृ. 231, 242, 249, 250; 229-231. कुंतो, पृ. 299, 324, 327; 232. कुंतो, पृ. 22; 233-235. कुंतो, पृ. 21, 34, 73; 236. कुंतो, पृ. 140; 237. कुंतो, पृ. 327।

चतुर्थ अध्याय

चरित्र-सृष्टि : यथार्थ और आदर्श का समीकरण

उपन्यास में चरित्र चित्रण एक महत्त्वपूर्ण तत्त्व होता है क्योंकि उपन्यास में कहानी के स्रष्टा उपन्यासकार की कल्पना सृष्टि से उद्‌भूत पात्र ही होते हैं जो वास्तविक जगत् के व्यक्तियों के सदृश्य गुणों-अवगुणों सहित उपन्यास के रंगमंच पर अवतरित होकर उसको रूप प्रदान करते हैं। ये पात्र परिस्थितियों द्वारा प्रताड़ित भी होते हैं और परिस्थितियों का निर्माण भी करते हैं। डॉ. सत्येंद्र का कथन है कि "मानवता की सामान्य भूमि पर लेखक कल्पना की कूँची से जो रंग भरता है, वह अव्याप्ति व अतिरंजना से बनकर सजीव पात्रों को जन्म देता है। सजीव पात्र हमारे वास्तविक जगत् की प्रकृति होते हैं, जिनके चरित्र के विकास का उपन्यासकार कल्पना के द्वारा साक्षात्कार कर लेता है और उसे औपन्यासिक योजना के द्वारा प्रस्तुत कर देता है।"[1]

वस्तुजगत् के व्यक्तियों और उपन्यास के पात्रों में अंतर होते हुए भी यह कहना अनुचित होगा कि औपन्यासिक पात्र कोरे कल्पित होते हैं। कोई भी पात्र पूर्णरूपेण कल्पित नहीं हो सकता, उसका आधार किसी न किसी रूप तथा अंश में वस्तुजगत् का कोई एक या अनेक व्यक्ति होते हैं। डॉ. प्रताप नारायण टंडन का कथन है कि "उपन्यास के चरित्र उसके लेखक द्वारा निर्मित शाब्दिक पात्र होते हैं, जो यथार्थता और विश्वसनीयता के अनुपात में प्रभावात्मकता तथा सप्राणता ग्रहण करते हैं।...उनका संबंध लेखक की कल्पना वृत्ति-मात्र से नहीं होता, बल्कि उनका संबंध हमारे वास्तविक जीवन से होता है।...सफल उपन्यासकार की कृति में वे सामान्य मनुष्यों की अपेक्षा अधिक होते हैं।"[2] अतः डॉ. रणवीर रांग्रा के शब्दों में यह कहा जा सकता है कि—"यह तो हो सकता है कि किसी पात्र का आधार कोई जीवित व्यक्ति न होकर किसी अन्य रचना का कोई पात्र हो, पर अंततः उस प्रेरक पात्र का आधार वस्तुजगत् का कोई एक या अनेक व्यक्ति अवश्य ग्हे होंगे। उपन्यास मानव जीवन का चित्र है।"[3]

आरंभ में उपन्यास केवल लोकरंजन का साधन मात्र होते थे, अतः किसी भी मनोरंजक कथा को लेकर उपन्यासकार उपन्यास रचना कर लेता था। इसी कारण चरित्रों का निर्माण भी साधन रूप में ही हो जाता था। उसके पश्चात् धीरे-धीरे उपन्यास रचना की यह प्रवृत्ति लुप्त होने लगी तथा उपन्यास से यह माँग की जाने लगी कि वह लोकरंजन में ही उलझा न रहकर यथार्थ समस्याओं का भी वास्तविक अंकन करे।

फलस्वरूप इस माँग की पूर्ति में उपन्यासकार कल्पना की उड़ान भरना छोड़ जीवन और जगत् के आदर्शों का चित्रण करने लगा। उसके पात्र अतिमान की शक्तियों से वंचित होकर सीमित सामर्थ्यवाले गुण-दोष युक्त मनुष्य प्रतीत होने लगे और उनका चित्रण सोद्देश्य सामाजिक उद्देश्य की पूर्ति के लिए होने लगा।"[4]

हिंदी उपन्यास की पृष्ठभूमि भारतेंदु काल (सन् 1850-1900 ई.) के प्रथम चरण से ही तैयार होनी आरंभ हो गई थी। भारतेंदु काल के पूर्वार्द्ध में स्थिति यह थी कि राजा अत्याचारी हो, पर हो शक्तिशाली तथा जनता तंग हो, पर असहाय और निरुपाय, तब उसके पास इसके सिवाय और क्या चारा हो सकता है कि हाथ पर हाथ धर रोती रहे—विशेषतः जब उसने संगठित विद्रोह के रूप में पुरुषार्थ करके देख लिया हो और भाग्य ने उसका साथ न दिया हो, ऐसी घोर निराशापूर्ण स्थिति में जनता का भाग्य आदि अतिमानवी शक्तियों में विश्वास करने लगना स्वाभाविक ही था और यह भी स्वाभाविक था कि धर्म के नाम पर रूढ़िवाद का बोलबाला होना और कुरीतियों और अंधपरंपराओं को प्रश्रय मिलता। उस युग की जनता एक ओर तो इस प्रतीक्षा में एक-एक करके दिन काट रही थी कि कब इनके पाप का घड़ा भरे और अतिमानवी शक्तियाँ उन्हें उनकी करनी का फल दें। दूसरी ओर वह अपने दैनिक जीवन के अनुभवों की कटुता कम करने के लिए जीवन की यथार्थता से पलायन की ओर प्रवृत्त हुई।

हिंदी के आरंभिक उपन्यासों को जनता की इन प्रवृत्तियों को तृप्त करना पड़ा। श्री निवासदास, बालकृष्ण भट्ट आदि के उपन्यासों में अच्छे और बुरे पात्रों में संघर्ष, बुरे पात्रों द्वारा अच्छे पात्रों पर अत्याचार और अंत में अच्छे पात्रों की विजय और बुरे पात्रों को उनके कुकृत्यों के लिए दंड आदि के चित्रण से जनता के इस विश्वास को बल मिला कि पाप का घड़ा एक न एक दिन अवश्य फूटेगा और अंग्रेजों के अत्याचार का अंत होगा। देवकीनंदन के उपन्यासों में तिलस्मी करामातों के चित्रण से अतिमानवी शक्तियों में जनता की निष्ठा बढ़ी। उनके ऐयारों के मंत्र-मुग्ध कर देनेवाले क्रिया-कलापों ने पाठकों को आत्मविस्मृत करके उन्हें जीवन की कटु यथार्थताओं से मुक्त होने का– थोड़े समय के लिए ही सही—अवसर प्रदान किया। इस दूसरी प्रवृत्ति को तृप्त करनेवाले उपन्यासों की माँग उत्तरोत्तर बढ़ती गई और प्रेमचंद के हिंदी उपन्यास क्षेत्र में पदार्पण करने तक लोगों की इस माँग को पूरा करने के लिए हिंदी उपन्यास की प्रवृत्ति लोकरक्षण की अपेक्षा तो नहीं की गई। लोकरंजन से लोकरक्षण की प्रवृत्ति आहिस्ता-आहिस्ता बढ़ी। इसलिए आज तक विभिन्न उपन्यासकार ने अपने युग की भावनाओं से प्रेरित होकर विभिन्न प्रकार के पात्रों की सृष्टि की।

मार्क्सवादी-आलोचक राल्फ फाक्स का कहना है कि "आज उपन्यासकार का केंद्रीय काम यह है कि मानव को उपन्यास में वह फिर उसके अपने स्थान पर स्थापित करे, मानव का पूर्ण चित्र प्रस्तुत करे, सामयिक मानव के व्यक्तित्व की हर अवस्था को समझे तथा उसे कल्पनात्मक रूप में मूर्त करे। मानव की चेतना का विस्तार हो गया है...यह चेतना अमल का, एक नई दुनिया बनाने के प्रयास का रूप धारण कर रही है।"[5] इसीलिए उपन्यासकार का—"अमल द्वारा अपनी परिस्थितियों को बदलते हुए मानव को, जीवन पर काबू पाते हुए मानव को चित्रित करना होगा, ऐसे मानव

को चित्रित करना होगा जो इतिहास की प्रगति के साथ कदम मिलाकर चलता है, और अपने भाग्य का खुद मालिक बनने की क्षमता से युक्त है।"[6]

भीष्म साहनी ने भी इन अधुनातन विचारों से प्रेरित होकर अपने पात्रों की सृष्टि की है। उन्होंने शोषित वर्ग का रोमांचकारी चित्रण करने के लिए तथा शोषक वर्ग के हथकंडों का भंडाफोड़ करने के लिए प्रगतिशील पात्रों की सृष्टि की है।

पात्रों का वर्गीकरण :

(1) पुरुष-पात्र
(2) स्त्री-पात्र
(3) पात्रों का वर्ग विभाजन
(4) अल्पसंख्यक पात्रों से रिश्ता
(5) पात्रों के बहाने लेखकीय दृष्टि का अन्वेषण

'झरोखे' उपन्यास के पात्रों की चरित्र-सृष्टि

झरोखे उपन्यास में अन्य उपन्यासों की तुलना में कम ही पात्र आए हैं। कुछ ही प्रमुख पात्र हैं, जिनकी चर्चा उपन्यास में आवश्यक समझी जा सकती है। अन्यथा कुछ पात्र ऐसे आए हैं, जो बहुत कम समय के लिए अपनी उपस्थिति दर्ज कराते हैं और उनकी उपस्थिति का कोई खास मायने भी नहीं होता। कथा के विकास में उनका योगदान अवश्य रहता है। उदाहरण के तौर पर गिरधारी, फतहदीन, करमखान, जसबंत, बाबानूर और कुलदीप आदि। जिन पात्रों की प्रमुखता से चर्चा हुई है, उनमें से निम्नानुसार हैं:

(1) पुरुष-पात्र—कथानायक बालक, भाई बलदेव, पिता और तुलसी और वैद्य जी।

(2) स्त्री-पात्र—माँ, विद्या और विमला, देवकी।

1. पुरुष-पात्र

पिता जी : झरोखे उपन्यास का पिता एक सामान्य व्यवसायी ही नहीं है, बल्कि एक आदर्शवादी व्यापारी है और समाजोन्मुख आर्यसमाजी है। परिवार में दो बेटे और दो बेटियाँ हैं और सभ्य-सुशील पत्नी के अलावा एक नौकर तुलसी है। पिता जी पूरे परिवार के मुखिया हैं। उनकी आस्था पूरी तरह से आर्य समाज में है। मंदिर, मस्जिद और गुरुद्वारे में उनका कोई विश्वास नहीं है। व्यापार के अलावा पूरे दिन समाज सुधार के कार्य में लगे रहते हैं। नियमित रूप से घर में हवन और प्रार्थना होती है। सभी को श्लोक याद करा देते हैं।

बच्चों को पढ़ाने-लिखाने में उनका विशेष ध्यान रहता है। घर पर ही हिंदी, संस्कृत और संस्कार की शिक्षा देने के लिए एक शिक्षक की व्यवस्था करते हैं। घर पर ही उनका दफ्तर है। वहाँ पिता जी दिन-भर बैठे रहते हैं। और एक उँगली से टाइपराइटर पर टिक-टिक करते रहते हैं। तुलसी अगर उनके दफ्तर में घुस जाता तो डाँट देते। पिता जी तुलसी को प्यार भी करते हैं और नहीं भी करते। तुलसी को जब पढ़ाने की बात आती है तो पिता जी पूरी तरह से उसके पक्षधर हो जाते

हैं और माँ को डाँट देते हैं, "बोलती जा, बोलती जा, जो मन में आए कहती जा। बस नहीं करना। तुलसी दो अक्षर पढ़ लेगा तो इसमें तेरा क्या नुकसान है ?" लेकिन जब माँ उसकी सिफारिश शौच के लिए करती है, उस वक्त उनकी मानसिकता की असलियत उजागर हो जाती है। देखिए उदाहरण—"देखो जी, तुलसी रफा-हजात के लिए पीछे कब्रिस्तान में जाता है, अँधेरे में चला जाए तो कोई नहीं देखता, पर देर सवेर हो जाए तो उसे पत्थर मार-मारकर उठा देते हैं। जहाँ घर के सब लोग जाते हैं, वहाँ यह भी चला जाया करे, रोज का झगड़ा तो खत्म हो।"[7]

"तो यह जल्दी क्यों नहीं जा सकता ?" पिता बड़बड़ाकर कहते हैं, "यह खाता बहुत है। आठ-आठ रोटियाँ खा जाता है। ये लोग गंदे होते हैं।" पिता जी को तुलसी का रफा-हजात के लिए ऊपर जाना बहुत बुरा लगता है। अंत तक वह इस स्थिति को स्वीकार नहीं कर पाए कि तुलसी उसी शौचालय का इस्तेमाल करे, जहाँ घर के सभी लोग जाते हैं।[8]

यद्यपि पिता का चरित्र बहुत उदार बना है। फिर भी मानवीय कमजोरियों से वह भी अपने आपको अलग नहीं रख सका है। जहाँ सवाल आपसी भाईचारा, मोहल्ले की शांति व खुशहाली का होता है, अपनी पत्नी के लाख विरोध के बावजूद उस बवेले में कूद पड़ते हैं। शायद यही वजह है कि पति और पत्नी में आए दिन छुट-पुट झगड़े होते रहते हैं। पिता जी माँ के विरोधों के बावजूद तुलसी को पढ़ा देते हैं। "कुछ पढ़ गया है तो बुरा क्या हुआ है ? जब आया था तो जंगली जानवर था। तालीम इंसान का जेवर होती है।"[9] तुलसी के प्रति उनके विचार अच्छे हैं। परंतु मालिक और नौकर के बीच जो दूरियाँ होती हैं, वह सदैव बनी रहती हैं। तुलसी को उन्होंने ही औषधालय में नौकरी दिलवाई थी। परंतु उन्हें तुलसी का बार-बार घर आना अच्छा नहीं लगता था। जब भी आता तो कोई न कोई काम उस पर डाल ही देते। और जब तुलसी पुनः लौटकर घर में नौकरी चाहता था तो सबसे जबरदस्त विरोध पिता जी का ही था।

एक पिता की तरह झरोखे का पिता जी अपने बेटों के लिए सारी सुविधाएँ जुटाता है, जब बड़ा बेटा घर छोड़कर बाहर चला जाता है, तो व्यापार का सारा भार छोटे बेटे के कंधे पर सौंप देता है। परंतु बड़े बेटे का घर छोड़ना उसे अच्छा नहीं लगता। उसे अपने बुढ़ापे से डर लगता है या बेटे के खालीपन से। परंतु उसका दिल दुख से भर उठता है, "तेरे दिल में दर्द मर गया है। तू यह भी नहीं देख सकता ?"[10] और अपने दोनों हाथ जिसमें ऐक्जीमा फूट निकला है, और वर्षों से परेशान है, भाई के सामने कर देते हैं।

सुख-दुख और धूप-छाँव के बीच पिता जी परिवार की नाव खेते जाते हैं। भविष्य के प्रति न आशान्वित हैं और न वर्तमान के प्रति चिंतित। जिंदगी के प्रति समभाव से प्रेरित पिता जब व्यापार से मुक्ति मिलती तो समाजसेवा में लगा रहता।

तुलसी : 'झरोखे' उपन्यास में तुलसी एक ऐसा पात्र है, जो उपन्यास में सर्वत्र चर्चा का विषय बना रहता है। तुलसी एक नौकर का नाम है, जो लाला जी के घर में चूल्हे-चक्की से लेकर दफ्तर तक का काम करता है। वह पढ़ा-लिखा बिल्कुल नहीं रहता। परंतु लाला जी के बेटों के साथ वह मंत्र बोलना सीख जाता है। उस

परिवार का शैक्षिक और समुन्नत वातावरण का असर तुलसी पर यह होता है कि तुलसी पढ़ने-लिखने के प्रति उत्सुक होता है और धीरे-धीरे संगत में आकर पढ़-लिख जाता है।

तुलसी, बलदेव और उसके छोटे भाई के साथ इस तरह घुल-मिल जाता है, जैसे उसी परिवार का एक सदस्य हो। पूरे दिन उन्हीं के साथ उछलता-कूदता रहता है। वह शक्ल-सूरत में काला है और चेहरा बहुत चौड़ा और हँसता है तो उसके लाल-लाल मसूड़े चमकने लगते हैं। तुलसी पर सबसे ज्यादा गुस्सा होती है, परिवार की मालकिन माँ। माँ अपने बच्चे को डाँटती तो तुलसी भी बीच में डाँट खा जाता। देखिए उदाहरण—"तू दिन-भर सैरों पर चढ़ा रहता है और तेरे साथ तुलसी भी निकम्मा हो रहा है।"[11] तुलसी और बालक के बीच चौबीस घंटे की दोस्ती है। उसके रहते मोहल्ले के किसी लड़के की हिम्मत नहीं होती जो बलदेव और बालक पर हाथ उठा दे। तुलसी अपने मालिक और उनके लड़के के प्रति पूर्णतः समर्पित है। लेकिन माँ उसे बहशी कहती है। अक्सर जब वह शौच के लिए जाता है तो उसके साथ मार-पीट हो जाती है। उसे लहू-लुहान देखकर घर की मालकिन अपने पति से कहती है—

"देखो जी, तुलसी रफा-हजात के लिए पीछे कब्रिस्तान में जाता है, अँधेरे में चला जाए तो कोई नहीं देखता, पर देर-सबेर हो जाए तो उसे पत्थर मार-मारकर उठा देते हैं। जहाँ घर के लोग जाते हैं, वहाँ यह भी चला जाया करे, रोज का झगड़ा तो खत्म हो।"[12]

"तो यह जल्दी क्यों नहीं जा सकता ?" पिता जी बड़बड़ाकर कहते हैं, "यह खाता बहुत है, आठ-आठ रोटियाँ खा जाता है। ये लोग गंदे होते हैं।"[13] पिता जी को तुलसी का रफा-हजात के लिए ऊपर जाना कतई पसंद नहीं है।

अंत तक वह इस स्थिति को स्वीकार नहीं कर पाए कि तुलसी उसी शौचालय में जाए जहाँ घर के सभी लोग जाते हैं। यद्यपि तुलसी ने माँ के हृदय में इतना स्थान तो बना लिया था, परंतु पिता की पूँजीवादी प्रवृत्ति ने इसे स्वीकार नहीं किया।

तुलसी रूमली गाँव का रहनेवाला है। घर से गरीब है। उसकी गरीबी उसके मजाक का कारण बनती है। यहाँ तक कि विद्या विमला भी उसका मजाक उड़ाती हैं। तुलसी अपने मालिक के प्रति इतना समर्पित है कि जब एक बार पिता जी की खीरेवाले ने उँगली मरोड़ दी तो तुलसी आपे से बाहर हो गया और खुद जाकर उसके साथ मार-पीट कर आया। उसे भी चोट आई। उसकी आँखें सूज आईं। फिर भी बड़े फख्र से बताता है, "उसके दाँत से भी खून बह रहा है। वह तीन थे मैं अकेला था। मैंने उसकी छाती में टक्कर मारी है, और बाजू में दाँत गाड़े हैं, याद करेगा, मैंने उसकी उँगली भी मरोड़ी है।"[14] तुलसी जितना सीधा है, उतना ही अंदर से सहनशील है। यूँ तो पूरे दिन माँ जी की डाँट सुनता रहता है। उसके बाद भी हँसता रहता है। वह भी आर्य समाज के नियमों में ढल चुका है। तुलसी जब मंत्र बोलता है तो पिता जी भी खुश हो जाते हैं। कई बार ऐसा हुआ है कि प्रार्थना के समय पिता जी मंत्र भूल गए हैं तो आगे की पंक्ति तुलसी ने ही बोलकर पूरी की है।

माँ जी को सबसे ज्यादा गुस्सा तुलसी से इसलिए रहता है कि घर का काम

न करके बीच-बीच में पढ़ने बैठ जाता है। माँ जी जितना विरोध करती हैं, तुलसी उतना ही पढ़ने के प्रति लालायित रहता है। पिता जी तो उसका पक्ष लेते हैं। उदाहरण द्रष्टव्य है–"पढ़-लिख जाएगा तो इसकी जिंदगी बर्बाद हो जाएगी ? तेरी अक्ल ठिकाने है या नहीं ?"[15] पिता जी गुस्सा हो गए हैं। "पढ़-लिख जाएगा तो क्या बैंक का मैनेजर बन जाएगा ? यह बरतन ही माँजेगा और क्या करेगा ?" माँ जी भी गुस्सा हो रही हैं। "इसे जैसा है वैसा ही रहने दो। क्यों इसकी जिंदगी बर्बाद करते हो ?"[16]

यद्यपि माँ जी का दृष्टिकोण कुछ और ही था। जिसका परिणाम तुलसी के जीवन में बड़ी ही विकट मानवीय स्थिति के रूप में दिखाई देता है। पढ़ना-लिखना किसी के लिए इतना घातक हो सकता है कि उसकी जिंदगी ही बेपेंदी के लोटे की तरह हो सकती है, तुलसी उसका एक नमूना है। उसका कहना कि–"माँ जी, क्या सारी उम्र मैं बर्तन ही माँजता रहूँगा ?" तुलसी के जीवन में उसी तरह का भूचाल पैदा कर देता है, जैसे कोई ग्रह अपना कक्ष छोड़कर भँवर जाल में डूबता, उतराता रहता है। माँ जी उसी वक्त से उसे काम से अलग कर देती हैं। तुलसी लाख कोशिश करता है, फिर भी पुनः उसे घर में ठौर नहीं मिल पाती। यद्यपि पिता जी की सिफारिश पर उसे आर्य समाज के औषधालय में दवा की पुड़िया बनाने और वैद्यगिरी सीखने की नौकरी मिल जाती है, लेकिन तुलसी की नियति वहाँ भी उसका पीछा नहीं छोड़ती। वैद्य जी की पत्नी पूरे दिन घर का काम कराती रहती है। उसके बाद वैद्य जी बाजार से सामान लाने की ड्यूटी लगाते हैं। उपन्यासकार नरेटर के रूप में लिखता है–"मैं कुछ देर वहीं खड़ा तुलसी को देखता रहता हूँ। मैं तो कुछ दूसरी ही आशाएँ लेकर आया था कि औषधालय में मरीजों की भीड़ लगी होगी और तुलसी पगड़ी लगाए कोट पहने दवाइयों की पुड़िया बना-बनाकर दे रहा होगा। यहाँ तो यह सीढ़ियाँ धो रहा है। क्या यहाँ भी यह घर का काम करता है ? भाई तो कहता था कि तुलसी वैद्य बनेगा ?"[17] तुलसी पूरे दिन काम में व्यस्त रहता। उसे रोटी खाने की फुर्सत नहीं मिलती। जिस काम से भागकर तुलसी आया था, उसके दुर्भाग्य ने उससे बदतर स्थिति में पहुँचा दिया था।

तुलसी सारी जिंदगी संघर्ष करके नौकर की हैसियत से मुक्ति पाना चाहता है। परंतु उसे यह मुक्ति नहीं मिल पाती। पुनः औषधालय से लौटकर उसी घर में रोजगार पाने की लालसा में आता है। पिता जी की सिफारिश से उसे पुनः बैंक में नौकरी मिल जाती है। लेकिन कितने दिनों के लिए ? तुलसी पुनः उसी ड्योढ़ी में लौट आता है। लेकिन इस बार अकेले नहीं, साथ में अपने बेटे वेद को लेकर आता है। देखें एक और उदाहरण–"माता जी, तुलसी अपने बेटे को नौकर रखवाने के लिए लाया है।" बालक धीरे-से माता जी के कान में कहता है। माता जी फिर हँस देती हैं, "इसे भी और कोई घर नहीं मिलता। घूम-फिरकर यहीं पहुँच जाता है।"[18]

तुलसी जिस चीज से सारी जिंदगी जूझता रहता है, अंत में उसका बेटा भी उसी स्थिति को प्राप्त करता है।

कथानायक बालक : झरोखे उपन्यास आत्मकथ्यात्मक शैली में लिखा गया बालमनोविज्ञान पर आधारित एक ऐसी कथा है जो एक बालक की आँखों से देखी गई है, और उसी की जुबानी भी कही गई है। बालक अपने माँ-बाप की सातवीं संतान है। तीन लड़कियों के मर जाने के बाद दो भाई और दो बहनें हैं। बालक सबसे छोटा

है और हर छोटी-छोटी बात जो परिवार में घटती रहती है, उन्हें बारीकी से देखता है। उन सब बातों का असर उसके मस्तिष्क पर पड़ता है, जिसकी चर्चा कभी खुद से तो कभी माँ से कभी भाई से और कभी तुलसी से करता है।

बालक शुरू-शुरू में बहुत बीमार रहता है। रोज कुछ-न-कुछ उसे लगा ही रहता है। घर में बड़ा भाई बलदेव और तुलसी की उछल-कूद को देखकर उसे ईर्ष्या होने लगती है। बलदेव गुरुकुल में तीर-कमान का खेल देखने जाता है और बालक भी जिद करता है, "मैं भी जाऊँगा।"[19] पिताजी तो भेजने को तैयार हो जाते हैं। परन्तु माँ बीमारी की वजह से मना कर देती है। देखिए उदाहरण—"देखो जी, कोई राह-रास्ते की बात किया करो। बीमार बच्चे को भेज दूँ। इसका माथा तप रहा है।" "अभी तक माँ मेरी मित्र थी और पिता जी शत्रु। अब पिता जी मित्र हैं और माँ शत्रु बनती जा रही है।"[20] बालक घर में घटनेवाली हर छोटी-छोटी बातों पर विशेष गौर रखता है। तुलसी क्या कर रहा है, माँ तुलसी पर गुस्सा हो रही है। पिता जी अपने दफ्तर पर बैठे जरूर चिट्ठियाँ लिख रहे होंगे। भाई अपने दोस्तों के साथ खेल रहा होगा, बहनें...आदि-आदि।

स्वस्थ होते ही बालक पूरे दिन उछलता-कूदता रहता है। एक बार घर से बाहर निकल जाता तो पूरा शहर घूम आता। उसकी उद्दंडता और अशिष्टता से घर में पढ़ाने आनेवाले पंडित जी उससे बहुत नाराज रहते हैं। देखिए उदाहरण—"तुम्हारा छोटा भाई बड़ा दुष्ट है, इसीलिए दुबला है। सदाचारी लड़के स्वस्थ होते हैं।"[21]

"दुराचार क्या होता है ?"

"दुराचार है पेशाबवाली जगह को हाथ लगाना। गाली देना भी दुराचार है।" बलदेव कहता है, "पर पंडित जी मेरा छोटा भाई भी पेशाबवाली जगह को हाथ लगाता है।"

"क्या तुम सचमुच पेशाबवाली जगह पर हाथ लगाते हो ?"

"जी", मैं सिर हिलाकर कहता हूँ, "मैं उसे लंबा भी कर सकता हूँ।"

पंडित जी की टाँग सहसा कुर्सी पर से नीचे उतर आई है और मेरे मुँह पर तड़ाक से थप्पड़ पड़ा है, जिससे मेरा सिर घूम गया है।"[22]

तुलसी को लेकर घर पर माँ और पिता जी के बीच आए दिन झगड़ा होता रहता है। बालक अक्सर उस दृश्य को मन ही मन सोचता रहता है। जब खाट पर लेटता है तो वही दृश्य उसकी आँखों में उतरने लगता है। खाट पर लेटे-लेटे मैं डरने लगा हूँ कि अभी झगड़ा बढ़ जाएगा और दोनों ऊँचा-ऊँचा बोलने लगेंगे। माँ कहेगी मैंने तुम्हारे साथ कौन-सा सुख पाया है ? तुम मुझे सदा कलपाते रहे हो ? और यदि झगड़ा और भी बढ़ गया तो हाथ जोड़कर रोते हुए कहेगी, "हे भगवान मुझे उठा ले, जहाँ मेरी सुरसती (सरस्वती) गई, जहाँ मेरी शांति गई, जहाँ मेरी राज गई, वहाँ मुझे भी उठा ले। पर झगड़ा बढ़ा नहीं है। माँ केवल खीझकर बार-बार कहे जा रही है, "मुझे क्या है, पढ़ाओ, आर्य समाजी बनाओ। न दीन का रहेगा, न दुनिया का पर फिर वार्तालाप का रुख बदल गया है। वे कुछ और ही बातें करने लगे हैं। शायद किसी की सगाई होने जा रही है। कहीं से कोई खत आया है। विद्या का नाम भी बार-बार लिया जा रहा है। क्या विद्या बहन की सगाई होगी ? सगाई क्या होती है?

धीरे-धीरे उनकी बातें अधिकाधिक अस्पष्ट होती जा रही हैं।"[23]

बालक घर के वातावरण की तरह, मोहल्ले, गली और कूँचों के वातावरण से भी प्रभावित है। फैजअली क्या कर रहा है ? गिरधारी किस तरह लड़कों को गुल्ली-डंडा खेलने के लिए आवाज दे रहा है ? मोहल्ले में क्या हो रहा है, आदि-आदि। बालक की शुरुआती शिक्षा आर्यसमाज के गुरुकुल में होती है। धीरे-धीरे उम्र बढ़ती जाती है और बचपन के दिन लदते जाते हैं। फिर बाल मन की जिज्ञासा कहीं-कहीं अवश्य स्पष्ट होती रहती है। उदाहरण द्रष्टव्य है :

"हमारे पंडित जी कहते हैं, स्त्रियों के चेहरे की ओर देखना पाप होता है।" मैं धीरे-धीरे कह रहा हूँ, "पर तुम तो स्त्री नहीं हो। तुम तो लड़की हो।" वह सिर हिलाती है।

"हमारे पंडित जी भी बड़े पापी हैं। उन्होंने कोई पाप किया था, जिससे उनकी नाक चपटी हो गई है।"[24]

बालक की जिज्ञासा का एक उदाहरण और द्रष्टव्य है :

"आपने भगवान को देखा है ?"

मैं धीरे से पूछता हूँ। मुझे विश्वास है कि संसार में यदि किसी ने भगवान को देखा है तो इसने जरूर देखा होगा।

वह मेरी ओर हैरान होकर देखता है, फिर धीरे-से बड़े आत्मविश्वास के साथ कहता है, "एक बार देखा था।"

मैं अवाक् उसके चेहरे की ओर देख रहा हूँ।

"एक दिन मैं संध्या कर रहा था तो मेरी आँखों के सामने रोशनी ही रोशनी फैल गई।"

मैं सुनते ही मन मसोस कर रह जाता हूँ।

"तुम्हें कभी रोशनी नजर आई है ?"

टूटे दिल से मैं सिर हिला देता हूँ।

"पापियों को नजर नहीं आती। वह निश्चय के साथ सिर हिलाकर कहता है।"[25]

बालक को अन्य चिंताओं के साथ-साथ तुलसी की चिंता काफी सताती है। तुलसी को नौकर की तरह नहीं, बल्कि एक भाई, एक दोस्त की तरह देखता है। बालक रुग्णावस्था में स्वप्नदोष जैसी बीमारी को किसी गंभीर बीमारी जैसी समस्या की तरह लेता है। वीर्यपात व स्वप्नदोष से इतना आतंकित हो जाता है कि वह अपने भाई से, दोस्तों से और यहाँ तक पिता और माँ से इसके संबंध में प्रश्न करता है। उसके मन में एक भय-सा बैठ जाता है। उससे मुक्ति पाने के लिए प्रवृत्ति दमन की कोशिश करता है। यहाँ तक कि स्त्रियों की तरफ नहीं देखता। रात-रात भर जगकर काट देता है। सादा भोजन करता है। उदाहरण द्रष्टव्य है :

"तीन बार। पहली बार गर्मियों में गिरा था। मैंने माँ को बताया था। मुझे लगा जैसे मेरे अंदर से पीप निकली है। मैं बहुत डर गया था।" "माँ ने क्या ?⋯" माँ कुछ नहीं बोली, पर उसने पिता जी को बता दिया। "पिता जी ने क्या कहा ?⋯" "पिता जी ने बहुत डाँटा।" वह कहने लगे तुम जरूर नावलें पढ़ते होंगे। वह मेरे कोर्स

का नावल उठा ले गए और खिड़की से बाहर फेंक दिया। अब वह रोज मुझे चार बजे उठा देते हैं और ठंडे पानी से नहाने को कहते हैं।"[26]

तरुणाई का एक अलग रंग होता है, जिसके बारे में झरोखे धीरे-धीरे खुल जाते हैं। उस अवस्था में भाई-भाई के बीच भी किसी प्रकार का कोई पर्दा नहीं होता। एक उदाहरण और द्रष्टव्य है :

"तुम हस्तमैथुन करते हो ?" सहसा भाई पूछता है।

"नहीं तो, मैं अपने अंग को छूता तक नहीं।"

"तुम पिता जी की सौगंध खाकर कहो कि तुम हस्तमैथुन नहीं करते ?"

"मैं नहीं करता, पिता जी की सौगंध खाकर कहता हूँ।"[27]

बालक इस मानसिक रोग से एक लंबे समय तक मुक्त नहीं हो सका। यद्यपि जो प्रतिक्रिया उस बालक के मस्तिष्क पर हुई है, वह स्वाभाविक है। बालपन की ही तरह तरुणाई भी कौतूहल से भरी होती है।

बहुत-सी बातें धीरे-धीरे उसके मस्तिष्क से धीरे-धीरे साफ होती जाती हैं। जब बड़ा भाई बलदेव व्यापार छोड़कर अन्यत्र दूसरा काम करने की बात करता है, तो उसके पक्ष का व्यापार इसी के कंधे पर आ जाता है। बालक धीरे-धीरे पूरी तरह से व्यापार की ओर मुड़ जाता है।

झरोखे का बालक या कथानायक कहीं भी अपनी बुराई को छिपाने की कोशिश नहीं करता। बल्कि जिंदगी की सच्चाई के एक-एक रेशे को उघारता जाता है। वीर्यपात और स्वप्नदोष से आतंकित होकर तरुण अपने यथार्थ विकास से विमुख हो जाते हैं। किताबों में से औरतों के चित्र फाड़ डालते हैं। यह जीवन निषेध है। इस तरह ग्लानिहीनता और दम के मूल में है, जीवन निषेध की वह अवधारणा जो धर्म-दर्शन और नीति के नाम से घुट्टी में पिलाई गई है, जिसका परिणाम झरोखे के नायक के रूप में दिखाई देता है।

बलदेव : बलदेव झरोखे उपन्यास के कथानायक का बड़ा भाई है। पाँच बहनों के बाद जब किसी हिंदू परिवार में कोई बड़ा लड़का होता है तो निश्चित रूप से उसकी मान्यता अन्य सभी संतानों से ज्यादा होती है। इस मामले में बलदेव बहुत भाग्यशाली है। पाँच बहनों के बाद उसका जन्म हुआ था। इसलिए पूरे घर में उसकी ज्यादा सुनी जाती है। वह देखने-सुनने में भी बहुत सुंदर है। पढ़ने-लिखने में भी ज्यादा होशियार है। सारे दिन उछलता-कूदता रहता और अपने छोटे भाई के लिए ईर्ष्या की वजह बनता रहता है।

बलदेव की भी पूरी शिक्षा-दीक्षा गुरुकुल में होती है। तुलसी बलदेव का भी दोस्त है। अन्य पाठ की तरह युद्ध की शैली वह तुलसी से सीखता है और अपने छोटे भाई को सिखाता है। "राजपूत ऐसे ही लड़ते थे, पर उनके पास ढाल-तलवार भी होती थी।" उसके पास राजपूत जीवन संघर्ष नाम की किताब है। उसमें से उसने बहुत कुछ पढ़ा है। "पर वे पीछे से कभी नहीं मारते थे और अगर दुश्मन गिर पड़े तो भी नहीं मारते थे।"[28] बलदेव को कई श्लोक कंठस्थ हैं। प्रतिदिन आर्य समाज के नियमानुसार शाम को प्रार्थना सभा घर पर आयोजित करता है। पंडित जी रोज पढ़ाने आते हैं। बलदेव के आचार और व्यवहार से बहुत प्रभावित हैं, उसकी तारीफ करते रहते हैं। बात-बात

में कहते हैं—"लाला जी का बड़ा लड़का उत्तरी ध्रुव है और छोटा लड़का दक्षिणी ध्रुव है।"

वैसे तो दोनों भाई आपस में लड़ते-झगड़ते रहते हैं, परंतु बलदेव गंभीर है। वह छोटे भाई को समझाता है। बलदेव जब बड़ा हो जाता है तो दूसरे शहर पढ़ने चला जाता है। जब वह लाहौर से छुट्टियों में लौटता है, पूरी तरह से बदला हुआ नजर आता है। नीचे सफेद रंग की पतलून पहने हुए है। सर पर टोप पहने हुए है। "हम इसे वहाँ यों टेढ़ा करके पहनते हैं।"[29] अपने छोटे भाई को बताता है। छोटा भाई उससे हर तरह की जानकारी लेता है। "ब्लेजर क्या होता है ? वीर्यपात क्यों होता है ?" इत्यादि। बलदेव उसकी जिज्ञासा दूर करता है। छोटा भाई मानसिक रोग का शिकार रहता है। देखिए उदाहरण—"तुम्हारा भी वीर्य गिरता है ?" छोटा भाई पूछता है। "नहीं ! पाँच-छह महीने में कभी एकाध बार गिरता है। पर जब गिरने लगे तो मैं लंबे-लंबे साँस खींचता हूँ और वह रुक जाता है। फिर मैं झट से खाट पर से कूद जाता हूँ और डंड पेलने लगता हूँ। तब नहीं गिरता।"[30]

बलदेव अपनी पढ़ाई पूरी करने के बाद पिता के काम-धंधे में हाथ बटाने लगता है। परंतु कुछ दिन बाद उसका मन व्यापार से उचट जाता है और वह अपने शहर को छोड़कर अन्यत्र जाना चाहता है। पिता जी परेशान हैं। उम्र भी काफी हो चुकी होती है, ऐसी परिस्थिति में बलदेव का घर से जाना उनके लिए परेशानी का कारण बनता है। दुखी मन से पिता समझाता है। उदाहरण द्रष्टव्य है :

"मैं घर से भाग नहीं रहा हूँ, पिता जी। मैं केवल व्यापार छोड़ रहा हूँ। मैं कोई दूसरा काम करूँगा। आपने भी तो नौकरी छोड़कर व्यापार किया था।"

"मेरी तौफीक ही क्या थी ? मैं तो पच्चीस रुपये महीना तनख्वाह पाता था, क्लर्की करता था।"

फिर पिता जी अपने दोनों हाथ भाई के सामने कर देते हैं। पिता जी के दोनों हाथों में ऐक्जीमा फूट निकला है, जो कुछ बरसों से उन्हें परेशान कर रहा है।

"तेरे दिल में दर्द मर गया है ? तू यह भी नहीं देख सकता ?" पिता जी कहते हैं। उनकी आवाज भर्रा आई है।[31]

बलदेव अपना स्वतंत्र व्यक्तित्व विकसित करना चाहता है। जिंदगी में कुछ नया करना चाहता है। पिटी-पिटाई लीक पर चलना उसे कतई पसंद नहीं है। उसके अंदर उत्साह है, उमंग है। वह बगावत नहीं करता। वह तो अपनी नई जमीन तैयार करना चाहता है। माँ भी उसे इस कार्य में मदद करती है। "देखो जी, मैं बेवकूफ, अनपढ़ आप लोग दाना सियाने अक्लमंद। पर सीधी-सी बात है, बच्चा व्यापार नहीं करना चाहता तो तुम जबरदस्ती क्यों करते हो ? तुमने अपना फर्ज निभा दिया है। इन्हें अच्छा पढ़ा दिया है, अपने पैरों पर खड़ा होने लायक बना दिया है। अब जो आगे इनकी किस्मत।"[32]

अंततः बलदेव नई मंजिल की तलाश में एक दिन सभी का आशीर्वाद लेकर चला जाता है।

2. स्त्री-पात्र

माँ : महिला पात्रों में नायक की माँ की भूमिका पूरे उपन्यास में महत्त्वपूर्ण है। जिस तरह एक गृहिणी, माँ के रूप में, पत्नी के रूप में, बच्चों की संरक्षिका के रूप में और घर की मालकिन के रूप में होती है, वे सारे गुण झरोखे की माँ में मौजूद हैं। माँ का पूरे घर में एकछत्र राज्य रहता है। यद्यपि पति का हुक्म सर्वोपरि होता है, फिर भी माँ जो कह देती है, अंत में होता वही है।

माँ जितना प्यार छोटे बच्चे को करती है, उतना ही प्यार बलदेव और विद्या-विमला को करती है। छोटा बालक काफी अस्वस्थ रहता है, इसलिए उसके प्रति काफी ध्यान देती है। माँ घर के नौकर तुलसी पर पूरे दिन बिगड़ती रहती है। तुलसी का मंत्र बोलना उसे अच्छा नहीं लगता। तुलसी का पढ़ना-लिखना उसे अच्छा नहीं लगता। तुलसी को पढ़ते देख लेती तो उस पर अपना सारा क्रोध उतारने लगती है। "घंटा भर से यहाँ बैठा किताब पढ़ मर रहा है, और इसे ढूँढ़-ढूँढ़कर मेरी टाँगें टूट गई हैं।...नौकरों को पढ़ाई से मतलब ? जो पढ़ना-मरना था तो यहाँ क्यों आया ?"[33]

पिता जी और माँ जी में बहुत कम पटती है। आए दिन कुछ न कुछ विवाद होता रहता है। पिता जी और माँ जी के विचारों में काफी अंतर है। अगर पिता जी मोहल्ले के किसी विवाद को सुलझाने के लिए बाहर जाते हैं तो माँ कसम धरा देती है। माँ को किसी भी पचड़े में पड़ना अच्छा नहीं लगता। "मेरा मुर्दा देखोगे अगर बाहर गये तो। मोहल्ले में हर किसी से दुश्मनी लेते फिरते हो, यह बात अच्छी नहीं है।"[34]

पिता जी पूरी तरह आर्य समाजी हैं। उन्हें मंदिर और गुरुद्वारे पर विश्वास नहीं है। परंतु माँ को विश्वास है। वह पिता जी की चोरी में मंदिर और गुरुद्वारे भी जाती है। बच्चों की नजरें भी उतारती है। कभी-कभी पिता जी को मालूम चल जाता है तो गुस्सा होते हैं। माँ इन बातों की ज्यादा परवाह नहीं करती। माँ का झगड़ा पिता जी से तुलसी को लेकर होता है। देखिए दृष्टांत :

"अब तुलसी को भी अपने साथ मिलाने में लगे हो।" माँ कह रही है, "तुम इसकी जिंदगी बर्बाद करने में तुले हुए हो।"

पिता जी चलते-चलते रुक गए हैं, "पढ़-लिख जाएगा तो इसकी जिंदगी बरबाद हो जाएगी ? तेरी अक्ल ठिकाने है या नहीं ?"

"पढ़-लिख जाएगा तो क्या करेगा, क्या बैंक का मैनेजर बन जाएगा ? यह बर्तन ही माँजेगा और क्या करेगा ? इसे जैसा है वैसा ही रहने दो। क्यों इसकी जिंदगी बर्बाद करते हो।"[35]

माँ की ऐसी सोच इसलिए बलवती होती जाती है, क्योंकि घर का सारा कार्य उसे ही करना पड़ता है। उसे इस बात का भय बराबर बना रहता है कि अगर तुलसी भी पढ़ जाएगा तो मैं और भी अकेली हो जाऊँगी। दूसरी तरफ उसका यह सोचना कि अगर तुलसी पढ़-लिख गया तो घर का काम करना पसंद नहीं करेगा, उसे कुर्सीवाली नौकरी मिलने से रही। तब तुलसी न घर का रहेगा और न घाट का। अंत में हुआ भी वही। एक दिन तुलसी अचानक बोल उठता है–"माता जी, क्या सारी उम्र मैं बर्तन ही माँजता रहूँगा।"[36] माँ को जिस बात का भय था, आखिर

वही हुआ। माँ की ममता जितना अपने बच्चे के लिए थी, उतनी तुलसी के लिए भी थी।

पिता जी नहीं चाहते थे कि तुलसी घर के अंदर शौच जाए। परंतु माँ पिता जी के इस विचार का विरोध करती हैं। तुलसी जब औषधालय में नौकरी करने चला गया, तब भी माँ अपने छोटे बेटे से तुलसी के नये कपड़े भिजवाती। तुलसी जब पुनः फटेहाल जिंदगी बसर करने लगा तो माँ ने अपने बड़े बेटे की उस वक्त तहेदिल से तारीफ की जब बलदेव ने तुलसी को घर की सिलाई मशीन दे दिया। जहाँ तक प्रश्न माँ के गुस्सा होने व चिड़चिड़ाने का था, तो तुलसी की शिकायत पर छोटे बेटे के मुँह में मिर्ची डालकर दंड दिया करती थी। और जब गुस्सा होती तो अपने पति पर सारा गुस्सा उतार देती। माँ का चरित्र एक सीधी-सादी भारतीय पारिवारिक महिला का अच्छा बन पड़ा है। पूरे दिन सुबह से बिस्तर पर जाने तक चूल्हा-चक्की, पति, बच्चे, नौकर और गृहस्थी के छोटे-मोटे कार्यों में उलझी रहती है। माँ के हृदय की उदारता एवं सदाशयता उसके चरित्र में स्पष्ट दिखाई देती है। वह मातृत्व को त्याग नहीं पाती।

देवकी : देवकी 'झरोखे' उपन्यास में बहुत कम समय के लिए आती है। देवकी तुलसी की पत्नी है। गाँव में रहती थी। तुलसी जब अपने पूर्व मालिक का घर छोड़कर औषधालय में काम करने लगता है, उस वक्त तुलसी देवकी को गाँव से लिवा लाता है। औषधालय के ऊपरवाले कमरे में तुलसी अपनी पत्नी देवकी के साथ रहता है। देवकी बहुत ही सीधी-सादी औरत है। दुनिया के प्रपंच से दूर निश्छल, परंतु पति के प्रति समर्पित है।

देवकी का सारा संसार उसका पति तुलसी है। तुलसी को सीढ़ियाँ धोते देखकर मायूस हो जाती है। उसे बाल्टी भर-भरकर लाना और सीढ़ियाँ धोना अच्छा नहीं लगता। तुलसी कथानायक से बताता है–"मैं बाल्टियाँ भर-भरकर ले जाता हूँ, वह ऊपर खड़ी गिनती रहती है।"[37] देवकी बड़े दुखी मन से कहती है–"कल बीस और आठ थीं, परसों बीस और नौ।" देवकी की आवाज लड़खड़ा जाती है, "मैं इधर खाली बैठी रहती हूँ जी, मैं सीढ़ियाँ धो सकती हूँ। पर यह मुझे धोने नहीं देते।"[38] देवकी नहीं चाहती कि मेरा पति पूरे दिन काम करे। तुलसी समय से रोटी भी नहीं खाता। देवकी को इस बात से भी शिकायत है। यह रोज बेवक्त रोटी खाते हैं जी। कभी दिन-भर निकल जाता है, खाते ही नहीं। कभी कोई बुला ले जाता है, कभी कोई। आप बड़े बाबू जी से कहो न जी, वैद्य जी को समझाएँ।"[39]

पति प्रेम उस वक्त पराकाष्ठा पर पहुँच जाता है, जब देवकी अपने पति से कहती है कि–"वह तो आज आपको सौदा लाने मंडी भेजेंगे जी। देख लेना। आप अभी जल्दी से सीढ़ियाँ उतर जाओ जी, नहीं तो वैद्य जी अभी आकर आवाज लगाएँगे।"[40]

देवकी अपने पति का दुख बाँट लेना चाहती है। वह उसके हर कार्य में हाथ बँटाना चाहती है। सचमुच देवकी एक भारतीय नारी के रूप में हमारे सामने प्रकट होती है और उसका चरित्र स्तुत्य है।

विद्या और विमला : 'झरोखे' उपन्यास में विद्या और विमला दो ऐसी महिला पात्र हैं जिन्हें पृथक्-पृथक् करके नहीं पहचाना जा सकता। बतौर कथानक, "ये मेरी

दो बड़ी बहनें हैं। वे बहनें नहीं, दो सफेद साये-से हैं जो सदा एक साथ घर में घूमते रहते हैं, भाग-भागकर एक कमरे से दूसरे कमरे में जाते हैं।"[41] विद्या बड़ी बहन है और विमला छोटी। दोनों बहुत हँसोड़ी हैं। पिता जी का बहुत खयाल रखती हैं और बालक यानी अपने छोटे भाई को बहुत प्यार करती हैं। पूरी तरह से आर्यसमाजी हैं। रोज शाम को पिता जी के साथ प्रार्थना में बैठती हैं। वे दोनों जब छज्जे पर जाती हैं तो पिता बेहद गुस्सा होते हैं, "यहाँ खड़ी क्या कर रही हो ? तुम्हें मना जो किया है, छज्जे पर मत आया करो।"[42] दोनों पिता जी की बात पर हँसने लगती हैं। पिता जी पुनः डाँटते हैं। परंतु हँसना उनका स्वभाव है। गंभीर रह नहीं सकतीं। खासकर छोटी बहन विमला।

तुलसी पर पूरे दिन हँसती हैं। तुलसी उन्हें अजूबा लगता है। विद्या और विमला बड़ी हो जाती हैं और छज्जे पर जब जाती हैं, तो सामने के घर का मालिक उन्हें देखते ही कपड़े उतारकर नंगा हो जाता है। दोनों छज्जे से नीचे आ जाती हैं। उनके माँ-बाप विद्या की शादी कर देते हैं। विमला की शादी की बात चल ही रही होती है, परंतु विमला बीमार हो जाती है। छह माह बाद जब विद्या ससुराल से लौटती है तो विमला उसे बीमार मिलती है।

विद्या गर्भवती रहती है। विमला बहुत बीमार रहती है। उसे अच्छे से अच्छा उपचार दिया जाता है। परंतु सब बेकार रहता है। अंततः विमला को नहीं बचाया जा सकता और विमला का प्राणांत हो जाता है। परंतु एक विचित्र बात यह होती है कि विद्या को उसी वक्त एक लड़की पैदा होती है। पूरे घर का माहौल खुशियों में बदल जाता है। पिता जी काँपती आवाज में कहते हैं—"विमला हमारे पास लौट आई है। भगवान ने उसे फिर हमारे पास भेज दिया है।"[43]

विद्या और विमला पूरे उपन्यास में इसी तरह यदा-कदा बीच-बीच में आती रहती हैं और कथावस्तु आगे बढ़ती रहती है।

3. पात्रों का वर्ग विभाजन

(1) उच्च वर्ग : इस वर्ग के अंतर्गत 'झरोखे' उपन्यास में किसी पात्र की सृष्टि नहीं हुई है।

(2) मध्य वर्ग : इस वर्ग के तहत लाला जी, बलदेव, बालक, वैद्य जी, विद्या और विमला और माँ जी वगैरह।

(3) निम्न वर्ग : इस वर्ग के अंतर्गत तुलसी, वेद, फैजअली, देवकी, गिरधारी, नवाबखान, करमखान और फतहदीन आदि।

4. अल्पसंख्यक पात्रों से रिश्ता

'झरोखे' उपन्यास में अल्पसंख्यक पात्रों की चर्चा वातावरण के अंतर्गत आई है। फिर भी जिस मोहल्ले में मुसलमान परिवार रहते हैं, वहाँ हिंदू भी रहते हैं। दोनों के बीच सौहार्द का वातावरण रहता है। यद्यपि हिंदू परिवारों में छुआछूत का वातावरण अवश्य रहता, परंतु मतभेद जैसी चीज दिखाई नहीं देती है।

5. पात्रों के बहाने लेखकीय दृष्टि का अन्वेषण

भीष्म साहनी ने 'झरोखे' उपन्यास के माध्यम से जिन पात्रों की रचना की है, उसका एक विशेष उद्देश्य है। कथानक के रूप में लेखक स्वयं को प्रस्तुत करता है। लेखक ने नायक के रूप में स्पष्ट किया है, कभी-कभी माँ-बाप और बच्चों को पढ़ानेवाला पंडित धर्म, योग, ब्रह्मचर्य के बहाने उनकी मानसिकता में कुठाराघात करते हैं। किसी भी बालक को ज्यादा धर्मभीरु बनाने का परिणाम यह होता है कि बालक विकृत मानसिकता से ग्रस्त हो जाता है। उसके मन में औरतों के प्रति, लिंग के प्रति घृणा और भय पैदा हो जाता है। वह हर वक्त पाप और पुण्य के चक्कर में उलझा रहता है, जिसका असर उसके व्यक्तित्व पर पड़ता है। जैसा कि झरोखे के नायक के साथ हुआ। कभी-कभी बच्चों के साथ भेद-भाव का असर भी उस बच्चे के प्रति बुरा पड़ता है। जिसके साथ दूसरे के एवज में अच्छा व्यवहार नहीं मिलता।

इसी तरह तुलसी एक बहुत ही महत्त्वपूर्ण पात्र 'झरोखे' उपन्यास में आया है। लेखक ने तुलसी के बहाने उस पूँजीवादी मानसिकता का चित्रण किया है, जिसमें गरीब गरीब ही रह जाता है और अमीर आगे बढ़ता जाता है। तुलसी उस परिवार की संगत में आकर पढ़-लिख तो जाता है, यहाँ तक कि आर्य समाजियों की तरह मंत्रपाठी हो जाता है। लेकिन सारी जिंदगी जूझने के बाद भी उसे नौकर की हैसियत से मुक्ति नहीं मिल पाती। लेखक ने तुलसी के बहाने जो दृष्टि दी है, वह सार्वभौमिक है।

देवकी उसकी पत्नी है। तुलसी से वैद्य जी बेरहमी से काम लेते हैं। देवकी जानती है कि तुलसी की यह नियति है। परंतु उसकी पीड़ा उस बात की प्रतीक है कि पत्नी के लिए पति से बड़ा कोई नहीं है। विधि की विडंबना कहें या व्यवस्था की बदमाशी, तुलसी ही उस व्यवस्था का शिकार नहीं होता, बल्कि उसका बेटा भी उसी की नियति को प्राप्त होता है।

पिता जी और माता जी तुलसी से प्यार तो करते हैं, परंतु हर वक्त इस बात का एहसास होता रहता है कि तुलसी एक नौकर है। जिसे न पढ़ने का अधिकार है, और न नायक और बलदेव की तरह घूमने और खेलने-कूदने का। लेखक ने अमीर-गरीब, शोषक और शोषित के बीच स्पष्ट विभाजक रेखा खींची है। लेखक जो कहना चाहता है, अपने उद्देश्य में सफल रहा है।

'कड़ियाँ' उपन्यास में पात्रों की चरित्र-सृष्टि

1. पुरुष-पात्र

महेंद्र : महेंद्र 'कड़ियाँ' उपन्यास का मुख्य नायक है। महेंद्र किसी दफ्तर में नौकरी करता था। शुरू-शुरू में महेंद्र क्लर्क था। परंतु बाद में महेंद्र अधिकारी बन जाता है। महेंद्र की शादी प्रमिला के साथ हिंदू-वैवाहिक पद्धति के साथ बारह-पंद्रह वर्ष पहले हुई थी। दोनों के बीच एक लड़का पप्पू था, जिसकी उम्र छह-सात वर्ष की थी। महेंद्र के दफ्तर में सुषमा नाम की एक लड़की जो कैशियर के पद पर कार्यरत थी। महेंद्र के साथ उसकी दोस्ती धीरे-धीरे बढ़ती जा रही थी। महेंद्र सुषमा के करीब जब भी

जाता, उसे मन ही मन प्रमिला के प्रति अपराध-बोध का आभास होने लगता। कभी-कभी सुषमा का शरीर भी उसे अधिक स्थूल, अधिक मांसल लगने लगता। लेकिन उसका सामीप्य मिलते ही महेंद्र सुषमा में खोता जाता। यद्यपि सुषमा की हर बात उसे बनावटी लगती। फिर भी सुषमा का जादू उसे अपनी ओर बराबर खींचे रहता।

प्रमिला की कद काठी महेंद्र को अपनी ओर आकर्षित अवश्य करती है। महेंद्र मन ही मन सोचता कि अगर प्रमिला नये जमाने की औरतों की तरह ही बन-ठन कर रहे तो उसका भटकना प्रमिला के पास तक आकर समाप्त हो जाए। परंतु प्रमिला तो ठहरी एक परंपरावादी महिला। वह तो पति का सान्निध्य मात्र संतानोत्पादन तक ही समझती। किंतु महेंद्र की भावनाओं को समझती अवश्य थी। महेंद्र दफ्तर में और उसके बाहर रंग-बिरंगी पोशाकों में जब औरतों को देखता तो उनमें कभी अपनी प्रेमिका तो कभी प्रमिला की तस्वीर देखने लगता। परंतु जैसे ही घर पर आता और प्रमिला का रूखा व्यवहार देखकर चिड़चिड़ा हो उठता। महेंद्र और प्रमिला के बीच वार्तालाप का एक दृश्य द्रष्टव्य है :

"क्या पत्नी का कोई फर्ज नहीं होता ? तुम्हें यह जानने की इच्छा भी नहीं होती कि मर्द चाहता क्या है ?"

"मैं जानती हूँ मर्द क्या चाहता है। मुझे वह सब अच्छा नहीं लगता। सो जाओ।"[44]

महेंद्र का मन खिन्न हो उठता। परंतु पत्नी, पत्नी ही होती है। महेंद्र खुद को प्रमिला के प्रति अपराधी समझता। और उसने मन ही मन निश्चय कर लिया था कि वह सुषमा के संबंध को प्रमिला से बता देगा। लेकिन सुषमा के बारे में बताने के पहले उसके मन में मित्र नाटे की बात बार-बार कौंध जाती—"भले ही बीसियों स्त्रियों से संबंध रखो, पर घरवाली से छिपाए रखो। इसी में सच्ची नैतिकता है।"[45] इसके बावजूद उसने इस राज को प्रमिला पर खोल ही दिया। प्रमिला पहले तो बिफरी, लेकिन महेंद्र के बार-बार माफी माँगने पर उसने इस शर्त पर क्षमा कर दिया कि भविष्य में अब कभी उस औरत के पास नहीं जाओगे। महेंद्र कुछ समय तक तो सुषमा से दूर रहने की कोशिश करता रहा, परंतु उसका गदराया बदन महेंद्र को लंबे समय तक पत्नीव्रत नहीं रहने दिया। वह पुनः सुषमा की आगोश में अपनी खुशी की तलाश में प्रमिला द्वारा खींची गई लक्ष्मण रेखा काटकर बाहर निकल गया। प्रमिला का नारी मन महेंद्र के प्रति यह मानने के लिए बिल्कुल तैयार नहीं था कि महेंद्र सुषमा के पास अब नहीं जाता। महेंद्र किसी कार्य की वजह से अगर थोड़ी देर से भी आए तो प्रमिला का तर्क एक ऐसा अवरोधक बनकर महेंद्र के सामने खड़ा हो जाता, जिसने महेंद्र को न केवल उग्र बना दिया, बल्कि प्रमिला के प्रति उसके मन में घृणा का भाव भी पैदा कर दिया। महेंद्र चिड़चिड़ा हो गया। उदाहरण देखिए :

"आज फिर देर लगा दी···तुमने बताया नहीं, कहाँ गए थे ?"

"जहाँ मेरा मन चाहा, मैं वहाँ गया था।"

"तुम फिर उस औरत के पास गए होगे। तुमने मुझे वचन दिया था। मुझे क्या···।" प्रमिला पीछे मुड़कर जैसे ही रसोईघर की ओर जाने लगी, महेंद्र का सहसा हाथ उठा और प्रमिला की गर्दन पर जोर से थप्पड़ दे मारा। थप्पड़ की आवाज घर-भर

में गूँज उठी।"[46] और महेंद्र ने आनन-फानन में प्रमिला को अपने दिल की बात कह दी, "हमारी शादी नाकामयाब साबित हुई है, मैं इसे और घसीटना नहीं चाहता।"[47] फिर प्रमिला का रोना-गिड़गिड़ाना, नाटे का समझाना, पप्पू के भविष्य के उलाहने, प्रमिला की चाची और चाचा की समझाइस महेंद्र को उसके निर्णय से नहीं डिगा सकी। अंततः प्रमिला को महेंद्र का घर छोड़ना ही पड़ा और छोड़कर अपने पिता के घर आ गई। महेंद्र काठ सा बना यह सब देखता रहा, परंतु उसके चेहरे पर पश्चात्ताप की जूँ तक नहीं रेंगी।

महेंद्र पप्पू को बोर्डिंग में डालकर पूरे घर पर अकेला रहने लगा। इस बीच नाटे के विशेष सहयोग से और प्रमिला के चाचा-चाची की मदद से दोनों में समझौता कराने के लिहाज से नाटे के मकान के ऊपरवाले कमरे में एकबार पुनः पुनर्मिलन की स्थिति पैदा की गई। महेंद्र से मिलने पर प्रमिला दीनभाव से सिर्फ पप्पू को माँगते हुए रो पड़ी थी, "मुझे मेरा बच्चा चाहिए, तुम जाओ उस काली-कलूटी के पास। मुझे मेरा बच्चा दे दो। उसके बिना मैं मर जाऊँगी। पप्पू के बिना मैं मर जाऊँगी।"[48]

महेंद्र को लगा जैसे हिस्टीरिया का दौरा पड़नेवाला हो। पर वह निश्चेष्ट बैठा रहा। पहले प्रमिला जब यों चीखती-चिल्लाती थी तो महेंद्र के दिल पर की झिल्ली कड़ी होने लगती थी। उसकी धृष्टता बढ़ने लगती थी, तब भले वह गिड़गिड़ाती रहे या चीखती-चिल्लाती रहे, महेंद्र पर कोई असर नहीं होता था। इसी धृष्टता को वह अपने चरित्र की दृढ़ता माना करता था। पर आज वह बड़ा खोया-खोया और अटपटा महसूस कर रहा था। प्रमिला की उदासी और उसका निचुड़ा शरीर महेंद्र को बहुत कुछ सोचने के लिए मजबूर कर रहा था। दोनों के बीच गिले-शिकवे चल ही रहे थे कि महेंद्र आगे बढ़ा और उसे अपनी बाँहों में भर लिया। न प्रमिला मना कर पाई और न ही महेंद्र पीछे हटा। प्रमिला के शरीर में महेंद्र को असीम स्निग्धता का भास हुआ, उसे लगा जैसे उसकी छटपटाहट शांत हो रही है। उसे लग रहा था, जैसे उसकी भटकन समाप्त हो रही है। परंतु ऐसा हुआ नहीं। जैसे ही महेंद्र प्रमिला से रीता उसे अनदेखा करते हुए पुनः सुषमा के दरवाजे पर जा पहुँचा।

यद्यपि सुषमा के लिए भी महेंद्र ठीक वैसा ही हो गया था, जैसे महेंद्र के लिए प्रमिला। उस दिन सुषमा ने महेंद्र को कोई खास महत्त्व नहीं दिया, बल्कि उल्टे ही झाड़ दी, "तुम मर्द लोग जानवर होते हो, निरे जंगली, मांस के भूखे।"[49] सुषमा को महेंद्र बासी हो गया था। शायद महेंद्र ने पहली बार महसूस किया था कि हर जिंदगी किसी न किसी खूँटे से बँधी रहे तो वह अपना संतुलन बनाए रखती है, खूँटा टूट जाए तो वह जैसे अधर में लटक जाती है। महेंद्र को यह तो मालूम चल पाया था कि सुषमा का संबंध अपने ही आफिस के डिप्टी डायरेक्टर मि. वर्मा से हो गया है, परंतु उसके दिलो-दिमाग से सुषमा का जादू उतरने लगा था। वह इस सच्चाई को जल्दी ही भाँपने लगा था। फिर भी सुषमा का प्रेम मि. वर्मा की अपेक्षा महेंद्र के प्रति ज्यादा था।

महेंद्र बड़ा अधिकारी बन गया था और प्रमिला व सुषमा को मीलों पीछे छोड़ आया था। पप्पू से मिलने जब महेंद्र अपना नया ओवरकोट बाँह पर डाले, हाथ में

छोटा-सा सूटकेस उठाए रेलवे स्टेशन के आँगन में से निकला था तो तीन टैक्सियोंवाले उसकी ओर लपके थे। जमाना था जब इसी रेलवे स्टेशन पर उतरते समय वह धक्के खाता बसों के पीछे भागा करता था। अब टैक्सियोंवाले अपने-आप पहचानने लगे थे कि यह आदमी उस श्रेणी का है, जिसके बच्चे पब्लिक स्कूल में पढ़ते हैं। महेंद्र जब पप्पू से मिलने जा रहा था तो उस वक्त मिसेज भगत हाँफती हुई उसके पास तक आई थी और टैक्सी में बैठने के लिए इजाजत माँगी थी। उन्होंने बातों-बातों में बता दिया था, कि उनके बच्चे भी उसी पब्लिक स्कूल में पढ़ते हैं, जहाँ महेंद्र का पप्पू पढ़ता है। महेंद्र ने उन्हें इजाजत दे दी। मिसेज भगत का सामीप्य एकबार पुनः महेंद्र के मन को विचलित कर गया था। वह मिसेज भगत के नाक-नक्श की तुलना लता से या फूल की पंखुड़ियों से या झिलमिलाती ओस की बूँदों से करने लगा था। तभी उसे लगा था जैसे सामने खड़ा नाटा महेंद्र का मजाक उड़ाते हुए कह रहा हो—"साले, हम से छिपाता है। तुझे इस औरत से आशनाई हो रही है, क्योंकि इसका पति दिल्ली से बहुत दूर है और यह अकेली रहती है, और तेरे लिए चांस खुल रहा है। इसकी आँखों में न प्रकृति झाँकती है और न आकाश की नीलिमा। अब तू अपने को झुठला रहा है, फिर इसे झुठलायेगा।"[50] यद्यपि मिसेज भगत की ओर से ऐसा कुछ नहीं था। महेंद्र वैसे भी पप्पू से मिलने छह माह बाद गया था, परंतु मिसेज भगत से इतना प्रभावित हो जाता है कि उनके बच्चों के सामने पप्पू को भी हेय दृष्टि से देखने लगता है। वैसे भी पप्पू माँ-बाप के प्यार के अभाव में अंतर्मुखी हो चुका था। जिसका असर उसकी पढ़ाई और जीवनचर्या में भी पड़ा था। पिकनिक के दौरान पप्पू और मिसेज भगत के बेटों के बीच झगड़े में महेंद्र पप्पू को पीटता है। महेंद्र इतना विक्षिप्त सा रहने लगा था कि बात-बात में वह अपना होश खो बैठता।

कभी-कभी महेंद्र को अपनी गलती का एहसास होता और मित्र नाटे की बात उसके मस्तिष्क में कौंध जाती। काश प्रमिला को सुषमा के संबंध में न बताया होता तो शायद जिंदगी की कड़ियाँ इस तरह टूटकर न बिखरतीं। प्रमिला महेंद्र के गम में पागल हो जाती है। नाटे के साथ महेंद्र उसे देखने पागलखाने भी जाता है। परंतु प्रमिला को गर्भवती देखकर उसका मन शंका-कुशंका के भँवरजाल में फँस जाता है। कभी तो उसे लगता है कि यह बच्चा मेरा ही है, उस रात का, और कभी लगता है यह किसी और का है। परंतु नाटे को सब पता था। वह बुरी तरह से उसे झाड़ता है। महेंद्र फिर भी अपनी गलती को स्वीकार नहीं करता। नाटा इसी उम्मीद से लाया था कि महेंद्र ऐसी स्थिति में प्रमिला को वापस ले जाए। किंतु महेंद्र मन बनाने के बाद गर्भवती प्रमिला को देखकर विचार बदल देता है, "अपने घर में किसी दूसरे की औलाद पालूँ ? लोग थू-थू करेंगे। डूब न मरूँ इससे ? सड़कों पर घूमा करती थी, मैंने खुद देखा है।"[51] जबकि सच्चाई यही है कि महेंद्र और नाटा दोनों जानते हैं कि प्रमिला के पेट में बच्चा उसी रात का है, जब दोनों नाटे के घर में मिले थे।

महेंद्र एक ऐसी अतृप्ति वासना का शिकार रहता है, जहाँ नारी का बाह्य सौंदर्य पक्ष क्षण-प्रतिक्षण अलग-अलग तरीके से लुभाता रहता है। नारी उसके लिए न देवी है और न जीवन साथी। वह तो उसके लिए भोग की वस्तु है। उसका शरीर जब तक

आकर्षक है, महेंद्र का पुरुष सामंती मन उसमें रमा है, लेकिन उसके चेहरे की चमड़ी जैसे ही सिकुड़ी, उसमें उसे बासीपन, ऊब सी लगने लगती है। महेंद्र के गलत कदम न केवल महेंद्र की जिंदगी को बिना घाट के बना देते है, बल्कि प्रमिला जैसी सचरित्र महिला और पप्पू जैसा अबोध बालक भी बिना अपराध के अपराधी की सजा भोगने के लिए मजबूर हो जाते हैं। महेंद्र आधुनिक समाज के नायक के रूप में एक सबक की तरह सामने उपस्थित होता है। गलत कदम की परिणति गलत ही होगी, महेंद्र के चरित्र से स्पष्ट हो जाता है।

नाटा : नाटा भी कड़ियाँ उपन्यास का एक महत्त्वपूर्ण पात्र है। वह महेंद्र का दोस्त था और किसी दफ्तर में नौकरी करता था। नाटा मुक्त जिंदगी जीने का आदी था। उसकी प्रिय शौक औरत थी। औरतों के मामले में नाटा ज्ञानी था, पारखी था, पारंगत था। पीठ किए खड़ी औरत को पीछे से देखकर बता सकता था कि वह सुंदर है या कुरूप, कितनी उम्र की है, अंगों का गठन कैसा है, नाक-नक्श कैसे हैं, स्वभाव कैसा है। अपने को पहुँचा हुआ प्रेमी मानता था। खुद कहा करता था–"यह जन्म तो स्त्री की पूजा में कटेगा, अगले जन्म में किसी और बात की सोचेंगे।"[52] उड़ती हुई चिड़िया को नजरों से बाँध देना नाटे के लिए एक मामूली कार्य होता।

नाटा परिवारवाला था। उसकी बीवी थी और बच्चे भी थे। फिर भी जब तक पराई औरत का सामीप्य उसे न मिल जाए, वह पागलों की तरह भटकता था। महेंद्र और नाटे के चरित्र में एक मौलिक अंतर था। महेंद्र जिस लड़की (सुषमा) से प्यार करता था, उसके प्रति वह समर्पित था। उसके लिए अपनी बीवी को भी छोड़ देता है। परंतु नाटे में यह गुण दिखाई नहीं देता। बीवी का स्थान तो घर में है ही और रहेगा। परंतु घर के बाहर वह स्वतंत्र है। उसका किसी लड़की से रिश्ता बस क्षणिक है। उसके बाद वह जिस्म उसे बासी नजर आने लगता है। उसके विचार उसके ही मुख से सुनें। उदाहरण द्रष्टव्य है :

"अरे जो है, सो है, इसमें छिपाने की क्या बात है। हम औरत से प्रेम करते हैं, हम औरत के बिना रह नहीं सकते। हमारी अपनी घरवाली से हमारी पटती नहीं, बस, किस्सा खत्म।" फिर महेंद्र की ओर देखकर बोला, "मगर यह तुम्हारे बस का रोग नहीं है। इसमें मत पड़ना। अपने घरौंदे में मस्त बैठे रहो।"[53] महेंद्र के होंठों पर हल्की-सी मुस्कराहट आई, फिर फीकी पड़ गई। "तुम शरीफ आदमी हो, शरीफ आदमी केवल मन से व्यभिचार करते हैं, वह भी बीसियों से, मगर व्यवहार में अपनी शराफत को आँच नहीं आने देते। क्यों, भोले बादशाह, सच कहा है न? इसीलिए कहा कि तुम अपने घरौंदे में ठीक सिमटे बैठे हो, वहीं बैठे रहो।"[54]

महेंद्र जब सुषमा के प्रति ज्यादा आकर्षित हुआ तो नाटा उसकी पत्नी प्रमिला से भी छेड़छाड़ करने में नहीं चूका। परंतु उस वक्त नाटे का तेवर बिल्कुल बदल गया, जब महेंद्र प्रमिला को घर से निकाल देता है। नाटा महेंद्र को बहुत बुरा-भला कहता है। दरअसल प्रमिला का घर से निकलना उसे अच्छा नहीं लगा था। वह महेंद्र और प्रमिला को मिलाने की पूरी कोशिश करता है। यहाँ तक एक रात उन दोनों को अपने घर पर लाकर एक कमरे में रुकने का बंदोबस्त भी करता है। पर बात बनती नहीं। महेंद्र प्रमिला के साथ हमबिस्तर होकर भोर होने से पहले ही

चला गया। नाटे का प्रयास निष्फल रहा। परंतु वह निराश फिर भी नहीं हुआ। और जब प्रमिला गर्भवती हो जाती है, और उस सदमे को बर्दाश्त न कर पाने की वजह से पागल हो जाती है, उस समय भी नाटा महेंद्र को पागलखाने उससे मिलाने लिवा ले जाता है। जब महेंद्र गर्भवती प्रमिला को देखता है तो वह शंका-कुशंका से घिर जाता है।

"न जाने कहाँ से गर्भ उठा ले आई।" महेंद्र बुदबुदाया। जिस पर नाटा उसे बुरी तरह से झाड़ता है। "अरे वाह रे। हमारे सामने बनता है, यह किसी दूसरे का बच्चा कैसे हो सकता है, साले। हमारे साथ मक्कारी करता है। इसे बसाना नहीं चाहता तो बात दूसरी है, मगर हमारे सामने यह फरेब तो नहीं कर। हमें तो यह उसी रात की करामात जान पड़ती है।"[55]

महेंद्र जब अपनी सफाई देने की कोशिश करता है, उस वक्त नाटे का चरित्र और साफ हो जाता है, उदाहरण द्रष्टव्य है :

"मगर तू ठीक कहता है, भोले बादशाह", नाटा कहता गया, "तू किसी दूसरे का बच्चा क्यों पाले। अगर सचमुच भाभी बाहर से गर्भ ले आई है तब तो हम नहीं कहेंगे कि इसे घर ले जाओ। आखिर मर्द की गैरत भी तो कोई चीज है। हमारे भी तो कुछ नहीं तो पाँच बच्चे हैं। पर हैं तो अपने। कोई माई का लाल यह तो नहीं कह सकता कि अमुक बच्चा किसी दूसरे का है। अगर बाहर बच्चे पैदा किए हैं तो दिये ही हैं, अपने घर के अंदर तो किसी का बच्चा नहीं लाए ? पर एक बात हमें बता, भोले बादशाह, तुममें और हममें फर्क क्या है।"[56]

नाटा का चरित्र साफ और उज्ज्वल है। अगर चरित्र का कमजोर है तो चरित्र का दृढ़ भी है। एक आशिक मिजाज प्रेमी है तो एक जिम्मेदार पति और पिता भी है। उसे घर की चौहद्दी का ज्ञान पूरा-पूरा है। निश्चित रूप से महेंद्र के चरित्र से उसका चरित्र श्रेष्ठ और उत्तम है।

भगवानदास नारंग : भगवानदास नारंग प्रमिला के पिता थे और पेशे से वकील थे। नारंग साहब उन अभागे व्यक्तियों में से एक थे, जिनके हिस्से में सिर्फ संघर्ष की कड़वाहट ही आई थी। पत्नी कम उम्र में ही स्वर्ग सिधार गई थी। दो संतानों में से बड़ा लड़का आवारा निकल गया था और छोटी लड़की प्रमिला का विवाह महेंद्र के साथ हुआ था, जो अपने पति के घर रहती थी। नारंग साहब की दुनिया धीरे-धीरे सिकुड़ती-सिकुड़ती अपने मेज तक सिमट कर रह गई थी। इसी पर अखबार रखकर पढ़ते, इसी पर वह चाय की प्याली रखकर चाय पीते, इसी पर वह कभी-कभार अपनी बेटी को खत लिखते। इसी पर कचहरी के अपने मुकदमों की तैयारी करते।

मेज पर पुराने कागजों, फाइलों और तरह-तरह की चीजों का अंबार लगा था। पर कागजों का ढेर धीरे-धीरे बढ़ना कम हो गया था, क्योंकि कचहरी में नारंग साहब की पेशियाँ धीरे-धीरे कम होती चली गई थीं। कमरे में एक आदमकद आलमारी थी, जिसमें आदमकद शीशा लगा था। उस शीशे के सामने नारंग साहब नाटे से लगते थे। सिर पर मैली सी सफेद पगड़ी, नीचे बंद गले का कोट घुटनों से भी नीचे तक का और उसके नीचे ढीली-सी पतलून जो हर वक्त नीचे की ओर खिसकती रहती थी। और जिसे ऊपर खींचते रहने की उन्हें सभा-सोसायटी में भी जरूरत पड़ जाया करती

थी। नारंग साहब की वकालत बहुत कमजोर स्थिति में पहुँच गई थी। दो-दो, तीन-तीन रुपये के मुकदमे कर पाते और इसके लिए काला कोट पहने और सिर पर पगाड़ रखे उन्हें कचहरी के गेट पर खड़े रहना पड़ता था।

नारंग साहब बहुत कम बोलते थे, मुवक्किल हाथ से निकल जाता तो चुपचाप ताकते रहे जाते थे। इस सबके बावजूद अपनी जिंदगी घसीट रहे थे। तभी एक दिन प्रमिला के पति महेंद्र का पत्र आया कि वह उनकी लड़की के साथ नहीं रह सकता। "प्रमिला और मैं अब एक-साथ नहीं रह सकते।"[57] ऐसी सूचना पाकर कोई भी बाप परेशान हो सकता है, फिर नारंग साहब जैसा पिता जिसे अपनी ही रोटी चलाने में एड़ी-चोटी का पसीना एक करना पड़ रहा हो, वह भला इस मुसीबत से एक व्यक्ति का खर्चा और कहाँ से उठा सकेगा। नारंग साहब को लगा कि मुसीबत की जड़ प्रमिला ही होगी। क्योंकि उसकी माँ भी बहुत जिद्दी थी। महेंद्र को पत्र लिखने बैठे ही थे कि प्रमिला उन्हें आँगन में खड़ी दिखाई दी। उन्होंने बेटी को बड़े आदर सत्कार से लिया, "कितनी बड़ी हो गई है, मेरी बेटी। याद है, जब बाहर आँगन में दौड़-दौड़कर तितलियाँ पकड़ा करती थी। बिटिया बड़ी हो गई।"[58]

नारंग साहब खुद जगह-जगह से पिचक गए थे, ठुड्डी पिचक गई थी, मुँह बंद करते तो होंठ दबकर गायब हो जाते, पगड़ी पिचक गई थी, सारी देह पिचकी हुई-सी लग रही थी। प्रमिला से उन्होंने जब सारा हाल जान लिया तो प्रमिला को समझाने की कोशिश करते रहे, "एक बार टूट जाए तो फिर यह जुड़ती नहीं। इतना खींचो कि टूटे नहीं। बड़ी कच्ची डोर होती है शादी की। समझ-बूझ से काम लेना चाहिए। अब तुम कोई बच्चा तो नहीं हो न। खामख्वाह बैठे-बिठाए मुसीबत मोल ले ली।"[59] नारंग साहब चाहते थे कि प्रमिला धक्के खाने के बाद भी अपनी पति के घर बनी रहे। उन्होंने अपने आवारा बेटे को खत भी लिखा कि जाकर महेंद्र से बात करे। परंतु बेटे ने उनके पत्र का जवाब देना भी उचित नहीं समझा। फिर भी नारंग साहब निराश नहीं हुए। उन्होंने प्रमिला का बंदोबस्त घर पर कर दिया और इस प्रयास में जुट गए कि किस तरह महेंद्र और प्रमिला को एक कर दिया जाए।

महेंद्र के दोस्त नाटे की मदद से प्रमिला और महेंद्र को मिलाने की कोशिश की भी, परंतु बात बनते-बनते पुनः बिगड़ गई। प्रमिला जब वापस आई तो पैर भारी करके लौटी। प्रमिला इस सदमे को बर्दाश्त न कर सकी और अपना संतुलन खो बैठी। नारंग साहब को लगा, यह परीक्षा प्रमिला की नहीं है, बल्कि मेरी अपनी है। प्रमिला पागलों की तरह दिल्ली की सड़कों में घूमती और बूढ़ा बाप नारंग साहब उसे पकड़-पकड़कर घर पर लाता। एकबार उस बुढ़ापे में नारंग साहब स्वयं जवान हो उठते हैं। उनमें असीम ताकत आ जाती है। प्रमिला की खुशी ही उनकी खुशी बन जाती है। जब प्रमिला पागलखाने से ठीक होकर लौटती है तो नारंग साहब को बीमा पालिसी से जो सात हजार रुपये मिले थे, पूरे के पूरे प्रमिला को देकर घर पर ही दवाई की दुकान खुलवा देते हैं। प्रमिला को अपने एक दोस्त की दुकान में काम सीखने का बंदोबस्त कर खुद पूरे दिन डाक्टरों से व्यवहार बनाते फिरते। घर के सामने का हिस्सा तोड़वाकर दुकान में बदलवा देते हैं। उनकी अंतिम इच्छा थी कि प्रमिला

उनके रहते अपने पाँव पर खड़ी हो जाए। उन्हें अपने पेशे से अब कोई लगाव नहीं रह गया था। उनके वकालत का साइनबोर्ड अभी भी ज्यों-का-त्यों टेढ़ा-मेढ़ा टँगा था। एक कील पर लटका हुआ बोर्ड पहले की ही तरह झूल रहा था। लगता था बढ़इयों का समस्त कौशल भी उसे सीधा नहीं कर पाएगा।

नारंग साहब को विश्वास हो गया था कि दुकान चलने के बाद उनकी बेटी अपने पैरों पर चलती हुई बहुत सी मंजिलें काट डालेगी।

परशुराम : परशुराम बहुत कम समय के लिए उपन्यास के कथा-विकास में आता है। लेकिन परशुराम एक ऐसा चरित्र है, जिससे अप्रासंगिक समझना बहुत बड़ी भूल होगी। परशुराम नारंग साहब का बड़ा बेटा और प्रमिला का बड़ा भाई था। माँ की मृत्यु के बाद परशुराम आवारा निकल गया था। अपनी मनपसंद की किसी ऐसी ही लड़की से शादी कराकर दिल्ली के पास ही किसी दूसरे शहर में जाकर नौकरी करने लगा था। पिता और बहन से कोई संबंध नहीं था। लेकिन जब प्रमिला को घर से निकाल देने का समाचार नारंग साहब ने परशुराम को भेजा, परशुराम पत्र पढ़कर आवेश में आ गया। उसकी गालों की पतली-पतली फाँकें लाल हो गईं, "वह मुझे जानता नहीं, वह है किस जोअम में। एक बार छठी का दूध याद करा दूँगा। सरकारी अफसर है तो अपने घर में है। यहाँ किसी के कर्जदार नहीं हैं, जो डरते फिरेंगे। मेरी बहन पर जो हाथ उठाएगा उसकी मैं आँतें खींच लूँगा। वह मुझे जानता नहीं। उल्लू का पट्ठा। न जाने कैसे आ गया हमारे घर में।"[60] परशुराम महेंद्र पर बहुत गुस्सा हुआ। घंटों उसे भला-बुरा कहता रहा। उसकी पत्नी को विश्वास होने लगा था कि परशुराम दिल्ली अवश्य जाएगा। लेकिन घर पर तो पचास रुपये भी नहीं हैं। पचास रुपये तो आने-जाने का किराया ही होता है। पत्नी ने धीरे से पूछा—"तो फिर दिल्ली जाओगे क्या ?..." "जाऊँगा, नहीं तो क्या ? एक ही तो बहन है मेरी। बहन तो जान भी माँगे तो हाजिर है। उस पर मुसीबत आए और मैं चुप बैठा रहूँ ? वह भाई क्या जो बहन को मुसीबत में देखकर चुप बैठा रहे।"[61]

परशुराम का उत्साह देखकर उसकी पत्नी बार-बार पूछती कि दिल्ली कब जाओगे। परशुराम चिढ़-सा जाता, "चला जाऊँगा भाई, कुछ सोचने-समझने दिया कर। तू तो हाथ धोकर मेरे पीछे पड़ गई है।"[62]

इसके बाद घर में एक-दो दिन तक इस पत्र की चर्चा रही। परशुराम आज-कल, आज-कल कहता रहा, फिर इस संबंध में सोचना तक उसे बोझिल लगने लगा और पट्ठे ने पत्र का जवाब तक देना उचित नहीं समझा।

पप्पू : महेंद्र और प्रमिला का बेटा पप्पू माँ-बाप के अंतःकलह का शिकार हो जाता है। उसकी उम्र मात्र सात वर्ष की थी, जब महेंद्र और प्रमिला के बीच संबंधों में कटुता आई थी। महेंद्र का झुकाव सुषमा की ओर था, इसलिए न तो उतना प्रमिला के लिए उसके पास समय था और न पप्पू पर ध्यान दे पाता था। पप्पू जितना महेंद्र से डरता था, प्रमिला से नहीं डरता था। शायद इसीलिए महेंद्र के न रहने पर वह पूरे दिन गंदे लड़कों के साथ खेलता रहता और जब पहली बार महेंद्र ने भरपूर चाँटा प्रमिला को मारा था, उस वक्त तो पप्पू शांत और चुपचाप

खड़ा रहा, लेकिन बाप को गरजते देखकर वह बुरी तरह से डर गया और ऊँचा-ऊँचा रोने लगा। जिस पर महेंद्र ने जोरों से डाँटा–"चुप करेगा या दो थप्पड़ लगाऊँ तेरे मुँह पर ?" महेंद्र आगे बढ़कर आया और बच्चे के दोनों हाथ पकड़कर उसे जोर से झिंझोड़ दिया, "फौरन चुप हो जाओ।"[63]

पप्पू बुरी तरह से डर गया। दो हिचकियाँ लेकर सहसा चुप हो गया। बार-बार साँस उठती, पर कलेजे में कहीं उखड़कर उसके सारे शरीर को झिंझोड़ डालती। प्रमिला ने भी कई बार महेंद्र को समझाया कि पप्पू के सामने गाली-गलौज और मारपीट मत किया करो। परंतु घर का कलह बढ़ता ही गया और पप्पू धीरे-धीरे दब्बू स्वभाव का भी हो गया। पारिवारिक तनाव की वजह से न तो बाप का प्यार मिल पा रहा था और न माँ का। अंततोगत्वा महेंद्र ने प्रमिला को घर से निकाल देने के बाद पप्पू को बोर्डिंग में भर्ती करा दिया। पप्पू विवश था। वह बोर्डिंग में रहकर छह महीने तक न किसी लड़के से ही बात किया और न ही किसी मैडम से। सारा दिन अपने और अपने माँ-बाप के बारे में सोचता आकाश की ओर विसूरता रहता। उसे रह-रहकर सब कुछ याद आता, और वह याद उसे मथ कर चली जाती।

जब छह माह बाद महेंद्र पप्पू से मिलने बोर्डिंग पहुँचा था तो इतने दिनों के एकाकीपन के बाद उसके मन में भूचाल सा उठने लगा था। अंदर ही अंदर कुछ घुमड़ने लगा था। यह आदमी मुझे पकड़कर झिंझोड़ेगा, क्या करेगा। उसका कलेजा फटने को हो आया था। पहले तो बुत का बुत बना खड़ा था, फिर धीरे-धीरे मैट्रन के आग्रह करने पर सरकता हुआ अतिथि भवन की ओर बढ़ गया था। बाप-बेटे का मिलन भी ऐसा हुआ जैसे दोनों एक-दूसरे से जबरन मिल रहे हों। महेंद्र पप्पू को देखकर सोचने लगा, कि छह महीने बीत जाने के बाद भी वह अभी तक न स्कूल का रहन-सहन सीख पाया था, न अपने पुराने भौंड़े संस्कार छोड़ पाया था। इस पर सामने के दाँत टूटे हुए। लगता था उसने न कभी कोई चाकलेट देखी है, न कभी हाथ धोने की तमीज सीखी है। दरअसल पप्पू के अंदर का भय अभी भी नहीं निकल पाया था। जरा भी कोई डाँट दे तो उसे पेशाब छूट जाती थी और जब चाकलेट की लार बह जाने से महेंद्र ने उसे डाँट दिया तो–"ऐसे भी कोई खाता है ? आठ साल का होने को आया है, तुझे किसी ने चाकलेट खाना भी नहीं सिखाया।"[64] और सचमुच पप्पू ने पैंट में पेशाब कर दिया था। पप्पू बुरी तरह से डर भी गया था। बच्चे की रखवाली कर रही एक महिला ने पप्पू के बारे में महेंद्र से बताया :

"दोपहर को बाबा लोग खाना खा के खेलने चले जाएँ और गेट पर जा खड़े हो, सड़क पर आँख लगाए हुए। रात पड़ जाए, यह वहीं खड़े रहें। हम पूछे तो कहें माँ आएगी। इन्हें देखकर कलेजे में हूक उठती थी, सच कहूँ, यहाँ कार्य करते बीस बरस हो गए। ऐसा लड़का नहीं देखा। बस गेट से चिपटे खड़े हैं और आँखें सड़क पर लगी हैं कि माँ आएगी।"[65]

पप्पू इतना ज्यादा अंदर से परेशान हो गया था कि जब महेंद्र मिसेज भगज और उनके बच्चों के साथ पिकनिक में लिवा ले गया तो दोनों बच्चों की लड़ाई में उसने मिसेज भगत के बच्चे का मुँह नोच डाला। यद्यपि डाँट और उसे ही मिली। परंतु उसने सारा आक्रोश उस पर उतार दिया।

लेखक ने पप्पू के माध्यम से यह स्पष्ट करने की सफल चेष्टा की है कि माँ-बाप के आपसी विवाद का परिणाम बच्चों पर किस तरह पड़ता है। उस बच्चे का मानसिक, शारीरिक विकास रुक जाता है। बच्चे के समुचित विकास हेतु बोर्डिंग नहीं परिवार ही होता है और माता-पिता का प्यार ही उसके अनुकूल वातावरण होता है।

2. स्त्री-पात्र

प्रमिला : प्रमिला भगवानदास नारंग बी.ए., एल.एल.बी. वकील साहब की दो संतानों में छोटी लड़की थी, जिसकी शादी बारह-पंद्रह वर्ष पूर्व महेंद्र नाम के युवक के साथ हुई थी। प्रमिला की माँ बचपन में ही खत्म हो गई थी। बड़ा भाई परशुराम तो बचपन से ही आवारा निकल गया था। वकील साहब की वकालत कोई खास नहीं चलती थी, इसलिए घर पर दरिद्रदेव का आतंक बराबर छाया रहता। गरीबी ने प्रमिला को अंतर्मुखी और भाग्यवादी बना दिया था। परंतु महेंद्र के जीवन में आने के बाद प्रमिला बहुत खुशहाल हो गई थी। प्रमिला और महेंद्र के बीच एक बेटा पप्पू था। प्रमिला अपने छोटे से परिवार में बहुत खुश थी। वह पतिभक्ता और एक आदर्श पत्नी के साथ, एक भली माँ थी। उसे पुराने रीति-रिवाज और पति परमात्मा वाली बात पर ज्यादा विश्वास था। देखने-सुनने में सुंदर, सुशील और लाजवंती प्रमिला तड़क-भड़क में ज्यादा विश्वास नहीं करती थी। परंतु जब से महेंद्र अधिकारी बन गया था, उसका मन बाह्य दुनिया की रंगीनियों की ओर ज्यादा खिंच गया था।

फिर भी सब कुछ अच्छा चल रहा था, तभी एक दिन महेंद्र ने उस राज को प्रमिला पर खोल दिया, जिसे सुनकर कोई भी पत्नी विद्रोह कर सकती है, "हमारे दफ्तर में एक लड़की है। वह···वह मुझ पर डोरे डालती रही है और मैं···मैं उससे मिलता रहा हूँ।"

"कौन लड़की है ?" प्रमिला ने कहा और आवेश में उठकर बत्ती जला दी, "तुम किसी लड़की के पास जाते रहे हो ?···तुम बहुत बुरे आदमी हो।···" "मेरे पास आओ प्रमिला, मैंने वचन दिया है कि फिर ऐसा नहीं होगा।"[66]

महेंद्र ने तो अपनी बात कह कर दिल हल्का कर लिया था। मानो अपने अपराध को कबूल करके सारा बोझ उतार दिया हो। परंतु प्रमिला तो अंदर से चोटिल हो गई थी। उसके अधिकार का उपभोग कोई दूसरा करता रहा और वह अनजान बनी रही। उसे धीरे-धीरे पता चल गया कि महेंद्र सुषमा के पास जाता है। यह दोस्ती वर्षों पुरानी है। पप्पू के जन्मदिन पर सुषमा पहली बार जब महेंद्र के घर पर गई थी, उस वक्त उसके हाव-भाव से ही प्रमिला ने अंदाजा लगा लिया था। महेंद्र ने उससे आकर कहा था–"तुम भी कुछ बोलो न, वही सारा वक्त बातें किए जा रही है।" प्रमिला ने मुँह फुलाकर जवाब दिया था–"बोल तो रही हूँ और कैसे बोलूँ। वह तुमसे मिलने आई है, मुझसे मिलने थोड़े आई है।"[67] उस पार्टी में सिर्फ नाटा और सुषमा ही थे। महेंद्र सुषमा पर इतना फिदा था कि उसे यह भी होश नहीं रहा कि नाटा, प्रमिला के साथ कैसा व्यवहार कर रहा है। नाटा ने कई बार प्रमिला का हाथ दबाया था और एक बार तो उसने उसका गाल भी चूम लिया था। प्रमिला चाहकर भी विरोध न कर सकी थी। परंतु बिस्तर में जाते वक्त नाटा

की हरकत के संबंध में चर्चा की तो महेंद्र हँस दिया था—"एकाध बार तो तुमने भी दबाया होगा।" "हट ऐसा कहते शर्म नहीं आती ? मैं क्यों दबाऊँगी ? मुझे तो घिन उठती थी। कितना बुरा तुम्हारा दोस्त है, लिजलिजा सा, बड़े बुरे दोस्त हैं, तुम्हारे।"[68]

प्रमिला स्वभाव से शकी हो गई थी। महेंद्र जब भी देरी से घर आता तो उसे लगता कि महेंद्र सुषमा के पास गया था। उसका शक सही भी रहता। प्रमिला तपाक से पूछ बैठती—"तुम देरी से क्यों आते हो ? क्या पुनः उस काली-कलूटी के पास गए थे।" महेंद्र बुरी तरह से खीझ जाता। उसकी खीझ इतनी बढ़ गई कि प्रमिला के साथ गाली-गलौज और मारपीट भी करने लगा। प्रमिला इस व्यवहार को भी झेल गई। परंतु महेंद्र का रात के समय बाहर जाना उसे कतई मंजूर नहीं था। एक दिन तो वह महेंद्र को सड़क से वापस लौटा लाई। महेंद्र अंदर ही अंदर गुस्से से जला-भुना जा रहा था। महेंद्र को लगा जैसे उसे हिस्टीरिया का दौरा पड़ने लगा हो। प्रमिला का हाथ पकड़कर अंदर लिवा लाया और बोला, "अच्छी बात है, मैं कहीं नहीं जाऊँगा। परंतु इसका नतीजा तुम्हारे लिए अच्छा नहीं होगा।"[69]

महेंद्र के व्यवहार से प्रमिला बहुत उदास रहने लगी थी। उसे अब अपनी चिंता कम थी, बल्कि ज्यादा चिंता पप्पू की थी। क्योंकि पप्पू माँ-बाप के बीच विवाद की वजह से बहुत भयभीत रहने लगा था और पहले से ज्यादा लापरवाह और दब्बू होता जा रहा था। प्रमिला एक दिन अपनी सहेली सतवंत के घर जा पहुँची। प्रमिला का उदास चेहरा देखकर सतवंत को कुछ शंका तो जरूर हुई, परंतु पूछना उचित नहीं समझा। लेकिन जब उसे यह पता चला कि प्रमिला का आज जन्मदिन है और जन्मदिन के उपलक्ष्य में चाय पीने मेरे घर पर आई है तो उसकी शंका को बल मिल गया। सतवंत ने उसकी इस उदासी का राज जानने की कोशिश की तो प्रमिला फफक-फफककर रो पड़ी। उसने सब कुछ बता दिया। सतवंत का पति भी उसी दफ्तर में अधिकारी था। सतवंत को हल्की-हल्की जानकारी थी। फिर भी सतवंत ने प्रमिला से कुरेद-कुरेद कर हर बात पूछ ली। प्रमिला की दयनीय स्थिति देखकर उसने उसे आत्मिक बल प्रदान किया।

सतवंत प्रमिला को घंटों समझाती रही, उसकी हिम्मत बढ़ाती रही, "बड़ा बहशी है, चाँटा मारने का क्या मतलब ?" सतवंत क्रुद्ध हो उठी, "आज के जमाने में चाँटे कौन मारता है ? तू चाँटे नहीं मारने दिया कर। अगर एक बार उसका हाथ खुल गया तो रुकेगा नहीं।"[70] सतवंत से बात करने के बाद प्रमिला को लगा कि उसका का भी कोई है। सतवंत ने उसे सिखाया था कि वह कुछ भी करे तू मत बोलना। हाँ तुझे चाँटा मारे तो जरूर अकड़ जाना। परंतु प्रमिला अपने आपको रोक न पाती और सुषमा को लेकर झगड़ पड़ती। फिर भी बेकसूर प्रमिला महेंद्र से पूछ ही बैठती—"मेरा कसूर क्या है, मुझे यह तो बताओ, मैंने कौन-सा कसूर किया है। मुझे मेरा कसूर तो बताते नहीं हो, झट से थप्पड़ दे मारते हो।"[71]

अंततः महेंद्र प्रमिला को घर से निकाल देता है। प्रमिला अपने बूढ़े बाप के घर शरण लेती है। नारंग साहब की वकालत बहुत कमजोर स्थिति में थी। प्रमिला उस बात को जानती थी। परंतु क्या करती। वह तो विवश थी। नारंग साहब ने

बहुत कुछ कहा-सुना। उसकी चाची ने भी समझाया—"सुन प्रमिला, औरत के पास उसका जिस्म ही जिस्म है, और कुछ नहीं। मर्द को रिझाने के लिए कभी औरतें बाल छोटे करवाती फिरती हैं, तो कभी लंबे, कभी पतलून पहन लेती हैं, कभी तंग सलवारें। मर्दों को उनकी छातियाँ पसंद हैं, इसलिए औरतें उन्हें उघाड़कर दिखाती फिरती हैं। यह तो मर्द की दुनिया है, यहाँ वही होगा, जो मर्द चाहेगा।"[72] लेकिन प्रमिला आखिर क्या करती। महेंद्र तो पूरी तरह से किसी और का हो चुका था। नारंग साहब इस बात को जानते थे। लेकिन एक पिता तो यही चाहेगा कि उसकी बेटी अपने पति के घर पर ही रहे। फिर भी उन्होंने प्रमिला का बंदोबस्त किया ही।

नाटा नारंग साहब और प्रमिला के चाचा-चाची के सहयोग से नाटा के घर पर एकबार पुनर्मिलन की कोशिश की गई। प्रमिला जब महेंद्र के संपर्क में आई तो कुछ क्षणों के लिए दोनों सारे गिले-शिकवे भूलकर एक हो गए। इसके पहले तक प्रमिला महेंद्र को पाने के लिए लाखों मंत्र गायत्री का जप चुकी थी। नारंग साहब ने मंत्र जाप का विरोध भी किया। उस वक्त प्रमिला को भी लगा था कि बाप सही कहता है 'मंत्र जाप' में कुछ नहीं रखा है। अभी वक्त है, समझौता हो जाए तो अच्छा है लेकिन प्रमिला तो महेंद्र के पास से सब कुछ के बदले में पप्पू को माँगने गई थी। परंतु जब महेंद्र ने आगे बढ़कर प्रमिला को आगोश में भर लिया तो उसके सारे गिले-शिकवे फुलझरी की तरह जलकर राख हो गए।

प्रमिला की जब नींद खुली, महेंद्र कमरे में नहीं था। प्रमिला को पहले तो लगा कि कल जो कुछ हुआ मात्र सपना था। परंतु उसका भ्रम बहुत जल्द बसंत ऋतु के पीले पत्तों की तरह झड़ गया।

प्रमिला गर्भवती हो चुकी थी और महेंद्र के इस व्यवहार से वह पूरी तरह से विक्षिप्त हो चुकी थी। पहले तो दिल्ली की सड़कों पर घूमा करती थी। जब नारंग साहब से प्रमिला की स्थिति न सँभली तो उसे पागलखाने में भर्ती करा दिया। डाक्टरों का कहना था कि प्रमिला पागल नहीं है, उसे किसी चीज का सदमा लगा है। प्रमिला पूरे दिन दुपट्टे की झोली सी बनाए इधर-उधर घूमती जमीन पर से कागजों के टुकड़े, खपचियाँ, थिगलियाँ आदि चुन-चुनकर अपनी झोली में डालती रहती। महेंद्र नाटे के साथ उसे पागलखाने में ही देखने गया था। परंतु प्रमिला को गर्भवती देखकर उसका मन यह जानते हुए भी कि वह बच्चा मेरा ही है, अस्वीकार कर रहा था। पागलखाने का डायरेक्टर महेंद्र को बता रहा था—"धीरे-धीरे जब पेट का बच्चा बड़ा होता जाएगा तो इनकी मानसिक स्थिति बेहतर होती जाएगी। अभी से इनका मन सुधरने लगा है।"[73] "आप नहीं जानते आपकी पत्नी के मन में कौन-सी बात समाई है। रोज कागज के पुर्जे लिख-लिखकर जमादारन को देती रहती है…लंबी-लंबी फेहरिस्तें भेजती रहती है, मुझे यह चाहिए, मुझे वह चाहिए। और सभी चीजें बच्चे के लिए। बच्चे को दूध पिलाने की बोतल, ग्राइप वाटर, साबुन, नैपकिन जाने क्या-क्या। दफ्तर में इनके पुर्जे रखे हैं, मैं आपको दिखाऊँगा। बल्कि मैं तो कहूँगा कि आप कुछेक चीजें खरीदकर भेज दें। इससे इनके मन में दृढ़ता आएगी।"[74]

महेंद्र पर इन बातों का कोई असर नहीं हुआ। वह प्रमिला को उसी के हाल

पर छोड़कर चला आया। प्रमिला को जब लड़का हुआ, प्रमिला सचमुच स्वस्थ हो गई थी। वह पुनः वापस अपने पिता के घर लौट आई थी। उसके पिता के दोस्त उसे अपनी दवाई की दुकान में काम सिखाने लग गए थे और नारंग साहब ने अपनी बीमा राशि का पूरा का पूरा सात हजार रुपया उसे घर पर ही दवाई की दुकान खुलवाने में लगा दिया था। प्रमिला से मिलने जब सतवंत आई थी तो प्रमिला हँस-हँसकर बता रही थी। सत्तो मुझे पर्ची पढ़ने का ज्ञान हो गया है। मेरी दुकान चल निकलेगी न। चाचा जी कहते हैं कि तुम कुछ सामान जनरल स्टोर के भी रखना। वगैरह, वगैरह। सतवंत्त हाँ में हाँ करती जाती और बीच-बीच में उसे हँसाती भी जाती। प्रमिला अपने दूसरे बेटे से बहुत खुश थी। बार-बार सत्तो के गोद में देकर इठलाती। पप्पू के बारे में उसने स्वयं बताना शुरू कर दिया। प्रमिला विरोधों के बावजूद पप्पू से मिल आई थी, तुझे मालूम है सत्तो, जब मैं लौटने लगी तो मुझसे क्या कहता था ? कहने लगा, "तू मत जा माँ, यहीं पर स्कूल में चपरासन की नौकरी कर ले।" प्रमिला हँस दी। हँसते-हँसते उसकी आँखों में आँसू छलक आए। "बेटा भी जानता है कि माँ चपरासन ही बनने योग्य है।"[75]

प्रमिला अब बहुत खुश थी। अतीत को भूल चुकी थी। उसने खुद की भूमिका को पहचान लिया था। उसे इस बात का अहसास हो गया था कि नारी की कमजोरी पुरुष पर आर्थिक निर्भरता है। प्रमिला का सोचना भी सही था, अगर प्रमिला अपने पैरों पर खड़ी होती तो शायद इतनी लंबी यात्रा उसे तय न करनी पड़ती। सतवंत खुशी से चहकती प्रमिला के सामने कोई ऐसा प्रश्न करके उसे उलझाना नहीं चाहती थी, फिर भी उसके मन में दूसरे बच्चे को लेकर जो संशय था, प्रमिला ने स्वयं स्पष्ट कर दिया। दूसरा बच्चा महेंद्र का ही था। उसके पिता जी ने भी शक किया था। प्रमिला को लगा जब इस लड़के की वजह से पिता जी बहुत दुखी हैं तो इसे कहीं फेंक आएगी। प्रमिला ने कोशिश की भी। परंतु बच्चे को जैसे ही गली के मोड़ पर रखकर पीछे मुड़ी, बच्चा रो पड़ा। बच्चे का रोना और प्रमिला की छाती में दूध का उतरना दोनों एक साथ हुआ। प्रमिला पुनः उसे गोदी में उठाई और घर वापस लौट गई।

सतवंत ने अंत-अंत तक उसके दिल को टोहने की कोशिश की थी, "अगर कल वह कहे कि वह तुझे बसा लेगा तो उसके पास चली जाएगी।"[76]

प्रमिला क्षण-भर शून्य में देखती रही थी, फिर धीरे-से बोली थी—"मैं अब उन बातों पर सोचना नहीं चाहती। शाम का वक्त है, सत्तो, किसी का बुरा नहीं चेतना चाहिए। पर उससे अब मेरा दिल भर गया है। हाँ, कभी-कभी यह मन में आता है कि बच्चे बड़े होंगे, तो क्या कहेंगे। हमारा बाप था भी, फिर भी हम अनाथों की तरह पले हैं। बहुत हो गया। रूखी-सूखी खिलाकर जैसे-तैसे अपने बच्चों को पाल लूँगी। इनके लिए दो जून रोटी का बंदोबस्त तो कर ही लूँगी। भगवान ने मुझ पर बड़ी दया की है, सत्तो, मुझमें हिम्मत आ गई है, अब मैं डरती नहीं, थर-थर काँपती नहीं रहती।"[77]

प्रमिला ने जिंदगी का एक लंबा फासला तय किया था। जिंदगी का पहला पड़ाव पार कर चुकी थी। उसे बहुत दूर जाना है। उसे पूरा विश्वास हो चुका है कि वह चल पाएगी, अपने पैरों पर चलती हुई बहुत सी मंजिलें काट डालेगी।

सुषमा : त्रिभुज के अगर दो कोण प्रमिला और महेंद्र हैं तो निश्चित रूप से तीसरा कोण सुषमा ही है। सुषमा उस समय महेंद्र के जीवन में प्रवेश करती है, जब प्रमिला और महेंद्र अपने पारिवारिक जीवन में भरपूर संतुष्ट जिंदगी बसर कर रहे थे।

सुषमा महेंद्र के दफ्तर में कैशियर थी। अपने पिता की सबसे बड़ी संतान थी। पिता परिवार के साथ नागपुर में रहता था और सुषमा दिल्ली में। परिवार का पूरा भार सुषमा के कंधों पर ही था। दिल्ली से ही अपने परिवार का खर्च चलाती रहती। महेंद्र उसी दफ्तर में पहले क्लर्क था, फिर वहीं अधिकारी बन गया। सुषमा को एक ऐसे पुरुष की जरूरत थी जो उसके सूनेपन को भर सके और गाहे-बगाहे उसकी जरूरतों की भी भरपाई कर सके। संयोग से महेंद्र को भी एक ऐसी प्रेमिका की जरूरत थी जो खुले हृदय से उसका मनोरंजन कर सके। क्योंकि प्रमिला में उन गुणों की तलाश करना अब उसके लिए बेमानी लगने लगा था। सुषमा महेंद्र के प्रति सचमुच आसक्त हो जाती है। महेंद्र दो दिन उसके फ्लैट पर न जाए तो बेचैन हो उठती। जब महेंद्र उससे मिलता तो वह उससे लिपटकर अपने दिल की बात उसके मन में उँड़ेलने लगती, "मैं तुम्हें किसी से छीन तो नहीं रही हूँ। मैं तुमसे कुछ नहीं माँगती महेंद्र। केवल कभी-कभी तुम्हारे साथ दो घड़ियाँ बिताना चाहती हूँ। बस, इतना ही। इसमें किसी को क्या एतराज होना चाहिए ? तुम्हारे वक्त से जो दो घड़ियाँ टूटकर मेरी गोद में पड़ जाएँ मैं उन्हीं से संतुष्ट हूँ।"[78]

सुषमा का आग्रह महेंद्र के प्रति बढ़ता ही जा रहा था। वह महेंद्र से शरीर का सुख प्राप्त कर रही थी और ऐशो आराम की वस्तुओं से भी। सुषमा महेंद्र के बेटे पप्पू के जन्म दिन पर उसके घर पर भी हो आई थी। महेंद्र के रहने के तौर-तरीके को बड़ी बारीक निगाहों से देखती रही। प्रमिला से भी मिली। बल्कि उन दोनों के लिए खुद सूट और साड़ी का चुनाव सुषमा ने ही किया। कभी-कभी तो स्वयं को प्रमिला की जगह रखकर उस सुख की अनुभूति करने लगती, जिसे प्रमिला अनुभव किया करती।

महेंद्र अपने और सुषमा के बीच के रिश्ते को प्रमिला से बता देता है। यद्यपि इस राज का पता सुषमा को बिल्कुल नहीं था। परंतु प्रमिला को जब महेंद्र ने सुषमा को लेकर प्रताड़ित करना शुरू कर दिया तो उसकी सहेली सतवंत ने दफ्तर में जाकर सुषमा को बुरी तरह से झाड़ा। सुषमा का हृदय महेंद्र से एकाएक बदल गया। उस दिन जब महेंद्र उसके पास पहुँचा तो न उसने कोई उत्सुकता दिखाई और न उसके हाव-भाव में कोई व्यग्रता दिखी। हमेशा की तरह उसने खिड़कियों के पर्दे भी नहीं गिराए। महेंद्र को इस बात से झटका लगा लेकिन सुषमा ने कोई ध्यान नहीं दिया। एक समय था, जब सुषमा महेंद्र को रिझाने के लिए नयी-नयी साड़ियाँ बदलती, तरह-तरह से बाल बनाती कभी फूलों का गजरा टाँक लेती, कभी माथे पर छोटी बिंदी लगाती, कभी बड़ी। महेंद्र उस वक्त तक चाय के प्याले को मुँह नहीं लगाता था, जब तक सुषमा उसे अपने होंठों से छू न ले। सुषमा तरह-तरह से इठलाती, छोटी-छोटी शरारतें करती, उसकी चीजें छिपा देती, उसके जेबों में तरह-तरह के पुर्जे लिखकर डाल देती। सुषमा की आसमानी रंग की साड़ी की तहों में महेंद्र मुँह लपेटता हुआ उसे पागलों की तरह चूमा करता।

पर इस उन्माद को छनते देर न लगी। प्रमिला रास्ते का रोड़ा थी जरूर पर एक प्रकार की आड़ हट जाने पर ये लोग अन्य लोगों की नजरों में आने लगे थे। आए दिन कोई न कोई उँगली उठा देता। वैसे भी सुषमा का जादू उड़ने लगा था। महेंद्र को सुषमा के व्यक्तित्व में छिछलापन नजर आने लगा था। सुषमा खरी-खोटी भी सुनाने लगी थी, ''तुम मर्द लोग तो जानवर होते हो, निरे जंगली, मांस के भूखे।''[79]

महेंद्र को शायद इस रहस्य की जानकारी नहीं थी कि सुषमा के क्षितिज पर नये प्रेमी वर्मा जी प्रकट हो गए हैं। महेंद्र की शिकायत सतवंत इन्हीं वर्मा जी डिप्टी डायरेक्टर से करने गई थी। वर्मा जी महेंद्र को क्या डाँटते-डपटते, लेकिन सुषमा के प्रति उनकी लार अवश्य टपकने लगी। वर्मा जी की अपेक्षा सुषमा महेंद्र के प्रति अभी भी आकर्षित थी। परंतु उसे इस बात की शिकायत अवश्य हो गई थी कि प्रमिला को घर से निकालकर उसने स्थिति को और जटिल बना दिया था। जिस दिन सुषमा और महेंद्र के बीच छोटी-छोटी बात को लेकर झगड़ा हुआ था, सुषमा ने उसे प्यार से दुलरा लिया था, ''तुम इतने गुस्सैल हो, मुझे मालूम नहीं था। लो इस हार को अपने हाथों से मुझे पहना दो।''[80] महेंद्र सुषमा से लिपटकर पागलों की तरह रोया था, ''मैं पागल हो जाऊँगा। मैं एक दिन पागल हो जाऊँगा।''[81] उस वक्त सुषमा के मन में अनूठा-सा विचार कौंधा था—''अगर महेंद्र को वर्मा जी के बारे में पता चल जाए तो इसकी कैसी प्रतिक्रिया होगी।''[82] और सचमुच वर्मा जी आ पहुँचे थे। सुषमा और महेंद्र का शायद वह अंतिम मिलन था। सुषमा फिर उसकी जिंदगी से बाहर चली गई थी। उसने पलट कर भी पीछे नहीं देखा था।

सतवंत : सरदार जी की पत्नी सतवंत प्रमिला की सहेली थी। सतवंत के पति सरदार जी और प्रमिला के पति महेंद्र दोनों एक ही दफ्तर में थे। इसलिए प्रमिला और सतवंत में काफी अच्छी दोस्ती थी। सतवंत अपने परिवार में बहुत खुश महिला थी। पति और पत्नी के बीच सौहार्द का वातावरण था। जब भी प्रमिला सतवंत से मिलने जाती, सतवंत सदैव अपने पति की प्यार भरी बातें उसे सुनाती—''तेल क्या लगाऊँ, इसे अच्छा जो नहीं लगता। शादी के पहले लगाती नहीं थी ? कैसे बाल बैठाकर कंघी करती थी। पर इसे तेल से चुपड़े बाल अच्छे नहीं लगते। मुआ कहता है प्यार करते वक्त इसके हाथों में तेल लग जाता है।''[83]

सतवंत की खुशी देखते बनती। परंतु जब उसे यह मालूम चला कि महेंद्र सुषमा की वजह से प्रमिला को मारता-पीटता है तो बुरी तरह से भड़क उठी। उसे महेंद्र का मारना-पीटना नारी जाति का अपमान लगा। उसने बड़े गुस्से से कहा—''बड़ा बहशी है, चाँटा मारने का क्या मतलब ? आज के जमाने में चाँटे कौन मारता है ? तू चाँटा तो उसे नहीं मारने दिया कर। अगर एक बार उसका हाथ खुल गया तो रुकेगा नहीं।''[84] सतवंत खुलकर प्रमिला का साथ देती है। प्रमिला के साथ हो रहे व्यवहार को वह बर्दाश्त नहीं कर पाती। यहाँ तक कि सतवंत प्रमिला की वकालत करने महेंद्र के दफ्तर तक पहुँच जाती है। महेंद्र की शिकायत तो उसके अधिकारी से करती ही है, साथ ही सुषमा को बुरी तरह से धोती है, जिसका असर यह हुआ कि सुषमा महेंद्र के जीवन से कटने लगी थी।

उसके इस व्यवहार से सरदार जी उस पर बहुत भड़के थे, परंतु सतवंत जरा

भी पीछे नहीं हटी थी। यहाँ तक कि सरदार जी से उलझ गई थी। दृष्टांत द्रष्टव्य है :

"औरत चाँटे क्यों खाए ? किसी का कोई मतलब नहीं चाँटे मारने का।" संतवत ने फिर उत्तेजित होकर कहा, "मैं उसकी जगह होती तो उसका मुँह तोड़ देती।"

"बस-बस संतो बहुत बढ़-चढ़कर बातें नहीं किया करो। प्रमिला ने उसका मुँह नहीं तोड़ा फिर भी महेंद्र ने पकड़कर उसे घर से बाहर निकाल दिया है।"

कैसी भी परिस्थिति रही हो, सतवंत ने प्रमिला का साथ सदैव दिया। यहाँ तक कि जब प्रमिला पागलखाने में बंद थी, उस वक्त भी सतवंत सरदार जी को लेकर उससे मिलने जाया करती थी। जब प्रमिला ठीक होकर घर आ गई थी, तब भी सतवंत उससे मिलने जाती। जब उसने देख लिया कि उसकी सहेली जिंदगी का लंबा फासला तय करने में सक्षम हो गई है, तब उसे इस बात का विश्वास हो गया कि उसका उद्देश्य हल हो गया है।

3. पात्रों का वर्ग विभाजन

कड़ियाँ उपन्यास में पात्रों का वर्ग उच्च, मध्यम और निम्न वर्ग के तहत विभाजित है। अलग-अलग वर्ग के पात्रों की स्थिति अलग है। कौन पात्र किस वर्ग के तहत आता है, निम्नानुसार दर्शित है

उच्च वर्ग : उच्च वर्ग के तहत कैप्टन भगत की पत्नी मिसेज भगत, डिप्टी डायरेक्टर मि. वर्मा।

मध्यम वर्ग : महेंद्र, नाटा, नारंग साहब, चाचा जी, सरदार जी, प्रमिला, सुषमा, सतवंत, पप्पू, मि. गुणवती, परशुराम और उसकी पत्नी आदि।

निम्न वर्ग : निम्न वर्ग के बहुत कम पात्रों की चर्चा आई है। जैसे बढ़ई, मिस्त्री, गाड़ीवान, मेहतरानी और नाटे का नौकर आदि।

4. अल्पसंख्यक पात्रों का रिश्ता

कड़ियाँ उपन्यास में अल्पसंख्यक पात्रों का सृजन नहीं हुआ है।

5. पात्रों के बहाने लेखकीय दृष्टि का अन्वेषण

भीष्म साहनी का यह दूसरा उपन्यास है। इस उपन्यास में जिन पात्रों का सृजन किया है, वे आधुनिकता के दौर में इतना आगे निकल जाते हैं कि फिर पीछे लौट पाना उनके लिए प्रायः असंभव सा हो जाता है। भीष्म जी इस स्थिति को बहुत अच्छी तरह से समझते हैं। महेंद्र जैसे हजारों युवक दिल्ली के अलावा अन्य जगहों पर भी हैं। जिन्हें एक पत्नी रास नहीं आती और चमक-दमक से भरी दुनिया से एक अदद प्रेमिका की तलाश कर लेता है। लेकिन उसे इस बात का एहसास बिल्कुल नहीं रहता कि इसका परिणाम क्या होगा ? लेखक का प्रमिला को सड़क पर लाकर खड़ा करना, फिर विषम परिस्थितियों से जूझते हुए पुनः रोजी-रोटी के लिए पाँव जमाना, जहाँ नारी के पिछड़ेपन का कारण बताया है, वहीं सुषमा का महेंद्र की बाँहों से निकलकर मि. वर्मा की बूढ़ी बाँहों में मजबूरन खेलना और फिर एक चौराहे पर आकर खड़ा हो जाना जहाँ से सारे

रास्तों का बंद हो जाना, इस बात का परिचायक है कि उस रास्ते में सिर्फ काँटे हैं, घुटन है और एक ऐसी शून्यता है, जिसकी भरपाई संभव नहीं है।

महेंद्र का चरित्र तो इस बात का प्रमाण है। क्या बचता है, महेंद्र के पास। न पत्नी, न प्रेमिका और न परिवार। लेखक नाटे का चरित्र सृष्टि करके यह साबित करने की कोशिश करता है कि अगर अपने परिवार में तुम्हारा मन नहीं रमता तो बेशक गैर औरतों से संबंध रखो। परंतु परिवार को टूटने मत दो। परिवार टूट गया तो तुम्हारा भी अस्तित्व खतरे में पड़ जाएगा और सबसे अच्छा रास्ता सुझाया है सरदार जी और उनकी पत्नी सतवंत के चरित्र को उठाकर। लेखकीय दृष्टि यहाँ पर बहुत साफ हो जाती है। सरदार जी और सतवंत का परिवार एक आदर्श परिवार है। दोनों आपस में बेहद खुश हैं। दोनों एक-दूसरे के स्वाभिमान की रक्षा करते हैं और सुख-दुख में बराबर की हिस्सेदारी निभाते हैं।

अंततः लेखक ने इन पात्रों के माध्यम से समाज में फैली विकृत मानसिकता को उजागर कर एक आदर्श परिवार की परिकल्पना की है।

'तमस' उपन्यास के पात्रों की चरित्र-सृष्टि

1. पुरुष-पात्र

मेहता जी : मेहता जी कांग्रेस के एक बुजुर्गवार नेता हैं। कांग्रेस कमेटी के प्रधान की हैसियत से कार्य करते हैं। अपने-आपको नेहरू जी के शक्ल-सूरत का मानते थे। कभी-कभी लोग उनसे मजाक भी करते। लेकिन मेहता जी उस मजाक को भी सच मानते थे। उन दिनों मोटरों के अड्डे पर खड़ा था तो एक आदमी दूसरे से पूछने लगा—"क्या वह जवाहरलाल नेहरू खड़ा है।" और मेहता जी ने दोनों हाथों से अपनी गांधी टोपी का जाविया थोड़ा टेढ़ा करते हुए कहा—"बहुत लोगों को मुगालता हो जाता है।"[85]

दरअसल मेहता जी का व्यक्तित्व अपने साथ कई पहलुओं को समेटे हुए है। नेता व समाज सेवक से ज्यादा मेहता जी बीमा कंपनी के एजेंट हैं। कांग्रेस का काम करने के साथ-साथ बीमा का भी काम करते थे। यद्यपि वे आजादी के लिए 16 वर्ष की जेल काट चुके थे। लेकिन अपनी भेदभाव नीति की वजह से सदैव विवादास्पद ही रहे। फिर भी उनके योगदान को नजरअंदाज नहीं किया जा सकता। मेहता जी बहुत ही कम समय के लिए प्रगट होते हैं। फिर भी आजादी के दीवानों में अग्रणी हैं।

वानप्रस्थी जी : भीष्म साहनी के सभी पात्र किसी विशेष कारण की वजह से ही जन्म लेते हैं। उन्हीं में से वानप्रस्थी जी भी एक हैं। वानप्रस्थी जी उन व्यक्तियों में हैं, जिन्हें प्राचीन मान्यताएँ ज्यादा रुचिकर लगती हैं। समाज व देश का भविष्य उन्हें रूढ़िगत मान्यताओं में ज्यादा उज्ज्वल दिखाई देता है। संस्कृत के ज्ञाता हैं और वेद-वेदांग पढ़े हुए हैं। साप्ताहिक सत्संग करते हैं। प्रवचन और यज्ञ पद्धति से समाज को सुशिक्षित और जाग्रत करना चाहते हैं। शहर की स्थिति ठीक न होने की वजह से एक अंतरंग सभा आमंत्रित करते हैं। वानप्रस्थी जी के भक्त व सहयोगी मंत्री जी

उस सभा को यह बताते हैं कि मुसलमान जामा मस्जिद में हथियार एकत्रित कर रहे हैं। वानप्रस्थी जी इस बात को हिंदुओं के प्रति बहुत बड़े हमले की तैयारी बताते हैं।

अंतरंग सभा को वे पहले बहुत ही धीमी-गंभीर आवाज में बोलते हैं—''सबसे पहले अपनी रक्षा का प्रबंध किया जाना चाहिए। सभी सदस्य अपने-अपने घर में एक-एक कनस्तर कड़वे तेल का रखें, एक-एक बोरी कच्चा या पक्का कोयला रखें। उबलता तेल शत्रु पर डाला जा सकता है, जलते अंगारे छत पर से फेंके जा सकते हैं।''[86]

वानप्रस्थी जी अपने जोशीले वक्तव्य से पूरी अंतरंग सभा को हिला देते हैं। उन्हें महसूस करा देते हैं कि तुम्हारे ऊपर विपदा टूटनेवाली है। वानप्रस्थी यहाँ पर एक धार्मिक नेता के रूप में उभरते हैं। उनका आध्यात्मिक पक्ष गौण हो जाता है। उनके भाषण का यह असर होता है कि हिंदुओं में खलबली मच जाती है। युवकों को लाठी चलाने की शिक्षा दी जाती है। देवव्रत, रणवीर जैसे युवक को आतंकवादी की तरह तैयार करता है। घर-घर हथियार जमा होने लगते हैं और उनके इस्तेमाल की तरकीब बताई जाने लगती है। हालाँकि कुछ लोग इसका विरोध भी करते हैं, लेकिन वानप्रस्थी जी पुनः ललकारते हैं, ''इसी भाव ने हमें कायर बना दिया है। बात-बात पर खतरे से डरना। इसी कारण म्लेच्छ खिल्ली उड़ाते हैं, हमारे युवकों को 'कराड' और 'वनिया' कहकर पुकारते हैं।''[87]

शायद वानप्रस्थी जी अपने उद्देश्य में सफल होते हैं। परंतु उनका प्रयास न केवल समाज की बल्कि देश की नींव हिलाने में सफल हो जाता है। वानप्रस्थी जी महत्त्वपूर्ण पात्र न होते हुए, फिसाद के लिए एक बहुत बड़े कारक के रूप में सामने आते हैं।

जनरैल : तमस उपन्यास में जनरैल एक निराला व्यक्तित्व है। जनरैल कांग्रेस का एक कार्यकर्ता है। लोग उसे सिरफिरा कहते हैं। दरअसल उसे सिरफिरा कहना उचित नहीं प्रतीत होता। बल्कि वह अपने सीने में स्वतंत्रता की आग छिपाए आजादी के दीवानों की तरह इधर-उधर घूमता रहता। उसका पहनावा जूतों के लगभग छः इंच ऊपर खाकी पतलून शुरू होती थी, उसके ऊपर खाकी कोट, जिस पर गांधी और नेहरू के तमगे जनरैल को जितने मिल सकते थे, उसने लगा रखे थे, साथ में रंगीन थिगलियाँ, डोरे, सूखे हुए बुढ़ऊ शरीर पर मुचड़ा हुआ खाकी कोट लटक रहा था। ऊपर खसखस दाढ़ी नुची-खुची और सबसे ऊपर मूँगिया रंग की पगड़ी।

जनरैल ही एक ऐसा आदमी था जो आंदोलन हो या न हो, जेल जाता रहता था, जलसे हों या न हों, शहर में स्वयं तकरीरें करता फिरता था। हर आए दिन शहर में कहीं न कहीं उसकी पिटाई हो जाया करती थी। बगल में छोटा-सा बेंत दबाए वह सदा कभी एक मुहल्ले में, कभी दूसरे मुहल्ले में घूमता नजर आता था। उसे जहाँ भी पोल नजर आती वहीं पर उँगली उठा देता। पूरे फौजी शासन में जीता। बख्शी जी, मेहता जी, कश्मीरीलाल किसी को भी फटकारने में उसे कोई संकोच नहीं होता था। मस्जिद की सीढ़ियों से सुअर हटाने के लिए बख्शी के बाद वही दूसरा व्यक्ति था, जिसके चेहरे पर तनिक भी इस कार्य के लिए खिंचाव नहीं आया था। दंगे के दौरान अकेला ही कूद पड़ता। हिंदू हो या मुस्मिल अगर दोषी है तो जनरैल की तकरीर से बच नहीं सकता था। वह सारी दुनिया में अमन का हिमायती

था। देश की आजादी का संदेशवाहक था। उसे कांग्रेस के सभी कार्यकर्ता बहुत प्यार करते थे। परंतु जब लोगों को मालूम चला कि जनरैल दंगे में मारा गया तो सभी को ठेस लगी। आजादी का दीवाना अमानवीय क्रूरता का एक दिन शिकार हो गया।

बख्शी जी : बख्शी जी कांग्रेस कमेटी के पुराने कार्यकर्ता हैं और कमेटी में सचिव की हैसियत से कार्य करते हैं। बख्शी जी बहुत ही सुलझे हुए संजीदा इंसान हैं। हिंदू-मुस्लिम एकता के प्रतीक हैं। बख्शी जी कुछों को छोड़कर सभी के प्रिय हैं। आजादी के लिए कुछ भी करने को तैयार हैं। उन्होंने जनजागरण का अभियान छेड़ रखा था। कभी प्रभात फेरी के माध्यम से तो कभी शहर की नालियों की सफाई के माध्यम से। लेकिन इसी बीच शहर में एक दुर्घटना घट जाती है। कोई व्यक्ति सुअर मारकर केलावाली मस्जिद की सीढ़ियों पर फेंक आता है। स्थिति बिगड़ने के भय से बख्शी जी सुअर को वहाँ से उठाकर अन्यत्र फेंक देने की सलाह देते हैं। लेकिन लोगों को यह बात रास नहीं आती। फिर भी बख्शी जी अपने कांग्रेसी साथी जनरैल की मदद से सुअर को उठाकर दूर पत्थरों के पीछे फेंक आते हैं। सीढ़ियाँ भी धोने की तैयारी कर ही रहे थे, तभी उन्हें दिखा कि एक व्यक्ति चिकनी खालवाली बादामी रंग की गाय को डंडे के बल पर हाँके ले जा रहा है। बख्शी जी ने स्थिति को भाँप लिया। "लगता है शहर पर चीलें उड़ेंगी। आसार बहुत बुरे हैं।"[88]

बख्शी जी आजादी की लड़ाई के लिए 16 वर्षों की जेल काट चुके थे। सदैव गांधी टोपी पहनते थे। रिचर्ड उन्हें उनकी टोपी से पहचान लेता था। बख्शी जी बढ़ते हुए फसाद को रोकने के लिए अपने साथ मुस्लिम लीग के नेता हयातबख्श, अमरीकी प्रिंसिपल हरबर्ट प्रोफेसर रघुनाथ को लेकर शहर के डिप्टी कमिश्नर रिचर्ड के पास गए। उनसे शहर की हालात पर चर्चा की। परंतु रिचर्ड पर उनकी बात का कोई असर नहीं हुआ। बख्शी जी ने कई सुझाव दिए, निवेदन किया, लेकिन रिचर्ड ने बिगड़ती हालत पर कोई भी कार्यवाही करने से साफ इंकार कर दिया। बख्शी जी ने इस बात पर उत्तेजित होकर कहा—"इस वक्त हालात नाजुक हैं। अगर मार-काट शुरू हो गई तो उसे सँभालना कठिन होगा। अगर एक हवाई जहाज ही शहर के ऊपर उड़ जाए तो लोगों के कान हो जाएँगे कि सरकार बराबर है। फिसाद को रोकने के लिए इतना ही काफी होगा।"[89]

हालात पर काबू पाने के लिए बख्शी जी ने बहुत कोशिश की। परंतु उनकी हर कोशिश नाकामयाब रही। कुछ सियासी चालें और कुछ धर्मांधतों की वजह से खून-खराबे का दौर अनवरत चला। फिर भी बख्शी जी हाथ पर हाथ धरकर बैठे नहीं रहे। अपने सीमित साधनों के बल पर अमन कायम करने के लिए अंत तक संघर्षशील रहे। उन्हें सफलता मिली। परंतु तब तक तस्वीर पूरी तरह से बिगड़ चुकी थी।

नत्थू : तमस उपन्यास की शुरुआत ही नत्थू से होती है। नत्थू गौण पात्र होते हुए भी एक केंद्रीय पात्र है। उपन्यास की पृष्ठभूमि में उसकी भूमिका अहम है। वह जाति का चमार है। मरे हुए जानवरों के शरीर से चमड़ा उतारता है। डॉ. सालोतरी को अपने डॉक्टरी परीक्षण के लिए एक मरा हुआ सुअर चाहिए। यह काम डॉ. सालोतरी मुरादअली को सौंपता है और मुरादअली यह कार्य नत्थू पर डाल देता है।

नत्थू इस कार्य से बचना चाहता है लेकिन कुछ मुरादअली का प्रभाव और कुछ पाँच रुपये की लालच उसे मजबूर कर देती है। सुअर मारना उसका पहला अनुभव था। उसे सुअर अपने से भारी पड़ रहा था। वह खीझता ओठों के अदंर चीखता, "मुझे क्या लेना-देना इस काम से। सालोतरी को सुअर नहीं मिलता तो न मिले, मेरी बला से। मैं कल मुरादअली के सामने पाँच का नोट पटक दूँगा और हाथ जोड़ लूँगा। यह मेरे बस का नहीं है, हुजूर। मैं यह काम नहीं कर सकता। मेरा क्या बिगाड़ लेगा। दो दिन मुँह बनाए रखेगा, मैं घुटनों पर हाथ धरकर उसे मना लूँगा।"

फिर भी नत्थू सुअर मारता है। लेकिन उसे क्या मालूम था कि यह सुअर एक दिन फिसाद की जड़ बन जाएगा। वह मन ही मन मुरादअली को कोसता। शहर में मस्जिद में सुअर फेंकने की चर्चा जोरों की थी। नत्थू परेशान था। लेकिन उसने मस्जिदवाले सुअर को देखा नहीं था। फिर भी शंका में जी रहा था। वह मुरादअली से मिलकर अपनी शंका दूर करना चाहता था। मुरादअली मिला, लेकिन एक अजनबी की तरह। "सलाम हुजूर। मैं नत्थू हूँ, आपने मुझे पहचाना नहीं ?"[90] मुरादअली बिना कुछ जवाब दिए आगे बढ़ गया।

नत्थू बेहद परेशान था। इस बात से उसे अपनी पत्नी की याद बेहद सताने लगी थी। वह दीन-दुनिया को भूलकर अपनी पत्नी के आलिंगन में खो जाना चाहता था। पत्नी के सारे प्रश्नों का जवाब उसने टाल दिया था। लेकिन 'अल्ला हो अकबर' और 'हर हर महादेव' की गूँजती आवाज ने उसे एकबार पुनः हिला दिया था। स्थिति बहुत बुरी हो गई थी। वह अपनी पत्नी से साफ-साफ बता देना चाहता था। आज शहर की स्थिति जो थी, उसका दोषी वह स्वयं अपने आपको मान रहा था। अंततः यह राज उसने अपनी पत्नी पर खोल ही दिया। पत्नी ने जो भला-बुरा कहा, उसे भी झेल गया। लेकिन उसके निर्दोष होने के लिए यह वाक्य काफी हैं, "मैंने जानबूझ कर कुछ नहीं किया है। मैंने तो जो कुछ किया है, अनजाने में किया है। ये लोग जो आग लगा रहे हैं और राह जाते लोगों को मार रहे हैं, ये तो आँखें खोलकर सब काम कर रहे हैं। ये बुरा करम कर रहे हैं। एक सुअर मार देने से क्या होता है।"[91] अंत में नत्थू दंगे में मारा जाता है।

मुरादअली : मुरादअली डॉ. सालोतरी का नौकर था। डॉ. सालोतरी को चिकित्सीय प्रयोग हेतु एक सुअर की आवश्यकता थी। इसकी व्यवस्था मुरादअली को करनी थी। उसकी साफ सी छोटी-छोटी पैनी आँखें और कँटीली मूँछें और घुटनों तक लंबा खाकी कोट और सलवार और सिर पर पगड़ी उसे फबते थे। इन सबको मिलाकर ही मुरादअली की अपनी खास तस्वीर बनती थी।"[92] उसने इस काम के लिए नत्थू को पाँच का नोट दिया। एक सुअर मारने के लिए कहता है। नत्थू जानता है कि मुरादअली एक प्रभावशाली व्यक्ति है। न चाहते हुए भी पूरी तरह से मना नहीं कर पाता। मुरादअली उस पर जोर देकर कहता है। इधर का इलाका मुसलमानी है। किसी मुसलमान ने देख लिया तो लोग बिगड़ेंगे। तुम भी ध्यान रखना। हमें भी यह काम बहुत बुरा लगता है। मगर क्या करें, साहिब का हुक्म है, कैसे मोड़ दें।"[93]

नत्थू की तरह मुरादअली भी तमस की नींव में है। परंतु मुरादअली एक

रहस्यमय व्यक्तित्व के रूप में उभरता है। नत्थू से उसकी मुलाकात फिर कभी नहीं होती। मुरादअली नत्थू से दूर भागता है। नत्थू मिलने के लिए कोशिश भी करता है, लेकिन प्रयास निरर्थक रहता है। मुरादअली अंत में तब प्रगट होता है, जब सभी पार्टियाँ अमन-चैन का नारा लगाती नगर भ्रमण कर रही होती हैं।

देवव्रत : अखाड़ा संचालक मास्टर देवव्रत युवाओं के लिए अखाड़ा चलाते हैं। जब कभी हिंदुओं पर विपदा आती है, उनके शिष्य पूरी मुस्तैदी से मैदान में उतर पड़ते हैं। लाठी चलाना, खंजर चलाना, सामने से युद्ध करना, छिपकर आक्रमण करना, ये सारी युद्ध कलाओं के मर्मज्ञ मास्टर देवव्रत युवाओं को म्लेच्छों के खिलाफ तैयार करते हैं। रणवीर जैसे उत्साही युवक को दीक्षा देने के पहले उसे मुर्गी की हत्या करने के लिए कहते हैं। क्योंकि देवव्रत को विश्वास है कि अगर आदमी खून नहीं कर सकता तो वह दृढ़ व्यक्ति नहीं बन सकता। ''एक और अवसर तुम्हें दिया जाता है। जो युवक एक मुर्गी को नहीं मार सकता, वह शत्रु को कैसे मार सकता है।''[94] मास्टर देवव्रत जैसे चरित्रों से उससे ज्यादा उम्मीद भी क्या की जा सकती है।

रणवीर : मास्टर देवव्रत का परमप्रिय शिष्य रणवीर एक उत्साही लड़का है। अगर दंगे फसाद से दूर रहकर आजादी के दीवानों की पंक्ति में खड़ा होता तो शायद वह एक अविस्मरणीय पात्र होता। परंतु संकीर्ण मानसिकता के शिकार वर्ग का वह भी एक सदस्य बन गया। वह मास्टर देवव्रत का शिष्य बनने के लिए मुर्गी का वध करने की परीक्षा देता है। चींटी भी न मारनेवाला रणवीर भला मुर्गी का वध कैसे कर सकता है। लेकिन देवव्रत की बार-बार शिष्य न बनाने की चेतावनी और हिंदुओं पर आई हुए मुसीबतों के भय ने उसे इतना दृढ़ बना दिया कि वह मुर्गी मारने में ही नहीं बल्कि देवव्रत के हर मंसूबे को अंजाम देने में सफल हुआ। रणवीर स्वयं अपनी टोली तैयार करता है, जिसमें सभी युवा हैं। रास्ते चलते म्लेच्छों पर आक्रमण करते हैं। बातों-बातों में चाकू चला देना, और इस सफाई से निकल जाना कि हवा को भी कानो-कान पता न चले, रणवीर के कुशल संचालन का प्रतीक है। रणवीर के साथी धर्मदेव, बोधराज, इंद्र और शंभु आदि पूरी मुस्तैदी से विषबाण बनाने और तेल गरम करने में लगे रहते हैं। ये सीधे-सादे युवक अंधकार की खोह में अपने अस्तित्व की तलाश में विलीन होते गए।

हयातबख्श : हयातबख्श मुस्लिम लीग पार्टी का प्रधान है। उसे कांग्रेस से नफरत है। क्योंकि उसका मानना है कि कांग्रेस विशुद्ध रूप से हिंदुओं की जमात है। उसे कांग्रेसियों के किसी कार्य में मुसलमानों का हित नहीं दिखाई देता। आजादी का मतलब हिंदुस्तान सिर्फ हिंदुओं के लिए। मुसलमानों का हित उसे सिर्फ पाकिस्तान में ही दिखाई देता है। इस सबके बावजूद अन्य कांग्रेसियों की तरह वह भी हिंदुओं के प्रति संवेदनशील है। लाला लक्ष्मीनारायण जब अपने आपको मुसलमानी क्षेत्र में अकेला पाते हैं, तो हयातबख्श उनके साथ हो लेता है, ताकि उनका भय समाप्त हो जाए। क्योंकि उसके अंदर का आदमी मरा नहीं है। उसके व्यक्तित्व के अंदर कहीं न कहीं सौ प्रतिशत जिंदा है।

पूरा शहर दंगे में झुलस रहा था। शासन की ओर से जब कोई कार्यवाही नहीं की जा रही थी। उस वक्त कामरेड देवदत्त ने बख्शी जी और हयातबख्श

के बीच एक बैठक हयातबख्श के निवास पर की। लेकिन हयातबख्श पहले तो एक ही बात दोहरा रहा था। बख्शी कबूल करे कि वह हिंदुओं की नुमाइन्दगी करने आये हैं। कांग्रेस हिंदुओं की जमात है।"[95] हयातबख्श से जब अमन कायम कराने में मदद चाही गई तो वह इस शर्त पर तैयार हो गया कि बख्शी जी और हयातबख्श के रूप में अमन-कायम करने के लिए तैयार है। हयातबख्श अंत-अंत तक कांग्रेस के प्रति शंकास्पद रहता है। हयातबख्श अपने विचारों में किसी प्रकार का कोई परिवर्तन नहीं करता। ये दुविधा में जीनेवाले पात्र हैं।

इत्र फरोश : इत्र फरोश उन पात्रों में है, जो मुसलमान होते हुए भी न वह मुसलमान हैं, और न हिंदू। इत्र फरोश उन व्यक्तियों में से है, जिन्हें रोज कुआँ खोदना पड़ता है और रोज पानी निकालकर पीना पड़ता। इत्र फरोश शहर में घूम-घूमकर इत्र बेचता है। उसे मालूम है कि शहर में बहुत गड़बड़ है। हिंदू मुसलमान को और मुसलमान हिंदू को मार रहा है। लेकिन पेट की आग उसे उस माहौल में भी घर में नहीं बैठने देती। "मुझे भी आज फेरी पर नहीं निकलना चाहिए था। आज भी कोई दिन है, फेरी करने का ? सारे शहर में सूखा पड़ा है। पर मैंने सोचा घर पर बैठकर क्या करूँगा, दो-चार आने की जुगाड़ हो जाए तो क्या बुरा है, दुकानदार घर पर बैठा रहे तो खाएगा कहाँ से ?"[96]

इत्र फरोश के पीछे-पीछे एक लड़का भागता आता है। इत्र फरोश को लगा कि यह लड़का डरा हुआ है। उसे अपने साथ कर लेता है। उसे हिम्मत बँधाता है। तुम घबड़ाओ नहीं। मैं तुम्हें तुम्हारे अड्डे तक छोड़ दूँगा। उसका मन बहलाने के लिए उसे इत्र के बारे में सुनाता रहता है। तभी मौका पाकर वह लड़का जेब से चाकू निकालता है और उसके पेट में घुसेड़कर घुमा देता है। वह घबड़ाहट से बुरी तरह चीखता है, "ओ लोगों मार डाला ! मुझे मार डाला ! ओ लोगो…!"[97] इत्र फरोश खत्म हो जाता है। इत्र फरोश की मौत इस बात का प्रमाण है कि शैतान की नजरों में अच्छे और बुरे के बीच कोई विभाजक रेखा नहीं है।

शाहनवाज : शाहनवाज 'तमस' का एक उम्दा इंसान है। शहर में हिंदू-मुस्लिम दंगे का माहौल है। मुसलमान हिंदू बहुल क्षेत्रों से निकलकर मुस्लिम बहुल क्षेत्र में जा रहे थे और हिंदू मुस्लिम बहुल क्षेत्रों से निकलकर हिंदू बहुल क्षेत्र में जाकर बस रहे थे। शाहनवाज का एक बहुत प्रिय दोस्त रघुनाथ मुस्लिम मोहल्ले का मकान छोड़कर दूसरे मोहल्ले में किराए का मकान ले लेता है। शाहनवाज उससे मिलने मोटर से जाता है। रास्ते में बहुत से मुसलमान मिलते हैं। तरह-तरह की बातें सुनता है। मुसलमानों के मारे जाने की और मुसलमानों द्वारा हिंदुओं को हलाक करने की कहानी मुसलमानों से सुनता अपनी मोटर आगे बढ़ाता जाता। उस पर उन बातों का कोई असर नहीं हो रहा था। जैसे इशारों ही इशारों में कह रहा हो, "माना हिंदू दोषी हैं, लेकिन तुम कितने शरीफ हो।" किंतु जब उसके दोस्त रघुनाथ का मकान नजर के सामने आया तो उसके एक पड़ोसी से बोला–"देख फकीरे, दोनों कान खोलकर सुन ले। अगर मेरे यार के घर को किसी ने बुरी नजर से देखा तो मैं तुझे ही पकडूँगा। कोई इस घर के नजदीक नहीं आए।"[98]

शाहनवाज रघुनाथ और उसकी पत्नी से मिलकर उनका जब हालचाल मालूम

कर लेता है तो उसे राहत मिलती है। अन्य औपचारिकताओं के बाद जब रघुनाथ की पत्नी उस घर से अपने जेवर लाने के लिए चाभियों का गुच्छा उसके हाथ में धर देती है तो वह गर्व से फूल उठता है, "हजारों के जेवर की चाभियाँ भाभी मेरे हाथ में दे रही है, मुझे अपना समझती है, तभी तो।"[99] शाहनवाज शंका व्यक्त करता है, "और जो मैं तुम्हारा जेवर हज्म कर जाऊँ तो, भाभी ?"[100] "तुमसे जेवर अच्छा है, खान जी ? तुम इसे फेंक भी आओ, तो मैं सी नहीं करूँगी। मैं कहूँगी तुम्हारी बला से।"[101] शाहनवाज लाख बाह्य विरोधों के बावजूद जेवर लाता और अपनी दोस्ती की बुलंदी को तस्दीक करता है। शाहनवाज ने अपनी जिंदगी में इंसानी रिश्ते को महत्त्व दिया है। शाहनवाज का चरित्र समन्वयवादी है। मुसलमान उसे शंका की निगाह से देखते हैं। परंतु उस पर इसका कोई प्रभाव नहीं पड़ता। आगे चलकर शाहनवाज फिसाद रोक पाने में बहुत बड़ा पार्ट अदा करता है। शाहनवाज मानव मूल्यों की रक्षा के लिए जाति और धर्म से ऊपर उठकर थोथे आदर्शों को अपने जीवन में उतारता है, परंतु जैसे पूँजीपति शाहनवाज सिर्फ अपने पूँजीपति हिंदू दोस्त को ही बचाने जाता है। यहाँ पर यह बात साफ स्पष्ट हो जाती है।

रिचर्ड : 'तमस' उपन्यास के सारे पात्रों में शहर का डिप्टी कमिश्नर रिचर्ड ही एक ऐसा पात्र है, जिसका उद्देश्य साफ है। वह जानता है अब भारत में अंग्रेजी हुकूमत का अंत होनेवाला है। हम लोगों के ऐशोआराम का यह चरागाह सदा-सदा के लिए दूर हो जाएगा शायद इसीलिए वह चलते-चलते हिंदुस्तानियों की सबसे कमजोर नब्ज को दबाने में सफलता हासिल कर ही लेता है।

रिचर्ड जानता है कि हिंदुस्तान में धर्म एक ऐसा मामला है, जिस पर चोट की जाए तो हिंदू-मुस्लिम दोनों उग्र हो जाएँगे। रिचर्ड अपने मंसूबे में सफल हो जाता है। पूरे शहर में सुअर को लेकर तनाव है। मुसलमान भी एक गाय को काटकर तनाव में वृद्धि करते हैं। तनाव इस हद तक बढ़ सकता है कि लोग एक-दूसरे की जान लेने पर उतारू हो जाएँगे, इसका भास होते ही बख्शी जी अपने पूरे दल के साथ रिचर्ड से मिलने जाते हैं। रिचर्ड उनकी एक भी नहीं सुनता। साफ-साफ शब्दों में हिंदू और मुसलमानों के बीच पड़ने से मना कर देता है। जब बख्शी जी और उनके साथी गुस्से में आकर बोलने लगे तो रिचर्ड का फ्रस्टेशन उभर आता है, "वास्तव में आपका मेरे पास शिकायत लेकर आना ही गलत था। आपको तो पंडित नेहरू या डिफेंस मिनिस्टर सरदार बलदेव सिंह के पास जाना चाहिए था। सरकार की बागडोर तो उनके हाथ में है।"[102]

लीजा रिचर्ड की पत्नी है। बहुत कम समय के लिए भारत आती है। रिचर्ड उसे पूरा-पूरा समय नहीं दे पाता। दोनों एक-दूसरे से बहुत परेशान रहते हैं। रिचर्ड लीजा को टेक्सिल का म्यूजियम घुमाने की बात करता है। लीजा को मालूम है कि वहाँ 103 गाँव जल गए हैं। कई औरतें कुएँ में कूदकर अपनी जान गँवा चुकी हैं। लीजा का मन घृणा से भर जाता है। "तुम कैसे जीव को रिचर्ड, ऐसे स्थानों पर भी तुम नये-नये पक्षी देख सकते हो, लार्क पक्षी की आवाज सुन सकते हो ?"[103] "इसमें कोई विशेष बात नहीं है, लीजा सिविल सर्विस हमें तटस्थ बना देती है। हम यदि हर घटना के प्रति भावुक होने लगे तो प्रशासन एक दिन भी

नहीं चल पाएगा।"[104] "यदि 103 गाँव जल जाएँ तो भी नहीं ?"[105] "तो भी नहीं", रिचर्ड ने तनिक रुककर कहा, "यह मेरा देश नहीं है। न ही ये मेरे देश के लोग हैं।"[106] दरअसल इस दंगे के पीछे सालोतरी नाम का कोई व्यक्ति नहीं रहता। सालोतरी के रूप में रिचर्ड ही रहता है, जो आग लगाकर पर्दे के पीछे चला जाता है।

पति और पत्नी के वार्तालाप से यह स्पष्ट हो जाता है कि रिचर्ड किस मिट्टी का बना हुआ इंसान है, जिसके हृदय में भारतीयों के प्रति संवेदना नाम की कोई चीज नहीं है। वह एक शासक है। निर्मम, हत्यारा और सबसे बड़ा प्रतिनायक, जिसे सुकून मिलता है, इंसानी रिश्ते को तोड़ने में, खून-खराबा कराने और देखने में, किंतु अंग्रेजी हुकूमत का एक सफल किरदार है, जिस पर उसकी हुकूमत गर्व कर सकती है।

रमजान अली : एहसान अली जहाँ अपने साथ संवेदना सँजोए हुए है, वहीं उसका बेटा रमजान अली संवेदनहीन और कट्टर और मूढ़ इंसान है, जिसने सुन रखा है हिंदुओं ने मुसलमानों को हलाक किया है, इसलिए वह हिंदुओं का सफाया करने के लिए कुछ भी कर सकता है। कई गाँवों में जहाँ हिंदू अल्पसंख्यक हैं, उन्हें अपने साथियों के साथ बेदर्दी से लूटता है। इकबाल सिंह को अमानवीय तरीकों से मुसलमान बनाता है। यहाँ तक कि नारी चरित्रों में श्रेष्ठ उसकी माँ राजो ने जिन हिंदू-सिक्ख हरनाम सिंह और बंतो को शरण दे रखी थी, उनके साथ पशुता का व्यवहार करता है। परंतु इस सबके बावजूद रमजान अली की नजर जैसे ही हरनाम सिंह से मिलती है उसके हाथ से कुल्हाड़ी छूट जाती है। लेखक की दृष्टि यहाँ पर साफ है, "काफिर को मारना और बात है। अपने घर के अंदर जान पहचान के पनाहगीन को मारना दूसरी बात है।"[107] जैसे उसे भी समझ में आ गया हो, आखिर इसने हमारा क्या बिगाड़ा है। एक स्थिति ऐसी आती है, जब इंसान की सोच खुद-ब-खुद इन सबसे ऊपर उठ जाती है।

हरनाम सिंह : ढोक इल्लाहीबख्श मुसलमानों का गाँव है। उस पूरे गाँव में हरनाम सिंह अकेला हिंदू सिक्ख है, जो अपनी पत्नी बंतो के साथ होटल चलाता है। शहर का फिसाद फिजा में धुलकर गाँवों में भी घुस आया था। लेकिन हरनाम सिंह को विश्वास था कि यहाँ मुझे सभी पहचानते हैं। मुझ पर कोई हाथ नहीं डालेगा। फिर उसे अपने मित्र करीमखान पर ज्यादा विश्वास था। परंतु करीमखान उसका भ्रम तोड़ देता है। "हालात अच्छे नहीं हरनाम सिंह, तू चला जा।"[108] हरनाम सिंह अपनी पत्नी बंतो के साथ अपने गाँव को छोड़कर परदेशी हो जाता है।

हरनाम सिंह बहुत ही सहज और सरल हृदय का व्यक्ति है। उसे मालूम है कि उसका सब कुछ लुट चुका होगा। फिर भी अपनी जिंदगी की रक्षा के लिए एक मुसलमान के घर में शरण लेता है। लेकिन जब घर की मालकिन उसके सामने यह बात स्पष्ट कर देती है कि मेरा बेटा तुम्हारे साथ अच्छा बर्ताव नहीं करेगा तुम अपना अच्छा-बुरा सोच लो। उस वक्त हरनाम सिंह की नजरों में अंदर और बाहर दोनों जगह मौत दिखाई देती है। वह सब कुछ 'वाह गुरु' के ऊपर छोड़कर अपने हृदय को कठोर

बना लेता है। घर मालकिन राजो के दिल में रहम जाग जाता है। वह उसे रोक लेती है। इसी दौरान एक बड़ा मार्मिक दृश्य उभरता है। हरनाम सिंह बंतो के साथ अपनी बेटी जसवीर और इकबाल की बातें कर रहे होते हैं, तभी देखते हैं कि जो ट्रंक उस घर के अंदर आया है, वह उन्हीं का है और यह एहसान अली है। अपना पुराना परिचित। उसकी हिम्मत बँधती है और अब भरोसा हो जाता है कि उसका कुछ नहीं होगा। बहू अकरॉं को ट्रंक तोड़ते देख हरनाम सिंह ताकी खोलकर गर्दन बाहर निकाल देता है, "ताला क्यों तोड़ती हो, बेटी, यह लो चाभी, यह हमारा ही ट्रंक है। एहसान अली, मैं हरनाम सिंह हूँ। तुम्हारी घरवाली ने हमें पनाह दी है। गुरु महाराज तुम्हें सलामत रखे। यह ट्रंक हमारा है, पर अब इसे तुम अपना ही समझो। अच्छा हुआ जो यह तुम्हारे हाथ लगा, किसी दूसरे के हाथ नहीं लगा।"[109]

एहसान अली के बेटे रमजान अली का व्यवहार हरनाम सिंह के साथ अच्छा नहीं रहता। रमजान अली उसकी बहुत ही बेइज्जती करता है। हरनाम सिंह सब कुछ जहर की तरह पी जाता है। खोखली आवाज में चीखता है—"मार डाल…।"[110] हरनाम सिंह एक जद्दोजहद के बाद अपनी और बंतो की जिंदगी बचाने में सफल हो जाता है। परंतु वह बहुत ही बदनसीब पिता सिद्ध होता है। उसकी बेटी जसवीर तुर्कों के जुल्म में तंग आकर कुएँ में कूद मरती है। और बेटा इकबाल सिंह को मुसलमान बना दिया जाता है। हरनाम सिंह पागलों की तरह इकबाल सिंह की पूछताछ करने के लिए बार-बार आँकड़ा बाबू के पास जाता है। आँकड़ा बाबू उसकी एक भी नहीं सुनता। हरनाम सिंह सीने पर पत्थर धरकर लौट आता है। उसके अंदर छटपटाहट है। उसे सब कुछ खो जाने पर कोई गम नहीं है। परंतु इकबाल सिंह का पता न चलना, उसे असह्य होता जा रहा है। भीष्म जी ने हरनाम सिंह के बहाने एक ऐसे पात्र का चित्रण किया है जो सारी जिंदगी तिनका-तिनका जोड़कर एक हँसता-खेलता घरौंदा तैयार करता है, और बलवाई उसे क्षणभर में बिखेर कर रख देते हैं।

2. स्त्री-पात्र

लीजा : स्त्री पात्रों में सबसे ज्यादा संवेदनशील पात्र लीजा है। लीजा डिप्टी कमिश्नर रिचर्ड की पत्नी होते हुए भी मानवीय मूल्यों को समझती है और संवेदना को जीवित रखे हुए है। यद्यपि उसे भारत की स्थितियों का ज्ञान नहीं है और भारत के प्रति अंग्रेजी हुकूमत के नजरिए का भी। परंतु उसके अंदर का इंसान रिचर्ड का अमानवीय व्यवहार स्वीकार नहीं कर पाता। "यह आवाज इस वक्त क्यों उठाई जा रही है। जरूर कोई धार्मिक पर्व होगा।" "यह धार्मिक पर्व नहीं है लीजा, दरअसल शहर में हिंदुओं और मुसलमानों के बीच फिसाद हो गया है।" "तुम्हारे रहते फिसाद हो गया रिचर्ड ?"[111] लीजा रिचर्ड को झंझना देती है।

लीजा को भारत का माहौल अच्छा नहीं लगता। रिचर्ड भी उसे घुमा-फिरा नहीं पाता। खाली वक्त वह दारू पीती पड़ी रहती है। उसका शरीर लिजलिजा हो जाता है। कभी भी बिस्तर पर उसका पेशाब छूट जाता है। जब होश आता है तो पुनः दारू की माँग करती है। लेकिन उसे भारत के बारे में जानने की जिज्ञासा है। वह रिचर्ड से हिंदू और मुसलमानों के बारे में पूछती रहती है, "ये लोग आपस में लड़ें, क्या यह

अच्छी बात है।"[112] उसकी बात पर रिचर्ड अक्सर हँस देता, "क्या यह अच्छी बात होगी कि ये लोग मिलकर मेरे खिलाफ लड़ें, मेरा खून करें।"[113] लीजा को लगता जैसे मानवीय मूल्यों का कोई महत्त्व नहीं होता, वास्तव में महत्त्व केवल शासकीय मूल्यों का होता है। लीजा रिचर्ड के कार्य से कभी खुश नहीं रही। सदैव अपने तर्क से उसकी नीतियों का विरोध किया है। अंत-अंत तक रिचर्ड उसे अपने रंग में नहीं ढाल पाया। लीजा प्रशासक की पत्नी होकर भी कभी भी हिंदुस्तानी जनता से बदसलूकी नहीं की। उसने जब भी कोई बात की है, बड़े प्यार और दुलार से। जब रिचर्ड का कार्य उस शहर में पूरा हो जाता है और दूसरे शहर को स्थानांतरण आदेश का इंतजार करता है, लीजा को उस पूरे फिसाद की कहानी सुनाना चाहता है। लेकिन लीजा कंधे बिचका देती है, "सुनाओ या न सुनाओ, कोई खास फर्क नहीं पड़ता।"[114]

राजो : तमस की स्त्री पात्रों में राजो का स्थान सर्वोपरि है। यद्यपि पुरुष पात्रों की तुलना में स्त्री पात्रों की संख्या बहुत कम है। राजो एहसान अली की औरत और रमजान अली की माँ है। एक साधारण ग्रामीण गृहिणी है। छल-प्रपंच से दूर, जिसे वैमनस्यता का अर्थ हिंदू-मुस्लिम होना नहीं बल्कि व्यक्तिगत विवाद है। राजो चाहती तो हरनाम सिंह और बंतो को द्वार से भगा देती। चाहती तो गाँव मोहल्ले के दो-चार आदमियों को बुलाकर उन्हें बँधवा देती। क्योंकि वे हिंदू सिक्ख थे। लेकिन राजो ऐसा नहीं करती। उन्हें शरण देती है। लस्सी पिलाती है। बंतो को झिझकता देखकर यहाँ तक सहयोग की भावना व्यक्त करती है, "तुम्हारे पास कोई बर्तन हो तो उसमें डाल लो। इधर गाँव में एक पंडित की दुकान है। अगर वह घर पर हुआ तो मैं उससे तुम्हारे लिए दो बर्तन ले आऊँगी।"[115]

यद्यपि जब उसे अपने पति और बेटे का ध्यान आता है तो वह स्पष्ट बोल जाती है कि—"मेरा बेटा लीगी है। तुमसे कैसा सलूक करेगा नहीं जानती।"[116] जब हरनाम सिंह जाने लगता है तो उसका दर्द फूट पड़ता है, "न जाओ जी, रुक जाओ, साँकल चढ़ा दो। तुमने मेरे घर का दरवाजा खटखटाया है, दिल में कोई आस लेकर आये हो, जो होगा देखा जाएगा। तुम लौट आओ।"[117]

राजो घर आए मेहमान का भरपूर स्वागत करती है और अपने पति की मदद से उन्हें सुरक्षित जगह छिपा देती है। लेकिन रमजान की पत्नी अपने पति से इस राज को खोल देती है। जब रमजान अली हरनाम सिंह और बंतो पर हमला करता है, उस वक्त राजो सामने आ जाती है। राजो उनका अंत तक साथ निभाती है। यहाँ तक जब उन्हें रात में अपने घर से निकालने के लिए मजबूर हो जाती है तो उस बीहड़ मोड़ तक छोड़ने जाती है, जहाँ उसे खतरा नजर नहीं आता। राजो हरनाम सिंह के हाथ में उसकी बंदूक देती हुई बोलती है—"जाओ दुण रब्ब राख। सीधे किनारे-किनारे चले जाओ। आगे जो तुम्हारी किस्मत।"[118] उसकी आवाज आर्द्र हो उठी थी। फिर उसने कुर्ते की जेब में हाथ डाला और सफेद कपड़े में लिपटी एक छोटी सी पोटली निकाली, "यह तुम्हारी चीज है। ये तुम्हारे ट्रंक में से मिले हैं, तुम्हारे दो गहने हैं। मैं निकाल लाई हूँ। तुम्हारे आगे कठिन समय है। पास में दो गहने हुए तो सहारा होगा।"[119] जब तक वो लोग नजरों से ओझल नहीं हो जाते, राजो टीले पर खड़ी सर्द आँखों से देखती रहती है।

अंकरा : अंकरा राजो की बहू है। उसमें और रमजान अली के चरित्र में कोई विशेष फर्क नहीं है। राजो का काफिरों को पनाह देना अंकरा को अच्छा नहीं लगा। "न जान पहचान। ये हमारे क्या लगते हैं ? कितना बुरा लगेगा, अब्बा को भी और रमजान को भी। ऊपर दोनों चढ़ बैठे हैं और सिखड़े के हाथ में बंदूक है। अगर हमारे मर्द आए और उसने गोली चला दी तो ? तुमने तो एतबार करके उन्हें ऊपर बैठा दिया।"[120]

जब एहसान अली लूट का सामान लेकर आता है, उस वक्त अंकरा की खुशी देखते बनती है। लेकिन एक ट्रंक देखकर वह खफा हो जाती है। "बस एक ही ट्रंक लाए हो ? रमजान भी कुछ लाया है ?"[121] दरअसल अंकरा स्त्री होकर भी पूर्वाग्रसित है। उसने भी सिर्फ सुन रखा है कि कहीं पर हिंदुओं ने मुसलमानों पर जुल्म किया है। राजो के लाख मना करने पर भी घर में छिपे हरनाम सिंह और बंतो के बारे में बता देती है। जबकि उसे मालूम है कि रमजान हिंदुओं का सख्त दुश्मन है। इसलिए निष्कर्ष पर पहुँचा जा सकता है कि अंकरा निहायत संकीर्ण मस्तिष्क की औरत है।

नत्थू की पत्नी : नत्थू की पत्नी जाति की चमारिन गदराए बदन की सीधी-सादी एक विशुद्ध भारतीय महिला है। उसे मालूम है कि नत्थू मोतिया रंडी के पास जाता है, लेकिन उसे यह भी मालूम है कि सुकून मेरे ही बाँहों में उसे मिलता है। यही उसकी सबसे बड़ी उपलब्धि है। नत्थू अपने दिल की बात अपनी पत्नी से कह ही देता है। पहले तो वह बहुत नाराज होती है। सुअर मारने से जो पैसा मिलता है, उस पैसे के संबंध में यह तक कह डालती है, "मैं इन पैसों से धोतियाँ लूँगी ? मैं इन पैसों में आग नहीं लगाऊँगी ? तुमसे ऐसा कुकर्म करवाया।"[122]

उसमें अच्छे बुरे का ज्ञान है। नत्थू का यह कार्य उसे कतई अच्छा नहीं लगता। परंतु नत्थू उसका पति है। उसके अंदर की भारतीय नारी पुनः जाग जाती है। यह तो तेरी कमाई के पैसे हैं, मैं क्यों नहीं लूँगी। इनसे जो कहेगा लूँगी।"[123] "मुझे तो बताया, अब डेरे में और किसी से नहीं कहना।"[124] वह अपने पति की सुरक्षा चाहती है, हर कीमत पर। एक सर्वहारा वर्ग की पात्र होकर भी चरित्र की स्वच्छ और निर्मल है।

रघुनाथ की पत्नी : रघुनाथ की पत्नी भी एक शुद्ध भारतीय नारी थी। अपने पति की सहयोगी थी। वह पर्दानसीन होते हुए भी शाहनवाज से पर्दा नहीं करती थी। मुसलमान दोस्तों में शाहनवाज ही एक ऐसा व्यक्ति था, जिसके सामने वह बेझिझक आती-जाती थी। दंगे की वजह से जब वह अपना घर छोड़कर दूसरे मोहल्ले में आ जाती है, तब शाहनवाज ही ऐसा था, जो सारी सीमाओं को तोड़कर मिलने आता है। रघुनाथ की पत्नी उसे देखकर रो पड़ती है, "अच्छा है, पर अपना घर तो अपना ही होता है। अब न जाने कभी उसमें जाना होगा या नहीं।"[125] उसकी आँखों के आँसू इस बात के प्रतीक थे कि मुसलमानों की वजह से ही ये दिन देखने को मिल रहे हैं। फिर भी शाहनवाज पर इतना विश्वास कि उसने अपने घर के तिजोरी की चाबी उसके हाथ में धरते हुए जेवरों का एक डिब्बा लाने को कहती है। शाहनवाज कहता है—"और जो मैं तुम्हारा जेवर हज्म कर लूँ तो भाभी।"[126] भाभी तुरंत जवाब देती है—"तुमसे

जेवर अच्छा है, खान जी ? तुम इसे फेंक भी आओ तो मैं सी नहीं करूँगी। मैं कहूँगी तुम्हारी बला से।"[127]

प्रकाशो : प्रकाशो गाँव की भोली-भाली एक गरीब ब्राह्मण परिवार की लड़की थी। गदराए बदन की प्रकाशो के हाथ पीले इसलिए नहीं हुए थे, क्योंकि जिस परिवार में दो जून रोटी की व्यवस्था न हो, भला उस घर में बारात किस हैसियत से आ सकती थी। अल्लारक्खा गिद्ध दृष्टि से उसे रोज देखा करता। लेकिन उसके करीब जाने की हिम्मत न होती, लेकिन हिंदू-मुस्लिम दंगा गाँव तक आ पहुँचा और अल्लारक्खा मौके का फायदा उठाकर अपने साथियों के साथ उसका अपहरण कर लाया। घर लाकर जबरदस्ती उसके साथ निकाह भी कर लेता है। प्रकाशो इतनी बेवश और मजबूर हो जाती है कि उसके सामने अल्लारक्खा के समक्ष समर्पण के अलावा और कोई रास्ता नहीं था। उसे अपनी स्थिति का ज्ञान पूरी तरह से हो चुका था। वह धीरे-धीरे अल्लारक्खा को स्वीकार कर लेती है। स्थिति के बदलते प्रसंग में उसे अपने माँ-बाप असंगत प्रतीत होने लगते हैं। उसे यह बात अच्छी तरह से ज्ञात हो चुकी थी कि अब मुझे किसी भी सूरत में मेरे माँ-बाप वापस नहीं मिलेंगे। अंतिम आह भरते हुए पूछती है, "हमारी कोठरी को आग लगाई थी।"[128] "नहीं। लोग लगाने लगे थे पर मैंने रोक दिया। मैंने उधर ताला लगा दिया है।"[129] प्रकाशो को अल्लारक्खा का उत्तर अच्छा लगता है। वह धीरे-से अपना हाथ उठाकर कमर पर रखे अल्लारक्खा के हाथ पर रख देती है।

3. पात्रों का वर्ग विभाजन

(1) उच्च मध्यवर्ग : उच्च मध्यवर्ग के पात्र धन और प्रतिष्ठा के बोझ से लदे हैं, अन्य वर्ग जिनके सम्मुख तुच्छ और हीन है। कुछ पात्र श्रेणी अहंकार से मदमत्त हैं। इस वर्ग की नारियाँ भिन्न मनोवृत्ति की हैं, जिनमें प्रतिक्रियावादी भावना व्याप्त थी, इस वर्ग के अंतर्गत रिचर्ड, लीजा, वानप्रस्थी जी, मंत्री जी, शाहनवाज, रघुनाथ एवं उसकी पत्नी, लाला लक्ष्मीनारायण, मेहता जी, अमरीकी प्रिंसिपल, हरबर्ट आदि।

(2) निम्न मध्यवर्ग : यह वर्ग धन के अभाव में उच्च वर्ग के सम्मुख समाज में न तो प्रतिष्ठा का ही अधिकारी है और न ही इसे अधिकार और सम्मान प्राप्त है। यह वर्ग प्रायः व्यक्तिगत कुंठाओं और इच्छाओं का दमित करने के कारण विद्रोह करता है। ये पात्र समाज के दो विरोधी तत्त्वों का उद्‌घाटन करने के लिए चित्रित हुए हैं। इस वर्ग के अंतर्गत नत्थू, मुरादअली, दर्जी, खुदाबक्श, रमजान, एहसान अली, अंकरा, राजो, नूरदीन, शिवराम, फजलबाई, प्रकाशो एवं उसके माता-पिता मंडासिंह, मीरदाद एवं गोपालसिंह आदि।

(3) मध्य वर्ग : इन दोनों वर्गों के बीच मध्यम वर्ग का प्रतिनिधित्व करनेवाले भी अनेक पात्रों की सृष्टि हुई है। इसी वर्ग को लेकर भीष्म साहनी ने अनेक समस्याओं का चित्रण और जर्जर मान्यताओं का उद्‌घाटन किया है। भीष्म साहनी स्वयं इसी वर्ग के हैं, इसीलिए वह इस वर्ग का चित्रण बड़ी सफलता के साथ कर सके हैं। मध्यम वर्ग के पात्र अपनी प्रवृत्ति के अनुकूल समाज में आचरण करते हैं। इस वर्ग के अंतर्गत बख्शी जी, रामदास, जनरैल, कश्मीरीलाल, प्रो. रघुनाथ, लतीफ, हकीम, हयातबक्श,

अजीज, देवव्रत, रणवीर, धर्मदेव, हरनामसिंह, बंतो, जसवीर, इकबालसिंह, तेजासिंह, निहंगसिंह, किशनसिंह, देवदत्त, विद्या, मनोहर, जोधासिंह आदि।

4. अल्पसंख्यक पात्रों से रिश्ता

भीष्म साहनी के समग्र उपन्यासों में तमस ही एक ऐसा उपन्यास है, जिसमें अल्पसंख्यक एवं बहुसंख्यक पात्रों की चर्चा विस्तृत फलक में की गई है। अल्पसंख्यक वे व्यक्ति होते हैं जो अन्य जाति और धर्मावलंबियों की तुलना में, उनकी जाति व धर्मावलंबियों की मात्रा कम होती है। तो यह निश्चित हो चुका है अगर हिंदू बहुल क्षेत्रों में मुस्लिमों की संख्या कम है तो वे अल्पसंख्यक हैं, अगर मुस्लिम बहुल क्षेत्रों में हिंदुओं की संख्या कम है तो वे अल्पसंख्यक हैं। तमस उपन्यास में निश्चित रूप से अगर कुछ लोगों को छोड़ दें तो अल्पसंख्यकों से रिश्ता अच्छा नहीं रहा।

ढोक इलाहीबक्श मुसलमानों का गाँव है। जहाँ हिंदू सिक्ख के रूप में मात्र हरनाम सिंह और बंतो रहते हैं। परंतु दंगे के दौरान उसे अपना गाँव छोड़ना पड़ता हैं उसकी सारी संपत्ति लूट ली जाती है। एक भी व्यक्ति ऐसा नहीं रहता जो उसकी रक्षा कर सके और उसके परिवार को उजाड़ने से बचा ले। अंततः उसे दर-दर भटकने के लिए मजबूर हो जाना पड़ता है।

इकबाल सिंह हरनाम सिंह का इकलौता बेटा है। धंधे के हिसाब से नूरपुर में रहता है। उसके साथ भी यही होता है। वह मुसलमानों के आतंक से गाँव छोड़कर पिता के पास जाता है। परंतु रास्ते में रमजान अली और उसके साथियों द्वारा उसे रास्ते में दबोच लिया जाता है और उसे प्रताड़ित करके इस्लाम स्वीकार करने के लिए मजबूर कर देते हैं। प्रकाशो एक ब्राह्मण की लड़की थी। मुस्लिम बहुल क्षेत्र में रहती थी। मौके का फायदा उठाकर अल्लारक्खा दंगे के दौरान उसका अपहरण कर लेता है। इसी तरह इत्र फरोश भी एक ऐसा ही पात्र है, जिसके साथ हिंदुओं के बहुल क्षेत्र का बहुत ही कटु अनुभव जुड़ा है। इत्र फरोश उस दंगे में भी इत्र बेचने जाता है। लेकिन जान-पहचान के बावजूद इंद्र नाम के लड़के ने उसकी हत्या कर दी।

शहर में दंगा भड़क चुका होता है। लाला लक्ष्मीनारायण मुस्लिम बहुल क्षेत्र में फँस जाते हैं। मुस्लिम लीग के हयातबक्श उनके साथ हो लेते हैं। उन्हें शंका रहती है कि कहीं लाला लक्ष्मीनारायण पर हमला न हो जाए। इस बात को ताड़ जाता है। सबसे कट्टर लीगी मौलादाद। फिर भी बड़े आदर भाव से दिल पर हाथ रखकर, लक्ष्मीनारायण से बोलता है—"खातिर जमा रखिए लाला जी, हमारे रहते आपका कोई बाल भी बाँका नहीं करेगा।"[130]

शाहनवाज और रघुनाथ के बीच काफी अच्छी दोस्ती रहती है। रघुनाथ का घर मुस्लिम मोहल्ले में रहता है। परंतु दंगे का अनुभव यह बताता है कि रघुनाथ को वह मोहल्ला छोड़ना पड़ता है। परंतु शाहनवाज का इतना दबदबा रहता है कि रघुनाथ के मकान की ओर कोई देख भी नहीं पाता।

इस तरह अगर पूरे उपन्यास का सिंहावलोकन किया जाए तो अल्पसंख्यकों के आपसी रिश्ते कई रूपों में सामने आते हैं। जब हिंदू-मुस्लिम दंगे नहीं हुए थे उस वक्त

हरनाम सिंह उस गाँव में एक सम्मानित बुजुर्ग की तरह इज्जत पाता रहा। किंतु दंगे की आहट मिलते ही रिश्तों की कड़ियाँ टूटकर बिखर जाती हैं। जनरैल जैसा फक्कड़ व्यक्ति जिसकी फटकार से न हिंदू बचता था और न मुस्लिम। परंतु वही जनरैल दंगे में तकरीर करते मारा जाता है।

5. पात्रों के बहाने लेखकीय दृष्टिकोण का अन्वेषण

तमस उपन्यास में जिन पात्रों की सृष्टि की गई है, उनके पीछे भीष्म साहनी की विशिष्ट दृष्टि छिपी हुई है। कोई भी लेखक जब किसी पात्र का चरित्र रचता है तो उस पात्र के बहाने उस लेखक के दृष्टिकोण का ही अन्वेषण होता है। नत्थू और मुरादअली के संबंध में भीष्म जी का मानना है कि दोनों ऐसे पात्र हैं, जिनका न तो कोई उद्देश्य है, और न ही विचारधारा। इन्हें सिर्फ अपनी रोजी-रोटी की चिंता है। इस रोजी-रोटी के बहाने कोई भी इन्हें बहला-फुसलाकर कुछ भी स्वार्थ सिद्ध कर सकता है। तमस के पात्रों को लेकर भीष्म साहनी स्पष्ट करना चाहते हैं कि भारतीय जनता के मस्तिष्क में अभी भी सांप्रदायिकता का तमस पूरी तरह से छाया हुआ है।

तमस में विभिन्न प्रकार के पात्रों का प्रादुर्भाव हुआ है। बख्शी जी, मेहता जी, जनरैल, कश्मीरीलाल और महमूद साहिब को लेकर भीष्म जी जहाँ कांग्रेस की अंदरूनी सच्चाई को बेपर्द करते हैं वहीं हयातबक्श जैसे व्यक्ति को लेकर मुस्लिम लीग जो मुसलमानों के हित की बात करती है, उसके चेहरे से नकली चेहरा उतारते हैं। फिर धर्म के नाम पर चलनेवाली सभा, गोष्ठियाँ किस तरह धार्मिक उन्माद के रूप में दहकती आग का गोला बन जाती है कि देखते ही देखते उनका असली रूप सामने आ जाता है। धार्मिक स्थान चाहे मंदिर हो, मस्जिद हो या गुरुद्वारा इन पवित्र स्थानों में पूजा या इबादत की जगह विनाशक विचार और औजार का जमावड़ा होने लगता है। ऐसा लगता है कि भीष्म साहनी इन स्थलों का चित्रांकन कर इन पात्रों की सृष्टि इसलिए करते हैं कि इनकी करनी और कथनी की विषमता उजागर हो सके। जिसका परिणाम उन गाँवों की कहानी है जो देखते-देखते धर्मांधता के नाम पर विनाश की गोद में जल, मर, खप जाते हैं। इज्जत और मेहनत की रोटी कमानेवाले रमजान, एहसान अली धर्म के नाम पर इतने बड़े खतरनाक जानवर बन जाते हैं कि घर पर शरण लिए हरनाम सिंह चायवाला और उसकी पत्नी बंतो का कत्ल करने के लिए रमजान शरणागत का अर्थ भी भूल जाता है। यह है हमारे हिंदू और मुस्लिम धर्म का असली स्वरूप।

लेखक जहाँ एक ओर ऐसे तमाम पात्रों को धर्मांधता का औजार बनाता है, वहीं इस जहर के बीज को बोनेवाले डिप्टी कमिश्नर रिचर्ड के चरित्र को इतनी खूबसूरती से प्रस्तुत करता है कि उसकी पूरी विध्वसंक योजना तब समझ में आती है, जब उसका उद्देश्य पूरा हो जाता है। यद्यपि लीजा उसकी इस चाल को अच्छी तरह से समझती है, लेकिन इससे क्या फर्क पड़ता है। लेखक ने ऐसी परिस्थिति में शाहनवाज, रघुनाथ और तेजसिंह जैसे पात्रों की सृष्टि कर यह बताने की सफल कोशिश की है। ये पूँजीपति न तो हिंदू होते हैं, न मुसलमान न सिक्ख। इनकी अलग दुनिया होती है। इनकी दोस्ती में धर्म आड़े नहीं आता। धर्म आड़े आता है, इन गरीब हिंदू-मुसलमानों के बीच जिन्हें सचमुच यह भी पता नहीं होता कि धर्म है क्या चीज,

और जब होश आता है तो समय बहुत हो चुका होता है। भीष्म जी अपने उद्देश्य में सफल रहते हैं।

'बसंती' उपन्यास के पात्रों की चरित्र-सृष्टि

बसंती उपन्यास में चरित्र-चित्रण की दृष्टि से पुरुष-पात्र और स्त्री-पात्र प्रमुख रूप से निम्नानुसार हैं :

(1) पुरुष-पात्र–प्रमुख पात्र चौधरी, बुलाकी, दीनू, बरडू और सूरी साहब।

(2) स्त्री-पात्र–प्रमुख पात्र बसंती, श्यामा बीबी जी, बसंती की माँ एवं रुक्मी।

1. पुरुष-पात्र

चौधरी : चौधरी 'बसंती' उपन्यास की मुख्य नायिका बसंती का पिता और परंपराओं से बँधा हुआ एक ऐसा पात्र है, जिससे जुड़ी हुई ढेर सारी समस्याओं के साथ एक प्रमुख समस्या गरीबी है। व्यक्तित्व के उत्थान और पतन में गरीबी का अपना एक अलग नजरिया होता है।

चौधरी नाई का काम करता है। सुबह से शाम तक जो पैसा मिलता है, उसी से अपना और अपने परिवार का पेट भरता है। उसके तीन बेटे और तीन बेटियाँ हैं। बड़ा बेटा अपने बाल-बच्चों के साथ सबसे अलग रहता है। मझला बेटा गुम हो चुका होता है। कुल जमा पूँजी रामू बचता है, जिसे वह बहुत चाहता है। तीन लड़कियों में दो की शादी कर देता है। बचती है बसंती। बसंती बचपन से ही स्वच्छंद विचार की रहती है, इसीलिए वह चौधरी की बार-बार कोपभाजन बनती है। उसकी इस हरकत से वह उसे बहुत मारा करता था।

परिवार के उदर-पोषण के प्रति चौधरी बहुत चिंतित रहता है। बस्ती टूट जाने के बाद उसका धंधा भी प्रभावित होता है। फिर भी जिस नई जगह पर अपनी दुकान लगाता है, उसी की बगल में मंगलू राजपूत के बेटे ने अपनी नाई की दुकान लगा ली थी। दोनों में इसी बात को लेकर झगड़ा हो जाता है। मंगलू राजपूत का बेटा उसे मारता भी है। फिर भी परिवार के लिए सबकुछ सह लेता है। उदाहरण द्रष्टव्य है–"धरती तो भैया भगवान की है, इस पर जो बैठे, कोई मनाही नहीं है, पर यहाँ तो हमारी भी दो जून की रोटी का जुगाड़ नहीं हो पाता। तुम यहाँ बैठने लगे तो न तुम्हारे हाथ कुछ लगेगा, न हमारे।"[131] एक और उदाहरण–"मैं तेरे बाप के बराबर हूँ, बेरहम, बेहया अपने बाप को भी उठाकर पटकेगा, हरामी की औलाद।"[132]

चौधरी जहाँ एक तरफ रोजी-रोटी के लिए संघर्ष कर रहा है, वहीं बसंती के विवाह के लिए भी परेशान है। बसंती कुट-पिट जाने के बावजूद चौधरी को बहुत तंग करती है। चौधरी इन्हीं वजहों से बसंती का विवाह बूढ़े बुलाकीराम से करने की ठान लेता है। इस विवाह को विवाह न कहकर बल्कि बेचना शब्द ज्यादा उचित होगा। चौधरी बसंती को बुलाकीराम के हाथों बेच देता है, "लड़की अब तेरी है, बुलाकीराम, तेरे साथ जबान की थी सो पूरी कर दी।"[133] चौधरी रूढ़िवादी भी है। धार्मिक और

सामाजिक परंपराओं से बँधा पात्र है। शायद इन्हीं कुछ खास वजहों से बसंती अपने बाप का विरोध हर कदम पर करती है, "हमारा बाबू बेटियाँ बेचता है, बीबी जी।"[134]

चौधरी पूरी जिंदगी संघर्ष करता है। परंतु उसकी भी जिंदगी इस बस्ती से अलग कोई अर्थ नहीं रखती, जिंदगी नियति में उजड़ना और बसना चक्र की तरह चलता है।

बुलाकीराम : बुलाकीराम बसंती उपन्यास में एक ऐसा पात्र है, जिसे सारी जिंदगी नारी की चाह रहती है। फिर भी उसकी चाह कुछ क्षणों के अलावा कभी पूरी नहीं हो पाती। बुलाकीराम एक पाँव से विकलांग है। दर्जी का काम करता है। विकलांगता की वजह से ही वह बार-बार सोचता कि मेरी शादी न हो पाने की वजह यही है। काम इच्छा के दमन के कारण उसके मन में नारी के लिए एक ग्रंथि सी बन जाती है। वह नारी से जितना दूर भागने की कोशिश करता है, नारी उतना ही उसके मन में घर करती जाती है। बुलाकीराम स्त्री के सामीप्य के लिए विवाह के लिए हर वक्त तैयार रहता है। सारा वक्त उसका घर गृहिणी के लिए सजा रहता है। एक उदाहरण द्रष्टव्य है :

"सारा वक्त, उसका घर गृहिणी के लिए सजा रहता, सुहाग-सेज सजी रहती, गृहिणी के लिए चटकीले रंगों और बढ़िया काटवाले कपड़े अलगनियों पर टँगे रहते, दरवाजे पर बंदनवार लगा रहता, कौन जाने किस वक्त किस्मत खुल जाए और अर्द्धांगिनी पायल बजाती घर के अंदर प्रवेश कर जाए।"[135]

बुलाकीराम नारी के प्रति इतना आसक्त है कि वह किसी भी रूप में और कैसी भी नारी को स्वीकार करने के लिए तत्पर है। बसंती गर्भवती है। बुलाकीराम को मालूम है कि उसके पेट में जो बच्चा है, वह दीनू का है। फिर भी उसे स्वीकार कर लेता है। यहाँ तक उसके तलवे सहलाता है और पैर दबाता है। और उसके बच्चे के लिए पहले से ही कपड़े सिल लेता है। उदाहरण द्रष्टव्य है—"देख बसंती रानी तेरे बच्चे के कपड़े हैं, झग्गा, कच्छी, टोपी मैंने पहले से बना रखे हैं।"[136]

बसंती के घर आने से बुलाकीराम के सपने साकार हो उठते हैं। वह खुशी से फूला नहीं समाता और उन्माद की स्थिति इस हद तक पहुँच जाती है कि—"इसे देख बसंती रानी। सामने बैठा हुआ बुलाकी दोनों हाथों से पीले रेशमी कपड़े की एक चोली उठाए, उसे बार-बार सहलाए जा रहा था। फिर उसने एक अजीब सी हरकत की। चोली से अपना मुँह ढाँप लिया और मतवालों की तरह दाएँ-बाएँ झूमने लगा, उसे सहलाता जाता, चूमता जाता।"[137]

बुलाकी हर वक्त शंका से घिरा रहता। उसे लगता अन्य तीन पत्नियों की तरह बसंती भी एक दिन उसे छोड़कर चली जाएगी। क्योंकि तीन पत्नियों का भाग जाना, उसे इस बात का सबूत मिल गया था कि वह अयोग्य है। शायद इसीलिए बसंती के पाँव पकड़कर वह गिड़गिड़ा उठा था—"मुझे छोड़कर मत जाना बसंती रानी। मुझे छोड़कर नहीं जाना। मैं भला चंगा हूँ, मुझे कुछ नहीं हुआ, मुझे कुछ भी तो नहीं हुआ।"[138]

दीनू : दीनू यद्यपि निम्न वर्ग का प्रतिनिधित्व करता है, फिर भी उसके अंदर पुरुष सामंती प्रवृत्ति पूरी तरह से विद्यमान है। नारी का स्थान उसकी नजरों में भोग

और विलास के अलावा कुछ नहीं है। वह स्वच्छंद और रोमांटिक प्रवृत्ति का आदमी है। ग्रामीण परिवेश से निकलकर शहरी परिवेश में आकर उसका बाह्य और अंदर दोनों बदल जाता है। दरअसल यह प्रवृत्ति लड़कों के हॉस्टल में नौकरी करने के बाद पनपती है। काम के दौरान ही उसकी मुलाकात बसंती से होती है और दोनों एक-दूसरे के प्रति आकर्षित होकर पूरी तरह से समर्पित हो जाते हैं। बसंती हॉस्टल में ही उसके साथ रखैल की तरह रहती है। परंतु सब कुछ होने के बाद भी उससे शादी नहीं करता। मौज-मस्ती की जिंदगी उसे ज्यादा रास आती है।

एक दृष्टांत द्रष्टव्य है—दीनू और बसंती-संवाद—"ब्याह किसने किया है तेरे साथ?" "तूने और किसने ? भगवान के सामने सौगंध खाई है या नहीं ? मेरी माँग में रंग भरा है या नहीं ? मेरे बालों में फूल टाँके हैं या नहीं ? और ब्याह क्या होता है ?" "तू पीछे पड़ गई थी तो क्या करता। तेरी जैसी तो यहाँ रोज मिल जाती हैं।"[139]

दीनू निहायत स्वार्थी इंसान है। बसंती गर्भवती है, यह बात उसे अच्छी तरह से मालूम है। फिर भी अपने उत्तरदायित्व की परवाह किए बिना उसे 300 रुपये में अपने एक दोस्त बरडू को बेचकर गाँव चला जाता है। "मैंने जेब से तीन सौ रुपये दिए हैं।" "किस बात के तीन सौ रुपये ?" "तीन सौ रुपये देकर तुझे खरीदा है।"[140] (बरडू-बसंती) दीनू शादी-शुदा है। गाँव जाकर अपनी दूसरी पत्नी रुक्मी को भी दिल्ली लिवा लाता है। बसंती के प्रति वह हृदय से समर्पित नहीं रहता जबकि बसंती उसके प्रति हृदय से समर्पित है। दीनू रुक्मी के प्रति वफादार है। बसंती पुनः उसके पास वापस आ जाती है। रुक्मी की शिकायत पर दीनू बसंती को मारता-पीटता है। वह रुक्मी को पटरानी और बसंती को उसकी सेविका और अपनी रखैल की तरह रखना चाहता है। उसे सामाजिक मर्यादा का बिल्कुल ध्यान नहीं रहता। वह एक ही कमरे में दोनों के साथ सहवास करता है। "आती है तो आ जा।" दीनू ने एक बार फिर कहा। "क्यों ? उससे तेरा जी नहीं भरा ?" और उसने करवट बदल ली। "इस कोठरी में मेरा दम घुटता है।"[141]

उसकी नौकरी छूट चुकी होती है। काम धंधा बिल्कुल नहीं करता। बस दो-दो बीवियों का पति बनकर शान से रहना चाहता है। बसंती को तो सोने का अंडा देनेवाली मुर्गी समझता है। बसंती से पैसे ले-लेकर अपनी उपस्थिति का अहसास कराता रहता है—"दिन पर दिन बीतने लगे। दीनू अभी तक कोई काम-धंधा नहीं करता था और न ही उसे उसकी तलाश थी।"[142]

दीनू समाज का एक अकर्मण्य व्यक्तित्व है। जो अमरबेल की तरह बसंती जैसी औरत पर निर्भर रहकर जिंदगी बसर करना चाहता है। वह नारी लोलुप और कामुक व्यक्ति है। स्त्री हो, कैसी भी स्थिति में हो, बस उस पर वासना का भूत सवार रहता है। देखिए एक दृश्य—"यह तुम्हें क्या हो जाता है, रात-प्रभात जब भी आते हो, चिपटने लगते हो।" बसंती हँस कर बोली, "मुझे तो बड़ा गंदा लगता है। न मैं नहाई, न धोई।"[143]

दीनू नारी को सिर्फ भोग-विलास की वस्तु समझता है। हॉस्टल में जब भी बसंती उसके आग्रह को रोकती तो वह कह उठता—"तुझे लाया किसलिए हूँ।" इसी तरह बाद में भी वह काम-धंधा नहीं करता। रात में कभी बसंती तो कभी रुक्मी को पकड़

लेता। दरअसल नारी के प्रति उसकी दृष्टि हेय है। उसके जीवन के चरित्र में वासना का अतृप्त रूप दिखाई देता है। उसका चरित्र कुंठित कहा जाएगा। जिसे वास्तविक सुकून कहीं नहीं मिल पाता है।

सूरी साहब : सूरी साहब मध्यम वर्ग का प्रतिनिधित्व करते हैं। उनकी सामाजिक और आर्थिक स्थिति काफी अच्छी है। फिर भी निम्न वर्ग के प्रति उनके हृदय में सहानुभूति है। यद्यपि यह सहानुभूति एक सीमा तक है। सत्य ही है किसी प्रकार का खतरा मोल लेने के पक्ष में नहीं रहते। उनकी पत्नी जब बसंती को शरण देती है तो बुरी तरह से भड़कते हैं।

"आवारा लड़की है, गुंडे उसके पीछे घूमते हैं, जिसके साथ भागी थी, वह भी गुंडा था, जिसके हाथ वह इसे बेच गया, वह भी गुंडा है और इसकी टोह में घूम रहा है। ऐसी लड़की को मैं तो अपने घर में सुलाने के हक में नहीं हूँ।"[144]

यह बात और थी कि उन्हें बसंती को रखना पड़ता है, क्योंकि अंदर में कहीं यह भावना छिपी थी कि घर बैठे एक नौकरानी मिल जाएगी। सूरी साहब का व्यक्तित्व उस वक्त देखते बनता है, जब बसंती का बाप उसे ढूँढ़ते-ढूँढ़ते उनके दरवाजे तक आता है। उनके व्यवहार में एकाएक परिवर्तन हो जाता है। बसंती के पिता को बुरी तरह डाँटकर यह सिद्ध कर देते हैं कि उनके हृदय में गरीबों के प्रति कोई हमदर्दी नहीं है। उदाहरण द्रष्टव्य है :

"कौन बसंती ? पहले गेट से बाहर चलो। चलो बाहर। अंदर घुसे चले आते हैं।"[145]

सूरी साहब बहुत ही चतुर व्यक्ति हैं। बसंती जैसी बला को टालना भी चाहते हैं। बड़ी ही चतुराई से बसंती को समझाते हैं।

"तेरा बाप तुझे लिवाने आया है। यही ठीक है कि तुम इसके साथ चली जाओ। यों हमारे घर के दरवाजे हर वक्त तुम्हारे लिए खुले हैं। हमसे जो बन पड़ेगा, हम तुम्हारे लिए करेंगे।"[146]

सूरी साहब के आदर्श कोरे हैं। बड़ा होना उनका हर वक्त झलकता है। वह वर्गगत संस्कारों से बँधे हुए हैं।

बरडू : बरडू दीनू का दोस्त है, और दिल्ली में रहकर मजदूरी करता है। उसका व्यक्तित्व बहुत कुछ दीनू से मिलता-जुलता है। वह आवारा और स्वच्छंद प्रकृति का आदमी है। यद्यपि उपन्यास में उसकी चर्चा बहुत थोड़े समय के लिए होती है। फिर भी उसकी उपस्थिति कथा के विकास में काफी सार्थक है। नारी के प्रति उसका आकर्षण बुलाकीराम और दीनू से कम नहीं है। बसंती को वह उस हालत में तीन सौ रुपये में खरीदता है, जब बसंती दीनू के बच्चे का गर्भ धारण किए होती है। उस स्थिति में वह उससे शादी करना चाहता है।

बरडू के पास न रहने का कोई खास ठिकाना है और न ही काम-धंधा ही ऐसा है, जिससे अपना और बसंती का भरण-पोषण कर सके। फिर भी नारी लोलुपता जीविका से कहीं ज्यादा उसमें भी उभरी हुई दिखाई देती है।

2. स्त्री-पात्र

बसंती : बसंती उपन्यास की न केवल प्रमुख नारी पात्रों में एक है, बल्कि वह उपन्यास का केंद्रीय चरित्र है। उसका निश्छल व्यक्तित्व पूरे उपन्यास में एक ऐसे निर्मल आईने की तरह से बार-बार कौंधता सामने आ खड़ा होता है कि बाकी के सभी पात्रों की वास्तविक शक्ल उसी एक स्वच्छ आईने में प्रतिबिंबित होती है। बसंती चौधरी की पाँच संतानों की पंक्ति में तीसरी लड़की है।

निम्न वर्ग में जन्म लेनेवाली बसंती शहरी वातावरण में इतना घुल-मिल जाती है कि उसकी आँखों में उच्च वर्ग के सपने उतर आते हैं। दो जून की रोटी जुटा पाने में अक्षम पिता की पुत्री दौलतमंदों की तरह फिल्में देखना, फोटो खिंचवाना, पावडर, लिपिस्टिक, बिंदी और अच्छे-अच्छे कपड़ों का शौक पाले एक ऐसे रास्ते पर चल पड़ती है, जहाँ ऐसे वर्ग के लिए बर्बादी के अलावा और कुछ शेष नहीं मिलता। शायद उसके पिता के हृदय का दर्द इस बात का प्रमाण है—"लड़की को शहर की हवा लग गई है साहिब।" हाथ बाँधे-बाँधे चौधरी ने कहा, "हमारे घर में और भी लड़कियाँ हैं। सब अपने-अपने बाल-बच्चों के साथ घरों में बसी हैं, यही एक कुलच्छणी…।"[147]

बसंती स्वच्छंद प्रकृति की लड़की है। वह ऐसे किसी भी बंधन में नहीं बँधना चाहती जो उसकी इच्छा के विरुद्ध हो। उसका पिता अपनी जातीय परंपरा के अनुसार साठ वर्षीय दर्जी बुलाकीराम के हाथों बसंती को बेचकर शादी की औपचारिक रस्म पूरी करना चाहता है। बसंती इसका विरोध करती है। फिल्में देख-देखकर उसके अंदर की औरत जग उठती है। वह बाप की इच्छा के विरुद्ध दीनू के साथ प्रेम करती है और उसी के साथ भाग जाती है। यद्यपि दीनू के लिए बसंती एक ऐशो-आराम की वस्तु है, परंतु बसंती के लिए दीनू सबकुछ है। पति, प्रेमी और और भी…। वह उससे अपने माथे में सिंदूर भरवाकर पत्नी बन जाती है और वह बार-बार अपने माँ-बाप और संबंधियों के सामने से होकर निकलना चाहती थी, उन्हें ठेंगा दिखाने के लिए कि देखो मैं तुम्हारी आँखों के सामने भाग कर चली जा रही हूँ और तुम मेरा कुछ नहीं बिगाड़ सकते। मुझे रोककर देखो तो, जो रोक सकते हो।"[148]

भीष्म जी ने यहाँ पर स्पष्ट करने की सार्थक कोशिश की है कि बसंती को, बसंती बनने में जितना सहायक समाज न बन सकता है उससे कहीं ज्यादा फिल्मों का योगदान रहा है। सड़ी-गली मान्यताओं के विरोध में बसंती जैसी औरत का खड़ा होना इस बात की पुष्टि है कि समाज में फिल्मों की सार्थकता महत्त्वपूर्ण है।

"हमारा बापू बेटियाँ बेचता है…सच बीबी जी, मेरी बड़ी बहन का ब्याह भी गाँव में किसी बूढ़े के साथ कर दिया उससे आठ सौ रुपये लिये। वह गाँव में बैठी घास छीलती है।" बसंती तो स्पष्ट कर देती है कि इस स्थिति को वह कभी भी स्वीकार नहीं करेगी। वह सीधी चुनौती देती है, "करके तो देखे, बीबी जी, मैं उसे करने ही नहीं दूँगी। मैं फिर से चूहे मारनेवाली दवा खा लूँगी।"[149]

वही बसंती विधि की विडंबना के सामने एकबार पुनः कमजोर पड़ जाती है। दीनू का मन जब उससे भर जाता है तो उसे गर्भवती करके स्वावलंबी बसंती को बरडू के हाथ तीन सौ रुपये में बेचकर अपने गाँव चला जाता है। बसंती के पेट

में दीनू का बच्चा रहता है। जब बरडू बताता है कि दीनू ने उसे तीन सौ रुपये में बेच दिया है, उसका रहा-सहा विश्वास टूटकर चकनाचूर हो जाता है। किसी तरह बरडू के चंगुल से छूटकर सहारे की तलाश में भटकती है। सहारा श्यामा बीबी का मिलता भी है तो एकबार पुनः अपने बाप के इरादों का शिकार हो जाती है। गर्भवती बसंती का ब्याह बूढ़े बुलाकीराम से करके उस बूढ़े दर्जी के विश्वास को दृढ़ कर देता है, "मैं कहूँ बसंती रानी आएगी, एक दिन जरूर आएगी...।"[150] लेकिन जब दीनू अपनी पत्नी के साथ दिल्ली लौट आता है तो बसंती अपने बच्चे के साथ एकबार फिर उसके पास भाग जाती है। पहले भी उसने एकबार दीनू से कहा था कि वह अपनी पत्नी को गाँव से ले आए। "हम सब मिलकर रहेंगे और मैं सब काम कर लूँगी। उसे सबकुछ सिखा दूँगी। तू उसे यहाँ ले आ। हम अलग से कहीं कमरा लेकर रह लेंगे।"[151] लेकिन "बसंती जिस भविष्य की कल्पना करने लगी थी, उसमें दीनू का स्थान उसने ठीक ढंग से नहीं आँका था।"[152]

बसंती के स्वभाव की यह निश्छल सरलता और परिस्थितियों के अनुसार बहुत जल्द खुद को ढाल लेने की आदत ही उसे विशिष्ट बनाती है। सभी के लिए यहाँ तक कि अपने से बुराई करनेवाले के प्रति भी उसके मन में प्यार और ममता के सोने लहराते रहते थे।

"इतने धोखे खा चुकी है, पर तू फिर भी होश में नहीं आई। तू जिंदगी में बहुत दुखी होगी बसंती।" श्यामा बीबी ने कहा।

"जिंदगी क्या होती है बीबी जी ?" बसंती ने कहा और हँस दी। उसकी हँसी में पहले जैसी ही गूँज फिर से सुनाई पड़ी।[153]

बसंती ने एक ऐसा उदात्त और ममतामय, ऐसा संघर्षशील और शक्तिशाली 'टाइप' चरित्र प्रदान किया है जो जीवन में अपनी भरपूर मौजूदगी के बावजूद साहित्य और कला की दुनिया में प्रायः दुर्लभ नजर आता है। गहरी से गहरी चोट सह जाने के बावजूद जब वह तन कर खड़ी हो जाती है तो भरपूर चोट भी करती है। एक उदाहरण द्रष्टव्य है :

"चुप रह, चुप रह, चिल्ला नहीं। नहीं, एक झापड़ दूँगा, सारे दाँत बाहर आ जाएँगे।"

"पर बसंती आपे से बाहर होती जा रही थी, तू भी हरामी, वह भी हरामी। खबरदार जो मेरे बच्चे को हाथ लगाया। बड़ा आया बेचनेवाला। मेरे पेट में अपना बच्चा देकर मुझे बेचने चला, हरामी, बेशर्म बदजात।"[154] दीनू जब फिर झापड़ मारने की बात कहकर उसे धमकाता है तो वह गरजती है, "मैं तेरी आँखें खींच लूँगी, तू समझता क्या है ? लगा तो हाथ मुझे।"[155]

बसंती दीनू के शोषण की पूरी तरह से शिकार होती है। यहाँ तक वह अपने खर्चे के साथ-साथ दीनू, पप्पू और रुक्मी तक का पेट पालती है। वह स्वावलंबी है। चौका बर्तन करके परिवार के पालने में अपना पूरा सहयोग देती है। अपने बेटे के लिए चोरी जैसे इल्जाम को भी झेल जाती है, "देखो बीबी जी, जो कुछ मैं अपने पप्पू के लिए करती हूँ ना, उसे तो मैं चोरी मानती ही नहीं। कोई कुछ भी कह ले। अपने लिए कुछ उठाऊँ तो बेशक मुझे चोर कह लो।"[156]

"बसंती जिसे अपने हाथ की कमाई पर नाज है और जो खुद किसी पर कभी आश्रित नहीं रही, बल्कि घरों में चौका-बर्तन करके स्वयं दूसरों को पालनेवाली औरत है, सारे सामंती और पूँजीवादी मूल्यों और संस्कारों पर बेरहमी और साहस के साथ प्रहार करती है। मर्द और औरत के रिश्तों और परिवार तथा सामुदायिक जीवन के शोषण और तमाम दमनकारी शक्तियों को बसंती जैसी दृढ़ता के साथ चुनौती देती है, वह हिंदुस्तान में एक सर्वथा नई औरत की उभरती हुई शक्ल है—सारे पतनशील सामाजिक संबंधों और आर्थिक दासता के बंधनों को तोड़ती हुई बराबरी के दावेदार के रूप में। लेकिन इस चट्टानी दृढ़ता के नीचे बसंती एक निहायत कोमल और अपनी जड़ों तक मानवीय चरित्र भी है, जिसकी सभी खूबियों का भीष्म जी ने अपनी पूरी कलात्मक सामर्थ्य और सर्जनात्मक प्रतिभा के साथ सफल चित्रांकन किया है।"[157]

इस प्रकार बसंती का चरित्र मजदूर वर्ग की प्रवृत्तियों के साथ-साथ शहरी हवा के कारण मध्यवर्ग और उच्चवर्ग के संस्कारों से भी प्रभावित है। वह अपने वर्ग के चरित्र से हट जाने के कारण दर-दर की ठोकर खाती है। और आश्रयहीनता की स्थिति में पहुँच जाती है, अंतिम रूप से एकबार पुनः निराश्रित होने पर अपने पिता के घर वापस जाने की सोचती है। लेखक ने एक नरेटर की हैसियत से भी लिखा है—"न तो विषमताएँ बसंती का पीछा छोड़ती थीं, और न बसंती का सपने देखनेवाला स्वभाव बदल पाता था।"[158]

श्यामा बीबी जी : श्यामा बीबी 'बसंती' उपन्यास में एक सहायक पात्र के रूप में सामने आती है। समाज में एक सम्मानित और आर्थिक रूप से सुदृढ़ मध्यम वर्ग की महिला है। ईश्वर से डरनेवाली और भाग्य को माननेवाली श्यामा बीबी अपने जीवन में एक साधु महाराज से बहुत प्रभावित है। श्यामा बीबी के यहाँ बसंती काम करती है। वे बसंती के प्रति बहुत सहानुभूति प्रदर्शित करती है तथा उसकी सहायता करने का प्रयास करती है। इसकी वजह यह थी कि गुरु महाराज ने उसे आदेश दिया था कि वह "किसी एक मनुख की सेवा करे जो सबसे पहले उसके सामने पड़े..." और दूसरे दिन प्रातः जब श्यामा बीबी ने घर का दरवाजा खोलकर बाहर की ओर झाँका तो यह कलमुँही बसंती उधर से गुजर रही थी, और श्यामा बीबी ने आगे बढ़कर उसका हाथ थाम लिया था। श्यामा ने उसे इस बात का भास नहीं होने दिया कि गुरु महाराज के आदेश से उसने बसंती को काम पर लगाया है। बसंती को एक सहारा मिल गया था और श्यामा बीबी पुण्य कमा रही थी।[159] श्यामा बीबी को अपने विश्वास की पुष्टि उस वक्त हो गई, जब उसके सास-ससुर जो पिछले दस वर्ष से छाती पर बैठे मूँग दल रहे थे, एक दिन अपने आप अपना बोरिया-बिस्तर बाँध कर चलते बने, शायद इसीलिए "कभी-कभी जब बसंती बहुत ज्यादा मनमानी करती तो श्यामा बीबी खीझ उठती, उसका मन चाहता उसे निकाल बाहर करे, पर गुरु महाराज के डर से कुछ नहीं कर पाती थी।"[160]

परंतु बनावटी व्यक्तित्व भला कब तक कायम रह सकता था। जब गर्भवती बसंती को छोड़कर दीनू गाँव चला जाता है उस वक्त बसंती को शरण देने की बात आती है। एक तरफ प्रेत की तरह बरडू पीछे पड़ा है, दूसरी तरफ उसका बाप। इसी वक्त श्यामा बीबी के पाखंड की एक परत और खुलती है। "दोनों फिर एक-दूसरे

के सामने बैठी थीं। श्यामा की आँखों में दूरी आने लगी थी, बसंती उसकी आँखों से दूर होती जा रही थी। एक तरह परायापन उसकी आँखों में उतरने लगा था, जबकि बसंती की आँखों में आत्मीयता हिलोरें ले रही थी।"[161] श्यामा बीबी उसे आश्रय नहीं देती तो अपनी खाट उठाकर चल देती है। लेकिन तभी उसे "अपने गुरु महाराज याद हो आए। उसे सहसा इस बात का वहम होने लगा कि बसंती की खाट आँगन से उठ गई तो गुरु महाराज को दिया वचन भंग हो सकता है। उस पर कोई मुसीबत आ सकती है। कोई अनिष्ट हो सकता है।"[162] श्यामा बीबी बसंती को रोककर उसके सोने की व्यवस्था अपनी सत्रह नंबर वाली सहेली के घर कर देती है। आखिर एक दिन श्यामा बीबी का पाखंड पूरी तरह से बेपर्दा हो जाता है। बसंती को चोर समझा जाता है। अगर वह मेहनत मजदूरी करके अपने बेटे के लिए अच्छे कपड़े, जूते और खाने-पीने की वस्तु उपलब्ध करती भी है तो श्यामा बीबी उसे शक की निगाह से देखती है। उदाहरण द्रष्टव्य है :

"तू मेरे घर नहीं आया कर बसंती ?"

"क्यों बीबी जी ? आप कहेंगी तो नहीं आऊँगी।"

"तू ये करतूतें करने लगी है, तुझे कोई घर में नहीं घुसने देगा। सच-सच बता, तूने बच्चे के जूते कहाँ से लिए ?"[163]

एक और उदाहरण—

"यह कहाँ से उठा लाई बसंती ?"

"बाजार से लिया है, बीबी। पूरे ग्यारह रुपये लग गए हैं। घर में कभी पप्पू को दूध मिलता है, कभी नहीं मिलता। मैं यह ले आई।"

देर तक श्यामा बीबी बसंती के चेहरे की ओर देखती रही, फिर डिब्बे को वापस थैले में रखते हुए बोली—"आगे से आओ तो अपना थैला नीचे आँगन में रखकर आया करना बसंती। और श्यामा बीबी कमरे की ओर घूम गई।"[164]

श्यामा बीबी मध्यवर्गीय पाखंड और हृदयहीनता की जीती-जागती नमूना है।

रुक्मी : रुक्मी दीनू की पत्नी जो गाँव में रहती है। शादी के बहुत दिन बीत गए, फिर भी उसे बच्चा नहीं हुआ। गाँव में जो कुछ किया जा सकता था, उसने किया, लेकिन जब चारों तरफ से निराशा हाथ लगी तो वह दीनू के साथ शहर चली आती है। परंतु शहर की चकाचौंध से वह पूरी तरह अनभिज्ञ एक सीधी-सादी औरत है। उसकी सरलता कहें या अति पिछड़ापन कि कोठरी में दूसरी सौत बसंती को पाकर भी कोई प्रतिक्रिया नहीं व्यक्त करती। वह बसंती से शहर के बारे में सुनती है तो आश्चर्यचकित रह जाती है। "जिस तरह चकित हिरनी की भाँति रुक्मी आँखें फैलाए बसंती के चेहरे को देख रही थी, उसी से बसंती आश्वस्त हो गई थी कि उसने अपना सिक्का जमा लिया है, रुक्मी पर उसका रौब तारी हो रहा है।" इस पर तुरुप का पत्ता फेंकते हुए बसंती बोली, "तूने टी.वी. देखा है ?" रुक्मी ने सिर हिला दिया। "टी.वी. होता क्या है ?" "फिर तूने देखा ही क्या है ? मैं तुझे श्यामा बीबी के घर ले चलूँगी, यहाँ तो बहुत घरों में टी.वी. है।"[165]

वह दीनू के साथ सुख-दुख में खुश रहनेवाली भारतीय ग्रामीण और पतिव्रता पत्नी है। पति का नाम लेना उसे नहीं सुहाता। बसंती जब दीनू का नाम लेती है तो

वह उसे मना करती है, "नाम लो तो पाप लगता है।"[166] परंतु उसके मन में कहीं न कहीं बसंती के प्रति नारी स्वभाव की सौतिया डाह छिपी रहती है। "यह बसंती कौन है ? जो कोठरी में आ घुरी है और अपने बेटे को भी साथ ले आई है, और मेरी छाती पर आकर बैठ गई है। कभी-कभी एक सालती हुई आग की लपट उसके अंदर उठती और उसका कलेजा चाट जाती।"[167]

रुक्मी बच्चे के लिए काफी परेशान रहती। जब-तब रोती रहती। बसंती उसे हिम्मत बँधाती। "अरे, रोती क्यों है ? क्या हुआ जो बच्चा नहीं हुआ तो।"[168] लेकिन जैसे ही रुक्मी माँ बनती है, बसंती के प्रति उसके भाव बदल जाते हैं। उसे खरी-खोटी सुनाने लगती है। बसंती को दीनू से पिटवाती भी है। वह पहले जैसी नहीं रह गई थी। "इधर रुक्मी भी पहलेवाली रुक्मी नहीं रह गई थी, जिसकी आँखें बसंती की बातें सुनकर विस्मय और आश्चर्य से फैल जाया करतीं और वह अब बात-बात पर कुढ़ने और बोलने लगी थी।"[169]

बच्चा हो जाने के बाद नारी के सुलभ गुण उसमें पूरी तरह से उभर आते हैं। अब तो वह बसंती पर यहाँ तक शंका करने लगती है कि कहीं बसंती मेरे बेटे को जहर देकर मार न डाले। "रुक्मी को अब बसंती बुरी लगने लगी थी। उसे बसंती से डर लगने लगा कि कहीं वह उसके बच्चे को कुछ खिला न दे।"[170] रुक्मी भी उन सारे गुणों से भरी थी, जो एक रूढ़िवादी महिला में मौजूद होते हैं।

बसंती की माँ : बसंती की माँ भी उसके पिता चौधरी की ही तरह रूढ़िवादी और पिछड़े विचारों की है। औरत होकर उसे लड़कियों से कोई खास प्रेम नहीं है। अपने बेटे रामू को बेहद चाहती है। जबकि बसंती से नफरत करती है। उसे मारती-पीटती है। वह भी रूढ़ स्वभाव की औरत है। उपन्यासकार नरेटर के रूप में एक जगह लिखता है, "माँ पीटने से पहले चिल्लाती है, जबकि बाप मारते वक्त चुप रहता है, इसलिए डर भी ज्यादा लगता है। माँ पीटती है तो ताबड़तोड़ पीठ ही पर मारती जाती है। जब तक बसंती भाग नहीं जाती।"[171]

जब चौधरी बसंती को बुलाकीराम के हाथ बेचता है तो उसकी माँ इस कार्य में सहयोग करती है। वह चौधरी के हर कार्य में मदद करती है और चौधरी से बेहद डरती है। लेकिन बसंती को जब विदा करती है तो उसके पाखंड की परत खुल जाती है।

"मेरी सबसे छोटी बेटी है, सबसे लाड़ली है। बड़े लाड़-प्यार से पाला है। अब यह चली जाएगी तो घर सूना हो जाएगा।"[172]

इस वाक्य से यह सिद्ध हो जाता है कि बसंती की माँ भी धूर्तता से परे नहीं है। बसंती के जीवन में जितने उतार-चढ़ाव आए हैं, उसके लिए जितनी जिम्मेदार बसंती नहीं है, उतनी उसकी माँ है। क्योंकि अगर उसने फर्ज निभाया होता तो शायद बसंती इतनी बागी न हो पाती। यद्यपि बसंती की माँ का स्थान कोई खास नहीं है, फिर भी उसकी उपेक्षा ने बसंती को बसंती बनने में बहुत बड़ी भूमिका अदा की।

3. पात्रों का वर्ग विभाजन

(1) उच्च मध्यवर्ग : 'बसंती' उपन्यास में उच्च वर्ग के अंतर्गत भीष्म जी ने दिल्ली

की सरकार को दिखाया है। पूँजीवादी व्यवस्था पहले किस तरह अपने स्वार्थ के लिए सर्वहारा वर्ग को बसाती है, फिर स्वार्थ की पूर्ति होते ही उन्हें घर से बेघर कर देती है। भीष्म जी ने उसे एक सामंती पुरुष और पूँजीपति के रूप में चित्रित किया है।

(2) निम्न मध्यवर्ग : बसंती उपन्यास में निम्न वर्ग पात्रों की सृष्टि बहुतायत मात्रा में हुई है। जैसे बसंती, चौधरी, बरडू, दीनू, बुलाकीराम, मंगलू राजपूत, रुक्मी, बसंती की माँ और बस्ती के ढेरों लोग।

(3) मध्यवर्ग : इस वर्ग के अंतर्गत सूरी साहब, मिसेज सूरी और श्यामाबीबी आदि आते हैं।

4. अल्पसंख्यक पात्रों से रिश्ता

'बसंती' उपन्यास में अल्पसंख्यक पात्रों की सृष्टि नहीं हुई है।

5. पात्रों के बहाने लेखकीय दृष्टि का अन्वेषण

भीष्म साहनी ने बसंती उपन्यास लिखकर उपन्यास जगत् में एक नई क्रांति पैदा कर दी है। जिन पात्रों की भीष्म जी ने बसंती में सृष्टि की है, वे पंजाब, राजस्थान, हरियाणा और उत्तर प्रदेश से आए राज मजदूर हैं। ये मजदूर दिल्ली महानगर के बीच रमेशनगर के बगल में झोंपड़ी बनाकर रहते थे। लेखक इन्हीं मजदूरों के बीच खड़ा इनके उत्थान और पतन की कहानी कहता है। भीष्म साहनी का चिंतन सर्वहारा वर्ग के साथ है। वे मार्क्सवादी लेखक हैं। उनका मानना है कि व्यक्ति का अकेला विकास पूँजीवाद का विकास है जो श्रमिक के अधिकारों के ऊपर कुंडली मारकर बैठ जाता है। विकास में भागीदारी सभी की बराबर होनी चाहिए तभी समाज व देश में सामाजिक न्याय स्थापित हो सकता है। इसी विषमता की त्रासदी का नंगा चित्रण भीष्म जी बसंती के सैकड़ों पात्र जिसमें बसंती, दीनू, चौधरी, बुलाकीराम, बरडू और मंगलू आदि के माध्यम से करते हैं।

इन राज मजदूरों में कुछ फुटपाथ पर ठेला लगानेवाले हैं, तो कुछ नाई की दुकान करनेवाले हैं तो कुछ ईंट और गारे का काम करनेवाले हैं तो कुछ राज मिस्त्री हैं, और कुछ दर्जी आदि हैं। दो-दो पीढ़ियों से रमेशनगर के बगल में झोंपड़ी बनाकर रहते हैं। भीष्म जी का जैसे स्वयं का भी मानना है कि जाति और धर्म से परे एक नये समाज का गठन होना चाहिए, बहुत कुछ उस झोंपड़-पट्टी में ऐसा ही होता है। जब सरकार को वोट चाहिए और दिल्ली के विकास के लिए श्रमिक चाहिए तो बस्ती नहीं तोड़ी जाती। लेकिन जैसे ही उसका कार्य पूरा हो जाता, दिल्ली सरकार उस झोंपड़-पट्टी को तोड़ देने का हुक्म दे देती है। भीष्म जी यहाँ दिल्ली में बैठी कांग्रेस सरकार को एक पूँजीवादी व्यवस्था के रूप में प्रस्तुत करते हैं। जिस तरह पूँजीवादी व्यवस्था में लोग उसी के द्वारा बसाए जाते हैं, उसी के द्वारा रोटी पाते हैं और श्रम की पूर्ति हो जाने के बाद पुनः उजाड़ दिए जाते हैं। जिसके परिणामस्वरूप बसंती जैसी पात्र कभी पुरुष सामंती प्रवृत्ति का शिकार बन दीनू की आगोश में खेलती है, तो कभी साठ साल के बूढ़े दर्जी बुलाक़ीराम की कोठरी में सिसकियाँ भर कर पुनः उस चक्र को पूरा करने के लिए दीनू

के पास पहुँच जाती है।

सबसे बड़ी विडंबना जो भीष्म साहनी जी इन पात्रों के सदंर्भ में प्रस्तुत करना चाहते हैं वह यह है कि जिस झोंपड़-पट्टी को कभी अपने रहने के लिए एक मजदूर तैयार करता है उसी झोंपड़-पट्टी को उसे अपने हाथों से विनष्ट भी करना पड़ता है। यह है हमारी पूँजीवादी व्यवस्था की देन। जिसमें एक श्रमिक सदैव पूँजीवाद का औजार बना रहता है। निश्चित रूप से भीष्म जी की दृष्टि इन पात्रों के माध्यम से पूरी तरह स्पष्ट हो जाती है।

'मैयादास की माड़ी' के पात्रों की चरित्र-सृष्टि

'मैयादास की माड़ी' में पात्रों की संख्या काफी मात्रा में है। पुरुष-पात्र, और स्त्री-पात्रों की चर्चा पृथक्-पृथक् आगे की जाएगी। कुछ पात्र ऐसे भी आए हैं जिनकी उपस्थिति न के बराबर होते हुए भी बहुत महत्त्वपूर्ण है। जैसे अंग्रेजी अध्यापक, और कल्ले, लाल जी, तेजसिंह आदि।

(1) **पुरुष-पात्र :** दीवान मथरादास, दीवान मैयादास, दीवान धनपत, राजा अमीरचंद, पुरोहित रामदास, दीवान हरनारायण, कल्ले, मझले, हुकूमतराय, मलिक मंसाराम, रामजवाया, बांशी, लक्ष्मीदास, रोशनलाल, बालमुकुन्द, कुंदनलाल, डिप्टी कमिश्नर हेनरी, लेखराज, मनोहर, वानप्रस्थी, लालसिंह, तेजसिंह, अंग्रेजी मास्टर, मंत्री जी, और गोकुलदास आदि।

(2) **स्त्री-पात्र :** दीवान मथरादास की पत्नी, दीवान मैयादास की पत्नी, देवकी, चन्द्रा, मोतिया, मोरां, भागसुद्धी, सुमित्रा, ईशरादेई, रुक्मणी और पुष्पा, वीरांवली और परमेशरा आदि।

कथानक के दृष्टिकोण से जिन पात्रों की चर्चा महत्त्वपूर्ण है, उनकी चर्चा आगे की जा रही है।

1. पुरुष-पात्र

दीवान मैयादास : दीवान मैयादास, दीवान मथरादास का बड़ा बेटा था। मथरादास खालसा दरबार में कारदार के पद पर था। बड़ा ही भला मानुष था। उसी ने माड़ी की नींव रखी थी। कहते हैं, सिक्ख लड़ाइयों के बहुत पहले जब इलाके में सूखा पड़ा था, उस वक्त मथरादास ने अपना बहुत-सा धन और कुछ माँग-माँग कर लोगों को अनाज देकर राहत पहुँचाई थी। उसी समय मथरादास की पत्नी ने मन्नत मानी थी कि यदि दुर्भिक्ष टल गया तो वह जन-कल्याण के लिए घर की पुश्तैनी हवेली की खुली जमीन में एक ताल बनवाएगी। पर कहते हैं कि तभी कोई...महामारी फूटी थी और उसमें दीवान मथरा परलोक सिधार गया था।

दीवान मथरादास के बाद उसका बेटा मैयादास माड़ी का मालिक बना। मैयादास अपने पिता की ही तरह उदार, जन-सेवक और खालसा दरबार के प्रति उससे भी ज्यादा वफादार था। उसे खालसा दरबार में 'कारदार' की नौकरी मिली थी। परंतु अपने पिता के पदचिन्हों पर चलता हुआ बहुत शीघ्र उन्नति के शिखर पर पहुँच गया था।

उसकी ईमानदारी, कर्मठता और भलमनसाहत से प्रभावित होकर लाहौर दरबार ने उसे पहले लाहौर में बुला लिया था, जहाँ उसकी नियुक्ति तोशखाना के अधिकारी के रूप में की गई, और बाद में ऊँचे ओहदे पर मैयादास को काबुल भेज दिया गया। तभी मैयादास का सितारा चमका और उसने माड़ी का कायाकल्प करना शुरू कर दिया।

दीवान मैयादास विनम्र स्वभाव का व्यक्ति था। काबुल में अपनी नियुक्ति को उसने अपनी ईमानदारी का पुरस्कार मानकर स्वीकार कर लिया था। पर फिर भी ऊँचे पद के अहसास से वह अछूता नहीं रह गया था। मूँछों के कोने ऊँचे उठ गए थे, आवाज में दबदबा आ गया था, छाती तन गई थी, पर साथ-ही-साथ खालसा दरबार के प्रति उसकी निष्ठा भी बड़ी गहरी हो गई थी। कस्बों में इधर-उधर जाता तो सदा घोड़े की पीठ पर सवार होकर। साहूकारा उसके परिवार का पुश्तैनी धंधा था, वह भी चलता रहा। गाँव में जमीनें थीं। उनकी देखरेख भी चलती रही। इस सबके कारण मैयादास को कस्बे के बड़े दीवान की उपाधि दी जाने लगी थी। बल्कि मैयादास के प्रभाव के सामने कस्बे का राजा अमीरचंद का प्रभाव फीका पड़ने लगा था।

उसके भाग्य ने तब पलटा खाया जब काबुल में खलबली मच गई और लोग वहाँ से भागने लगे। मैयादास के प्रभाव में फिर भी कोई कमी नहीं आई थी, फिर भी खालसा राज्य के पैर उखड़ जाने से वह लाहौर दरबार में वापस लौट आया। दरबार से कुछ दिनों के लिए जब छुट्टी लेकर कस्बे की ओर आया तो आते ही उसे एक भयंकर सदमा मिला। उसका इकलौता बेटा 'जूड़ी के प्रकोप' से चल बसा। इस अप्रत्याशित आघात को वह सह तो गया, पर इससे उसका दिल टूट गया। महीने भर में उसके बाल सफेद पड़ने लगे। उसके चेहरे पर झुर्रियाँ उतर आईं और पीठ झुक गई।

मैयादास का एक छोटा भाई भी था गोकुलदास, जो मैयादास के साथ ही साहूकारे का काम देखता था। गोकुलदास को अचानक क्या सूझी और वह एक दिन एक रखैल उठा लाया और माड़ी में लाकर उसे रख लिया। फिर न जाने उसे क्या हुआ दो-तीन साल गुजरने के बाद उसे मार रहा था, तभी मैयादास अचानक वहाँ पहुँच गया और गोकुलदास के कंधे पर हाथ धरते हुए बोला—"गोकुलदास, हरजाई घर पर बैठाओगे तो ऐसा ही होगा। अच्छा हुआ जो वक्त रहते तुम्हें अक्ल आ गई। एक न एक दिन तो तुम्हारी आँख खुलनी ही थी।"[173] इस बीच उस रखैल के फूले पेट पर मैयादास की नजर जैसे ही पड़ी, यह बात सहसा उसके मस्तिष्क में कौंध गई, मानो इस गर्भ के भावी परिणाम उसकी आँखों के सामने घूम गए। आखिर हुआ भी वही। ठीक बीस वर्ष बाद जब गोकुलदास नहीं था और न उसकी पत्नी। एक दिन उसी रखैल का धनपत माड़ी में प्रवेश कर कस्बे में इस तरह व्यवहार करने लगा, जैसे गोकुलदास का उत्तराधिकारी वही हो। जब दीवान मैयादास को बताया गया कि धनपत उसी रखैल का बेटा है तो वह समझ गया कि अब जमीन-जायदाद का झगड़ा होगा। जब उन्होंने पूछा कि—"तुम चन्द्रा के बेटे हो ?"[174] उसने झट से जवाब दिया—"मैं दीवान गोकुलदास का बेटा हूँ।"[175] "तुम्हारी माँ कहा है ?"—"माँ यहीं पर है। माड़ी में ही दीवार के पीछे रहती है।" फिर अचानक धनपत पुनः बोल

उठा–"दीवान जी सीधे हाथ दोगे तो भी लूँगा और उल्टे हाथ से दोगे तो भी लूँगा। मैं माड़ी का अपना हिस्सा छोड़नेवाला नहीं हूँ। मैं भी दीवान हूँ।"[176]

दीवान जी एक बारगी अंदर तक हिल गए थे। परंतु मौके की तलाश में चुप हो गए थे। लेकिन जब धनपत ने भी एक मोतिया नाम की रखैल लाकर माड़ी में बिठा दी तो वह अपने आपको रोक न सके थे और उसी क्षण धनपत का सारा सामान माड़ी से बाहर फिंकवा कर उसे भी बाहर कर दिया था। धनपत अपमान का घूँट पीकर रह गया था।

खालसा दरबार पर फिरंगियों का आक्रमण शुरू हो गया था। मैयादास का अभी भी कस्बे में अच्छा प्रभाव था। गोकुलदास का इकलौता बेटा लेखराज जो मैयादास का भी वारिश था, दादी माँ और ताऊ मैयादास के मना करने के बावजूद खालसा फौज में भर्ती होकर देश की रक्षा के लिए मोर्चे पर जा डटा। इधर अंग्रेजी फौज का दबदबा खालसा फौज पर बराबर बढ़ता जा रहा था, खालसा राज्य की स्थिति बदतर होती जा रही थी, मैयादास ने अपनी वफादारी और निष्ठा का सबूत पेश करते हुए उन्होंने एक लाख अशर्फियाँ लाहौर दरबार को भेंट कर दीं। जिसके फलस्वरूप उनकी स्थिति काफी कमजोर पड़ गई। दुर्भाग्य से खालसा फौज की हार हुई और लेखराज भी लौटकर माड़ी नहीं आया और कस्बे में अंग्रेजसाहिब बहादुर का दफ्तर खुला।

मैयादास की स्थिति उस वक्त और कमजोर पड़ गई जब धनपत उस अंग्रेज अफसर से मिलकर तीन गाँवों की सनद प्राप्त कर लिया। वही धनपत एक दिन मैयादास को खुलेआम धमका भी गया और उन्हीं से उन्हीं की माड़ी खरीदने का पैसा माँगकर रही-बची शान को एक बारगी धूल-धूसरित कर दिया। यह समय की बात होती है कि पलड़ा जिधर का भारी होता है, प्रजा भी उसी ओर हो जाती है। कुछ दिनों तक तो मैयादास को भी विश्वास था कि पुनः खालसा राज्य आएगा, लेकिन यह एक सपना लगा। फिर जिस धनपत को उन्होंने धक्के देकर माड़ी से निकाला था, वही धनपत मैयादास की माली हालत देखकर अपनी घनी मूँछों के बीच मुस्कराते हुए बोला था–"आजकल बड़े काम निकल रहे हैं, ताऊ जी, नई सरकार बड़े-बड़े ठेके दे रही है, कहो तो कहीं बात चलाऊँ ? अफसरान बाला मुझ पर मेहरबान है।"[177] मैयादास कटकर रह गए थे। मैयादास को आज भी अपने खालसा दरबार पर गर्व था। उन्होंने झुकना सीखा नहीं था। उन्हें इस बात का भी पछतावा नहीं था कि क्योंकर अपनी सारी सम्पत्ति खालसा दरबार की सुरक्षा में लगा दी। बहुत कुछ पाया था और बहुत कुछ खोया था। फिर भी स्वाभिमानी दीवान मैयादास उस दौर में भी राजा अमीरचंद का दरबार छोड़कर नहीं गए, जब अन्य रईस फिरंगी दरबार में सनदे माँगने के लिए नतमस्तक होते जा रहे थे।

यद्यपि धनपत ने उनकी बेइज्जती करने में कभी भी कोई कोर कसर नहीं छोड़ी। जिस शान से दीवान मैयादास जिया करते थे, उसी तरह अंग्रेजी हुकूमत में भी थे, परन्तु एक दिन उन्हें न जाने क्या सूझी। बगल में एक पोटली बाँधे रेलवे स्टेशन की ओर जाते दिखे। लोगों ने उन्हें देखते ही पहचान लिया। दीवान जी यहाँ क्या करने आए हैं ? धूल-मिट्टी से भरे मैदान को पार करते हुए दीवान मैयादास रेलगाड़ी

के उस डिब्बे के पास रुके जहाँ गलमुच्छोंवाला फिरंगी बैठा था, जो कुछ देर पहले हरी झण्डी दिखा रहा था। दीवान जी उसे देखकर झुक गए और पाँच बार फर्शी सलाम करते हुए बोले।

"हुजूर का इकबाल बना रहे। बंदा कस्बे के पुराने रईसों में से है, हुजूर के पास इंसाफ की माँग करने हाजिर हुआ है।" मैयादास अपनी बात कर ही रहे थे, तभी पीछे खड़ा धनपत बोल उठा।

"ताऊ जी, यह फिरंगी हाकिम नहीं है, यह तो रेलगाड़ी का गार्ड है। मैं आपको असली हाकिम के पास ले चलूँगा।"[178]

दीवान मैयादास ने आँख उठाकर देखा और उनका दिल धक्-से रह गया। इस बात की चर्चा पूरे कस्बे में चल पड़ी। किसी को ऐसी उम्मीद नहीं थी कि मैयादास ऐसा भी कर सकते हैं। उस बात को लेकर कई लोग दुखी हुए।

दीवान जी को यह क्या सूझी ? बांशी कह रहा था। बांशी कस्बे के उन लोगों में से था, जिसके दिल में दीवान मैयादास के प्रति अगाध श्रद्धा पाई जाती थी। उसे दीवान जी के व्यवहार को देखकर सबसे ज्यादा सदमा पहुँचा था। जो बात जिंदगी-भर की कमाई डूब जाने पर उन्होंने नहीं की, हमेशा अपना सिर ऊँचा रखा, वह आज कर दी।[179] इस बात को लेकर बहस चल ही रही थी कि एक लड़का दौड़ता हुआ आया और उसने बताया कि दीवान मैयादास का स्वर्गवास हो गया। दीवान मैयादास इस दुनिया से कूच कर गए थे, और यह रहस्य अपने साथ लेते गए कि उन्हें फिरंगी से वैसा इंसाफ चाहिए था। क्या जरूरत आन पड़ी थी उन्हें, जो इस उम्र में उन्होंने अपनी ही सीमाओं को खुद लाँघकर उस चौखट तक गए। बात जो भी रही हो, दीवान मैयादास जैसा स्वाभिमानी, उदार और कर्तव्यनिष्ठ व्यक्ति भी कभी-कभी अपनों द्वारा ही छला जाता है। गोकुलदास की एक छोटी सी भूल पूरे खानदान को नष्ट करने के लिए काफी थी। अगर मैयादास उस रखैल का फूला पेट देखकर भविष्य के प्रति आशंकित हुए थे तो इसी दिन के लिए। शायद उनकी मृत्यु और सिद्धान्तों की ड्योढ़ी पार करने के पीछे कहीं न कहीं धनपत की साया का प्रभाव अवश्य था। फिर भी दीवान मैयादास ने अपने जीते जी धनपत को माड़ी में दुबारा घुसने नहीं दिया और जहाँ तक फिरंगियों के सामने झुकने की बात थी, वहाँ भी दीवान झुके नहीं, बल्कि प्रशासन बदल जाने पर वह अपने हक की लड़ाई लड़ने के लिए इंसाफ की बात करने गए थे। सुसंस्कृत व्यक्ति जब भी किसी से बात करता है तो उसके व्यवहार में लचक और मस्तक का झुकना, उसकी सभ्यता और बड़प्पन का परिचायक होता है।

दीवान धनपत : दीवान धनपत मैयादास की माड़ी का मुख्य प्रतिनायक (खलनायक) है। पूरी कथा दीवान धनपत के इर्द-गिर्द घूमती है। धनपत की कहानी भी बड़ी अजीबो-गरीब है। लेखक ने दीवान धनपत के चरित्र की 'फ्लेश बैक शैली' में सृष्टि की है। दीवान धनपत, दीवान मैयादास के छोटे भाई दीवान गोकुलदास की दूसरी रखैल पत्नी चन्द्रा का बेटा था। जिस दिन दीवान गोकुलदास अपनी रखैल को घर से निकाल रहा था, उसी दिन दीवान मैयादास की नजर उस औरत के फूले पेट पर पड़ी थी। दीवान मैयादास की नजर के सामने एक प्रश्न चिन्ह उभर आया था,

और उनका मस्तिष्क घूम गया था। वही प्रश्न चिन्ह धनपत के रूप में उभरकर बीस वर्ष बाद माड़ी के सामने प्रकट हुआ था। 'मैं दीवान धनपत हूँ।'[180] वह घोड़े की लगाम माड़ी के चौकीदार को थमाते हुए अंदर घुस गया था। दीवान मैयादास ने ऊपर से नीचे तक देखकर उसे मसखरा ही समझा था। लेकिन उसने स्वयं जब अपना परिचय दिया तो दीवान मैयादास ने उसी अंदाज में पूछा था।

"कहो बरखुरदार, तुम चंद्रा के बेटे हो ?"

"मैं दीवान गोकुलदास का बेटा हूँ।"

"यहाँ कैसे आना हुआ ? किसी काम से आए हो ?"

"अपने घर आया हूँ। दीवान धनपत, बल्द-ए-दीवान गोकुलदास"[181] धनपत बातों-बातों में तैश खा गया और दीवानों की तरह बोल उठा–"दीवान जी, सीधे हाथ से दोगे तो भी लूँगा और उल्टे हाथ से दोगे तो भी लूँगा। मैं माड़ी का अपना हक छोड़नेवाला नहीं हूँ। मैं भी दीवान हूँ।"[182] मैयादास चुपचाप उसकी ओर देखते हुए सिर हिलाते रहे थे। दोनों के बीच बात यहीं खत्म हो गई थी।

तब धनपत बीसेक साल का रहा होगा। पतली-पतली मूँछें, दुबला शरीर, पीला चेहरा, सिर पर बड़ा-सा पगाड़ रखे और नीचे शोख पीले रंग का अंगरखा पहने वह स्वांग बना घूमता था, और इस पर मरियल टट्टू–सोने पर सुहागा–दो ही दिन में लोग खी-खी करके हँसने और खिल्ली उड़ाने लगे थे। शीघ्र ही वह रंगीला या रंगीला धनपत के नाम से कस्बे में जाना जाने लगा था। लेकिन एक दिन इस रंगीले धनपत को क्या सूझी कस्बे की एक बदचलन औरत मोतिया के पीछे हो लिया और उसे लाकर माड़ी में रख लिया। दीवान मैयादास तब लाहौर में था, लेकिन लाहौर से लौटते ही उसने धनपत का सारा सामान माड़ी के बाहर फेंकवा दिया और दोनों को माड़ी से बाहर कर दिया। कोई और होता तो शायद इतने अपमान के बाद कस्बा छोड़कर चला जाता, पर धनपत इस मिट्टी का नहीं बना था। उसने उल्टा जवाब दिया था। "कोई फिक्र नहीं ताऊ जी, फेंक दो सामान, पर मैं दीवान हूँ और अपना हक लेकर रहूँगा।"[183]

उसके बाद फिरंगी फौज और खालसा फौज के बीच युद्ध शुरू हो गया था। धनपत ने समय की नब्ज को अच्छी तरह पहचान लिया था, और वह फिरंगी फौज को ऊँट प्रदाय करने का धंधा करने लगा। जब फिरंगी फौज जीत गई और सिक्ख अमलदारी पूरी तरह से बदल गई, उस वक्त दीवान धनपत कस्बे में पुनः प्रकट हुआ और कस्बे के मनचले, रामजवाया, बांशी और उनके साथी एकबार पुनः दीवान धनपत की खिल्ली उड़ाने के अंदाज में कुछ भी फिकरा कसते–'आओ दीवान जी, जी आयाँ नूं। सब मामले ठिकाने लगा आए हो ?' 'गुड मोर्निंग दीवान साहिब…।'–'रियासत का दौरा करने निकले हो ?'[184] तरह-तरह की बातें करते जाते और धनपत चुपचाप अपने टट्टू पर सवार आगे बढ़ता जाता। देखते-देखते कस्बे के लड़के और हिजड़े उसके पीछे हो लिए। दीवान धनपत ने मुट्ठीभर पैसे उनकी ओर उछाले और जोरों से चिल्लाया–"बजाओ ढोल।" अचानक मैयादास की नजर दीवान धनपत पर और नाचती गाती भीड़ पर पड़ी तो सहम कर अंदर चले गए। वैसे भी दीवान धनपत अंग्रेजों को ऊँट देने की वजह से चर्चित हो चला था, फिर मैयादास का विरोधी होने की

वजह से और चर्चा का पात्र बन गया था।

मैयादास की स्थिति काफी कमजोर पड़ गई थी। दीवान धनपत ने राह चलते उन्हें छेड़ने के मूड से एक दिन पूछ ही लिया—"ताऊ जी हमारे लायक कोई कार-खिदमत हो तो बताएँ। किसी सरकारी महकमे में कुछ कहना करना हो।"[185] दीवान मैयादास कटकर रह गए। एक दिन दीवान धनपत कस्बे के अंग्रेज अफसर के पास अपनी वफादारी का सबूत ऊँटों की पूँछों की पोटली लेकर पहुँच गया। अंग्रेज अफसर इसे देखते ही पहचान गया। 'तो यह है वह आदमी जो जंग के दिनों में ब्रिटिश सरकार को ऊँट सप्लाई किया करता था और मरे हुए ऊँटों की पूँछ काट-काट कर नए-नए आर्डर लिया करता था।'[186] अंग्रेज अफसर उसके इस व्यवहार पर बहुत खुश हुआ। उसने धनपत को तीन गाँव की जागीरदारी की सनद दे दी। यद्यपि धनपत का सनकीपन उसे अच्छा नहीं लगा फिर भी कस्बे का पहला आदमी धनपत ही था जो साहिब बहादुर से मिलने गया था। इसलिए वह खुश था। धनपत के चरित्र की विशेषता यह भी थी जब किसी काम में उसकी मंशा पूरी नहीं होती तो वह अपना संतुलन खो बैठता और आपे से बाहर हो जाता था और तरह-तरह की हरकतें करने लगता था। यहाँ तक कि उन्हीं लोगों से उलझने लगता था, जिन्हें वह प्रभावित करने निकला था। उसके अंदर जैसे कोई सोया हुआ जंतु जाग उठता था और मतवालों की तरह व्यवहार करने लगता था।

उसी दिन जब उसे तीन गाँवों की जागीरदारी मिली थी सीधे दीवान मैयादास के पास रकम माँगने पहुँच गया था। जब उन्होंने रकम देने से मना कर दिया तो धनपत बुरी तरह से विफर पड़ा—'मैं तो सीधे हाथ अपना हक माँगने आया हूँ ताऊ जी, पर लगता है आप उसे उल्टे हाथ ही देंगे।'[187] जैसे वह मैयादास को बताना चाह रहा हो कि तुम्हें भी पता चल जाए कि मैं कौन हूँ। दीवान धनपत के सचमुच दिन बदल गए थे। जो उसके विरोधी थे वो भी धनपत के ही इर्द-गिर्द मँडराने लगे थे। अब वह सचमुच का दीवान बन गया था। दीवान मैयादास की मृत्यु के बाद उसने माड़ी में पूरी तरह से कब्जा कर लिया था। मैयादास की तरह ही वह भी उनका सामान माड़ी के बाहर फिंकवा दे रहा था, परन्तु पुरोहित के कहने पर रुक गया फिर उनका सामान एक कोठरी में रखवाकर ताला डलवा दिया था। तभी कस्बे में दीवान मैयादास की हवेली नीलाम होने की सूचना दीवान धनपत को भी मिली। दीवान धनपत पूरी सज-धज के साथ पालकी में विराजमान होकर नीलामी में गया। पालकी में दो कहार आगे, दो कहार पीछे कंधा दिए हुए थे। घंटियों-घुँघरुओं की आवाज उन्हीं से आ रही थी। कहारों के पाँवों में घुँघरू और उनके माथे पर घंटियाँ बँधी थीं। यह भी धनपत की सनक थी कि उसने ये घंटियाँ कहारों के गले में नहीं उनके माथे पर बाँध रखी थीं। दीवान धनपत को विश्वास था कि वह एक ही दो बार में बोली जीतकर हवेली का मालिक बन जाएगा। परंतु ऐसा नहीं हुआ। मलिक मंसाराम जो पेशे से अंग्रेजी सामानों का एजेन्ट था, धनपत को नीलामी में धूल चटा दी और हवेली की नीलामी पन्द्रह हजार तीन रुपये में उसके पक्ष में टूट गई। दीवान का ऐसा अपमान कस्बे में शायद ही कभी हुआ हो। इसी बात को लेकर दीवान धनपत वर्षों परेशान रहा, और इसका बदला उसने तब पूरा किया जब मलिक मंसाराम की

बेटी पुष्पा का ब्याह अपने बेटे मझले से करने के बाद तुरंत दूसरे बड़े पागल बेटे कल्ले के विवाह के लिए पुष्पा को बिदा कराने के बाद भी रास्ते से लौटा दिया। दीवान धनपत पुरोहित से बोला–

"समधियों से कहना, तुम्हारी बेटी हमारे घर में तभी पाँव रखेगी, जब तुम्हारे घर बिरादरी की एक और लड़की हमारे किसी लड़के के साथ आज ही ब्याहकर, हमारे साथ आएगी। अगर मंजूर हो तो बोलो। हम आज ही बारात लेकर तुम्हारे घर पहुँच जाएँगे।"[188]

दीवान धनपत माड़ी में अपनी अदालत लगाता। माड़ी में रैयतों की भीड़ होती। धनपत अपने पूरे पोशाक के साथ दीवान की कुर्सी पर बैठता। किसान अगर समय से लगान न देता तो दीवान धनपत उसकी पिटाई कोड़े से करवाता। उसे कस्बे में अगर किसी से भय रह गया था, तो लेखराज से। लेखराज उसका सौतेला भाई था। गोकुलदास की ब्याही औरत का बेटा। लेकिन उसने मौका पाकर लेखराज को फिरंगी सेना से पकड़वा दिया। परन्तु उसे यह नहीं मालूम था कि उसके विरोध में उसी के आंगन में एक पौधा तैयार हो रहा है। यद्यपि पूरा कस्बा जानता था कि अंग्रेजों से उसके गहरे ताल्लुकात हैं, इसीलिए उससे कोई बोलने की हिम्मत नहीं कर पाता था। फिर कल्ले का विवाह कर देने से और रुक्मणी को ज्यादा महत्त्व देने से मझले काफी खफा रहता। बीच-बीच में माड़ी में हिस्सा माँगने के लिए भी तैयार हो जाता। धनपत के मन में धीरे-धीरे यह कीड़ा कुलबुलाने लगा था कि एक न एक दिन मझले घर में कुछ गड़बड़ करेगा।

दीवान धनपत के काले कारनामों के पाप का घड़ा धीरे-धीरे पूरी तरह से लबालब भर ही गया। कल तक बेताज बादशाह कहलानेवाला सनकी दीवान खुद के शरीर से निकल रही बदबू को न पहचान पाया। बल्कि अपने स्वभाव के अनुसार नौकर को ही डाँटता, 'मालिक के बच्चे। मैं जो कह दूँ बास आ रही है।'[189] नौकर भी परेशान था कि बदबू कहाँ से आ रही है। बदबू थी कि धनपत का पीछा ही नहीं छोड़ रही थी। अन्ततः उसे भी होने लगा कि बदबू उसी के शरीर से निकल रही है। वह अस्वस्थ रहने लगा। तन से भी और मन से भी। मझले को इससे अच्छा मौका कौन था। दीवान धनपत का अपना बेटा मझला उसे रास्ते में रोककर जिन शब्दों का प्रयोग किया–'रुक्मणी को पालकी में स्कूल भेजते हो ? तुम्हारी माँ लगती है क्या ?'[190] उससे दीवान धनपत पूरी तरह से टूट गया। एक समय था, लोग उसके सामने भौंहें टेढ़ी करने की हिम्मत नहीं जुटा पाते थे, वही दीवान पक्षाघात की बीमारी में पड़ा अपने सामने खुद को लुटता देखता रहा। उसी की बंडी से मझले की बहू ने तिजोरी की चाबी निकालकर सारे जेवरात और जरूरी कागजात निकालकर चाबी पुनः उसी बंडी में डाल दी। दीवान की जीभ लकवाग्रस्त थी। वह बै-बै करता रहा। पुष्पा ने अपने पिता मंसाराम का बदला आज चुका लिया था। दीवान धनपत इस सदमे को बर्दाश्त न कर सका और चल बसा।

कभी इसी कस्बे में सनकी, दुमकटा और न जाने किन-किन शब्दों से संबोधित किया जानेवाला धनपत एक ऐसा चरित्र था जो उसने ठान लिया उसे पूरा कर दिखाया। उसने यह कभी खुद को महसूस नहीं होने दिया कि वह किसी रखैल का बेटा है,

बल्कि उसने अपने आपको दीवान गोकुलदास का बेटा कहा है। वह एक ऐसा प्रतिनायक था, जिसके हाव-भाव से तो हँसी आती थी, मगर वक्त के अनुसार खुद को वैसा ही ढालने में धनपत बहुत माहिर था। मैयादास की माड़ी का प्रतिनायक होते हुए भी वह एक नायक भी था।

वानप्रस्थी : व्यक्ति कितना ही श्रेष्ठ व उच्च कोटि का साधक क्यों न हो जाए, अगर उसकी साधना से समाज का हित न हो सका तो ऐसी साधना का कोई औचित्य नहीं होता। शायद यही वजह थी कि वानप्रस्थी ने अपनी सभी साधना को शिक्षा के क्षेत्र में खर्च कर देने का निश्चय कर अपनी पत्नी और बेटी को छोड़कर घर से निकल पड़ा था। शिक्षा जीवन की पहली शर्त होती है। यह बात उसे तब समझ में आई थी, जब उसका दामाद सख्त बीमार था, और बार-बार उसे पत्र भेजता। परंतु वह घर पर नहीं था और उसकी बेटी सुमित्रा पढ़ना नहीं जानती थी। पत्र में बार-बार वही वाक्य लिखा आता। 'मैं बहुत बीमार हूँ, यहाँ से आकर लिवा ले जाओ।'[191] लेकिन जब तक वानप्रस्थी बाहर से लौटकर आया और पत्र पढ़कर वह वजीराबाद गया भी, तब तक बहुत देर हो चुकी थी। उसी समय सिसकते हुए उसकी बेटी सुमित्रा ने कहा था—"मैंने भी दो अक्षर पढ़ लिए होते तो क्या मालूम वह बच ही जाते।"[192]

इसी गम में सुमित्रा भी चल बसी थी। वानप्रस्थी की आँखों के सामने सुमित्रा का चेहरा बार-बार आ जाता। जब वह स्कूल बनाने के लिए चंदा उगाह रहा होता तो उसके मन में यह धारणा मजबूत होती जाती कि—'मैं जो काम करने लगा हूँ, उससे मेरी बेटी तो नहीं पढ़ पाएगी पर किसी की बेटी तो पढ़ेगी, किसी लड़की की तो भलाई होगी, मेरी मेहनत किसी के तो काम आएगी।'[193] चंदा उगाहते वक्त कभी-कभी दो-दो, तीन-तीन रात तक के समय उसे रोटी के दर्शन नहीं हुए। जगह-जगह स्कूल को लेकर झड़पें हो जातीं। कस्बे में लड़कियों का स्कूल खुलना अच्छी बात नहीं मानी जा रही थी। खासकर रामजवाया जैसे विलायती माल के एजेन्टों ने तो ऐसा तूफान खड़ा कर दिया था कि वानप्रस्थी के स्थान पर कोई दूसरा कमजोर इच्छाशक्ति का व्यक्ति होता तो शायद मैदान छोड़कर चला जाता। फिर भी कन्या पाठशाला बना। वानप्रस्थी जगह-जगह, घर-घर जाकर लड़कियों के अभिभावकों से मिला। परंतु कोई अपनी लड़की का नाम लिखाने नहीं आया। क्योंकि रामजवाया चिल्लाता फिरता—"वानप्रस्थी लड़कियों का स्कूल खोलेगा तो लड़कियाँ बेपर्द होंगी।"[194] लड़कियों के न आने से वानप्रस्थी थोड़ा विचलित भी हुआ। जगह-जगह उसका विरोध भी हो रहा था। लोग गाली-गलौज पर उतर आते। परन्तु जैसे ऊसर भूमि में खड़ा अकेला पेड़ धरती में से रस खींच लेता है और जीवित बना रहता है, वैसे ही जीवित रह पाने के लिए वानप्रस्थी अपने लिए बल, साहस और शांति का रस खींच रहा था।

लेकिन अचानक जो लड़की उसके स्कूल में नाम लिखाने आई उसका परिचय जानकर वानप्रस्थी स्तब्ध रह गया। वह रुक्मणी थी। जितना बड़ा तूफान उसके अंदर उठा हुआ था, उससे भी बड़ा तूफान कस्बे में उठा था। फिर भी उसने रुक्मणी से पूछ ही लिया—"बेटी, अगर तेरे घरवालों ने एतराज किया तो ?"[195] रुक्मणी ने

समतल आवाज में कहा—"जी, मैं पढ़ूँगी।" वानप्रस्थी निर्विकार और निश्छल भाव से उसकी पीठ पर हाथ धरते बोला—"तुम पढ़ोगी बच्ची, तुम पढ़ोगी।" उसके बाद दो लड़कियाँ और पढ़ने आई थीं एक सेठियों के मोहल्ले की और दूसरी तेली मोहल्ले की। परंतु रुक्मणी का स्कूल आना तो जैसे पूरे कस्बे का अपमान हो गया हो। इसी बात को लेकर वानप्रस्थी की बुरी तरह से पिटाई हुई। उसका पूरा शरीर लहू-लुहान हो गया। उसका चश्मा टूट गया। सर फट गया। फिर भी वानप्रस्थी का इरादा न टूटा था और न ही उसके उत्साह में कोई कमी आई थी। जब वह अस्पताल में भर्ती था तो लेखराज उसके स्कूल को चला रहा था। ठीक होने पर वह पुनः डट गया। एक दिन अपने प्रयास से रुक्मणी को लाहौर ले जाकर पाँचवीं दर्जा की परीक्षा दिलाकर पास करा लाया और जिस दिन रुक्मणी उसी स्कूल की बड़ी उस्तानी यानी हेड मास्टरनी बनी थी, वानप्रस्थी का योगदान निश्चय रूप से एक सराहनीय कार्य था। उस युग में भी ऐसे पात्र की कल्पना एक सार्थक सोच थी। अगर शिक्षा के प्रति तभी ऐसे ठोस प्रयास होते तो शायद आज साक्षरता का महाअभियान चलाने की आवश्यकता महसूस न होती।

मलिक मंसाराम : मलिक मंसाराम दीवान धनपत का समधी और मझले का ससुर था। मंसाराम मूलतः कस्बे का ही रहनेवाला आदमी था, पर कई बरस तक बाहर रहा था, जहाँ पहले ठेकेदारी और फिर कमीशन-एजेन्टी करता था। और अब साल भर से वह गंजमंडी में दूकान लेकर उसी के ऊपर चौवारे में रहता था। वह ठेकेदार मंसाराम के नाम से जाना जाता था। परंतु ठेकेदारी का काम वह ज्यादातर कस्बे के बाहर करता था। कस्बे के अंदर उसका काम आढ़त और एजेन्टी का ही था। उसके पास विलायती माल की एजेंटी थी। कस्बे में उसने रामजवाया को एजेंट बनाया था, जो जगह-जगह जाकर विलायती माल की बिक्री आढ़त के माध्यम से करता था।

कस्बे के परंपरागत जीवन से वह कुछ अलग-सा भी था, इसी कारण कस्बे के लोगों को उसका पाँच हजार से सीधे सात हजार तक की बोली उठा ले जाना अप्रत्याशित-सा लगा था, और फिर वह धनपत से टक्कर ले रहा था, जिससे लोगों को और भी ज्यादा अचंभा हुआ था। हवेली की बोली में मलिक मंसाराम ने दीवान धनपत को बारह हजार से सीधे पन्द्रह हजार बोलकर धूल चटा दी। धनपत तिलमिलाकर रह गया था। जितना बड़ा अपमान मलिक मंसाराम ने किया था, शायद दीवान धनपत को इससे बड़ा अपमान कभी महसूस हुआ हो। किसी ने मंसाराम को टोका भी—"यह दीवानों की पुस्तैनी हवेली है। आपके किस काम की ? यों तो पाँच हजार में भी महँगी है, टूटी-फूटी, इसमें रखा क्या है, पर आपने बोली बारह हजार तक चढ़ा दी है।"[196] जिस पर मलिक मंसाराम ने जवाब दिया—"टूटी-फूटी है तो क्या हुआ महाराज, देखना, इसका वह रूप निखरेगा कि दुनिया देखेगी। यहाँ एक दिन लहर-बहर हो जाएगी। मैं यहाँ मडुँवा लगाऊँगा, जो सारा साल जमा रहेगा।"[197] लेखक मलिक मंसाराम के माध्यम से जैसे इस ओर इशारा कर रहा है कि यहाँ मंसाराम नहीं बल्कि विलायती पूँजी सर चढ़ कर बोल रही है, जिसके सामने दीवान धनपत जैसे व्यक्ति को भी बगलें झाँकने पड़े। अंततः यही अपमान मलिक मंसाराम से दीवान धनपत ने उस

वक्त सुनाने की कोशिश की जब उसने अपनी बेटी का विवाह मझले से किया था। यद्यपि उस समय भी मलिक मंसाराम बाल-बाल बच गया। दीवान धनपत एक बार उससे पुनः हार गया। यह चोट भी उसके ही रिश्तेदार हरनारायण के सर पर पड़ी और रुक्मणी का विवाह कल्ले के साथ हो गया। इस व्यापार को देखकर ऐसा लग रहा था जैसे अंग्रेजों से युद्ध करने का मतलब था, अपने ही लोगों से खून-खराबा करना। दोनों तरफ से अपना ही नुकसान। शायद यही वजह थी कि अंग्रेजी हुकूमत के दोनों हाथ में लड्डू थे। एक तरफ हाथ में दीवान धनपत के रूप में और दूसरे हाथ में मलिक मंसाराम के रूप में।

हरनारायण : हरनारायण, दीवान धनपत का दूर का रिश्तेदार था। उसकी माली स्थिति ठीक नहीं थी। जब दीवान धनपत को अंग्रेजी हुकूमत की ओर से तीन-तीन गाँव की सनदें मिलीं, उस वक्त उसे एक ऐसे व्यक्ति की तलाश थी जो गाँवों से लगान वसूल कर सके और किसानों पर नजर रख सके। हरनारायण एक बेहद ईमानदार और मेहनतकश इंसान था। दीवान धनपत ने उसे अपने इस काम के लिए नियुक्त कर लिया। हरनारायण की बेटी बीरांवली उसी समय विधवा भी हो गई थी। वह अपनी विधवा बेटी और उसकी नन्ही बेटी रुक्मो को लेकर अपने पुश्तैनी घर में आकर रहने लगा। हरनारायण दीवान धनपत की जागीर की पूरी जिम्मेदारी सँभालने लगा था। हिसाब-किताब भी रख लेता। परंतु किसानों पर काबू रखना उसके बस की बात नहीं रह गई थी। कोई किसान उसका हाथ-पाँव पकड़ लेता वह फिर उसे माफ कर देता और लगान वसूल न हो पाती। धनपत के लिए यह बात असहनीय थी। उसने एक साल बाद हरनारायण को नौकरी से निकाल दिया। दूसरा होता तो शायद टूट जाता। परंतु उसने उतने में ही जीने की कला सीख ली थी। मोह-माया के प्रति उसके मन में वैराग्य सा आ गया। जमीन-जायदाद उसे मोह-माया का पंक नजर आने लगी। रोटी देनेवाला तो भगवान है, मनुष्य तो उसके हाथों निमित्त मात्र है। एक छोटा सा पुश्तैनी जमीन का टुकड़ा, उसके पास भी था। हर फसल के बाद तीन-चार बोरे अनाज वहाँ से आ जाता था और उसी के सहारे हरनारायण सुख-संतोष के साथ रहने और भगवद्भजन में अपना समय बिताने लगा था।

सुबह के वक्त वह नदी से स्नान करके लौटता और गीता सहस्रनाम का पाठ करता। धूप आने पर कुबड़े हलवाई के चबूतरे पर जा बैठता, जहाँ रोज 'चौसर' जमा करती। परंतु चौसर न खेलता। बिरादरी में जीना-मरना तो लगा ही रहता। तेरह दिन तक लगातार हरनारायण उसके दरवाजे पर जाता और गरुण की कथा का अमृतपान करता। दाल-रोटी का जुगाड़ भी कभी-कभी वहीं पर हो जाता। इस तरह हरनारायण जो मिले उससे संतुष्ट रहनेवाला, भीरु स्वभाव, थोड़े में गुजर कर लेनेवाला और सद्भावना से ओत-प्रोत व्यक्ति था। जब वही हरनारायण दीवान धनपत का समधी बना तब भी बिना आमंत्रित वह कभी माड़ी में नहीं गया। रुक्मो के साथ अन्याय हुआ तब भी उसने कोई शिकायत नहीं की। बल्कि उल्टे बीरांवली को ही समझाया था। "बस-बस बीरां, हो गया जो होना था, नसीब ही खोटा हो तो कोई क्या करे। नसीब अच्छा होता तो घनश्याम ही क्यों मरता। मेरी किस्मत ही खोटी है। तुम सब मेरे कर्मों का फल भोग रहे हो। मुझसे किसी का भला नहीं हो सकता।"[198]

हरनारायण को किसी से कोई मतलब नहीं रह गया था। ऐसी भी बात नहीं थी। जब रुक्मणी माड़ी से स्कूल जाने लगी थी तो वह बहुत चितिंत हो उठा था–'गलत, नहीं तो क्या, लेखराज, लड़की खुद भी डूबेगी और मुझे भी डुबोएगी। माड़ीवालों के साथ क्या हम टक्कर ले सकते हैं ?'[199] वह बुढ़ापे में बहुत दुखी रहने लगा था। उसके बावजूद वह पूरी तरह से भगवद्भक्ति में लगा रहता।

लेखराज : लेखराज, दीवान गोकुलदास की ब्याही पत्नी का लड़का था। दीवान मैयादास के बेटे की मृत्यु के बाद माड़ी का एकलौता वारिस था। बचपन में दादी के मुख से वीरता की कहानी सुन रखी थीं। सिक्खों के गुरु ने कैसे पंच प्यारों को सिक्ख बनाकर एक खालसा कौम की नींव डाली थी। लेखराज रोमांचित हो उठता। उस वक्त उसकी भी उम्र यही कोई अठारह-बीस के बीच रही होगी, जब उसने खालसा फौज की तरफ से फिरंगियों से युद्ध लड़ने के लिए दीवान मैयादास और अपनी दादी की इच्छा के विरुद्ध जिद में आ गया। उसके अंदर जोश था। देश के प्रति समर्पण था। ताऊ ने भी आशीर्वाद दिया। दादी ने भी कहा–"रब्ब सुख रखे, जाओ बेटा जाओ। बाप-दादा का नाम रोशन करना। कस्बे का नाम रोशन करना। सूरमा बनकर आना।"[200] लेखराज का दोस्त मनोहर भी फौज में भर्ती हुआ था। परंतु दुर्भाग्य से खालसा फौज हार गई और कस्बे में फिरंगी का शासन हो गया। लेखराज वर्षों से यहाँ-वहाँ भटकता रहा। जब कस्बे में आया तब तक उसका सब कुछ उजड़ चुका था। ताऊ और दादी इस दुनिया से उठ चुके थे। उसकी प्रेमिका मोरां भी ब्याही जाकर विधवा हो चुकी थी। माड़ी में दीवान धनपत का कब्जा हो गया था। लेखराज ने एक-दो बार माड़ी में जाने की कोशिश की भी लेकिन हिम्मत हार बैठा और वापस लौट आया। कस्बे में ऐसा कोई नहीं था जो लेखराज का साथ देता। हरनारायण को भी उसके आने की कोई खुशी नहीं हुई। भागसुद्धी ही ऐसी थी जो लेखराज के आने पर खुश हुई थी।

दीवान धनपत को लेखराज का आना बहुत बड़ा खटका महसूस हुआ। उसे बार-बार लग रहा था कि लेखराज उसके खिलाफ कस्बे में माहौल बना रहा है। किंतु लेखराज को इस सबसे कोई मतलब नहीं था। लेकिन कस्बे में वानप्रस्थी का स्कूल खोलना उसे भी अच्छा लगा। रुक्मणी का स्कूल लेखराज को अच्छा लगा। वह हरनारायण के पास दौड़ता हुआ आया और बोला–"कस्बा जी उठा है, हरनारायण, कस्बा जी उठा है। अँधेरे में दीया जल उठा है, हरनारायण।"[201] कस्बे के लाख विरोध के बावजूद उसने वानप्रस्थी की पिटाई के बाद स्कूल स्वयं सँभाल लिया था। वानप्रस्थी के साथ मिलकर वह शिक्षा के क्षेत्र में कुछ करना चाहता था। परंतु वानप्रस्थी की पिटाई के बाद पुलिस ने मझले को बेइज्जत किया था, और पूरे कस्बे में घुमाया था। धनपत ने इसका कारण लेखराज को ही माना था। धनपत को यह बर्दाश्त न हुआ था और उसने डिप्टी कमिश्नर से कहकर पकड़वा दिया था। "साहिब बहादुर यह लेखराज वह आदमी है जो सरकार इंगलिशिया के खिलाफ लड़ता रहा है। जिस वक्त आपका खादिम, जना के दिनों में फिरंगी फौजों को रसद पहुँचा रहा था, उस वक्त यह आदमी सिक्ख फौज में अंग्रेजों के खिलाफ लड़ रहा था। इसी पर बस नहीं, साहिब, बाद में यह कुकों के साथ जा मिला था और बरसों तक उनके साथ

रहा है और अब कस्बे में लौटकर बदअमनी फैला रहा है।"[202] लेखराज को पकड़ लिया गया था। उसे कहाँ ले जाया गया था, किसी को कुछ पता नहीं चला था। धनपत ने लेखराज के अस्तित्व को समाप्त कर दिया था। लेखराज अंग्रेजों के खिलाफ संघर्ष करते-करते जनहित में मिट गया, परंतु उसने समझौता नहीं किया।

कल्ले, मझले और हुकूमत राय : दीवान धनपत के तीन बेटे थे। बड़ा बेटा कल्ले जो अविकसित मस्तिष्क का था, पूरे दिन लार बहाता इधर-उधर भटकता रहता था। मझला बेटा मझले स्वस्थ चित्त का था, जो पूरी तरह से उच्छृंखल और आवारा था। तीसरा बेटा हुकूमत राय जो लंदन में बैरिस्टरी पढ़ रहा था। तीनों में हुकूमत राय ही ऐसा लड़का था जो अपने पिता के चरण-चिन्हों में चलकर उन्नति करता है।

कल्ले का विवाह दीवान धनपत अपनी कूटनीति से हरनारायण की नातिन रुक्मणी से करा देता है। कल्ले का विवाह मझले को बिल्कुल अच्छा नहीं लगा था। क्योंकि उसने शायद यह सोच रखा था कि माड़ी में उसका एकाधिकार होगा। मझले अपने दोस्त बालमुकुन्द चमनलाल आदि लोगों के साथ किसी के घर में घुस जाते, और कुछ भी करते रहते। दीवान धनपत के दबदबे की वजह से मझले दिन-प्रतिदिन बिगड़ता ही जाता। एक दिन वह अपने पिता के ख़िलाफ बागी हो उठा। उसे चिढ़ होती कि कल्ले का विवाह क्यों किया गया। उसे मौका भी मिल गया। रुक्मणी का स्कूल जाना, जले में नमक डालने की तरह हो गया। मझले रुक्मणी और कल्ले को चीख-चीख कर गाली दे रहा था। "बाप-दादा के नाम पर हम कालख नहीं पोतने देंगे। कोई घर के बाहर कदम रखकर तो देखे। मैं बोटी-बोटी काट डालूँगा, मैं टाँगें चीरकर रख दूँगा।"[203] "कल्ले ! ओ कल्ले ! कानों में तेल डालकर सो रहा है ? अगर तेरी घरवाली ने घर के बाहर कदम रखा तो मुझसे बुरा कोई न होगा।"[204]

मझले का यह व्यवहार कल्ले को कहीं न कहीं अंदर तक इस बात का आभास दिला देता है कि वह भी एक आदमी है। किसी का पति है। उसकी भी अपनी इज्जत है, अस्मिता है। वह पागल कल्ले तनकर खड़ा हो गया था। दीवार के ऊपर से वह पत्थर उठाकर मझले के ऊपर फेंकने लगा। एक झटके में उसने मझले को आभास दिला दिया कि वह पागल नहीं, लाचार नहीं, बल्कि पारिवारिक मर्यादाओं से बँधा दीवान धनपत का बड़ा बेटा है। मझले ने तुरंत पैंतरा बदला। "तुम लोग अपनी आँखों से देख रहे हो। तुम सब मेरे गवाह हो। मैंने इतना भर कहा है कि खानदानी घरों की बहू-बेटियों को बेपर्द नहीं होना चाहिए। और यह मुझ पर ईंटें बरसाने लगा है। मार, और मार, फोड़ दे मेरा सिर। मेरे सिर में से लहू की धार फूटेगी तो तेरा कलेजा ठंडा होगा।"[205] कल्ले क्रोध से तमतमा उठा था। उसकी आँखों से आँसू बह चले थे। रुक्मणी आँसू पोंछती जाती और कल्ले अपनी तोतली बोली में बार-बार बोलता जा रहा था। "लुक्मण मेली ए !"लुक्मण मेली ए !"" (रुक्मणी मेरी है, रुक्मणी मेरी है) और उसके बाद रुक्मणी जब भी स्कूल गई है, कल्ले उसके साथ लाठी लेकर गया है और तब तक स्कूल के बाहर लाठी लिए बैठा रहता, जब तक रुक्मणी स्कूल से बाहर न आ जाए। मझले बार-बार दीवान धनपत से उलझता और मझले के दुर्व्यवहार ने दीवान धनपत को बुरी तरह से तोड़ दिया। एक दिन धनपत को कचहरी जाते

वक्त रोक दिया, और गरजते हुए बोला—"रुक्मणी को पालकी में स्कूल भेजते हो? तुम्हारी माँ लगती है क्या ?...मैं इस माड़ी की ईंट से ईंट बजा दूँगा। मेरा हिस्सा दो। बाँटकर अभी दो।"[206] मझले यहाँ तक उतर आता है, जब दीवान मृत्यु शैया पर लेटा था उस वक्त वह अपनी पत्नी पुष्पा को भेजकर उसकी बंडी से चाबी निकलवाकर पूरी तिजोरी खाली करवा लेता है। अंत में हुकूमतराय जब लंदन से लौटकर आता है तो मझले के इस कुकृत्य से दुखी होकर उसे माड़ी से बाहर निकालकर गाँव भेज देता है। "तुम जैसे जाहिल आदमी के लिए वही ठीक जगह है। जाओ, और खेती-बारी को सँभालो।"[207]

कल्ले तो अपनी पत्नी के साथ पहले ही माड़ी छोड़ चुका था। रुक्मणी ने उसे लाहौर के चिकित्सालय में भर्ती करा दिया था। कल्ले ठीक भी हो गया था। परंतु लौटकर जब आया और रुक्मणी को नहीं पाया तो पुनः उसकी दिमाग ठसक गई। वह रुक्मणी का बिछोह बर्दाश्त न कर सका।

बैरिस्टर हुकूमत राय ने आते ही माड़ी में इंगलिस्तान खड़ा कर दिया। विलायती रंग-ढंग का अनुसरण करते हुए, बैरे और अरदली रखे, घर की साज-सज्जा विलायती तर्ज की बरामदे में बेल-बूटों के गमले लग गए। खिड़कियों-दरवाजों पर पर्दे टाँग दिए गए। अंग्रेज डिप्टी कमिश्नर की ही देखा-देखी अपनी सवारी के लिए एक नई फिटन बनवा ली। शाम के वक्त वह फिटन में ही हवाखोरी के लिए निकलता था, और फिटन में ही बैठकर जिला कचहरी भी जाता था—कभी सिर पर सफेद रंग की 'सोला' टोपी रखे, कभी पगड़ी लगाए और नीचे काला सूट पहने। इन सारी बातों के बावजूद वह सारा दिन साहिब बहादुर को खुश करने में व्यस्त रहता। अंग्रेजों के खिलाफ जब जनता ने रैली निकाली तो हुकूमत राय के इशारे पर ही डिप्टी कमिश्नर हेनरी ने लाठी चार्ज करवा दिया था। हुकूमत राय ने बड़े गर्व से बोला था—"हैलो हेनरी, हिन्दुस्तानी भीड़ का रंग देख लिया हेनरी ? इनमें गुर्दा नहीं है। डंडा उठाने की देर थी कि सभी दुम दबाकर भाग गए।"[208] "मेरे खून का आखिरी कतरा भी साम्राज्य के लिए हाजिर है, हेनरी।"[209]

हुकूमत राय को अपने लोगों से कोई प्यार नहीं था, वह किसी भी तरह राय बहादुर बनना चाहता था। देश की अस्मिता रहे या जाए, उसका मान-सम्मान और ओहदा बढ़ना चाहिए। यह उस युग का चरित्र है जिसका परिणाम अंग्रेजों की शक्ति का विकास और भारतीयता का पतन था। जिसका सबसे बड़ा पात्र धनपत था, फिर हुकूमत राय, जो पीढ़ी-दर पीढ़ी आगे बढ़ रही थी, जिसके खिलाफ विद्रोह भी उसी गति से उभर रहा था।

रामदास पुरोहित : रामदास पुरोहित माड़ी का पंडित था। माड़ी में जो भी शादी-ब्याह का कार्य होता, उसे संपन्न कराने की जिम्मेदारी पुरोहित की होती। इसके अलावा ज्योतिष का भी काम करता। प्रश्न का उत्तर उँगलियों से देता। रामदास का निवास कस्बे के एक छोर पर एक छोटी सी अँधेरी कोठरी में था। वहीं कोठरी के बाहर सलोनी गाय बँधी रहती और अंदर अँधेरी कोठरी में दो-एक पीतल के चमचमाते बर्तन, कोठरी के आर-पार लगी अलगनी पर टँगे मैले-कुचैले कपड़े और उसी अँधेरे में डोलती उसकी चौथी पत्नी, यही कुछ पुरोहित की मिल्कियत थी। हाँ, अगर उसी

कोठरी के किसी कोने में उसने जमीन में धन गाड़ रखा हो तो उसकी भगवान जाने।

पुरोहित कद-काठी का ठिगना था। उसकी तीन पत्नियाँ बारी-बारी से परलोक सिधार चुकी थीं और चौथी पत्नी भी पीली पड़ने लगी थी। चार पत्नियों के बावजूद उसे बाल-बच्चे नहीं हुए थे। उसकी चौथी पत्नी की उम्र छब्बीस-सत्ताइस वर्ष की रही होगी, जबकि पुरोहित साठ साल का होने जा रहा था। पुरोहित को आगम तुरंत मालूम चल जाता। जब वह एक बार दीवान धनपत से बात कर रहा था तभी नदी से लौटते मनीराम पर नजर पड़ी और वह तुरंत बोल उठा—"मनीराम का वक्त आ गया, गरीबनवाज।"[210] जब दीवान धनपत ने उससे पूछा कि—"पर तूने कैसे जाना।" जिस पर उसने कहा—"आधा कोस चल चुकने के बाद भी उसके माथे का तिलक सूखा नहीं था। वह अभी गीला था। गरीबनवाज, इतना चलने के बाद भी तिलक नहीं सूखे तो उसका मतलब है, उसका शरीर अंदर से ठंडा पड़ चुका है। हाथ में पीतल का लोटा उसे बचाए हुए था।"[211] इस तरह पुरोहित विधवा गोमा के बारे में भी बता चुका था। पुरोहित को इतना अनुभव था कि वह घर का छप्पर देखकर उस परिवार की भविष्यवाणी कर देता।

कस्बे के मनचले पुरोहित को अक्सर छेड़ते। कोई अपनी शादी का राज जानने की कोशिश करता तो कोई उससे ठिठोली करता। "बताओ आज पुरोहितायन क्यों नहीं आई।" पुरोहित तरीके से सभी सँभालता और आगे बढ़ जाता। दीवान धनपत के बेटे मझले की शादी मलिक मंसाराम की बेटी से उसने ही कराई थी। दीवान के प्रति वफादारी कहा जाए या अपने को चतुर श्रेष्ठ सिद्ध करने के लिए उसने ऐसी चाल चली, जिसके फलस्वरूप ईशरादेई को अपनी दूसरी बेटी की शादी दीवान धनपत के पगले बेटे कल्ले से करने को मजबूर होना पड़ा। पुरोहित ने उस वक्त हद कर दी, जब मुहूर्त निकला जा रहा था और ईशरादेई की बेटी मंडप में नहीं आ पा रही थी, तभी पुरोहित उठा और हँसती खेलती तेरह वर्ष की हरनारायण की पोती रुक्मणी को उठा लाया और मंडप में बैठाकर शादी करा दी। एक लंबी चाल में सफल हो गया था। उसने दीवान धनपत के प्रति वफादारी दिखाई थी और समस्या को सुलझा दिया था। उसे बहुत गालियाँ मिली थीं। फिर भी उसे कोई फर्क नहीं पड़ा था। "समधियों को किसने बताया है कि हमने दीवानों के घर लड़की न देने को कहा है ? साफ-साफ बता ब्राह्मण, नहीं तो तिल-तिल कर मरेगा, नरक में जाएगा।"[212] पर पुरोहित विचलित नहीं हुआ। उसे यह मालूम था कि कस्बे में उस पर कोई हाथ नहीं उठाएगा। क्योंकि ब्राह्मण को हाथ उठाने वाला स्वयं नरक में जाता है। पुरोहित हर मुसीबत में बचने का रास्ता निकाल ही लेता। जब बीरां रुक्मो की माँ उस पर फुँफकारती हुई बोली—"इससे कहो जी, चला जाए यहाँ से। इस द्वार पर इसका साया भी नहीं पड़े। जिसने मेरी बेटी को कुएँ में झोंका है, वह तिल-तिलकर मरे, उसे बावले कुत्ते काटे, उसे फनियर साँप डस-डस जाए।"[213] जिस पर पुरोहित ने अपना ब्रह्मास्त्र चलाया "माड़ी में रुक्मणी राज करेगी। कल्ला, शरीर का दुबला है, पर है तो माड़ी का कुँवर बड़े दीवान जी की आँखों का तारा है। लाहौर का हकीम उसका इलाज कर रहा है। देखते-देखते वह नौ-ब-नौ हो जाएगा।"[214]

पुरोहित उन व्यक्तियों में था, जो बने हुए काम को बिगाड़ सकता था और

बिगड़े हुए काम को बना सकता था। जब भी बोलता बात को पहले अंदर तौल लेता। सामनेवाला अगर बहुत गुस्से में है तो वह दोनों हाथ बाँधे, शिथिल-सी मुद्रा में खड़ा उस व्यक्ति की ओर देखता रहता। पहले अगले आदमी की भड़ास निकलने दो। अंदर की भड़ास निकल जाए तो जजमान अपने-आप थक जाता और थककर चुप हो जाता। बौखला ले जितना बौखलाता है। जो होना था हो चुका है। पुरोहित का चरित्र उस नदी की धार की तरह था जो दिखने में तो साधारण सी लगती है, परंतु करीब आने पर खर-पतवार की तरह बहा ले जाती है।

2. स्त्री-पात्र

ईशरादेई : ईशरादेई, मलिक मंसाराम की पत्नी, पुष्पा की माँ और मझले की सास है। बहुत सुलझी और समझदार औरत है। अच्छे-बुरे को समझनेवाली और चतुर भी है। पुष्पा की शादी में पूरा इंतजाम उसी ने सँभाला था। बारात जब बहुत देर तक नहीं आई लोग तरह-तरह की बातें करने लगे। कोई कहता, जाओ, बारात को बुला लाओ, कोई कुछ कहता। परंतु ईशरादेई साफ शब्दों में मना कर अपनी समझदारी का परिचय देती है–"कोई जरूरत नहीं जी, किसी को मत भेजो। दीवानों की बारात आ रही है, वे सब कायदे-कानून जानते हैं।"[215] बारात आती और इतना ऊधम करती है कि घराती परेशान हो उठते हैं। फिर भी बारात की विदाई उसी सम्मान के साथ की जाती है। लेकिन बारात के विदाई के बाद भी घरातियों में आक्रोश रहता है। ईशरादेई स्थिति को समझते हुए गुस्से में बोली–"मेरा गड़ा मुर्दा देखोगे अगर कोई ऐसी-वैसी बात करोगे तो।"[216]

यद्यपि लड़की की विदा हो गई थी। फिर भी किसी ने दीवान धनपत से कह दिया कि लड़कीवालों ने कहा है कि अब भविष्य में दीवानों के घर कोई लड़की नहीं देंगे। बस दीवान धनपत को मौका हाथ लग गया। उसने बहू को पुनः वापस कर दिया और बदले में कह दिया कि जब दूसरी लड़की का विवाह नहीं करते, यह बहू माड़ी में नहीं जाएगी। हर कोई उत्तेजना में थे परन्तु ईशरादेई हर शर्त पर बेटी भेजने को तैयार हो गई। उसने अपनी दूसरी लड़की की शादी की भी हामी भर दी। उसे लगा अगर ऐसा नहीं हुआ तो पुष्पा सारी जिंदगी घर में विधवा की तरह बैठी रहेगी। लेकिन जैसे ही उसे मालूम चला कि दूसरी लड़की का विवाह दीवान धनपत के पगले बेटे कल्ले से करने जा रहा है। बारात कल्ले की आई है, वह गशत खाकर किवाड़ के ऊपर गिरती हुई जमीन पर जा पहुँची। माथा फूटकर लहू-लुहान हो गया था। ईशरादेई का चक्कर खाकर गिरना, उसके और उसकी बेटी के लिए तो लाभप्रद रहा, परन्तु रुक्मणी के लिए तबाही का कारण बन गया।

पुष्पा जब ससुराल से लौटकर आई तो सबसे पहले उसने अपनी बेटी को ऊपर से नीचे तक हीरे-जवाहरातों से जड़ा देख लिया, तब उसे बोध हुआ कि दीवान अब उससे नाराज नहीं है। फिर माँ जो कभी अपनी बेटी को नैतिकता की शिक्षा दिया करती थी, वही ईशरादेई अपनी बेटी को सिखाने लगी थी–"जितनी जल्दी हो सके घर की चाबियाँ सँभाल ले। असल में तू ही घर की बड़ी बहू है।"[217] "दीवान जी को खाना तू परोस कर दिया कर। तू नहीं करेगी तो वह कुपती (रुक्मणी) करने

लगेगी।"[218] अंततः एक समझदार समझी जानेवाली ईशरादेई अपनी नारी सुलभ स्वभाव को उजागर कर ही देती है। उसके मन में रुक्मणी के प्रति ईर्ष्या और द्वेष की भावना का संचार हो ही जाता है और इस पूरे व्यापार में अपनी बेटी पुष्पा को भी घसीट लेती है। आगे चलकर ईशरादेई की इन्हीं दुर्भावनाओं का बुरा असर पुष्पा और मझले के जीवन में भी पड़ता है।

बीरांवली : बीरांवली, दीवान हरनारायण की बेटी और रुक्मणी की माँ है। बीरांवली शादी के कुछ दिनों बाद विधवा हो गई थी। उसकी एक लड़की थी, जिसका नाम रुक्मणी था। बीरांवली अपने पिता हरनारायण के घर पर रहा करती। वैधव्य जीवन वैसे भी बहुत कष्ट-प्रद होता है, फिर जिसके सर पर एक बेटी की जिम्मेदारी हो उसकी परेशानी का कहना ही क्या ? जब हरनारायण की (रुक्मणी के बारे में) पुरोहित से चर्चा होती तो वह भी कान लगाकर सुनती। उसे खुशी होती कि पुरोहित उसकी बेटी के बारे में चर्चा करता है। पुरोहित उसे बहुत भला लगता। लेकिन वही पुरोहित जब उसकी बेटी की पागल कल्ले के साथ शादी करा देता है, तो बीरांवाली सर्पणी की भाँति फुँफकार उठती है। "इससे कहो जी, चला जाए यहाँ से। इस द्वार पर इसका साया भी नहीं पड़े। जिसने मेरी बेटी को कुएँ में झोंका है। वह तिल-तिलकर मरे, उसे बावले कुत्ते काटें, उसे फनियर साँप डस-डस जाए…।"[219] बीरां की आवाज सुनते ही हरनारायण का मन शंकित हो उठा। बीरां बोले जा रही है, ब्राह्मण को बुरा-भला कह रही है। ब्राह्मण श्राप भी दे सकता है, नरक में भी भेज सकता है। हरनारायण तुरंत बोल उठा—"बस-बस बीरां हो गया, जो होना था, जब नसीब ही खोटा हो तो कोई क्या करे। नसीब अच्छा होता तो घनश्याम ही क्यों मरता। मेरी किस्मत ही खोटी है। तुम सब मेरे कर्मों का फल भोग रहे हो। मुझसे किसी का भला नहीं हो सकता।"[220]

परंतु जब पुरोहित ने कहा कि—"बड़े दीवान जी ने सददा भेजा है। सबसे पहले आप ही के घर आया हूँ। अगले बृहस्पति को आप माड़ी में भोजन करेंगे…।"[221] पुरोहित की इस बात पर हरनारायण ने बीरांवली की इच्छा जानने की कोशिश की तो बीरांवली तुरंत बोल उठी—"समधियों के घर से न्योता आया है तो जाना तो होगा ही, और नहीं तो रुक्मों की सुध तो ले आओगे।"[222] यहाँ पर बीरांवली का विचार बिल्कुल बदल जाता है। उसे हरनारायण का माड़ी में जाना ही उचित लगता है। उसे मालूम है कि अब रुक्मों का भविष्य माड़ी में ही है। उसे सुखी देखने के लिए माड़ी से संबंध रखना ही जरूरी था। बीरां की दुविधा समाप्त हो गई थी। अब तो माड़ी की ऊँची दीवारों के पीछे बैठी नन्ही रुक्मणी का हित ही सर्वोपरि था। "मैं आज ही आपके कपड़े धो दूँगी। पूरा बाना पहनकर जाना जी। पगड़ी को माड़ी भी लगा दूँगी।"[223] कहते-कहते बीरां की आँखें छलछला आईं और वह कोठरी की ओर घूम गई।

बीरांवली कुछ समय बाद स्वयं अपनी बेटी से मिलने माड़ी में जाने लगी। बीरांवली ने परिस्थितियों से समझौता कर लिया था। उसकी नजर में रुक्मों का सुख सर्वोपरि था। परंतु स्वाभिमानी विधवा बीरांवली का जिस दिन मझले ने अपमान किया, उस दिन से उसने माड़ी में जाना भी छोड़ दिया।

पुष्पा : मैयादास की माड़ी में पुष्पा का चरित्र बहुत कम समय के लिए आता

है, परंतु बहुत महत्त्वपूर्ण चरित्र माना जा सकता है। पुष्पा ईशरादेई और मलिक मंसाराम की बेटी, मझले की पत्नी और दीवान धनपत की बहू थी। शादी के बाद उसकी डोली टीले तक जाकर एक बार पुनः हवेली लौट आई थी। जब वह डोली से उतरी थी तो माँ को देखकर उसे बड़ा आश्चर्य हुआ था। लेकिन धीरे-धीरे उसे सब समझ में आ गया था। जब पहली बार ससुराल से लौटी थी तो माँ से माड़ी के बारे में एक-एक बात बताई थी। उस पर माड़ी में बहुत छींटा-कशी की गई थी। जो भी औरतें आतीं, वही कुछ न कुछ कह जातीं। जैसे—"बड़ी अकड़ दिखाते थे, आगे से लड़कियों का रिश्ता नहीं करेंगे। थूक चाटकर लड़की भेजी है, या नहीं ?"[224] "न भेजते तो दीवान जी जूतियों में पानी पिलाते।"[225] "बाप तेरा तो बड़े तेवर दिखाता था, कहाँ गए उसके तेवर ?"[226] पुष्पा का हृदय लोगों के व्यंग्य से छलनी हो चला था। फिर भी बेसुध सी उनकी टिप्पणी सुनती जा रही थी।

घर में माँ ने समझाया था कि धीरे-धीरे माड़ी में सारे ठौर-ठिकानों का पता लगा ले। दीवान धनपत की सेवा करके अपने पक्ष में कर ले। परंतु पुष्पा इन कार्यों को नहीं कर पाई थी। हाँ, वही पुष्पा जब धनपत पूरी तरह से अस्वस्थ होकर अपने कमरे में बिस्तर पर जिंदगी के अंतिम दिन गिन रहा था, उस वक्त पुष्पा ने दीवान धनपत की बंडी से तिजोरी की चाबी निकालकर उसी के सामने तिजोरी के सारे हीरे-जवाहरात निकाल ले गई। धनपत बै-बै करता पड़ा रहा। पुष्पा के मन में उस वक्त अपने पिता का अपमान पूरी तरह से उभर आया था। जब धनपत बै-बै कर रहा था, उस क्षण उसे बहुत खुशी हो रही थी। चलते-चलते वह चाबी पुनः दीवान की बंडी में डालती गई थी। दीवान उस सदमे को बर्दाश्त न कर सका था और चल बसा था। पुष्पा अपने उद्देश्य में सफल हो गई थी।

रुक्मणी : दीवान हरनारायण की विधवा बेटी बीरांवली की इकलौती बेटी रुक्मणी तेरह वर्ष की कच्ची उम्र में रामदास पुरोहित के दुश्चक्र की शिकार हो जाती है। दीवान धनपत अपने मझले बेटे की बारात मलिक मंसाराम की हवेली में लेकर गया था। तब रुक्मणी अपने चुलबुले स्वभाव से पूरे बारातियों को हँसाई थी। लेकिन उसे क्या मालूम था, कल यह बारात पुनः लौटेगी और मुझे दीवान धनपत के नीम पागल बेटे कल्ले के साथ बलात् ब्याहकर ले जाएगी। विवाद और मनमुटाव मलिक मंसाराम और दीवान धनपत के बीच था। परंतु दोनों के बीच पिसने का अवसर रुक्मणी के हिस्से में आया।

रुक्मणी जब माड़ी में बड़ी बहू बनकर आई थी, उस वक्त उसे यह समझ में नहीं आया था कि वह कहाँ पहुँच गई। उसके लिए माड़ी के अंदर घूमना किसी शहर की गलियों में घूमने जैसा था। एक गलियारा दूसरे में खुलता, जैसे एक गली, दूसरी गली में खुलती है, और जगह-जगह कोई-न-कोई अद्भुत चीज देखने को मिल जाती। शुरू-शुरू में उसे माँ की याद बहुत सताती। फिर धीरे-धीरे बाल सुलभ मन माड़ी की विशालता से अभिभूत होने लगा, और चकित हिरनी की-सी कुतूहल भरी बड़ी-बड़ी आँखों से हर कोने में झाँकती फिर रही थी। रुक्मणी को उसके पति के साथ निवास निचली मंजिल में मिला था। दो बड़े-बड़े कमरे, सामने खुला आँगन, और आँगन में नीम का घना पेड़। रुक्मों को यह पता नहीं था कि उसका विवाह एक

पागल व्यक्ति के साथ कर दिया गया है। जब उसे इस बात का अहसास हुआ, वह बौखला सी गई। पूरे दिन गलियों में स्वच्छंद घूमनेवाली, लुकाछिपी खेलने वाली, और सारे दिन माँ को परेशान करनेवाली, रुक्मों सोने के पिंजड़े में लाकर कैद कर दी गई थी।

फिर धीरे-धीरे रुक्मणी माड़ी में खुलने लगी थी। टहलुआ उसे माड़ी की एक-एक चीज़ के बारे में बता रहा था। दीवान मैयादास दीवान धनपत और पूरे माड़ी की कहानी ऐसे सुना रहा था, जैसे रुक्मों के सामने अतीत का चलचित्र चल रहा हो। रुक्मणी बीच-बीच में पुष्पा के कमरे में भी चली जाती। वहाँ उसके साथ बैठकर चंदा खेलती। कभी-कभी बीरांवली भी उससे मिल आया करती। दीवान धनपत भी रुक्मों को प्यार करता। सब कुछ ठीक ही चल रहा था, उसी समय वानप्रस्थी नाम के एक शिक्षक ने कस्बे में लड़कियों का स्कूल खोला। रुक्मणी बिना किसी की इजाजत लिए गई और पढ़ने की इच्छा व्यक्त कर अपना नाम लिखा आई। परंतु उसे क्या मालूम था कि मझले माड़ी में मेरी पढ़ाई को लेकर कहर ढा देगा। मझले को रुक्मणी का स्कूल जाना कतई पसंद नहीं था। उसके सारे दोस्त भी रुक्मणी पर ताना कसते। बालमुकुन्द तो कंकड़ फेंककर मारता। मझले चीखता–"बाप दादा के नाम पर हम कालख नहीं पोतने देंगे। कोई घर के बाहर कदम रखकर तो देखे। मैं बोटी-बोटी काट डालूँगा। मैं टाँगें चीरकर रख दूँगा।"[227]

मझले रुक्मणी की पढ़ाई को लेकर दीवान धनपत से भी उलझ गया था। दीवान धनपत रुक्मणी को स्कूल जाने से नहीं रोकता। वैसे तो पूरे कस्बे में रुक्मणी को लेकर विरोध था। भागसुद्धी के अलावा रुक्मणी के पक्ष में मझले के अत्याचार के विरोध में कोई न बोलता। परंतु कल्ले को जैसे अपने पति होने का अहसास हो गया हो। जब मझला अपने साथियों के साथ कुल्हाड़ी से किवाड़ में चोट कर रहा था, उसी समय कल्ले ने मझले के ऊपर पत्थर की बौछार शुरू कर दी थी। माहौल में बदलाव आ गया था। पगला कल्ले रुक्मणी की ओर देखकर रो पड़ा था। रुक्मणी उसके आँसू पोंछते हुए बोली "मत रोवो जी, मत रोवो, तुम क्यों रोवो ?"[228] रुक्मणी को लगा, जैसे उसे जीवन में अपने बचाव के लिए ढाल मिल गई है, अब वह अकेली नहीं है, निःसहाय नहीं है।

फिर रुक्मणी स्कूल दीवान धनपत की पालकी में जाने लगी थी और कल्ले लाठी लिए तब तक स्कूल के बाहर बैठा रहता, जब तक स्कूल चलता रहता। यह मझले को और खटकनेवाली बात थी। मझला गुस्से में आकर दीवान धनपत से उलझ गया–"रुक्मणी को पालकी में स्कूल भेजते हो ? तुम्हारी माँ लगती है, क्या ?"[229] यह वाक्य दीवान धनपत के लिए मौत का कारण बना।

दीवान धनपत के मृत्यु के बीस वर्ष बाद रुक्मणी उसी स्कूल में बड़ी मास्टरनी बनी थी, और कल्ले को लेकर माड़ी से बाहर स्कूल के सामने दो कमरे लेकर रहने लगी थी। जिस तरह कल्ले उसके प्रति समर्पित था, उसी तरह रुक्मणी भी उसका खयाल रखती। उसके खाने-पीने से लेकर सारी व्यवस्था खुद देखती। दोनों के बीच शारीरिक स्तर पर असमानता रहने पर भी दोनों की आत्मा एक-दूसरे में गुँथ गई थी। स्थिर, शांत परंतु किसी गहरी झील जैसा प्यार उनके बीच पाया जाने लगा था,

और उसी के कारण जीवन में सार्थकता आ गई थी, ठहराव आ गया था। इंसान का शरीर भूखा नहीं होता, भूखी तो उसकी आत्मा होती है। रुक्मणी ने ठान लिया था कि वह कल्ले को ठीक कराकर रहेगी। गर्मियों की छुट्टी में वह कल्ले को लाहौर के अस्पताल में भर्ती कराकर बाबा अमरनाथ के दर्शन करने चली गई थी। उसे विश्वास था जब ढाई माह बाद वह कल्ले को लेने लाहौर जाएगी, कल्ला बिल्कुल स्वस्थ होगा। परंतु तीर्थ यात्रा में उसे रह-रहकर याद आती रही। उसका मन पछताता रहा। क्या खाता होगा ? कैसे पहनता होगा, कैसे रहता होगा ? मैं कितनी पापिन हूँ। मुझे उसे वहाँ नहीं छोड़ना चाहिए था। रुक्मणी एक चट्टान के ऊपर बैठी यह सब सोच रही थी कि अचानक उसे लगा जैसे खाई के उस पार भगवान कृष्ण नाच-नाच कर मुझे बुला रहे हों फिर उसे लगा जैसे कृष्ण नहीं, बल्कि कल्ले नाच रहा है और मुझे लाठी लिए ढूँढ़ रहा है। रुक्मणी उसकी ओर जैसे ही आगे बढ़ी, नीचे खड्ड में जा गिर पड़ी। रुक्मणी की इहलीला वहीं पर समाप्त हो गई। कल्ला ठीक तो अवश्य हुआ परंतु रुक्मणी उसे देख न सकी।

रुक्मणी ने विषम परिस्थितियों में झुकना नहीं सीखा। उसने अपने गिले-शिकवे भी किसी से नहीं कहे। मूक राही की तरह संघर्ष पथ पर आगे बढ़ती रही। उसे न माड़ी का मोह रहा और न पागल पति के खिलाफ उसके मन में विद्रोह ने जन्म लिया। जो नियति में मिला उसे स्वीकार करते हुए उसी को बेहतर बनाने की कोशिश में उसने अपने प्राण त्याग दिए। रुक्मणी भारतीय नारी की एक आदर्श प्रतिष्ठा बनकर आज हमारे सामने उपस्थित है।

भागसुद्धी : महिला पात्रों में भागसुद्धी एक ऐसी पात्र है, जिसे न अंग्रेजी हुकूमत से डर है न माड़ीवालों से भय है और न ही कस्बे के किसी सूरमा से सशंकित है। वह निर्भीक, निडर, सत्यभाषी, कटुभाषी और किसी भी व्यक्ति से साशय उलझ जानेवाली एक कठोर चरित्र की महिला है। दीवान धनपत हो, पुरोहित हो, रामजवाया हो, और चाहे दीवान धनपत का बिगड़ा बेटा मझला हो, अगर भागसुद्धी के लपेट में आ गए हैं तो भागसुद्धी बिना कुछ बुरा-भला कहे माननेवाली नहीं है। उसे अन्याय पसंद नहीं है। चाहे वह राजा द्वारा किया जा रहा हो या प्रजा द्वारा। पूरा कस्बा उसे मौसी कहकर बुलाता। कोई बुलाए तो ठीक है, न बुलाए तो भी कोई फर्क नहीं पड़ता। मौसी अनाहूत अतिथि की तरह उसके सुख-दुख में खड़ी होती। उससे जो बनता वह करने में कोई कसर न उठा रखती।

मलिक मंसाराम की बेटी की बारात माड़ी से आ रही थी। बारात बहुत देर से पहुँची तो भागसुद्धी दीवान कुंदनलाल पर बरस पड़ी। "बड़ी देर से बारात ले जा रहे हो, कुंदनलाल। बेटीवालों का पानी उतारने जा रहे हो क्या ?"[230] मौसी की बात का लोग बुरा भी नहीं मानते थे। सभी को मालूम था कि वह मुँहफट है। इतना ही नहीं, उसके बाद दीवानों को चेतावनी भी देती है। "बेटियाँ हर घर में हैं, कुंदनलाल, हर बाप को बेटी ब्याहनी होती है।"[231] भागसुद्धी की निडरता का एक और उदाहरण द्रष्टव्य है। कल्ला की दुल्हन रुक्मणी जब स्कूल पढ़ने जाने लगी तो सबसे ज्यादा इसका विरोध दीवान धनपत का बेटा मझला करता है। वह गाली-गलौज करता है। रुक्मणी और कल्ला के साथ मारपीट करता है। उसके दोस्त माड़ी में ऊधम मचाते

हैं। मौसी यह सब नहीं देख पाती। पूरा कस्बा खामोश रहता है, सिवाय मौसी भागसुद्धी के। वह चीखती-सी आवाज में बोलती है–"नाले चोर ते नाले चतरा ! वाह जी वाह! कैसा वक्त आया है। वे घनशामा। तू सीधा क्यों नहीं कहता कि तू सारी माड़ी हड़पना चाहता है। इन्हें घर से निकालना चाहता है। इस वक्त तू कुछ भी कर सकता है। पर यह नाटक क्यों खेल रहा है।"[232]

लेकिन यह भागसुद्धी है कौन ? किसकी मौसी है ? किसी की है भी या नहीं? दरअसल भागसुद्धी किसी की न मौसी है और न किसी की रिश्तेदार। वह भाग्य की मारी एक ऐसी अभागिन औरत है, जो भरी जवानी में विधवा हो गई थी। जिस रात भागसुद्धी ब्याहकर कस्बे में आई थी, उसी रात कस्बे के निकट पहुँचने पर बेड़ा पानी में धँस गया था। नव-विवाहिता भागसुद्धी अपने पति के साथ नाव में बैठकर कस्बे में आई थी। बेड़ा रात के वक्त ही कस्बे के निकट पहुँचा था, और तट से ही दूरी पर पानी छिछला होने के कारण तल में धँस गया था। बेड़े में पूरे साठ आदमी थे और बेड़े के धँस जाने के बाद सभी कूद-कूदकर पानी में उतरे थे, और भागसुद्धी नन्ही सी दुल्हन अपने जड़ाऊ बोझिल कपड़ों में छोटा-सा घूँघट काढ़े नाव में खड़ी सकुचा रही थी और फिर उसका युवा पति झट से छलाँग लगाकर उसे बाँहों में भरकर उठा लाया था। भागसुद्धी शर्म से पानी-पानी हो गई थी, पर उसी क्षण अपने पति पर निछावर भी हो गई थी। यही वह आखिरी बेड़ा था, जो कस्बे तक आया था। इसके बाद कभी किसी बेड़े ने कस्बे की ओर मुँह नहीं किया।

उसका पति मस्त तबीयत का आदमी था। कबड्डी और दंगल का शौकीन था। कस्बे में पहलवान के रूप में विख्यात हो चला था। उसने एक साहूकार के यहाँ नौकरी कर ली थी। पति-पत्नी दोनों सेठियों के मोहल्ले में एक कोठरी लेकर रहने लगे थे। लेकिन विधि को तो कुछ और ही मंजूर था। एक तरफ बलराम की नौकरी छूटी और दूसरी तरफ उसे काले नाग ने डस लिया। भागसुद्धी को वह क्षण आज भी याद है जब काले साँप ने उसके पति के जाँघ में पलटा था। उसके बाद कस्बे भर में बात फैल गई थी कि भागसुद्धी का सब कुछ उजड़ गया था। वह उसी काली कोठरी में अकेले उसी खाट पर पड़ी रहती, जिस खाट पर उसका पति मरा था। उसके बाद एक-दो बार साँप और आया था। भागसुद्धी ने उसके सामने दूध रखकर हाथ जोड़ लिए थे। उसे विश्वास था कि यह साँप मेरा उद्धार करने आता है। परंतु साँप ने उसे नहीं काटा था। भागसुद्धी के चाहने पर भी उसे नहीं डसा था। भागसुद्धी भाग्यवादी तो हो गई थी, परंतु जीवन के प्रति उसका मोह जाता रहा था।

धीरे-धीरे कस्बे में भागसुद्धी की एक निश्चित भूमिका सी बनने लगी थी। जैसे उस पर से कोई साया उठ गया हो। यह कैसे हो गया, कहना कठिन था। शायद वृद्धावस्था तक पहुँचते-पहुँचते दुर्भाग्य का डर अपने-आप झरने लगता है। फिर जिसे इतनी यातना पहले ही मिल चुकी हो, उसका निर्भीक होना भी कोई आश्चर्य की बात नहीं है। भागसुद्धी ने वैधव्य के तीस वर्ष गुजारे थे। परंतु उसने न झुकना सीखा और न डरना। अब तो वह अपनी गिरती-पड़ती कोठरी की तरह स्वयं में जर्जर हो चली थी। फिर भी उसके स्वभाव में वही तेज-तर्राहट थी, जो जवानी के दिनों में थी।

3. पात्रों का वर्ग विभाजन

पात्रों की दृष्टि से इन्हें तीन भागों में बाँटा गया है। उच्च मध्यवर्ग, मध्यवर्ग और निम्न मध्यवर्ग।

(1) उच्च मध्यवर्ग : उच्च वर्ग के पात्रों की हैसियत मध्यवर्ग और निम्न वर्ग से बहुत अच्छी है। इस वर्ग के लोग ऊँचे-ऊँचे महलों में रहते हैं, अच्छा पहनते हैं और अच्छा खाते हैं, उच्च वर्ग का एक उदाहरण द्रष्टव्य है :

"दीवान मैयादास, और फिर दीवान धनपत जिस माड़ी में रहते थे, इससे सहज ही यह अंदाजा लगाया जा सकता था कि उच्च वर्ग की स्थिति क्या थी—माड़ी करीब सौ साल पुरानी तो रही होगी। उसका ऊँचा फाटक, फाटक के ऊपर बना छोटा-सा छज्जा, और सबसे ऊपरवाली मंजिल पर बनी छतरी, ये सब सिक्ख अमलदारी या उससे भी पहले की मुगल अमलदारी की देन है। उसकी खिड़कियों, रोशनदानों में हरे, पीले, लाल, नीले रंग के शीशे अंग्रेजों की अमलदारी के चिन्ह हैं। कुछेक दरवाजों पर अभी मध्ययुगीन नक्काशी देखने को मिलती है, जबकि अधिकांश मध्ययुगीन दरवाजे की जगह अंग्रेजी चलन के सपाट और सीधे दरवाजे लगा दिए गए हैं।"[233]

उच्च वर्ग के पात्र के अंतर्गत—दीवान धनपत, मैयादास, गोकुलदास, मलिक मंसाराम, लेखराज, राजा अमीरचंद, कल्ले, मझले, हुकूमतराय, डिप्टी कमिश्नर हेनरी, ईशरादेई, पुष्पा और देवकी आदि।

(2) मध्यवर्ग : मध्यवर्ग की स्थिति निम्न वर्ग से अच्छी है। उसके पास रहने का मकान है, और जीविका का सहारा है। मौज मस्ती के कई साधन हैं। जैसे रामजवाया, रामदास पुरोहित, हरनारायण, मनोहर, लालसिंह, तेजसिंह, वानप्रस्थी, कुंदनलाल, रोशनलाल, बालमुकुंद, रुक्मणी, बीरांवली, सुमित्रा और मोरां आदि।

(3) निम्न मध्यवर्ग : निम्न वर्ग की स्थिति अच्छी नहीं है। उसके पास सर पर छत है भी और नहीं भी। जीविका का साधन कोई निश्चित नहीं है। बलराम, भागसुद्धी, बांशी, कोहली, टहलुए, चन्द्रा, मोतियां, मोहराम, और चमनलाल आदि।

4. अल्पसंख्यक पात्रों की स्थिति

मैयादास की माड़ी में अल्पसंख्यक पात्र न के बराबर आए हैं, जैसे डिप्टी कमिश्नर हेनरी और रेल के इंजन का ड्राइवर। वैसे तो अंग्रेज अल्प मात्रा में ही इस देश में आए और अपनी कूटनीति के माध्यम से उन्होंने एक ऐसी फूट डाली थी कि पूरा देश उनका गुलाम हो गया था। रेल के इंजन का ड्राइवर दीवान मैयादास को हाकिम लगा था और उन्होंने सारी जिंदगी का स्वाभिमान एक पोटली के माध्यम से उसके सामने खोल दिया था—"हुजूर का इकबाल बना रहे। बंदा कस्बे के पुराने रईसों में से है, हुजूर के पास इंसाफ की माँग करने हाजिर हुआ है।"[234] हेनरी तो डिप्टी कमिश्नर था। अगर ड्राइवर के इतने रुतबे हो सकते हैं तो एक प्रशासक की स्थिति का इस वाक्य से सहज ही अंदाजा लगाया जा सकता है। "मेरे खून का आखिरी कतरा भी साम्राज्य के लिए हाजिर है, हेनरी।"[235] निश्चित रूप से यह कहा जा सकता है कि अल्पसंख्यकों की स्थिति बहुसंख्यकों से कई गुना अच्छी थी। एक अकेला हेनरी पूरे कस्बे का मालिक था।

5. पात्रों के बहाने लेखकीय दृष्टि का अन्वेषण

भीष्म जी की दृष्टि जितनी सूक्ष्म है, उतनी ही व्यापक भी है। उन्होंने जिन पात्रों की रचना की है, वे युगानुकूल और परिस्थितिजन्य पात्र हैं। भीष्म जी ने उस काल खण्ड को इन पात्रों के बहाने जीवंत करने की कोशिश की है, जब पंजाब की धरती पर से सिक्ख अमलदारी के पाँव उखड़ रहे थे और अंग्रेजी हुकूमत के पैर अंगद की तरह मजबूत होते जा रहे थे। उस दौरान दो तरह के पात्रों की विशेष भूमिका नजर आती है। एक तो वो पात्र थे जो अपनी हैसियत को कायम रखने के लिए या अपनी परंपरा को बनाए रखने के लिए संघर्ष कर रहे थे, जैसे–दीवान मैयादास, दीवान हरनारायण और लेखराज व मनोहर आदि। दूसरे वो पात्र थे जो हवा के रुख के मुताबिक अपनी पीठ कर लिए थे। उजड़ती सिक्ख अमलदारी के साथ-साथ उन्होंने अपना पाला बदल लिया था और एक नई भूमिका की तलाश में अंग्रेजी हुकूमत से हाथ मिला लिया था। बल्कि कहना ज्यादा उपयुक्त होगा कि कुछ पाने की लालसा में उनके हाथ मजबूत किए थे। जिसका सबसे बड़ा उदाहरण दीवान धनपत था, जो युद्ध के समय अंग्रेजी फौज को ऊँटें पहुँचाया करता था और अपनी वफादारी साबित करने के लिए एक-एक ऊँट की पूँछ काटकर रखता जाता।

मलिक मंसाराम ने तो अपने धंधे का वसूल ही बदल लिया था। वह विलायती माल का थोक विक्रेता बन गया था। मलिक मक्खनलाल, दीवान मतीराम के महल का चतूबरा लाँघकर हेनरी की कचहरी की ओर जाते देख परेशान हो उठता है। दीवान गोविन्दराम को तो राजा अमीरचंद के पास एक पल अच्छा नहीं लग रहा था। उसे पछतावा हो रहा था कि उसकी जगह अब यहाँ नहीं, डिप्टी कमिश्नर की कचहरी में होनी चाहिए। कहने का तात्पर्य यह था कि इस बात से किसी को कुछ लेना-देना नहीं था कि इस धरती की स्वतंत्रता का क्या होगा, बल्कि हर कोई परेशान था, अपनी भूमिका को लेकर।

भीष्म जी इसका कारण शैक्षणिक पिछड़ापन भी मानते हैं। उन्होंने वानप्रस्थी के माध्यम से लड़कियों का स्कूल भी खुलवाया है। उसका विरोध भी होता है, जो स्वाभाविक है। अगर लोग शिक्षित हो जाएँगे, तो अंग्रजों की या बुर्जुआ वर्ग की नीति स्वयमेव खत्म हो जाएगी। नारी शिक्षा पर उनका विशेष ध्यान है। नारी शिक्षा का मतलब है, आनेवाली नस्ल में चेतनात्मक विकास। अंततः भीष्म जी इन पात्रों के बहाने उस दृष्टि को दिखाने की सफल कोशिश करते हैं, जिसकी वजह से हमारा पतन हुआ था और अंग्रेजी हुकूमत ने हम पर शासन किया है।

'कुंतो' उपन्यास के पात्रों की चरित्र-सृष्टि

1. पुरुष-पात्र

कुंतो उपन्यास में जिन पुरुष पात्रों की सृष्टि हुई है, वे निम्नानुसार हैं :

प्रोफेस्साब, जयदेव, सहदेव, वकील भाई, धनराज, हीरालाल, गिरीश, दिलीप, रणवीर, रामनाथ, जगदीश सहगल, लाला गोविन्दराम, ऋषिराम, जयदेव के पिता जी

और बख्शी आदि। जिनमें मुख्य रूप से प्रोफेस्साब, जयदेव, गिरीश, सहदेव, धनराज, गिरीश और हीरालाल का चरित्र प्रमुख रूप से उभरकर सामने आते हैं।

प्रोफेस्साब : कुंतो उपन्यास का पितामह प्रोफेस्साब हैं। प्रोफेस्साब पाँच भाई और दो बहनें हैं। कुंतो प्रोफेस्साब की छोटी बहन है। प्रोफेस्साब अंग्रेजी विषय के प्राध्यापक हैं। एक आदर्श प्राध्यापक। महाविद्यालय में शिक्षकों और विद्यार्थियों के बीच जितना उनका सम्मान है, उतना ही नगर में भी उनका सम्मान है। अपने परिवार के प्रमुख हैं। परिवार उनकी ओर से बँधा है। प्रोफेस्साब का चरित्र दूध की तरह उजला है। परिवार के प्रत्येक सदस्य के विकास में अपना विकास समझते हैं। स्वभाव से मृदु, सुदर्शन व्यक्तित्व के धनी प्रोफेस्साब प्रकृति प्रेमी हैं। तीन बच्चों के पिता हैं। जो बात कहते उसमें बड़ा वजन होता। उसमें उनकी सूझ, उनका अनुभव, उनकी संतुलित दृष्टि और उनका दार्शनिक सारतत्त्व झलकता है। वह जो बात कहते बड़ी तन्मयता से, पर साथ-ही-साथ लगता जैसे जीवन का कोई खिलाड़ी नहीं, कोई दर्शक अपने निष्कर्ष सुना रहा है। अपने अध्यापन की लंबी कालावधि में उन्होंने अपने ही प्रयासों द्वारा एक निखरा-निखरा व्यक्तित्व ग्रहण कर लिया था, जीवन के प्रति एक स्थिर दार्शनिक दृष्टि भी प्राप्त कर ली थी, जिसे वह संतुलित मध्यम वर्ग की संज्ञा दिया करते थे और साथ-ही-साथ जीवन-यापन के अनेक नियम गढ़ लिए थे, जिन पर वह दृढ़ता के साथ आचरण करते थे।

प्रोफेस्साब की जिंदगी में दो समस्याएँ प्रमुख रूप से उभरती हैं, जो उन्हें परेशान करती रहती हैं। पहली समस्या तो कुंतो को लेकर है, और दूसरी अपने भाई डॉ. धनराज को लेकर। कुंतों का पति जयदेव अपनी मौसेरी बहन की ओर झुका हुआ है और डॉ. धनराज सिंगापुर की सहपाठिन डॉ. मोना की ओर। दोनों की पत्नियाँ एक तरफ कुंतों और दूसरी तरफ थुलथुल इस आग में झुलस रही हैं। जिसकी लपट प्रोफेस्साब को अलग से बेचैन किए हुए है। फिर प्रोफेस्साब अपने तरीके से दोनों को सुलझाते हैं। जैसे जयदेव को समझाते हुए कहते हैं–"आकर्षण का होना तो स्वाभाविक है, परंतु आकर्षण पर अपना बस भी होना चाहिए। किसी की पत्नी सुंदर है, मैं उसके सौंदर्य की ओर खिंचा जाता हूँ, पर मैं बेलगाम होकर उसका पीछा नहीं कर सकता। मनुष्य की वृत्तियों के ऊपर उसका विवेक होता है, होना चाहिए।"[236] इसी तरह अपने छोटे भाई धनराज को भी समझाते हैं–"मैं अपनी इच्छाओं को दबाने में विश्वास नहीं रखता, पर मैं अपनी जिंदगी की लगाम इच्छाओं के हाथ में सौंप नहीं सकता...।"[237]

यद्यपि प्रोफेस्साब अपनी कोशिशें जारी रखने के बावजूद न तो थुलथुल को उसके अधिकार दिलाने में सफल हो सके और ना ही कुंतो को मुक्त जिंदगी मुहैया करा सके। परंतु निश्चित रूप से जहाँ धनराज को टूटने से बचाया वहीं जयदेव को विचारों से इतना मजबूर कर दिया कि वह अंत-अंत तक सुषमा के प्रति आकर्षित होने के बावजूद कुंतो से स्वयं को अलग न कर सका। प्रोफेस्साब के चरित्र की यह दृढ़ता थी कि हर परिस्थिति में कोई न कोई रास्ता निकाल ही लेते। परंतु कुंतो की मृत्यु, थुलथुल की मृत्यु और बड़ी भावज जिसका पति जर्मनी से सोलह वर्ष से नहीं लौटा था, के चहरे आँखों के सामने आते ही, प्रोफेस्साब जैसे सोचने को मजबूर हो

जाते। जिन बैसाखियों के सहारे वह परिवार की छत को रोके हुए थे, वह टूटने लगी थी। उन्हें लगने लगा था कि उनका विद्यार्थी रामनाथ उन पर खी-खी करता हुआ वाक्वाण छोड़ने लगा है, जिंदगी तो पकड़ में आती नहीं प्रोफेस्साब और उसे अपने फलसफों में बाँधते फिरते हैं। 'संतुलन' और 'गोल्डन मीन' और जाने क्या-क्या।[238] संभवतः इसीलिए वह स्वयं में लज्जित महसूस करने लगे थे। उन्हें भी मनोबल मजबूत करने की जरूरत पड़ने लगी थी। कुंतो की याद ने उन्हें विचलित कर दिया था। अपने को निपट अकेला, भटका हुआ और निःसहाय महसूस करने लगे थे। कुछ क्षणों के लिए सही, मानसिक शांति के लिए एक सहारे की आवश्यकता हुई थी। और वह सहारा उन्हें एक महिला का दिखा था जो उनके दोस्त की पत्नी थी। जो व्यंग्यवाण नहीं, संवेदना के दो शब्द बोलकर उन्हें इस बेचैनी से मुक्त कर देगी।

जयदेव : जयदेव कुंतो उपन्यास का नायक है। जयदेव कुंतो का पति, सुषमा का प्रेमी और प्रोफेस्साब का प्रिय शिष्य है। जयदेव एक व्यवसायी पिता का पुत्र था। दो भाई और एक बहन के बीच उसका क्रम बहन के बाद दूसरा था। प्रोफेस्साब अंग्रेजी के प्राध्यापक थे। जयदेव अंग्रेजी विषय में एम.ए. का छात्र था। प्रोफेस्साब के व्यक्तित्व से बहुत प्रभावित था। परन्तु उसका स्वभाव प्रोफेस्साब से बिल्कुल विपरीत था। उसे चमक-दमक की दुनिया बहुत पंसद थी। जयदेव को शुरू-शुरू में अंग्रेजी कविता लिखने का बड़ा शौक था। प्रोफेस्साब अक्सर उसकी कविता को सुधार कर कालेज की पत्रिका में छाप देते। जयदेव की पढ़ाई पूरी होने चली तो प्रोफेस्साब ने एक दिन उससे अन्य प्रश्नों की तरह पूछा—"तुमने शादी के बारे में क्या सोचा है? कोई लड़की चुनी है ? तुम्हारे घर में कोई बात चली है ?"[239] "नहीं, प्रोफेस्साब, अभी कहाँ, मैंने तो कुछ भी नहीं सोचा है।"[240]

जयदेव जितना उच्छृंखल था, उतना ही शीशे की तरह साफ दिल का था। वह कभी कोई बात छिपाता नहीं था। जयदेव बातों-बातों में प्रोफेस्साब से अपने मन की बात कह देता है। "मेरी मौसी की बेटी मुझे अच्छी लगती है, और तो मैं किसी को नहीं जानता। बचपन में हम लोग एक साथ खेला करते थे, तभी से वह मुझे अच्छी लगती है।"[241] जयदेव अपनी मौसेरी बहन सुषमा के साथ बचपन से एक साथ खेल-कूद कर बड़ा हुआ था। इसलिए दोनों के बीच स्वाभाविक रूप से प्रेम पनपता रहता है।

प्रोफेस्साब जयदेव के सामने अपनी छोटी बहन कुंतो की शादी का प्रस्ताव रखते हैं, जिसे जयदेव मना नहीं कर पाता। यद्यपि प्रोफेस्साब इस बात को भलीभाँति जानते हैं कि जयदेव का संबंध सुषमा से है। फिर भी जयदेव को जब हिंदू समाज के बारे में समझाते हैं कि हिंदू समाज में मामा और मौसी की बेटी से ब्याह नहीं होता, जयदेव के मन में एक असमंजस की स्थिति पैदा हो जाती है, फिर भी वह सुषमा को अपनी ओर लगातार आकृष्ट करने के लिए बराबर प्रयासरत रहता है। यहाँ तक कि पिकनिक में सुषमा को ले जाता है तो उसके साथ ही पूरा समय बिताने की कोशिश करता है। यद्यपि सुषमा का ऐसा कोई झुकाव नहीं दिखाई पड़ता कि वह जयदेव को एक प्रेमी के रूप में स्थान देती है। इसका प्रत्यक्ष उदाहरण उस समय सामने आता है, जब जयदेव पिकनिक के दौरान अपने दोस्तों के बीच

एक नाले को पार करने के लिए बेहद संघर्ष करता है। लेकिन जैसे ही नाला पार करता है—तपाक से सुषमा से बोलता है—"तू यहाँ खड़ी थी तो मुझसे हो गया। सच ! तू यहाँ पर खड़ी नहीं होती तो मैं कुछ नहीं कर पाता।"[241] जिस पर सुषमा ने एक अनमनी सी प्रतिक्रिया व्यक्त की। "मेरे होने न होने से क्या फर्क पड़ता है। आपने तो कमाल कर दिया है।"[242]

जयदेव इस सबके बावजूद सुषमा पर अपना एकाधिकार समझता था। अगर सुषमा किसी परिचितवाले से भी बात कर ले तो वह भड़क उठता था। यहाँ तक वह सुषमा पर अपना एकाधिकार समझता था कि जब जयदेव सुषमा को अपने घर इसलिए लिवा लाता है कि सुषमा को पढ़ाकर बी.ए. में अच्छे अंकों से उत्तीर्ण कराएगा। क्योंकि वह सुषमा के प्रति अपने को जबावदेह समझने लगा था। तभी उसकी माँ को शंका हुई। शंका इतनी पुख्ता थी कि माँ ने बेटे से पूछ ही लिया। "अगर तेरा सुषमा के साथ उन्स हो गया है, और तू उसके साथ ब्याह करना चाहता है तो बता दे। सारी दुनिया एक तरफ, और मेरे बेटे की खुशी एक तरफ, मैं जैसे भी होगा तेरा साथ दूँगी।"[244] परंतु जयदेव माँ की कसम खाकर साफ शब्दों में मना कर देता है। माँ अंदर तक हिल जाती है। लेकिन वह एक तरफ सुषमा की शादी की बात तेज कर देती है वहीं दूसरी तरफ जयदेव की सगाई करने के लिए अभियान को और गति दे देती है। जयदेव, सुषमा की शादी की बात सुनकर सारी सीमाएँ भूल जाता है। यहाँ तक जिस दिन सुषमा की सगाई होनी थी, उसी दिन जयदेव स्वयं सुषमा के होनेवाले ससुराल में जाकर कह आया कि यह सगाई नहीं हो सकती। लाला गोविन्दराय ने कहला भेजा है। यहाँ तक कि इस षड्यंत्र में वह, अपने छोटे भाई सहदेव और बहन विद्या तक को शामिल कर लिया था। जयदेव एक ऐसा पात्र था जिसे स्वयं में यह नहीं मालूम था कि जिस नाटक को वह अभिनीत कर रहा है, उसका अंत क्या होगा ?

इधर जयदेव की सगाई कुंतों से कर दी जाती है। सगाई के बाद प्रोफेस्साब उसे कुंतो के करीब जाने की पूरी छूट देते हैं, ताकि दोनों एक-दूसरे को भलीभाँति समझ सकें। वैसे भी सुषमा की सगाई टूटने के बाद जयदेव सबकी निगाहों में चढ़ गया था और जब कुंतो के सम्पर्क में आया तो दोनों एक बार पुनः सारी सीमाओं को तोड़ते हुए उच्छृंखल हो उठे। परंतु जल्द ही दोनों को विवाह सूत्र में बाँध दिया गया। जयदेव शादी के बाद कुंतो से पूरी तरह जुड़ गया था और वह कई बार प्रोफेस्साब को धन्यवाद दे चुका था कि उन्होंने मुझे इस काबिल तो समझा जो तुम्हें मेरे साथ ब्याह दिया। विवाह के बाद इसका रहस्य खोलते हुए जयदेव सहदेव से कह रहा था—"सेक्स से बड़ी शांति मिलती है। अंदर की सारी छटपटाहट शांत हो जाती है। मुझे मालूम नहीं था इससे इतना सुकून मिलता है।"[245] जयदेव शादी के बाद जैसे सारे रहस्य खोल देना चाहता है। "प्रकृति ? सूर्यास्त ? सूर्योदय ? तारों-भरा आकाश? ठाठें मारता समुद्र ? दुनिया में क्या सबसे सुंदर है ? सबसे सुंदर स्त्री ही है। संसार में स्त्री नहीं हो तो संसार कितना सूना-सूना लगेगा, उसके सब रंग कितने फीके-फीके लगेंगे। क्यों ? क्या मैंने गलत कहा है ?"[246]

ऐसा लगने लगा था जैसे जयदेव के जीवन में ठहराव आ गया हो। परंतु यह

भ्रम था, कुंतो का ज्वार जैसे ही उसके शरीर से उतरा वह मसूरी जाने के पहले एक बार पुनः प्रोफेस्साब के पास जा पहुँचा। "मैं सुषमा को भुला नहीं पाया हूँ, प्रोफेस्साब! वह मुझे बहुत याद आती है।"[247] प्रोफेस्साब बड़ी सहजता से जयदेव को समझाने में सफल हो गए थे। उन्होंने सुषमा की शादी का भार, जयदेव के ऊपर ही डाल दिया था। जयदेव ने इस बात को बड़ी जिम्मेदारी से महसूस किया था कि सुषमा की शादी का भार मेरे ही ऊपर था और सुषमा ने भी कहा था कि–"मुझे नहीं मालूम, जैसा आप ठीक समझें।"[248] जयेदव ने सुषमा की बात सुनकर महसूस किया कि सुषमा आज भी मेरे प्रति पूरी तरह से समर्पित है। जयदेव सुषमा को देहरादून ले ही इसलिए गया था कि उसे अपने रिश्ते के भाई गिरीश से मिलवाया जा सके। गिरीश से सुषमा को मिलाने के बाद उसे बड़ी राहत महसूस हुई। गिरीश ने भी सुषमा से शादी की हाँ भर दी थी। परंतु सुषमा को पराया होते देख जयदेव अपने-आपको न रोक सका और उसे पूरी तरह से अपने आलिंगन में भर लिया। कुंतो के लिए यह दृश्य असहनीय बन गया, लेकिन जयदेव की नाटकीय प्रवृत्ति ने इस घटना को एक बार पुनः नया मोड़ दे दिया। कुंतो ने भी इस घटना को भूल जाना ही उचित समझा।

सुषमा की शादी के बाद जयदेव कुंतो में रम गया। लेकिन ऐसा बहुत कम समय के लिए होता है। जब सुषमा और गिरीश के बीच दूरियाँ बढ़नी शुरू हो गईं और गिरीश, सुषमा का अपमान करने लगता है, तो एक बार जयदेव पुनः सुषमा के पास जाता है। परंतु सुषमा का व्यवहार इतना रूठा होता है कि जयदेव को स्वयं लगने लगता है कि वह सुषमा के लिए अब पराया हो गया है। यह सुषमा से उसकी अंतिम मुलाकात होती है। फिर वह सुषमा को नहीं भुला पाता और यहाँ तक वह कुंतो से भी स्पष्ट कह देता है कि वह सुषमा के बिना नहीं रह सकता। कुंतो उसे समझाने की कोशिश करती, फिर भी उसका मन सुषमा की तरफ से न हटता। यद्यपि वह कुंतो के साथ कोई अभद्र व्यवहार भी न करता और उसे जो पति की ओर से मिलना चाहिए बराबर उपलब्ध कराता, लेकिन खुद को संयमित न कर पाता। बड़े आश्चर्य की बात तो यह थी कि उसने सुषमा से यह कभी नहीं कहा कि मैं तुम्हारे बिना नहीं रह सकता। जयदेव को प्रोफेस्साब भी बहुत समझाने की चेष्टा करते, लेकिन सभी कुछ व्यर्थ था।

सुषमा अपने पति से तंग आकर शांतिनिकेतन चली जाती है। जयदेव कुंतो को लेकर बम्बई चला आता है। जयदेव और कुंतो दोनों बम्बई आकर बहुत संघर्ष करके थियेटर में काम करने लगते हैं। तब कुंतो उससे कहती है कि तू सुषमा को लिवा ला। मैं उसे अपने पास रख लूँगी। जयदेव सुषमा को कई पत्र देता है, लेकिन एक का भी जवाब नहीं आता। जयदेव अंदर ही अंदर घुटता रहता है। वह न पूरी तरह से कुंतो का ही हो पाता है, और न सुषमा को अपना बना पाता। परिणाम यह होता है कि एक दिन कुंतो अपने दोनों बच्चों का भार जयदेव के कंधों पर डालकर चल बसती है। जयदेव इस बार नितांत अकेला हो जाता है। तब भी माँ उससे कहती है–"देख बच्चा तू सुषमा के साथ ब्याह करना चाहता है तो बेशक उसे बुला ले। मैं उसे छाती से लगाकर रखूँगी। मुझे सब मंजूर है। मुझे तुम्हारी खुशी चाहिए।"[249]

परंतु जयदेव में इतना साहस नहीं रहता कि वह सुषमा के पास जाकर उससे अपने दिल की बात कह दे। अंततः एक अकेले जयदेव की गलती से तीन-तीन लोगों की जिंदगी बर्बाद हो चली और जयदेव भी खाली हाथ मलता रहा गया।

गिरीश : गिरीश, जयदेव के रिश्ते का भाई है। एक युवा कवि है। जिसकी चर्चा आए दिन लोगों के बीच होती रहती है। गिरीश इसलिए कुंतो का महत्त्वपूर्ण पात्र बन गया है कि उसने भी वही गलती की, जो जयदेव ने की। जिसका परिणाम न तो गिरीश के लिए अच्छा रहा और न सुषमा के लिए।

गिरीश को जयदेव सुषमा से मिलाने के लिए मसूरी बुलाता है। ऊँचा-लंबा, मितभाषी गिरीश, कुछ भी कहने से पहले देर तक दूसरे आदमी के चेहरे की ओर देखता रहता था, इस ढंग से मानो दूसरे आदमी की नासमझी पर व्यंग्य कर रहा हो। उसकी मुस्कान ही अक्सर उसका उत्तर हुआ करती थी। सुषमा, गिरीश के व्यक्तित्व से बहुत प्रभावित हुई थी। उसे इस बात का गर्व हो रहा था कि हमारे बीच एक बड़ा लेखक बैठा है। कुंतो उसकी खामोशी पर चुटकी लेती। ''गिरीश भई, क्या तुम अपने घर में भी इसी तरह गुपचुप बने रहते हो ? तब हमारी गुजर कैसे होगी ?'' जयदेव कहता है, ''तुमने बहुत किताबें पढ़ रखी हैं कि तुम बहुत बड़े विद्वान् हो, बुद्धिजीवी हो। अब हमने तो कुछ नहीं पढ़ा, हम क्या करेंगे।''[250]

सुषमा का ब्याह गिरीश के साथ हो जाता है। सुषमा जब गिरीश के घर आई तो उसे लगा यह घर सूना-सूना है। उसने मन ही मन सोचा कि वह गिरीश और इस घर के सूनेपन को भर देगी। गिरीश उसके हर काम में हाथ बँटाता। ''आज आप हमारी अतिथि हैं। कुल गृहिणी होंगी।''[251] परंतु गिरीश इतना दूर-दूर रहता कि सुषमा अपने-आपको अभी भी पराया ही समझती। गिरीश अपनी पाण्डुलिपि कभी भी सुषमा को न दिखाता। एक बार सुषमा ने पढ़ लिया तो गिरीश ने उस पाण्डुलिपि को फाड़ डाला। कभी-कभी गिरीश का व्यवहार ऐसा अमानुषिक तरीके का होता कि सुषमा सिहर उठती। लेकिन गिरीश का व्यवहार यहीं तक होता तो कोई बात न थी, परंतु जब गिरीश हर शनिवार को मीरपुर अपनी शादीशुदा मौसेरी बहन के पास जाने लगा तो परिवार में नई स्थिति पैदा हो गई। गिरीश के संबंध उसके मौसेरी बहन से थे, जिसकी वजह से वह सुषमा की भरपूर उपेक्षा करने लगा। एक दिन अचानक गिरीश सुषमा के सिरहाने एक कागज का टुकड़ा, जिस पर लिखा था—''हम एक-दूसरे के लिए नहीं बने हैं। इस विवाह को घसीटना भूल होगी।''[252] और गिरीश का यह वाक्य सुषमा की जिंदगी में तूफान ला देता है। गिरीश मीरपुर जाने में कतई समझौता नहीं करता। सुषमा विरोध करती है। अंत यह होता है कि गिरीश का गलत समझौता उसकी जिंदगी को तोड़ देता है। सुषमा निराश होकर एक दिन शांतिनिकेतन चली जाती है। गिरीश का छद्मरूप उजागर हो जाता है। एक पढ़ा-लिखा और उच्चकोटि का प्रसिद्ध लेखक जो बुद्धिजीवी कहलाता है, उतना ही घटिया इंसान भी हो सकता है, इसकी कल्पना भी सुषमा को नहीं थी। आखिर गिरीश भी उन्हीं पदचिन्हों पर चलता दिखाई देता है, जिस पर जयदेव ने चलने की कोशिश की थी।

डॉ. धनराज : धनराज प्रोफेस्साब का छोटा भाई और थुलथुल का पति था। धनराज शादी के एक-दो साल बाद सिंगापुर डॉक्टरी पढ़ने गया था। जब सात साल

बाद वह सिंगापुर से लौटकर आया तो उसका नगर में और घर में बड़ा स्वागत हुआ। प्रोफेस्साब, उसके दोस्त और भाभियों के अलावा थुलथुल भी बेहद खुश और निढाल थी। धनराज को भी लगा कि अभी तक न नगर बदला और न घर। आज भी सब वैसा ही चल रहा है। सिंगापुर से वह सभी के लिए ढेर सारे उपहार लेकर आया था। लेकिन थुलथुल जितना खुश थी, उससे ज्यादा उसे चिट्ठी न देने की शिकायत थी। "तुम्हें खत क्या लिखता। अंग्रेजी तुम नहीं ज़ानतीं, और हिंदी मैं नहीं जानता।"[253] धनराज थुलथुल की मदद से अपने कमरे को सुव्यवस्थित करता है। जो सामान जिस जगह लगना चाहिए उस जगह विदेशी शैली में जमाता है। साथ ही सिंगापुर में डॉक्टरी अध्ययन के दौरान बनी दोस्त मोना उर्फ डाकी डार्लिंग की फ्रेम में सजी तस्वीर गोल तिपाई पर रख देता है। जिस तस्वीर को लेकर थुलथुल ने उससे कई प्रश्न किए थे और धनराज ने अपने उत्तर से उसे संतुष्ट कर दिया था कि मोना सिर्फ उसकी दोस्त है, जिसकी बहुत जल्द शादी होनेवाली है।

धनराज कुछ दिनों तक बहुत खुश रहा। सभी से मिलता रहा। लेकिन उसके बाद उसके चरित्र की कलई खुलने लगी। अपना कमरा सदैव बन्द रखता। कोई आना चाहता तो पहले इजाजत ले। उसने अपने कमरे में फर्श पर भूरे रंग का एक ड्रगेह बिछवा दिया था और जब बाहर निकलता तो ड्रेसिंग गाउन पहनकर। थुलथुल से भी उसका मोहभंग हो चुका था और बहुत जल्दी मोना को लेकर उसने घर में तूफान खड़ा कर दिया था। मोना की चिट्ठियाँ आनी शुरू हो गई थीं। धनराज सिंगापुर लौट जाना चाहता था। थुलथुल की इतनी उपेक्षा शुरू कर दी थी कि आए दिन घर में विवाद मुँहबाए खड़ा रहता। प्रोफेस्साब धनराज और थुलथुल दोनों को समझाते। "तुम मेरे भाई हो, मेरे जिगर के टुकड़े हो, मैं तुम्हें दुखी नहीं देख सकता। पर वह मेरी भी भावज है। मैं उसे भी दुखी नहीं देख सकता...मैं अपनी इच्छाओं को दबाने में विश्वास नहीं रखता, पर मैं अपनी जिंदगी की लगाम इच्छाओं के हाथ में सौंप भी नहीं सकता।"[254] धनराज और थुलथुल के बीच संघर्ष चलता रहता। परंतु प्रोफेस्साब संतुलन की स्थिति कायम रखते। लेकिन धनराज मोना के लिए इतना बेचैन रहने लगा कि रात-दिन शराब के नशे में धुत रहने लगा और जब भी मोना का गुलाबी लिफाफा पहुँचता धनराज बेचैन हो उठता। अंततः प्रोफेस्साब ने अपने एक दोस्त के माध्यम से मोना को धनराज की असलियत का पर्दाफाश कर ही दिया। मोना को जब यह पता चला कि धनराज शादीशुदा है, तो उसने अपने संबंधों के बीच कैंची चला दी। तब से पत्र आने बन्द हो गए और तभी धनराज और विक्षिप्त सा रहने लगा। प्रोफेस्साब ने यह सोचकर अपने दोस्त की बेटी कोकिला से उसकी मुलाकात करवा दी शायद धनराज का ध्यान इधर हो जाए और सिंगापुर लौटने की बात दिमाग से निकल जाए। हुआ भी वही।

धनराज का झुकाव जैसे ही कोकिला की ओर हुआ, वह मोना को भूलने लगा। जब वह नशे में चूर होता तो विरह गीत गाता। फिर चीख-चीख कर कहता। "तुम्हें जरूर डाकी डार्लिंग ने भेजा है, मेरे पास भेजा है। मेरे जख्मों पर मरहम लगाने के लिए भेजा है।...मैं भी कैसा उल्लू का पट्ठा हूँ, तुम गा-गाकर मुझे बुला रही हो और मैं सुन ही नहीं रहा हूँ। मोना ने तुमसे कहा है जाओ, धन्ने के पास जाओ। वह

बहुत दुखी है।"[255] धनराज की जिंदगी में कोकिला जब से आई, उसके जीवन में स्थिरता आनी शुरू हो गई थी, परंतु थुलथुल को धनराज से क्या मिला ? थुलथुल एक दिन आग की आगोश में जा समाई और सदैव के लिए धनराज का रास्ता साफ कर दिया।

धनराज एक ऐसा चरित्र हमारे बीच बनकर उभरता है, जिसका पूरी तरह से पश्चिमीकरण हो चुका था। उसने अपना संस्कार छोड़ने की असफल कोशिश की, परंतु जिस वातावरण को अपनी निजी जिंदगी और परिवार में उतारना चाहता है, शायद भारतीय पारंपरिक मूल्यों में उसका कोई स्थान नहीं है। कोकिला के साथ तो स्वीकार किया जा सकता है, लेकिन मोना के साथ नहीं, शायद लेखक का भी यही मत है।

हीरालाल—सहदेव : हीरालाल एक गरीब व्यक्ति है, जो मनादी करके अपनी जीविका चलाता है। सहदेव हीरालाल का सहयोगी और जयदेव का भाई है। हीरालाल क्रांतिकारी है। अंग्रेजों के खिलाफ जंग छेड़ता है, जिसकी वजह से उसका परिवार दाने-दाने के लिए मोहताज रहता है। हीरालाल देश की आजादी के लिए न तो अपनी माँ का खयाल करता और न पत्नी जानकी का। जब वह पुलिस के हाथ में फँसता तो बेरहमी से पीटा जाता। पिछले डेढ़ साल से वह जेल में था, लेकिन उस पर मुकदमा नहीं चलाया गया। उसके सहयोगी साथी पुलिस की निगाहों से बचकर बीच-बीच में माँ और पत्नी की सहायता करते रहते। हीरालाल कम्युनिस्ट था और हीरालाल के व्यक्तित्व के संदर्भ में सहदेव का यह कथन बहुत उपयुक्त बन पड़ा है। "इस आदमी का तो निर्वाह ही मनादी पर है भइया। जलसों की मनादी करता है, फिर थोड़ी कमाई के लिए शहर के किसी दूकानदार के लिए मनादी कर दी। हर मनादी पर इसे अठन्नी, रुपया, दो रुपये, ऐसा ही कुछ मिल जाता है। पर फिर भी भैया इसका चेहरा सारा वक्त खिला रहता है, सारा वक्त हँसता और दूसरों को हँसाता रहता है।"[256] हीरालाल सिर्फ मनादी नहीं करता था, बल्कि सभाओं की शुरुआत उसी के संबोधन से होती है। "साहिबान मेहरबानो, यह स्वायत्त शासन क्या है ? मेहरबान यह समझो कि ब्रिटिश सरकार हमसे कहती है कि मैं तुम्हें बेटा तो दूँगी पर मूत्री बगैर। अब तुम्हीं फैसला कर लो कि ऐसा बेटा तुम्हें चाहिए या नहीं।"[257]

हीरालाल देश को आजाद कराने में तो अवश्य सफल होता है। परंतु उसके लिए कितनी बड़ी कुर्बानी उसे देनी पड़ती है कि सहसा हर एक के बूते की बात नहीं होती। भूख और प्यास की वजह से उसकी माँ दम तोड़ देती है और उसकी पत्नी जानकी का पुलिस द्वारा अपहरण हो जाता है, जिसे बाद में कोठे पर बैठा दिया जाता है। जब अपना देश आजाद होता है, तब सबसे पहली पंक्ति में खड़ा हीरालाल शरणार्थियों के लिए पण्डाल गाड़ रहा होता है। जब उसका साथी सहदेव मिलता है तो फफक-फफक कर रो उठता है।—"पर भइया, यह मत समझो कि मैंने अपनी जानकी को बिसरा दिया है। मैं रोज शाम को शहर के हर चकले के चक्कर काटता हूँ, उसे खोजता रहता हूँ। किसी न किसी दिन मैं उसे ढूँढ़ निकालूँगा। किसी चौबारे में, किसी खिड़की के पीछे मिस्सी सुर्खी लगाए बैठी होगी और मैं जाकर उसके पाँव पकड़ लूँगा। उसके पैरों पर अपना सिर रख दूँगा।"

हीरालाल सचमुच देश का वीर सपूत था। सहदेव ने जो सहयोग साथी हीरालाल

को दिया है, वह किसी मायने में किसी क्रांतिकारी से कम नहीं है। हर युवा शादी के बाद अपनी पत्नी के पास रहता है, परंतु देश की आजादी के दीवानों में शामिल सहदेव शादी के तुरंत बाद घर छोड़कर अपने साथियों के बीच जा पहुँचता है और वहीं से अपनी नव-विवाहिता पत्नी को देश की हालात की सूचना चिट्ठी में भेजता रहता है। जहाँ उसका भाई नारी प्रेम के त्रिकोणीय संघर्ष में जूझ रहा था, वहीं सहदेव देश की आजादी के लिए खुद को मिटाने के लिए अपने साथियों के साथ स्वतंत्रता के सपने बुन रहा था।

2. स्त्री-पात्र

कुंतो उपन्यास में मुख्यतः जिन नारी चरित्रों की सृष्टि हुई है, वे निम्नानुसार हैं :

1. कुंतो, 2. सुषमा, 3. विद्या, 4. जयदेव की माँ 5. सुषमा की माँ, 6. गिरीश की मौसेरी बहन क्रांतिकारी हीरालाल की पत्नी जानकी और माँ आदि।

कुंतो : कुंतो, कुंतो उपन्यास की नायिका और उपन्यास की केंद्रबिंदु में स्थित ऐसी पात्र है, जिसके इर्द-गिर्द कहानी घूमती है। कुंतो प्रोफेस्साब की सबसे छोटी बहन (पाँच भाई और दो बहनों के बीच) है। घर की सबसे ज्यादा लाड़ली है, खासकर प्रोफेस्साब की। उसे अपने पाँचों भाइयों और बड़ी बहन का प्यार जरूरत से ज्यादा मिलता है। माता-पिता चूँकि बचपन में ही गुजर गए थे, इसलिए प्रोफेसर भाई उसकी पढ़ाई-लिखाई और उसकी शादी-ब्याह के प्रति मन ही मन चिंतित रहते। कुंतो दसवीं की छात्रा थी। पूरे दिन घर में अपनी भाभियों और भतीजी और भतीजों के बीच चहकती रहती। चाट खाने की शौकीन इतनी थी कि रोज स्कूल की दीवार फाँदकर दूकान तक जाती। आए दिन इस बात की शिकायत प्रोफेसर साहब के पास आती, लेकिन कुंतो इस शिकायत को हँसी में उड़ा देती।

प्रोफेस्साब का एक प्रिय विद्यार्थी था—जयदेव। जयदेव पढ़ने-लिखने में जितना होशियार था, उतना ही दिल का साफ भी था। शायद इसीलिए जयदेव प्रोफेस्साब का बहुत चहेता था और वह कुंतो को उसके साथ ब्याह देने का सपना भी देख रहे थे। और एक दिन उन्होंने जब कुंतो के ब्याह का प्रस्ताव रखा तो जयदेव को सहसा विश्वास नहीं हुआ। ''प्रोफेस्साब, आप अपनी बहिन हमारे घर देना चाहेंगे ? हम लोग तो बड़े दकियानूस हैं।''[258] प्रोफेस्साब बड़े खुले इंसान थे। जहाँ एक तरफ उन्होंने विचार से जयदेव को अवगत कराया, वहीं कुंतो की बड़ी तारीफ की। ''पर मैं समझाता हूँ तुम दोनों की जोड़ी अच्छी बनेगी। तुम एक-दूसरे के पूरक बनोगे—मैं ऐसा समझता हूँ।''[259] लेकिन जयदेव का झुकाव तो अपनी मौसेरी बहन सुषमा के प्रति था। उसने इस रहस्य को प्रोफेस्साब पर खोल दिया। प्रोफेस्साब इस स्पष्टवादिता से बहुत खुश हुए और उन्होंने जयदेव को समझाया कि हमारे हिंदू समाज में मौसेरी बहनों से शादी नहीं हुआ करती। बचपन का प्यार शादी में परिणित नहीं हो सकता। यही बात जयदेव को आसमान से उतार कर जमीन पर ला दी थी और कुंतो से जयदेव की पहली मुलाकात प्रोफेस्साब के घर पर ही हुई थी। कुंतो ने जयदेव के लिए हाँ कर दी थी। सिलसिला शुरू हुआ था और कुछ दिनों बाद कुंतो ब्याहकर जयदेव के घर चली आई थी। कुंतो जयदेव को बली कहती थी। अपने बली पर कुंतो पूरी तरह से न्यौछावर

हो गई थी। जयदेव उसके अंतरबाह्य दोनों जगत् में पूरी से समा गया था। जब उसकी फुफेरी बहन तृप्ति ने उसे आगोश में लेते हुए कहा कि–"तू तो यहाँ किसी को भी नहीं जानती, विद्या बहिन जी को जानती है। पर उन्हें तो आज चले जाना था। इसीलिए मैं तेरे पास भागती हुई चली आई। मैंने सोचा, न गई तो वह खाट पर बैठी बिसूर रही होगी।"[260] इस पर कुंतो ने तीव्र प्रतिक्रिया व्यक्त की। "मैं क्यों रोऊँगी। यह घर तो उसी का है ना, और घर के लोग भी तो उसी के नाती-संबंधी हैं ना। उसी का घर तो अब मेरा घर है ना।"[261] कुंतो के इस संवाद से स्पष्ट हो जाता है कि वह जयदेव के प्रति कहाँ तक समर्पित है।

कुंतो बड़ी बेफिक्र लड़की थी। किसी से पर्दा नहीं करती थी। इस बात की आलोचना भी होती तो कुंतो हँसकर टाल देती। जिस दिन हनीमून मनाने जयदेव कुंतो को लेकर मूसरी जा रहा था, उस वक्त कुंतो मन ही मन सोच रही थी कि "इसके साथ जिंदगी पिकनिक जैसी चल रही है।" उसे बड़ा मजा आ रहा था। उसने एक बार जयदेव से पूछा था कि तुमने सुषमा की सगाई क्यों रुकवा दी थी। जयदेव को परेशान देखकर उसने विषय बदल दिया था। लेकिन मसूरी जाते समय अचानक सुषमा को गाड़ी में चढ़ते देख उसे बड़ा आश्चर्य हुआ। लेकिन अचानक उसका हाथ पकड़कर अपनी ओर खींचते हुए बोली–"तू कैसे पहुँच गई। हाय, कितना अच्छा किया। पर किसी ने मुझे बताया ही नहीं। तू भी मसूरी चलेगी हमारे साथ।"[262] मैं तुम्हें सरप्राइज देना चाहता था।[263] जयदेव झट से बोल उठा।

सुषमा का आना कुंतो को अच्छा लगा। उसे चहकने के लिए जितने मिलते उतने कम थे। सुषमा दूसरे कमरे में रुकी थी और कुंतो अपने पति के साथ दूसरे कमरे में। कुंतो, सुषमा और जयदेव के साथ पूरे दिन घूमती। और दोनों हाथों से गरीब बच्चों पर पैसे लुटाती। अगर जयदेव कहता कि–"तुम छोटे-छोटे गरीब बच्चों को भिखारी बना रही हो।"[264] तो कुंतो तपाक से बोल उठती–"मैं मनौती मना रही हूँ बली।"[265]

सब कुछ ठीक ही चल रहा था कि अचानक उस रात जब ठंड की वजह से कुंतो लान पर से पहले ही अपने कमरे में आकर जयदेव का इंतजार कर रही थी कि अचानक कुंतो की नजर खिड़की के काँच के उस पार पड़ी। बरामदे में झुटपुटा था, पर बरामदे के बाहर चाँदनी खिली थी। आलिंगनबद्ध जोड़े में युवक बड़े आग्रह से लड़की को चूम रहा था, कभी उसके बाल चूमता, कभी उसे बाहुपाश में बाँध लेता। तभी उसकी आँखों के सामने का धुँधलका कुछ साफ हुआ और कुंतो बुरी तरह से चौंक गई, यह तो जयदेव और सुषमा हैं। कुंतो के घर में जयदेव और सुषमा को लेकर जो चर्चाएँ कभी गर्म थीं, आज सारी कहानी साफ और स्पष्ट हो गई थी। कुंतो ने अपना विरोध जयदेव की बातों की अवहेलना से शुरू किया। उसने जयदेव का अपमान उसके दोस्त के सामने उस समय किया, जब वह लॉज में अपने दोस्त को डिनर पार्टी दे रहा था। स्थिति को बिगड़ती देख जयदेव ने उससे पूछना चाहा तो कुंतो बुरी तरह से बिफर उठी और पिछली रात का सारा दृश्य उसके समक्ष प्रस्तुत कर दिया। जयदेव उस बात को स्वीकार कर लेता है। लेकिन सचाई यह होती है कि सुषमा को देहरादून लाने का एक खास उद्देश्य था। सुषमा की शादी की जिम्मेदारी

प्रोफेस्साब ने जयदेव के कंधों पर डाल दी थी। जयदेव ने अपने रिश्ते के भाई गिरीश को भी देहरादून बुलाया था, सुषमा से मिलाने के लिए। यह राज जयदेव के अलावा किसी और को पता नहीं था। जब गिरीश आ गया और उसने सुषमा को पंसद कर लिया तो जयदेव को लगा कि सुषमा अब पराई हो जाएगी और उसने उसे अपनी बाँहों में भर लिया। कुंतो को जब यह राज मालूम चला तो वह अपने कृत्य पर बहुत शर्मिन्दा हुई और फिर उनके साथ उसी तरह हँसने बतियाने लगी। मन ही मन सोचने भी लगी चलो अच्छा हुआ, जो सुषमा शादी के बंधन में बँधने जा रही है। लेकिन वह पतली-सी रेखा जो झूठ और सच को एक-दूसरे से अलग करती है, वास्तव में अभी भी बनी हुई थी।

सुषमा की शादी तो हो गई, परंतु सुषमा जयदेव के दिलो-दिमाग से नहीं निकली। शायद कुंतो के लिए यह सबसे बड़ा सदमा था। कुंतो दिन-रात घुटने लगी। लेकिन जयदेव के प्रति जहाँ उसका इतना झुकाव था कि उसके बिना एक पल भी नही रह सकती थी। जयदेव जहाँ जाता छाया की तरह कुंतो भी उसके साथ लगी रहती। कुंतो अपने बच्चे पर भी ध्यान न दे पाती और खुद के स्वास्थ्य को भी। जब उसकी सास ने पूछा—''तू तो कैसी पीली पड़ गई है, कुंतो।''—उसने हँसकर जवाब दिया—''पीली कहाँ पड़ गई हूँ माँ जी। अब आपके पास आई हूँ, दूध-मक्खन खाऊँगी, फिर से कुप्पा हो जाऊँगी।''[266] लेकिन जब सहेली उसे उत्प्रेरित करती है कि तुम जयदेव का विरोध तो करो, कुंतो स्पष्ट शब्दों में कहती है—''बली ने मुझसे कह दिया है कि मैं सुषमा के बिना नहीं रह सकता। वह मन ही मन छटपटाता रहता है। मैंने उससे कह दिया है कि सुषमा को ले आए, मैं उसे अपने पास रख लूँगी और अगर कहोगे तो मैं कहीं चली जाऊँगी।''[267] लेकिन उसके बावजूद कुंतो अपने पति को दोषी नहीं मानती बल्कि अपनी सहेली को उसकी तरफ से सफाई देती है। ''बली ने कोई गलती नहीं की। बली ने मुझसे कुछ छिपाया नहीं। उसका दिल शीशे की तरह साफ है।''[268] ''फिर उसे नजदीक कैसे न आने दूँ। वह दिन भर न जाने कहाँ-कहाँ भटकता रहता है, शाम को थककर लौटता है। मैं उसे कैसे मना कर दूँ।''[269]

कुंतो जयदेव से कितना प्यार करती है, उपर्युक्त पंक्तियों से स्पष्ट है। जयदेव कुंतो को लेकर बम्बई चला जाता है। कुंतो तब दो बच्चों की माँ बन चुकी होती है। बंबई में बहुत ही संघर्ष के दिन होते हैं। जयदेव को नौकरी के लिए परेशान देखकर कुंतो स्वयं एक थियेटर में नौकरी कर लेती है। स्वयं की नौकरी, घर का काम और फिर जयदेव को सहगान मंडली में मदद करना कुंतो की आम दिनचर्या बन गई थी। पूरे दिन इतना थक जाती कि उसे न तो अपना ध्यान रहता और न ही बच्चों का। हाँ जयदेव को किसी भी प्रकार की कोई तकलीफ नहीं होनी चाहिए। रात-दिन काम करते-करते उसके शरीर में खून की कमी होती गई। यह सिलसिला चल ही रहा था कि एक दिन कुंतो यह सारा कार्य-व्यापार छोड़कर स्वयं इस दुनिया से कूच कर गई। लेकिन अपने जीते जी उसने जयदेव से न कभी अपना अधिकार माँगा और न जयदेव को उसके हाल में कभी छोड़ा। एक भारतीय नारी के आदर्शों को जीती कुंतो वे सारे नियम-धर्मों का निर्वाह करती रही, जो एक नारी जगत् के लिए सर्वमान्य होते हैं। एक मूक जीवन संगिनी की तरह जयदेव के संघर्ष में सहभागी

बनकर कुंतो एक आदर्श स्थापित करके चली गई। उसका चरित्र भारतीय नारी का जीवंत रूप है।

सुषमा : सुषमा, कुंतो उपन्यास की सहनायिका है, परंतु किसी भी मामले में कुंतो से उन्नीस नहीं है। कुंतो उपन्यास की विशेषता ही यही है कि सुषमा पाठक की उत्सुकता को बराबर बनाए रहने में सफल चरित्र है। सुषमा लाला गोविन्दराम की छोटी बेटी और जयदेव की मौसेरी बहन है। सुषमा बचपन से जयदेव के साथ खेली-कूदी और दोनों एक साथ बड़े हुए हैं। सुषमा जयदेव को बड़ा भैया तो मानती ही थी लेकिन उसके व्यक्तित्व के समक्ष समर्पित सी थी। जयदेव भैया का हर निर्णय स्वीकार करना जैसे उसका धर्म बन चुका था। बल्कि यह कहा जाए कि सुषमा के पास शुरू-शुरू में आत्म-निर्णय की क्षमता नहीं थी, तो कोई अतिशयोक्ति नहीं होगी। परंतु जयदेव का झुकाव सुषमा के प्रति कुछ दूसरे अंदाज में था। जिसे वह सुषमा से या किसी से नहीं कह पाता। सुषमा भी यही जानती है कि जयदेव भइया जो भी मेरे लिए करते हैं, उसी में मेरी भलाई छिपी है।

सुषमा नाटे कद की थी, लेकिन उसका व्यक्तित्व खिला-खिला था। सब कुछ सामान्य चल रहा था। लेकिन जब प्रोफेस्साब ने कुंतो की शादी की बात जयदेव से की तो जयदेव के अंदर सुषमा को लेकर उबाल सा उठा और एक दिन सुषमा को पढ़ाई के बहाने अपने घर लिवा लाया। सुषमा ने कोई प्रतिरोध नहीं किया। लेकिन जयदेव की हरकत से माँ को शंका जरूर हो गई। जयदेव ने एक बार कविता के माध्यम से प्रेम प्रसंग की बात छेड़ी थी, परंतु सुषमा के अंदर प्रेम शब्द को लेकर ग्रंथियाँ खुलने के स्थान पर सिकुड़ने लगतीं। प्रेम शब्द से साक्षात् करने में झेंप जाती, कुछ-कुछ सहम-सी जाती। उसके अंदर प्रेम की भावना का अंकुर अभी फूट नहीं पाया था, और यदि अंकुरित हो भी रहा था तो वह इससे अनभिज्ञ थी और अपने को अनभिज्ञ मानती थी। परंतु माँ का यह वाक्य सुषमा के लिए न सही जयदेव के लिए तो उपयुक्त ही बैठता था—"सीधी-सी बात है जी, कुछ समझा करो। बेटे को इस बच्ची के साथ उन्स हो गया है। यह जल्दी छूटेगा नहीं।"[270]

माँ की यह बात आग में घी का काम करती और जल्दी से जयदेव के पिता ने सुषमा के पिता से मिलकर उसकी शादी तय कर दी। लेकिन सगाई के दिन ही सुषमा की जिंदगी के साथ एक नया खेल शुरू होता है। जयदेव को वह शादी नहीं भायी और उसने लड़केवालों से झूठ बोलकर सगाई तोड़ दी। सुषमा मूक की तरह यह सब देखती रही, लेकिन जयदेव के प्रति किसी भी प्रकार की कोई प्रतिक्रिया नहीं व्यक्त की। सुषमा का लगाव साहित्य और संगीत दोनों से था। खासकर रवीन्द्र संगीत के प्रति तो बहुत ही ज्यादा।

सुषमा कठपुतली की तरह जयदेव के आगे-पीछे नाचती रही और यही मानती रही कि जयदेव भैया जो करेंगे उसमें मेरी भलाई ही होगी। जयदेव जिस दिन कुंतो को लेकर हनीमून मनाने मसूरी गया साथ में सुषमा को भी लेता गया। सुषमा बस एक बार पूछती है—"मुझे साथ क्यों लाए हो ? मुझे अच्छा नहीं लगता।"[271] जिस पर जयदेव तनिक उत्तेजित हो गया—"तुम्हारे भविष्य का भी तो सोचना है।"[272] सुषमा ने दबी जबान में आहिस्ता से जवाब दिया। "मुझे नहीं मालूम, जैसा आप ठीक

समझो।"[273] जयदेव ने सुषमा की शादी अपने रिश्ते के भाई गिरीश से तय कर दी। गिरीश ने सुषमा को और सुषमा ने गिरीश को पंसद कर लिया। गिरीश कवि था। गिरीश को पाकर सुषमा बेहद खुश थी। उसे उसके मन-मुताबिक पति मिला था। एक कवि तो दूसरा संगीतकार। अनुपम जोड़ी। सुषमा इसका श्रेय जयदेव भैया को ही दे रही थी।

शुरू-शुरू में सुषमा गिरीश के साथ बहुत खुश रही। गिरीश उसके हर काम में हाथ बँटाता। परंतु गिरीश की औपचारिकता उसे यह महसूस करने के लिए मजबूर कर देती कि वह अभी भी गिरीश की परिधि से बाहर है। अचानक उस पर दूसरा कहर टूट पड़ा। गिरीश का संबंध अपनी शादी-शुदा मौसेरी बहन से था, जिससे मिलने वह हर शनिवार को चला जाया करता। वैसे भी सुषमा के प्रति उसका व्यवहार उपेक्षित होता जा रहा था। सुषमा जिसे इतना बड़ा लेखक और इंसान समझ रही थी, उसके प्रति सुषमा के सारे सपने गिरे हुए काँच की तरह टूटकर चूर-चूर हो गए थे। उस दिन तो हद ही हो गई कि जब गिरीश सुषमा के सिरहाने, एक कागज का टुकड़ा छोड़ता गया था। "हम एक-दूसरे के लिए नहीं बने हैं। इस विवाह को घसीटना भूल होगी।"[274] यहाँ पर एक बार पुनः कड़ियाँ की प्रमिला की याद आ जाती है। सुषमा भी अपने पति से अपने अधिकार की भीख माँगती है। "मैं आपको नहीं जाने दूँगी। कहीं नहीं जाने दूँगी। लौट चलिए। घर लौट चहिए।"...गिरीश ने कड़कती आवाज में कहा था—"जो कुछ आप कर रही हैं, इसका परिणाम अच्छा नहीं होगा।"[275]

सुषमा ने अपना आत्मविश्वास खो दिया था, बल्कि सदैव दूसरों की सोच पर आश्रित सुषमा ने कभी स्वयं का निर्णय नहीं लिया था, लेकिन पहली बार जयदेव को उससे मिलने पर लगा था कि सुषमा के लिए मैं बीता हुआ कल हो गया हूँ। सुषमा अपनी निजी जिंदगी में किसी भी प्रकार से जयदेव की सहभागिता स्वीकार नहीं करती। जैसे सचमुच उसे अपनी वास्तविक स्थिति का आभास हो गया था और कहीं न कहीं जयदेव को उसने सबसे बड़ा मुजरिम करार दिया था। लेकिन जयदेव इसे गिरीश के प्रति आसक्ति से अभिभूत युवती अपनी मान-मर्यादा के बारे में कहाँ सोच सकती है, जैसे विचारों को महत्त्व दे रहा था। जबकि सुषमा के अंदर एक नई सुषमा का प्रादुर्भाव हो रहा था। जिसने एक झटके से गिरीश को ठुकरा दिया और शांतिनिकेतन चली गई। सुषमा ने पुरुष वर्ग की सामंती प्रवृत्ति और नारी समाज की कमजोर भावनाओं का बड़ा ही मार्मिक चित्रण से भरा पत्र एक बन्द लिफाफे में माँ को भेजा था। जिसकी अंतिम पंक्तियाँ द्रष्टव्य हैं—"और माँ, एक प्रार्थना भी है। अब कभी उस कोठरी में न बैठना। कोठरी में जा बैठना आत्म प्रताड़ना ही नहीं, अपना अपमान स्वयं करना है। कभी मुझमें सामर्थ्य हुई तो मैं तुम्हें अपने साथ ले चलूँगी और मैं तुम्हारी सेवा कर तुम्हारे जीवन-भर की थकान दूर कर दूँगी।...अब मुझे बाँहों में भरकर विदा करो माँ।

तुम्हारी बिटिया,
सुषमा"[276]

जयदेव और गिरीश दोनों ने सुषमा के करीब जाने की कोशिश की लेकिन सुषमा के अंदर आत्मबल का संचार हो चुका था और उसने दोनों को नकार दिया। उसने

अपनी परिधि में स्वयं को इतना सक्षम बना लिया था कि अब उसे किसी के आश्रय की जरूरत नहीं थी।

विद्या : विद्या जयदेव की बड़ी बहन है। जो अपने पति के साथ श्रीनगर में रहती है। उसके चार बच्चे हैं। पति की नौकरी ऐसी है कि चार दिन घर पर रहता तो छब्बीस दिन व्यापार के सिलसिले में बाहर घूमता रहता है। जब सुषमा की सगाई की बात चल रही थी तब उसे भी बुला लिया गया था। उसका विवाह बाल्यावस्था में ही हो गया था। इसलिए वह जयदेव के इस मत से सहमत थी कि सुषमा से बिना सहमति लिए ब्याह नहीं होना चाहिए। परंतु मामला जब आगे बढ़ चुका था तो उसकी राय थी—"इस काम में विघ्न मत डालो। सब सुषमा की किस्मत पर छोड़ दो। लड़कियों का एक मात्र सहारा उनका भाग्य होता है।"[277] विद्या अपने बाल विवाह से खुश नहीं थी। परंतु उसके बाद तब प्रगट होती है, जब श्रीनगर के सारे मेहमान उसी के यहाँ सहदेव की सगाई के अवसर पर उपस्थित होते हैं। विद्या सभी को, जयदेव, कुंतो, सहदेव, पेशावरवाले मेहमान, प्रोफेस्साब और धनराज आदि को पाकर फूली नहीं समाती। तभी जयदेव उस पर अपना प्रभाव दिखाता हुआ कहता है—"तुम भी कैसी हो बहिन, छः साल ब्याह को नहीं हुए और चार कतूरे जन चुकी हो।"[278]

भीष्म जी ने यह वाक्य जयदेव के मुख से कहलाकर समूचे मानव जगत् को झकझोर दिया है। विद्या उस क्षण से उदास रहने लगी, लेकिन उसके अंदर द्वंद्व का तूफान उठ खड़ा हुआ था। उसके पेट में पाँचवाँ बच्चा भी था। विद्या मन ही मन सोचती है। मैं जयदेव से क्या कहूँ। मेरा पति महीने में तीन-चार दिन के लिए घर आता है तो भूखे भेड़िए की तरह मेरी देह को रौंदता है। चारों बच्चे इसी तरह संसार में आए थे। सभी कुछ जानता-समझता है फिर मैं अपने पति से क्या कहती। विद्या केवल मन ही मन प्रार्थना करती, अबकी बार गर्भ न हो। अब पाँचवाँ बच्चा पैदा होगा तो भाई कहेगा एक और कतूरा जन दिया। विद्या इस आत्मग्लानि से भर उठी। और उसने मन ही मन प्रतिज्ञा की—"नहीं, मैं इस बच्चे को नहीं आने दूँगी।"[279] विद्या एकांत के कमरे में जाकर स्टूल के ऊपर से चढ़-चढ़कर कूदने लगी। उसे लग रहा था कि बार-बार स्टूल से कूदने पर गर्भपात हो जाएगा और वह इस मुसीबत से मुक्त हो जाएगी। फिर उसके मन में कई प्रकार के विचार उठते। चार हैं, एक और हो जाएगा तो क्या होगा ? क्या उसका लालन-पालन नहीं हो पाएगा। लेकिन जयदेव की बात याद आते ही वह सहम जाती। फिर जैसे उसे अपनी इस मूर्खता पर हँसी आ गई। "कभी स्टूल पर से छलाँग लगाने से भी गर्भ गिर सकता है ?"[280] परंतु उसके नसीब में कुछ ऐसा ही था। एक दिन अचानक पेट में दर्द हुआ और दर्द इतना बढ़ा कि वह डाक्टरों की सारी कोशिशों को असफल करते अपने पति का भी इंतजार न कर सकी और दुनिया से सदा के लिए आँखें बंद कर लीं।

भीष्म साहनी जनसंख्या विस्फोट की चर्चा विद्या के बहाने करके अपने मंतव्य में सफल होते दीखते हैं। अगर समय रहते इंसान इस ओर नहीं सोचता तो एक दिन विद्या की तरह ही उसका भी हश्र होगा।

थुलथुल : थुलथुल प्रोफेस्साब की छोटी बहू और डॉक्टर धनराज की पत्नी थी। थुलथुल का ब्याह बहुत कच्ची उम्र में हो गया था। अपने माता-पिता की अकेली

संतान थी। थुलथुल का पति शादी के दूसरे वर्ष सिंगापुर डॉक्टरी पढ़ने चला गया था। सात साल तक थुलथुल धनराज के बिना उसके इंतजार में पल-पल गुजारती उसकी राह देखती रही। लेकिन जिस दिन उसका पति धनराज डॉक्टर बनकर सिंगापुर से लौट रहा था, उस दिन थुलथुल की खुशी देखते बनती थी। थुलथुल शरीर से काफी मोटी थी। शृंगार करने के बाद वह बार-बार आईने के सामने खड़ी हो जाती और खुद से कहती—"पर मैं कहाँ मुटिया गई हूँ ?"[281] धनराज ने भी उसे उसी अंदाज से अपनी बाँहों में भर लिया। उपहार के साथ अपने पति को पाकर थुलथुल खुशी से निढ़ाल हो गई। परंतु जहाँ एक तरफ धनराज के रूप में उसे उसका संसार मिला वहीं जिंदगी के अवसान के लिए धनराज के साथ मोना उर्फ डाकी डार्लिंग की परछाईं भी मिली।

धनराज का संबंध सिंगापुर में साथ पढ़नेवाली एक मोना नाम की डॉक्टर लड़की से हो गया था। जिसकी याद वह अपने साथ यहाँ तक ले आया था। थुलथुल शुरू-शुरू में धनराज से बड़ा लाड़-प्यार करती। "अब तो कहीं नहीं जाओगे ना ? अब मैं कहीं नहीं जाने दूँगी। बहुत हो गया।" और कहते-कहते रो पड़ी। "आप क्या जानो अकेले रहना क्या होता है।"[282] धनराज उसे बहला देता। अब कहाँ जाऊँगा। लेकिन अपने कमरे में आते ही उसने सबसे पहले गोल तिपाई पर मोना डार्लिंग की तस्वीर लगा दी। स्वाभाविक तौर पर से किसी भी पत्नी को बुरा लग सकता था। परंतु धनराज ने शुरू-शुरू में थुलथुल को इतना महत्त्व दिया कि थुलथुल के लिए मोना का कोई अस्तित्व नजर नहीं आया। लेकिन कुछ ही दिन बाद मोना का पत्र-व्यवहार शुरू हो जाता है और धनराज थुलथुल की उपेक्षा करने लगता है। यह उपेक्षा इतनी बढ़ जाती है कि थुलथुल मर्यादित सीमा को तोड़कर अपने अधिकार के लिए चीखने-चिल्लाने लगती है। प्रोफेस्साब उसे बार-बार समझाते हैं कि तू धन्ना से जल्द से जल्द बच्चा ले ले ताकि वह सिंगापुर की ओर जाने के लिए सोचे भी न। लेकिन थुलथुल के लिए नियति तो कुछ और ही सोच रही थी।

प्रोफेस्साब की सहायता से मोना तो उसके रास्ते से हट जाती है, परंतु उसकी एवज में प्रोफेस्साब की ही सहायता से कोकिला का पदार्पण हो जाता है। थुलथुल गर्भवती थी और प्रोफेस्साब के द्वारा बताए हुए गुरों के अनुसार अनुसरण भी कर रही थी—"आप जैसा कहेंगे, मैं वैसा ही करूँगी। परंतु थुलथुल और धनराज के बीच की कड़ी टूट चुकी थी, जिसे थुलथुल जोड़ने में बार-बार असफल होती जा रही थी। तभी अचानक एक दिन थुलथुल के दुपट्टे में रसोईघर में आग लगी और थुलथुल देखते ही देखते जल मरी। थुलथुल की मृत्यु ने धनराज को भी रुला दिया, लेकिन प्रोफेस्साब को जैसे सबसे बड़ा सदमा देती गई थी, आपने ही तो मेरे साथ एक-के-बाद एक काँटे बोए हैं।

3. पात्रों का वर्ग विभाजन

कुंतो उपन्यास के पात्रों का वर्ग विभाजन अन्य उपन्यासों की तरह ही किया गया है, यथा :

(1) उच्च वर्ग : उच्च वर्ग के तहत प्रोफेस्साब, जयदेव, सहदेव, धनराज, जयदेव

के पिता जी, माता जी, कुंतो, मोना डार्लिंग और कोकिला आदि।

(2) मध्यम वर्ग : मध्यम वर्ग के अंतर्गत, गिरीश, दिलीप, रणवीर, रामनाथ, लाला गोविन्दराम, ऋषिराम, सुषमा, विद्या, थुलथुल और सुरस्ती आदि।

(3) निम्न वर्ग : निम्न वर्ग के अंतर्गत, हीरालाल, उसकी पत्नी जानकी, उसकी माँ, चुन्नी, किशन सिंह और मास्टर रामदयाल आदि।

4. अल्पसंख्यक पात्रों से रिश्ता

कुंतो उपन्यास में अल्पसंख्यक पात्रों की सृष्टि नहीं हुई है।

5. पात्रों के बहाने लेखकीय दृष्टि का अन्वेषण

भीष्म जी ने कुंतो उपन्यास में जिन पात्रों की सृष्टि की है, वे युगानुकूल और प्रासंगिक पात्र हैं। बदलाव प्रकृति का नियम है। जब परिवर्तन आता है तो उससे जड़ और चेतन दोनों प्रभावित होते हैं। कुंतो उपन्यास में लेखक ने मानवीय मूल्यों और आपसी रिश्ते के बदलते संदर्भों में प्रोफेस्साब, जयदेव, कुंतो, सहदेव, हीरालाल, गिरीश और सुषमा आदि को प्रस्तुत किया है। भीष्म जी की दृष्टि जहाँ एक तरफ व्यापक है, वहीं अति सूक्ष्म भी है। जयदेव, सुषमा और कुंतो के बहाने भीष्म जी उस त्रासदी को चित्रित करते हैं, जो गलत मूल्यों पर आधारित नींव के ऊपर संबंध स्थापित किए जाते हैं। जिसका हश्र जहाँ निर्दोष कुंतो को भुगतना पड़ता है वहीं अनजाने में जयदेव और गिरीश की गलत नीतियों की वजह से सुषमा को घर से बेघर होना पड़ता है।

लेखक इन पात्रों के माध्यम से आपसी रिश्तों की उस कहानी को कहता है, जो कि एक की भूल का परिणाम कई व्यक्तियों को भुगतना पड़ता है, फिर भी अगर इंसान इस भूल से सबक न सीख सका तो वही कहानी पुनः दोहराई जाती है। लेखक डॉ. धनराज के बहाने एक नई बात व्यक्त करना चाहता, भारतीय संस्कार का पश्चिमीकरण होना। जब भी हम अपने संस्कार को छोड़कर पाश्चात्य सभ्यता को अंगीकार करने की चेष्टा करते हैं, तो निश्चित रूप से हमारा हश्र वही होता है, जो डॉक्टर धनराज का हुआ। डॉ. धनराज सिंगापुर डॉक्टरी पढ़ने जाता है, परंतु बदले में लाता है, अन्धानुकरण की भोंड़ी संस्कृति। जिसका परिणाम किस रूप में हमारे सामने आता है, वह बहुत ही महत्त्वपूर्ण है। प्रोफेस्साब को जैसे भीष्म जी बड़े सुनियोजित ढंग से प्रस्तुत करते हैं। प्रोफेस्साब एक संतुलित व्यक्ति हैं। हर परिस्थिति में समस्या का हल ढूँढ़ लेते हैं। प्रोफेस्साब के चरित्र को देखकर ऐसा लगता है जैसे भीष्म जी स्वयं को अभिव्यक्त करते हैं। व्यक्ति के अंदर संतुलन इस बात का प्रतीक है कि समाज के अंदर संतुलन है। जिस समाज के व्यक्ति असंतुलित हैं, वह समाज स्वयं में असंतुलित होता है।

भीष्म साहनी ने निश्चित रूप से जिन पात्रों की सृष्टि की है, वे सारे के सारे उस दृष्टि को अन्वेषित करते हैं, जो भीष्म जी की मौलिक विचारधारा है। भीष्म जी मार्क्सवादी लेखक हैं। इस नाते उन्होंने संघर्षशील पात्रों की रचना की है जो अपने अधिकार के लिए किसी भी हद तक सघर्ष करने को तैयार हैं।

संदर्भ

1. डॉ. सत्येंद्र : समीक्षा के सिद्धांत, पृ. 136-137; 2. डॉ. प्रताप नारायण : हिंदी उपन्यास कला, पृ. 213; 3. डॉ. रणवीर रांग्रा : हिंदी उपन्यासों में चरित्र चित्रण का विकास, पृ. 52; 4. वही, पृ. 518; 5-6. उपन्यास और लोक जीवन : राल्फ फाक्स, अनुवादक—नरोत्तम नागर, पृ. 95, 96; 7. झरोखे, पृ. 26; 8-10. झरोखे, पृ. 26, 80, 126; 11-14. झरोखे, पृ. 14, 26, 29; 15-17. झरोखे, पृ. 29, 46, 92; 18-20. झरोखे, पृ. 131, 14, 15; 21-23. झरोखे, पृ. 32, 47; 24-26. झरोखे, पृ. 67, 68, 98; 27-28. झरोखे, पृ. 99, 30; 29-31. झरोखे, पृ. 96, 100, 126; 32. झरोखे, पृ. 126; 33-34. झरोखे, पृ. 69, 54; 35-36. झरोखे, पृ. 46, 79; 37-41. झरोखे, पृ. 94, 95, 96, 15; 42-43. झरोखे, पृ. 24, 89; 44-45. कड़ियाँ, पृ. 25, 28; 46-48. कड़ियाँ, पृ. 45, 51, 134; 49. कड़ियाँ, पृ. 141; 50-51. कड़ियाँ, पृ. 164, 188; 52-54. कड़ियाँ, पृ. 35, 36; 55-56. कड़ियाँ, पृ. 188, 189; 57-59. कड़ियाँ, पृ. 93, 95, 97; 60-63. कड़ियाँ, पृ. 101, 102, 103, 46; 64-65. कड़ियाँ, पृ. 173, 175; 66. कड़ियाँ, पृ. 29; 67-69. कड़ियाँ, पृ. 64, 66, 77; 70-72. कड़ियाँ, पृ. 69, 78, 83; 73-74. कड़ियाँ, पृ. 185, 186; 75-77. कड़ियाँ, पृ. 196, 197, 198; 78. कड़ियाँ, पृ. 9; 79-83. कड़ियाँ, पृ. 141, 149, 55; 84. कड़ियाँ, पृ. 61; 85-86. तमस, पृ. 17, 62; 87. तमस, पृ. 65; 88-89. तमस, पृ. 59, 78; 90. तमस, पृ. 107; 91-94. तमस, पृ. 156, 9, 70; 95. तमस, पृ. 85; 96-97. तमस, पृ. 153, 154; 98-101. तमस, पृ. 129, 132, 133, 133; 102-106. तमस, पृ. 78, 233; 107-110. तमस, पृ. 202, 165, 198, 201; 111-113. तमस, पृ. 114, 115, 260; 114-119. तमस, पृ. 260, 192, 193, 194; 120-124. तमस, पृ. 198, 161, 162; 125-129. तमस, पृ. 130, 133, 248; 130. तमस, पृ. 85; 131-133. बसंती, पृ. 43, 44, 106; 134-137. बसंती, पृ. 36, 105, 108, 104; 138-141. बसंती, पृ. 110, 76, 88, 139; 142-144. बसंती, पृ. 137, 76, 100; 145-146. बसंती, पृ. 99, 101; 147-149. बसंती, पृ. 100, 49, 38; 150-155. बसंती, पृ. 103, 80, 136, 96, 140, 145; 156-157. बसंती, पृ. 136; 158. भीष्म साहनी : व्यक्ति और रचना, पृ. 150; 159. बसंती, पृ. 33; 160-164. बसंती, पृ. 33, 95, 97, 145; 165-170. बसंती, पृ. 148, 149, 133, 135, 143, 134; 171-172. बसंती, पृ. 18, 107; 173. मैयादास की माड़ी, पृ. 104; 174-176. मैयादास की माड़ी, पृ. 104, 106; 177-179. मैयादास की माड़ी, पृ. 148, 182; 180-182. मैयादास की माड़ी, पृ. 105, 106, 108; 183-186. मैयादास की माड़ी, पृ. 108, 138, 148, 167; 187. मैयादास की माड़ी, पृ. 173; 188-190. मैयादास की माड़ी, पृ. 46, 288, 296; 191-193. मैयादास की माड़ी, पृ. 260, 261; 194-195. मैयादास की माड़ी, पृ. 220, 266; 196-197. मैयादास की माड़ी, पृ. 194; 198-199. मैयादास की माड़ी, पृ. 74, 287; 200-201. मैयादास की माड़ी, पृ. 121, 287; 202-204. मैयादास की माड़ी, पृ. 285, 237, 238; 205-207. मैयादास की माड़ी, पृ. 243, 296, 303; 208-211. मैयादास की माड़ी, पृ. 318, 319, 12, 13; 212-214. मैयादास की माड़ी, पृ. 58, 73, 75; 215-216. मैयादास की माड़ी, पृ. 27, 39; 217-222. मैयादास की माड़ी, पृ. 78, 73, 74, 76; 223-226. मैयादास की माड़ी, पृ. 76, 79; 227-229. मैयादास की माड़ी, पृ. 237, 245, 296; 230-231. मैयादास की माड़ी, पृ. 31, 241; 232. मैयादास की माड़ी, पृ. 241; 233. मैयादास की माड़ी, पृ. 97; 234-235. मैयादास की माड़ी, पृ. 182, 319; 236-237. कुंतो, पृ. 22, 131; 238-241. कुंतो, पृ. 315, 15, 19; 242-244. कुंतो, पृ. 34, 73; 245-248. कुंतो, पृ. 121, 122, 150, 156; 249. कुंतो, पृ. 327; 250-252. कुंतो, पृ. 169, 190, 196; 253-254. कुंतो, पृ. 117, 131; 255-257. कुंतो, पृ. 249, 218, 222; 258-261. कुंतो, पृ. 17, 18, 125; 262-265. कुंतो, पृ. 125, 148, 153; 266-269. कुंतो, पृ. 245, 260; 270. कुंतो, पृ. 58; 271-275. कुंतो, पृ. 156, 196, 205; 276-278. कुंतो, पृ. 278, 64, 250; 279-282. कुंतो, पृ. 252, 253, 110, 117।

पंचम अध्याय

उपन्यासों में देशकाल का द्वंद्व

उपन्यास में सजीवता और स्वाभाविकता का समावेश या अंतर्भाव के लिए देश और काल का ध्यान रखना आवश्यक है। देश स्थान के अर्थ में और काल समय विशेष के अर्थ में गृहीत होता है। उपन्यासकार जिस स्थान की कहानी और जिस समय की कहानी उपन्यास में प्रस्तुत करता है, उस काल का संपूर्ण वातावरण उस उपन्यास में प्रस्तुत करता है। इसके अंतर्गत आचार-विचार, वातावरण, रीति-रिवाज, रहन-सहन, राजनीतिक और सामाजिक परिस्थितियाँ, जीवन-दर्शन, नैतिक-धरातल आस्थाएँ और विश्वास आदि ग्रहण किए जाते हैं। भारत के जीवन को प्रस्तुत करने वाला उपन्यास निश्चित रूप से चीन के जीवन को प्रस्तुत करनेवाले उपन्यास से भिन्नता रखेगा। ठीक इसी प्रकार इतिहास के जिस काल से उपन्यास का संबंध हो, उस काल का वातावरण ही प्रस्तुत किया जाना चाहिए।

देशकाल के संबंध में डॉ. गुलाबराय जी ने लिखा है कि "देश काल के चित्रण में सदा इस बात का ध्यान रखना आवश्यक है कि वह कथानक के स्पष्टीकरण का साधन ही रहे, स्वयं साध्य न बन जाए। जहाँ देश काल का वर्णन अनुपात से बढ़ जाता है, वहाँ उससे जी ऊबने लगता है। लोग जल्दी-जल्दी पन्ने पलट कर कथा-सूत्र को ढूँढ़ने लग जाते हैं। देश-काल का वर्णन कथानक को स्पष्टता देने के लिए होना चाहिए, न कि उसकी गति में बाधा डालने के लिए।...देशकाल वातावरण का बाहरी रूप है। वातावरण मानसिक भी हो सकता है। आदमी जिस प्रकार के समाज में रहता है, वैसा ही वह काम करने लग जाता है। प्राकृतिक चित्रण भी उद्दीपन रूप से पात्रों की मानसिक स्थिति का सामंजस्य पाठक पर अच्छा प्रभाव डालता है और उपन्यास में काव्यत्व भी ले आता है, जैसे किसी के मरते समय दीपक का बुझ जाना, सूर्य का अस्त हो जाना, अथवा घड़ी का बन्द हो जाना। वातावरण में अनुकूलता उत्पन्न कर शब्दों की एक विशेष शक्ति प्रदान कर देता है।"[1]

उपन्यासकार जिस युग और स्थल से संबंधित घटना का चित्रण करता है, उसे विश्वसनीय बनाने के लिए वह सामाजिक युग के समस्त परिवेश को भी उपन्यास में चित्रित करता है। देशकाल कथा को संबल देता है और उसे प्रभावी बनाना ही प्रभाव की अन्विति देशकाल के सुंदर चित्रण से उपस्थित होती है। कथाकार को यह ध्यान रखना पड़ता है कि देशकाल उपन्यास की आत्मा को नष्ट न करे बल्कि उसका

सहायक बने। देशकाल की अतिशयता कभी-कभी कथावस्तु को बोझिल बना देती है और अंतरंग स्वर दब जाता है। इस संबंध में एमिल जोला का कथन है—"मानव का समाज से पृथक् कोई अस्तित्व नहीं है, वह सामाजिक वातावरण में जीता है और जहाँ तक उपन्यासकार का उससे संबंध है, यह वातावरण निरंतर उसकी घटनाओं का रूप परिवर्तित करता है।"[2] कोई भी घटना बिना किसी स्थान के नहीं घटती। अतः जब तक उन स्थानों का सही-सही चित्रण न हो सकेगा, तब तक उपन्यास में विश्वसनीयता का होना असंभव है। वातावरण की प्रभावपूर्ण सृष्टि औपन्यासिक सहानुभूति एवं संवेदना उत्पन्न करने में सफल होती है। "किसी स्थिति विशेष का सफल अंकन न हो सकने के कारण कभी-कभी भावों की पूर्ण व्यंजना नहीं हो पाती और कोई अभाव सा खटकता रहता है। सूक्ष्म निरीक्षण के छोटे-छोटे चमत्कार द्वारा ही इतनी शीघ्रता और पूर्णता के साथ वास्तविक जीवन का भ्रम उत्पन्न कराया जा सकता है। वातावरण के सफल तथा मनोरम चित्रण का कहानी के लिए मूल्य होता है। कभी-कभी सामान्य सड़कों, गलियों, तथा बरसात में टपकनेवाले घरों के साधारण वर्णन से भी कहानी में विलक्षण मोहकता आ जाती है।"[3] तथा कौतूहल की वृद्धि होती है। इससे और स्पष्ट हो जाता है कि उपन्यास में देशकाल और वातावरण का विशेष महत्त्व है। यह तत्त्व युग की वास्तविक झाँकी को प्रस्तुत करने में समर्थ होता है। राल्फ फाक्स भी कुछ ऐसा ही मत व्यक्त करते हैं। "यदि लेखक को अपने पात्रों की वास्तविकता को गहरा बनाना है, अपनी कृति के निर्णयात्मक क्षणों को घटनाक्रम के आवश्यकतानुकूल घनीभूत बनाना है।"[4] तो उपन्यास में वातावरण की सृष्टि करना भी लेखक के लिए अत्यन्त आवश्यक है।

'झरोखे' उपन्यास में देशकाल व वातावरण

झरोखे, विशुद्ध रूप से एक सामाजिक उपन्यास है। इस उपन्यास में भीष्म साहनी ने एक छोटे-से बालक की आँखों से एक परिवार में घटनेवाली छोटी-छोटी घटनाओं को देखने और उनका उल्लेख करने का अविस्मरणीय प्रयोग किया है। उसके सामने घटनेवाली प्रत्येक घटना उसके भीतर एक प्रबल संस्कार बनकर आती और परिवार में बच्चों के भावी चरित्र की रूपरेखा गढ़ती जाती है। बच्चे के समक्ष घटनेवाली घटनाएँ चाहे जितनी क्षणिक और साधारण हों, संस्कारों के रूप में उनका महत्त्व असाधारण होता है। इस सच्चाई को यह उपन्यास बहुत ही सार्थक ढंग से प्रस्तुत करता है। इन्हीं साधारण लगनेवाली घटनाओं के नीचे जिंदगी करवट लेती रहती है और यही घटनाएँ पात्रों के जीवन का रुख बदल देती हैं। वस्तुतः झरोखे उपन्यास देशकाल व वातावरण में जहाँ एक ओर जीवन के उल्लसित क्षणों का चित्रण है, वहीं हमारे समाज के मध्यवर्गीय जीवन के दुख-दर्द और उसकी बहुविध त्रासदियों का भी अविस्मरणीय अंकन हुआ है।

जिस परिवार की कथावस्तु उठाई गई है, वह परिवार स्वामी दयानंद सरस्वती के विचारों से ओत-प्रोत है और पूरी तरह से आर्य समाजी है। आर्य समाजियों की अपनी आचार्य संहिता होती है और उस परिवार की भी अपनी आचार संहिता है। परिवार में सेठ और उनकी पत्नी के अलावा दो बेटे, एक बलदेव जो बड़ा है, और

दूसरा छोटा बेटा जो इस उपन्यास का सूत्रधार नायक है, उनके अलावा दो लड़कियाँ भी हैं। उस परिवार से जुड़ा तुलसी, जिसकी हैसियत तो नौकर की है, परन्तु रहता परिवार के सदस्य की तरह है। परिवार के बच्चों का लालन-पालन आर्य समाजी तौर-तरीके से होता है। गुरुकुल का वातावरण घर पर भी है। बच्चे भी वही पढ़ते हैं। उनके आचार-विचार के साथ-साथ पहनावा भी उसी तरह का है। पिता खाली वक्त भी अपने बेटों को गुरुकुल भेजना पसंद करता है। "जान दे, जान दे, बच्चों का मन बहल जायेगा। गलियों में गंदे गीत ही सीखते हैं, वहाँ आर्य समाज में जाएँगे तो कोई अच्छी बात इनके कान में पड़ेगी।"[5]

सामाजिक वातावरण के अतंर्गत भीष्म साहनी ने समाज के विभिन्न वर्गों के माध्यम से समाज की मौजूदा परिस्थिति में, क्रमागत आचार और नैतिक धारणा में वैषम्य और विरोध की ओर संकेत करने का सफल प्रयास किया है। इसी कारण झरोखे उपन्यास में निम्न, मध्यवर्ग के परिवारों के सामाजिक रीति-रिवाज, रहन-सहन आचार-विचार, भावनाओं आदि के विस्तृत चित्र उभर कर आए हैं। यद्यपि झरोखे उपन्यास में उच्च वर्ग के परिवारों का वर्णन नहीं आया है, परंतु निम्न और मध्यम वर्ग के कई चित्र उभर कर आये हैं, जिससे उनके रहन-सहन और जीवन-चर्या की वस्तुस्थिति का पता चलता है।

मोहल्ले में कुछ हिन्दू और मुसलमानों की लंबी बस्ती है। उसी मोहल्ले में आर्य समाजी लाला जी भी रहते हैं, जिनका व्यवसाय व्यापार है। उनके घर और दफ्तर का एक-एक दृश्य देखिए :

"पुराने सुफे के एक ओर बहनों की आलमारी के साथ एक और दरवाजा खुलता है। यह कमरा हमेशा बंद रहता है। इसमें एक बहुत बड़ी आलमारी है, जिसमें पेंसिलों का डिब्बा रखा है, और सिर दर्द को दूर करनेवाली मशीन रखी है और सुनहरे दस्तेवाला चाकू रखा है, जिसे पिता जी देखने के लिए तो हाथ में देते हैं, पर फिर कमरा बंद करने से पहले वापस ले लेते हैं। पुराने सुफे में से बाहर आ जाओ तो आँगन है, सामने जंगला है, जिसके पास एड़ियाँ उठाकर खड़े हो जाओ तो नीचे झाँक सकते हो।"[6]

इसी तरह एक निजी दफ्तर का चित्र प्रस्तुत है।

"नीचे ही पिता जी का दफ्तर है। वहाँ पिता जी दिनभर बैठे रहते हैं और एक उँगली से टाइपराइटर टिक-टिक करते रहते हैं, ऐनक चढ़ाए हुए। तुलसी उनके पास जाए तो उसे डाँट देते हैं। दफ्तर में भी दीवार पर घड़ी लगी है, वह आधा घण्टा भी बजाती है, जबकि ऊपरवाली घड़ी आधा घण्टा नहीं बजाती और वहाँ अंगीठी पर एक लंबा काले रंग का कपड़ा बिछा है, जिस पर एक के पीछे एक कितने ही मोर खड़े हैं लाल पीले हरे मोर। लगता है एक-दूसरे के पीछे भाग रहे हैं। नीचे गुसलखाने के पीछे, 'गराज' है, वहाँ गाय बँधी रहती है। वहाँ तुलसी गाता है। वह गुसलखाने में आकर गाय के लिए बंडा तैयार करता है और जब उसके बड़े-बड़े हाथों पर भूसे के तिनके चिपक जाते हैं तो वह ऊँची-ऊँची आवाज में गाने लगता है।"[7]

इस तरह लाला जी का परिवार धन-धान्य से संपन्न घराना है। इस उपन्यास में कथा आजादी के 15-20 वर्ष पूर्व जब रावलपिण्डी भारत का एक अविभाज्य अंग

था, उस शहर से ली गई है। एक बहुत पुराना शहर जिसने जमाने के कई धक्के खाये हैं। फिर भी अपनी जगह कायम रहा। हिन्दू और मुस्लिम दोनों तरह के लोग रहते। उनमें आपस में भाई-चारे का माहौल था। दोनों वर्ग आपस में मिलकर रहते। दोनों के आचार-विचार और जीने के तौर-तरीकों में फर्क होते हुए भी आपसी सद्भाव का वातावरण बराबर बना रहता। लाला जी के छोटे बेटे के इस कथन से आपसी सद्भाव का उदाहरण द्रष्टव्य है :

"मैं तुलसी की तरह गा नहीं सकता, पर मैं एक और काम कर सकता हूँ। मैं तंदूर के पास जाकर एक खाली कनस्तर उठा लेता हूँ और उसे आँगन के बीचों-बीच उल्टा रखकर उसे एक लकड़ी से पीटने लगता हूँ और फिर ऊँची आवाज में चिल्लाकर कहता हूँ—"उठो मुसलमानो रोजे रखो।" टीन बजाने की आवाज दूर तक जाती है, मैं इससे उत्साहित होकर और भी जोर-जोर से टीन बजाता हूँ और जोर से चिल्लाता हूँ। उठो मुसलमानो, रोजे रखो...।"[8]

फिर पिछवाड़े से किसी औरत की आवाज आती है, "अरी, लछमी, तेरा बेटा हमें साल-भर रोजे रखवाता रहता है।" और हँस देती है। माँ कभी तो चौके में बैठी-बैठी जवाब देती है, कभी उठकर आँगन में आ जाती है और 'तंदूर' पर पैर रखकर दीवार के ऊपर से पड़ोस के घर में झाँकने लगती है। पड़ोसिन और माँ देर तक बतियाती रहती हैं और मैं टीन पीटता रहता हूँ।"[9]

इस दृष्टांत से यह बात निश्चित हो जाती है कि हिन्दू और मुसलमानों में आपसी सद्भाव का वातावरण स्थापित था। शहर में ताँगे बहुत चला करते थे। उस जमाने में ताँगा ही एक सवारी थी, जिस पर लोग अपने गंतव्य स्थान तक की यात्रा तय करते थे। तांगेवालों के संबंध में एक दृश्य देखिए—"हमारे घर के बगल में, सड़क के किनारे ताँगेवान 'छाछियों' के पाँच घोड़े बँधे हैं। मुहल्ले में जगह-जगह घोड़ों से अलग किए हुए ताँगे खड़े हैं। उनके बम ऊपर को उठे हैं, मौलवी इसहाक की बाँहों की तरह। लंगड़े बाबा नूर की कोठरी के सामने रोज की तरह खाटें बिछ गई हैं, फतहखान, जिलानी, करमखान, मुहम्मद, मुहल्ले में बड़ी उम्र के सभी ताँगेवान् बैठे बातें कर रहे हैं। ताँगेवालों की खाटों के पास, नाली के निकट बैठा करमखान का बेटा मिट्टी की डोली में गुड़ का शरबत घोल रहा है। छाछी लोग मिट्टी की छोटी-छोटी रिकावियों में शरबत पिएँगे, और एक ही हुक्के पर बारी-बारी से कश लगाएँगे और अँधेरा पड़ने तक धीरे-धीरे बतियाते रहेंगे।"[10]

यह बात तो पहले ही कही जा चुकी है कि झरोखे उपन्यास एक विशुद्ध सामाजिक उपन्यास है, इसमें राजनीति की झलक तो यदा-कदा दिखाई दे भी जाती है, परन्तु ऐतिहासिक तत्त्व बिल्कुल नहीं है। सामाजिक वातावरण की सृष्टि करते समय पात्र की स्थिति, रहन-सहन और शिक्षा-संस्कृति पर लेखक ने विशेष ध्यान दिया है, जिन्हें पृथक्-पृथक् देखा जा सकता है।

पात्र की स्थिति : तुलसी लाला जी का नौकर है। जिंदगी का एक लंबा हिस्सा उनकी और उनके परिवार की सेवा में गुजार देता है। यहाँ तक कि उनकी खुशी के लिए अपने हिस्से की खुशी भी उनके पाले में न्यौछावर कर देता है। फिर भी तुलसी के जीवन में कोई परिवर्तन नहीं आता। वह तो बद् से बदतर स्थिति में जीने

के लिए मजबूर रहता है। लाख कोशिशों के बाद वह अपने स्तर को नहीं बदल पाता। तुलसी, जब लाला जी का घर छोड़कर औषधालय में काम करने लगा था तो उससे जुड़े सभी जनों ने यह उम्मीद की थी कि अब तुलसी के दिन बदल गये। परन्तु तुलसी के दिन तो ढाक के तीन पत्तों की तरह ही रहे। कुछ दृष्टांत प्रस्तुत हैं।

"मैं तो कुछ देर वहीं खड़ा तुलसी को देखता रहता हूँ। मैं तो कुछ दूसरी ही आशाएँ लेकर आया था कि औषधालय में मरीजों की भीड़ लगी होगी और तुलसी पगड़ी लगाए और कोट पहने दवाइयों की पुड़िया बना-बनाकर दे रहा होगा। यहाँ तो यह सीढ़ियाँ धो रहा है। क्या यहाँ भी यह घर का काम करता है ? भाई तो कहता था तुलसी वैद्य बनेगा।"[11]

तुलसी के रहन-सहन का एक दृश्य देखिए—"कमरे में एक ओर चटाई बिछी है। चटाई के सामने ही कुछेक चमचमाते बरतन रखे हैं, एक ओर मिट्टी का चूल्हा है और चटाई के ही दूसरी ओर कुछेक़ किताबें दीवार के साथ फर्श पर पड़ी हैं। यह तुलसी का अपना घर है।"[12]

परंतु लाला जी के बेटे दिन-दूनी और रात चौगुनी उन्नति करते गए। उनके रहन-सहन और उनकी स्थिति में परिवर्तन के दृष्टांत प्रस्तुत हैं—"भाई खंभे का सहारा लिए खड़ा है, और उसने खाकी रंग का टोप पहन रखा है। भाई लाहौर से छुट्टियों में आया है। नीचे सफेद रंग की पतलून पहने हुए है। मैं उसके टोप को देखे जा रहा हूँ। हम वहाँ इसे यों टेढ़ा करके पहनते हैं।"[13] इसी तरह उनका व्यापार भी आगे बढ़ जाता है। उनकी स्थिति पहले से काफी बेहतर हो जाती है। मेरी उलझन को देखकर भाई समझाने लगता है, "देखो लट्ठा, जानते हो न, जिसकी सलवारें और पाजामे बनते हैं। यह लट्ठा बहुत बिकता है। तुमने 'चाभी' मारका लट्ठा और '57' मारका लट्ठा, नाम तो सुने होंगे ? ये चालू सिक्के हैं। शाह बजाज के पास 57 के लट्ठे की एजेंसी है। भाई सुनाए जा रहा है। हमारे पास 'हरक' के लट्ठे की एजेंसी है।"[14]

शिक्षा : झरोखे उपन्यास में खासकर लाला जी के परिवार का शिक्षा स्तर काफी अच्छा बन पड़ा है। बाहर का वातावरण जिसमें फतहदीन, करमखान, जलालखान, नवाबखान, फैजअली, अतरसिंह और नूरदीन जैसे परिवारों में शिक्षा के प्रति कोई उत्सुकता दिखाई नहीं देती। परन्तु लाला जी के परिवार में शिक्षा का उच्च स्तर दिखाई देता है। लाला जी के दोनों बच्चे गुरुकुल में पढ़ने जाते हैं और घर पर पंडित जी अलग पढ़ाने आते हैं। पढ़ाई के साथ उनके संस्कारों पर भी विशेष ध्यान दिया जाता है। शिक्षा के वातावरण में संस्कार किस तरह ढाले जाते हैं, एक उदाहरण से यह और स्पष्ट हो जाता है।

"श्लोक याद किए हैं ?" पंडित जी भाई से पूछते हैं।

"मा भ्राता भ्रतरं द्विक्षन, मा स्वसारयुत स्वसा...।"

बलदेव झट से सुना देता है।

"क्या अर्थ है ?"

"भाई-भाई से द्वेष नहीं करे, बहन, बहन से द्वेष नहीं करे...।"[15]

अगर शिक्षा का वास्तविक प्रभाव देखना है तो झरोखे के तुलसी में देखना होगा।

जब दोनों बच्चे पंडित जी से पढ़ रहे होते तो तुलसी ड्योढ़ी में बैठा उन शब्दों को होठों के बीच बुदबुदा रहा होता। घर में संध्यावंदन के समय तुलसी भी सारा कार्य छोड़कर सदस्यों के साथ संध्यावंदन के मंत्र बोलता है। बड़ें-बड़े श्लोक उसकी जुबान में रह गए हैं। लाला जी उसे पढ़ने के लिए और हवन पूजन के लिए उत्साहित करते हैं। "हवन-संध्या में तू भी हमारे साथ बैठा कर। उठ, हाथ धोकर आ जा।"[16] तुलसी जो निरक्षर था। पढ़ाई-लिखाई से जिसका कोई वास्ता नहीं था, वही तुलसी मंत्रोच्चारण में लालजी को पीछे कर देता है। उदाहरण प्रस्तुत है। "तुलसी की आवाज पहले से भी ज्यादा ऊँची हो गई है—पिता जी की आवाज से भी ऊँची। वह संध्या के मंत्र ज्यादा तेजी से पढ़ रहा है, जिससे पिता जी और माँ पीछे रह जाते हैं। पिता जी बार-बार रुक जाते हैं। मैं फिर आँखें खोलकर देखता हूँ। पिता जी के चेहरे पर तनिक भी क्रोध का भाव नहीं है, बल्कि वह बड़े प्रसन्न नजर आते हैं। दोनों बहनें क्षणभर के लिए एक-दूसरे की ओर देखती हैं, फिर मुँह-से-मुँह फेर लेती हैं। मैं डर रहा हूँ। बहनें अपनी हँसी नहीं दबा पाएँगी, फ इ इ इ करके उनकी हँसी फूट पड़ेगी और पिता जी बहुत गुस्सा होंगे। तुलसी मंत्रोच्चारण में फिर आगे निकल गया है। पिता जी की आँखें खुल गई हैं और तुलसी की ओर देखकर मुस्करा रहे हैं। पिता जी बहुत खुश हैं।"[17]

इस बात से सहज ही अंदाज लगाया जा सकता है कि जिस परिवार का नौकर संगत में आकर इतना शिक्षित हो सकता है, उस परिवार के अन्य सदस्यों की शैक्षणिक स्थिति क्या हो सकती है।

विशिष्ट वातावरण सृष्टि और देशकाल तथा स्थानीय रंग

भीष्म जी गहन अध्ययन और अपनी अनुभूति के आधार पर एक ओर जहाँ सामाजिक, राजनैतिक और ऐतिहासिक परिवेश को विस्तारपूर्वक चित्रित करते हैं, वहीं दूसरी ओर उसमें स्थानीय रंगों का प्रयोग करके उसे अधिक जीवन्त और स्वाभाविक बना देते हैं।

शहर के कुछ चित्र द्रष्टव्य हैं।

लाला जी के मोहल्ले में आए दिन कोई न कोई घटना होती रहती है। कभी-कभी छोटी-छोटी बात एक विकराल रूप धारण कर लेती है। जिसके परिणामस्वरूप वातावरण कितना दूषित हो जाता है, दृष्टान्त प्रस्तुत है—"हम भागते हुए छज्जे पर पहुँच गए हैं, क्योंकि उधर से फिर से शोर सुनाई देने लगा है। चरनी की ओर से कुछ लोग लाठियाँ उठाए भागते चले आ रहे हैं और ऊँची आवाज में गालियाँ बक रहे हैं। इधर फैजअली भागकर अपनी कोठरी में से बेलचा उठा लाया है। कोठरियों में से करमखान का बेटा और फतहदीन लाठियाँ लेकर खंभे के पास पहुँच गए हैं। चरनी की ओर से आनेवाले तीन आदमी आते ही फैजअली और बाबा नूर पर टूट पड़े हैं। फैजअली ने आगे बढ़कर एक आदमी के मुँह पर बेलचा दे मारा है, जिससे उसका जबड़ा कट गया है। और खून का फव्वारा छूट पड़ा है। बाबा नूर के सिर पर खून बहने लगा है। एक आदमी बँधे हुए आदमी को खोल रहा है। बगलवाली गली में से सूबेदार का भतीजा हाकी उठाए हुए पहुँच गया है, और आते ही एक आदमी

की पीठ पर हाकी दे मारी है। मोहल्ले के बहुत लोग बाहर निकल आए हैं और ऊँचा-ऊँचा बोलते हुए लड़ाई बंद कराने लगे हैं।"[18]

इसी तरह दूसरे रंग भी शहर के दिखाई देते हैं। शहर में ताँगों का बहुत प्रचलन है। लड़के किसी के भी ताँगे के पायदान पर चढ़कर पूरे शहर का मजा लेते हैं। अब चाहे तो ताँगावाला उन्हें चाबुक से मारे या प्यार से पायदान पर चढ़ा रहने दे। लड़के उतरेंगे तभी जब सैर-सपाटा उनका पूरा हो जाएगा। देखिए एक और रंग—

"नीले, हरे और लाल रंग के शीशों से जड़े छज्जेवाले मकान के नीचे एक ताँगा खड़ा है, अभी उसमें दो बुर्केवाली औरतें बैठी हैं और ताँगा चलता हुआ हमारे घर की ओर आने लगा है। अतरसिंह हलवाई की दूकान के सामने मैं लपककर उसके पायदान पर चढ़ गया। पायदान पर बोझ पड़ता देख गाड़ीवान ने चाबुक पीछे की ओर घुमा दी है। मेरी पीठ पर तेज गरम सलाट पड़ी है और सारा शरीर जल उठा है। चाबुक मेरे कान को भी छू गई है। पर मैं पायदान पर अभी भी जमा हूँ।" गाड़ीवान दूसरी बार छाँटा लगाने से पहले घूमकर देखता है—"अरे, यह तो बाबू का बेटा है।" और गर्दन मोड़कर सामने की ओर देखने लगता है। नई-नई सड़कों पर ताँगा चला जा रहा है। चारों ओर से चीजें तैरती-सी आँखों के सामने घूम रही हैं। मकान, छतें, टँगे हुए कपड़े, सड़कों पर अनगिनत लोग, हर मोड़ पर दृश्य बदल जाता है। कभी मकान ऊँचे हो जाते हैं तो कभी नीचे। हर आए-दिन मैं लपककर किसी-न-किसी ताँगे के पायदान पर चढ़ जाता हूँ और शहर के किसी न किसी भाग की सैर करता हूँ।"[19]

इस संपूर्ण वर्णन से पूरे शहर का स्थानीय चित्र उभर आता है। उस समय भी बड़े और छोटे मकान थे। नई-नई सड़कें थीं। मकानों पर छतें थीं और छतों पर कपड़े टाँगा करते थे। निष्कर्षतया यह कहा जा सकता है कि झरोखे उपन्यास में भीष्म जी को वातावरण रचना में पर्याप्त सफलता मिली है। वातावरण प्रधान न होने के बावजूद कथानक सहायक अवश्य हुआ है।

'कड़ियाँ' उपन्यास में देशकाल व वातावरण

कड़ियाँ उपन्यास का घटना स्थल दिल्ली है। सारे पात्र जो विषयवस्तु से जुड़े हुए हैं, दिल्ली के ही रहनेवाले हैं। घटना का सूत्रपात उस कार्यालय से होता है, जहाँ महेन्द्र और सुषमा नौकरी करते हैं। यद्यपि उपन्यास में यह रहस्य बाद में खुलता है। शुरुआत सुषमा और महेन्द्र के बीच राग-द्वेष से होती है। यह राग-द्वेष प्रेम की परिधि के भीतर होता है। सुषमा का फ्लैट कर्जन रोड पर स्थित था। महेन्द्र जब भी उससे मिलने जाता तो उसे इस बात की चिन्ता बराबर रहती कि कहीं किसी की नजर तो मेरे ऊपर नहीं है। अगर महेन्द्र एक-दो दिन जाने में अंतराल कर दे तो सुषमा की शिकायत शुरू हो जाती। फिर भी दोनों के बीच अंतरंगता बढ़ती ही जाती।

भीष्म जी ने जहाँ एक ओर सुषमा और महेन्द्र के बीच पल रहे अवैध प्रेम की पराकाष्ठा की सृष्टि की है, वहीं घटना और पात्र के अनुकूल वातावरण में परिवर्तन भी किया है। किसी भी परिवार और समाज की कुछ मान्यताएँ होती हैं। व्यक्ति कितना भी उच्छृंखल क्यों न हो, एक समय ऐसा आता है, जब उसके संस्कार उसे मजबूर

कर देते हैं। यही स्थिति महेन्द्र के सामने भी आती है और वह अपनी संस्कारवान पत्नी प्रमिला के सामने सुषमा के साथ अपने रिश्ते को स्वयं स्वीकार कर पश्चात्ताप करता है। उदाहरणस्वरूप :

"मुझे तुमसे माफी माँगनी है।"

"माँगो फिर," और प्रमिला हँस दी।

"पहले कहो माफ कर दिया।"[20]

महेन्द्र जब बार-बार माफी माँगता रहा तो प्रमिला ने बिना उस रहस्य को जाने ही माफ कर दिया।

"माफ कर दिया, बस ? अब कहो। तुम मुझे डरा रहे हो। और प्रमिला झट से उठकर बैठ गई। देखो, मेरा दिल कैसे धक्-धक् करने लगा है। घूस ली है ? तुम तो घूस नहीं लेते थे ?"

"हमारे दफ्तर में एक लड़की है। वह⋯वह मुझ पर डोरे डालती रही है, और मैं⋯मैं उससे मिलता रहा हूँ।"[21]

बस महेन्द्र यहीं पर एक भूल कर गया। यह वाक्य महेन्द्र और प्रमिला की जिंदगी की तबाही के लिए कारण बन गया।

दिल्ली जैसी जगह में त्रिकोणीय प्रेम के फलने-फूलने के लिए उपयुक्त वातावरण सर्वत्र व्याप्त है। कड़ियाँ उपन्यास के प्रथम पक्ष में महेन्द्र द्वारा प्रमिला को बुरी तरह से प्रताड़ित किया जाता है। प्रमिला, मि. नारंग, सतवंत, प्रमिला के चाचा, चाची और महेन्द्र का दोस्त नाटा ये सभी लोग मिलकर भी महेन्द्र और प्रमिला का परिवार टूटने से नहीं बचा पाते। दूसरे पक्ष में प्रमिला स्वयं की जिंदगी से संघर्ष करती है। इस संघर्षपथ पर अगर उसके साथ कोई होता है तो सिर्फ उसका आत्मविश्वास, सतवंत और पिता नारंग साहब। उदाहरण देखिए :

"मैं क्या जानूँ सत्तो, मेरे दिल से पूछती है तो उसके साथ रहने को मेरा मन नहीं करता। हाँ, कभी-कभी यह मन में आता है कि बच्चे बड़े होंगे, तो क्या कहेंगे, हमारा बाप था भी, फिर भी हम अनाथों की तरह पले हैं। वे यह तो नहीं सोचेंगे कि हमारे बीच क्या बात हुई थी।⋯पर अब मैं उसके पीछे मारी-मारी तो नहीं फिरूँगी। बहुत हो गया। रूखी-सूखी खिलाकर जैसे-तैसे अपने बच्चों को खिलाकर इन्हें पाल लूँगी। इनके लिए दो जून रोटी का बन्दोबस्त तो कर ही लूँगी। भगवान् ने मुझ पर बड़ी दया की है, सत्तो मुझमें हिम्मत आ गई है, अब मैं डरती नहीं, थर-थर काँपती नहीं रहती। अब तो मैं पिता जी को भी परेशान नहीं होने देती।"[22]

यहाँ प्रमिला को लेखक ने जिस वातावरण में प्रस्तुत किया है, उससे प्रकट होता है कि प्रमिला ने कितने कष्ट सहन किये हैं। फिर भी उन परिस्थितियों से हताश नहीं हुई। प्रमिला का धैर्य टूटा नहीं। महेन्द्र के सहारे के बिना भी प्रमिला अपना और अपने बच्चों का लालन-पालन और स्वयं को अपने पैरों पर खड़ा करने में सक्षम सिद्ध करती है। जिन मुसीबतों से वह गुजरी है, उस वातावरण में प्रमिला को डालकर उसके चरित्र को प्रकाश में लाना ही लेखक का मुख्य उद्देश्य है। अतः यहाँ वातावरण सृष्टि प्रसंगानुकूल है। एक दृष्टांत और प्रस्तुत है। जब प्रमिला अपना मानसिक संतुलन खो चुकी होती है, उस समय नारंग साहब उसे पागलखाने में भर्ती करा देते हैं। महेन्द्र,

जिसकी वजह से उसकी यह हालत हुई थी, अपने दोस्त नाटे के साथ उसे देखने जाता है, उस समय का एक दृश्य कुछ इस प्रकार है।

"जिस वक्त ये लोग पहुँचे, आँगन लगभग खाली था। उलझे हुए बालोंवाली एक औरत, मैली-सी सलवार और कुर्ता पहने, दुपट्टे की झोली-सी बनाए इधर-उधर घूम रही थी और जमीन पर से कागजों के टुकड़े, खपचियाँ, थिगलियाँ आदि चुन-चुनकर अपनी झोली में डाल रही थी। महेन्द्र और नाटे ने ध्यान से उसे देखा। वह प्रमिला थी।"[23]

उपर्युक्त वातावरण की सृष्टि के लिए वर्णनात्मक चित्रण आवश्यकता से अधिक लंबे नहीं है। जिससे कथा-प्रवाह में सरसता और निरंतरता बराबर बनी रहती है।

प्रकृति वर्णन यद्यपि इस उपन्यास में बहुत कम आया है। बल्कि यह कहना ज्यादा उपयुक्त होगा कि आवश्यकता से ज्यादा विषयवस्तु में ठूँसा नहीं गया है। भीष्म जी जब प्रकृति का वर्णन करते हैं, तो वह बहुत ही संक्षिप्त होता है। विषयवस्तु के अनुकूल और पात्रानुसार ढलता जाता है। यथा :

तभी एक जगह मिसेज भगत ने मोटर रुकवा दी थी।

"रोको, रोको ड्राइवर," उसने आग्रह किया था। "मैं तो झरने का पानी पिऊँगी। मैं जब भी आती हूँ, यहाँ पानी पीती हूँ, मुझे बड़ा अच्छा लगता है, ठण्डा-ठण्डा, आप भी पीजिए।" और वह मोटर के रुकने पर झट से बाहर निकल गई थी और अपनी साड़ी बचाती हुई दायीं ओर की सड़क के किनारे जा पहुँची थी, जहाँ एक बड़ी-सी चट्टान में से जिसे एक विशालकाय पेड़ अपनी ओट में लिए था एक झरना फूट पड़ा था, और उसका पानी एक बड़े से हौज में गिर रहा था और वहाँ से निकलकर पहाड़ी के साथ-साथ सड़क के किनारे-किनारे नीचे की ओर बह गया था। तभी महेन्द्र को पहली बार लगा था कि झरने की कल-कल ध्वनि और मिसेज भगत के हास्य में कहीं कोई गहरा सम्बन्ध है, कहीं गहरे में दोनों जुड़े हुए हैं।"[24]

भीष्म जी ने कहीं-कहीं वातावरण के लम्बे चित्र खींचे हैं, लेकिन ये चित्र कथा को आगे बढ़ाने के लिए काफी सहायक सिद्ध हुए हैं। आगे का रास्ता खोलते हैं और उस परिवेश का पूरा वातावरण मुखर हो उठता है, यथा :

"पहले दिन से ही ला कवाना एक फीका-सा रेस्तरां रहा है। अब तो इसकी गद्दियाँ भी फटने लगी हैं और जगह-जगह से इसका सस्तापन झाँकने लगा है। जब बनाया गया था तो प्रेमियों के मिलन-स्थल के रूप में, जहाँ अँधेरे कोने में, मद्धिम रोशनी के लाल-पीले शेडों के पीछे जोड़े बैठे रहें, फुसफुसाते रहें, और रेस्तरां के रहस्य का और हल्की-हल्की वासना का वातावरण बना रहे। रेस्तरां एक तरह के तहखाने में है, अंदर घुसते ही अँधेरे का भास होता है, दीवारें काले रंग से पुती हैं। जगह-जगह छोटी-छोटी मेजों के ऊपर गहरे लाल या काले या पीले रंग के शेडोंवाले लैम्प लटक रहे हैं। इन मेजों पर बैठे लोगों के चेहरे तभी नजर आते हैं जब वे अपने सिर रोशनी के दायरे के भीतर ले आएँ, स्त्रियों की कलाइयों पर चमकती चूड़ियाँ या झिलमिलाती अँगूठियाँ ही नजर आती हैं। किसी युवती का चेहरा तनिक झुक जाए तो उसके कान की बाली या झूमर चमक उठता है, या हँसते दाँतों की लड़ियाँ चमक उठती हैं।"[25]

देशकाल और वातावरण का विषयगत वर्गीकरण

उपन्यास को विषय की दृष्टि से वातावरण को तीन भागों में विभाजित किया जा सकता है—सामाजिक, राजनैतिक, ऐतिहासिक। लेखक इन्हीं विषयों के अनुरूप वातावरण की सृष्टि करता है। परंतु कड़ियाँ उपन्यास विशुद्ध रूप से सामाजिक उपन्यास है। राजनैतिक और ऐतिहासिक पृष्ठभूमि पर चर्चा नहीं की गई है।

सामाजिक : सामाजिक वातावरण की सृष्टि करते समय लेखक ने पात्रों की आर्थिक स्थिति, व्यवहार, रहन-सहन, शिक्षा-संस्कृति को ध्यान में रखकर रचना की है। पात्रों को संघर्षों से जूझता हुआ दिखाने के लिए उनके चारों ओर वातावरण के अंकन में काफी सफलता अर्जित की है। समाज के विभिन्न वर्गों के माध्यम से समाज की मौजूदा परिस्थिति में, क्रमागत आचार और नैतिक धारणा में वैषम्य और विरोध की ओर संकेत करने का सफल प्रयास किया है। कड़ियाँ उपन्यास में उच्च, निम्न, और मध्य वर्ग के परिवारों के सामाजिक रीति-रिवाज, रहन-सहन, आचार-विचार भावनाओं आदि के विस्तृत चित्र उभर कर आए हैं। ये चित्र संपूर्ण सामाजिक वातावरण को सजीव रूप में पाठक के सामने उपस्थित कर देते हैं।

नारंग साहब व्यवसाय से वकील थे। लेकिन वकालत ठीक से न चलने की वजह से उनकी हालत निम्नवर्ग की तरह ही थी। उनके घर का एक चित्र प्रस्तुत है।

"उसी कमरे में एक ड्रेसिंग टेबल भी था। जब निचले दराज में चूहे दौड़ने लगे तो उन्होंने अपने कपड़े निकालकर ऊपरवाले दराज में रख दिए थे। जब एक रोज उस दराज में भी उन्हें चूहों की वीट नजर आई तो उन्होंने कपड़े निकालकर सामनेवाले पलंग पर रख दिए। वहाँ से कपड़े चुनने और पहनने में भी ज्यादा आराम था और तब से चूहों की भी कोई रुचि उनके कपड़ों में नहीं रह गई थी।"

"ये दो कमरे—उनका दफ्तर और सोने का कमरा, उनके घर का बसा हुआ भाग था। बाकी तीन कमरे एक तरह से बंद पड़े थे। उनकी पत्नी के देहांत के बाद वे कमरे कभी-कभार खोले जाते, मगर प्रमिला की शादी के बाद तो कभी भी खोले नहीं गए थे। उन कमरों में घर का सामान था—तीन पायोंवाली एक चारपाई, जिसकी रस्सी एकबार सफर के लिए बिस्तर बाँधने के लिए निकाल ली गई थी। आटा पीसने की एक चक्की, बर्तनों की एक बाल्टी, मिट्टी के दो-चार घड़े, दो-एक संदूक आदि।"[26]

इस तरह के वातावरण में सहज ही अन्दाजा लगाया जा सकता है कि नारंग साहब कैसे अपनी जिंदगी सँवारते होंगे और कैसे वकालत कर पाते होंगे।

मध्य वर्ग का जीवन स्तर निम्न वर्ग के जीवन स्तर से काफी अच्छा है। नित-नये आधुनिक सामान उनके घरों में आते हैं। एक अच्छी जिंदगी जीने के लिए उपयुक्त वातावरण इन परिवारों में देखने को मिल जाता है। इनकी आर्थिक स्थिति भी अच्छी है। महेन्द्र-प्रमिला और सरदार जी, सतवंत के परिवार का तुलनात्मक वातावरण का एक चित्र द्रष्टव्य है :

"सतवंत के फ्लैट और प्रमिला के फ्लैट में विशेष अंतर नहीं था। दो बड़े कमरे, एक बरामदा और एक छोटा सा छज्जा। दोनों का नक्शा एक जैसा था, दोनों

का क्षेत्रफल भी एक जैसा था। लेकिन अब महेन्द्र की तरक्की हो गई थी और वह 'डी' टाइप क्वार्टर्स मिलने की उम्मीद कर रहा था, जिसका क्षेत्रफल इससे लगभग डेढ़ गुना ज्यादा होगा। फ्लैटों की सज-धज में और रहन-सहन में थोड़ा फर्क था। सतवंत के घर बड़ा-सा रेफ्रिजरेटर आ गया था, जिसे उसने बैठनेवाले कमरे में रख छोड़ा था, जबकि प्रमिला के घर में यह अभी नहीं आ पाया था। यों प्रेशर कुकर और बिजली की केतली दोनों के घरों में आ गई थी। सतवंत के पास दो ट्रांजिस्टर थे, उसे सारा वक्त संगीत सुनते रहने का शौक था, जबकि महेन्द्र ने अभी ट्रांजिस्टर नहीं लिया था। टेलीविजन के बारे में दोनों परिवार चुप थे, क्योंकि टेलीविजन का सैट किस्तों पर भी ले तो भी मँहगा बैठता था, लेकिन सतंवत जानती थी कि तरक्की मिलने पर उसके सरदार जी सबसे पहले टेलीविजन सैट लाएँगे। जिस चीज का सरकारी हलकों में चलन हो, उसे ज्यादा देर तक तो स्थगित नहीं किया जा सकता। दोनों के घर में 'माइयाँ' सफाई करने, बर्तन मलने और कपड़े धोने के लिए आती थीं। रसोई बनाने का काम वे स्वयं करती थीं।"[27]

लेखक ने कुछ विशिष्ट वातावरण के चित्र भी रचे हैं। जीवन विभिन्न पहलुओं से मिलकर बनता है। उसके कई रंग होते हैं। यह बात दूसरी है कि कब कौन सा रंग उभरकर सामने आ जाय। लेखक पति और पत्नी के बिछड़ने के बाद जब पुनः दोनों को मिलाने की असफल चेष्टा करता है तो उस वक्त वह नाटा के घर के ऊपरवाले कमरे को कमोबेश पुनः सुहागरात जैसा ही सजाता है, यथा :

"कमरे के अंदर कदम रखते हुए प्रमिला को लगा जैसे ऐसा ही कोई कमरा उसने पहले भी कहीं देखा है, जिसके बीचोंबीच दो पलंग जोड़कर बिछाए गए थे और दोनों के पीछे तिपाई रखी थी। पर उस कमरे में तो जगह-जगह फूलों के गजरे लटक रहे थे और हवा उनकी महक से बोझिल हो रही थी। तब वह यों अकेली कमरे में दाखिल भी नहीं हुई थी, दस सहेलियाँ, हँसती-बतियाती उसे कमरे तक छोड़ने आई थीं।"[28]

कुछ परिवार ऐसे भी हैं, जहाँ आपसी सामंजस्य न हो पाने की वजह से पारिवारिक वातावरण कितना प्रदूषित हो जाता है, जिसके परिणामस्वरूप सारी जिंदगी बेतरतीब हो जाती है। ऐसा ही महेन्द्र और प्रमिला की जिंदगी में भी होता है। दोनों के आपसी टकराव का परिणाम बच्चे पर और उन पर किस तरह पड़ता है, एक उदाहरण और द्रष्टव्य है :

"घर लौटकर महेन्द्र देर तक पप्पू के बारे में सोचता रहा। घर का यह वातावरण बच्चे के लिए घातक सिद्ध हो रहा है। जिसकी माँ घर की चारदीवारी के बाहर न देख सकती हो, वह क्या सीखेगा ? घर में बू फैली रहती है, कहीं कोई तरतीब नहीं, करीना नहीं। जिधर देखो कचरा, जिधर देखो कचरा। दो-दो पैसे का नमक मँगवाती फिरती है। सारा वक्त पप्पू की नाक बहती रहती है, और हाथों पर मैल जमी रहती है। एक बात को पकड़कर उसने कोहराम खड़ा कर रखा है। सभी औरतें घर का काम करती हैं, बच्चों की और घरवालों की देखभाल भी करती हैं, पर उनके दिमाग में धुन्ध नहीं छाई रहती। महेन्द्र ने नजर घुमाकर प्रमिला की ओर देखा, जो रसोई के काम से निपटने के बाद, बैठक में कालीन पर ही लेटी बेसुध-सी सो रही थी।"[29]

वास्तव में घर-परिवार को इस स्थिति में पहुँचान का श्रय महन्द्र को ही था। अगर महेन्द्र सुषमा के प्रेमपाश में न फँसता तो शायद प्रमिला इतनी बेसुध न हो पाती। प्रमिला पूरे दिन अपने बारे में और महेन्द्र के बारे में सोचती रहती। उसे लगता जैसे उसका कुछ लुटा जा रहा है। जिसे वह बचा नहीं पा रही है। जहाँ ऐसी मनःस्थिति हो, वहाँ उन्नति और प्रगति की बात सोची ही नहीं जा सकती। परिवार में जब शांति हो, हर्षोल्लास का वातावरण हो तभी यह सब संभव हो सकता है।

कड़ियाँ उपन्यास में निम्न वर्ग के जो भी एक-दो पात्र आए हैं, उनकी चर्चा न के बराबर ही आई है। इसलिए इस वर्ग का चित्रण बहुत कम हो पाया है। विषयवस्तु ही ऐसी है, जहाँ ऐसे पात्रों की चर्चा या ऐसे वातावरण के निर्माण की जरूरत लेखक ने महसूस नहीं की है। फिर भी मध्य वर्ग के कुछ पात्र ऐसे आए हैं, जिनके सामने आजीविका के निर्वहन में ही कई समस्याएँ मुँहबाए खड़ी हैं। उदाहरणस्वरूप प्रमिला ही जब महेन्द्र का घर छोड़कर अपने पिता के घर आ जाती है, उस दौरान उसकी हालत बहुत खराब हो जाती है। उसके पिता नारंग साहब की हालत पहले से ही कमजोर रहती है। उन्हें तो दो जून की अपनी रोटी जुटा पाने में दाँतों तले पसीना आ जाता है। इसी तरह प्रमिला का बड़ा भाई परशुराम भी आर्थिक स्थिति से जूझता दिखाई देता है। एक दृष्टांत प्रस्तुत है :

"अब पत्नी आश्वस्त हो गई कि परशुराम दिल्ली नहीं जाएगा। जा पाना इतना आसान भी नहीं था। पचास रुपये तो आने-जाने की टिकट में ही निकल जाते। कहाँ से लाए इतने पैसे ? और फिर मामले यों थोड़े सुलझते हैं कि दिल्ली पहुँच गए तो मामला सुलझ गया। दिल्ली में एक नहीं, बीसियों मित्र-संबंधी बैठे हुए हैं, नारंग साहब खुद वकील हैं। यह गए न गए, क्या फर्क पड़ जाएगा। हाँ, बहिन की ढाढ़स बँधेगी पर ढाढ़स-ढाढ़स में एक सौ रुपये पर पानी फिर जाएगा। इसके बाद घर में दो-एक दिन तक इस पत्र की चर्चा रही। परशुराम आज कल, आज कल कहता रहा, फिर इस संबंध में सोचना तक उसे बोझिल लगने लगा। और पट्ठे ने खत का जवाब तक नहीं दिया।"

परशुराम के पास इतना पैसा भी नहीं रहा कि बहन के दुख में पहुँचकर उसे ढाढ़स बँधा सके। यह आर्थिक मजबूरी ही थी कि वह सिर्फ सोच सकता था, और अपने स्थान से दिल्ली तक नहीं जा सकता था। ऐसे वातावरण में आदमी की प्रगति तो रुक ही जाती है, साथ ही संबंध भी टूटकर बिखर जाते हैं।

'तमस' उपन्यास में देशकाल व वातावरण

देशकाल व वातावरण की दृष्टि से तमस उपन्यास अत्यंत सफल है। तमस में भारत-विभाजन के पूर्व का सीमावर्ती प्रदेश पंजाब के समस्त परिवेश का चित्रण है। भारत आजादी के कगार पर खड़ा था। अंग्रेज यह समझ चुके थे अब एक दिन हमें यह देश छोड़ना ही पड़ेगा। निश्चित रूप से यह बात तय है, जब सत्ता छिनती है, तब तूफान उठ खड़ा होता है। निराश अंग्रेजी हुकूमत के पास इसके अलावा और कोई चारा नहीं रह जाता, कि जो कुछ है उसका स्वरूप बिगड़ जाना चाहिए, क्योंकि उसे उसी में सुकून मिलता है।

यद्यपि लेखक पंजाब का रहनेवाला है और पंजाब सदियों से थपेड़े खाता आया है। लेखक की संवेदना पंजाब की संवेदना से मिलकर एकाकार हो जाती है। हिन्दू-मुस्लिम दंगे के बहाने भय और संदेह, आतंक और घबराहट, दंगे और उत्पात के बीच उपन्यासकार समूची पंजाबी जनता को लाकर खड़ा कर देता है। पहली नजर में कोई यह नहीं समझ पाता कि आखिर यह क्या हो गया। एक सुअर की मौत और मस्जिद की सीढ़ी में उसे रख देने का परिणाम अंग्रेजी हुकूमत जानती थी। देखते-देखते चारों तरफ धुआँ-धुआँ उठता और आग की लपटें पकड़ से ऊँची जा चुकी होती हैं। हर व्यक्ति अनिर्णीत की स्थिति में जीता है। हिन्दू मुसलमान का और मुसलमान हिन्दू का दुश्मन बन जाता है। वर्षों से चले आ रहे रोटी-पानी का रिश्ता, रक्त-पान में बदल जाता है।

भीष्म साहनी स्वयं महेश दर्पण के साथ साक्षात्कार में एक जगह कहते हैं–"विभाजन की त्रासदी पर भी लिखा था तो एक सबक के तौर पर नहीं लिखा था एक विकट मानवीय स्थिति को दिखा पाने की दृष्टि से लिखा था।"[30] तमस उपन्यास में इस विकट मानवीय स्थिति को समझने के लिए लेखक ने शुरू में पात्रों के माध्यम से स्पष्ट कर दिया है। देखिए–बख्शी जी देर तक ठिठके खड़े रहे। फिर धीरे से बोले–"लगता है शहर पर चीलें उड़ेंगी। आसार बहुत बुरे हैं।"[31] भीष्म साहनी कभी-कभी संपूर्ण वातावरण को एक दो व्यक्तियों में ही उजागर कर देते हैं। प्रसंगवश रिचर्ड और लीजा के बीच संवाद देखिए–"बहुत चालाक मत बनो, रिचर्ड। मैं सब जानती हूँ। देश के नाम पर ये तुम्हारे साथ लड़ते हैं और धर्म के नाम पर तुम इन्हें आपस में लड़ाते हो। क्यों ठीक है ना ?...तुम इन्हें लड़ने से रोक भी सकते हो। आखिर हैं तो ये एक ही जाति के लोग।...डार्लिंग, हुकूमत करनेवाले यह नहीं देखते कि प्रजा में कौन सी समानता पाई जाती है, उसकी दिलचस्पी तो यह देखने में होती है कि वे किन-किन बातों में एक-दूसरे से अलग हैं।"[32]

सामाजिक : सामाजिक वातावरण के अंतर्गत भीष्म साहनी ने उस समय के समाज के विभिन्न वर्गों के माध्यम से समाज की मौजूदा परिस्थिति में क्रमागत आचार और नैतिक धारणा में वैषम्य और विरोध की ओर संकेत करने का सफल प्रयास किया है। उस कारण तमस उपन्यास में उच्च, निम्न, मध्यवर्ग के परिवारों के सामाजिक रीति-रिवाज, रहन-सहन, आचार-विचार, भावनाओं आदि के विस्तृत चित्र उभर कर आए हैं। ये चित्र संपूर्ण सामाजिक वातावरण को सजीव रूप में पाठक के सामने उपस्थित कर देते हैं। तीनों वर्गों के रहन-सहन, आचार-विचार और मनोवृत्ति में कितना अंतर है।

निम्न वर्ग के एक व्यक्ति का चित्र देखें–"लैम्प की रोशनी सबसे पहले उसके जूतों पर पड़ी। कुछ पता नहीं चलता था कि वे स्लीपर थे या जूते थे। जूतों के लगभग छः इंच ऊपर खाकी पतलून शुरू होती थी, उसके ऊपर खाकी कोट जिस पर गांधी और नेहरू के जितने तमगे जनरैल को मिल सकते हैं, उसने लगा रखे थे, साथ में रंगीन छिगलियाँ डोरे, सूखे हुए बुढ़ऊ शरीर पर मुचड़ा हुआ खाकी कोट लटक रहा था। ऊपर खाकी कोट लटक रहा था। ऊपर खसखस दाढ़ी नुची-खुची और सबसे ऊपर मूंगिया रंग की पगड़ी।"[33] निम्न वर्ग के मजूदर वर्ग रोटी, कपड़ा और मकान

की लड़ाई के साथ-साथ जुल्म करने से भी नहीं चूकते—"प्रकाशो को सचमुच अल्लाहरक्खा ने घर पर बैठा लिया था। गाँव में फिसाद होने पर माँ-बेटी पहाड़ी की तलहटी पर लकड़ियाँ चुन रही थीं। अल्लाहरक्खा रोती-चिल्लाती प्रकाशो को उठाकर ले गया था। पहली रात तो प्रकाशो अँधेरी कोठरी में पड़ी रही। पर दूसरे दिन अल्लाहरक्खा ने उसके साथ निकाह कर लिया और एक नया जोड़ा भी उसके लिए कहीं से ले आया।"[34]

गरीबी दुनिया का सबसे बड़ा अभिशाप होती है। वह क्या-क्या नहीं करा लेती है। नत्थू जानवर की मरी लाश से चमड़ा निकालकर अपना गुजर-बसर करता था। लेकिन मुरादअली के दबाव के सामने उसे सुअर मारने का भी काम करना पड़ता है। मुरादअली से रोज काम पड़ता था, नत्थू कैसे इंकार कर देता। जब कभी शहर में घोड़ा मरता, गाय या भैंस मरती तो मुरादअली खाल दिलवा दिया करता। अठन्नी-रुपया मुरादअली को भी देना पड़ता, मगर खाल मिल जाती। "उच्च या मध्यम वर्ग के व्यक्ति ऐसे वातावरण में बिल्कुल नहीं रहते। उनकी भव्य कोठियाँ हैं। ऐशो-आराम के लिए ढेरों दौलत है। मोटर से चलते हैं। जितने खर्चे में मजदूर वर्ग पूरे महीने का घर खर्च चलाता है, शायद उतना भी खर्च उच्च वर्ग के सिगरेट और शराब के लिए एक बैठक के लिए भी नहीं होता। रिचर्ड, लीजा, शाहनवाज, लाला लक्ष्मीनारायण, रघुनाथ और अमरीकी प्रिंसिपल हरबर्ट जैसे लोग इसी श्रेणी के प्रतीक हैं। चाभियों के गुच्छे में कुछ नहीं पन्द्रह चाभियाँ होंगी। कुछेक छोटी-छोटी पीतल की चाभियाँ थीं। रघुनाथ की पत्नी यानी भाभी ने पहले बड़े ताले की चाभी अलग करके दिखाई थी, फिर अलमारी के ताले की छोटी सी पीतल की चाबी दिखाई थी। "यह चाबी है, खान जी, भूलना नहीं।"[35]

राजनैतिक : भीष्म साहनी ने तमस में राजनैतिक वातावरण को बड़े विस्तृत ढंग से चिचित्र किया है। सीमावर्ती प्रदेश पंजाब में सांप्रदायिक दंगे हो रहे थे। तमस में देश विभाजन के पूर्व वेला की वीभत्स करुण घटनाओं का सजीव चित्रण भीष्म की कल्पना का सुंदर उदाहरण है। भीष्म साहनी की पैनी दृष्टि से कोई वस्तु नहीं छूटी है। कुछ छुट-पुट चित्र द्रष्टव्य हैं। "सबसे पहले अपनी रक्षा का प्रबंध किया जाना चाहिए। सभी सदस्य अपने-अपने घर में एक-एक कनस्तर कड़वे तेल का रखे, एक-एक बोरी कच्चा या पक्का कोयला रखे। उबलता तेल शत्रु पर डाला जा सकता है, जलते अंगारे छत पर से फेंके जा सकते हैं।"[36] "युवक समाज का काम ठंडा हुआ पड़ा है। देवव्रत जी को आपने और कार्यों में लगा रखा है। मैं समझता हूँ, युवकों को लाठी सिखाने का काम फौरन शुरू कर देना चाहिए। दो सौ लाठियाँ आज ही मँगवाकर बाँट दी जाएँ।"[37]

वातावरण को बिगाड़ने में ये चित्र बहुत ही महत्त्वपूर्ण सिद्ध होते हैं। "गो-वध हुआ तो यहाँ खून की नदियाँ बह जाएगी।"[38] इन बातों से सहज ही अंदाजा लगाया जा सकता है कि स्थिति को बिगाड़ने में वातावरण कैसे निर्मित हो रहा था, ऐसे वातावरण में एक आम-आदमी की जिंदगी के उन्नति व विकास की बात सोचना भी बेमानी होगी। चारों तरफ मारकाट, हत्या, लूट-पाट का एक और दृश्य देखिए—"स्थिति में पहले से कहीं अधिक उग्रता आ गई थी। सड़कों की सड़कें सूनी पड़ी थीं, न

कोई दूकान खुली थी, न कहीं कोई ताँगा-मोटर चल रही थी। अगर किसी दूकान के किवाड़ खुले हों तो समझ लो लूट ली गई है। अगर लाठियाँ लिए कुछ लोग खड़े हों तो समझ लो उन्हीं के संप्रदाय के लोगों का वह मुहल्ला है और जहाँ वे खड़े हैं, वहाँ से दूसरे संप्रदाय के लोगों का मोहल्ला शुरू हो जाता है। पर सभी मुहल्ले यों बँटे हुए नहीं थे। सड़क के किनारे-किनारे के पक्के दो मंजिला मकान हिन्दुओं के पीछे गलियों में कच्चे मकान मुसलमानों के, या देवदत्त की शब्दावली में, सड़कों पर खुलनेवाले मकान मध्यवर्ग के, गलियों में खुलनेवाले मकान निम्न वर्ग के।"[39]

अनेक बार साधारण से साधारण घटनाएँ भी उपन्यास को यथार्थ रूप में प्रस्तुत किए जाने पर मोहक हो जाती हैं। चिर-परिचित घरेलू दृश्य भी अरोचक नहीं होते। तमस में नत्थू और उसकी पत्नी, हरनाम सिंह और बंतो आदि को जिस वातावरण में चित्रित किया है, वह जन-जीवन के स्वाभाविक वातावरण की यथार्थता का द्योतक है। कहा जाता है कि वातावरण के सूक्ष्म निरीक्षण में दृश्य को सकारण करने की शक्ति रहती है। दृष्टि क्षेत्र में आनेवाली लघुतम वस्तुओं को भी आवश्यक महत्त्व देकर कला का रूप दिया जा सकता है। जब सूक्ष्म वस्तुओं को एक-एक करके आँखों के साम्ने लाया जाता है, तभी यह भ्रम हो सकता है कि हम उस वातावरण में फिर रहे हैं, जिसमें पात्र स्वयं विचरते हैं। एक और चित्र द्रष्टव्य है–"चारों ओर हाहाकार मचा था। लपलपाती आग की लपटें अब दो जगह से उठने लगी थीं। ढलान पर मकानों की दीवारों पर, गली के ईंटों के फर्श पर लपटों के साये नाच रहे थे। नदी के जल में लाल लपटों का साया झिलमिला रहा था, पानी अपने आप ही लाल होने लगा था।" वातावरण का एक और दृश्य प्रस्तुत है।

"जब रोशनी फैलने लगी तो चीलें और कव्वे ढेरों के ढेरों आसमान में उड़ने लगे। अनेक गिद्ध भी मँडराते हुए आ गए। स्कूल के बाहर खड़े एक रुण्ड-मुण्ड पेड़ पर दस-पन्द्रह गिद्ध आकर बैठ गए थे। छोटे-छोटे सिरा, बड़े-बड़े पीले चोंच। कुछ गिद्ध कुएँ की जगत पर आ बैठे थे, जहाँ लाशें फूलने लगी थीं और फूल-फूलकर कुएँ के मुँह तक पहुँचने लगी थीं। घरों के मुँडेरों पर भी जगह-जगह गिद्ध आकर बैठ गए थे। गलियाँ सुनसान पड़ी थीं, बिखरी लाशें गाँव की निस्तब्धता को और भी गहरा बना रही थीं।"[40]

अतः निष्कर्षतया यह कहा जा सकता है कि भीष्म साहनी को तमस उपन्यास में वातावरण रचना में पर्याप्त सफलता मिली है। तमस में देशकाल का द्वन्द्व प्रमुख रूप से उभरा है। व्यक्ति, समाज और देश का विकास मुख्य रूप से देशकाल और वातावरण की पृष्ठभूमि पर होता है। भीष्म साहनी ने तत्कालीन समाज को बहुत ही करीब से देखकर ही ऐसे वातावरण की सृष्टि की है और निश्चित रूप से प्रभावोत्पादक बन पड़ा है।

'बसंती' उपन्यास का देशकाल व वातावरण

बसंती उपन्यास का वातावरण दिल्ली के रमेश नगर के पास एक वीरान टीले पर स्थित मजदूरों की बस्ती से संबंधित है। बस्ती क्या थी, दिल्ली की ही एक सड़क किनारे छोटा सा राजस्थान बना हुआ था, अर्थात् इसमें राजस्थान के राज मजदूर हैं।

अन्य निवासी उत्तर प्रदेश, हरियाणा और पंजाब के हैं, जो नाई, धोबी, मोची आदि का कार्य करते हैं। पहले यह बस्ती कच्ची झोंपड़ियों की थी, बाद में राज मजदूरों ने ईंटों के पक्के मकान बना लिए थे। दो-दो पीढ़ियाँ यहाँ उम्र लाँघने लगी थीं। एक दृश्य द्रष्टव्य है :

"फिर यही झोंपड़े पक्के होने लगे। आखिर राज मजदूर ही तो यहाँ रहते थे, उनके लिए कच्ची दीवार की जगह पक्की दीवार खड़ी करना और मिट्टी के फर्श की जगह ईंटों का फर्श बाँधना क्या मुश्किल था। इस तरह राज मजदूर अपनी छोटी बस्ती में ही बने रहे। उनकी औरतें मजदूरी छोड़कर रमेश नगर के घरों में ही चौका बर्तन करने लगीं और भाई-बन्द बसों में बैठकर इमारती काम पर जाने लगे और इस तरह दिल्ली के ही वाशिन्दे बन कर रह गए।

यहीं पर शादियाँ-ब्याह होने लगे, यहीं पर राज-मजदूरों ने अपनी पंचायतें बना लीं। जहाँ गलियाँ कच्ची थीं, वहाँ धीरे-धीरे चौके बिछ गए, पक्की गलियाँ बन गईं। पानी का बड़ा पाइप इधर से ही होकर जाता था, इसलिए कह-सुनकर तीन जगह पर नल भी लग गए। चाय-पान की, सौदा-सूद की छोटी-मोटी दूकानें भी खुल गईं।

पक्की कोठरियों के साथ-साथ एक-दूसरे को बाँधनेवाले सूत्र भी पक्के होने लगे। दो-दो पीढ़ियाँ बस्ती में उम्र लाँघने लगीं। ऐसे छोकरे-छोकरियाँ, जिन्होंने राजस्थान की धरती को कभी देखा नहीं था, बस्ती और रमेश नगर की सड़कों पर घूमतीं।"[41]

दो-दो पीढ़ियाँ गुजर गईं, फिर भी सरकारी जमीन पर उनका स्वत्व नहीं हो सका। बस्तीवाले बरसों से अपनी-अपनी जमीन का कब्जा पाने के लिए संघर्षरत थे। फिर भी संशय, जिंदगी जीते निर्माण कार्य को बढ़ाते ही जाते। उदाहरण द्रष्टव्य हैः

"मैं कहूँगी जिस जमीन पर हमारी कोठरियाँ खड़ी हैं, वे हमारे नाम कर दो और हमसे जमीन के पैसे ले लो। कोठरियाँ तो हमने अपने पैसों से बनाई हैं, इन्हें कोई क्यों तोड़े ? हमारा नुकसान भी करें और हमें बेघर भी करें। तुम्हारे मुँह से बात ही नहीं निकलती। अंगरखे पहने कचहरी में मटक-मटक कर आ गए।"..."क्यों क्या ? छोटे अफसर ने हमें बोलने ही नहीं दिया। हमें अपने दफ्तर में ले गया और फैसला सुना दिया--तुम्हें निकलना होगा, बस्ती खड़ी नहीं रह सकती। पूछो रामप्रकाश से। इसने कुछ कहने का मुँह खोला कि वह अफसर कड़क कर बोला--सरकार ने जो फैसला करना था, कर दिया। अब बहस करने की कोई जरूरत नहीं।"[42]

यद्यपि बस्तीवाले शासकीय नियमों के अनुसार गलत थे। परन्तु जब सवाल पेट का आता है, तो बहुत सी बातें गौण हो जाती हैं। रोटी के साथ कपड़ा और मकान की जरूरत बुनियादी माँग है। रमेश नगर की बस्तीवालों का कहना भी अपने स्थान पर बहुत जायज है। "दस बीस रोज की बात होती तो कच्ची झोंपड़ियों में पड़े रहते। अब तो यहाँ रहते बरसों बीत गए। घर पक्का बना लिया तो क्या गुनाह किया ?"[43] परन्तु इनकी सुनता कौन है ? सरकार तो इन्हें अवैध काबिज मानती है। इनकी विडंबना यह है कि पुलिस इन्हीं में से किराए के मजदूरों को लेकर उन्हीं की बस्ती को उजाड़ने का आदेश देती है। ये मजदूर अपने ही साथियों को बेघर-बार कर देते हैं। इन्हें जबरदस्ती लारियों में भरकर दूर खुले मैदान में छोड़ दिया जाता है। बरसात में ये बिना किसी विरोध के भेड़ों की तरह भाग निकलते हैं। देखिए उस दृश्य का एक

वीभत्स रूप :

"ढलान अब लोगों से खचाखच भरी थी। सभी लोग मर्द और औरतें अपने-अपने टीन कनस्तर उठाए, मूसलाधार बारिश में, एक-दूसरे से टकराते, उलझते, नीचे उतर रहे थे। अब ऊपर की ओर भी शोर बढ़ गया था। कोठरियों से बाहर बहुत सा सामान रखा रह गया था और अब ढलान पर भी लोगों का सामान छूटने लगा था। कहीं पर कोई खाट गिरी पड़ी थी तो कहीं पर कोई घड़ा या छोटे-छोटे डिब्बे। एक बार हाथ से छूट जाने पर भीड़ में से दुबारा उठा पाना असंभव था। डिब्बा एक बार गिरकर खुल गया तो उसे समेटने और उठाने का सवाल ही नहीं उठता था। शामों की माँ, गंगो चाची गोद में बच्चे को उठाये, सिर पर टंकी रखे ढलान पर से उतर रही थी, जब पीछे से लोगों का धक्का पड़ा और गंगो चाची औंधे मुँह गिरते-गिरते बची, और टंकी नीचे गिरते ही खुल गई और सभी कपड़े-लत्ते लोगों के कीच भरे जूतों के नीचे मसले जाने लगे।"[44]

इस सबके बावजूद भी ये मजदूर फुटपाथ पर अपनी दूकानें लगाते किन्तु पुलिसवाले उन्हें वहाँ से भी भगा देते। रोटी के लिए संघर्षरत, जमीन से जुड़े ये लोग आश्रयहीन जिंदगी जीने के लिए मजबूर हो जाते हैं। उनकी पीड़ा इस वाक्य से ज्यादा स्पष्ट समझी जा सकती है। "हमने हाथ बाँधकर कहा, मालिक, हम राज मिस्त्री, हम ही घर बनावें और हमारे रहने का ठौर नहीं, लोगों को घर जुटावें और अपना सिर छिपाने के लिए जगह नहीं। इस मेह बरसात में तो हमें बेघर नहीं करो।"[45] परन्तु शासक वर्ग पर इस बात का कोई असर नहीं होता। उसके लिए आदेश का मतलब आदेश होता है। इस भागम-भाग में किसी का कुछ छूटा जा रहा है तो किसी का कुछ। किसी की बीवी छूट रही है तो किसी का बच्चा। भागते हुए मोची की दशा तो और देखते बनती है। उसका बक्सा सर से गिरकर खुल गया। और गिरते ही खुल गया। चमड़े के बारंग, छोटे-बड़े टुकड़े, थिगलियाँ, धागे, टायर के टुकड़े सभी औजार और छोटे-छोटे कील सड़क पर बिखर गए थे। बूढ़ा मोची इतना घबड़ाया हुआ था कि उसकी समझ में नहीं आ रहा था कि क्या उठाए और क्या नहीं उठाए। एक व्यवस्थित जिंदगी इतनी अव्यवस्थित कर दी जाती है कि जिसके रेशे-रेशे उघार कर रख दिए जाते हैं।

सामाजिक परिस्थितियाँ : उपन्यास मूलतः सामाजिक समस्याओं को लेकर ही लिखा गया है, इसलिए सामाजिक वातावरण का चित्रण विस्तृत रूप से मिलता है। उपन्यासकार ने कई ऐसे प्रश्न चिन्ह उपस्थित किए हैं, जिनकी ओर प्रबुद्ध वर्ग के पाठकों का ध्यान आकर्षित होता है।

आर्थिक परिस्थितियाँ : बसंती उपन्यास में निम्न वर्ग की आर्थिक स्थिति तो बहुत ही शोचनीय एवं दयनीय है। रोज का कमाना और रोज का खाना है। मजदूर वर्ग के ये प्रतिनिधि धोबी, नाई और मोची आदि एक दिन काम न करें तो शाम को चूल्हा नहीं जल सकता। राज मजदूर लोग मकान बनाने का काम करते हैं तथा उनकी स्त्रियाँ भी पहले मजदूरी ही करती थीं, परन्तु अब रमेश नगर में रहने वाले बाबू लोगों के घरों में चौका-बर्तन का काम करती थीं। इस तरह कमाने-खाने का

कार्यक्रम चलता था। "कहीं नये मकानों की नींवें खोदी जाने लगतीं तो आसपास के राज-मजदूरों की छोटी-छोटी अनगिनत झोंपड़ियाँ खड़ी हो जातीं, लोहा, सीमेंट, ईंट, पत्थर के ढेरों के बीच, इन झोंपड़ियों में मोटी-मोटी रोटियाँ सेंकी जाने लगतीं, बच्चे रेत-मिट्टी के ढेरों पर खेलने-सोने लगते और मजदूरी के काम से निबट कर स्त्रियों की टोलियाँ गाती हुई अपनी-अपनी झोंपड़ियों में लौटने लगतीं।"[46]

निम्न वर्ग की आर्थिक दशा का एक और उदाहरण द्रष्टव्य है—"धरती तो भैया, भगवान की है, इस पर जो बैठे, कोई मनाही नहीं है, पर यहाँ पर तो हमारी भी दो जून रोटी का जुगाड़ नहीं हो पाता। तुम यहाँ बैठने लगे, तो न तुम्हारे हाथ कुछ लगेगा न हमारे।"[47]

उपन्यास में उच्च-मध्य वर्ग की आर्थिक स्थिति का भी चित्रण किया गया है। यह वर्ग सम्पन्न है, ये लोग नौकर रखते हैं, बर्तन चौका करनेवाली नौकरानियाँ रखते हैं। आधुनिक साज-सज्जा से सजा परिवार हर तरह से भरा-पूरा है। घर में ही टी. वी. है, स्त्रियों के लिए सौंदर्य प्रसाधन की सभी सामग्रियाँ मौजूद हैं। बच्चों के लिए बोतल में दूध, लेटने के लिए पालनों में सुंदर बिछौने और खेलने के लिए रंग-बिरंगे खिलौने उपलब्ध होते हैं।

"बालों में तेल लगा दूँ, बीबी जी ?"

"नहीं।"

"झाडू लगा दूँ, बीबी जी, बरामदा गंदा हो रहा है...चाय बना दूँ, बीबी जी... ।...जा बना ला चाय। अपने लिए भी बना ला, मेरे लिए भी। चीनी कम डालना।"[48]

इस तरह मध्यवर्ग के लोगों का जीवन उच्चवर्ग के करीब ही था। इन्हें खाने-पहनने, रहने, काम करने आदि की कोई चिंता नहीं थी। इनका जीवन खुशियों से भरा था। एक आदमी को आधुनिक युग में जो सुविधाएँ चाहिए, वह सभी इस वर्ग को प्राप्त हैं।

उपन्यासकार ने यह स्पष्ट किया है कि एक आर्थिक वैषम्य समाज में व्याप्त था जो निम्न वर्ग व दलित वर्ग था, जो आर्थिक विषमताओं से जूझ रहा था। दो जून की रोटी भी उसे मिलना दुष्कर थी। जबकि मध्यमवर्ग का समाज अधिक सुख-सुविधाओं से सम्पन्न था।

नर-नारी के पारस्परिक संबंध : समाज में नर व नारी का सहयोग समान रूप से होता है। परंतु दोनों की हैसियत में बहुत अंतर किया गया है। नारी की स्थिति सामंती समाज की दयनीय स्थिति की तरह है। निम्न वर्ग में भी देखी जा सकती है। उनमें भी सामंती प्रवृत्तियाँ सक्रिय हैं। जिसके अनुसार स्त्री को अपनी दासी या भोग्या की हैसियत से अधिक नहीं समझते हैं। चौधरी अपनी पत्नी के सर पर सामान लादे जा रहा था और वह नीचे खड़ी-खड़ी रोये जा रही थी। औजारों का थैला रखते ही उसके घुटने बैठ गए—"मार डालोगे मुझे ? मुझसे नहीं उठेगा।"[49] ..."तू नहीं उठायेगी तो यहाँ तेरा बाप सारा सामान उठाने आएगा।"[50] बसंती उपन्यास में दीनू तो सामंती प्रवृत्ति का सबसे बड़ा नायक दिखाई देता है। दोनों के संवाद द्रष्टव्य हैं—"तूने और किसने भगवान के सामने सौगंध खाई है या नहीं, मेरी माँग में रंग भरा है या नहीं ? मेरे बालों में फूल टाँके हैं या नहीं ? और ब्याह क्या होता है।"..."तू पीछे

पड़ गई थी तो क्या करता। तेरी जैसी तो यहाँ रोज मिल जाती हैं।"[51] इस बात से सहज ही कल्पना की जा सकती है, जहाँ नारी के प्रति पुरुष के ऐसे विचार हों, वहाँ नारी की स्थिति कैसी होगी। बसंती के द्वारा स्वीकृत जो विवाह है, दीनू की दृष्टि में वह विवाह नहीं है, यह भी नारी के प्रति हेय दृष्टि का परिचायक है। स्त्री पुरुष की दृष्टि में वस्तु बनकर रह गई है, इसलिए उसे किसी के हाथ में बिना उसकी मर्जी के विक्रय किया जा सकता है। नारीत्व की इससे बढ़कर अवमानना और क्या हो सकती है।

परन्तु यह प्रवृत्ति मध्यवर्ग में नहीं देखी जाती। मध्यवर्ग के प्रतीक सूरी साहब और मिसेज सूरी के बीच दोस्ताना संबंध है। दोनों एक-दूसरे के सहयोगी हैं। "डार्लिंग चपाती और लोगे, डार्लिंग ? एक छोटी सी चपाती और ले लो डार्लिंग। तुमने तो कुछ भी नहीं खाया, डार्लिंग।"

अवैध संतान-विवाह की समस्या : बसंती उपन्यास में अवैध संतान और विवाह की समस्या प्रमुख रूप से उभर कर आई है। बसंती जिस परिवार में पैदा हुई, उस समाज में सदियों से बेटी बेचने की प्रथा चली आ रही थी। विवाह होता तो अवश्य था, परन्तु दूल्हा हम उम्र ही हो, यह कोई शर्त नहीं थी। चौधरी तो साठ वर्षीय नपुंसक बुलाकीराम के हाथ बसंती को बेचकर विवाह रचाना चाहता है। उसने अपनी दो बड़ी बेटियों का विवाह भी ऐसे ही वरों से किया है। परंतु बसंती इस व्यवस्था को नकार देती है। इसलिए बसंती को कई तरह की समस्याओं का सामना करना पड़ता है। वह प्रेमी के साथ विवाह रचाती है। बिल्कुल फिल्मी ढंग से। दोनों बरामदे में निकलकर आ गए। बाहर चाँद खिला था और मंद-मंद शीतल हवा बह रही थी। भगवान के चित्रवाला फटा हुआ कागज, बसंती ने इधर-उधर देखकर एक आले में रख दिया—"इसके सामने खड़ा हो जा, यों।" बसंती ने बड़े आग्रह से कहा। उसके साथ सटकर बंसती भी खड़ी हो गई। "हाथ जोड़...फूल मेरे बालों में लगा दे।"...."एक फूल तो हर कोई औरत लगाती है, मेरे तो ब्याह हो रहा है। तू एक और फूल मेरे बालों में लगा दे।"..."अब तू मेरी माँग भर। तेरे पास लाल रंग है? न जाने इसकी प्रेरणा बसंती को फिल्मों से मिली है या वह उसकी अन्तःप्रेरणा है। परन्तु इतना तो तय है कि फिल्मी वातावरण का असर समाज में हुआ है और उससे बसंती बची नहीं है।

यद्यपि जब बसंती दीनू के बच्चे की माँ बनती है तो समाज उसे अवैध करार देता है और उसे सर छुपाने की जगह भी नसीब नहीं होती। बसंती जिस रूढ़िवादिता का विरोध बचपन से करती आई है, उस अवैध संतान की वजह से बुलाकीराम से शादी करने के लिए तैयार हो जाती है। "मतली नहीं उठती तो मैं परवाह भी नहीं करती। पर मतली उठती थी।"[52] इस पर बुलाकी झल्लाया था—"पेटवाली लड़की को ब्याहकर ले जाएँगे तो लोग हमारे मुँह पर थूकेंगे नहीं ?" हमने कहा—"कोई बात नहीं, सुन लेंगे जो कोई बुरा कहेगा।"[53] बुलाकीराम जैसे लोग कुछ भी कर सकते हैं फिर अवैध बच्चे का डर उसे भी सताता है। जमाना क्या कहेगा ?

फिल्मों का इतना प्रभाव समाज में दिखाई देता है कि बसंती एक बार पुनः अपना बसा-बसाया घर उजाड़कर दीनू के आगोश में जा समाती है और सौतिया डाह

की शिकार होती है। आखिर दीनू एक दिन उसे और उसकी अवैध संतान को छोड़कर अपनी पत्नी और बच्चे को लेकर गाँव चला जाता है। दीनू के लिए बसंती का प्रेम एक खिलवाड़ था। यहाँ पर यह बात साफ तौर से सिद्ध होती है कि समाज कितना क्यों न पिछड़ा हो, परंतु परम्परा व रीति-रिवाज अपने स्थान पर मील के पत्थर की तरह अडिग हैं, जो उसका विरोध करता है, उसकी हालत बसंती जैसी ही होती है।

अंततः बसंती उपन्यास का वातावरण बाहर से आए हुए मजदूरों और छोटे-मोटे धंधों की तलाश में शहर में आए हुए लोगों से संबंधित है। इनके पास न घर है और न आजीविका का पुष्ट साधन। इनके पास न गाँव में कुछ है और न शहर में। कहीं जमने की कोशिश करते हैं तो उखाड़कर फेंक दिए जाते हैं। ये सब उठल्लू चूल्हे हैं। ऐसे समाज में कोई चेतना नजर नहीं आती। ये पलायनवादी और समझौतावादी हैं। यह इनकी मजबूरी है। पेट की आग के सामने बाह्य संघर्ष में पिछड़ जाते हैं।

यह समाज रूढ़िवादी और अंधविश्वासी है। नैतिकता से इनका कोई खास वास्ता नहीं है। कन्या विक्रय, भ्रूण विक्रय, पत्नी विक्रय, अनमेल विवाह आदि ऐसी क्रियाएँ हैं, जिनकी वजह से इन्हें अनैतिक कहना अतिशयोक्ति नहीं होगी। स्त्री इस समाज में भोग की वस्तु है। प्रेमिका का कोई महत्त्व नहीं है। पैसे के लिए इन्हें इस्तेमाल करना आम बात है। प्रेम विवाह के स्थान पर परम्परागत विवाह पद्धति को महत्त्व दिया जाता है। यह समाज, क्रूर, संवेदनहीन, धोखेबाज और पाखंडी है। इस वर्ग की स्त्रियों में ईर्ष्या, प्रतिस्पर्धा, शंका और संदेह जैसे दुर्गुण आम रूप से दिखाई देते हैं। सहानुभूति के स्थान पर इस वर्ग को घृणा का शिकार होना पड़ता है। समाज और सरकार दोनों इस समाज के प्रति बेखबर से रहते हैं।

'मैयादास की माड़ी' उपन्यास में देशकाल व वातावरण

देशकाल और वातावरण की दृष्टि से मैयादास की माड़ी एक बहुत धनी उपन्यास है। इस उपन्यास में पंजाब की धरती पर जब खालसा दरबार के पाँव उखड़ चुके थे और अंग्रेजी शक्ति अपना पाँव जमाने में ताबड़तोड़ कोशिश कर रही थी, का वातावरण पूरी तरह से मुखरित हो उठता है। उपन्यास का सिंहावलोकन करने पर उस काल की सारी परिस्थितियाँ, धरती, घर, मकान, कस्बा और लाहौर में घट रही घटनाएँ जीवंत हो उठती हैं।

मैयादास की माड़ी की कथावस्तु तीन काल खण्डों में व्यक्त की गई है। पहले खण्ड में दीवान धनपत के व्यक्तित्व की चर्चा, उसके बेटों का ब्याह, मलिक मंसाराम से रिश्ता और दीवानों के पुरोहित रामदास की चर्चा आई है। दूसरे काल खण्ड में टीले के पार बनी माड़ी का इतिहास, उसकी प्रासंगिकता, दीवान मैयादास, राजा अमीरचंद, और लाहौर दरबार के उत्थान और पतन की गाथा जहाँ विस्तृत रूप से आई है, वहीं अंग्रेजी हुकूमत का उत्थान, लाहौर दरबार की समाप्ति के साथ कस्बे में दीवान धनपत और मलिक मंसाराम जैसे अंग्रेजों के भक्तों का उभरना, रेल का विकास और अंग्रेजों द्वारा भारतीय पूँजी और श्रम का शोषण दिखाया गया है, जो कि एक बहुत ही महत्त्वपूर्ण काल खण्ड माना जाना चाहिए।

तीसरा काल खण्ड अतीत का अवशेष, माड़ी के अंदर एक नये विद्यालय का

उदय और राय बहादुर बनने के फिराक में दीवान धनपत के सबसे छोटे बेटे हुकूमत राय का अंग्रेजों के प्रति अति वफादारी और भारतीय जनता के साथ दुर्व्यवहार का जहाँ विस्तृत विश्लेषण आया है, वहीं भारतीय जनता का प्रतीक आजादी का दीवाना तिलकराज 'आजाद' की यह घोषणा—"कल फिर लाठी चार्ज करवाना। लाठी नहीं, गोली चलवाना। कुछ लोग आज घबराकर भागे हैं, पर कल नहीं भागेंगे।...सुना है तुम राय बहादुर बनोगे ?"[54] इस बात को चेतावनी देता है कि हम बहुत दिनों तक तुम्हारे अत्याचार को सहने के लिए तैयार नहीं हैं। यहीं से भारतीय जनमानस की चेतना का विकास प्रारंभ हो जाता है।

तीनों खण्डों में लेखक ने जिस मनोयोग से वातावरण को उभारा है, वह प्रशंसनीय है। एक उदाहरण देखें—"रुक्मणी जब कल्ले के साथ ब्याहकर माड़ी में आई, उस वक्त उसकी उम्र तेरह की रही होगी। उसके लिए माड़ी में घूमना किसी शहर की गलियों में घूमने जैसा था। एक गलियारा दूसरे में खुलता, जैसे एक गली दूसरी गली में खुलती है, और जगह-जगह कोई-न-कोई अद्‌भुत चीज देखने को मिल जाती। तभी माड़ी का एक पुराना नौकर जो कभी दीवान मैयादास का सेवक था, रुक्मणी को मिल जाता है। वह रुक्मणी को माड़ी में घुमा-घुमाकर एक-एक वस्तु के बारे में बता रहा था। जिसमें माड़ी का अतीत वर्तमान बनकर सामने मुखरित हो उठता :

"सब वक्त-वक्त की बात है, बीबी, पहले तो यही माड़ी के मालिक थे। इन्हीं के पिता ने माड़ी बनवाई थी। तस्वीर में देखे, यह जो पोस्तीन पहने हैं ना, यह काबुल की है। ऐसी पोस्तीन काबुल में पहनते हैं। बड़े मालिक काबुल में ऊँचे ओहदे पर बहुत दिन तक रहे थे। लाहौर-दरबार ने भेजा था। हम इन्हीं की नौकरी में यहाँ आए थे। तब हम बहुत छोटे थे, तुमसे भी छोटे।"[55] कहता हुआ बूढ़ा टहलुआ हँस दिया।...यह समावार है, पीतल की बनी है, इसमें वे लोग कहवा बनाते हैं और यह लोहे की बनी है।...बड़े मालिक ही सबसे पहले पीने लगे थे।...पर अब तो बरसों से यहीं पर पड़ा है। सब वक्त-वक्त की बात है। हम एक-एक चीज को पोंछ-पोंछ कर साफ करते थे। मजाल है जो कहीं जरा-सी भी धूल रह जाए। बड़े मालिक बड़े चाव से बाहर से चीजें लाते थे और बड़ी मालकिन को देते थे।"[56]

भीष्म जी ने अन्य उपन्यासों की तरह मैयादास की माड़ी में जिन चित्रों को दर्शाया है, वे विषय के अनुकूल बन पड़े हैं। वह दृश्य अलग से लादा गया बिल्कुल प्रतीत नहीं होता। उदाहरण के लिए उस दृश्य को लें, जब हुकूमत राय इग्लैण्ड से बैरिस्टरी पढ़कर लौटा तो उसने माड़ी में एक छोटा-सा इग्लैण्ड बसा रखा था। यथा—"दीवान हुकूमत राय ने माड़ी के निचले हिस्से में अपने लिए छोटा-सा इग्लैण्ड बना लिया था। कमरों की साज-सज्जा, और बैरिस्टर का रहन-सहन अंग्रेजी का था। खानसामा, सुबह के वक्त गर्म-गर्म चाय लेकर आता, और हिदायत के मुताबिक खिड़की पर से पर्दा हटा देता। बिस्तर में से उठने पर बैरिस्टर ड्रेसिंग गाउन डाल लेता, जिसे उसने बरसों पहले आक्सफोर्ड स्ट्रीट से खरीदा था, और पाइप लेता। सोनेवाले और बैठनेवाले कमरों में अंगीठियाँ भी बनवाई गई थीं। जाड़ों में अंगीठी में आग जलाई जाती थी। शाम के वक्त जब आग की लपटें अंगीठी में से उठतीं तो दीवान अपने ड्रेसिंग गाउन में हाथ, हाथ में व्हिस्की का गिलास थामे, अंगीठी की ओर पीठ किए

वैसे खड़ा होता, जैसे इंग्लैंड मे अपने सहपाठियों के साथ खड़ा हुआ करता था।"[57]

भीष्म साहनी ने वातावरण की सृष्टि के लिए कहीं-कहीं वर्णनात्मक चित्रों को लम्बा खींच दिया है। फिर भी वे बोझिल नहीं हो पाए हैं। परंतु कहीं-कहीं पर कुछ ही पंक्तियों में संपूर्ण वातावरण मुखरित हो उठता है। प्राकृतिक चित्रण का एक दृश्य प्रस्तुत है :

"रुक्मणी देखे जा रही थी पर उसकी पकड़ में कुछ भी नहीं आ रहा था। सामने झील के पार, पर्वत था, पर्वत का ऊँचा ललाट, जिस पर बर्फ की चादर बिछी थी। चारों ओर पेड़-पौधे, हौले-हौले किसी लय पर झूम रहे थे। नीचे दूधिया जल की झील का विस्तार था, ठाठें मारते हुए अनेक जल उसमें गिर रहे थे, जिसमें सारा वातावरण मुखरित हो रहा था।"[58]

देशकाल और वातावरण का विषयगंत वर्गीकरण

उपन्यास में विषय की दृष्टि से वातावरण को तीन भागों में विभाजित किया जा सकता है। सामाजिक, राजनैतिक और ऐतिहासिक। इन विषयों के अनुरूप लेखक अपने वातावरण की सृष्टि करता है।

सामाजिक : सामाजिक वातावरण के अंतर्गत भीष्म जी ने समाज के विभिन्न वर्गों के माध्यम से समाज की मौजूदा परिस्थिति में, क्रमागत, आचार और नैतिक धारणा में वैषम्य और विरोध की ओर संकेत करने का सफल प्रयास किया है। इस कारण मैयादास की माड़ी में, उच्च, मध्य और निम्न मध्यवर्ग के परिवारों के सामाजिक रीतिरिवाज, रहन-सहन, आचार-विचार, भावनाओं आदि के विस्तृत चित्र उभर कर आए हैं। ये चित्र संपूर्ण सामाजिक वातावरण को सजीव रूप में पाठक के सामने उपस्थित कर देते हैं।

'मैयादास की माड़ी' में एक स्त्री पात्र भागसुद्धी नाम की आई है, पूरे कस्बे में उसका दबदबा रहता है। किसी ने नहीं डरती है। गलत कार्य किसी का देखती, उसी को फटकार लगा देती। हर कोई उसकी इज्जत करता। परंतु किस परिस्थिति में रह रही थी, यह शायद ही लोगों को पता रहा हो। किन परिस्थितियों में भागसुद्धी रह रही थी, उसका चित्र प्रस्तुत है—"तब से भागसुद्धी और नागराज दोनों इसी कोठरी में रहने लगे थे। यों नागराज का वास कोठरी के पिछवाड़े के खण्डहर में था। उस रोज पहली बार खण्डहर में से निकलकर, जैसे-तैसे, एक खड्ड के रास्ते, भागसुद्धी की कोठरी में पहुँच गए थे, पर जब भक्तिन ने दूध की कटोरी दहलीज पर रख दी तो नागराज ने अपना रास्ता बदल लिया, और तब से भक्तिन के ही होकर रह गए थे। रोज खण्डहर में से कोठरी में आ जाते। कभी-कभी घंटों कोठरी में ही बने रहते, क्योंकि कोठरी ठंडी-ठंडी थी। उन्हें ठंडी-हाँडी-परात के पीछे दबक कर लेटे रहना अच्छा लगता था। कभी भागसुद्धी की छोटी-सी संदूकची के पीछे पड़े रहते। कभी दीवान के साथ पड़े रहते, कभी दीवार से सटे बर्तनों के साथ।"[59] ऐसे वातावरण में भागसुद्धी अपना जीवन यापन कर रही थी। ऊपर टूटी छत की चिन्ता नीचे काले फनियर नागराज का भय, इन दोनों ने मिलकर भागसुद्धी को निडर कर दिया था। उसके व्यक्तित्व में अल्हड़पन भर दिया था। शायद यही वजह थी कि उसे किसी का भय

बिल्कुल नहीं सताता था।

रामदास पुरोहित दीवानों का पुरोहित था। दीवानों का पुरोहित होना अपने-आप में एक गर्व और महत्त्व की बात मानी जाती थी। उस हैसियत से पुरोहित का रहन-सहन बिल्कुल रईसों जैसा होना चाहिए। परंतु ऐसा नहीं होता। पुरोहित की स्थिति भागसुद्धी से कोई खास अच्छी नजर नहीं आती। उदाहरण द्रष्टव्य है—"रामदास का निवास कस्बे के एक छोर पर एक छोटी-सी अँधेरी कोठरी में था। वहीं कोठरी के बाहर सलोनी गाय बँधी रहती और अंदर, अँधेरी कोठरी में दो-एक पीतल के चमचमाते बर्तन, कोठरी के आर-पार लगी अलगनी पर टंगे मैले-कुचैले कपड़े और उसी अँधेरे में डोलती उसकी चौथी पत्नी, यही कुछ पुरोहित की मिल्कियत थी।"[60] निश्चित रूप से ऐसे वातावरण में रहनेवाला कोई भी व्यक्ति स्वस्थ मस्तिष्क का कैसे हो सकता है। ऐसा वातावरण सोच को प्रभावित करता है।

इसी तरह हुकूमत राय जैसे रईसों के सिर्फ बरामदे का दृश्य कुछ और होता है। उनके ठाट-बाट कुछ और होते हैं। "बरामदे में कदम रखो तो गमलों में रखे फूलदार पौधों की कतारें थीं, जिनके बीचों-बीच लंबा, लाल रंग का टाट बिछा था। दीवारों पर बारहसिंहों के सिर लगे थे, एक चीते का। साथ में कुछेक फोटो-चित्र टंगे थे, जिनमें अंग्रेजों के साथ दीवान साहिब को शिकार खेलते दिखाया गया था। हर कमरे में मोटे पर्दे टंगे थे, जो गर्मी-सर्दी लटके रहते। कहीं काले रंग का गोलमेज, कहीं किरमची रंग का चौकी, मेज, कहीं तिपाइयाँ, तरह-तरह की कुर्सियाँ, बढ़िया बलूत की लकड़ी का फर्नीचर था।"[61] इनकी तुलना में निम्न और मध्य वर्ग की स्थिति कितनी दयनीय है। दीवान धनपत का ठाट भी किसी से छिपा नहीं है। दीवान धनपत लंबे चौड़े पलंग पर जिसमें हाथी दाँत के बढ़िया पाए लगे थे, लेटा करता। वह अपने नौकरों को भी विलायती साबुन हाथ धोने के लिए देता। एक उदाहरण द्रष्टव्य है:

"नहीं मालिक, मैं हाथ धोकर पानी लाया हूँ।"

"किससे हाथ धोए थे ?"

"मिट्टी से, मालिक।"

"कल्लू के पट्ठे। मैंने कहा जो है कि विलायती साबुन से हाथ धोया करो।"

"मालिक।"

रीति-रिवाज : इन चित्रों के साथ भीष्म जी ने रीति-रिवाज के भी कई चित्र खींचे हैं। जैसे स्थानीय प्रथा के अनुसार जिसकी शादी होती है, उसे एक घेरे में खड़े साँड (दुंवे) को घूँसे मार-मार कर गिराना पड़ता है। जो मारकर उस दुंवे को गिरा देता है, उसे यह माना जाता है कि वह अपनी होनेवाली औरत को अपने काबू में रख सकेगा। कुछ छुट-पुट दृश्य देखिए :

"दायरा बन्द करो। इसे बाहर नहीं निकलने दो।" फिर कल्ले को संबोधन करते हुए बालमुकुन्द बोला—"पहला घूँसा कल्ला मारेगा। कल्ले, पहले तू रीत कर।" कल्ले के बाद बारी आती है मझले की। "अब दूल्हे की बारी है। चल, मझले।"[62] रोशनलाल ने चिल्लाते हुए कहा। मझला अपनी पूरी ताकत के साथ दुंवे के पीठ पर घूँसा मारने लगा। दुंवे काठ के पुतले-सा गोल दायरे में खड़ा था, परंतु उस पर इतने घूँसे पड़ चुके थे कि वह अपने-आपको सँभाल न सका और तड़ से बाएँ बाजू गिर पड़ा।

उसका मुँह फट पड़ा, जिससे नीचे के दाँत नजर आने लगे। हाँफना बन्द हो गया। एक बार खुरों के पास पिछली टाँगों में जोर का कंपन हुआ और फिर टाँगें ऐंठने लगीं। उसका पेट धोंकनी की तरह चल रहा था, फूल सिकुड़ रहा था, अब बिल्कुल स्थिर हो गया था।

"हो गई रीति, हो गई रीति।" सभी एक साथ चिल्लाए।

"तू तो छिपा रुस्तम है, ओए !" बालमुकुन्द ने दूल्हे की पीठ थपथपाते हुए कहा—"तेरे में सचमुच बड़ा दम है। घरवाली को काबू में रखेगा।"[63] इसी तरह एक दृश्य उस समय का जब भागसुद्धी विधवा हो गई थी। एक चित्र प्रस्तुत है—"उसी शाम भागसुद्धी दीवान रामलुभाया की ड्योढ़ी में, अपनी ससुराल की औरतों के बीच बैठी अपने बाल नुचवा रही थी।

"हाय-हाय मंगली
खा गई मंगली।
हाय-हाय मंगली।"[64]

छातियाँ पीटतीं और लय-ताल में बैठा करती औरतें, बार-बार रुककर आगे को झुकती और भागसुद्धी के बाल नोचने लगतीं। कस्बे भर में बात फैल गई थी कि भागसुद्धी 'मंगली' थी और मंगली औरतें अपने पतियों को खा जाती हैं।

राजनैतिक वातावरण : भीष्म साहनी का उपन्यास 'मैयादास की माड़ी' में राजनैतिक वातावरण को एक लम्बे स्तर पर चित्रित किया गया है। जैसे कहीं पर अंग्रेजों द्वारा खालसा फौज के सेनापतियों को फोड़ना, कहीं देशी लोगों द्वारा अपनों के साथ बगावत कर अंग्रेजों का साथ देना। कस्बे में अंग्रेज हाकिम द्वारा गाँव के गाँव लोगों को देना और राजा या पूर्व रियासत के तरफ से मोहभंग कराना, आदि बातें राजनैतिक वातावरण की सृष्टि करती हैं। वातावरण में यथार्थता और विश्वसनीयता उत्पन्न करने के लिए भीषण अत्याचारों, अमानुषिक व्यवहारों, हड़ताल आदि युद्ध-विरोधी प्रदर्शनों और जुलूसों आदि को सहायक के रूप में चित्रित किया गया है।

अंग्रेजों ने भारत में रेलवे लाइन बिछाकर भारतीय पूँजी और श्रम के शोषण की एक नई तरकीब सोची। भारतीय रेलवे में जिन ब्रिटिश नागरिकों ने अपनी पूँजी लगाई थी, उस संबंध में विलायती मंत्री का क्या कथन है, द्रष्टव्य है—"रेलगाड़ियों के निर्माण का सारा खर्च भारत के नाम डाला जा रहा है। खर्च बेशक हम कर रहे हैं, पर वह वास्तव में भारत को दिया जानेवाला कर्ज है। भारत मूल पूँजी भी अदा करेगा और उस पर ब्याज भी देगा...यदि हमें भारत से आर्थिक लाभ उठाना है तो हमें रेलगाड़ियों का जाल ही नहीं बिछाना है, सत्ता को भी हाथ में लेना है। हम रेल की पटरियाँ भी बिछाएँगे, सड़कें भी बनाएँगे, जमीन को उपजाऊ बनाने के लिए नहरें भी खोदेंगे, संचार के साधनों का भी विकास करेंगे, हम यह सब काम करेंगे।"[65]

उपर्युक्त कथन से स्पष्ट हो जाता है कि अंग्रेजों ने अपनी राजनीति का जाल भारत में किस तरह फैला रखा था। इसी तरह जब खालसा और अंग्रेजी फौज के बीच युद्ध चल रहा था उस समय का एक दृश्य प्रस्तुत है :

"पहली बार जब लेखराज ने हजारों-हजार सैनिकों का लश्कर देखा तो उसका दिल झूम-झूम उठा था। इतना बड़ा लश्कर भी हो सकता है। दूर क्षितिज तक उठे

हुए नेजे, भाले, हवा में लहराते रंग-बिरंगे ध्वज और झण्डे, रंगारंग वस्त्रों में घुड़सवार, कहीं हरे तो कहीं लाल रंग के कमरबंद और उनमें लटकती तलवारें, हवा में बजते नगाड़ों की गूँज, पैदल फौज के दस्ते दूर-दूर तक फैले हुए, मानो कोई सैलाब उठा हो जो आगे बढ़ता जा रहा हो। लेखराज भी उस विराट् अभियान का एक अंग है। इस विचार से ही उसका दिल हिलोरें लेने लगता था।"[66]

"अंग्रेजों ने यह लड़ाई कूटनीति से जीती थी। सिक्ख सेना के दोनों सालार लालसिंह और तेजसिंह अंदर ही अंदर फिरंगियों से मिले हुए थे।"[67] युद्ध के समय दोनों मैदान छोड़कर बाहर हो गए थे और फौज ने अचानक खालसा फौज पर आक्रमण कर दिया था। शायद लेखक ने नरेटर के रूप में सही ही कहा है—"हर लड़ाई मात्र शक्ति का प्रदर्शन भी नहीं होती, हर लड़ाई एक संघर्ष होता है, जिसके साथ कहीं स्वार्थ तो कहीं हित और कहीं आदर्श जुड़े होते हैं।"[68] इन चित्रों से पूरी तरह राजनैतिक वातावरण का निर्माण होता दिखाई देता है।

ऐतिहासिक वातावरण : भीष्म ने सामाजिक और राजनैतिक वातावरण को अत्यन्त स्वाभाविक रूप में कथा के मध्य अंकित किया ही है, सुदूर अतीत के वातावरण को भी यथासंभव विश्वसनीय और सुंदर रूप में अंकित किया है। 'मैयादास की माड़ी' की कथा और वातावरण दोनों यथार्थ पर आधारित हैं। यद्यपि पात्र काल्पनिक होते हुए भी ऐतिहासिक बन पड़े हैं। भीष्म जी ने इस उपन्यास में उस समय की कथा ली है, जब अंग्रेजों ने भारत भूमि पर धीरे-धीरे अपने पाँव पसारने शुरू किए थे, उस वक्त पहला धक्का भारत के पश्चिमी प्रान्त पंजाब पर ही लगा था। उस समय का सामाजिक रहन-सहन, खालसा राज्य, अपने राज्य के प्रति वफादार जनता और फिर एकाएक उन्हीं में से बदलते चेहरों का चित्रण, बदलते वातावरण में ऐतिहासिकता को जीवंत कर देता है। जैसे—मालगुजारी का नया कानून बना तो पीली कोठी के बाहर किसानों की भीड़ लगने लगी। पटवारी हर किसान की जमीन का अलग से तख्मीना निकालकर देने लगा और पीली कोठी में नायब तहसीलदार बैठा हिसाब लगा-लगाकर लगान की रकम का तख्मीना निकालने लगा और अपनी किताबों में नये इंदराज चढ़ाने लगा।"[69]

"साहूकार यूँ तो हर युग में मजे में रहा। परंतु खासकर उस काल में साहूकारों के व्यवहार कुछ निराले ही थे। ग्राहकों के साथ मनमाना करते। अंग्रेजी हुकूमत का एक नमूना प्रस्तुत है।" एक किसान औरत बीस सेर गेहूँ की बोरी सिर पर उठाए हुए थी। लाला गोविन्दराय ने पहले तो जिसे लेने से इंकार कर दिया। बोला—"बेचेगी तो ले लूँगा पर इसे लेकर बदले में तुम्हें भी कुछ लेना होगा। अठन्नी पसेरी के हिसाब से गेहूँ खरीद लिया, जबकि मंडी में भाव ऊँचा था और विलायती छींट का कपड़ा दुगने मोल पर उसे बेच दिया। औरत चली गई तो दीवान मैयादास बोल उठे :

"सेठ, यह तो ठगी है।"

"ठगी नहीं दीवान जी, यह व्यापार है।"[70]

भीष्म जी ने जहाँ अपनी धरती के लोगों के चेहरे से पर्दा उठाया है, वहीं अंग्रेजों की नीति को पूरी तरह से उन्हीं के मुख से उजागर किया है। जैसे साहिब बहादुर हिन्दुस्तानियों के प्रति क्या सोचता है।"इसकी मानसिकता का वर्णन प्रस्तुत

है—"इन हिन्दुस्तानियों का कोई भरोसा नहीं, कब कोई इन्हें बरगला ले। सोचते-सोचते साहिब बहादुर सहसा हँस पड़े। बरगला ले"मैं भी तो इन्हें बरगलाने ही आया हूँ। पिछले बीस साल से हम इन्हें बरगला ही तो रहे हैं। कभी इनके हाकिमों को बरगलाओ, इनके सबसे बड़े खैरख्वाह बनो, फिर इनके सालारों को बरगलाओ, और इनके सेठ-साहूकारों को बरगलाओ"बरगलाओ"बरगलाओ, खूब बरगलाओ" ।"[71]

इस तरह मैयादास की माड़ी में ऐतिहासिक वातावरण पूरी तरह से मुखरित हो उठा है।

'कुंतो' उपन्यास में देशकाल व वातावरण

कुंतो उपन्यास का घटना स्थल लाहौर, श्रीनगर और बम्बई है। कथानक जिस तरह आगे विकसित होता जाता है, स्थान विशेष के संदर्भ में वातावरण बदलता जाता है। प्रोफेस्साब, धनराज, जयदेव, सहदेव, कुंतो, सुषमा और हीरालाल सभी पात्र लाहौर से जुड़े हुए हैं। प्रोफेस्साब लाहौर के महाविद्यालय में अंग्रेजी के प्राध्यापक थे। जयदेव उनका विद्यार्थी था। लेखक, प्रोफेस्साब और जयदेव के माध्यम से शुरुआत करता है। लाहौर के स्थानीय वातावरण को चित्रित करता है। प्रोफेस्साब प्रकृति दर्शन के प्रेमी थे, जबकि जयदेव को लाहौर के कैंटोनमेण्ट क्षेत्र की गहमागहमी ज्यादा प्रभावित करती थी। लेखक दोनों स्थलों का वर्णन करता है। उदाहरण द्रष्टव्य है—"सड़कों पर रौनक, सजी-सजाई दूकानें, सिनेमा घर, रेस्तराँ। वहाँ चहलकदमी करने का अपना मजा था। वहाँ घूमो, कहीं पर बैठकर चाय पियो, सिनेमाघरों के चित्र देखो, दूकानों की सजावट देखो। बेशक, सड़कों पर चलते गोरे सिपाही कभी-कभी बदतमीजी करते थे—पास से गुजरो तो कोई गाली बक देंगे तुम साइकिल पर सवार हो और उनका रास्ता काटो तो तुम्हारी साइकिल पर अपना बेंत चला देंगे। जयदेव तो दो-एक बार उनसे उलझ भी चुका था। पर इस सबके बावजूद, कैंटोनमेण्ट में कुछ था जिसमें धड़कन थी, जो उत्तेजित करता था, प्राकृतिक स्थलों की तुलना में ही नहीं, उन सँकरी, नीम अँधेरी गलियों की तुलना में भी, जिनका लंबा-चौड़ा जाल उन प्राकृतिक स्थलों और कैंटोनमेण्ट के बीच बिछा था, जो शहर कहलाता था, जहाँ पर नगर की अधिकांश आबादी बसी थी और जिन गलियों में से निकलकर ये लोग सैर को निकले थे।"[72]

इसी तरह लेखक प्रोफेस्साब के प्राकृतिक स्थल का वर्णन करता है, जहाँ प्रोफेस्साब प्रायः शाम के समय टहलने जाया करते। यद्यपि ये चित्रण बहुत लंबे हैं, परंतु कहीं बोझिल नहीं लगते। पाठक को अपने साथ बाँधे रहते हैं। दृष्टांत प्रस्तुत है—"वे लोग सेठों के बाग को पीछे छोड़ आए थे, मेलेवाला मैदान भी पीछे छूट चुका था, सनातन स्कूल की इमारत भी पीछे रह गई थी और अब वे पेड़ों के उस झुरमुट की ओर जाने लगे थे, जिसे शहरवाले तपोवन कहते थे और जिसे लाँघ चुकने के बाद खेतों का प्रसार शुरू हो जाता था। हवा में अभी से लाल-मिट्टी की सोंधी-सोंधी गंध आने लगी थी। यहाँ छोटी-छोटी झाड़ियाँ थीं और कीकर और पलास के पेड़ थे, और एक रहंटवाला कुआँ जिस पर शहर के लोग प्रातः स्नान करने आते थे। पेड़ों के झुरमुट को पार करते ही लाल मिट्टी के टीले शुरू हो जाते थे। अनगिनत टीले थे, दूर तक छितरे हुए, छोटे बड़े, जिन्हें पार करने के लिए कोई बना-बनाया

रास्ता नहीं था। रास्ता होता भी तो जयदेव उसे छोड़कर पगडंडियों पर या सीधा टीलों पर से दौड़-दौड़कर चढ़ना-उतरना ज्यादा पसंद करता। इन लाल मिट्टी के टीलों के बीच चलते हुए जयदेव को कभी-कभी लगता जैसे वह किन्हीं प्राचीन खण्डहरों के बीच से गुजर रहा है।"[73]

कुंतो उपन्यास में इन्द्रधनुषी रंग का प्रादुर्भाव हुआ है। जहाँ प्रोफेस्साब का दार्शनिक वातावरण अपना पृथक् रंग लिए हुए है, वहीं जयदेव और कुंतो के बीच पति-पत्नी का संबंध होते हुए भी तनाव का वातावरण व्याप्त रहता, जबकि जयदेव और सुषमा के बीच पल रहे अवैध प्रेम का एक तरफ वातावरण निर्मित हुआ है। इन रंगों के अलावा एक रंग स्वतंत्रता आन्दोलन का है, जो अंदर ही अंदर सुलगता रहता है। जयदेव और सुषमा के बीच पनप रहे प्रेम प्रसंग का एक दृश्य प्रस्तुत है—"जयदेव अपने साथ सुषमा को भी पिकनिक में ले जाता है। नाला पार करने की प्रतियोगिता आयोजित होती है तो दिलीप, रणवीर, रामनाथ, सहदेव और जयदेव सभी हार जाते हैं। कोई नाला पार नहीं कर पाता। परंतु जयदेव नाला पार करने की जिद कर लेता है। वह सुषमा के सामने हार नहीं मानना चाहता।" तभी जयदेव की नजर एक चट्टान पर बैठी सुषमा पर पड़ गई। कुछ ही देर पहले सुषमा टहलती हुई इस ओर चली आई थी, और एक बड़े पत्थर पर चढ़कर बैठ गई थी। चट्टान पर से टाँगें लटकाए, अस्तप्राय सूर्य की ओर देखती हुई सुषमा बड़ी आकर्षक लग रही थी। सूर्य की लाली उसके समूचे शरीर पर पड़ रही थी और वह अपनी पोशाव में किसी प्रतिमा-सी लग रही थी। बालों के छोटे-छोटे कुण्डलों में सुनहरी धागे जैसे चमक रहे थे। सुषमा अभी भी वट-वृक्ष की ही दिशा में देखे जा रही थी, जब सहसा बाईं ओर से दौड़कर आते जयदेव के कदमों की आहट उसे सुनाई दी, उसने मुड़कर देखा। जयदेव तेजी से भागता आ रहा था, एकाग्रचित्त, दम साधे उसके बाल माथे पर झूल रहे थे और सफेद कमीज पसीने से तर थी। कुछेक क्षणों में ही वह नाले के किनारे तक पहुँच गया था। वह जोर से उछला—सुषमा को लगा जैसे वह हवा में उड़ता हुआ, नाले के पार, उसके निकट ही जमीन पर उतरा है। सुषमा ठिठकी खड़ी रही। तभी जयदेव चिल्लाया—"कर लिया। मैंने नाला पार कर लिया।"[74]

भीष्म साहनी के लेखन की एक बहुत बड़ी विशेषता यह है कि भीष्म जी जब किसी विषय को (विषय गंभीर हो या सामान्य) समझाते हैं तो उसकी भूमिका संक्षिप्त हो या विस्तृत दोनों तरीकों से समझाते हैं। पाठक बड़ी सहजता से उसे ग्राह्य कर लेता है। "पर इधर प्रोफेस्साब भी निष्क्रिय नहीं बैठे थे। कुछ न कुछ तो करना ही होगा। कविताओं में भले ही प्रेम की महिमा गाते रहो, पर अगर छोटे भाई के सिर पर सचमुच भूत सवार हो जाए तो उसे उतारना ही साहित्य के अध्यापक का फर्ज बन जाता है। उसे बहुत समझाते रहे कि यह प्रेम न होकर मात्र काम वासना है और काम वासना से मनुष्य को न तो सुख मिलता है, न शांति। कक्षा में प्रोफेस्साब पढ़ाया करते थे, भले ही प्रेम के मूल में वासना रही हो, पर जब प्रेम उन्माद का रूप ले लेता है तो वह आध्यात्मिकता का छोर छूने लगता है कि वह आध्यात्मिकता के स्तर तक ऊँचा उठ जाता है। और वह दृष्टांत के रूप में हीर और रांझा के प्रेम की कथा सुनाया करते थे।"[75]

देशकाल और वातावरण का विषयगत वर्गीकरण

कुंतो उपन्यास में विषय की दृष्टि से वातावरण को तीन भागों में विभाजित किया जा सकता है—सामाजिक, राजनैतिक और ऐतिहासिक। इन विषयों के अनुरूप लेखक अपने वातावरण की सृष्टि करता है।

सामाजिक वातावरण : सामाजिक वातावरण के तहत लेखक ने स्थिति व्यवहार, रहन-सहन और शिक्षा संस्कृति को ध्यान में रखकर चित्रित किया है। प्रत्येक व्यक्ति का अपना संस्कार होता है। वह संस्कार परिवार का भी हो सकता है और समाज का। प्रोफेस्साब के चरित्र की दृढ़ता व स्थिति व्यवहार के आधार का चित्रण भीष्म जी कुछ इस प्रकार करते हैं। यथा—"प्रोफेस्साब की नजर पत्नी पर से हटकर दीवार के साथ रखे स्वर्गीय बाबू जी के मोटे लट्ठ पर गई। बाबू जी की मृत्यु के बाद प्रोफेस्साब अपने पिता का यह लट्ठ अपने कमरे में उठा लाए थे और अपने पलंग के पास दीवार के साथ टिकाकर रख छोड़ा था। यह पिता की निशानी ही नहीं था, यह बाबू जी के चरित्र की दृढ़ता का प्रतीक था। उसे देखते हुए प्रोफेस्साब के मन में दृढ़ता का संचार होता था, दृढ़ संकल्प की प्रेरणा मिलती, निष्ठा की स्थिरता की और अब वह प्रोफेस्साब की नजर में, उनके संयुक्त परिवार की एकता और एकबद्धता का प्रतीक बन गई थी। उसे देखते हुए उन्हें परिवार के प्रति अपने दायित्व का बोध होता रहता था और मन की दुविधाएँ दूर करने में मदद मिलती थी।

भीष्म साहनी पात्रों के जीवन में उतार-चढ़ाव, द्वंद्व, संघर्ष और बदलते हुए परिवेश में उनके चरित्र का श्याम, श्वेत रंग का चित्रण बड़ी सूक्ष्मता से करते हैं। गिरीश के बदले हुए चरित्र को भीष्म जी कुछ इस प्रकार व्यक्त करते हैं—"और वह निर्जन, सपाट मैदान में लहलहाते उद्यान जैसा साबित हुआ था। गिरीश को एक-एक फूल, एक-एक पेड़-पौधे, एक-एक पक्षी का ज्ञान था। उनसे जुड़े श्लोक कंठस्थ थे। यही नहीं, उस दिन सुषमा की जाँघ पर अपना सिर रखे उसने एक चौपाई की रचना की थी, जिसमें सुषमा के लंबे केशों की चर्चा थी, और उनमें उलझी कवि की कल्पनाओं की जो अपने जीवन में, सुषमा से मिलने से पहले, केवल कंकड़-पत्थर बटोरता रहा था। सुषमा मंत्रमुग्ध-सी सुनती रही थी। ऐसे मौकों पर जब गिरीश बोलता है तो प्रेमी की भाँति, भावनाएँ व्यक्त करता है तो कवि की भाँति और जो अपने में लौट जाना है तो योगी की भाँति वह बुदबुदाई थी।"[76] भीष्म जी गिरीश के ही चरित्र का विकृत रूप आगे चलकर कुछ दूसरे रंग में ही प्रस्तुत करते हैं। गिरीश का संबंध उसके मौसेरी बहन से था, जिसके पास गिरीश प्रत्येक शनिवार को जाता है। ऐसे ही एक दिन सुषमा जब उसे जाने से रोकती है तो गिरीश के तेवर बदल जाते हैं। उदाहरण प्रस्तुत है :

"जो कुछ आप कर रही हैं, इसका परिणाम अच्छा नहीं होगा। आप घर लौट जाइये।"[77]

"बैग को थामते ही सुषमा का हाथ काँप-सा गया। गिरीश की आवाज में वही ठंडापन, वैसी ही कठोरता थी, जैसी पहले सुनने को मिलती थी, जब वह अपनी दिनचर्या के बारे में अपना कोई निर्णय सुनाया करता था। सुषमा ने बैग छोड़ दिया। एक

क्रंदन-सा उसके कंठ से फूट निकला और वह बिलखती हुई, उठ खड़ी हुई और बिलखते हुए ही घर की ओर लौट पड़ी। साड़ी का पल्लू पहले की ही भाँति जमीन पर घिसट रहा था, आँखें ऐंची हो रही थीं और बालों की लटें माथे पर झूल रही थी।"[78]

कुंतो में उच्च, मध्यम और निम्न वर्ग के पात्रों के परिवार का वातावरण भी चित्रित किया है। एक निम्न वर्ग के पात्र के परिवार का वातावरण देखिए—"हीरालाल के घर की ड्योढ़ी में घुप्प अँधेरा था। टाट का पर्दा हटा दो, तो पीछे छोटा-सा आँगन खुलता था, जिसमें हीरालाल की पत्नी, जानकी रसोई करती थी, और आँगन के पार एक कोठरी थी, जिसमें हीरालाल की बुढ़िया माँ जमीन पर बैठी रहती थी। हीरालाल छोटे को एक बार अपने घर के अंदर ले गया था, तब छोटे को बड़ी झेंप हुई थी। हीरालाल गली में पानी से भरी छलछलाती बाल्टी उठाए चला आ रहा था, शरीर पर केवल जाँघिया पहने, दुबला, पतला, हीरालाल।"[79]

इसी के विपरीत है, उच्च वर्ग के परिवारों का रहन-सहन और उनके आचार-व्यवहार। इस वर्ग के ऐशो आराम के कुछेक उदाहरण प्रस्तुत हैं। "लाला जी का श्रीनगरवाला दो मंजिला घर, ज्यादा वक्त खाली पड़ा रहता था। गलियारे में और आगे चले जाओ तो एक अँधेरा तिकोन कमरा बाएँ हाथ को पड़ता था। यह घर का सबसे अलग-थलग कमरा था। घर के लोगों को यह कमरा हमेशा भूला रहता था। सीढ़ियाँ उतर कर बीच की मंजिल पर आओ तो आप एक चौड़े बरामदे में उतरोगे, लगभग आठ-फुट चौड़े बरामदे में। बरामदे में उतरने पर बाएँ हाथ अलग से एक छोटा-सा उपघर बना था, जिसे एनेक्सी कहते थे।"[80]

इस तरह भीष्म जी ने कुंतो उपन्यास में सामाजिक वातावरण का कुशल चित्रांकन किया है।

राजनैतिक वातावरण : कुंतो उपन्यास में राजनैतिक वातावरण की सृष्टि कुशलता से की गई है। कुंतो उपन्यास में राजनैतिक वातावरण स्वतंत्रता संग्राम का चित्रित है। स्वतंत्रता संग्राम में संघर्षरत सेनानियों की मर्मगाथा का चित्रण भी अच्छा बन पड़ा है। यद्यपि कुंतो सामाजिक उपन्यास है। फिर भी स्वतंत्रता संग्राम की कथा उपकथा के रूप में बीच-बीच में चलती रहती है। सहदेव के इस कथन से वातावरण और स्पष्ट हो जाता है। "हाँ भइया, वही हीरालाल। कुछ ही दिन पहले जेल से छूटा था। यह जलसों की मनादी करता है। हमने इसे मना भी किया था कि कैंटोनमेण्ट में जलसे की मनादी करने न जाए, सरकार इसकी इजाजत नहीं देगी। हमारा खयाल था इसे पुल पार करने पर ही गिरफ्तार कर लेंगे, पर पुल पार करने पर किसी ने कुछ नहीं कहा, और यह मनादी का ढोल बजाता आगे बढ़ गया। सारी कचहरी रोड लाँघ गया, फिर भी इसे किसी ने कुछ नहीं कहा। हम संतुष्ट हो गए। पर जब मैसी गेट के पास पहुँचा तो इसका ताँगा रोक लिया गया, और इसे ताँगे पर से नीचे उतार लिया गया। तीन दिन तक इसे मैसी गेट के थाने में पीटते रहे हैं, भइया ! तुम्हें क्या बताऊँ ? इसे अधमरा करके छोड़ा है।"[81]

भीष्म साहनी एक ही वातावरण को अलग-अलग स्थानों में चित्रित करने में काफी सिद्धहस्त हैं—"जिन दिनों ब्रिटिश सरकार ने लंबी अवधि के बाद भारत को प्रांतीय स्वायत शासन का अधिकार देने का फैसला किया था और किसी की समझ

में नहीं आ रहा था कि यह प्रांतीय स्वायत्त शासन क्या बला है तो हीरालाल ने ऐसे ही एक जलसा शुरू होने से पहले इसकी अपने शब्दों में व्याख्या कर दी थी–"साहिबान, मेहरबानो यह स्वायत्त शासन क्या है ? मेहरबान, यह समझो कि ब्रिटिश सरकार हमसे कहती है कि मैं तुम्हें बेटा तो दूँगी पर मूत्री बगैर। अब खुद ही फैसला कर लो कि ऐसा बेटा तुम्हें चाहिए या नहीं।" और लोग ठहाका मारकर हँस दिए थे। हर जलसे में सरकार के लिए डायरी लिखनेवाले खुफिया पुलिस के मौजूद रहते थे। हीरालाल को उनसे चिढ़ थी। दो दिन पहले भी, जब वह कैंटोनमेण्ट में मनादी करने के इस भयानक अभियान पर निकला था, तो कार्यालय के बाहर चबूतरे पर उसने साधारण पोशाक में, खुफिया पुलिस के सिपाही योगराज को बैठे देखा था।"[82]

इसी तरह भीष्म जी ने कुंतो उपन्यास में जहाँ एक ओर स्वतंत्रता संग्राम सेनानियों के संघर्ष का वातावरण चित्रित किया है, वहीं अंग्रेजी सरकार द्वारा दमन का वातावरण भी उद्धृत किया है। भीष्म जी ने राजनैतिक वातावरण को प्रभावशाली बनाने के लिए नाटक मण्डली के माध्यम से गीतों का भी प्रयोग किया है।

हिन्दू-मुस्लिम एकता के संदर्भ में इस गीत के कुछ अंश उद्धृत हैं :

"सुनो हिन्द के रहने वालो,
सुनो, सुनो !
ये किन बच्चों की चीखें हैं,
किस दुखिया माँ की आहें हैं
किस बेवा दुल्हन की फरियाद लिए
खामोश निगाहें हैं ?
हम हिन्दू हैं, हम मुस्लिम हैं,
हम सब गरीब दुखियारे
सब एक ही विपदा के मारे
बंद करो, बंद करो यह खून की होली।"[83]

लेखक ने देश के बँटवारे के समय का वातावरण भी चित्रित किया है। इस भाग-दौड़ में न जाने कितनी कत्लें हुई हैं, कितने घर उजड़े हैं और कितने घर से बेघर हो गए हैं। एक छोटा-सा उदाहरण देखिए–"उसी शाम घर के दरवाजे पर लगा ताला देखकर उसी पड़ोसी ने जो लाला जी की हिफाजत करता रहा था, एक ही ढेला मारकर ताला तोड़ दिया था। फिर न जाने कहाँ से मुहल्ले के हमदर्द भागते हुए पहुँच गए थे, और घंटे-भर के अंदर घर खाली कर दिया गया था, और देखते-ही-देखते एक दाढ़ीवाले सज्जन उसमें अपने दो ट्रंक और परिवार के कुछेक लोगों को लेकर घर में जमकर बैठ भी गए थे।"[84] इस तरह से कुन्तो उपन्यास में राजनैतिक वातावरण अच्छा बन पड़ा है।

ऐतिहासिक वातावरण : कुंतो उपन्यास में ऐतिहासिक वातावरण की सृष्टि नहीं की गई। क्योंकि कुंतो सामाजिक उपन्यास है और जिसमें राजनीति का आंशिक प्रवेश अवश्य हुआ है।

विशिष्ट वातावरण सृष्टि और देशकाल तथा स्थानीय रंग

भीष्म जी ने कुंतो उपन्यास में कुछ विशिष्ट वातावरण की भी सृष्टि की है। दरअसल कुंतो उपन्यास की कथा का आधार लाहौर शहर है। इसलिए लेखक ने कुछ स्थानीय रंग भी बहुत अच्छे उभारे हैं। "रेस्तराँ गोरे फौजियों से खचाखच भरा था, सभी बीयर पी रहे थे। हम अंदर बैठ तो गए पर मुझे लगा यहाँ चाय-वाय नहीं मिलेगी। जहाँ बीयर के दौर चल रहे हों, वहाँ दो प्याली चाय को कौन पूछता है। यह मेरा शहर है, प्रोफेस्साब, हमारा अपना देश है। इसमें मुझे चाय नहीं मिल सकती।"[85] भीष्म जी लाहौर के कोने-कोने को चित्रित करने के लिए प्रस्तुत दिखाई देते हैं। "दाएँ हाथ शहर की बड़ी मस्जिद थी, जिसकी मीनारें और सफेद गुंबद दिन के उजाले में झिलमिला रहे थे। दाएँ हाथ गली के सिरे पर किसी चमड़ाफरोश की दूकान थी। उसके ऊँचे चबूतरे पर भेड़ों की खालों का ढेर लगा था। सड़क के पार एक के साथ एक, नानबाइयों की अनगिनत दूकानें थीं, हर दूकान में नानरोटी के अंबार लगे थे और बड़े-बड़े देगों में गोश्त पक रहा था, और दूकानों के बाहर, बेंचों पर इलाके के मजदूर, बोझा ढोनेवाले, ठेला खींचनेवाले गरीब लोग जगह-जगह बैठे भोजन कर रहे थे।"[86] भीष्म जी विशिष्ट वातावरण को उभारने के लिए कहीं धनराज की आँखों से सिंगापुर के विशिष्ट वातावरण का आभास कराते हैं तो कभी काश्मीर चलकर श्रीनगर में पंक्तिबद्ध खड़े चीनार के पेड़ों के साथ वहाँ के प्राकृतिक दृश्यों को उँकेरते हैं। इस तरह कुंतो देशकाल व वातावरण की दृष्टि में भी एक सफल कृति है।

संदर्भ

1. गुलाबराय : काव्य के रूप, पृ. 176, 177; 2. Man is not alone but edists in society; in a social environment and so for as me novelists are concerned this environment is constantly modifying events--emilzola novelist on the novel mirian patter. page no. 303. 3. शिवनारायण श्रीवास्तव : हिन्दी उपन्यास, पृ. 453; 4. राल्फ फाक्स : उपन्यास और लोक जीवन, पृ. 131; 5. झरोखे, पृ. 15; 6-7. झरोखे, पृ. 18, 19; 8-10. झरोखे, पृ. 19, 20, 22; 11-14. झरोखे, पृ. 92, 96, 120; 15-17. झरोखे, पृ. 31, 43, 44; 18-19. झरोखे, पृ. 56, 72; 20-21. कड़ियाँ, पृ. 28, 29; 22-23. कड़ियाँ, पृ. 198, 184; 24-25. कड़ियाँ, पृ. 163, 34; 26. कड़ियाँ, पृ. 91; 27-28. कड़ियाँ, पृ. 93, 124; 29. कड़ियाँ, पृ. 81; 30. भीष्म साहनी : सारिका पत्रिका अगस्त, 90, पृ. 37; 31-34. भीष्म साहनी : तमस, पृ. 59, 45, 17, 245; 35-38. भीष्म साहनी : तमस, पृ. 136, 63, 64; 39-40. भीष्म साहनी : तमस, पृ. 140, 220; 41. बसंती, पृ. 14; 42-45. बसंती, पृ. 12, 23, 10; 46-47. बसंती, पृ. 13, 43; 48-51. बसंती, पृ. 22, 76; 52-53. बसंती, पृ. 62, 91; 54-56. मैयादास की माड़ी, पृ. 333, 88; 57-58. मैयादास की माड़ी, पृ. 327, 314; 59-60. मैयादास की माड़ी, पृ. 279, 15; 61-63. मैयादास की माड़ी, पृ. 289, 51, 54; 64-65. मैयादास की माड़ी, पृ. 276, 200; 66-69; मैयादास की माड़ी, पृ. 124, 133, 151, 152; 70-71. मैयादास की माड़ी, पृ. 152, 155; 72-73. कुंतो, पृ. 8, 9; 74-75. कुंतो, पृ. 32, 184; 76-78. कुंतो, पृ. 193, 205; 79-81. कुंतो, पृ. 236, 239, 217; 82-83. कुंतो, पृ. 222, 306; 84-86. कुंतो, पृ. 326, 19, 40।

षष्ठम अध्याय

उपन्यासों में रचनात्मक संगठन

भाषा वह साधन है, जिसके द्वारा लेखक अपने विचारों और भावों को सहृदयों तक प्रेषित करने में सफल होता है। उपन्यासों में ही नहीं किसी भी साहित्यिक कृति की सफलता, उसकी भाषा शैली या रचनात्मक संगठन पर निर्भर करती है। "भाषा ऐसे सार्थक शब्द-समूहों का नाम है, जो एक विशेष क्रम से व्यवस्थित होकर हमारे मन की बात दूसरे के मन तक पहुँचाने और उसके द्वारा उसे प्रभावित करने में समर्थ होती है। अतएव, भाषा का मूलाधार शब्द है, जिन्हें उपयुक्त रीति से प्रयुक्त करने में कौशल को ही शैली का मूल तत्त्व समझना चाहिए। अर्थात्, किसी लेखक या कवि की शब्द योजना, वाक्यांशों का, प्रयोग, वाक्यों की बनावट और उसके ध्वनि आदि का नाम ही शैली है।"[1]

साहित्य में शैली अथवा कला पक्ष और भाव पक्ष का समान महत्त्व है। एक के अभाव में दूसरे का अस्तित्व प्रायः असंभव है। रूपगत और भावगत एक-दूसरे पर निर्भर हैं। अंग्रेजी विद्वान् फलावर्ट का कथन है—"रूप और भाव मेरे लिए एक हैं मैं नहीं जानता एक के बिना दूसरे का क्या अस्तित्व है। भाव जितना सुंदर होगा, निश्चित रूप से वाक्य भी उतना ही सुंदर लगेगा।"

विभिन्न साहित्य रूपों के अनुसार भाषा की प्रकृति में परिवर्तन होता रहता है। यह आवश्यक नहीं कि गीत, महाकाव्य, नाटक, कहानी, एकांकी और उपन्यास की भाषा का स्तर एक समान हो। निश्चित रूप से उसमें विषमता होगी। लेखक पर उसके व्यक्तित्व एवं समकालीन युग की छाप पड़ती है। उसके अनुरूप उसका अपना एक विशिष्ट ढंग बन जाता है। उसकी एक विशिष्ट विधि बन जाती है। जिसके अनुसार वह अपनी कृति में आद्यन्त विचरण करता है, फिर भी, उसे भाषा शैली के कुछ सामान्य गुणों का निर्वाह करना पड़ता है, जिनके अभाव में उसकी कृति के कलात्मक सौष्ठव को आघात पहुँच सकता है।

रचनात्मक संगठन के अपेक्षित गुण

(1) संवाद, (2) भाषा, (3) नाटकीयता और रचनात्मक कौशल।

(1) संवाद, नाटकीयता : संवाद का महत्त्व, जितना अधिक नाटकों में है, उतना कहानी अथवा उपन्यास में नहीं। संवाद तत्त्व तो नाटकों का प्राण ही है, जिसके अभाव में न वह लिखा जा सकता है और न देखा-समझा। संवादों के द्वारा पात्रों

के चरित्र को व्यक्त करने में बड़ी सहायता मिलती है। संवाद पात्रों को गति देते हैं। उपन्यासों में चरित्र-चित्रण का अपना विशेष महत्त्व होता है। उपन्यास व्यक्तियों के चरित्र का कोष कहा जाता है। अतः उपन्यास लेखन में कृतकार्य होने के लिए संवादों के माध्यम से चरित्र को स्पष्ट करने की कला से उपन्यासकार को पूर्ण रूप से अवगत होना चाहिए।

उपन्यास में संवाद घटनाक्रम को आगे ले चलने का प्रमुख साधन है। संवाद में नाटकीयता एक प्रमुख तत्त्व है। उससे कुतूहल पैदा होता है, जिससे पाठक कथानक से बँधा रहता है। उपन्यासों में कथानक को प्रवाह देने के लिए संवादों से सहायता लेने की कोई अनिवार्यता नहीं है, यह सत्य है, पर वे कथानक को गतिशील बनाने एवं उसमें जीवंतता लाने का कार्य करते हैं। "अभिव्यक्ति के साधनों का उपन्यास में अभाव नहीं है, जबकि नाटक साहित्य में है। आरंभिक उपन्यासों और कहानियों की स्थिति आज के उपन्यासों और कहानियों से बिल्कुल भिन्न थी, जिनमें संवाद मात्र सजावट का कार्य करते थे, पर नवीन प्रयोगों ने उपन्यासों को इस बिन्दु पर ला दिया है कि वह कथा तत्त्व को नकार देने की स्थिति में आता जा रहा है। ऐसी स्थिति में स्वभावतः संवादतत्त्व की महत्ता इस साहित्य रूप में भी स्थापित हुए बिना नहीं रहेगी।"[2]

सामान्यतः संवाद उपन्यास का एक ऐसा भाग है, जिससे वह परिपुष्ट होता है, पर संवाद की उपयोगिता उपन्यास में तभी तक है, जब तक कि वह उसकी मुख्य कथा के लिए सहायक सिद्ध होता है। यह आवश्यक नहीं कि संवाद मुख्य कथा तक ही सीमित रहे, पर इस ओर उसका झुकाव अवश्य होना चाहिए। उपन्यासकार जब कथा के वर्णन में चमत्कार एवं कलात्मकता लाना चाहता है तो संवाद का सहारा लेता है। नाटकीयता उत्पन्न करने के लिए उपन्यास में संवाद की सर्वाधिक उपयोगिता होती है, जिसमें अन्य तत्त्वों के संवाद तत्त्व पाठकों के लिए अधिक प्रिय होते हैं। परन्तु संवादों का बड़ा होना कथा प्रवाह को बोझिल तो बनाता ही है साथ ही उसके कुतूहल को भी प्रभावित कराता है।

नाटक के पात्र और उपन्यास के पात्रों में एक मौलिक अंतर है। दोनों विधा के पात्र आमने-सामने खड़े होकर विचारों का आदान-प्रदान नहीं करते, बल्कि उनके साथ एक व्यक्ति और भी प्रस्तुत होता है, जिसे उपन्यासकार कहते हैं, जबकि नाटकों में ऐसी बात नहीं होती। "उपन्यासकार जिस किसी स्थल पर पात्रों को संवाद की सुविधा देता है, स्वयं उस स्थल पर उपस्थित हो टिप्पणियों द्वारा स्थिति को स्पष्ट करता है।"[3] संवादों में जितनी सांकेतिकता होती है, उपन्यास में उतनी ही अधिक प्रभावान्विति आती है। इसलिए उपन्यासकार के संवाद सरल सांकेतिक और कौतूहल को जन्म देनेवाले हों। कथा को प्राणत्व देनेवाले हों यह उपन्यासकार की क्षमता पर निर्भर करता है।

(२) भाषा : साधारणतः जिन ध्वनि, चिन्हों के द्वारा मनुष्य परस्पर विचार-विनिमय करता है, उनकी समष्टि को 'भाषा' कहते हैं। भाषा मनुष्य की मनोभावनाओं का अभिव्यंजन करनेवाले उन साधनों में प्रमुख है, जिनका आधार मानसिक है। मनोवैज्ञानिक उपन्यास बाह्य की अपेक्षा मानसिक आधारभूमि पर स्थित

होते हैं, जबकि यथार्थवादी उपन्यासों की स्थिति इसके ठीक विपरीत होती है।

भीष्म साहनी ने अपने साहित्य में सामान्यतः हिन्दी भाषा की खड़ी बोली के प्रचलित रूप को अपनाया है। खड़ी बोली के क्लिष्ट साहित्यिक रूप की अपेक्षा उन्होंने पंजाबी, अरबी, फारसी, उर्दू और अंग्रेजी के शब्दों से युक्त बोल-चाल की सरल, सहज भाषा का प्रयोग किया है। भीष्म साहनी का मुख्य उद्देश्य सरसता, मनोरंजकता एवं रोचकता के साथ पाठकों के हृदय पर अपने विचारों का मनोवांछित प्रभाव डालना ही रहा है। भावों की पूर्ण अभिव्यक्ति के लिए यथास्थान भाषा, अलंकृत भी है, सहज भी है, सरस और गुम्फित भी है। कृति की स्वाभाविकता की रक्षा हेतु पात्रानुकूल भाषा के विविध रूपों और बोलियों का भी व्यवहार किया गया है, जिसे अलग-अलग उपन्यासों में देखा जा सकता है।

किसी भी भाषा को समृद्ध करने को लेखक ने अन्य भाषाओं के शब्दों को किस प्रकार अपनाया है, और उसे अपनी भाषा की प्रकृति में किस प्रकार सँजोया है, इसकी सफलता विभिन्न उपन्यासों में देखी जा सकती है। भाषा में विलक्षणता और विभिन्न गुणों की स्थापना के लिए लेखक ने तत्सम, तद्भव और ग्रामीण शब्दों का भी बखूबी इस्तेमाल सफलता के साथ किया है। भाषा भावों की संवाहिनी होती है। एक सफल कथाकार यह सदैव ध्यान में रखता है कि भाषा इतनी सरल हो कि भाव पाठक को हृदयंगम हो सके। कथाकार भीष्म साहनी ने उपन्यासों में यह ध्यान रखा, जो उनके विचारों में, भावों को, और उनके उद्देश्य को स्पष्ट करने में सफल सिद्ध हुई है।

यद्यपि खड़ी बोली का मानक रूप उनके उपन्यासों में नहीं मिलता, परंतु भाषा का सरल और सहज रूप प्रस्तुत कर सके, जिससे पाठक सरल से भावों को ग्रहण कर सके। प्रेमचंद कथाकार के रूप में इसलिए उपस्थित होते हैं कि उन्होंने भारत के हृदय का चित्र भाषा के सहज और सरल धागे में पिरोया है। इसीलिए प्रेमचंद का कथा साहित्य में भारतीय जीवन का कंठहार बन गया है। कथाकार के रूप में भीष्म साहनी ने उनके पथ का अनुगमन करने का प्रयास किया है।

(३) रचनात्मक कौशल : रचनात्मक कौशल यानी शैली अंग्रेजी शब्द स्टाइल के रूप में शैली का प्रयोग हिन्दी में पाश्चात्य साहित्य के सम्पर्क के उपरांत प्रचलित हुआ। 'विशिष्ट पद रचना' के लिए प्रयुक्त 'रीति' शब्द शैली के मिलते-जुलते अर्थ के रूप में प्राचीन साहित्य शास्त्र में प्रचलित था। ठीक इसी तरह की ध्वनि यूनानी विचारक प्लेटो की व्याख्या से मिलती है। प्लेटो कहता है—"जब विचार को तात्विक रूपाकार दे दिया जाता है, तो शैली का उदय होता है।"[4] इसी धारणा की पुष्टि फ्रांसीसी उपन्यासकार स्तांथाल इन शब्दों में करता है—"शैली का अस्तित्व इसमें निहित है कि दिए हुए विचार के साथ उन सब परिस्थितियों को जोड़ दिया जाय जो कि उस विचार के अभिमत प्रभाव को संपूर्णता में उत्पन्न करनेवाली है।"[5] वर्नाड शॉ की दृष्टि में "प्रभावपूर्ण अभिव्यक्ति ही शैली का अथ और इति है।"[6]

शैली के संदर्भ में अपने-अपने मतानुसार किसी ने शैली से उचित शब्दों का उचित स्थान पर प्रयोग बताया है, तो किसी ने 'विचारों का सुंदर वेश' या 'विचारों का थामनेवाला चौखटा' किसी ने किंवा लेखक के मस्तिष्क की ईमानदारी से की हुई

प्रतिलिपि या उसके 'स्वभाव का एक अंग माना है।' विभिन्न विद्वानों के विचारों का समन्वय करते हुए तथा कृति को ध्यान में रखकर शैली की व्याख्या इन शब्दों में की जा सकती है। ''शैली अनुभूत विषयवस्तु को सजाने के उन तरीकों का नाम है, जो उस विषयवस्तु की अभिव्यक्ति को सुंदर एवं प्रभावपूर्ण बनाते हैं।''[7]

भीष्म साहनी के रचनात्मक कौशल को निम्नलिखित रूपों में विभक्त किया जा सकता है :

(1) सरस, काव्यमयी, अलंकृत, मुहावरेदार, उक्ति-वैचित्र्य से युक्त शैली
(2) वर्णनात्मक शैली
(3) मनोविश्लेषणात्मक शैली
(4) फ्लैश बैक शैली
(5) विश्लेषणात्मक शैली
    (i) चिंतन प्रधान गंभीर शैली
    (ii) आलोचनात्मक शैली
    (iii) तर्क-वितर्क शैली
    (iv) भाषण शैली
    (v) व्यंग्यात्मक शैली
(6) चित्रात्मक शैली।

(1) सरस, काव्यमयी, अलंकृत, मुहावरेदार, उक्ति वैचित्र्य से युक्त शैली: इस प्रकार की शैली का प्रयोग लेखक विशेषतया भाषा को सँवारने, सजाने अथवा पाठक को अत्यधिक अभिभूत करने के लिए करता है। वह अनेक बार पात्रों के चरित्र को उभारने के लिए और अपने विचारों को अत्यधिक प्रभावशाली बनाने के लिए भी इस प्रकार की भाषा की सायास सृष्टि करता है। यह भाषा बोलचाल की सरल भाषा की अपेक्षा साहित्यिक हिंदी के अधिक निकट पहुँच जाती है।

(2) वर्णनात्मक शैली : वर्णनात्मक शैली के द्वारा उपन्यासकार को अपेक्षाकृत विषय-विस्तार के लिए अधिक भूमि मिल जाती है और उसे कलात्मकता का भी उतना ध्यान नहीं रखना पड़ता। इस शैली के उपन्यासकार को इतिहास की भाँति उपन्यास के चरित्रों तथा उनसे संबंधित घटनाओं का इतिवृत्तात्मक वर्णन अपनी कल्पना अनुभूति एवं जानकारी के आधार पर लिख देना होता है।

शिल्प की दृष्टि से देखा जाय तो 'वर्णन' कथानक के उन तत्त्वों को हटाता है या जोड़ता है, जिनकी तात्कालिक आवश्यकता समाप्त हो जाती है। कथानक को आराम देने, उसमें वास्तविकता तथा विश्वसनीयता लाने और चरित्र-चित्रण के अस्पष्ट पहलुओं को उभारने में 'वर्णन' बड़ा महत्त्वपूर्ण रोल अदा करता है। वर्णन सामान्य भी हो सकता है, सांकेतिक भी, विवरणात्मक भी हो सकता है और प्रभावात्मक भी। अतः कई रूपों में पाया जाता है।

(3) मनोविश्लेषणात्मक शैली : इस शैली के द्वारा लेखक दूसरों के मनोजगत् का सूक्ष्म विश्लेषण प्रस्तुत करता है, जिस प्रकार विवरणात्मक शैली बाह्य वस्तुओं का सूक्ष्म चित्रण करने चित्रमयता उपस्थित करती है। उसी प्रकार मनोविश्लेषणात्मक शैली मन के भाव तरंगों, ऊहापोहों आदि का चित्रण करके मन के परतों को उभारती है।

उपन्यासों में यह शैली पात्रों के चरित्र-चित्रण के लिए व्यवहृत होती है।

(4) फ्लैश बैक शैली : फ्लैश बैक शैली का सफल प्रयोग फिल्मों में हुआ है। पात्र की स्मृति में कुछ घटनाओं को दिखाकर उसकी याद को ताजा करने के लिए इस शैली का प्रयोग किया जाता है। इस शैली का प्रयोग कर लेखक पात्र विशेष के दोहरे मनोभावों का प्रवाह सरलता से दिखाता है। अतीत में जीता हुआ पात्र न केवल उन भावनाओं और विचारों का विश्लेषण करता चलता है, जिनका तत्काल संबंध परिस्थिति से था, बल्कि भावना का भी आरोप करता है। जिसका उस परिस्थिति को पुनः सोचते हुए होना स्वाभाविक है। फ्लैश बैक की सिनेमा सफलताई ने उपन्यासकारों को भी अपनी ओर आकर्षित किया है। हिन्दी उपन्यासों में खासकर शेखर एक जीवनी, (अज्ञेय), त्याग पत्र (जैनेन्द्र), कल्याणी (जैनेन्द्र) आदि में इस शैली का सफल प्रयोग किया गया है।

भीष्म जी ने इस शैली का सफल प्रयोग 'मैयादास की माड़ी' उपन्यास में किया है। इस शैली में अतीत का समिलियन वर्तमान में होता है, जिससे वर्तमान का सशक्त सबल मिल जाता है। और कथा में एक कुतूहल पैदा होता है।

(5) विश्लेषणात्मक शैली : विश्लेषणात्मक शैली में विश्लेषण का अर्थ किसी कृति के विभिन्न अवयवों का अलग-अलग तथा उनके पारस्परिक संबंधों का विवेचन करना ही न लेकर किंचित् विशिष्ट अर्थ में अर्थात् विवेचनात्मक या तर्क प्रधान शैली में लिखे गए उपन्यासों की विशिष्टता को स्पष्ट करने के लिए किया जाता है।

भीष्म साहनी के साहित्य में इस शैली के सर्वाधिक दर्शन होते हैं। भीष्म साहनी ने तमस उपन्यास में कम्युनिस्ट, क्रांतिकारी, कांग्रेस पार्टियों की विचारधारा, मुस्लिम लीग एवं संघ की विचारधारा नीति और कार्य-प्रणाली की व्याख्या और विवेचना की है। राजनैतिक जन-जीवन की गतिविधि के साथ-साथ समाज के विभिन्न पहलुओं पर भी उन्होंने विचार-विमर्श किया है। भीष्म साहनी की तर्क-वितर्क की यह पद्धति विषय को हल्का नहीं करती। व्यंग्य शैली में भीष्म जी काफी सिद्धहस्त प्रतीत होते हैं। उन्होंने व्यंग्य की तीखी, चुटकीली, परिहास पूर्ण आदि सभी शैलियों का प्रयोग किया है। इस शैली के अंतर्गत कहीं चिंतन प्रधान गंभीर शैली, कहीं आलोचनात्मक शैली व तर्क-वितर्क शैली तो कहीं भाषण एवं व्यंग्यात्मक शैली का भी प्रयोग किया गया है।

(6) चित्रात्मक शैली : भीष्म साहनी की चित्रात्मक शैली अत्यंत प्रभावपूर्ण, आकर्षक और समर्थ है। उन्होंने इस शैली का प्रायः दो रूपों में प्रयोग किया है। एक तो शब्द-चित्रों द्वारा पात्र में रूप एवं सौंदर्य को यथातथ्य रूप में उभार कर दिखाने के लिए, दूसरे बाह्य दृश्यों और वस्तुओं के चित्रांकन द्वारा कृति में दृश्य-गुण का समावेश कर उसे सजीव रूप प्रदान किया है।

'झरोखे' उपन्यास में रचनात्मक संगठन

(1) संवाद, नाटकीयता : झरोखे उपन्यास में भाषा के अन्य तत्त्वों की तरह संवाद अपनी पूरी क्षमता के साथ उपस्थित हैं। झरोखे उपन्यास में संवाद की सहायता से कथानक का विकास होता है। पात्रों का चरित्र विकास संवाद के माध्यम से अच्छा बन पड़ा है। संवाद कहीं छोटे, तो कहीं औसत दर्जे के हैं। परंतु संवाद कहीं भी

बोझिल नहीं दिखते। कहीं-कहीं तो इतना कौतूहल पैदा कर देते हैं कि पाठक अभिभूत हो उठता है। गंभीर से गंभीर बातें भी संवादों के माध्यम से ही सामने आती हैं। माँ विराग गीत गाकर बच्चे को सुलाती है। पिता जी को विराग के गीत बच्चों को सुनाना अच्छा नहीं लगता। माँ पर गुस्सा होते हुए बोल उठते हैं। देखिए संवाद योजना का एक उदाहरण :

"हजार बार मना किया है, बच्चों के सामने 'विराग' के गीत नहीं गाया कर। पर तू ऐसी हुड़मत है, मानती ही नहीं।"

माँ धीरे से कहती है "मुझे यही अच्छे लगते हैं, मैं क्या करूँ। मैं यही गाऊँगी।"

"तुझे अच्छे लगते हैं तो अलग बैठकर गाया कर। बच्चों को विराग के गीत नहीं सुनाया कर।"

"मोतीराम का बारहमासा गा रही थी, इसमें बुरी बात क्या है ?"

"ये निराशा के गीत हैं, बच्चों को अच्छे-अच्छे आशा के गीत सुनाने चाहिए। इनके कान में वेद-मंत्र पढ़ने चाहिए। तू विराग के गीत ले बैठती है। शाम के वक्त ये गीत गाओ तो बच्चों के दिल पर बुरा असर पड़ता है।"[8]

संवाद की सोद्देश्यता अनिवार्य शर्त मानी गई है। भीष्म जी की यह कोशिश रहती है कि संवाद जब भी बोले जाएँ, उसके पीछे एक उद्देश्य अवश्य परिलक्षित हो। झरोखे में एक दृश्य उपस्थित होता है। पंडित जी दोनों भाइयों को पढ़ाते वक्त छोटे-छोटे वाक्यों के माध्यम से उस तथ्य तक पहुँचते हैं, जिन्हें बताना उनका खास मकसद था। देखिए उदाहरण :

"मुझे कुल मिलाकर ग्यारह रुपए तनख्वाह मिलती है।" पंडित जी हर दूसरे-तीसरे दिन यह वाक्य दोहरा दिया करते हैं।

"श्लोक याद किये हैं ?" पंडित जी भाई से पूछते हैं।

"मा भ्राता भ्रतरं द्विक्षन, मा स्वसारयुत स्वसा…।" बलदेव झट से सुना देता है।

"क्या अर्थ है ?"

"भाई, भाई से द्वेष नहीं करे, बहन, बहन से द्वेष नहीं करे…।"

"शाबास। तुम दोनों भाई एक थाली में खाना खाते हो ?"

"जी।" भाई कहता है।

"एक खाट पर सोते हो ?"

"जी।"

"और चलते कैसे हो ? साथ-साथ या आगे-पीछे ?"

प्रश्न भाई की समझ में नहीं आया। मेरी समझ में भी नहीं आया। पंडित जी भाई को संबोधन करके कहते हैं—"तुम आगे-आगे चला करो, तुम्हारा छोटा भाई पीछे-पीछे चला करे। राम-लक्ष्मण ऐसे ही चला करते थे।"[9]

संवाद के माध्यम से कथा का विस्तार होता है, साथ ही उसके माध्यम से, कुतूहल भी पैदा होता है। भाषा को चमत्कारिक बनाने के लिए नाटकीयता बहुत आवश्यक है। तुलसी जब इस परिवार में रहते-रहते शिक्षित हो जाता है तो उसे लगने लगता है कि क्या वह सारी जिंदगी बर्तन ही माँजता रहेगा। उसे इससे अच्छा कार्य

नहीं मिल सकता। यह जिज्ञासा स्वाभाविक ही थी। उदाहरण द्रष्टव्य है :

"माता जी !" सहसा अँधेरे में से तुलसी की आवाज आती है।

"क्या है, तुलसी ?" माँ अँधेरे कोने की ओर देखकर पूछती है।

"माता जी," तुलसी धीरे से कहता है, क्या सारी उम्र मैं बरतन ही माँजता रहूँगा ?"[10]

क्षण-भर के लिए सभी का ध्यान तुलसी की ओर चला गया। सभी चुप हो जाते हैं। पिता जी घूमकर उसकी ओर देखते हुए कहते हैं–"बरतन नहीं माँजेगा तो क्या करेगा। सभी नौकर बरतन माँजते हैं या नहीं ? तेरे हाथों पर मेहंदी लगी है?"

सहसा माँ, तुलसी की दिशा में हाथ बढ़ाकर कहती है–"छोड़ दे। बस, इसी घड़ी छोड़ दे। अब से तू बरतन नहीं माँजेगा।"

झरोखे उपन्यास के छोटे-छोटे संवाद बड़े ही रोचक बन पड़े हैं। पाठक कहीं-कहीं संवादों की दुनिया में ही खो जाते हैं। झरोखे पढ़ते-पढ़ते ऐसा लगने लगता है जैसे किसी नाटक के संवाद चल रहे हैं। एक दृश्य उस समय का उपस्थित है जब तुलसी औषधालय में नौकरी करने लगता है। तुलसी से मिलने पूर्व मालिक का छोटा बेटा यानी 'कथा नायक' जाता है। दोनों के बीच का वार्तालाप प्रस्तुत है।

"बच्चे कहाँ हैं ?"

"दोनों गाँव में हैं। भाई के पास हैं, अमीचंद के पास हैं।" फिर पल्ले से आँखें पोंछकर बड़े स्नेह से मेरी ओर देखता है।

"लड़का तो अब रोठा हो गया है, सात साल का है, लड़की छोटी है।"

"नाम क्या रखे हैं ?"

वह तनिक मुस्कराता है।

"लड़के का नाम वेद है, लड़की का शांति।"[11]

इस तरह झरोखे उपन्यास में संवाद अपनी पूरी समर्थ के साथ उपस्थित हुए हैं। कथा के विकास में उनका पूरा योगदान है। सोद्देश्यपूर्ण हैं। कुतूहल पैदा करते हैं और अधिक मात्रा में होने के बावजूद कहीं भी पाठक के मन को बोझिल नहीं होने देते। झरोखे उपन्यास की कथावस्तु को आकर्षक बनाने में संवाद का विशेष योगदान दिखाई देता है। कथानायक और दूसरे पात्र के बीच एक दृश्य प्रस्तुत है। संवादों के माध्यम से कौतूहल किस तरह पैदा होता है।

"आपने भगवान को देखा है ?"

बालक धीरे से पूछता है। उसे विश्वास है कि संसार में यदि किसी ने भगवान को देखा है तो इसने जरूर देखा होगा।

"एक बार देखा था"–"एक दिन संध्या कर रहा था तो मेरी आँखों के सामने रोशनी ही रोशनी फैल गई।"

"तुम्हें कभी रोशनी नजर आई है ?"

टूटे दिल से बालक मुण्डी हिला देता है।

"पापियों को नजर नहीं आती। वह निश्चय के साथ सिर हिलाकर कहता है।"[12]

(2) भाषा : झरोखे उपन्यास की भाषा हिंदी, उर्दू, संस्कृत, पंजाबी, और अंग्रेजी के शब्दों से मिलकर बनी है। यद्यपि उपन्यास खड़ी बोली में ही लिखा गया है, लेकिन

उपर्युक्त भाषाओं के वे शब्द जो आम जिंदगी में उतर चुके हैं, प्रयोग में लिए गए हैं। जैसा कि कथानक से स्पष्ट है कि उसका वातावरण उस काल का है, जब मुगलिया सल्तनत के अवशेष ही बचे थे और अंग्रेजी हुकूमत के तानाशाही के खिलाफ सामाजिक और राजनैतिक लड़ाइयाँ लड़ी जा रही थीं। उस वक्त खासकर पंजाब प्रांत में उर्दू और पंजाबी का वर्चस्व था। स्वामी दयानंद सरस्वती का आर्य समाजी आंदोलन भी जोरों पर था। उस दौरान पश्चिमोत्तर प्रांत में संस्कृत और हिंदी गुरुकुल में पढ़ाई जाती थी। इसलिए भीष्म साहनी की भाषा में इन भाषाओं के शब्दों का आना प्रासंगिक है।

भाषा का प्रयोग पात्रों के स्तर के अनुसार किया गया है। पढ़े-लिखे पात्रों की भाषा का स्तर दूसरा है तो बिना पढ़े-लिखे पात्र की भाषा कुछ और ही है। व्यवसाय से जुड़े व्यक्ति की भाषा इन दोनों से अलग है। झरोखे की माँ पढ़ी-लिखी नहीं है। जब बोलती है तो उसकी भाषा अलग से पहचानी जा सकती है। देखिए एक उदाहरण—बलदेव व्यापार छोड़कर घर से दूर जाना चाहता है। पिता का बुढ़ापा इस निर्णय को स्वीकार नहीं कर पाता। पिता विरोध करता है तो माँ समझाती है—"देखो जी, मैं बेवकूफ, अनपढ़, आप लोग दाना, सियाने, अक्लमंद। पर सीधी-सी बात है। बच्चा व्यापार नहीं चाहता तो तुम जबरदस्ती क्यों करते हो। तुमने अपना फर्ज निभा दिया है। इन्हें अच्छा पढ़ा दिया है, अपने पैरों पर खड़ा होने लायक बना दिया है। अब जो आगे इनकी किस्मत।"

"मैं पिसता रहूँ उम्र-भर ?" पिता जी सहसा ऊँची आवाज में कहते हैं—"मेरे से अब काम नहीं होता। नहीं करता तो न करे। बना-बनाया काम ठप्प हो जाएगा, मेरी बला से।"

"अब क्यों व्याकुल होते हो जी, इससे लाभ क्या है ? बच्चा जाएगा, वह तुम्हारे रोके नहीं रुकेगा। इसे हँसी-खुशी भेजो। मैं कितना चाहती हूँ इस घर में सब काम सहज-सुभीते से हुआ करे। छोटा-सा परिवार है, दो तो ले-देकर बेटे हैं, पर नहीं।"[13]

झरोखे की संस्कृतनिष्ठ भाषा की अपनी अलग पहचान है। आर्यसमाजी परिवार होने की वजह से पारिवारिक पात्र भाषा के प्रति काफी सजग है। घर पर पंडित जी दोनों भाइयों को पढ़ाने आते हैं। पढ़ाई के समय जिन बातों को सिखाया जाता है, उसकी भाषा देखिए।

"सादापन जीवन, सजावट मृत्यु है।"

"क्या मतलब ?"

"मतलब है सिर पर बाल नहीं रखने चाहिए। मूँछें नहीं मुड़ानी चाहिए। आजकल लोग मूँछें मुड़ा देते हैं, सिर पर लंबे-लंबे बाल रखते हैं। यह मृत्यु है।"

"आगे पढ़ो।"

"सदाचार जीवन, दुराचार मृत्यु है।"

"क्या मतलब ?"

"इसका मतलब है स्त्रियों के पैरों की तरफ देखना चाहिए, चेहरे की तरफ नहीं देखना चाहिए।"[14]

भीष्म साहनी ने अंग्रेजी भाषा का प्रयोग बड़ी सहजता से किया है। अंग्रेजी के वे शब्द प्रयोग में आये हैं जो आम लोगों के बीच वार्तालाप के दौरान बोले जाते हैं। दरअसल ये शब्द हिंदी भाषा में इतने घुलमिल गए हैं कि वार्तालाप के समय ऐसा महसूस ही नहीं होता कि ये अंग्रेजी के शब्द हैं। उदाहरण द्रष्टव्य है :

"यह हमारे कालिज का कलर है।" वह सूटकेस में से एक नेकटाई निकालकर दिखाता है। उसमें सुनहरे और लाल रंग की पट्टियाँ सी बनी हैं। लड़के इसी रंग का ब्लेजर भी पहनते हैं।

"ब्लेजर क्या होता है ?"

"एक खास कपड़े का कोट होता है।"[15]

कहने का तात्पर्य यह है कि भीष्म जी को पात्रों के अनुसार भाषा को गढ़ने की आवश्यकता नहीं पड़ती बल्कि भाषा स्वमेव पात्रों के बीच से उपजती है। उर्दू भाषा के वे शब्द जिनका प्रयोग झरोखे उपन्यास में किया गया है, निम्नानुसार हैं :

उर्दू शब्द : जख्मी (घायल), नजूमी (ज्योतिषी), हुक्का (चिलम), गुसलखाना (स्नानगृह), रोजा (ब्रत), भिश्ती (शुकर), पेशाब, दिलासा, रोशनी, सलामत, इम्तहान, तालीम, लरजती) नमाज (पूजा), मशक, सुफे, शरबत, नेजा, बहसी, कब्रिस्तान, रफा-हाजत (शौचक्रिया), सलामत, तुख्म, शुक्रगुजार और तसवीह आदि।

कहीं-कहीं उर्दू के शब्दों के प्रयोग से भाषा में लालित्य पैदा हो जाता है। एक मुसलमान पात्र के मुख से एक संवाद देखिए :

"ओ बाबू, तुम्हें कुछ नहीं मालूम। यह खंजीर का तुख्म किसी दूसरे महल्ले से आया है।"[16]

पंजाबी शब्द : झरोखे उपन्यास में पंजाबी भाषा का प्रयोग किया गया है। ये शब्द उन्हीं पात्रों के मुख से बोले गए हैं, जो उस धरती से पैदाइशी जुड़े हैं, यथाः

राणी (रानी), साई (ईश्वर), मोया (मेरा), वेदणी, वेदणा, खुराकां, भजणा (भजन), कदायाण, बन्हेरे, चेतर, पोशका, चानणां, तंदूर, विच, भणां, सुध, जिन्हा और रलणा, हड़मत आदि।

मोतीराम के बारहमासा जब माँ अपने छोटे बेटे को सुनाती है, तब पंजाबी भाषा के शब्दों का गीत शैली में प्रयोग देखिए :

"इस माया दा झण न करिए,
माया काय बन्हेरे दा,
पल विच आके, छिन विच जावे
सैर करे चौफेरे दा...।"[17]

(इस माया पर गर्व नहीं करते। यह माया तो उस कौवे के समान है, जो कुछ देर के लिए तुम्हारे घर की दीवार पर आकर बैठता है और फिर उड़ जाता है।)

संस्कृत शब्द : इस उपन्यास में संस्कृत शब्दों का प्रयोग भी यदा-कदा अच्छा बन पड़ा है :

सुतं, पतन्तं, प्रसभीस्य, संध्या, शांति, प्राणायाम, ओम, बोथयामास, आहुति, हवन, देवतम, त्वमेव, सखा, यज्ञोपवीत और बंधुश्च आदि।

देशज शब्द : हिन्दुस्तानी में प्रचलित देशज शब्दों का भी प्रयोग झरोखे में

देखने को मिलता है।

गुल्ली-डंडा, भौजाई, ताकी, रोठा, कल्पाता, मचले और प्रिशन आदि।

अंग्रेजी शब्द : अंग्रेजी के जिन शब्दों का प्रयोग किया गया है, वे निम्नानुसार हैं :

लैंप, मैनेजर, स्कूल, नेकटाई, ब्लेजर, कोट, रोव, प्रोफेसर, मिनट, क्लर्क, बैंक, कैश-बुक, बिल्टी, एंड और ऐक्जीमा आदि।

अंततः यह कहना उचित प्रतीत होता है कि भीष्म साहनी की भाषा झरोखे उपन्यास में पूरी तरह से हिन्दुस्तानी भाषा है। हिन्दी के तत्सम और तद्भव शब्दों का भी प्रयोग अच्छा बन पड़ा है।

(३) रचनात्मक कौशल : (1) सरस, काव्यमयी, अलंकृत, मुहावरेदार उक्ति वैचित्र्य से युक्ति शैली : झरोखे उपन्यास की भाषा सरस, काव्यमयी, अलंकृत मुहावरेदार उक्ति वैचित्र्य से युक्ति है। भाषा में लालित्य पैदा करने के लिए उक्त तत्त्व परमावश्यक होते हैं। इनके अभाव में भाषा सरस नहीं रह जाती। भीष्म जी का यह प्रथम उपन्यास होने के बावजूद ये तत्त्व मौजूद हैं। यद्यपि ये तत्त्व यदा-कदा ही दिखाई देते हैं। वैसे झरोखे उपन्यास में ये सारे तत्त्व समाए हुए हैं। भीष्म जी जब विषय को रोचक बनाते हैं तो उनकी भाषा काव्यात्मक हो जाती है। एक छोटा सा उदाहरण द्रष्टव्य है।

"शाम के झुटपुटे में, आँगन के एक ओर तंदूर भभक रहा है, रसोईघर के बाहर आले में लैम्प जल रहा है, रसोईघर के अंदर लाल लौ देता हुआ चूल्हा जल रहा है। घर का कोई व्यक्ति आले में रखे लैम्प को उठाकर रसोईघर से बाहर निकला है और घर का आँगन लाँघने लगा है। प्रकाश और अंधकार सहसा आपस में उलझ गए हैं, उनमें हरकत आ गई है, और दीवारों पर भयावह लंबे-लंबे साए पड़ने लगे हैं। उस व्यक्ति की टाँगों से लिपटी रोशनी की लौ दूर होती जा रही है।"[18]

भाषा को सरस एवं मनोरंजक बनाने के लिए भीष्म साहनी ने काव्यमयी भाषा का ही नहीं, गाने की पंक्तियों का भी प्रयोग किया है। भीष्म जी के लगभग सभी उपन्यासों में गीत की पंक्तियाँ मिल जाएँगी। झरोखे उपन्यास का कोई पात्र पंजाबी गीत गुनगुनाता है, तो कोई संस्कृत के श्लोक गुनगुनाता है, तो कोई प्रकृति के गीत गुनगुनाता है। उदाहरण देखिए :

"फूलों में हम आती हैं, आती हैं,
ठंडी मौसम में।
ठंडी मौसम में।"

लड़कों की पाँत गाती हुई आगे बढ़ने लगती है और लड़कियों की पाँत धीरे-धीरे पीछे हटने लगती है।

"तुम किसको लेने आती हो,
ठंडी मौसम में।
ठंडी मौसम में।"

लड़कियाँ गाती हुई आगे बढ़ती हैं।

"बलदेव को लेने आती हैं, आती हैं,

ठंडी मौसम में।
ठंडी मौसम में।''[19]
इसी तरह जब माँ अपने छोटे बेटे को पंजाबी गीत सुनाती है।
''विसाख बिसारियों ई नाम साई दा
आकड़-आकड़ चलने तूँ
पहन पोशाकां खवें खुशकां
जम दा बकरा पलने तूँ।
यह दुनियाँ भटे दी न्याई,
जिस घड़िया सो भजणा ई।''[20]

(वैशाख मास का छंद—तू भगवान के नाम को भूलकर बहुत अकड़-अकड़ कर चलने लगा है, बढ़िया पोशाकें पहनता है और बढ़िया भोजन करता है, वास्तव में तू यमराज का बकरा है, जो पलकर मोटा हो रहा है। यह जीवन तो एक पात्र के समान है, जो अंत में अवश्य टूटेगा।)

झरोखे उपन्यास में मुहावरों का प्रयोग न के बराबर किया गया है। एक-दो आए भी हैं तो उनके प्रयोग अच्छे नहीं बन पड़े हैं। जैसे 'धोबी का गधा' निरी पौं हैं पौं। भाषा अलंकारिक है। उपमा, रूपक, दृष्टान्त आदि अलंकारों के प्रयोग उन्होंने भाषा के बाह्य रूप को सजाने के लिए ही नहीं, बल्कि अभिव्यक्ति को अधिक सशक्त बनाने के लिए किए हैं। जैसे ''महल्ले में रहना है तो चूहों की तरह डरकर रहूँ।''[21] हमारे पंडित जी भी बड़े पापी हैं। उन्होंने कोई पाप किया था, जिससे उनकी नाक चपटी हो गई है।"[22] "तुलसी को लेकर जब माँ और पिता जी के बीच विवाद होता है तो पिता जी कहते हैं—''कुछ पढ़ गया है तो बुरा क्या हुआ ? जब आया था तो जंगली जानवर था। तालीम इंसान का जेवर होती है।''[23] भीष्म साहनी के इन वाक्यों में तारतम्य है, प्रवाह है, शृंखला है। शब्दावली क्लिष्ट और दुरूह बिल्कुल नहीं है। भाषा संतुलित, चुस्त एवं भावानुकूल है।

(२) वर्णनात्मक शैली : वर्णनात्मक शैली का प्रयोग कथा को संक्षिप्त और विस्तार देने के लिए किया जाता है। झरोखे उपन्यास में एक बालक के संपूर्ण बालपन को चित्रित किया गया है। मूलतः उस बालक के मन की छोटी-छोटी बातों को पकड़ने की चेष्टा की गई है। किस तरह वह सोचता है। दूसरों के क्रियाकलाप को देखकर उसके मन पर उसका क्या असर होता है, और धीरे-धीरे उसके मन में खासकर वीर्यपात को लेकर गाँठ बन जाती है। यह गाँठ एक लंबे समय तक बँधी रहती है। जिसका परिणाम उसके व्यक्तित्व पर पड़ता है। इसी तरह सर्वहारा वर्ग के प्रतिनिधि तुलसी के प्रति परिवार के सदस्यों का अलग-अलग मत है। एक छोटे से वाक्य के माध्यम से उस पूरे वर्ग का चरित्र वर्णन कर दिया जाता है। ''तो यह जल्दी क्यों नहीं जा सकता ?'' पिता जी बड़बड़ाकर कहते हैं—''यह खाता बहुत है, आठ-आठ रोटियाँ खा जाता है। ये लोग गंदे होते हैं।''[24] पिता जी की तुलसी के प्रति घृणा उस पूरे वर्ग के प्रति घृणा का रूप लेकर सामने आती है। अंत तक वह इस स्थिति को स्वीकार नहीं कर पाते कि तुलसी भी उसी शौचालय का इस्तेमाल करे, जहाँ घर के सभी लोग जाते हैं।

इसी तरह वर्णनात्मक शैली का विस्तार उस जगह दिखाई देता है, जब बालक झरोखे उपन्यास का नायक अपने दोस्त कुलदीप से अपने वीर्यपात की चर्चा करता है।

"एक बात बताओ। सच-सच बताना। तुम्हारा वीर्य गिरता है।"

"तेरा गिरता है ?"

"मैं तुझसे पूछ रहा हूँ।" मैं बड़ी गंभीर आवाज से पूछ रहा हूँ। मुझे उससे यह कबूल करवाने में उसका भी वीर्य गिरता है विशेष संतोष मिल रहा है।

"हाँ गिरता है, कभी-कभी।"

"देखा। मुझे मालूम था तेरा वीर्य गिरता है। तू मुझसे छिपाता है। कितने-कितने दिन के बाद गिरता है।"

"कभी महीने-दो महीने में हो जाता है, एकाधबार।"

"तू दिन नहीं गिनता ?"

"तू गिनता है" वह हँसकर पूछता है।

"मैं तुझसे पूछ रहा हूँ।"

"मैं नहीं गिनता।"

"तू हँसे जा रहा है, तुझे नहीं मालूम कि वीर्य कितनी कीमती चीज है। इसे इसी कारण अमृतबिन्दु कहते हैं। चार सौ खून की बूँदों में से एक बूँद वीर्य की बनती है और रीढ़ की हड्डी में वीर्य जमा होता रहता है। अगर वीर्य गिरने लगे तो रीढ़ की हड्डी कमजोर पड़ जाती है। सारा शरीर कमजोर पड़ जाता है।"[25]

(३) मनोविश्लेषणात्मक शैली : शैली का दूसरा रूप पात्रों के मानसिक अंतर्द्वन्द्वों के चित्र प्रस्तुत करने के लिए भावात्मक शैली के रूप में मिलता है। विशेषकर झरोखे में ऐसे स्थलों पर शैली कोमल, सजीव और मर्मस्पर्शी बन पड़ी है। झरोखे के कथानायक की मनःस्थिति कुछ इसी प्रकार है। बचपन से लेकर जवानी तक मानसिक अंतर्द्वन्द्वों और आत्मविश्लेषण करने में है। उलझा रहता है। कभी अपने बारे में सोचता तो कभी माँ और पिता जी तो कभी तुलसी और भाई बलदेव के संबंध में सोचता है। "दफ्तर में भी दीवार पर घड़ी लगी है, वह आधा घंटा बजाती है, जबकि ऊपरवाली घड़ी आधा घंटा नहीं बजाती, और वहाँ अंगीठी पर एक लंबा काले रंग का कपड़ा बिछा है। जिस पर एक के पीछे एक कितने ही मोर खड़े हैं, लाल, पीले, हरे मोर। लगता है एक-दूसरे के पीछे भाग रहे हैं। यहाँ पर स्वामी जी की तस्वीर है, पर यहाँ स्वामी जी ने कपड़े पहन रखे हैं, ऊपर वाले कमरे में स्वामी जी नंगे बैठे हैं, और उनके पीछे एक शेर भी है और साँप भी, और एक ऐसा जानवर भी है जिसकी शक्ल मेरी चाची के बेटे से मिलती है।"[26] इसी तरह घर के तनावपूर्ण वातावरण का असर बालक के मन पर पड़ता है। दृष्टांत देखिए :

"पर इन दिनों घर में तनाव है। घर का वातावरण बहुत दिनों से बोझिल बना हुआ है। मैं मन-ही-मन घबरा रहा हूँ, जाने क्या होगा, जाने क्या होगा। रसोईघर के बाहर माँ बहन के साथ धीमे-धीमे बातें कर रही है। यह धुर-धुर भी घर में बहुत दिनों से चल रही है।"[27] बालक का यह मानसिक अंतर्द्वन्द्व परिवार के अंतर्द्वन्द्व को उभारता है। तुलसी औषधालय में नौकरी इसीलिए करता है कि शायद वैद्य जी उसे

खाली समय दवाई के संबंध में पढ़ायें। परंतु होता उल्टा है। पूरे दिन वैद्य जी की पत्नी उससे घरेलू काम लेती रहती हैं। और जो समय बचता है वैद्य जी अपने व्यक्तिगत कार्य में ले लेते हैं। दृष्टांत प्रस्तुत है :

"वैद्य जी कभी पढ़ाते हैं, कभी नहीं पढ़ाते। मुझे तो वक्त ही नहीं मिलता।" फिर मानों अपने-आपसे बातें करता हुआ कहे जाता है। "देवकी को गाँव में छोड़ आऊँगा। अपने लिए दो रोटियाँ सेंक लिया करूँगा। फिर शायद पढ़ पाऊँगा।"[28]

(4) विश्लेषणात्मक शैली : भीष्म साहनी के साहित्य में इस शैली के सर्वाधिक दर्शन होते हैं। राजनीति पर गंभीर चिन्तन, तर्क-वितर्क शैली, व्यंग्यात्मक शैली, चित्रात्मक शैली, आलोचनात्मक शैली और भाषण शैली का प्रयोग विश्लेषणात्मक शैली के अंतर्गत भीष्म जी ने कमोबेश सभी उपन्यासों में किया है। माँ जी तुलसी के पढ़ने के खिलाफ थी। तुलसी पढ़ गया तो उसे बर्तन माँजना बुरा लगने लगा और जब उसने बर्तन माँजने संबंधी माँ से तर्क किया तो घर के अंदर भूचाल आ गया। माँ जी ने कड़कती आवाज में पिता जी से कहा—"देखो जी, इसका मन उचट गया है। बात को समझा करो अब घर का काम करेगा तो रो-रोकर करेगा। तुम्हारे बच्चे, कालिजों-स्कूलों में पढ़ेंगे तो इसका दिल रोएगा, इसे दूसरे काम पर लगवा दो। इसके हाथों में 'कायरे' देते थे तो मैं तुम्हें कह-कहकर थक गई कि इसकी जिंदगी नहीं बिगाड़ो, जहाँ बैठा है, वहीं बैठा रहने दो। उस वक्त तुमने सुना नहीं, मुझे डाँटकर चुप करा देते थे। अब इसका मन उचट गया है। अब यह घर के काम के लायक नहीं रहा।"[29] तुलसी का पढ़ जाना ही उसके लिए घातक बन गया। तुलसी जब औषधालय से भी निकाल दिया जाता है तो छोटे बेटे के प्रश्न का जवाब आलोचनात्मक शैली में देता है। "कब का ! झगड़े इन लोगों के आपस में पिस वह गया। उसके बाद बहुत पापड़ बेल चुका है, अपने गाँव में जाकर हकीमी भी कर चुका है।"[30]

चित्रात्मक शैली का भी प्रयोग अच्छा बन पड़ा है।

"घर के सामने खंभे के साथ एक आदमी बँधा हुआ है। फैजअली ने अपनी पगड़ी उतार रखी है। और उसके साथ वह खंभे के साथ जोर-जोर से बाँध रहा है और बार-बार उसे कसने के लिए पगड़ी के पल्ले खींचता है। वह आदमी दोहरा होकर आगे की ओर झुक गया है। उसका चेहरा लाल हो रहा है और आँखें बाहर को निकली आ रही हैं। वह अपने को छुड़ाने के लिए कुछ भी नहीं कर पा रहा है, क्योंकि पीठ-पीछे उसके दोनों हाथ भी बँधे हैं। फैजअली को बाँधने में बाधा पड़ती है तो वह एक जोर का घूँसा उसके मुँह पर मारता है, जिससे उस आदमी का सिर अपने-आप पीछे को लुढ़क जाता है और कंधों पर झूलने लगता है। उसके होंठों से खून बहने लगता है।"[31] तर्क-वितर्क शैली का प्रयोग तो जगह-जगह पर देखने को मिलता है। "पढ़-लिख जाएगा तो क्या करेगा, क्या बैंक मैनेजर बन जाएगा ?"[32] इस प्रकार यह शैली झरोखे में विविध रूपों में उपलब्ध है।

'कड़ियाँ' उपन्यास में रचनात्मक संगठन

(1) संवाद, नाटकीयता : कड़ियाँ उपन्यास में संवाद बड़े सार्थक और रोचक बन पड़े हैं। कड़ियाँ के संवाद पढ़ने व सुनने में बोझिल बिल्कुल नहीं हैं, बल्कि पाठक

की रुचि बराबर बनाए रखते हैं। संवाद पात्रानुकूल और प्रसंगानुकूल व्यवहार में आए हैं। यही वजह है कि कड़ियाँ रोचक, आकर्षक और पठनीय हो जाता है। संवाद के माध्यम से कथा का विकास होता है। वैसे भी भीष्म साहनी की एक खासियत है कि कथा के विकास में संवाद को बहुत महत्त्व देते हैं। खासकर उपन्यास में रोचकता और नाटकीयता की वृद्धि के लिए संवाद शैली का प्रयोग अच्छा बन पड़ा है। कड़ियाँ उपन्यास के प्रायः सभी पात्र शिक्षित, सभ्य और आधुनिक हैं। इसलिए उनके संवाद का स्तर भाषा की दृष्टि से श्रेष्ठ है। कहीं-कहीं संवाद लम्बे जरूर हो गए हैं। परंतु पाठक का मन मोहे रहते हैं। प्रेम प्रसंग का एक दृश्य महेन्द्र और सुषमा के संदर्भ में देखिए।

"तुम्हारी पत्नी, तुम्हारी देख-भाल नहीं करती," सुषमा ने उलाहने के स्वर में कहा, फिर गंभीर होकर बोली, "तुम्हें कोई क्लेश तो नहीं, महेन्द्र ? तुम अपने सारे क्लेश मुझे दे दो।" उसने फिर अलसाई, टूटती सी आवाज में कहा–

"कभी-कभी मेरा इतना जी चाहता है, मैं अपने हाथ से तुम्हें खाना बनाकर खिलाऊँ। तुम्हारे कपड़े तह करके रखा करूँ। तुम्हारी चीजों को दिन में बीसियों बार छूती रहा करूँ। सचमुच, महेन्द्र मुझे क्या हो गया है ? ऐसा मैंने कभी महसूस नहीं किया है। परसों तुम दफ्तर में नहीं आए, मुझे इतना सूना-सूना लगा, मैं अपने कमरे में बैठ ही नहीं सकी। रात को लेटती हूँ तो सोचती रहती हूँ, इस वक्त महेन्द्र क्या कर रहा होगा, वह लेटे-लेटे किताब पढ़ रहा होगा, अपने बेटे के साथ खेल रहा होगा, मुझे लगता है, तुम्हारा बेटा मेरा बेटा है, तुम्हारा घर मेरा अपना घर है...।"[33]

प्रेम में व्यक्ति कितना भावुक हो जाता है कि भावनाओं के वशीभूत होकर धारा-प्रवाह बोलता जाता है। उसके संवाद कहीं भी बोझिल नहीं लगते। पाठक के मन को बाँधे रहते हैं।

प्रत्येक पात्र का अपना एक स्तर होता है। उसी स्तर के अनुसार उसकी भाषा होती है। नारी के प्रति पुरुष अपने दिल में भाव जो भी रखता हो, परंतु अभिव्यक्ति के समय बहुत सोच-समझकर ही अपने विचार व्यक्त करता है। लेकिन नाटा जैसा पात्र कुछ भी बोल सकता है। पात्रानुकूल संवाद का एक उदाहरण प्रस्तुत है।

"अरे, भोले बादशाह, झल्लाएगी तो जाएगी कहाँ, अपने बाल-बच्चों को छोड़कर कहाँ जाएगी ? पहले वह भी बहुत फुंकारती थी, अब जल्दी ही चुप हो जाती है।" कहते हुए नाटे को एक किस्सा याद हो आया। हँसकर बोला, "पहली बार जब एक किस्सा हुआ तो बहुत बोली, बहुत रोई और भागकर मायके चली गई। हम भी उसे लिवाने नहीं गए पूरे दो महीने बीत गए। तब हमारे ससुर साहब भागते हुए आए। जानते हो क्या कहने लगे ? कहने लगे, यह काम तो सभी मर्द करते हैं, पर बेटा, छिपाकर किया करो। औरत को पता चल जाए तो वह खामख्वाह परेशान होती है। हमने कहा, ससुर साहब, हम ऐसा तो नहीं करेंगे। हम जैसे हैं, वैसे ही रहेंगे। जो उन्हें मंजूर हो तो हमारा घर हाजिर है। हमारी परवरिश में कोताही हो तो हम झूठे। पर हम उनके हाथ में अपनी नकेल तो नहीं देंगे। तीसरे दिन बीवी साहिबा घर लौट आई।"[34]

कड़ियाँ उपन्यास में संवाद छोटे और सोद्देश्य बन पड़े हैं। संवादों के माध्यम से दिल को छू लेनेवाली बातें कही गई हैं। उनकी सार्थकता स्वयमेव सिद्ध हो जाती है। उस समय के एक दृश्य पर जब गौर करते हैं, जिस क्षण महेन्द्र, प्रमिला को कहता है कि यह शादी एक भूल थी, अब इसे और आगे बढ़ाना संभव नहीं है, प्रमिला का जवाब बड़ा ही अच्छा बन पड़ा है। दृष्टांत देखिए :

"कितनी आसानी से तुम ये बातें कहे जा रहे हो। तुम्हें शर्म भी नहीं आती। कभी शादियाँ भी टूटी हैं ?"

परंतु प्रमिला सिर से पाँव तक काँप उठी थी।

"नाकामयाब कैसे रही है, अच्छी-भली चल रही है। तुम सीधे रास्ते पर चलते जाओ तो भगवान जी की कृपा है। हमें इतना सुंदर बेटा मिला है। इतनी अच्छी तुम्हारी नौकरी है।"[35]

प्रमिला अपने अंतिम इस वाक्य में जिंदगी के रहस्य उगल देती है। भगवान जी ने सब कुछ दिया है, फिर असफल कैसी ?

कहीं-कहीं कुछ संवाद कुतूहल से भरे पड़े हैं। पाठक को चमत्कृत कर देते हैं। कहीं-कहीं पाठक हास-परिहास में भी डूब जाता है। कुछ छुट-पुट उदाहरण प्रस्तुत हैं।

"मुआ एक दिन शहद ले आया। कहने लगा तेरे होंठों पर शहद लगाकर चूमूँगा।" सतवंत ठठाकर हँस दी, "तेरा मर्द भी ऐसी ही हरकतें करता होगा, और क्या।"[36]

इसी तरह प्रमिला का भाई परशुराम अपने घर पर बैठे-बैठे महेन्द्र पर रोब गाँसता रहता है। उसकी इस हरकत को देखकर उसकी पत्नी मन ही मन हँसती रहती है।

"वह मुझे जानता नहीं। वह है किस जोऊम में। एकबार छठी का दूध याद करा दूँगा। सरकारी अफसर है तो अपने घर में है। यहाँ किसी के कर्जदार नहीं हैं, जो डरते फिरेंगे। मेरी बहिन पर जो हाथ उठाएगा उसकी मैं आँतें खींच लूँगा। वह मुझे जानता नहीं, उल्लू का पट्ठा। न जाने कैसे आ गया हमारे घर में।"[37]

सुषमा जब महेन्द्र के लिए बासी हो जाती है और महेन्द्र सुषमा के लिए उस क्षण महेन्द्र व्याकुल हो जाता है, सुषमा से लिपट कर बच्चों की तरह सुबकने लगता है।

"मैं पागल हो जाऊँगा, मैं एक दिन पागल हो जाऊँगा।"[38]

अतः इस निष्कर्ष पर पहुँचा जा सकता है कि कड़ियाँ के संवाद, छोटे और मध्यम श्रेणी के हैं। सोद्देश्यपूर्ण हैं। कथा के विकास में एक निर्णायक भूमिका अदा करते हैं।

(2) भाषा : कड़ियाँ उपन्यास में भाषा पात्रानुकूल प्रयोग में लाई गई है। पात्र जिस वर्ग से आया है, वह उसी स्तर की भाषा बोलता है। कड़ियाँ उपन्यास के पात्र दिल्ली और उसके आस-पास के क्षेत्र के हैं। इसलिए जिस तरह उनके रहन-सहन में विविधता पाई जाती है, उसी तरह बोलचाल की भाषा में भी विविधता दिखाई देती है। यद्यपि कड़ियाँ उपन्यास के सभी पात्र मध्यम श्रेणी और उच्च श्रेणी के हैं, इसलिए

उनकी भाषा प्रायः खड़ी बोली ही है। परंतु जैसा कि यह पहले से ही विदित है कि लेखक पंजाब प्रांत का मूल निवासी है और उसकी भाषा में पंजाबी और उर्दू के शब्द दाल में नमक की तरह घुलमिल गए हैं। शायद इसी वजह से हिंदी के हर दस शब्द के बाद उर्दू और पंजाबी भाषा के शब्द आ ही जाते हैं।

अंग्रेजी भाषा के जो शब्द प्रयोग में आए हैं, वे खासकर ऐंसे स्थान पर जहाँ पर पात्र पढ़ा-लिखा है, और श्रेष्ठभाषा के स्तर पर अंग्रेजी के प्रयोग को उन्नति का परिचायक समझता है। सुषमा और प्रमिला की भाषा में अंतर है, उसी तरह महेन्द्र और नाटा की भाषा में अंतर है। मिसेज भगत की भाषा का स्तर काफी उठा हुआ है। पात्रों के अनुसार भाषा प्रयोग के कुछ दृष्टांत द्रष्टव्य हैं।

सुषमा महेन्द्र को बड़े प्यार से दुलराती है।

"तुम कितने थके-थके लग रहे हो, क्या तुम्हें बहुत काम करना पड़ता है ? बहुत काम क्यों करते हो ?" फिर महेन्द्र के हाथ को सुषमा का हाथ सहलाने लगता है। "क्या बहुत सोचते रहते हो ?"[39]

सुषमा जब गुस्सा होती है तो उसकी भाषा के तेवर बदल जाते हैं। "तुम मर्द लोग तो जानवर होते हो, निरे जंगली, मांस के भूखे।"[40]

लेकिन प्रमिला के पास प्यार की भाषा का अभाव दिखता है। वह श्रेष्ठ शब्दों का चयन नहीं कर पाती। पतिभक्ता होते हुए भी उसके पास प्रेमाभिव्यक्ति के लिए शब्द नहीं हैं। महेन्द्र और प्रमिला के बीच का संवाद देखिए।

"देख लिया ? यही तो मैं कहता हूँ। तुम्हें यह जानने की इच्छा तक नहीं होती कि मर्द चाहता क्या है। तुम समझती हो, बस खाना बना दिया, घर को झाड़-पोंछ दिया तो तुम्हारा फर्ज पूरा हो गया।"

"तो क्या किया करूँ ? तुम्हें दिन-भर उकसाती रहा करूँ।" प्रमिला ने हँसकर कहा और करवट बदलकर मुँह महेन्द्र की ओर कर लिया। "बताओ, तुम्हारे बाल सहलाऊँ ? तुम्हारी मूँछें चूमूँ ? क्या करूँ ? मुझे एक बार सिखा दो, मैं वही करने लगूँगी।"[41] इसी तरह जब वह गुस्सा होती है तो उसकी भाषा बहुत हल्की हो जाती है। ऐसा लगने लगता है जैसे प्रमिला, झुग्गी-झोंपड़ी में रहनेवाली सामान्य औरत है। उदाहरण देखिए—"तुम सीधा क्यों नहीं कहते कि उस दूसरी औरत के साथ रहना चाहते हो ? तुम्हें सारा वक्त दूसरी औरतों के लिए ललक रहती है। तुम सच क्यों नहीं बोलते ? अंदर से कायर हो और बदले मुझसे लेते हो।"[42] इसी तरह सतवंत की भाषा और सख्त हो जाती है। "औरत चाँटे क्यों खाए ? किसी का कोई मतलब नहीं चाँटे मारने का।" सतवंत ने उत्तेजित होकर कहा—"मैं उसकी जगह होती तो उसका मुँह तोड़ देती।"[43]

भाषा के स्तर के आधार पर भी चरित्र का विकास होता है। भाषा के माध्यम से पात्र का स्तर आँका जा सकता है। सतवंत का यह संवाद उसके कठोर चरित्र आत्मविश्वास को व्यक्त करता है। भीष्म साहनी का पात्र चाहे पढ़ा-लिखा हो या निरक्षर, उर्दू के शब्द उसके संवाद में होते ही हैं। जैसे महेन्द्र का एक उदाहरण लें—"मुँह-हाथ धोना चाहती हो ? यहाँ पीछे गुसलखाना है, बेशक चली जाओ।"[44] इसी तरह कम से कम पढ़ा-लिखा पात्र अंग्रेजी भाषा के शब्दों का प्रयोग अवश्य करता है। जैसे

"मैंने सुना है पहले हैडमास्टर ज्यादा ऐक्टिव थे…।"[45] "मेहतरानी, आइयो, चार नंबरवाले बाबा ने फिर निक्कर में पेशाब कर दी है।"[46] भीष्म साहनी के पात्र बड़ी आसानी से अन्य भाषाओं के शब्द बोलचाल में प्रयोग में ले आते हैं, और उन शब्दों की उपस्थिति से पाठक को कोई उकताहट नहीं होती।

उर्दू भाषा के जिन शब्दों का प्रयोग कड़ियाँ उपन्यास में हुआ है, वे निम्नानुसार हैं, यथा :

उर्दू : तजबीज, नाचीज, खिदमत, बुत, लरज, बगलगीर, नमदार, बदहवास, तमाशा, रुसवाई, कतरे, सुर्खरू, गरीबनवाज, तकियाकलाम, मेहरबान, बन्दापरवर, बुजुर्गवार, फलसफा, जहीन, इल्तजा, जोऊम, लज्जत और खौफनाक आदि।

पंजाबी : पंजाबी भाषा के शब्द कड़ियाँ उपन्यास में न के बराबर ही प्रयोग में आए हैं, यथा–रविश, मुआ, परांदा, आदि।

देशज : यही स्थिति इस उपन्यास में देशज शब्दों की भी है, यथा–छिनाल, तहमद, चुगद आदि।

अंग्रेजी : अंग्रेजी भाषा के क़ई शब्द प्रयोग में आए हैं, यथा–फ्रेम, टाइप, कैशियर, लैडिंग, कफलिक्स, कैरियर, पार्क, पैस्सिव, स्कूल, हिस्टीरिया, लाइनमैन, लैम्प, यार्ड, बम, थर्मश, प्रमोशन, पोजीशन, डारमिट्री, मेट्रन, ड्राइंगरूम, नेपकिन, फैशनेबुल, ओवरकोट, सैण्डल आदि।

(३) रचनात्मक कौशल : (1) सरस काव्यमयी, अलंकृत, मुहावरेदार, उक्ति वैचित्र्य से युक्ति शैली : कड़ियाँ उपन्यास का रचनात्मक कौशल, सरस, काव्यमयी, अलंकृत, मुहावरेदार उक्ति वैचित्र्य से युक्ति है। कड़ियाँ की भाषा की सरसता पाठक के मन को मोह लेती है। पाठक भाषा की सरसता की वजह से विषयवस्तु के साथ बँधता जाता है। वह ऊबता नहीं, बल्कि उसे रस मिलने लगता है। भाषा की सरसता का एक उदाहरण द्रष्टव्य है–"तभी महेन्द्र को सुषमा की छाती पर झूलते लॉकेट की याद आई। पतली-सी सुनहरी चेन के साथ लगा हुआ लॉकेट, नीचे गले के ब्लाउज के ऊपर, कभी छाती के ऐन बीचोंबीच टिक जाता, कभी फिसलकर एक ओर लुढ़क जाता था। कभी सुषमा बातें करती हुई चेन को मुँह में दबा लेती और लॉकेट उसकी ठुडी के ऊपर लटक जाता। कभी तकिए के सहारे अधलेटी उसे दाएँ हाथ की तर्जनी पर लपेट लेती।"[47]

कहीं-कहीं भाषा का काव्यात्मक रूप निखर कर सामने आता है। जहाँ भाषा पूरी तरह से काव्यमयी हो गई है। एक-दो उदाहरण अवलोकनार्थ प्रस्तुत हैं : "हवा में पतझड़ की महक थी। उसी समय एक छोटा सा सूखा पत्ता उड़ता हुआ मिसेज भगत के दाएँ कन्धे पर आकर अटक गया।"[48] इसी तरह एक और दृष्टांत–"स्त्री प्रकृति का ही स्वरूप बनकर पुरुष के जीवन में आती है। प्रकृति की सुषमा का, उसके सौरभ का, उसके अनंत सौंदर्य का। तभी तो उसके हँसते होंठों में उसे फूटती कलियों का भास होता है। महेन्द्र अपने को झुठलाते हुए, मिसेज भगत की आँखों में किसी दैवी निमंत्रण को पढ़ने लगा था। उसे फिर से लगने लगा था जैसे उसके अंदर की गाँठें खुलने लगी हैं, जैसे वह किन्हीं लहरों पर जीवन की दूरियाँ लाँघने लगा है, जैसे उसके अंदर फिर से कुछ खुलने लगा है, फिर से कोई जीव, उत्सुक,

प्यासा, व्याकुल, बरबस बहते झरनों की ओर भागने लगा है।''[49]

कड़ियाँ उपन्यास की भाषा अलंकृत और मुहावरेदार है। भाषा को अलंकारिक बनाने के लिए उपमा अलंकार का प्रयोग कहीं-कहीं अच्छा बन पड़ा है। यथा—''प्रत्येक स्त्री अपने अनुरूप ही पुरुष के व्यक्तित्व में से अपने लिए गुण खींच लेती है। सुषमा के साथ बैठता तो मन कामुकता की ओर दौड़ता था, मिसेज भगत के साथ बैठता तो लगता जैसे, संसार खिल उठा है। उनके साथ कविता की पंक्तियाँ दोहराने को मन चाहता है। चाँद-सितारों की बातें करने को मन चाहता, अपने जीवन की समस्त अनुभवों की पिटारी उसके सामने खोलकर रख दे। पहले साक्षात् से ही दूरियाँ मिट गई थीं और औपचारिकता की दीवारें ढह गई थीं।''[50] एक और दृष्टांत प्रस्तुत है—''वह वैसे ही प्रमिला को पीछे छोड़ आया था, जैसे अपने गलीवाले मकान को छोड़ आया था, जहाँ वह क्लर्की के जमाने में रहा करता था, वैसे ही जैसे अपनी पुरानी साइकिल को छोड़ आया था, अपने क्लर्क दोस्तों की मण्डली को छोड़ आया था, जो हर शाम चाय की चुस्कियों में घण्टों अपने अफसरों की ही बातें करते रहते थे।''[51]

कड़ियाँ उपन्यास की भाषा को और सरस बनाने के लिए यदा-कदा हिंदी के प्रचलित मुहावरों का भी प्रयोग किया गया है। मुहावरे जन-सामान्य के बीच समझ और बोले जानेवाले हैं, जैसे साँप के मुँह छिपकली, नाकों चने चबाना, कच्ची गोटी, उल्लू के पट्ठे और छटी का दूध, आदि। कड़ियाँ उपन्यास में यदा-कदा गीत शैली के भी दर्शन होते हैं। जैसे :

दिल में किसी के राह किए जा रहा हूँ मैं,
कैसा हसी गुनाह किए जा रहा हूँ मैं।

अतएव कड़ियाँ उपन्यास में वे सभी तत्त्व मौजूद हैं, जो भाषा को सरस, काव्यमय, अलंकृत और मुहावरेदार बनाते हैं। इस दृष्टि से कृति काफी सफल है।

(२) वर्णनात्मक शैली : कड़ियाँ उपन्यास में वर्णनात्मक शैली का भी प्रयोग किया गया है। इस शैली का प्रयोग कथा को संक्षिप्त और विस्तार देने के लिए किया गया है। कड़ियाँ उपन्यास में वर्णनात्मक शैली के दर्शन समूची कृति में होते हैं। इस शैली का प्रयोग पूरी तरह से किया गया है। एक उदाहरण देखें, ''महेन्द्र को सुषमा के बारे में पूछताछ अच्छी नहीं लगी। सुषमा बुरी नहीं थी। उस आत्म-स्वीकृति के बाद तो जैसे सुषमा पर से भी बहुत-सी मैल धुल गई थी और उसका चेहरा निखरने सा लगा था। मन की बात कह डालने के बाद महेन्द्र के अंतःकरण में धूप सी मिलने लगी थी, सब ओर नहाया-नहाया सा लगने लगा था, उसमें सुषमा जो घटाटोप बादलों में घिरी बैठी थी, उस पर से भी बादल छँट गए थे। महेन्द्र को यह भी अच्छा नहीं लगा कि वह स्वयं सुषमा को दोषी बनाए जा रहा है। उसके साथ से फाइल लेते हुए एक दिन जब इस नए संबंध का सूत्रपात हुआ था। उसी की उँगलियों ने बढ़कर सुषमा की उँगलियों को छुआ था और सुषमा की पलकें झुक गई थीं और गालों पर लाली दौड़ गई थी। बाद में महेन्द्र ने पीछे हटने की कोशिश की थी, लेकिन एक कदम पीछे हटने के बाद वह दो कदम आगे बढ़ता रहा था।''[52]

लेखक ने पुरानी दिल्ली में किसी इलाके का वर्णन करने के लिए इस शैली का

संक्षिप्त रूप प्रयोग में लिया है। "टाँगा मिशन अस्पताल की लंबी दीवार के सामने से गुजर रहा था, और सड़क में हल्की सी ढलान थी। पुरानी दिल्ली का शताब्दियों पुराना इलाका था। पटरी पर जगह-जगह हस्तरेखा पढ़नेवाले आचार्जी अपनी छोटी-छोटी दरियाँ बिछाए बैठे थे। कानों के ऊपर तीलियाँ खोंसे, तेल मालिश और चम्पी करनेवाले, कमलीवाले साधु, कहीं भिखारी, कहीं पर लेटे बेरोजगार आवारा लोग, कहीं कोई खोंचेवाला मुँह टेढ़ा किए आवाजें लगा रहा था। चारों ओर बासीपन था, लोगों के चीकट मैले कपड़ों, गरीबी और बुढ़ापे की बास हवा में फैली थी।"[53] इस संक्षिप्त वर्णन से पुराने दिल्ली के उस इलाके की जानकारी स्पष्ट हो जाती है। वर्णनात्मक शैली का प्रयोग कथा के विकास में भी किया गया है।

(३) मनोविश्लेषणात्मक शैली : भीष्म जी ने प्रायः उपन्यास में विशिष्ट पात्रों की मनःस्थिति का वर्णन बड़ी संजीदगी के साथ किया है। कड़ियाँ उपन्यास में खासकर सुषमा, महेन्द्र और प्रमिला की मनःस्थिति का वर्णन अच्छा बन पड़ा है। प्रमिला अपने पति के घर से आकर पिता के घर आ जाती है। प्रमिला और महेन्द्र का पुनर्मिलन नाटे के घर पर एक बार पुनः होता है और उसी रात प्रमिला को गर्भ रुक जाता है। फिर प्रमिला महेन्द्र के व्यवहार से विक्षिप्त सी हो जाती है और उसे मजबूरन पागलखाने में डाल दिया जाता है। उस वक्त महेन्द्र की मनःस्थिति का उदाहरण द्रष्टव्य है—"पर महेन्द्र की कनपटियों पर हथौड़े बजने लगे थे। वह यहाँ से जल्दी से जल्दी निकल जाना चाहता था। एक ही सवाल बार-बार उसे परेशान किए जा रहा था यह गर्भ कहाँ से ले आई ? क्या यह उसी रात का दुष्परिणाम तो नहीं, जब वह भावावेश में सुध-बुध खो बैठा था। यह कौन सा नया पचड़ा खड़ा हो गया है। जब कभी वह भावावेश में प्रमिला के नजदीक गया था, बुरी तरह से ठोकर खाकर लौटा था। उसे मन ही मन नाटे पर गुस्सा आया, यह मेरे पीछे नहीं पड़ा रहता तो मैं इस वक्त तक अपना कोई रास्ता ढूँढ़ चुका होता। बच्चा हो जाने पर तो तलाक ले पाना नामुमकिन हो जाएगा। उसकी आँखें अभी भी प्रमिला पर लगी थीं, जो अब अलगनी के पास जा पहुँची थी और उस पर से वह छोटे-छोटे कपड़ों के टुकड़े खींच-खींचकर उतार रही थी। सचमुच प्रमिला को गर्भ था। उसका पेट फूल रहा था। क्रोध, आत्मभर्त्सना और लज्जा से उसका रोम-रोम दहकने लगा। फिर मुझे गृहस्थी में बाँधने के लिए प्रमिला ने जो षड्यंत्र रचा था, उसमें वह कामयाब हो गई है। प्रमिला भी और प्रमिला का बाप भी और अब उसके पैरों में जंजीरें डालकर उसे घसीट लिया जाएगा···पर इस बात का क्या प्रमाण है कि इसकी कोख में मेरा ही बच्चा है ? क्या मालूम···क्या मालूम और यह सोचकर महेन्द्र का दिल कुछ-कुछ सँभलने लगा। कौन कैसे प्रमाणित कर सकता है कि इसकी कोख में मेरा बच्चा है, कानून की दृष्टि से ये लोग मेरा कुछ नहीं बिगाड़ सकते। न जाने किसके साथ मुँह काला करके आई है।"[54]

नारी के मन की थाह पाना आसान काम नहीं माना जाता। महेन्द्र तो इस भ्रम में सदैव जीता रहा कि सुषमा सिर्फ मेरी है। परंतु सुषमा तो मि. वर्मा के आगोश में जिस दिन से गई, महेन्द्र उसके लिए वीतराग हो गया। मि. वर्मा को भी यह भ्रम था कि सुषमा ने महेन्द्र से पूरी तरह नाता तोड़ लिया है। परंतु ऐसा नहीं हुआ।

यद्यपि दोनों के बीच पहले जैसी स्थिति तो नहीं रही, फिर भी संबंध पूरी तरह से टूटा भी नहीं था। देखिए सुषमा की मनःस्थिति का एक उदाहरण—महेन्द्र के बालों को सहलाते हुए एक अनूठा-सा विचार सुषमा के मस्तिष्क में कौंध गया—"अगर महेन्द्र को वर्मा जी के बारे में पता चल जाए तो इसकी कैसी प्रतिक्रिया होगी ? फिर स्वयं ही इसका उत्तर देते हुए मन-ही-मन बोली—इसे तो लकवा मार जाएगा।"[55]

(4) विश्लेषणात्मक शैली : कड़ियाँ उपन्यास में विश्लेषणात्मक शैली अपने विभिन्न रूपों में मौजूद है। कड़ियाँ एक सामाजिक और पारिवारिक उपन्यास है। राजनीति को छोड़कर, सामाजिक गंभीर चिंतन, तर्क-वितर्क शैली, व्यंग्यात्मक और आलोचनात्मक शैली के दर्शन होते हैं।

गंभीर चिंतन का एक दृष्टांत प्रस्तुत है।

"एक अनुभव है, जो पुराने लोगों का है, और उसके आधार पर वे सीख देते हैं। दूसरा अनुभव है जो नए युवा लोगों का है, आज के लोगों का है, और उसके आधार पर वे भी सीख देते हैं। पर स्त्री से प्रेम न तो नया अनुभव है, न नई समस्या है, न नई स्थिति है। सहस्रों वर्षों से ऐसा होता आया है, इस काल में भी जब समाज अपने परंपरागत मूल्यों के आधार पर चल रहा था और उस काल में भी जब पुराने मूल्य टूट रहे थे और नए मूल्य मनुष्य के मन पर अपना अधिकार जमाने लगे थे और समाज का जीवन अस्थिर और डाँवाडोल हो रहा था।"[56]

तर्क-वितर्क शैली का प्रयोग भी अच्छा बन पड़ा है। कहीं-कहीं पर तर्क की शैली काफी लंबी हो गई है। फिर भी बोझिल नहीं हो पाई है, यथा :

"मैं इतना कमीना नहीं हूँ कि दी हुई चीज को वापिस लेता फिरूँ। सच तो यह है कि मुझे भूल चुका है कि मैंने तुम्हें क्या दिया है ?"

"तुम्हें कुछ नहीं भूला है, तुम्हें एक-एक चीज याद है, आज नहीं तो दस दिन बाद उन चीजों को मेरे सामने गिना दोगे।"[57]

प्रेम पति-पत्नी के बीच का हो या प्रेमी-प्रेमिका के बीच का। एक स्थिति ऐसी बन जाती है, जब उसमें सड़ाँध पैदा हो जाती है। कड़ियाँ उपन्यास में यही बात आलोचनात्मक शैली में भीष्म जी कुछ इस प्रकार व्यक्त करते हैं—"जमाना था, जब इस कमरे में प्रवेश करने पर उत्तेजना और गहन प्रेम की लौ-सी महेन्द्र के अंदर जलने लगती थी और कमरे की हर चीज पर अलौकिक नीलिमा-सी छा जाती थी। पर अब स्थिति बदल चुकी थी। अब वासना की चाबुकें मार-मारकर उस उत्तेजना को जगाना पड़ता था। वासना जाग जाए तो कुछ देर के लिए कमरे में लाली छिटक जाती थी, वासना बुझी-बुझी रहे तो वातावरण बोझिल-सा बना रहता था। जमाना था जब कमरे में फैली सुषमा के शरीर की गंध उसे मतवाला बना देती थी। अब यही गंध असह्य होने लगी थी, उसमें कसैलापन, बासीपन आ गया था, अब उसमें जैसे पुराने पड़ते प्रेम की सड़ाँध मिलने लगी थी।"[58] अतः कड़ियाँ में विश्लेषणात्मक शैली के सारे तत्त्वों का भरपूर प्रयोग किया गया है।

'तमस' उपन्यास में रचनात्मक संगठन

(1) संवाद, नाटकीयता : तमस उपन्यास में संवाद चुटीले, सार्थक और पात्रानुकूल

बन पड़े हैं। तमस का कथानक संवाद के माध्यम से आगे बढ़ता है। संवाद ने चरित्र सृष्टि में भी काफी योगदान दिया है। संवाद कहीं-कहीं बहुत लम्बे बन गए हैं, लेकिन पाठक की बोझिलता नहीं बढ़ाते, बल्कि पाठक को पूरी तरह से बाँध देते हैं। लंबे संवाद और सार्थक बहस का एक उदाहरण द्रष्टव्य है :

"कांग्रेस हिन्दुओं की जमात है। इसके साथ मुसलमानों का कोई वास्ता नहीं है।"..."कांग्रेस सबकी जमात है। हिन्दुओं की, सिक्खों, मुसलमानों की। आप अच्छी तरह जानते हैं, महमूद साहिब। आप भी पहले हमारे साथ ही थे।"...रूमी टोपी वाले ने अपने को बाँहों में से अलग करते हुए कहा—"यह सब हिन्दुओं की चालाकी है, बख्शी जी, हम सब जानते हैं। आप चाहें जो कहें, कांग्रेस हिन्दुओं की जमात है और मुस्लिम लीग मुसलमानों की। कांग्रेस मुसलमानों की रहनुमाई नहीं कर सकती।"[59]

तभी एक वयोवृद्ध आदमी बोला :

"वह देख लो, सिक्ख भी हैं, हिन्दू भी हैं, मुसलमान भी हैं। वह अजीज सामने खड़ा है, हकीम जी खड़े हैं।"[60]

भीष्म जी संवाद के माध्यम से बीच-बीच में कौतूहल भी पैदा करते चलते हैं। एक संवाद डिप्टी कमिश्नर रिचर्ड और उसकी पत्नी लीजा के बीच का द्रष्टव्य है। देखिए संवाद अपने चुटीले व्यंग्य के साथ किस तरह कौतूहल पैदा करते हैं।

"बहुत चालाक मत बनो रिचर्ड। मैं सब जानती हूँ। देश के नाम पर ये लोग तुम्हारे साथ लड़ते हैं और धर्म के नाम पर तुम इन्हें आपस में लड़ाते हो, क्यों ठीक है ना ?"

"हम नहीं लड़ाते लीजा, ये लोग खुद लड़ते हैं।"

"तुम इन्हें लड़ने से रोक भी तो सकते हो। आखिर हैं तो ये एक ही जाति के।"

रिचर्ड को अपनी पत्नी का भोलापन प्यारा लगा। उसने झुककर लीजा का गाल चूम लिया। फिर बोला—

"डार्लिंग हुकूमत करनेवाले यह नहीं देखते कि प्रजा में कौन-सी समानता पाई जाती है, उसकी दिलचस्पी तो यह देखने में होती है कि वे किन-किन बातों में एक-दूसरे से अलग हैं।"[61]

संवाद कथानक को आगे बढ़ाने में काफी मददगार होते हैं। कथानक को मोड़ देने में भी संवाद का काफी योगदान रहता है। शहर में दंगा भड़क उठता है। चारों तरफ आगजनी और गोले-बारूद का वातावरण छाया था, ऐसे में नत्थू का परेशान होना स्वाभाविक ही था।

"तुझे मालूम है माड़ी में आग क्यों लगी है ?"

"मालूम है, मसीत के सामने किसी ने सुअर मारकर फेंका था। उस पर मुसलमानों ने माड़ी को आग लगा दी।" नत्थू की औरत बोली :

"वह सुअर मैंने मारा था।"

नत्थू की पत्नी को काटो तो खून नहीं।

"तूने ? तूने यह बुरा काम क्यों किया ?"[62]

संवाद की सोद्देश्यता अनिवार्य मानी गई है। भीष्म जी इसके प्रति सदैव सजग

रहे हैं। सरदार मोहनसिंह का एक संवाद देखिए। "हम सबको यहीं रहना है। जुनून सिर पर चढ़ जाए लेकिन सच बात तो यही है कि हम सबको यहीं रहना है। मामूली लड़ाई-झगड़े की कोई बात नहीं है। यों तो घर के बरतन भी एक-दूसरे से ठहक जाते हैं। हमसायों के आपस में झगड़े होते रहते हैं। लेकिन रहना तो हम सबको यहीं पर है। हम साया तो अपना दायाँ बाजू होता है।"[63] इसी तरह एक और संवाद "मतलब कि हम एक-दूसरे का सिर काटें और वह मजहबी मामला कहकर तमाशा देखता रहे, फिर वह हाकिम कैसा हुआ।"[64]

तमस के संवाद पात्रानुकूल बन पड़े हैं। हिन्दू और मुसलमान दोनों धर्मावलंबियों के पात्र अपने-अपने स्तर और तरीके के संवाद बोलते हैं। प्रशासक वर्ग के संवाद इन दोनों से अलग हैं। नेता के संवाद जैसे आम जनता से पृथक् होते हैं। फतहदीन अपने पड़ोसी लाला जी से बोलता है—"बेखबर रहो बाबू जी, आपके घर की तरफ कोई आँख उठाकर भी नहीं देख सकता। पहले हम पर कोई हाथ उठाएगा, फिर आप पर उठने देंगे।"[65] दंगाइयों के संवाद का दृष्टांत प्रस्तुत है।

"देखो रमजान भाई, किसी ने मुझे पीछे से ठोंगा मारा है।" इकबाल सिंह बोलता है—"ठहर ओये।" इकबाल सिंह रुक गया और कातर आँखों से नूरदीन की तरफ देखने लगा।

"इसकी सलवार उतार दो। इसे नंगा गाँव में ले चलो। यह हमसे बहुत छिपता था।"

"देखो रमजान जी···।" इकबाल सिंह ने रमजान की ओर देखकर शिकायत की।

"खबरदार ओये, किसी ने सलवार उतारी तो···" रमजान ने चिल्लाकर कहा।

"अभी उसने कलमा नहीं पढ़ा है। जब तक यह कलमा नहीं पढ़ता, यह काफिर है, मुसलमान नहीं है। उतारो इसकी सलवार।"[66]

इस तरह संवाद अपने सारे तत्त्वों के साथ तमस उपन्यास में उपस्थित है। उसकी रोचकता बराबर बनी हुई है, जो पाठक को कथानक के साथ बाँधे रहने में सफल है।

(2) भाषा : तमस उपन्यास में भाषा का स्वरूप हिंदी, उर्दू, पंजाबी और अंग्रेजी का मिश्रित स्वरूप परिलक्षित होता है। भाषा तमस उपन्यास में भी पात्रों के अनुसार प्रयोग में लाई गई है। अन्य भाषा के शब्द जब भी प्रयोग किए गए हैं, उनके साथ बड़ी सावधानी बरती गई है। यद्यपि पंजाब की धरती में हिन्दू हो या मुसलमान, दोनों उर्दू और पंजाबी भाषा बोलते हैं, अतः यह नहीं कहा जा सकता कि पंजाबी, हिन्दू और सिक्ख ही प्रयोग करता है या उर्दू का प्रयोग सिर्फ मुसलमान। लेकिन पढ़ा-लिखा व्यक्ति जब बोलता है तो उसकी भाषा स्तरीय अवश्य होती है, जो आम व्यक्ति से उसे पृथक् बनाती है। वस्तुतः भीष्म जी एक नरेटर के रूप में शुद्ध और परिमार्जित हिंदी का ही प्रयोग करते हैं। देखिए नरेटर के रूप में उनकी भाषा का एक उदाहरणः

"घृणा और द्वेष इतनी जल्दी प्रेम और सद्भावना में नहीं बदल सकते, केवल भौंड़े हास्य और व्यंग्य में ही बदल सकते हैं। वे इकबाल सिंह को पीट नहीं सकते थे तो कम-से-कम उसे अपने क्रूर व्यंग्य का लक्ष्य तो बना ही सकते थे।"[67]

पात्रों की भाषा के कुछ उदाहरण द्रष्टव्य हैं। बहू अकरां और उसकी सास

के बीच वार्तालाप का एक दृश्य—''काफरां को पनाह देने ओ। बहू माड़ा करने ओ। मड़द तुदां पुछसन।'' (काफरों को पनाह है, बहुत बुरा किया है। मर्द आकर तुमसे पूछेंगे।) पर उसकी सास विचलित नहीं हुई। ''तूं चुप कर। बदनसीब कोई आये तो मैं धक्का दे के बाहर कड़ दू देवां ? (तू चुप रह। कोई बदनसीब आए, मैं उसे धक्का देकर बाहर निकाल दूँ[68]) ये दोनों पात्र गाँव के रहनेवाले हैं। इनकी भाषा पंजाबी होना कोई आश्चर्य की बात नहीं है। लेकिन शहरी पात्रों की भाषा हिन्दी, उर्दू मिश्रित भाषा है। इसी तरह महमूद की भाषा देखिए—''यह सब हिन्दुओं की चालाकी है, बख्शी जी, हम सब जानते हैं। आप चाहें जो कहें कांग्रेस हिन्दुओं की जमात है। कांग्रेस हिन्दुओं की जमात है और मुस्लिम लीग मुसलमानों की। कांग्रेस मुसलमानों की रहनुमाई नहीं कर सकती।''[69]

अंग्रेजी भाषा के शब्द वस्तुतः उस समय में भी लोगों की जबान में चढ़ने लगे थे, लेकिन तमस में रिचर्ड अंग्रेजी भाषा का प्रयोग कुछ इस प्रकार करता है। ''देअर विल वी टाइम फार टी, मिसेज कपूर, बट नॉट नो, थैंक यू।'' फिर उसी तरह अपनेपन के स्वर में बोला—''वैल, आपको भी थोड़ी मदद करनी होगी। रिफ्यूजी कैम्प में दो हजार खाट तो आज पहुँच जाएँगी, लेकिन कपड़ों वगैरा का थोड़ा इन्तजाम करना जरूरी है।''[70]

तमस उपन्यास में उर्दू, पंजाबी और अंग्रेजी भाषा के जो शब्द प्रयोग में लाए गए हैं, वे निम्नानुसार हैं :

उर्दू : तवलीग, रसूल, तकवीर, अलामत, रूह, कमजात, दानिशमंद, दूरअंदेश, बरखुरदार, जालिम, नापाक, बेगुनाह, मजलिस, बाखबर, मुसल्लह, बख्तरबंद, मशवरा, पेशाब, पेशगी, मुजाहिद, मुराद, कारिन्दा, मसान, हुकम, एहतियात, तनख्वाह, शख्सियत, पर्दाफाश, तजबीज, तौहीन, आराजबंद, रुसवाई, शरीफ, तकरीर, नेकबख्त, पनाह और सलामत आदि।

पंजाबी : जाणा, भैंण, अपणा, चहवां, पासे आग, तूसांडे, किचोहन, कड़ढ, औखा, कोल तां रब्ब, राखां, नी, जाणा, पंगी, कराड़ा, सुण भागे, भरिये और सरबद आदि।

देशज : सुआमी, दुःख, भरम, नाहक, मसीत, धोती और उपरि आदि।

अंग्रेजी : कैम्प, हेल्थ, आफीसर, रिफ्यूजी, म्यूनिसिपल, कमेटी, बट, नाट, नो, थैंक यू, देअर, विल, बी, फार, टाइम, नाइस, बेरी, ड्रेसिंग, लैम्प, हरीकेन, सेक्रेटरी, स्कूटिनी, लेफ्ट, राइट, वालंटियर, ट्रंक, और फण्ड आदि।

(3) रचनात्मक कौशल : (1) सरस, काव्यमयी, अलंकृत, मुहावरेदार उक्ति वैचित्र्य से युक्ति शैली : तमस उपन्यास की भाषा सरस, काव्यमयी, अलंकृत और मुहावरेदार है। तमस की भाषा बहुत ही सरस और पाठक के मन को प्रभावित करनेवाली है। वैसे भी जिस भाषा की संप्रेषणशीलता जितनी ज्यादा होती है, वह भाषा उतनी ही अच्छी मानी जाती है। भीष्म जी की भाषा का यह गुण सर्वोपरि है। भीष्म जी ने तमस की भाषा को जहाँ एक ओर काव्यमयी बनाया है, वहीं उसे अलंकार और मुहावरे से भी सजाया है। भाषा का अलंकृत और मुहावरेदार स्वरूप का एक उदाहरण दृष्टांत है—''दिन के उजाले में शहर अधमरा-सा पड़ा था। मानों उसे साँप

सूँघ गया हो। मण्डी अभी जल रही थी, म्युनिसिपैलिटी के फायर ब्रिगेड ने उसके साथ जूझना कब का छोड़ दिया था। उसमें से उठनेवाले धुएँ से आसमान में कालिमा पुत रही थी, जबकि रात के वक्त आसमान लाल हो रहा था। सत्रह दूकानें जलकर राख हो चुकी थीं।"[71] भाषा के काव्यात्मक रूप का एक उदाहरण द्रष्टव्य है—"टीले के ऊपर पहुँचकर दोनों ने अपने घोड़े रोक लिये। सामने दूर तक चौड़ी घाटी फैली थी जो पहाड़ों के दामन तक चली गई थी। लगता दूर क्षितिज पर सतरंगी धूल उड़ रही है। विशाल मैदान कहीं-कहीं छोटी-छोटी पहाड़ियाँ और उन पर स्वच्छ नीला आकाश जिसकी पारदर्शी ऊँचाइयों में चीलें तैर रही थी। बाईं ओर ऊँचा पहाड़ था। जिसे नीली आभा ढँके हुए थी। पहाड़ की ऊँचाई पश्चिम की ओर ढलते-ढलते इतनी कम हो गई थी कि मैदानों को छूने लगी थी। दाईं ओर दूरियों के धुँधलके में लाली-मायल की पहाड़ियों की धूमिल-सी आकृतियाँ नजर आ रही थीं।"[72] भाषा की सरसता का एक अन्य उदाहरण—"उस पहाड़ की तलहटी पर पानी के झरने हैं और घने पेड़ों के झुरमुट हैं। जल के सोते नीचे तक पहुँचकर पहाड़ में से फूटे हैं। बहुत सुंदर जगह है। हिन्दुओं ने झरनों के आसपास पत्थर की चुनाई करके वहाँ ताल बना लिए हैं। एक-एक झरने को अलग-अलग नाम दे दिया है। राम और सीता और अपनी मायथोलाजी के अन्य नामों पर।"[73] तमस में हिन्दी के प्रचलित मुहावरों का बड़ी सफलता के साथ प्रयोग किया है। जैसे—साँप सूँघना, इज्जत की रोटी, बालू के ढेर, पैनी आँखें और ढेर होना आदि।

तमस में गीत शैली का भी प्रयोग किया गया है। ये गीत कहीं पंजाबी भाषा की पंक्तियाँ तो कहीं उर्दू के शेर और कहीं हिन्दी के गीत या भजन की पंक्तियाँ हैं। उदाहरण के लिए इन्हें देखिए :

"मुल्ला मियाँ मिशालची, तीनों एक समान,
लोकां नूं दस्सण चाणना, आप हनौ जाण।"[74]

संस्कृत के श्लोक भी प्रयोग में लाये गए हैं।

"ऊँ द्यौ शांति पृथ्वी, शांतिरापः
शांति रोवधयाः शांति वनस्पतिः"[75]

इसी तरह अन्य उदाहरण भी देखिए :

"सब पर दया करो भगवान
सब पर कृपा करो भगवान।"[76]

"फैलाये घोर पाप यहाँ मुसलमीन ने
ने अमन फलक ने छीन ली, दौलत जमीन ने।"[77]

(2) वर्णनात्मक शैली : तमस उपन्यास में वर्णनात्मक शैली का भी प्रयोग किया गया है। वर्णनात्मक शैली का संक्षिप्त और विस्तार दोनों रूप स्पष्ट दिखाई देते हैं। भीष्म जी ने इस शैली का सफलतम प्रयोग किया है। इस शैली का संक्षिप्त रूप देखिए—"शंकर ने तीर छोड़ दिया। आमतौर पर शंकर इस ढंग से लगाकर बात नहीं करता था। मुँहफट आदमी था, जली-कटी मुँह पर सुनाता था। पर पचास हजार के बीमेवाली चोट बहुत बुरी थी। मेहता जी ऐसे सहमे कि एक शब्द मुँह से नहीं कह पाए। मेहता जी छोटी हस्ती नहीं थे। कुल मिलाकर सोलह बरस जेलों में काटकर

आए थे और जिला कांग्रेस कमेटी के प्रधान थे और सबसे उजली खादी पहनते थे। उन पर यह आरोप लगाना बड़ी हिमाकत थी। पर अर्से से अफवाह चली आ रही थी कि सेठी ठेकेवाले का पचास हजार का बीमा उन्हें मिलनेवाला है, और इसके एवज में मेहता जी सेठी को चुनावों में कांग्रेस का टिकट दिलाने वाले हैं।"[78]

वर्णनात्मक शैली का विस्तार रूप तमस में कई स्थानों पर दृष्टिगत होता है। भीष्म जी बड़े कुशल चितेरे हैं। किसी भी चीज को जितने सूक्ष्म तरीके से समझाने में सिद्धहस्त हैं, उतना ही विस्तार रूप में। विस्तार स्वरूप का एक उदाहरण देखिएः

"असला पिछले लंबे बरामदे में तथा ग्रंथी की कोठरी में इकट्ठा किया जा रहा था। गाँव में सात गुरुसिंहों के पास दोनाली बंदूकें थीं और पाँच बक्से कारतूसों के थे। जत्थेदार किशनसिंह सुरक्षा का प्रबंध कर रहा था। किशनसिंह पिछली जंग में बर्मा की लड़ाई में भाग ले चुका था। बर्मा की लड़ाई के दाँव-पेंच वह अपने कस्बे में मुसलमानों पर चलाना चाहता था। सुरक्षा की कमान सँभालते ही वह जाकर अपनी खाकी कमीज पहन आया था, जिस पर सरकार इंगलिशिया के तीन तमगे और अनगिनत फीते लगे थे। कमीज मुचड़ी हुई थी, पर इस वक्त लोहा करवाने का वक्त नहीं था। दो बंदूकों का एक मोर्चा गली के बाएँ सिरे पर, एक मकान में बनाया गया था, और दो ही बन्दूकों का दूसरा मोर्चा गली में दाएँ छोर पर। बाद में दाएँ हाथवाला मोर्चा नकारा साबित हुआ था। क्योंकि उसी घर में रहनेवाला सरदार हरीसिंह अपने हमसायों पर गोली चलाने से अंत तक कतराता रहा था। बाकी तीन बंदूकों का मोर्चा गुरद्वारे की छत पर बना था। और किशनसिंह स्वयं सारा वक्त छत पर कुर्सी बिछाकर बैठा रहा। बंदूकों का इस्तेमाल बस इतने तक ही था। बाकी हथियार भाले, बर्छे, तलवारें, लाठियाँ आदि थीं।"[79]

इस तरह भीष्म साहनी ने वर्णनात्मक शैली का प्रयोग सफलतम तरीके से किया है।

(3) मनोविश्लेषणात्मक शैली : तमस उपन्यास में इस शैली के दर्शन भी यदा-कदा दिखाई देते हैं। नत्थू चमार का मानसिक द्वंद्व इस शैली को पुष्ट करता है। उदाहरण द्रष्टव्य है—"वह अंदर ही अंदर बड़ा परेशान था। तरह-तरह के विचार उसके मन में घूम रहे थे। जितनी अधिक घबराहट बढ़ती जाती, उतना ही अधिक उसके विचारों में बिखराव आता जाता। बात करे तो किससे, और पूछे तो क्या ? उसके साथ बहुत बड़ा धोखा हुआ था। मुराद अली ने सालोतरी का नाम लेकर सुअर मरवा लिया था और मस्जिद के सामने फिंकवा दिया था। पर क्या मालूम यह कोई दूसरा सुअर रहा हो ? उसने मस्जिदवाले सुअर को देखा तो वह नहीं था। उसका मन बार-बार बेचैन हो उठता। अगर यह वही सुअर है, तो क्या होगा ? अगर लोगों को पता चल जाए कि उसी ने सुअर मारा था तो क्या होगा ? इसी बेचैनी में कभी उसका मन करता भागकर घर चला जाए और अंदर से सांकल चढ़ाकर पड़ा रहे, कभी उसका मन करता गलियों में घूमता भटकता रहे। कभी कुछ, कभी कुछ। मैं घर नहीं जाऊँगा, रात पड़ते ही मोतिया रण्डी के पास जाऊँगा। वह एक रुपया माँगेगी तो मैं पाँच रुपये दूँगा। रात-भर उसके पास रहूँगा।"[80]

(4) विश्लेषणात्मक शैली : तमस उपन्यास में विश्लेषणात्मक शैली का निर्वाह

बड़ी कुशलता के साथ किया गया है। इसके अंतर्गत राजनीति, गंभीर चिंतन, तर्क-वितर्क, व्यंग्यात्मक और आलोचनात्मक शैली का प्रयोग सफलता के साथ किया गया है। तर्क-वितर्क शैली का प्रयोग द्रष्टव्य है :

"मौलाना आजाद क्या हिन्दू है या मुसलमान ?" वयोवृद्ध ने कहा।

"मौलाना आजाद हिन्दुओं का सबसे बड़ा कुत्ता है। गांधी के पीछे दुम हिलाता फिरता है, जैसे ये कुत्ते आपके पीछे दुम हिलाते फिरते हैं।" महमूद साहिब बोले। इस पर वयोवृद्ध बड़े धीरज से बोला–"आजादी सबके लिए है। सारे हिन्दुस्तान के लिए है।"[81]

"हिन्दुस्तान की आजादी हिन्दुओं के लिए होगी, आजाद पाकिस्तान में ही मुसलमान आजाद होंगे।"[82]

गंभीर चिंतन का एक उदाहरण द्रष्टव्य है–"हम सबको यहीं रहना है। जुनून सिर पर चढ़ जाए लेकिन सच बात तो यही है कि हम सबको यहीं रहना है। मामूली लड़ाई-झगड़े की कोई बात नहीं। यों तो घर के बर्तन भी एक-दूसरे से ठहक जाते हैं, हमसायों के आपस में झगड़े होते रहते हैं। लेकिन रहना तो हम सबको यहीं पर है। हमसाया तो अपना दायाँ बाजू होता है।"[83] एक और उदाहरण–बख्शी जी कहते हैं–"फिसाद करनेवाला भी अंग्रेज, फिसाद रोकनेवाला भी अंग्रेज, भूखों मारनेवाला भी अंग्रेज, रोटी देनेवाला भी अंग्रेज, घर से बेघर करनेवाला भी अंग्रेज, घरों में बसानेवाला भी अंग्रेज...अंग्रेज फिर बाजी ले गया...।"[84]

राजनीति की एक चाल और देखिए। जब लोग रिलीफ कमेटी में काम कर रहे थे। जगह-जगह के आँकड़े प्रस्तुत किए जा रहे थे, उस समय लाला श्यामलाल आँकड़ा बाबू से पूछ रहे थे।

"म्यूनिसिपल कमेटी के चुनावों में हमारे वार्ड में से कांग्रेस की तरफ से कौन खड़ा हो रहा है।"

"मैंने तो कुछ नहीं सुना लाला जी, पर इन हालात में कमेटी के चुनाव होंगे भी या नहीं, मुझे शक है।" जिस पर लाला जी ने कहा :

"दुनिया के काम, बेटा कभी बंद हुए हैं ? मैं डिप्टी कमिश्नर से मिल चुका हूँ। दो महीने बाद चुनाव होंगे। नाम दाखिल करने की तारीख पन्द्रह जून रखी गई है। इसलिए अब ज्यादा वक्त नहीं रह गया है।"[85]

अतः तमस में विश्लेषणात्मक शैली का प्रयोग बहुत अच्छा बन पड़ा है।

'बसंती' उपन्यास में रचनात्मक संगठन

(1) संवाद, नाटकीयता : बसंती उपन्यास में संवादों के द्वारा पात्रों के चरित्र को प्रकाशित करने में उपन्यासकार को पूरी सफलता मिली है। उदाहरणस्वरूप श्यामा बीबी जी और बसंती के पारस्परिक वार्तालाप को रखा जा सकता है, जिसमें बसंती के चरित्र को नियतिवादी दृष्टि और यथास्थिति मनोवृत्ति का उद्घाटन हुआ है।

"किस-किस से डर कर रहूँ बीबी जी ? बापू से ? माँ से ? आप से ? भगवान से ?"[86]

"अगर नीचे गिर पड़ती तो ?"

"तो क्या बीबी जी" बसंती ने हँस कर कहा और सिर झटक दिया।

"टाँग टूट जाती, खोपड़ी फट जाती।"

"तो क्या बीबी जी।" बसंती ने फिर हँसते हुए कहा।

"टाँग टूट जाती तो कुछ नहीं होता ?"

"क्या होता बीबी जी, टाँग ही तो टूट जाती।"

"टूट जाती तो टूट जाती।"[87]

बसंती की अल्हड़ता, बेफिक्री और "तो क्या बीबी जी" कहकर बड़ी से बड़ी और गहरी चोट सह जाने की ताकत उसमें आ जाती है।

"इतने धोखे खा चुकी है, पर तू फिर भी होश में नहीं आई। तू जिंदगी में बहुत दुखी होगी बसंती।" श्यामा बीबी ने दाँतों तले होंठ दबाकर सिर हिलाते हुए कहा।

"जिंदगी क्या होती है बीबी जी ?"[88] बसंती ने कहा और हँस दी। उसकी हँसी में पहले जैसी गूँज फिर से सुनाई पड़ी।

बसंती के साथ बचपन से ही धोखा हुआ है। छला जाना उसकी नियति बन चुकी थी। बूढ़े बुलाकी और अपने बाप की अमानवीयता से बचने के लिए ही तो वह दीनू के साथ भाग खड़ी होती है। लेकिन जब दीनू उसके आस्था और विश्वास पर चोट करता है तो मौका हाथ लगते ही वह सर्पणी की भाँति उठ खड़ी होती है। वार्तालाप द्रष्टव्य है :

"तूने बरडू से पैसे लिए थे ?"

"कौन से पैसे ? क्या बक रही है ?"

"तीन सौ रुपये ? बोल, लिए थे तीन सौ रुपये ?"

दीनू को इतने तीखे प्रश्न की आशा नहीं थी।

"तुम्हें बोल जो दिया मैंने उसे साइकिल बेची थी।"

"और उसने सत्तर में साइकिल लौटा दी।"

"बाकी पैसे उसे फिर दूँगा। अब बक-बक नहीं कर।"

"वह कहता था तू मुझे उसकी रखैल बना गया था ?"

"चुप रह, चुप रह, चिल्ला नहीं। नहीं, एक झापड़ दूँगा, सारे दाँत बाहर आ जाएँगे।"

पर बसंती मानो आपे से बाहर होती जा रही थी।

"तू भी हरामी, वह भी हरामी। खबरदार जो मेरे बच्चे को हाथ लगाया। बड़ा बेचने वाला। मेरे पेट में अपना बच्चा देकर मुझे बेचने चला था, हरामी, बेशर्म, बदजात।"[89]

दीनू उसके बावजूद झापड़ मारने की बात कहकर धमकाता तो वह गरजती है।

"मैं तेरी आँतें खींच लूँगी, तू समझता क्या है ? लगा तो हाथ मुझे।"[90]

पुरुष के चरित्रगत सामंती प्रवृत्ति एवं विवाहिता पत्नी के प्रति वफादारी के संबंध में दीनू व बसंती का कथन देखने योग्य है।

"किसे उठा लाया है, यह तो जाहिल है, कुछ भी नहीं जानती। यह तो घर

से निकलते ही रास्ता भटक जाएगी। इसे तो सब सिखाना पड़ेगा।"[91]

इस पर दीनू को लगा जैसे वह रुक्की का नहीं, दीनू का मजाक उड़ा रही है, तो सीधा दीनू का तमाचा उड़ता हुआ उसके गाल पर पड़ा और बसंती झनझना उठी।

संवादों के माध्यम से कथा के विकास में काफी सहायता मिलती है। कथा को विस्तृत करने की यह एक सहज और स्वाभाविक प्रक्रिया है और इससे संप्रेषणीयता को बल मिला है।

परस्पर वार्तालाप कभी-कभी द्वंद्व उत्पन्न कर देता है। यही द्वंद्व कभी-कभी नई घटनाओं को जन्म देता है। यही घटनाएँ कथा को विकसित कर देती हैं। इसे दीनू और बसंती के कथोपकथन से समझा जा सकता है। बसंती अपने पिता की मंशा के खिलाफ बगावत करती है। दीनू के साथ साइकिल पर भागती है, लेकिन वह अपने सगे-संबंधियों के सामने से गुजरना चाहती है। दीनू इस बात का विरोध करता है। क्योंकि उसे डर है कि कहीं उसके सगे-संबंधी देख लिए तो मुसीबत होगी। फिर भी बसंती जिद करती है। उसका आक्रोश उभरता है। दीनू को चलने के लिए राजी कर लेती है।

"किधर जा रहा है ? अभी इधर और घूमेगा। उधर से चल।"

"किधर से ?"

"टैक्सियों के अड्डे की तरफ से।"

"पागल हो गई है क्या ? तेरे बाप ने देख लिया तो ?"

"कुछ नहीं होगा। उधर से ही चल।"[92]

परस्पर वार्तालाप में कहने के ढंग या शैली का विशेष महत्त्व है। शैली के वैशिष्ट्य से दूसरे पर जादू सा प्रभाव होता है। भाषा-शैली में नाटकीयता का अपना विशेष महत्त्व है। श्यामा बीबी एक धर्मभीरु महिला है। अपने इसी स्वभाव की वजह से बसंती को अपने घर पर शरण देती है। परंतु सदैव उसे शक की निगाह से देखती है। बसंती की चोरी बड़े नाटकीय ढंग से पकड़ती है। देखिए उदाहरण :

"थैले में क्या कुछ उठाए घूम रही है बसंती ? दिखा तो इसमें क्या है ?"

"कुछ नहीं बीबी जी, पप्पू के कपड़े हैं।"

"देखूँ तो !" और श्यामा ने आगे बढ़कर उसके थैले में हाथ डाल दिया। थैले के अंदर एक बड़े से डिब्बे पर उसका हाथ लगा, "यह क्या है ?" श्यामा बीबी ने कहा और उसे बाहर निकाल लिया। बड़ा सा हार्लिक्स का दूध का डिब्बा था।

"यह कहाँ से उठा लाई है, बसंती ?"

"बाजार से लिया है, बीबी जी, पूरे ग्यारह रुपये लग गए हैं। घर में कभी पप्पू को दूध मिलता है, कभी नहीं मिलता। मैं ले आई।"

देर तक श्यामा बीबी, बसंती के चेहरे की ओर देखती रही, फिर डिब्बे को वापस थैले में रखते हुए बोली—"आगे से आओ तो अपना थैला नीचे आँगन में रखकर आया करना बसंती।" और कमरे की ओर घूम गई।

भीष्म साहनी छोटे संवादों के माध्यम से कुतूहल पर कुतूहल पैदा करते जाते

हैं। छोटे संवाद कितने सार्थक और रोचक होते हैं, देखिए और एक उदाहरण दीनू और बसंती का वार्तालाप :

"मैं अब नौकरी करने लगा हूँ।"

"कहाँ ?"

"इधर ही नजदीक, लड़कों के हास्टल में।"

"तू तो शादी-ब्याह का काम करता था, वह क्यों छोड़ दिया ?"

"वह कभी मिलता था। यह बँधा हुआ काम है। यहाँ मुझे कमरा भी मिला हुआ है।"

"पहले क्या साइकिल पर सोता था ?" बसंती खी-खी करके हँसने लगी थी, "तू तो सो भी सकता है। उल्लू पेड़ पर बैठा-बैठा सो जाता है। आँखें खुली रहती हैं। तू भी साइकिल पर बैठा-बैठा सो जाता होगा।" और बसंती अपने ही थोथे मजाक पर हँसी से लोट-पोट होने लगी थी।[93]

(2) भाषा : बसंती खड़ी बोली में लिखी शुद्ध साहित्यिक कृति है। खड़ी बोली के तत्सम और तद्भव दोनों प्रकार के शब्दों को अपनाया गया है।

पात्रों के रहन-सहन और शिक्षा-दीक्षा के अनुसार भीष्म साहनी ने भाषा का सही इस्तेमाल करके स्वाभाविकता की भली-भाँति रक्षा की है। बसंती में आए पात्र मुख्यतः पंजाब, हरियाणा, उत्तर प्रदेश और राजस्थान के रहनेवाले थे। परंतु वे सभी दिल्ली की आम भाषा यानी हिंदी की सरल और सहज भाषा ही बोलते हैं। कुछ पात्रों में जरूर उनके क्षेत्र की मिश्रित भाषा है। मसलन बसंती का एक पात्र है, बुलाकीराम। बुलाकीराम राजस्थानी मिश्रित हिंदी बोलता है। देखिए उदाहरण :

"अपणे-अपणे होते हैं। तुम मेरे सिर पर सौ जूता मारो सो भी मुझे मंजूर है। मुझसे भूल हुई, क्षिमा कर दो। मैं एक बार नहीं, दस बार तुम्हें न्योता दूँगा। बस, एक ही अर्ज है मेरी, लोंडिया मेरे घर आ जाय।"

एक संवाद बसंती के पिता चौधरी का द्रष्टव्य है :

"अब तू देरी नहीं कर। पंडित लेकर अभी चला आ मेरी कोठरी में। आज कारज करवा देता हूँ।"[94]

"पहलेवाली बात तो नहीं होगी ना, चौधरी, हम बारात ले गए और तेरी लोंडिया ने जहर फाँक लिया।"[95]

भीष्म साहनी भाषा के प्रति काफी सजग हैं। लोंडिया जैसे शब्द का इस्तेमाल बुलाकीराम जैसे लोग ही कर सकते हैं। पढ़े-लिखे लोगों की भाषा कुछ और ही होगी। जब शिक्षित और शिष्ट व्यक्ति बोलते हैं तो भाषा बिल्कुल बदल जाती है।

सूरी साहब के संवाद द्रष्टव्य हैं :

"इसकी हालत देखत हो ? क्या इस हालत में हम इसे घर से निकाल देते ? हम इंसान हैं या कसाई ?"[96]

सूरी साहब की आवाज में नैतिकता की गूँज आ गई थी। "तुमने तो कभी यह भी नहीं जाना कि जीती है या मर गई। क्या हमें भी इसे दर-दर की ठोकरें खाने के लिए छोड़ देते।"[97]

राजस्थानी शब्द : राजस्थानी शब्दों का प्रयोग स्वाभाविक ढंग से किया गया

है, उदाहरण—छोरा-छोरी, लोंडिया, अपणे, दण्ड आदि।

उर्दू शब्द : उर्दू शब्दों का प्रयोग भी बड़ी सावधानी से किया गया है। यथा—गैस्त, तमीज, दर, जहर, सहना, पेशगी, अमानत, कुतुबमीनार, खुमारी, खातिर, खबरदार आदि।

देशज शब्द : भीष्म साहनी ने देशज शब्दों का प्रयोग करके पात्रों के अनुसार भाषा को सहजता और स्वाभाविकता प्रदान की है। यथा—दाढ़ीजार, दरक्षन, फाँक, तड़के, भेंडकर, लपका, घरवाला, कालिख, कुलच्छणी, चांडाल आदि।

पंजाबी, अंग्रेजी शब्द : भीष्म साहनी पंजाबी पृष्ठभूमि से उभरकर हिंदी साहित्य में प्रवेश किये हैं, फिर भी बसंती में अन्य उपन्यासों की तरह पंजाबी भाषा के शब्द न के बराबर आए हैं। यही स्थिति अंग्रेजी शब्दों की भी है। उदाहरण के तौर पर:

पंजाबी शब्द : परान्दे, तंदूर, साहिब आदि।

अंग्रेजी शब्द : डार्लिंग, मार्की, नेपकीन आदि।

भीष्म साहनी ने बसंती उपन्यास के पात्रों को उनके परिवेश और उनकी सामाजिक स्थिति के अनुसार भाषा को गढ़ा है। कहीं से नहीं लगता कि लेखक बनावटी भाषा का प्रयोग कर रहा है। खासकर बसंती के बोलचाल में भाषा का उत्तरोत्तर विकास होता है। जैसे-जैसे सूरी साहब और श्यामा बीबी के संपर्क से उसकी भाषा भी प्रौढ़ होती जाती है।

"बापू का थैला उठाकर ले गए हैं, बीबी जी, वह लाठी के पीछे-पीछे भाग रहा था। माँ भी भाग रही थी। मैं उनकी ओर जा रही हूँ। देखूँ कहाँ पर हैं।"[98]

(3) रचनात्मक कौशल : (1) सरस, काव्यमयी, अलंकृत, मुहावरेदार, उक्ति वैचित्र्य से युक्त शैली : भीष्म साहनी ने सरस, काव्यमयी, अलंकृत और मुहावरेदार भाषा शैली का प्रयोग बसंती में भी किया है। वातावरण के चित्रण में तो भीष्म जी कहीं-कहीं कवि होने का भ्रम पैदा करने में भी सफल हो जाते हैं। कोई आश्चर्य नहीं कि कभी छायावाद के बाद और उसके प्रभाव में उन्होंने भी अपने प्रारंभिक साहित्यिक जीवन में कविताएँ लिखी हों। जिन्हें मेरी बात पर यकीन न हो वे स्वयं उनसे पूछ लें। मैं तो अपनी ओर से उनके उपन्यास से सिर्फ एक ही ऐसा अंश उद्धृत कर रहा हूँ। "सभी कुछ था, और आकाश में चाँद भी खिला था, जो जीवन की प्रत्येक वास्तविकता को अपने आँचल में लेकर जादुई और रहस्यपूर्ण बना देता है।"[99]

शैली को स्वाभाविक और सरस बनाने के लिए गीतात्मक शैली का भी प्रयोग किया गया है—"तुम दीप जले आना, तुम साँझ ढले आना…।"[100] भाषा को चमत्कारिक बनाने के लिए मुहावरे, लोकोक्तियाँ और अलंकारों का प्रयोग भी अच्छा बन पड़ा है। उल्लू का पट्ठा होना, मुँह पर कालिख पोतना, दूधो नहाओ और पूतों फलो, बखेड़ा मोल लेना, न घर न घाट मिलना, और जूती में पानी पिलाना आदि…। अलंकार का प्रयोग भी द्रष्टव्य है—"घर के मालिक, सूरी साहिब, सुबह घूमने निकले ही थे कि फाटक पर किसी आदमी को डोलते पाया। मैला-कुचैला, ऊँचा-लंबा आदमी। पहले तो वह समझे कि कोई आवारा आदमी होगा जो नई बस्तियों में अक्सर डोलते-फिरते हैं।"[101]

(2) वर्णनात्मक शैली : बसंती में लेखक ने कथा को संक्षिप्त व विस्तार देने के लिए वर्णनात्मक शैली का प्रयोग किया है। भीष्म जी कहीं-कहीं कथा का संक्षिप्त परिचय देकर आगे बढ़ जाते हैं, तो कहीं-कहीं छोटी से छोटी बारीकियों को उजागर करने के लिए विवरणात्मक शैली को अपनाते हैं।

"बस्ती तोड़ दिये जाने के बाद बहुत से लोग इधर-उधर बिखर गए थे। कोई किसी नाते रिश्तेदार के पास, शहर के किसी दूसरे हिस्से में चला गया, कुछेक लोग अपने गाँव वापस चले गए। कुछ इधर-उधर भटक कर अपने लिए सर छुपाने की जगह ढूँढ़ने लगे। बस्तीवालों को लारियों में भरकर सरकार के आदमी रमेश नगर से पाँच मील दूर खुले सपाट मैदान में डाल आए थे। इस आश्वासन के साथ कि तुम्हें अपनी कोठरी डालने के लिए जमीन दी जाएगी। इस आश्वासन से संतुष्ट होकर बहुत से लोग अपने बाल-बच्चों को लेकर खुले मैदान में ही पड़े रहने लगे और आस-पास की बस्तियों में अपने-अपने लिए काम की तलाश करने लगे।"[102]

एक और उदाहरण द्रष्टव्य है—"जहाँ चौधरी ने अपना आसन जमाया था, वह जगह अच्छी तो नहीं थी, पर चूँकि पकड़ में आ गई थी, इसीलिए सबसे अच्छी थी। वहीं पास में नल भी था, जिस पर सुबह घड़े भरने की चिल्ल-पों मची रहती थी। सामने टैक्सीवालों का अड्डा था, और नुक्कड़ पर, सड़क की मोड़ मुड़ते ही कमेटीवालों का संडास भी था।...यह चौखटा चौधरी के किसी काम का न था, न धूप से बचाव, न बारिश पानी से।...जहाँ बस्ती के बाहर चौधरी पहले बैठा करता था, वहाँ छोटा-सा पीपल का पेड़ था, झिल-मिल, झिल-मिल उसी के पुण्य प्रताप से चौधरी के कारज सिद्ध हुए थे।"[103]

(3) मनोविश्लेषणात्मक शैली : बसंती उपन्यास में पात्रों के मनोभावों को चित्रित करने के लिए इस शैली का प्रयोग किया गया है। बुलाकीराम दर्जी का पूरा चरित्र ही मनोवैज्ञानिक धरातल पर खड़ा है। भीष्म साहनी जी की दृष्टि बहुत ही पैनी है। छोटी से छोटी चीजों का निरीक्षण बड़ी सूक्ष्मता से करते हैं। उदाहरण के रूप में बुलाकीराम को लें। बुलाकीराम के मन में नारी के प्रति कैसी लालसा, और कैसे-कैसे स्वप्न बनते, सजते और सँवरते हैं, देखें एक दृश्य—"अपनी कल्पना के सहारे अपने घर को आबाद करता रहा था। उसे अपने घर के आँगन में बहू के पैरों के नुपूर सुनाई देने लगते। दरवाजे के बाहर उसके बलखाते घाघरे और उड़ते पल्ले की झलक मिलने लगती, कोने-कोने से उसकी हँसी सुनाई देने लगती। बुलाकी बेताब हो उठता और कस्बे में अपने ब्याह की बात चलाता।"[104]

ब्याह के लिए उसकी आतुरता बराबर बनी रहती। स्वयं भी बन-ठन कर रहता, आँखों में काजल की लकीर लगी रहती और चटकीले रंगों का अंगरखा पहन कर सारा वक्त दूल्हा बना घूमता। भावी पत्नी के लिए कभी प्रसाधन का सामान बिन्दी, सुर्खी, काजल तो कभी मोतियों के हार और क्लिप और परांदे इकट्ठा करता।"[105]

इसी तरह बसंती का एक दृश्य देखिए। बसंती जब बुलाकी की पत्नी बनकर आती है, तब भी उसके मस्तिष्क में दीनू ही छाया रहता है।

"खिड़की के सामने खड़े-खड़े, बाहर चाँदनी को देखते हुए उसे बरबस दीनू का ध्यान आया। न जाने किन ऊँचे-ऊँचे पहाड़ों के पीछे जाकर छिप गया है। कहता

था आऊँगा, तीन महीने में आऊँगा, मगर पाँच महीने बीत गए अभी तक नहीं लौटा, कहाँ होगा इस वक्त ? क्या मालूम वह भी मेरी तरह आकाश के तारों को देख रहा हो।"[106]

(4) विश्लेषणात्मक शैली : भीष्म साहनी ने जिन स्थलों पर राजनीति और समाज की समस्याओं की सिद्धातंवादी व्याख्या की है, उन स्थलों पर उनका स्वर गंभीर और भाषा बोलचाल के इतर शिक्षित एवं बौद्धिक वर्ग की हो गई है। बसंती उपन्यास में जब बस्ती तोड़ी जा रही थी, उस वक्त का एक दृश्य द्रष्टव्य है :

"अपने ही बस्ती के घर तोड़ रहा है, हरामजादे। सारी सरम बेच खाई है। तुझे कोढ़ पड़े।"...."अब अपनी कहाँ है। अब सरकार की है।" तभी भीड़ में से एक आवाज आई। "तैने भी तो अपनी कोठरी बनाई थी।"...."बनाई थी तो बनाई थी।" ऊपर से जवाब आया। "सरकार तो इन्हें तोड़ेगी ही। हम अपनी मजूरी क्यों छोड़ें।" हम नहीं तोड़ेंगे तो कोई दूसरा आकर तोड़ेगा।"[107] "सारी शर्म-हया बेच खाई है, बेमेहरू ! अपने ही लोगों के घर तोड़ रहा है।"

इन संवादों से जहाँ एक तरफ तर्क-वितर्क शैली का बोध होता है, वहीं 'हम अपनी मजूरी क्यों छोड़ें ?' में व्यंग्यात्मक शैली की भी पुष्टि होती है। चिंतन प्रधान गंभीर शैली का भी एक अच्छा उदाहरण बन पड़ा है। "सुन बसंती तेरी हैसियत तो इस घर में तेरे बच्चों की वजह से है। रुक्मी को बच्चा हो गया तो तेरी हैसियत दो कौड़ी की रह जाएगी।" "हैसियत क्या होती है बीबी जी ?" "हैसियत यह होती है कि फिर तुझे इस घर में कोई पूछेगा नहीं।"[108]

'मैयादास की माड़ी' में रचनात्मक संगठन

(1) संवाद, नाटकीयता : मैयादास की माड़ी में संवाद के माध्यम से कथानक और चरित्रों का विकास अच्छा बन पड़ा है। कई जगह संवादों की अधिकता के बावजूद कथानक बोझिल नहीं हो पाता। कहीं-कहीं संवाद इतने चुटीले बन पड़े हैं कि सामने वाले को चौंका देते हैं। दीवान धनपत और पुरोहित के बीच वार्तालाप का एक दृश्य प्रस्तुत है। पुरोहित सामने से आ रहे मनीराम के संबंध में दीवान धनपत से कहता है–"मनीराम का वक्त आ गया है, गरीबनवाज।" "क्या मतलब ?" "उसका धागा इतना ही लंबा था, बस।" "शुभ-शुभ बोल पुरोहित, सुबह-सवेरे ऐसे शब्द मुँह से निकाल रहा है। वह तो भला-चंगा है।"...."नहीं महाराज, उसका वक्त आ गया है।" [109]...परंतु संवाद लंबे खिंचने के बावजूद उसमें दुरूहता और अस्वाभाविकता नहीं आ पाती। दीवान धनपन एक लंबे तर्क-वितर्क के बाद जब पूछते हैं कि–"तुम्हें कैसे पता चल गया था कि मनीराम का वक्त आ गया है ?"...उसका धागा इतना ही था। पुरोहित ने फिर वही उत्तर दिया। "पर तूने कैसे जाना।" "गरीबनवाज, इसमें जानने की क्या बात है ?" पुरोहित धैर्य से बोला, "आपने उसके माथे पर लगा तिलक देखा था। ?" धनपत हैरान-सा पुरोहित के चेहरे की ओर देखे जा रहा था।...."आधा कोस चल चुकने के बाद भी उसके माथे का तिलक सूखा नहीं था। वह अभी भी गीला था। गरीबनवाज इतना चलने के बाद भी तिलक नहीं सूखे तो इसका मतलब है, उसका शरीर अंदर से ठंडा पड़ चुका है। हाथ में पीतल का लोटा उसे बचाये

हुए था।"[110]

भीष्म जी कहीं-कहीं संवादों के माध्यम से कुतूहल पैदा कर देते हैं। संवादों में रोचकता तो आ ही जाती है, साथ ही पाठक भी विषयवस्तु से बँध जाता है। उदाहरण द्रष्टव्य है—धनपत के मझले बेटे ने बैठे-बैठे ही हाथ बढ़ाकर पुरोहित को आस्तीन से पकड़कर अपनी ओर खींच लिया।

"अब बोल बेटा कैसे जाएगा ?" सभी मनचले हँसने लगे।

"बताओ, आज पुरोहितायन क्यों नहीं आई ?" इसका उत्तर देते हुए एक लड़का बोला, "उसका पैर भारी है, इसलिए नहीं आई।"

"क्या सच, पुरोहित ?"[111]

संवाद की सोद्देश्यता अनिवार्य मानी गई है। भीष्म जी इस बात से बहुत ही सजग हैं। दीवान धनपत का बेटा कल्ला, दिमागी रूप से कमजोर था। धनपत के मझले बेटे की शादी मलिक मंसाराम की बेटी से हो रही थी। परंतु बारातियों के व्यवहार से तंग आकर एक बुजुर्ग लक्ष्मीदास ने भूल से कह ही दिया कि "अब तो कुछ भी करने-धरने से लाभ नहीं होगा। पर एक बात गाँठ बाँध लो कि आगे से दीवानों के घर लड़की नहीं देंगे।"[112] दीवान धनपत ने घरातियों की एक कमजोर नस पकड़ ली। "दुल्हन अभी हमारे घर में नहीं आई है। घर में पहुँचेगी तो हमारी होगी। इसे वापिस ले जाओ।" "लाला फेरे हो चुके हैं, लाला जी, यह आप क्या कर रहे हैं?" "हाँ हो चुके हैं, हम भी जानते हैं। हम कब कह रहे हैं कि नहीं हुए हैं।"[113]

दीवान धनपत लड़की के बाप की मजबूरी भी जानता है। और अपने संवाद की सार्थकता भी। जब लड़कीवाले बहुत गिड़गिड़ाते हैं तो वह सधी जबान से बोलता है—"समधियों से कहना, तुम्हारी बेटी हमारे घर में तभी पाँव रखेगी, जब तुम्हारे घर-बिरादरी की एक और लड़की हमारे किसी लड़के के साथ आज ही ब्याहकर, हमारे साथ आएगी। अगर मंजूर है तो बोलो, हम आज ही शाम दूसरी बारात लेकर तुम्हारे घर पर पहुँच जाएँगे। इसी सायत में दोनों ब्याह हो जाएँगे। हम दूसरी बहू को भी पूरी मान-मर्यादा के साथ अपने घर ले जाएँगे। पर अगर मंजूर नहीं है तो तुम्हारी बेटी तुम्हारे घर और हमारा बेटा हमारे घर।"[114]

मैयादास की माड़ी की कथा संवादों के माध्यम से आगे बढ़ती है। संवादों में नाटकीयता इतनी सहजता से आ जाती है कि पाठक रोमांचित हो उठता है। एक और उदाहरण द्रष्टव्य है। दीवान धनपत की मृत्यु हो गई। रुक्मणी तीर्थयात्रा के दौरान स्वर्गवासी हो गई। कल्ले और मझले काल-कवलित हो गए। माड़ी में दीवान धनपत का तीसरा बेटा बैरिस्टर हुकूमतराय की हुकूमत आ गई थी। परंतु माड़ी खण्डहर में बदलती जा रही थी और उल्लू का बैठना शुरू हो गया था। फिर जोगे की माँ, अपने बचपन के दिनों को याद करती हुई कहती—"फिर न जाने कहा चला गया। कुछ लोग कहते, मियाँ जी चला गया है, कोई कुछ कहता, कोई कुछ…।" फिर जोगे की माँ सिर हिलाकर बोली, "सब मर-खप गए, अब यहाँ कौन बैठा है।"[115] कहते हुए जैसे जोगे की माँ को फिर माड़ीवाले याद हो आए।

"उल्लू नहीं बैठेगा उस घर पर तो क्या तोता-मैना बैठेंगी।"[116] जोगे की माँ,

जो कुछ ही देर पहले जोगे को 'शुभ-शुभ' बोलने को कह रही थी, अब स्वयं उल्लू के माड़ी पर बैठने की चर्चा करने लगी थी।

"उल्लू क्यों उसी घर पर आकर बैठा है, जी !" उसने मानो अपने पति को संबोधन करते हुए कहा—"किन जंगलों-वियावानों में से उड़ता हुआ आया और आकर उसी घर पर क्यों बैठ गया है ? भरा-पूरा घर है, बैरिस्टर दीवान की बड़ी मानता है, पर अंदर से तो सँड़ाध उठती होगी। क्यों जी ? उल्लू खण्डहर पर बैठता है, उसे खण्डहर दिख जाता है। उल्लू, काल का दूत होता है। उसे कुकर्मों की बू आ जाती है। यही बात है। वह त्रिकालदर्शी होता है, समय की परतों के बीच उसे दिख जाता है। वह साधारण पक्षी नहीं होता, वह तो युगों में घूमता है। जब वह उड़ता हुआ आता है तो बीसियों साल को लाँघकर आता है, और बीसियों साल आगे का फासिला तय कर रहा होता है। वह कोई चोभ चुनने नहीं आता...वह तो काल का दूत बनकर आता है।"[117]

(2) भाषा : 'मैयादास का माड़ी' उपन्यास में भाषा, स्थानीयता और समकालीन परिवेश व युगानुकूल पात्रों के अनुसार प्रयोग में आई है। इस उपन्यास में खड़ी बोली के साथ-साथ, उर्दू के क्लिष्ट शब्द, पंजाबी के देशज शब्द के साथ-साथ अंग्रेजी भाषा का प्रयोग भी बड़ी ही सावधानी के साथ किया गया है। 'मैयादास की माड़ी' में भाषा पात्रों के अनुसार ढलती जाती है। संस्कृतनिष्ठ पात्र की भाषा प्रौढ़ और प्रांजल है, जबकि कम पढ़े-लिखे पात्र की भाषा सामान्य स्तर पर है। उपन्यास में जो शासक है, उसकी भाषा सबसे अलग और रोआबदार नजर आती है। यथा—दीवान धनपत और टहलुआ के बीच का वार्तालाप देखिए—टहलुआ किसी भाँति अपने काँपते हाथों को स्थिर कर पाया।

"नहीं मालिक, मैं हाथ धोकर पानी लाया हूँ।"

"किससे हाथ धोए थे ?"

"मिट्टी से मालिक !"

"उल्लू के पट्ठे ! मैंने जो कहा है कि विलायती साबुन से हाथ धोया करो।"[118]

मैयादास की माड़ी में भीष्म जी ने अंग्रेजी भाषा का कुशल प्रयोग किया है। भीष्म जी को इस बात का पता है कि कब और कहाँ कैसी भाषा का प्रयोग उचित होगा। डिप्टी कमिश्नर हेनरी और दीवान धनपत के सबसे छोटे बेटे बैरिस्टर हुकूमत राय के बीच बहस का उदाहरण द्रष्टव्य है :

'हैलो, हेनरी" चबूतरी पर से उतरते हुए दीवान बोला— "See as it of the Indian mob, haven't you ? they have no guts, I tell you had only to yield your baton and they were running for their lines--"

"हिन्दुस्तानी भीड़ का रंग देख लिया हेनरी ? इनमें गुर्दा नहीं है। डंडा उठाने की देर थी कि सभी दुम-दबाकर भाग गए।...कहता हुआ दीवान हँसने लगा, Didn't I tell you ? (मैंने तुमसे कहा था, या नहीं ?"[119])

डिप्टी कमिश्नर अपनी छड़ी से दीवान का कंधा ठकोरते हुए बोला— "You have ahead over your shoulder Diwan I must say" (तुम समझदार आदमी हो दीवान। मुझे जानकर खुशी हुई।)

यह सुनकर पहले तो दीवान को धक्का सा लगा, एक मीठा सा धक्का लगा, फिर वह भावुक हो उठा था।

"Anything for the empire, Henry. We both worship at the alter."

(अंग्रेजी साम्राज्य के लिए जान हाजिर है हेनरी। हम दोनों एक ही देवता की पूजा करते हैं।)

"You will soon be a Rai Bahadur you know I shall recommend your name"--"See you"

(तुम जल्दी ही राय बहादुर बन जाओगे। मैं तुम्हारे नाम की सिफारिश करूँगा।)

दीवान अभिभूत-सा उसे देखता रहा था, फिर ऊँची आवाज में बोला था :

"My last drop of blood for the empire Henry, and you know that."

(मेरे खून का आखिरी कतरा भी साम्राज्य के लिए हाजिर है हेनरी।)[120]

मैयादास की माड़ी में उर्दू के जिन शब्दों को प्रयोग में लाया गया है, वे निम्नानुसार हैं।

उर्दू शब्द : जेहन (बुद्धि) बेगैरत (अस्वाभिमान) उमरा (रईस) बुजरा, मूजी (मनमौजी) दरकार (मतलब) नदामत (शर्मिन्दा) खैरख्वाह (शुभाकांछी) फसील (छत की मुँड़ेर) अंगरखा (चोंगा) खादिम (दास) गुबार (धूल, भड़ास) नोशखाना (दौलत रखने की जगह) चुनांचे (जैसेकी) जानशीन (प्राणों की तरह प्यारा) असर-रसूक (प्रभावशाली संबंध) कयास (अंदाज) शर्मसार (झुक गया) नमूदार (प्रदर्शित होना) कारदार (कारिन्दा) हैवतनाक (डर) नदामत (शर्मिन्दगी) लरजिश (कँपकँपी) बदअमनी (अशांति) एवं मुजारों (पुजारी) आदि।

उर्दू शब्दों का प्रयोग अच्छा बन पड़ा है। उदाहरण द्रष्टव्य है : "अमलदारी बदल जाने का अर्थ होता है कि कल तक जो दुश्मन थे, वे दोस्त बन जाते हैं। कल तक जो भगौड़े थे, वे सिपहसालार बन जाते हैं। जो काला था, वह उजला लगने लगता है, और सैनिक ? सैनिक नहीं बदलता, वह केवल लड़ता है, मरता है, जान हथेली पर रखकर जंग के मैदान में उतरता है, अपने जौहर दिखाता है। क्योंकि वह अपने सालार के हुक्म पर मर-मिटने की कसम खाए होता है...।"[121]

यद्यपि यह बात सत्य है कि भीष्म जी मूलतः पंजाबी हैं। फिर भी उनके परिवेश की भाषा पंजाबी कम और उर्दू ज्यादा थी। यही वजह है कि मैयादास की माड़ी में उर्दू के शब्दों का प्रयोग अधिकतर किया गया है। मैयादास की माड़ी की कथा आज से सौ पूर्व की है और उस वक्त पश्चिमी पंजाब (आज का पाकिस्तान और अफगानिस्तान) की भाषा उर्दू थी। एक और उदाहरण द्रष्टव्य है—"कमरे के बाहर अर्दली को खड़ा देखकर धनपत समझ गया कि साहिब बहादुर जरूर दफ्तर के अंदर तशरीफ फरमा रहे होंगे। वह दो कदम और आगे बढ़ आया और आँगन में ऐन पर्दे के सामने खड़े होकर उसने फिर हेंक लगाई—"साहब बहादुर का इकबाल बुलंद हो।" कहते हुए झुका और झुके-झुके ही अपना दायाँ हाथ उठाकर तीन बार ऊपर-नीचे, हिलाता हुआ फर्शी सलाम बजाने लगा।"[122]

पंजाबी शब्द : मैयादास की माड़ी में पंजाबी शब्दों का प्रयोग भी अच्छा बन पड़ा है, यथा–विद्ध (पोटली), डाली (तोहफा), लामबंद-साडा-साइयां (ईश्वर), करम, सौंह गुरांदी, आखां, पुतर, माये, शाऊकार, दंदगुलूबन्द, माणू, मांगी, खाणा रख दाणे जैसे शब्दों का प्रयोग गीत एवं संवादों के माध्यम से यदा-कदा दिखाई देता है। गीतों के माध्यम से पंजाबी भाषा का प्रयोग द्रष्टव्य है। खुले आँगन में पहुँचकर बाजेवाले पूरे जोर से अपने साजों पर एक इश्किया टापे की धुन बजाए जा रहा था।

"तेरे दंद गुलूबंद नी,
हे जमालो
तेरे दंद गुलूबंद नी,
हे जमालो।"[123]

"पंडाल मांजियों से फिर भरने लगा। यों भी सारा कस्बा इस ब्याह को देख पाने को उतावला हो रहा था। दीवान धनपत के बेटे का विवाह मलिक मंसाराम की बेटी के साथ हो रहा था। कस्बे के दो चढ़े-पीड़े परिवार एक-दूसरे के समधी बनने जा रहे थे। अपने में यह बहुत बड़ी घटना थी, विशेषकर तब जब किसी जमाने में दोनों के बीच मनमुटाव रह चुका था।"[124]

(३) रचनात्मक कौशल : (1) सरस, काव्यमयी, अलंकृत, मुहावरेदार, उक्ति वैचित्र्य से युक्ति शैली : मैयादास की माड़ी की भाषा में ये सारे तत्त्व समाये हुए हैं। भीष्म जी की भाषा तो वैसे भी सरस काव्यमयी होती है। खासकर अपनी बात को विस्तार देने के लिए भाषा को काव्यात्मक बना देते हैं। एक दृश्य के चित्रण में भाषा का काव्यात्मक रूप द्रष्टव्य है।

"रुक्मणी स्तब्ध-सी सामने के दृश्य को देखे जा रही थी। जब से छड़ी के साथ चलते हुए वे पहाड़ों के बीच पहुँची, और बलखाते रास्तों पर चलने लगी थी, उसने हर मोड़ पर दृश्य को बदलते देखा था। नीचे बहता पहाड़ी नाला कभी चट्टानों से टकराता हुआ ऊपर को उछलता, उसकी फुहार में इंद्रधनुष में रंग-झिलमिलाते, कभी उसका दूधिया नीला पानी समतल-सा बहने लगता और उसमें भँवर पड़ते नजर आते। कभी-कभी रुक्मणी इतनी उत्साहित हो उठती कि स्वयं चट्टानों पर जा चढ़ती और नीचे बहते पानी को देखने लगती थी, यहाँ तक कि उसे लगता कि पानी उल्टी दिशा में बहने लगा है, और ज्यादा देर तक देखती रही तो उसे चक्कर आ जाएगा। किसी-किसी मोड़ पर पहाड़ का सँकरा रास्ता सहसा खुल जाता, सामने पहाड़ी की तलहटी में खुला मैदान होता, हरी-हरी घास से ढँका, और उसमें रंग-बिरंगे जंगली फूलों के अनगिनत पौधे हवा में लहलहा रहे होते और सारी तलहटी पर भेड़ों का समूह घास चर रहा होता और एक ओर, ऊँची चट्टान के साए में भेड़ों के चरवाहे कहीं बाप-बेटा तो कहीं सफेद दाढ़ीवाला कोई बूढ़ा बैठे होते थे। कहीं-कहीं पर वह इतनी उत्साहित हो उठती कि अपना दुपट्टा कमर में बाँध लेती और नंगे सिर आगे बढ़ने लगती। उसका मन दौड़ने उछलने-नाचने को करता था।"[125]

मैयादास की माड़ी की भाषा अलंकृत और मुहावरेदार है। एक उदाहरण और द्रष्टव्य है–"कन्हैया थे। वही मुकुट पर मोरपंख, होंठों पर बाँसुरी, नील वर्ण, झील की लहरों पर बंसी बजा रहे थे, और थिरक-थिरककर नाच रहे थे। पतली कमर,

होंठों पर दैवी मुस्कान रुक्मणी को देख-देखकर ही जैसे मुस्करा रहे थे, उसी को जैसे रिझाने, अपना रूप दिखाने चले आए थे। तुम चली आओ रुक्मणी, मैं तुम्हें लेने आया हूँ, लेने आया हूँ। मानो वह कह रहे थे। रुक्मणी को लगा जैसे झील में गिरनेवाला जल-प्रपात, बहती हवा झूमते-झूलते पेड़-पौधे, सभी बाँसुरी की लय में बँध गए हैं। वही असीम आह्लाद और असीम वेदना उसके दिल को मथने लगे। वह स्वयं भी इसी लय में खोने लगी थी। उसका मन हुआ, वह उठ खड़ी हो और स्वयं नाचती हुई उनसे जा मिले। ब्रह्मांड के विराट् नृत्य में लीन हो जाए।"[126] मैयादास की माड़ी की भाषा सुंदर और सरस बनाने के लिए हिंदी और पंजाबी के प्रचलित मुहावरे भी प्रयोग में लिए गए हैं। यथा—नीम पागल, बेड़ा गरक होना, आस्तीन का साँप होना, पौ बारह, विदूषक की भडेंत, दाल में काला होना, बाप ने मारी पिट्टूडी तो बेटा तीरंदाज, और पाले चोर ते नाले चतरा, आदि।

गीत शैली का प्रयोग भी मैयादास की माड़ी में अच्छा बन पड़ा है। रुक्मणी का पति कल्ला अस्पताल से ठीक होकर आया तो रुक्मणी को न पाकर पुनः पगला जाता है और रुक्मणी की याद करके गीत शैली में अपना दर्द व्यक्त करता इधर-उधर फिरता है। यथा :

"रुक्मण झूठी ए
सौंह गुरा दी आखां
रुक्मण झूठी ए !"[127]

तरह-तरह की कविता बनाकर बोलता है।

"रुक्मण हस के बोले
मेरे दिल दियाँ तंदां खोले
मैं, मोया होया जी पैना...।"[128]

इस तरह वे सभी तत्त्व जो भाषा को सरस, काव्यमय, अलंकृत और मुहावरेदार बनाते हैं, मैयादास की माड़ी में उपस्थिति हैं। शायद यही वजह है कि कृतिकार की यह कृति पाठक को भाषा के स्तर पर भी बाँधे रहने में सफल है।

(2) वर्णनात्मक शैली : मैयादास की माड़ी में वर्णनात्मक शैली का भी प्रयोग किया गया है। कहीं-कहीं कथा को विस्तार और कहीं संक्षिप्त रूप देने से वर्णनात्मक शैली कृति को रोचक बना देती है। एक उदाहरण द्रष्टव्य है—"पंडाल मांजियों से फिर भरने लगा। यों भी सारा कस्बा इस ब्याह को देख पाने को उतावला हो रहा था। दीवान धनपत के बेटे का विवाह मलिक मंसाराम की बेटी के साथ हो रहा था। कस्बे के दो सबसे ज्यादा चढ़े-पीड़े परिवार एक-दूसरे के समधी बनने जा रहे थे, अपने में यह बात बहुत बड़ी घटना थी, विशेषकर तब, जब किसी जमाने में दोनों के बीच मनमुटाव रह चुका था।"[129] लेखक ने धनपत के चरित्र को वर्णनात्मक शैली में कुछ इस तरह उभारकर कथा को आगे बढ़ाया है। माड़ी की नीलामी होनी थी। नीलामी में भाग लेना धनपत के लिए न केवल गौरव की बात थी बल्कि धनपत की प्रतिष्ठा भी इसी बात से जुड़ी हुई थी, एक उदाहरण द्रष्टव्य है।

"धनपत पूरी सज-धज के साथ पालकी में विराजमान था। दो कहार आगे, दो कहार पीछे, पालकी को कंधा दिए हुए थे। घंटियों-घुंघरुओं की आवाज उन्हीं से

आ रही थी। कहारों के पाँवों में घुंघरू और उनके माथे पर घंटियाँ बँधी थीं। यह भी धनपत की सनक थी कि उसने ये घंटियाँ कहारों के गले में नहीं, उनके माथे पर बाँध रखी थीं। पाँवों में घुंघरू थे और माथे पर छोटी-छोटी पीतल की घंटियाँ एक पट्टी के साथ बँधी थीं। धनपत ने अपना रेशमी अंगरखा और सिर पर बेढब-सी केसरी रंग की पगड़ी। धनपत बन-ठनकर हवेली की नीलामी में भाग लेने आ रहा था। गले में मोतियों के हार झूल रहे थे। धनपत के लिए यह एक ऐतिहासिक घड़ी थी, उसके जीवन का एक और गौरवमय दिन, जब वह अपने तथाकथित प्रतिरोधी को चारों खाने चित गिराने आया था, भले ही वह प्रतिरोधी स्वर्ग में बैठा हो।"[130]

(3) मनोविश्लेषणात्मक शैली : भीष्म जी मनोविश्लेषणात्मक शैली के सिद्धहस्त लेखक हैं। मन की बात और मन के द्वंद्व चित्रण सूक्ष्म से सूक्ष्म ढंग से करते हैं। वानप्रस्थी घर परिवार छोड़कर कस्बे में स्कूल चलाने लगा था। खासकर उन लड़कियों को और औरतों को जिन्हें चहारदीवारी से निकलने की इजाजत नहीं थी और दिल के अंदर शिक्षा प्राप्त करने की इच्छा लिए घुटती रहतीं। लेकिन बार-बार उस विधवा बेटी का चेहरा सामने आ जाता जिसने अपनी निरक्षरता को दोषी मानते हुए पति की मृत्यु की बात अपने पिता के सामने बोली थी—"मैंने भी दो अक्षर पढ़ लिए होते तो क्या मालूम वह बच ही जाते।" उसी दिन वानप्रस्थी की धारणा और मजबूत हो जाती है कि मैं जो काम करने लगा हूँ, उससे मेरी बेटी तो नहीं पढ़ पाएगी, पर किसी की बेटी तो पढ़ेगी ही। किसी की लड़की की तो भलाई होगी। मेरी मेहनत किसी के तो काम आएगी। परंतु स्कूल के विरोध में उसकी स्थिति का एक उदाहरण द्रष्टव्य है :

"गली के बीचों-बीच खड़े वानप्रस्थी की आँखें बोझिल हो रही थीं। लाठी पर झुका हुआ वह, खड़े-खड़े ही चुपचाप रामजवाया और पंसारी की फबतियाँ सुन रहा था, मानों उस पर कोड़े बरस रहे हों। इस अनजान कस्बे में उसने पहले कभी भी इतना अकेला महसूस नहीं किया था। कितना अप्रत्याशित था यह सब ? कल रात ही वह गद्‌गद महूसस करता हुआ यह सोच रहा था कि कुछ ही दिनों में कस्बे की कुछ लड़कियाँ स्कूल के आँगन को अपने चरणों से पवित्र करने लगेंगी, स्कूल के आँगन में मेला लग जाएगा, फुलवाड़ी खिल उठेगी। वह तो लड्डू बाँटने की बात सोच रहा था कि कुबड़े हलवाई से आग्रह करके चंदे के बचे-खुचे पैसों से वह एक थाली लड्डू ले आएगा और बाकायदा पाठशाला-प्रवेश की रस्म अदा की जाएगी।"[131]

इसी तरह मनःस्थिति का चित्रण उस समय भी अच्छा बन पड़ा है, जब धनपत को अंग्रेजी हुकूमत से जागीरदारी की सनद मिल जाती है। वह सीधा दीवान मैयादास के पास जाता है। दीवान मैयादास उसे बैठने को कहता है। परंतु वह बैठने से मना कर देता है। देखिए उदाहरण :

"बैठने का वक्त नहीं है ताऊ जी, जागीर का दौरा करने जाना है। कुछ रकम चाहिए।"

दीवान मैयादास ने सहज ढंग से पूछा—"किसलिए रुपया दरकार है, बरखुरदार?"

धनपत छूटते ही बोला—"माड़ी खरीदना है। दीवान मैयादास की माड़ी ?"

दीवान मैयादास का चेहरा पीला पड़ गया और उनकी समझ में नहीं आया

कि धनपत से क्या कहे।

"बड़ी मुबारक बात है, धनपत खरीदो माड़ी, पर क्या मुझसे ही धन लेकर माड़ी खरीदोगे ?"

"क्यों ? आपसे नहीं तो किससे लेंगे ?" और फिर अंगरखे के अंदर हाथ डालकर फिरंगी सरकार की सनद निकालकर, मैयादास की आँखों के सामने झुलाते हुए बोला–"कर्ज की रकम ब्याज समेत चुकता कर दूँगा। बेशक तीन में से एक मुरब्बा रहन रख लो।"[132]

लेखक नरेटर के रूप में लिखता है–एक दिन यही धनपत आँखें भी दिखाएगा, और मेरी ही पैड़ी पर आकर मुझे धमकी भी देगा, मैयादास मन मसोसकर रह गए। यह भी देखना बदा था। पहली बार उन्हें महसूस हुआ कि जमाना बदल गया है और मैं सचमुच पीछे छूट गया हूँ।

दीवान मैयादास का मन विचलित हो उठा था। उनकी स्थिति एक ऐसे आदमी की-सी थी जो अपने सामने, थोड़ी ही दूरी पर फनियर साँप को बिल में से सिर उठाते हुए देखता है, पर न तो वहाँ से भाग जाने के लिए उसके पाँव उठते हैं और न साँप का सिर कुचलने की हिम्मत रह जाती है। वह केवल बाँबी में से साँप को सिर उठाते देख रहे थे, यह जानते हुए भी कि बाँबी में से निकलनेवाला साँप विशेष रूप से उन्हीं को डसने के लिए निकल रहा है।"[133]

(4) विश्लेषणात्मक शैली : मैयादास की माड़ी में विश्लेषणात्मक शैली अपने विभिन्न रूपों में मौजूद है। राजनीति, गंभीर चिंतन, तर्क-वितर्क शैली, व्यंग्यात्मक और आलोचनात्मक शैली का प्रयोग सफलता के साथ किया गया है। रुक्मणी का पति अर्द्धविक्षिप्त है। लोग उसका मजाक उड़ाते हैं। व्यंग्य करते हैं। एक उदाहरण द्रष्टव्य है–"ओ कल्ले, सुन रहा है या नहीं ?" बालमुकुन्द ने पुकारा। इस पर नीचे से दोस्तों की आवाज आई–"कल्ले की घरवाली तो सुन रही है।" "ओ कल्ले" बालमुकुन्द ने पुकारा और दीवार के ऊपर से तीन-चार छोटे-छोटे कंकड़ उठाकर, नीचे रुक्मणी की कोठरी को लक्ष्य करके मारने लगा।[134] व्यंग्य शैली का एक बहुत ही अच्छा उदाहरण और प्रस्तुत है। दीवान मैयादास अपनी स्थिति कमजोर पड़ते देख रेलगाड़ी के गार्ड के समक्ष प्रार्थना करते हुए गिड़गिड़ा उठते हैं–"हुजूर का इकबाल बना रहे। बन्दा कस्बे के पुराने रईसों में से है, हुजूर के पास इंसाफ की माँग करने हाजिर हुआ है।" कुछ क्षण बाद जब दीवान मैयादास फिर से फर्शी सलाम बजा लाने के लिए झुके तो किसी ने उनके दाएँ कंधे पर हाथ रख दिया। दीवान मैयादास ने हैरान होकर पीछे की ओर देखा। धनपत खड़ा था। "ताऊ जी, यह फिरंगी हाकिम नहीं है। यह तो रेलगाड़ी का गार्ड है। मैं आपको असली हाकिम के पास ले चलूँगा।"[135] दीवान मैयादास ने आँख उठाकर देखा और उनका दिल धक् से रह गया।

दीवान धनपत का सबसे छोटा बेटा हुकूमत राय विलायत से पढ़कर जब लौटा तो अंग्रेजों की सेवा शुश्रूषा के बाद उसे दीवान बना दिया गया। हुकूमत राय भी उन्हीं अंग्रेजों की राय के अनुसार जनता पर अत्याचार करने लगा। अंग्रेजों की तरह उसके विरुद्ध भी विरोध और जुलूसों का दौर चल पड़ा। तर्क-वितर्क शैली का उदाहरण

द्रष्टव्य है :

"तुम यहाँ क्या करने आए हो ? यहाँ आने का तुम्हारा मकसद ?"

"मैं तुमसे कहने आया हूँ कि कल फिर जुलूस निकलेगा।"

"जुलूस, कौन सा जुलूस।"

"जिस पर तुमने लाठियाँ चलवाई हैं।"

"मैंने ? मैंने क्यों ? हाकिमों ने लाठी चार्ज किया है।"

"तीरथराम मर गया है। अभी-अभी मरा है। मैं तुम्हें बताने आया हूँ।"

"कौन तीरथराम ?"

"जिन लोगों पर लाठियाँ बरसाई गई थीं, उनमें तीरथराम भी था।"

"तुम मेरे पास क्यों आए हो ? निकल जाओ यहाँ से।"

"कल फिर लाठी चार्ज करवाना। लाठी नहीं, गोली चलवाना। कुछ लोग आज घबराकर भागे हैं, पर कल नहीं भागेंगे। सुना है तुम रायबहादुर बनोगे।"

"निकल जाओ यहाँ से...।"[136]

और अंत में भीष्म जी ने गंभीर चिंतन शैली का प्रयोग कर यह सिद्ध करने की कोशिश की है कि गलत रास्ते चलकर हुकूमत बहुत दिनों तक कायम नहीं रखी जा सकती। भीष्म जी उल्लू को प्रतीक मानकर उसके माध्यम से इस बात को बड़ी सफलता से कह जाते हैं। "उल्लू क्यों उसी घर में आकर बैठा है जी !" उसने मानो अपने पति को संबोधित किया हो। "किन जंगलों-वियावानों से उड़ता हुआ आया और आकर उसी घर पर क्यों बैठ गया है ? भरा-पूरा घर है, बैरिस्टर दीवान की बड़ी मान्यता है, पर अंदर से तो सड़ाँध उठती होगी। क्यों जी ? उल्लू खण्डहर पर बैठता है। उसे खण्डहर दिख जाता है, जो हमें-तुम्हें नहीं दिखता। ऊँचे खड़े महल में भी उसे खण्डहर दिख जाता है, जो हमें-तुम्हें नहीं दिखता। उल्लू काल का दूत होता है। उसे कुकर्मों की बू आती है। वह त्रिकालदर्शी होता है, समय की परतों के बीच से दिख जाता है। वह साधारण पक्षी नहीं होता, वह युगों में बैठता है। जब वह उड़ता हुआ आता है, तो बीसियों साल लाँघकर आता है, और बीसियों साल आगे का फासला तय कर रहा होता है। वह कोई चोग चुनने नहीं आता, वह तो काल का दूत बनकर आता है।"[137]

'कुंतो' उपन्यास में रचनात्मक संगठन

(1) संवाद, नाटकीयता : कुंतो उपन्यास में संवाद बड़े ही चुटीले, सार्थक और पात्रानुकूल बन पड़े हैं। संवाद के माध्यम से कथानक को विस्तार मिलता है और साथ ही चरित्र के विकास में भी इनका विशेष योगदान है। कहीं-कहीं संवाद इतने अच्छे बन पड़े हैं कि पाठक पात्रों के मर्म तक आसानी से पहुँच जाता है। जैसे एक जगह प्रोफेसर जो प्रोफेस्साब के नाम से जाना जाता है। प्रोफेसर का विद्यार्थी जयदेव जब उससे कहता है कि वह अपनी मौसेरी बहन सुषमा से प्यार करने लगा है, उसी क्षण प्रोफेसर उसे अपने सारगर्भित संवादों के माध्यम से उसे जिंदगी की कड़वी सच्चाई को समझाता है, यथा—"इंसान जिस ओर अपनी वृत्तियों को मोड़े, वे मुड़ जाती हैं।" प्रोफेस्साब ने कहा—"मुख्य बात सही समझ की है, विवेक

की, सही दृष्टि की।" जयदेव दत्तचित्त सुने जा रहा था। "आकर्षण का होना तो स्वाभाविक है, परंतु आकर्षण पर अपना बस भी होना चाहिए। किसी की पत्नी सुंदर है, मैं उसके सौंदर्य की ओर खिंचा जाता हूँ, पर मैं बेलगाम होकर उसका पीछा नहीं कर सकता। मनुष्य की वृत्तियों के ऊपर उसका विवेक होता है, होना चाहिए।"[138] अपनी बात को और स्पष्ट करने के लिए प्रोफेस्साब जैसे संवाद के माध्यम से जिंदगी का इससे भी बड़ा रहस्य खोलता है—"मैं वृत्तियों को दबाने का समर्थन नहीं करता, पर मैं उनका बेटोक अनुसरण करने के भी खिलाफ हूँ।"[139]

जब प्रोफेसर किसी संवाद को बोलता है तो उसका कुछ खास अर्थ होता है। वह तभी बोलता है, जब अपने शब्दों को तौल लेता है। उसके संवाद में रोचकता होती है। जयदेव और प्रोफेसर के बीच वार्तालाप का एक दृश्य प्रस्तुत है।

"सिर पर से पगड़ी उतार दे तो यह और भी ज्यादा बदसूरत निकल आता है। उसकी दोनों टाँगें टेढ़ी हैं और कुबड़ा है।" प्रोफेसर बोला—

"स्कूल से क्यों निकाल दिया गया था ?"

"क्योंकि एक लड़की से इसका प्रेम हो गया था। तुम मान सकते हो कि इस कुबड़े पंगु पर भी एक लड़की फिदा हो गई थी।"

जयदेव को लगा जैसे वह फिर प्रोफेस्साब की क्लास में पहुँच गया है, दत्तचित्त होकर सुनने लगा।

"इसके पड़ोस में रहती थी। यह दोपहर को छत से दीवार फाँदकर इसके पास आ जाती।"

जयदेव को अचंभा हुआ। "पर यह तो बिल्कुल लूला-लंगड़ा है।"

"हाँ, पर प्रेम करने का अधिकार केवल खूबसूरत लोगों को ही तो नहीं है।"[140]

संवाद कहीं-कहीं कौतूहल भी पैदा करते हैं। पात्र तो ऐसे नाटकीयता से बँधता ही है, अपने साथ पाठक को भी बाँध लेता है। कुंतो में कई जगह ऐसे संवाद आते हैं जिससे नाटकीयता का भाव होता है। पाठक विस्मित हो जाता है कि यह एकाएक क्या बोल गया और सामनेवाला पात्र प्रतिउत्तर में क्या बोलेगा—पुनः जयदेव और प्रोफेस्साब के बीच का वार्तालाप देखिए—दोनों एक सँकरी गली से आगे बढ़ रहे थे, तभी एक बुढ़िया जो खाट पर बैठी हुक्का गुड़गुड़ा रही थी, प्रोफेसर को देखते ही बोल उठी थी।

"साहिब जी, कैसे हो, नसीबों तो तुम्हें बहुत याद करती है...तुम्हें देखने के लिए तो उसकी आँखें ही तरस गईं, साहिब जी।"[141]...प्रोफेसर चुपचाप आगे बढ़ते गए—न हूँ न हाँ, न दाएँ देखा न बाएँ।

"ऐसी बेरुखी भी क्या हुई, साहिब जी, दो मिनट मिल ही लेते, दुआ-सलाम हो जाती।"

"चुपचाप चलते जाओ। पीछे मुड़कर न देखो।" प्रोफेसर ने जयदेव से कहा।

तभी एक खूबसूरत लड़की प्राफेसर को धक्का मारते हुए सामने से गुजर गई।

"आप इसे जानते हैं।"

"कल तू भी इधर से आएगा तो यही औरत तुमसे भी वही कुछ कहेगी, जो

मुझसे कह रही थी कि नसीबो पलकें बिछाए तुम्हारी राह देख रही है, साहिब जी।"

लेकिन लड़की के आगे बढ़ जाने के बाद प्रोफेसर आहिस्ता से बोले—"बला की खूबसूरत है, लड़की। वाह, वाह ! कैसे बाँकपन से चलती है। है तो वेश्या पर बड़ी सुंदर है।"[142]

संवाद सोद्देश्यपूर्ण होना चाहिए। संवाद की सोद्देश्यता के संबंध में भीष्म साहनी सदैव सजग रहे हैं। धनराज प्रोफेसर का छोटा भाई है और सिंगापुर से डॉक्टरी पढ़ कर आता है। उसकी शादी सिंगापुर जाने के पहले ही हो जाती है। परंतु मोना नाम की लड़की को वह सिंगापुर में ही दिल दे आता है, जिसका परिणाम यह होता है कि वह अपनी पत्नी थुलथुल के प्रति उदासीन रहता है। उस वक्त प्रोफेसर अपने भाई को समझाता है, यथा—"तुम मेरे भाई हो, मेरे जिगर के टुकड़े हो, मैं तुम्हें दुखी नहीं देख सकता, पर वह भी मेरी भावज है, अपना घर छोड़कर हमारे घर में आई है। हम उसे ब्याहकर अपने घर लाए हैं, मैं उसे भी दुखी नहीं देख सकता। हमारी आँखों के सामने उसकी जिंदगी धूल-मिट्टी हो जाए, मैं यह भी नहीं देख सकता।" और इससे पहले कि धनराज कुछ कहे, वह बोले—"मैं अपनी इच्छाओं को दबाने में विश्वास नहीं रखता, पर मैं अपनी जिंदगी की लगाम इच्छाओं के हाथ में सौंप भी नहीं सकता...।"[143] उपर्युक्त संवाद से यह सिद्ध होता है कि प्रोफेसर के कथन में दम है, जिंदगी के प्रति विश्वास और संतुलन बनाने की उम्मीद है। कहीं न कहीं यह बात धनराज को प्रभावित भी करती है। यहीं पर संवाद के उद्देश्य की पूर्ति भी हो जाती है।

कुंतो उपन्यास के संवाद पात्रों के अनुसार बन पड़े हैं। प्रोफेसर, जयदेव, डॉ. धनराज, सहदेव, क्रांतिकारी हीरालाल, गिरीश और सुषमा आदि जब बोलते हैं तो उनके संवाद स्तरीय होते हैं। शब्दों का चयन उत्कृष्ट होता है, जबकि दूसरे पात्रों के साथ ऐसा नहीं है। सुषमा का एक संवाद द्रष्टव्य है—"और माँ, एक प्रार्थना भी है। अब कभी उस कोठरी में न बैठना। कोठरी में जा बैठना आत्म-प्रताड़ना ही नहीं, अपना अपमान स्वयं करना है। कभी मुझमें सामर्थ्य हुई तो मैं तुम्हें अपने साथ ले चलूँगी और मैं तुम्हारी सेवा कर तुम्हारे जीवन-भर की थकान दूर कर दूँगी।"[144] इसी तरह क्रांतिकारी हीरालाल अपनी पत्नी के पतित हो जाने के पीछे स्वयं को दोषी मानता है। सहदेव से आत्मस्वीकृति करते हुए कहता है। "पर भइया, यह मत समझो कि मैंने अपनी जानकी को बिसरा दिया है। मैं रोज शाम को शहर के हर चकलाँ के चक्कर काटता हूँ, उसे खोजता रहता हूँ। किसी न किसी दिन मैं उसे ढूँढ़ निकालूँगा। किसी चौबारे में, किसी खिड़की के पीछे मिस्सी-सुर्खी लगाए बैठी होगी और मैं जाकर उसके पाँव पकड़ लूँगा। उसके पैरों पर अपना सिर रख दूँगा।"[145]

कुंतो की कथावस्तु के विकास में संवाद अपने पूरी सामर्थ्य के साथ दिखाई देते हैं। जहाँ भी कथा आकर रुक जाती है, संवाद वहीं पर उसे आगे बढ़ाकर पुनः एक नवीन गति प्रदान कर देते हैं। जैसे उपन्यास की कथा उस जगह आकर समाप्त हो जाती है जब जयेदव के माता-पिता और भाई आकर उसी के पास बंबई में रहने लगते हैं। कुंतो की मृत्यु हो चुकी होती है, उसके दो बच्चे जयदेव पर निर्भर हो जाते हैं। सब कुछ जैसे ठहर गया हो। उस वक्त, एक शाम, जयदेव की माँ, बरसों पहले

की ही तरह, बेटे की खाट पर बैठी, उसका हाथ अपने हाथ में लिए कह रही थी, "देख बच्चा, तू सुषमा के साथ ब्याह करना चाहता है, तो बेशक उसे बुला ले। मैं उसे छाती से लगाकर रखूँगी। मुझे सब मंजूर है। मुझे तुम्हारी खुशी चाहिए।"[146] यह सुनते ही जयदेव को लगा जैसें कुंतो अपने घर का आँगन सुषमा के लिए खाली करके चली गई है। माँ कहे जा रही थी–"सुषमा भी बहुत ठोकरें खा चुकी है। तेरा घर भी सूना हो गया है। छोटे-छोटे बच्चों के साथ कैसे जिंदगी गुजार पाएगा ? कुंतो अपने छोटे-छोटे बच्चे तेरे हवाले कर गई है। तू जो फैसला करे, मुझे मंजूर है।"[147]

(२) भाषा : कुंतो उपन्यास में भाषा का स्वरूप हिंदी, उर्दू, पंजोबी और अंग्रेजी का मिश्रित है। भाषा पात्रों के अनुसार प्रयोग में लाई गई है। हिन्दी के अलावा जिस भी भाषा के शब्दों का प्रयोग किया गया है, लेखक ने बड़ी सावधानी बरती है। शायद यही वजह है कि भाषा स्वयमेव पात्रों के अनुसार ढलती जाती है। यहाँ भी संस्कृतनिष्ठ पात्र की भाषा प्रौढ़ और प्रांजल है, जबकि कम पढ़े-लिखे पात्रों की भाषा का स्तर सामान्य है। यद्यपि कुंतो के अधिकतम पात्र शिक्षित और उच्च शिक्षा प्राप्त हैं। इसलिए भाषा का स्तर प्रौढ़ ही दिखाई देता है। जैसे–प्रोफेसर का भाषा स्तर देखिए :

"मैं तुम्हारी स्थिति को भली-भाँति समझता हूँ," प्रोफेस्साब कहते, "और स्थिति का सार इसी में है कि वह तुम्हें छोड़कर न जाए। अगर वह तुम्हें छोड़कर सिंगापुर वापस चला गया तो वह अपनी जिंदगी को भी बर्बाद करेगा और तुम्हारी जिंदगी को भी। यह बुनियादी बात है।"[148]

उर्दू मिश्रित हिंदी एवं देशज शब्दों का प्रयोग हीरालाल के शब्दों में देखिए–"चूरन बेचते हैं, तभी थोड़ा देश का भी कर पाते हैं, सहदेव बाबू।" उसने हँसकर कहा था–अठन्नी रोज की मिल जाती है, आटा-दाल की जुगत हो जाती है। उसने खिली-खिली आवाज में कहा था–"पर ससुरा गला बैठ जाता है। किसी जलसे-जुलूस की मनादी घंटों करते रहो, गला नहीं बैठता, सारा शहर घूम आओ, गला नहीं बैठता। पर यहाँ दो जगह चूरन की हेंक लगाओ तो ससुरी गले में खर्र-खर्र होने लगती है...। आजादी के बाद इस ससुरी खाँसी का भी इलाज करवाना है। बहुत से काम लटके हुए हैं। पढ़ाई भी करूँगा। अब तीसरी जमात भी कोई पढ़ाई है।"[149]

उर्दू : कुंतो उपन्यास में उर्दू के जिन शब्दों को प्रयोग में लाया गया है, वे निम्नानुसार हैं :

सियासी, तकिया कलाम, पेशाब, गबन, खाक, वगलगीर, तफशीह, वराश, जहन्नुम, खुशनसीब, ताबीज, कब्र, नफा, रजाबंदी, हैरत, करीना, दस्त-पंजा, नफासत, इत्र, तोहफा, खसम, मरजाणी, फलसफा, मुसाफिर, शर्मसार, फर्द, सगूफा, तौहीन, हिमाकत, अहवाल, ताजादम, फबेगी, तोबस्तफा, अख्तियार और कारसाज आदि। वाक्य देखिए–"अल्लाह के फजल से दो बेटे हैं।"[150]

पंजाबी : पंजाबी शब्द वैसे तो बहुत ही कम मात्रा में आए हैं। परंतु जितने भी शब्द आए हैं, उनका प्रयोग अच्छा बन पड़ा है। जैसे–उड्डी-उड्डी, जावां, डोटे-डधे, खावो, दे, नाल आदि।

अंग्रेजी : भीष्म जी प्रायः अपने सभी उपन्यासों में अंग्रेजी भाषा के शब्दों को प्रयोग में लाते हैं। किन्हीं-किन्हीं उपन्यासों में अंग्रेजी के संवाद भी पात्रों के मुख

से बुलवाते हैं। परंतु कुंतो में संवाद तो नहीं आए, लेकिन शब्द बहुतायत मात्रा में आए हैं और संवाद में अंग्रेजी के वाक्य कोटेशन के रूप में आए हैं, जैसे—''इसी को यूनानी दार्शनिकों ने मध्यम मार्ग कहा है।''

शब्द : टेबल, मेल, फ्रांटियर, स्टेशन, प्लेटफार्म, जंक्शन, ग्रे, सूट, ट्रंक, क्रीम, फाउन्टेन पेन, सिगनल, लेबल, क्रासिंग, लाइनमैन, ग्रामोफोन, एजेन्सी, होल्डाल, ड्रायवर, सूटकेस, सरप्राइज, डार्लिंग और गोल्डन आदि।

(३) रचनात्मक कौशल : (1) सरस, काव्यमयी, अलंकृत, मुहावरेदार, उक्ति वैचित्र्य से युक्त शैली : कुंतो उपन्यास की भाषा में ये सारे तत्त्व समाहित हैं। कुंतो की भाषा सरस, काव्यमयी है। कुंतो की भाषा रोचक होने की वजह ही यह है कि भीष्म जी ने भाषा को काव्यात्मक तरीके से अलंकार और मुहावरे से सजाया है। एक उदाहरण द्रष्टव्य है—''पेड़ों के झुरमुट को पार करते ही लाल मिट्टी के टीले शुरू हो जाते थे। अनगिनत टीले थे, दूर तक छितरे हुए, छोटे-बड़े, जिन्हें पार करने के लिए कोई बना-बनाया रास्ता नहीं था। रास्ता होता भी तो जयदेव उसे छोड़कर पगडंडियों पर या सीधा टीलों पर से दौड़-दौड़कर चढ़ना-उतरना ज्यादा पसंद करता। इन लाल मिट्टी के टीलों के बीच चलते हुए जयदेव को कभी-कभी लगता जैसे वह किन्हीं प्राचीन खण्डहरों के बीच से गुजर रहा है, उसकी कल्पना उड़ानें भरने लगती। वह सोचता जरूर कोई पुराना शहर या बस्ती इन टीलों के नीचे दबी पड़ी होगी। साल-दर-साल, बरसात की बौछारों के कारण इन टीलों पर दरारें पड़ गई थीं, और जगह-जगह खोह बन गए थे, जिस कारण जयदेव के कल्पनाशील मन को यह स्थल बड़ा रहस्यपूर्ण लगा करता था। इन टीलों के बीच ऊबड़-खाबड़ जमीन पर चलते हुए कभी-कभी उसका मन करता कि किसी खोह में झाँककर देखे, किसी दरार को और ज्यादा काट डाले, थोड़ी-सी खुदाई करे तो जरूर कोई मूर्ति या कोई खण्डहर उसे नजर आने लगेगा, किसी मूर्ति का भग्नावशेष, कोई शिला, किसी टूटे बर्तन का टुकड़ा।''[151]

कुंतो का नायक जयदेव जब अपनी बहन सुषमा को देखता, उसका मन खुशी से खिल उठता। भाषा के अलंकारिक स्वरूप का एक उदाहरण देखिए—''तभी गली के सिरे पर सुषमा आती हुई नजर आई थी। ढेर सारी किताबें छाती से लगाए, जिन्हें वह सँभाल नहीं पा रही थी। उस पर नज़र पड़ते ही जयदेव को लगा था, जैसे अँधेरी गली में रोशनी छिटक गई हो, जैसे सारी गली खिल उठी हो। सुषमा सफेद सलवार-कमीज पहने हुए थी। उसका चेहरा पीला-सा था। पर कालिज से थककर लौटने के कारण और कुछ धूप के कारण, चेहरा दमक रहा था। बालों की लट रोज की तरह दाईं कनपटी पर गिर रही थी।''[152] कुंतो की भाषा को सुंदर और सरस बनाने के लिए हिंदी के प्रचलित मुहावरों और लोकोक्तियों का प्रयोग भी किया गया है, जो अपनी जगह सटीक और अच्छे बन पड़े हैं, जैसे—''पाँव जमीन पर न पड़ना, रेत फाँकना, दिल छलनी होना, उल्लू का पट्ठा, पत्थर की लकीर, आस्तीन का साँप, मैदान खाली करना, मिट्टी का लोंदा, ढिंढोरा पीटना और न तीन में न तेरह में, आदि।

गीत शैली का प्रयोग भी कुंतो उन्यास में अच्छा बन पड़ा है। जैसे देश की आजादी के लिए क्रांतिकारी गीत गाते हैं।

"सुनो हिन्द के रहने वालो,
सुनो, सुनो !
ये किन बच्चों की चीखें हैं,
किस दुखिया माँ की आहे हैं,
किस बेवा दुल्हन की फरियाद लिए
खामोश निगाहें हैं"[153]

इसी तरह डॉ. धनराज अपनी प्रेमिका के गम में दर्द भरा गीत ग्रामोफोन में लगाकर सुनता है।

"शिकवा किसी से हम,
न कुछ फर्याद करेंगे
लेकिन सितम को तेरे
सनम, याद करेंगे।"[154]

अंततः भीष्म जी ने भाषा को प्रौढ़ और प्रांजल बनाने के लिए इन सभी तत्त्वों का खुलकर प्रयोग किया है। शायद यही वजह है कि पाठक भाषा के स्तर पर भी उपन्यास से बँधा रहता है।

(२) वर्णनात्मक शैली : कुंतो उपन्यास में वर्णनात्मक शैली का भी प्रयोग किया गया है। वर्णनात्मक शैली का संक्षिप्त और विस्तार शैली के दोनों रूप स्पष्ट दिखाई देते हैं। दोनों शैलियों का प्रयोग अच्छा बन पड़ा है। उदाहरण देखें—"सुषमा अभी भी हतप्रभ-सी उसकी ओर देखे जा रही थी। यह इतनी महत्त्वपूर्ण उपलब्धि रही होगी, इतनी गौरवपूर्ण, इसका अभी तक सुषमा को विश्वास नहीं हो पाया था। एक छलाँग ही तो थी, इससे अधिक क्या था ? कूदकर नाला पार करने की जरूरत क्या थी। उसकी समझ में नहीं आ रहा था। जयदेव भैया की जोखिम-भरी, दुस्साहसिक पहलकदमियों से वह बड़ी प्रभावित होती थी, प्रभावित भी और हतप्रभ भी, पर फिर भी इसमें ऐसा क्या था कि जयदेव भैया बार-बार छलाँग लगाने की धृष्टता कर रहे थे ? और इसमें ऐसा क्या है, जिस पर वह इतने फूले नहीं समा रहे हैं।"[155]

इसी तरह वर्णनात्मक शैली का विस्तार रूप देखिए—"प्रोफेस्साब अभी उम्र के उस हिस्से में नहीं पहुँचे थे, जहाँ से युवकों के उत्साह में बचकानापन नजर आने लगता है, जहाँ युवकों के प्रति, बुजुर्ग की अनुभवी आँखों में विनोद और अनुकम्पा, दोनों का मिलाजुला भाव झलकने लगता है। बल्कि वह ऐसी अवस्था में थे जहाँ युवकों के उछाह के प्रति तनिक ईर्ष्या का भाव मन में उठता है कि काश मैं भी वह सब कर पाता जो तुम करना चाहते हो। पर हाँ, अध्यापक होने के कारण, उन्होंने अपने ऊपर बुजुर्गी का जामा-सा, वक्त से बहुत पहले ओढ़ लिया था। उम्र में बुजुर्गी नहीं आई थी, पर बुजुर्गों की तरह व्यवहार जरूर करने लगे थे। इसलिए अपने छात्रों को नसीहत करते समय उन्हें अपने दिल में उठनेवाले आवेगों को छिपाना भी पड़ता और दबाना भी। और धीरे-धीरे उनकी स्थिति किसी हद तक उस अभिनेता जैसी हो जाती थी, जिससे अपेक्षा की जाती है कि जीवन में भी उसका व्यक्तित्व वैसा ही हो जैसा रंगमंच पर देखने को मिलता है। इसी में अध्यापक के जीवन की विडंबना भी पाई जाती है। अध्यापक कक्षा में मूल्यों, आदर्शों की मात्र व्याख्या करता है, जबकि छात्र

समझने लगते हैं कि अध्यापक को एक आदर्श अध्यापक के साथ-साथ एक आदर्श व्यक्ति की भी भूमिका निभानी पड़ती है, जिसके फलस्वरूप वह अपनी सहजता और स्वाभाविकता खोने लगता है, और उसके स्वभाव में एक प्रकार की भीरुता आने लगती है।"[156]

(3) मनोविश्लेषणात्मक शैली : कुंतो उपन्यास में इस शैली के भी दर्शन यदा-कदा किन्हीं-किन्हीं स्थलों में दिखाई देते हैं। देखिए थुलथुल के मानसिक ऊहापोह का विश्लेषण। "थुलथुल सुबह से बेचैन थी। आज उसका पति विदेश से डॉक्टर बनकर लौट रहा था। सात बरस का लंबा बिछोड़ा खत्म होने जा रहा था। दिल धक-धक कर रहा था। सभी कहते थे कि इन सात बरसों के बिछोड़े में वह और अधिक मुटिया गई है। "पर मैं कहाँ मुटिया गई हूँ ?" वह आईने के सामने खड़ी बार-बार अपने कूल्हों, अपनी कमर, अपने अंग-अंग का मुआयना करती हुई कहती है। उसने वही कुर्ता पहन रखा था जिसे पहने उसने पति को सात बरस पहले विदा किया था। "कमर और छाती पर थोड़ा कसता है, पर इससे क्या, इतना फर्क तो पड़ेगा ही। देखती हूँ, वह इस कुर्ते को पहचानते भी हैं या नहीं।" मोतिया रंग की रेशमी सलवार-कमीज के ऊपर उसने लाल रंग की चुन्नी ओढ़ रखी थी। "देखती हूँ, इसे भी पहचानते है या नहीं।" और वह बुस-बुस मुस्कुराती हुई, शीशे के सामने बार-बार आकर खड़ी हो जाती थी। सुबह से तीन बार मुँह पर पाउडर पोत चुकी थी, और होंठों पर सुर्खी की लीक भी। और आज के दिन अन्य दिनों की तुलना में ज्यादा मटक-मटक कर चल भी रही थी।"[157] इसी तरह जब सुषमा का पति सुषमा का अपमान करता है, फिर भी सुषमा उसके प्रति आसक्ति रहती है। तब जयदेव उसके बारे में क्या सोचता है, उदाहरण द्रष्टव्य है—"'तभी एक और विचार जयदेव के मन में कौंध गया। यह आसक्ति मात्र आत्म-प्रवंचना ही तो है। सुषमा अपने को इस भ्रम में डाल रही है कि वह गिरीश से प्रेम करने लगी है, जबकि वास्तव में वह लेखक के नाते, गिरीश की प्रसिद्धि से प्रभावित हुई है और उससे जुड़ने से उसे अपनी विशिष्टता का भास होता है। मैं गिरीश द्वारा दुत्कारी गई हूँ, एक जाने-माने लेखक द्वारा जयदेव ने मन ही मन व्यंग्य से कहा और यह जो गली-बाजार में उसके पीछे-पीछे गिड़गिड़ाती फिरी थी, कहीं उसके पीछे भी यह आशय न रहा हो कि एक जाने-माने लेखक ने मेरे साथ ऐसा दुर्व्यवहार किया है। यहाँ कहाँ से उससे प्रेम करने लगी ? यों ही इसके दिल में प्यार उमड़ने लगा ? यह समझे बैठी है कि उससे प्रेम करने लगी है, जबकि वास्तव में यह उसकी ख्याति में भागीदार बनना चाहती है। कहीं ऐसा तो नहीं।"[158] लेखक मानसिक अंतर्द्वन्द्व उभारने में सफल रहा है।

(4) विश्लेषणात्मक शैली : कुंतो उपन्यास में विश्लेषणात्मक शैली अपने विभिन्न रूपों में उपस्थित है। इस शैली के अंतर्गत राजनीति, गंभीर चिंतन, तर्क-वितर्क, व्यंग्यात्मक और आलोचनात्मक शैली का प्रयोग काफी अच्छा बन पड़ा है। तर्क-वितर्क शैली का एक उदाहरण द्रष्टव्य है। जयदेव का झुकाव सुषमा की ओर है, फिर भी कुंतो चाहती है कि वह सुषमा को अपने पास रखकर खुश रह लेगी। लेकिन उसकी सहेली इस बात से सहमत नहीं है।

"कुछ तो करोगी ना, उसे इतना तो पता चले कि वह तुम्हारे साथ ज्यादती

कर रहा है।"

"मैं क्या करूँ ? वह बाहर से आए तो उसके साथ न बोलूँ ? उसे खाना न दूँ ? वह कुछ माँगे तो बुत बनी बैठी रहूँ ? कोई जवाब न दूँ ? वह किसी को घर पर बुलाए तो बाहर चली जाऊँ ?"

"तुम केवल सहना-ही-सहना जानती हो, विरोध करना नहीं जानती। उसे पता तो चले कि वह तुम्हें कष्ट पहुँचा रहा है।"[159]

गंभीर चिंतन शैली का एक उदाहरण प्रस्तुत है—कुंतो अपने पति जयदेव के व्यवहार से तंग होकर अपने बड़े भाई से कहती है—"मैं इससे जो प्रेम करती हूँ क्या इसे रिझाने के लिए करती हूँ ? इसका दिल जीतने के लिए ? इसे अपने साथ बाँधे रखने के लिए ?" और सोचते-सोचते कुंतो सचमुच रो पड़ी थी। "मैं इससे प्रेम करूँ, ताकि यह मुझे ठुकराए नहीं ? अगर मेरा प्रेम इसके दिल को नहीं छूता तो क्या बन सँवरकर आने पर छूने लगेगा ? ऐसे तो वेश्याएँ ग्राहकों के पास जाती हैं।"[160]

कुंतो उपन्यास में राजनीति की भी चर्चा आई है। देश को आजाद कराने के लिए देश प्रेमी आजादी के बदले अपनी जान भी देने के लिए मतवाले हैं। जैसे हीरालाल कहता है—"ओ बख्शी जी !" हीरालाल की आवाज ऊँची हो गई थी, "वे तो हमें शहर में भी भून सकते हैं, भून डालेंगे। हम तो फकत अपनी आवाज उठा सकते हैं। क्यों, हम अपनी आवाज भी न उठाएँ ?"[161] इस तरह देखते हैं कि विश्लेषणात्मक शैली का प्रयोग कुंतो उपन्यास में अच्छा बन पड़ा है।

संदर्भ

1. डॉ. श्यामसुंदर दास : साहित्य लोचन, पृ. 250; 2. हिन्दी उपन्यास : शिल्प और प्रयोग, पृ. 403; 3. हिन्दी उपन्यास : शिल्प और प्रयोग, त्रिभुवनसिंह, पृ. 407; 4-7. हिन्दी साहित्य कोश, पहला भाग, पृ. 773; 8. झरोखे, पृ. 12; 9-11. झरोखे, पृ. 31, 78, 117; 12. झरोखे, पृ. 68; 13-15. झरोखे, पृ. 32, 55, 9; 16-17. झरोखे, पृ. 96, 9; 18. झरोखे, पृ. 1; 19-23. झरोखे, पृ. 11, 10, 26, 54, 67; 24-25. झरोखे, पृ. 80, 109; 26-29. झरोखे, पृ. 19, 124, 96, 81; 30-32. झरोखे, पृ. 113, 54, 46; 33-34. कड़ियाँ, पृ. 13, 38; 35-38. कड़ियाँ, पृ. 51, 57, 101, 149; 39-43. कड़ियाँ, पृ. 10, 141, 26, 50, 110; 44-46. कड़ियाँ, पृ. 127, 170, 174; 47-51. कड़ियाँ, पृ. 15, 163, 164, 176, 159; 52-53. कड़ियाँ, पृ. 31, 153; 54-55. कड़ियाँ, पृ. 187, 150; 56-58. कड़ियाँ, पृ. 69, 148, 145; 59-61. तमस, पृ. 31; 62-66. तमस, पृ. 160, 250, 182, 119, 208; 67-70. तमस, पृ. 208, 195, 31, 225; 71-73. तमस, पृ. 125, 33, 37; 74-78. तमस, पृ. 16, 60, 19; 79-80. तमस, पृ. 174, 99; 81-85. तमस, पृ. 32, 250, 228, 252; 86-88. बसंती, पृ. 34, 94; 89-92. बसंती, पृ. 140, 141, 136, 48; 93. बसंती, पृ. 58; 94-97. बसंती, पृ. 70, 17, 110; 98. बसंती, पृ. 184; 99. मुठभेड़ : श्याम कश्यप, पृ. 163; 100-101. बसंती, पृ. 40, 104; 102-105. बसंती, पृ. 108, 105, 45, 106; 106-108. बंसती, पृ. 111, 26, 163; 109-113. मैयादास की माड़ी, पृ. 12, 13, 17, 40, 45; 114-117. मैयादास की माड़ी, पृ. 46, 326; 118-120 मैयादास की माड़ी, पृ. 288, 317, 319; 121-122. मैयादास की माड़ी, पृ. 137, 166; 123-125. मैयादास की माड़ी, पृ. 32,

27, 314; 126-128. मैयादास की माड़ी, पृ. 315, 325; 129-130. मैयादास की माड़ी, पृ. 27, 188; 131-133. मैयादास की माड़ी, पृ. 263, 172, 173; 134-136. मैयादास की माड़ी, पृ. 299, 182, 333; 137. मैयादास की माड़ी, पृ. 326; 138-139. कुंतो, पृ. 22; 140-141. कुंतो, पृ. 37, 38; 142-145. कुंतो, पृ. 39, 131, 278, 319; 146-149. कुंतो, पृ. 319, 327, 325, 267; 150. कुंतो, पृ. 46; 151-154. कुंतो, पृ. 9, 55, 306, 246; 155-156. कुंतो, पृ. 34, 14; 157-158. कुंतो, पृ. 110, 214; 159-161. कुंतो, पृ. 259, 293, 267।

सप्तम अध्याय

समशील प्रमुख उपन्यासकारों के बीच भीष्म साहनी

यशपाल और भीष्म साहनी

यशपाल का जीवन क्रांतिकारी का जीवन रहा। उनका साहित्य उन विचारों और भावों की अभिव्यक्ति है, जिन्हें लेकर के कर्म क्षेत्र में उतरे थे। उनके साहित्य और आन्तरिक व्यक्तित्व का उद्देश्य है व्यष्टि तथा समष्टि में नवीन मानववादी विचारों को भरना। वे व्यष्टि तथा समष्टि में कहीं भी मानवता को गलित-दलित नहीं देखना चाहते। परंतु यशपाल सिद्धांतवादी नहीं, कर्मठ साहित्यकार एवं विवेकशील विचारक हैं। उनका साहित्य अतिरंजना से उन्मुक्त एक यथार्थ रूप लिए हुए है, जिसमें एक बौद्धिक सत्य एवं दृढ़ता निहित रहती है।

यशपाल ने जिस प्रकार राजनीतिक क्षेत्र में मार्क्सवादी दर्शन को अपनाया है, उसी प्रकार सामाजिक क्षेत्र में भी मार्क्सवादी दर्शन को ही रूपायित किया है। मार्क्स के अनुसार—"मनुष्य सामाजिक प्राणी है। सामाजिक चेतना से भिन्न उसका कोई अस्तित्व नहीं। सामाजिक चेतना व्यक्ति के विचारों, सिद्धांतों और दर्शन का ही समूह मात्र है।"[1] यशपाल ने भी इसी धारणा को स्वीकार किया है। "आज मैं जो कुछ हूँ वह अपनी सामाजिक परिस्थितियों, समाज से पाए संस्कारों और चेतना की क्रियाओं और प्रक्रियाओं के प्रभाव से बन गया हूँ। समाज से भिन्न मेरा कोई अस्तित्व अथवा चेतना नहीं रही है और न हो सकेगी। मेरा जीवन अथवा व्यक्तित्व अथवा समाज विराट् शरीर के असंख्य जीवकोशों में से एक है।"[2]

यशपाल ने राजनीतिक, सामाजिक और ऐतिहासिक उपन्यास लिखे हैं। निश्चित रूप से यह कहा जा सकता है कि यशपाल का फलक भीष्म साहनी के फलक से बहुत व्यापक है। यशपाल ने बहुत कुछ उस यथार्थ को जिया है, जिसे उपन्यास या कहानी के रूप में लिखा है। यशपाल का जीवन भीष्म साहनी की अपेक्षा ज्यादा विषम परिस्थितियों से उभर कर सामने आया है, शायद यही वजह है कि जो बात यशपाल ने उठाई है, वह अन्य रचनाकारों के साहित्य में कम ही दिखाई देती है। उस काल के राजनीतिक उपन्यासों का मुख्य आधार द्वितीय महायुद्ध, असहयोग-आन्दोलन, साम्प्रदायिक दंगे, क्रांतिकारी आन्दोलन, साम्यवादी तथा समाजवादी भावनाएँ और

स्वतंत्रता प्राप्ति एवं भारत-विभाजन आदि हैं। यशपाल तथा उनके सामयिक उपन्यासकार, यथा—नागार्जुन, राहुल सांकृत्यायन, रांगेय राघव आदि। उन समस्त राजनीतिक एवं सामाजिक समस्याओं का चित्रण मार्क्सवादी दृष्टिकोण से करते हैं। इन प्रगतिशील अथवा राजनीतिक उपन्यासों का मुख्य उद्देश्य एक ऐसे साहित्य की रचना है, "जिसका सैद्धान्तिक आधार मार्क्सवाद का द्वंद्वात्मक भौतिकवाद हो और विषयवस्तु जन-साधारण का जीवन तथा वास्तविक जीवन की सामाजिक, आर्थिक विषमताएँ आदि। किसान-मजदूर-समाज का उपेक्षित और शोषित वर्ग उस साहित्य की मूल चिंता है।"[3]

यशपाल की तरह भीष्म साहनी के उपन्यासों में भी सामाजिक समस्याओं का चित्रण होते हुए भी राजनीति का स्वर प्रधान है। दोनों के साहित्य में राजनीतिक समस्याओं, नीतियों, आन्दोलनों और विचारों की खुलकर अभिव्यक्ति हुई है। यशपाल ने जिन राजनीतिक उपन्यासों की रचना की है, वे निम्नानुसार हैं :

(1) दादा कामरेड
(2) देशद्रोही
(3) पार्टी कामरेड
(4) झूठा-सच

भीष्म साहनी के उपन्यास 'तमस', 'कुंतो' और 'मैयादास की माड़ी' में राजनीतिक स्वर उभरे अवश्य हैं, परंतु तमस ही अकेला ऐसा उपन्यास है जिसे राजनीतिक उपन्यास की श्रेणी में रखा जा सकता है। यद्यपि मैयाद्रास की माड़ी एक राजनीतिक उपन्यास होते हुए भी ऐतिहासिक उपन्यास ज्यादा है।

यशपाल के राजनीतिक उपन्यास

(1) दादा कामरेड : कालक्रम की दृष्टि से 'दादा कामरेड' यशपाल की सर्वप्रथम राजनीतिक कृति है। जिसका रचनाकाल 1941 है। इसमें रोमांच और राजनीति का सम्मिश्रण तथा साम्यवादी सिद्धांत का तीव्र व्यावहारिक उद्घाटन है। उपन्यास का नायक बमकेश का कैदी हरीश फरार हो युवती यशोदा के यहाँ शरण लेता है। अपरिचित व्यक्ति को यों बलपूर्वक भीतर आते देख यशोदा घबरा जाती है, परंतु उसके अनुनय-विनय करने पर उसका नारी हृदय पिघल पड़ता है। मौत के मुँह से भागता हुआ व्यक्ति प्राणों की रक्षा के लिए उसके पैरों पर पड़ा है। एक तो युवक के जीवन का प्रश्न और उस पर भी नारी का कोमल हृदय। वह उसे रात-भर वहाँ सिर छिपाने के लिए स्थान ही नहीं देती, वरन् पति से छिपाकर खाना, वेश बदलने के लिए नौकर के कपड़े और कुछ रुपये भी दे देती है। प्रातः छः बजे से पूर्व ही युवक कृतज्ञता का भाव आँखों में लिए कनस्तर बजाता हुआ वहाँ से चला जाता है।

शैल हरीश के साथ ही पार्टी की सदस्या है, तथा यशोदा के यहाँ जाती है और उसे कांग्रेस की सदस्या बनने के लिए प्रोत्साहित करती है। यशोदा का पति इससे अनभिज्ञ है। यहाँ तक कि वह अपने पति को यह भी नहीं बताती कि वह कांग्रेस की सदस्या बन गई है। घर की चारदीवारी से निकल भागने की इच्छा तथा आधुनिक युग की नारी बनने की स्पृहा उसे यह सब करने के लिए बाधित करते

हैं। शैल के यहाँ पुनः यशोदा और हरीश की भेंट होती है। जिस पार्टी से हरीश का संबंध है, उसका नेता है एक प्रौढ़, गंभीर और वीर व्यक्ति। पार्टी के सभी सदस्य उसे सम्मान से दादा कहते हैं। क्रांतिकारी हरीश का मन शैल के सम्पर्क से बार-बार उसे सचेत करता है।

वह युवती है जीवन की मृदुता, सहृदयता और तुष्टि का स्रोत लिए। तू क्या उसे नहीं पहचानता ? उसका मन कह रहा था—"तू केवल क्रांति की मशीन ही नहीं, मनुष्य है।"[4] शैल हरीश को अपने विगत जीवन की प्रेम घटनाएँ सुनाती है, उसे गुप्त रूप से अपने घर रखती है। उसकी दृष्टि में हरीश ही एक ऐसा व्यक्ति है, जो उसे समझ सका है।

दादा कामरेड का कथानक 'हरीश का यशोदा के यहाँ प्रवेश' दादा, वी.एम. आदि के साथ मतभेद, शैल की प्रेम कहानी तथा हरीश द्वारा शैल को अनावृत्त रूप में देखना, दादा के गिरोह द्वारा डकैती, हरीश की गिरफ्तारी आदि अनेक क्रमबद्ध घटनाओं द्वारा निर्मित हुए हैं। ये घटनाएँ कथानक को आगे बढ़ाने में सहायक हुई हैं। उनके द्वारा कथानक में संघर्ष का प्रवाह है। समस्त पात्र किसी न किसी को लेकर आगे बढ़ते हैं। वे प्रेमचंद के पात्रों की भाँति गिरते-पड़ते संघर्ष करते हुए आगे बढ़ते हैं।

"प्रेमचंद के उपन्यासों में प्रायः यह दोष पाया जाता है कि उनमें मुख्य कथा तथा प्रासंगिक कथाओं में उचित संगठन नहीं हो पाया है और वे अलग-अलग चलती हुई प्रतीत होती हैं। यशपाल ने यथासंभव इस दोष से बचने का प्रयत्न किया है और उन्हें अपने प्रयत्न में पर्याप्त सफलता मिली है।"[5]

भीष्म साहनी ने तमस, कुंतो, और मैयादास की माड़ी में ऐसी अनेक कहानियाँ संयोजित की हैं, जिसका संबंध आगे चलकर मुख्य कथा से हो जाता है। ऐसा कतई प्रतीत नहीं होता कि मुख्य कथा और प्रासंगिक कथा दोनों अलग-अलग हैं। यशपाल की तरह भीष्म साहनी को भी पर्याप्त सफलता मिली है। राजनैतिक क्रांतिकारी हरीश तथा सामाजिक रूढ़ियों की विरोधनी शैल की कहानी का गुम्फन अमरनाथ और यशोदा की कथा के साथ इस प्रकार हुआ है कि दोनों को पृथक् करना संभव नहीं है, बल्कि दोनों के गुम्फन से कथानक में अधिक सरसता और स्वाभाविकता आ गई है। नैनसी और राबर्ट की प्रासंगिक कथा का भी मूल कथा के साथ संबंध और विच्छेद समुचित बन पड़ा है। हाँ राबर्ट का फ्लोरा से विवाह तथा त्याग की कथा अवश्य प्रवाह में बाधक प्रतीत होती है। कहानी के गठन में रोचकता और यथार्थता का आभास भी यथेष्ट है। हाँ, कहीं अति स्पष्टता अवश्य है और वह कदाचित् लेखक की यथार्थवादी प्रवृत्ति के कारण आ गई है।

(2) देशद्रोही : देशद्रोही उपन्यास की कथावस्तु भी राजनैतिक पीठिका पर अवलंबित है। इस उपन्यास की कथावस्तु सन् 1942 का भारतीय स्वतंत्रता-संग्राम तथा कम्युनिस्ट पार्टी की गतिविधियों से संबंधित है। 1942 का आन्दोलन अन्य आन्दोलनों की अपेक्षा अधिक सफल और महत्त्वपूर्ण था। क्योंकि 1939 में द्वितीय विश्वयुद्ध आरंभ हो गया था। ब्रिटेन ने जर्मनी के विरुद्ध युद्ध की घोषणा कर भारत को भी उसमें सम्मिलित कर लिया था। कांग्रेस इस पक्ष में नहीं थी। इस कारण उस समय बहुत हड़तालें और युद्ध विरोधी प्रदर्शन हुआ करते थे। ऐसे समय में ही जर्मनी

ने रूस पर हमला कर दिया था। उस समय कम्युनिस्ट पार्टी इस युद्ध को लोक-युद्ध कहकर अंग्रेजों की समर्थक हो गई थी। ब्रिटेन तथा रूस में समझौता हो गया था। भारत की कम्युनिस्ट पार्टी ने भी अंग्रेजों की सहायता करना प्रारंभ कर दिया था। परंतु गाँधी जी ने इसे उपयुक्त अवसर समझकर अंग्रेजों के विरुद्ध 'भारत छोड़ो' का नारा दिया। इसे अंग्रेजों ने अस्वीकार कर दिया था। तब 1942 का आन्दोलन आरंभ हुआ था। सन् 1942 में देश की इन्हीं घटनाओं को आधार बनाकर यशपाल ने कम्युनिस्ट पार्टी की युद्ध समर्थक नीति के औचित्य को सिद्ध करते हुए उसे मजदूर-आन्दोलन का रूप देने का प्रयास किया है। जबकि सारा देश कम्युनिस्टों को देशद्रोही कहता था तथा तब उन्होंने कम्युनिस्टों को उचित सिद्ध करने का प्रयत्न किया है।"[6]

(3) पार्टी कामरेड : पार्टी कामरेड का कथानक भी स्वतंत्रता आन्दोलन की पृष्ठभूमि से लिया गया है। इसका संबंध संपूर्ण देश की राजनीति से न होकर बल्कि एक दल की राजनीति से है। वह दल भारत की कम्युनिस्ट पार्टी है। यशपाल ने पार्टी कामरेड की कथावस्तु को पाठक के चारों ओर मौजूद परिस्थितियों की कहानी कहा है। दरअसल सच्चाई भी यही है। ये परिस्थितियाँ मुख्य रूप से राजनैतिक परिस्थितियाँ ही हैं, उपन्यास की पृष्ठभूमि घर की चारदीवारी से लेकर सन् 1945 की राजनैतिक और बंबई के नाविक विद्रोह तक विस्तृत है। कम्युनिस्ट पार्टी की कार्यप्रणाली, चुनाव जीतने के लिए पार्टियों के हथकण्डे तथा हड़ताल और नाविक-विद्रोह के समय साम्राज्य-विरोधी प्रदर्शन आदि घटनाएँ ही कथानक का मूलाधार हैं।

(4) झूठा-सच : झूठा-सच, दो भागों में बँटा है। पहला भाग 'देश और वतन' तथा दूसरा भाग 'देश का भविष्य' में पूर्ण हुआ है। झूठा-सच राजनीतिक, ऐतिहासिक और सामाजिक तीनों ही दृष्टियों से विशेष महत्त्व रखता है। पूर्वार्द्ध देश और वतन का आधार 1947 की क्रांति है, जिसके परिणामस्वरूप लाखों हिन्दुओं और मुसलमानों को दुख सहना पड़ा और वे घर से बेघर हो गए। द्वितीय भाग देश का भविष्य, देश के विभाजन के पश्चात् पाकिस्तान से आए हिन्दुओं की दशा, उनका रहन-सहन, संपूर्ण देश का निर्माण और उन्नति, जनता की आशाओं तथा विचारों की आधारशिला पर निर्मित स्वस्थ दृष्टिकोण का परिचायक है। झूठा-सच के 1250 पृष्ठों में फैली हुई कहानी अत्यन्त संक्षेप में इस प्रकार है।

तारा और शीलो आपस में चचेरी बहनें हैं। शीलो रतन को चाहती है, परंतु उसकी शादी दूसरे युवक से कर दी जाती है। तारा एम.ए तक पढ़ना चाहती है। परंतु उसकी सगाई इच्छा के विरुद्ध सोमराज से कर दी जाती है। उस समय उसका भाई जयदेव पुरी जेल में होता है। घर की आर्थिक स्थिति ठीक न होने के बावजूद जयदेव पुरी उर्मिला को पढ़ाने का भार अपने ऊपर ले लेता है। उर्मिला भी उसकी ओर आकर्षित रहती है, परंतु दोनों के संबंध बहुत जल्द टूट जाते हैं। उर्मिला स्वभाव से चपल है। पुरी मन ही मन सोचता है—"दल-दल में फँस जाने से बच गया।"[7] सोमराज परीक्षा भवन में नकल करते पकड़ा जाता है। पुरी यह निर्णय ले लेता है कि वह तारा का विवाह इस अयोग्य व्यक्ति से नहीं करेगा। तारा को भी उचित लगता है। वैसे भी वह असद नाम के एक मुसलमान को चाहती है। उसी समय

देश के विभाजन के पूर्व हिन्दू और मुसलमानों के बीच संघर्ष उत्कट सीमा तक पहुँच जाता है।

लाहौर के धनी सेठ के पुत्र ने डॉ. प्राण पुरी के पिता मास्टर रामलुभाया से शिक्षा प्राप्त की थी। विलायत से लौटने के बाद भी वह उनके यहाँ जाता। तारा उसके घर के बच्चों को ट्यूशन पढ़ाती। डॉ. प्राण के घर की स्त्रियाँ इन दोनों को शक की निगाह से देखतीं। एक दिन डॉ. प्राण ने तारा को अपने कमरे में बुलाया। तारा ने असद से प्यार करने की बात बताई तो डॉ. प्राण उसे ट्यूशन करने से मना कर देता है और बोलता है–"तुम्हारी आयु उन्नीस है और मेरी तीस है। ये स्त्रियाँ यह नहीं सोचतीं कि उन्नीस साल की लड़की तीस वर्ष के अधेड़ से क्यों ब्याह करेगी? इन स्त्रियों का दोष भी क्या ? वे यह कल्पना भी नहीं कर सकती थीं कि स्त्री विवाह या उसके उपयोग उसकी अपनी इच्छा का भी सवाल हो सकता है। ये स्त्रियाँ ये भी अनुमान नहीं कर सकतीं कि तुम्हें सैक्स (यौन-विचार) के बिना भी लाइक (पसंद) कर सकता हूँ।"[8]

लाहौर की स्थिति दिन-प्रति-दिन बिगड़ती जा रही थी। हिन्दुस्तान-पाकिस्तान जिन्दाबाद, मुर्दाबाद के नारों से माहौल और गर्म होता जा रहा था। फिर मुसलमानों द्वारा भोला पाँधे के दौलू मामा की हत्या ने तो और ही विद्रोह की भावना भर दी। उधर असद तारा को एम.ए के लिए प्रोत्साहित करता है। 'पेरोकार' पेपर से पुरी को नौकरी से इसलिए निकाल दिया जाता है कि उसने साम्प्रदायिकता विरोधी लेख लिखकर हिन्दू-मुस्लिम दोनों को दोषी ठहराया था। लेकिन पुरी उच्च श्रेणी के लेखकों में गिना जाने लगा था। उसके बाद पुरी 'नया हिन्दू' प्रकाशन के मालिक पं. गिरधारीलाल की बेटी 'कनक' को हिन्दी पढ़ाने जाने लगता है। परंतु कनक के व्यवहार से वह इतना प्रभावित होता है कि उर्मिला को भूल जाता है और लड़कियों के प्रति विरक्ति के बदले उसके अंदर अनुराग पैदा हो जाता है। वह कनक से अपनी आर्थिक स्थिति नहीं छिपाता। कनक उसके इस निर्मल स्वभाव की वजह से उसके प्रति अनुरक्त हो जाती है। परंतु कनक का बहनोई नैयर पुरी को पसंद नहीं करता।

पुरी की आर्थिक स्थिति देखकर कनक उसे कुछ पैसा देना चाहती है परंतु पुरी साफ मना कर देता है। पुरी और कनक के बीच बढ़ता रिश्ता कनक के पिता से छिपा नहीं रहता। परंतु पुरी को पंडित जी तरीके से समझाते हैं कि वह कनक को बहन के अलावा और कुछ न समझे। लाहौर की स्थिति बहुत बिगड़ चुकी थी। पुरी तारा को सुरेन्द्र के घर छोड़कर कनक के यहाँ मिलने चला जाता है। तारा वहाँ से असद से मिलने कम्युनिस्ट पार्टी के दफ्तर में जाती है। दोनों एक रेस्टोरेंट में जाकर बातें करती हैं। तारा का विवाह सोमराज से हो, उसके पहले ही वह असद के साथ भाग जाना चाहती है। परंतु असद उसे अपनी पारिवारिक स्थिति के बारे में बताता और हिम्मत से परिस्थितियों का सामना करने के लिए कहता है। तभी पुरी कनक के मिलने पर तारा को ढूँढ़ता वहाँ आता है। परंतु तारा को असद के साथ देखकर उसे कनक और तारा दोनों से नफरत हो जाती है और नारी जाति के प्रति उसके मन में विरक्ति हो जाती है। तारा का वह अपमान करने लगता है। तारा आत्महत्या का प्रयास करती है, परंतु सफल नहीं हो पाती।

कनक पुरी से शादी करने के लिए नैयर से स्पष्ट कह देती है, इस पर एक तर्क पूर्ण चर्चा होती है। नैयर पुरी के निष्ठा और व्यक्तित्व की परीक्षा लेना चाहता है। परंतु तभी पुरी कर्फ्यू तोड़कर आग बुझाने के जुर्म में पुलिस हिरासत में ले लिया जाता है। लेकिन कनक पुरी को नैयर की मदद से छुड़वाने में सफल हो जाती है। यद्यपि नैयर पुरी को अच्छी निगाहों से नहीं देखता है। पुरी को कनक के संबंध में जब खरी-खोटी सुनाता है तो पुरी उत्तेजित हो जाता है। "मैंने तो कनक और पंडित जी के प्रति आदर के कारण उसकी भावना को स्वीकार किया और अपना वचन दिया था। मैंने अपनी परिस्थिति उसके सम्मुख पहले ही स्पष्ट कर दी थी। अब मैं विचित्र परिस्थिति में हूँ।"[9] नैयर अंत में कनक से कहता है कि पुरी तुम्हारे योग्य नहीं है और कान्ता के साथ उसे लेकर नैनीताल चला जाता है। परंतु कनक नैनीताल से पुरी को रुपये और रजिस्ट्री दोनों भेजती है कि तुम नैनीताल चले आओ।

तारा का विवाह उसकी इच्छा के प्रतिकूल सोमराज से हो जाता है। तारा उधर अपने पति के घर जाती है और पुरी कनक के पास नैनीताल में रहता है। तभी 14 अगस्त को देश दो भागों में बँट जाता है और शाहदरा और लाहौर में हिन्दुओं की स्थिति असह्य हो गई। इधर तारा का अपने पति से प्रथम मिलन होता है। सोमराज उसे बहुत अपमानित करता है। "बोलती क्यों नहीं ? कितने घाटों का पानी पिया है ?...कितनों के साथ सोई है, बोल...भूखे मास्टर की औलाद तेरी हिम्मत थी, मुझसे शादी के मिजाज दिखाए ? बी.ए. पढ़ने का बहुत घमंड है ? तेरी जैसी बीसियों को टाँगों के बीच से निकाल दिया है ? देखूँगा तुझे। गली-गली कुत्तों और गधों से न रौंदवा दिया... ।"[10] उसी समय मोहल्लों में बन्दूकें छूटने की आवाज आती है। सोमराज घर से भाग निकलता है। तारा आत्महत्या के लिए घर के ऊपरी मंजिल से छलाँग लगाती है, लेकिन वह पड़ोसी मुसलमान के घर में गिरती है, जिसे बचा लिया जाता है। परंतु वहाँ उसे शरण नहीं मिलती। तारा नब्बू बदमाश के हाथ आ जाती है। नब्बू उसका हर तरह से शोषण करता है। तारा वहाँ से भागकर हाफिज जी के यहाँ शरण लेती है। हाफिज जी उसे इस्लाम स्वीकार करने के लिए सलाह देते हैं, जिसे तारा अस्वीकार कर देती है। तारा को ट्रंक में बन्द करके शरणार्थी शिविर में भेज दिया जाता है। मार-काट और विषम परिस्थितियों के बीच हिन्दू और मुसलमानों का काफिला अपने-अपने देश की ओर जाता है। पाकिस्तान के राष्ट्रपति मो. जिन्ना बनते हैं और भारत के प्रधानमंत्री पं. नेहरू। झूठा-सच का प्रथम भाग काफिले को ले जानेवाले ड्राइवर की इस उक्ति से होता है। "रब्ब ने जिन्हें एक बनाया था, रब्ब के बन्दो ने अपने बहम और जुरम से दो कर दिया।"[11]

जयदेव पुरी अपने परिवार की सहायता के लिए नैनीताल से लाहौर जाने के प्रयत्न में जालंधर से आगे नहीं जा पाता। पुरी रेलगाड़ी में हिन्दू-मुसलमानों के परस्पर वैमनस्य का चित्र देखता है। जालंधर में पुरी की भेंट उर्मिला के शरणार्थी परिवार से होती है। पुरी उनकी सहायता के लिए उन्हें अपने यहाँ ले जाता है। पुरी की आर्थिक स्थिति अच्छी हो चली थी। कांग्रेसी नेता सूद जी की मदद से जालंधर से निकाल दिए गए एक मुसलमान के छापेखाने को चलाता है। एक बार पुनः पुरी उर्मिला के करीब आता है। वह उसे हँसता देखना चाहता है।

लाखों लोगों की तरह कनक के पिता पं. गिरधारीलाल भी दिल्ली पहुँचते हैं। लाहौर से पैसा न आ पाने की वजह से नैयर बुरी मुसीबत में फँस जाता है। कनक भी उसी के पास थी। पंडित गिरधारीलाल दिल्ली के एक मुसलमान को अपना लाहौर के मकान का कागज देकर दिल्ली के मकान का कागज ले लेते हैं। कनक दिल्ली आती है, और अनेक हिन्दू युवक-युवतियों की तरह वह भी नौकरी करना चाहती है। परंतु दिल्ली के अशांत दूषित वातावरण की वजह से वह लखनऊ लौट जाती है। तारा के साथ बंटी भी शरणार्थी कैम्प में पहुँचती है। बंटी का परिवार मिल जाता है, परंतु उसकी सास उसे स्वीकार नहीं करती। बंटी प्राण दे देती है। अंधविश्वासों और रूढ़ियों के आगे मानव कितना विवश हो जाता है, इसका सजीव उदाहरण बंटी की सुहागिन के रूप में उठती अर्थी है। शरणार्थी शिविर समाज सेवकों द्वारा समाज सेवा की आड़ में नारी देह शोषण का चित्रण भी यशपाल ने बहुत अच्छा किया है।

तारा मिसेज अग्रवाल के बच्चों की गवर्नेस बन जाती है। अग्रवाल धनी परिवार होने के बावजूद दिखावा में ज्यादा विश्वास करता है। तारा की भेंट अग्रवाल के सौतेले पुत्र नरोत्तम से होती है। तारा के प्रति उसके हृदय में सम्मान और सहानुभूति है। उपन्यास के इसी अंश में कश्मीर को लेकर संघर्ष, असंतोष और अनशन का बड़ा सजीव और प्रभावोत्पादक चित्रण बन पड़ा है।

पुरी उर्मिला को पाकर कनक को भूलता जा रहा था। परंतु कनक उसे खोजती जालंधर तक पहुँच जाती है। पुरी असमंजस में पड़ जाता है। लेकिन सूद जी की मदद से कनक का विवाह पुरी से हो जाता है और उर्मिला को नर्स का कार्य सीखने भेज देता है। उधर तारा मिसेज अग्रवाल के व्यवहार से तंग आकर डॉ. श्यामा और नरोत्तम की सहायता से पुनर्वास विभाग में नौकरी कर लेती है। शीलो भी तारा की मदद से रतन के साथ व्यवस्थित हो जाती है। पुरी और कनक के विवाह के बाद तनावग्रस्त जिंदगी गुजारते हैं। कनक पुरी के साप्ताहिक पत्र में कार्य करती है और ज्यादा समय पत्रकार गिल के साथ गुजारती है। तारा का झुकाव डॉ. प्राण की ओर रहता है। उससे कनक की मुलाकात दिल्ली में होती है। कनक तारा को जालंधर बुलाना चाहती है। परंतु सोमराज की वजह से पुरी तैयार नहीं होता। क्योंकि वर्तमान में सोमराज और पुरी एक-दूसरे के सहायक थे।

उर्मिला पुरी से अपना स्वार्थ सिद्ध करके डॉ. मोगिया से शादी कर लेती है। उधर कनक और पुरी दोनों अलग हो जाते हैं। तारा और डॉ. प्राण के बीच विषम परिस्थितियों में प्रणय संबंध स्थापित हो जाता है। सूद जी इस मौके का फायदा उठाकर सोमराज से डॉ. प्रणय के खिलाफ कानूनी कार्यवाही कराते हैं। परंतु नैयर की मदद से मामला पलट जाता है और तारा के रास्ते से सोमराज और कनक के रास्ते से पुरी हट जाते हैं। कनक गिल के समीप जा पहुँचती है। उपन्यास का अंत डॉ. प्राण के मंगलमय वाक्य से होता है। "गिल अब तो विश्वास करोगे, जनता निर्जीव नहीं है। जनता सदा मूक भी नहीं रहती। देश का भविष्य नेताओं और मंत्रियों की मुट्ठी में नहीं है, देश की जनता के ही हाथ में है।"[12]

भीष्म साहनी ने तमस लिखकर यशपाल की परंपरा को आगे बढ़ाया है। तमस के बाद, भीष्म जी ने मैयादास की माड़ी और कुंतो रचनाएँ कीं जिसमें राजनीति के

सूत्र उभरते हैं। यशपाल का झूठा-सच और भीष्म साहनी का तमस एक ही पृष्ठभूमि पर लिखे गए हैं। यद्यपि झूठा-सच बहुत बड़ा उपन्यास है, उसकी एवज में तमस काफी लघु है। लेकिन भीष्म साहनी ने देश की स्वतंत्रता के पूर्व के साम्प्रदायिकता के तमस का जो चित्रण किया है, वह किसी रूप में झूठा-सच से कम नहीं है। झूठा-सच अपने साथ कई प्रसंग लिए हुए है, उदाहरणस्वरूप तारा, कनक, शीलो, पुरी, गिल और असद के बीच पनपते प्रेम संबंध और टूटते रिश्तों की दर्दभरी कहानी। तमस में इसके लिए कोई गुंजाइश ही नहीं थी। तमस तो आजादी के पाँच दिन पूर्व की कथा है। लेकिन जहाँ तारा का एक के बाद एक सोमराज, हाफिज और नब्बू मुसलमान द्वारा यौन शोषण और धर्म परिवर्तन की प्रक्रिया चलती है, उसी के समानांतरण प्रकाशो का अल्लारक्खा द्वारा बलात् अपहरण और फिर जबरदस्ती निकाह कर लिया जाता है। बँटवारे के नाम पर जो अमानवीय अत्याचार किया जा सकता है, वह दोनों जगह होता है। तमस के इकबाल सिंह को किस बेरहमी के साथ पीटकर इस्लाम स्वीकार कराया जाता है, पढ़कर दिल दहल जाता है। परंतु जहाँ हजारों-हजार लोग घर से बेघर होते हैं, वहाँ झूठा-सच के पंडित गिरधारीलाल दिल्ली के एक मुसलमान से अपनी सम्पत्ति के कागजात बदल लेते हैं, और सुरक्षित हो जाते हैं, जबकि तमस के शाहनवाज, रघुनाथ और तेजासिंह उस माहौल में भी बेदाग बने रहते हैं। दोनों जगह घर से बेघर गरीब, असहाय और धर्म के नाम पर शोषित जनता ही होती है। निश्चित रूप से यशपाल जिस समस्या को एक बहुत बड़े फलक में कहते हैं, भीष्म जी उसी समस्या को बड़े तीखे और सफलता के साथ छोटे फलक में कहते हैं।

यशपाल मार्क्सवादी लेखक हैं। उनके सभी राजनीतिक उपन्यास मार्क्सवाद से प्रेरित हैं। यशपाल स्वयं में एक बहुत बड़े क्रांतिकारी थे और कम्युनिस्ट पार्टी के एक सशक्त कार्यकर्ता थी थे। इसलिए उन्होंने जिंदगी में जो जिया है, उसी को लिखा है। यशपाल का साहित्य मार्क्सवाद में सूत्रबद्ध नहीं है, बल्कि जिस तरह कम्युनिस्ट सिद्धांत को खुद के आचरण करने के लिए बद्ध किया, ठीक उसी तरह रचना भी उनके क्रम से फूटती गई। परंतु भीष्म जी में यह बात नहीं है। भीष्म जी भी एक मार्क्सवादी लेखक हैं। लेकिन यशपाल के यथार्थ और भीष्म के यथार्थ में अंतर है। भीष्म जी कभी राजनीतिक क्रांतिकारी नहीं रहे। उन्होंने मार्क्सवाद को विचारों में जिया है, तदुपरांत वह रचना में आया है। भीष्म की रचना पढ़कर सहसा उन्हें किसी वाद से नहीं जोड़ा जा सकता। लेकिन जैसे ही जैसे पाठक उनकी तह में पहुँचता है, भीष्म साहनी मार्क्सवादी के रूप में उसके समक्ष खुलते जाते हैं।

यशपाल ने दो सामाजिक उपन्यास मनुष्य के रूप एवं बारह घंटे और दो ऐतिहासिक उपन्यास दिव्या और अमिता भी लिखा है। मनुष्य के रूप में यशपाल में जहाँ, पहाड़ी जन-जीवन, निम्न, मध्य तथा उच्च वर्ग के शहरी जीवन की पारिवारिक समस्याएँ और सिनेजगत् की वास्तविकता है, वहीं बारह घंटे में ईसाई जीवन की झलक को कथा का आधार बनाया है। दिव्या में मौर्यकाल के छिन्न-भिन्न हो जाने के बाद पतनोन्मुख भारत का चित्र प्रस्तुत किया है और अमिता में अशोक के कलिंग युद्ध से संबंधित कथा का परिवेश बनाया गया है।

आधुनिक साहित्यकारों की जिस श्रेणी में यशपाल की गणना की जाती है,

वह श्रेणी प्रगतिशील साहित्यकारों की है, जो प्रेमचंद की परंपरा को परिपुष्ट करती हुई भी उससे नितांत भिन्न है। इसी परंपरा को भीष्म साहनी भी परिपुष्ट करते हैं। निश्चित रूप से यह कहा जा सकता है कि भीष्म साहनी यशपाल के बहुत करीब हैं। दोनों की दृष्टि वैज्ञानिक है। यशपाल के अनुसार मार्क्स की दृष्टि में समाजवाद में समता का आदर्श है–"प्रत्येक को अपने विकास और उन्नति तथा जीवन-निर्वाह के उपायों की प्राप्ति के लिए समान अवसर हो और प्रत्येक व्यक्ति को अपने परिश्रम का फल पाने का भी समान और समाज के शासन और व्यवस्था में भाग लेकर आत्मनिर्णय का समान अधिकार हो।"[13] अंततः यशपाल हों या भीष्म साहनी दोनों लेखक जन-सामान्य के समान अवसर के लिए ही पूरी तरह से समर्पित हैं। इनका लेखन यथार्थ की ठोस जमीन पर अवलंबित है।

अमृतलाल नागर और भीष्म साहनी

स्वातंत्र्योत्तर हिंदी उपन्यास के विकास में अमृतलाल नागर का विशेष योगदान है और आधुनिक युग के कथाकारों में नागर जी का विशेष स्थान है। प्रेमचंद की सामाजिक कथा-परंपरा के उन्नायक होते हुए भी नागर जी प्रेमचंद से भिन्न हैं, और यह भेद युग की देन है। महेन्द्र चतुर्वेदी के अनुसार–"प्रेमचंद में लोक-मंगल और समाज-सत्य का आग्रह अत्यन्त प्रबल था, जिसके लिए वे व्यक्ति-सत्य की उपेक्षा करने को प्रस्तुत रहते थे, सामाजिक चेतना नागर जी के निकट भी महत्त्वपूर्ण है, किन्तु वे व्यक्ति-चेतना के साथ उसका सामंजस्य स्थापित करते हुए चलते हैं। उनके निकट और समाज दोनों अपनी जगह पर महत्त्वपूर्ण हैं, एक-दूसरे के पूरक हैं।"[14] यही बात भीष्म साहनी में भी दिखाई देती है। भीष्म साहनी के कथा साहित्य में जहाँ एक ओर लोक मंगल और समाज-सत्य का आग्रह दिखाई पड़ता है, वहीं भीष्म जी व्यक्ति-चेतना के साथ पूरी तरह से सामंजस्य स्थापित करते हैं। "व्यष्टि और समष्टि जीवन के अन्योन्याश्रित तत्त्व हैं, व्यक्ति समाज को प्रभावित करता है और समाज व्यक्ति को। इन सामाजिक मूल्यों की प्रतिष्ठा में नागर जी व्यक्ति की सापेक्षता को अनिवार्य रूप में ग्रहण करते हैं।"[15]

भीष्म साहनी जीवन की वस्तुस्थिति तथा समर्पित तथा संस्थापित मूल्यों के प्रति आस्था तो रखते हैं, परंतु समयानुसार बदलाव की माँग करते हैं, जबकि नागर जी जरूरत से ज्यादा आस्थावान हैं, क्योंकि वस्तुस्थिति आत्यान्तिक बिंदुओं पर कभी किसी को टिकने नहीं देती, वरन् जीवन में निरंतर संतुलन को जन्म देती रहती है।

"रचनाकाल की दृष्टि से उनके कृतित्व में अनेक सामाजिक, राजनीतिक, धार्मिक एवं सांस्कृतिक आंदोलन पृष्ठभूमि के रूप में वर्णित हैं। आधुनिक जन चेतना के एक सजग कथाकार होने के नाते नागर जी के पात्र विविध बौद्धिक तथा सामाजिक वर्गों का प्रतिनिधित्व करते हैं। भयानक अकालों और महामारियों से लेकर महत्त्वपूर्ण राष्ट्रीय और सामाजिक आन्दोलनों का चित्रण नागर जी की अनेक कृतियों में विस्तार से हुआ है।"[16] नागर जी ने जहाँ एक ओर गंभीर बौद्धिक समस्याओं का निरूपण करने के लिए बहुविध पात्रों को चित्रित किया है, वहीं दूसरी ओर मध्य वर्ग और निम्न वर्ग के प्रतिक्रियावादी सुधारवादी तथा रूढ़िवादी पात्रों का भी चरित्रांकन प्रस्तुत किया है।

इसके अतिरिक्त उनके उपन्यासों में समकालीन कथा प्रवृत्तियों में से आदर्शवादी, यथार्थवादी, ऐतिहासिक, सांस्कृतिक, मनोविश्लेषणात्मक तथा आंचलिक पात्रों का भी समावेश उनकी विविध कृतियों में हुआ है।

नागर जी के जिन महत्त्वपूर्ण उपन्यासों की चर्चा है, उनमें से महाकाल (1947), सेठ बाँकेलाल (1955), बूँद और समुद्र (1956) और सुहाग के नूपुर (1960) हैं।

(1) महाकाल : महाकाल अमृतलाल नागर का पहला उपन्यास है। महाकाल में बंगाल के दुर्भिक्ष का यथातथ्य चित्र अंकित है। इस उपन्यास में जो समय लेखक ने चित्रित किया है, वह असाधारण विभीषिका और महान् संकट का समय है। इस उपन्यास के प्रमुख पात्र मास्टर पाँचू गोपाल, जमींदार दयाल और बनिया मोनाई हैं। दयाल सामंती संस्कृति का व मोनाई पूँजीवादी सभ्यता का प्रतीक है। पाँचू गोपाल जीवन्त व्यक्तित्व है जो मूक द्रष्टा-सा दुर्भिक्ष के हृदय विदारक दृश्यों को देखता है। महेन्द्र चुतर्वेदी ने लिखा है—"व्यक्ति के संकीर्ण स्वार्थ अपनी निर्ममता में समाज का गला घोंटने से भी नहीं चूकते। व्यक्ति की इस स्वार्थपरता पर 'महाकाल' के लेखक ने पैने प्रहार किए हैं। महाकाल में निरूपित मानव का निर्मम स्वार्थ-तांडव, आर्त्तनाद, रुदन-क्रंदन पाठक के मन को झकझोरता है, किंतु उनकी कला किसी प्रकार के मतवादी प्रचार में पर्यवसित नहीं हो जाती। उनके सामने सबसे बड़ा सत्य मानव चरित्रों की यथार्थता और मानवीय मूल्यों की स्थापना का है।"[17] स्थूल चरित्र रेखाओं से दयाल का चित्रण कर उसकी वर्गगत विशेषताओं को उभारने का प्रयत्न किया है। मोनाई के लिए जहाँ दुर्भिक्ष दैवीय प्रकोप था वहीं उसके लिए भाग्योदय का कारण भी बन गया। दुर्भिक्ष की वजह से मोनाई की व्यापारिक वृत्ति को काफी प्रश्रय मिलता है। आगे चलकर उसका व्यक्तित्व पूरी तरह से पूँजीवादी बन पड़ा है। जिसका उत्तरदायी कोई और नहीं, समाज है। वह एक जगह कहता है—"खुदी के लिए सारी दुनिया तबाह हुई जा रही है, लेकिन यह खुदी है क्या ? और क्यों है ? अपने अस्तित्व की चेतना को मनुष्य सर्वव्यापी और सामूहिक रूप में क्यों नहीं देखता ? दुनिया से अलग रहकर मैं अपनी असलियत का अनुभव क्यों कर सकता हूँ। सम्मिलित रूप से, समाज की प्रत्येक क्रिया-प्रतिक्रिया का प्रभाव मुझ पर पड़ता है और मुझे चैतन्य बनाता है।"[18]

नर-कंकालों को देखकर भी उसमें मानवीय करुणा का उद्रेक नहीं होता। लाशों को देखकर उसके मन में विचार आता है कि उन्हें मेडिकल कालेज में बेच दिया जाए। चोर बाजारी, नारी-विक्रय, धोखा-धड़ी, सभी उसे ग्राह्य है। लेखक ने आधुनिक परिवेश में मोनाई का व्यंग्य चित्र सजीव कर दिया है। जबकि दयाल का व्यक्तित्व टूटते हुए सामंतवादी के रूप में प्रस्तुत हुआ। उपन्यास की नारी पात्रों में कनक नवीन सामाजिक चेतना का प्रतिनिधित्व करती है। परंतु उसके दृष्टिकोण में भौतिकता की प्रधानता है। उसके चरित्र के सर्वथा विपरीत माँ का चरित्र है, जो असाधारण रूप से सहनशील है और अपने आदर्शों की रक्षा में तत्पर रहती है।

इसी तरह सीबू की पत्नी मध्यवर्गीय समाज का प्रतिनिधित्व करती है, जो एक प्रकार की निर्वशता की स्थिति में ही अपना जीवन व्यतीत करने के लिए बाध्य रहती है। मंगला का चरित्र एक असाधारण आधुनिक के रूप में चित्रित किया गया है, जो

वस्तुतः बौद्धिक हठधर्मी का परिचय देती है। उसकी सुदृढ़ विचारधारा उसे प्रत्येक स्थिति में हटी बनाए रहती है। पुरानी और नई पीढ़ी का अंतर्द्वन्द्व लेखक ने बाबा और सीबू के व्यक्तित्व में दिखाया है। यदि एक ओर बाबा प्राचीनता के साक्षात् स्वरूप हैं, तो दूसरी ओर सीबू अनुत्तरदायी उच्छृंखलता का परिचय देता है। इस उपन्यास के संदर्भ में ठीक ही कहा गया है—"यह उपन्यास महाजन तथा जमींदार के स्वार्थ चंगुल में कराहती कंकाल-शेष जनता का मार्मिक चित्रण है।"[19] महाकाल में सर्वोदयी भावना के अनुकूल वैयक्तिक तथा सामाजिक हितों का निदर्शन है, जो अधिक स्वस्थ है। मास्टर पाँचू का कथन बड़ा सार्थक प्रतीत होता है। "घृणा की गति है कहाँ ? विनाश ही में न ? तुम्हारा यह अकाल क्या है ? मनुष्य की घृणा ही न ? यह महायुद्ध क्या है ? कौन सा आदर्श है इसमें ? सत्य एक असत्य के साथ संधि करके दूसरे असत्य का सर्वनाश करने के लिए युद्ध कर रहा है। मनुष्य इसे राजनीति कहकर अर्द्धसत्य का पोषण करता है। अर्द्धसत्य अज्ञान का कारण है। ज्ञान प्रेम का मूल है और प्रेम की गति निर्माण तक, निर्माता तक।"[20]

बंगाल के अकाल की पृष्ठभूमि पर डॉ. रांगेय राघव ने एक बड़ा ही सशक्त उपन्यास विषादमठ लिखा है। परंतु भीष्म साहनी ने अपने बहुचर्चित उपन्यास मैयादास की माड़ी में उस अकाल का कारण, उस अकाल के पीछे कौन था, बड़ा ही मार्मिक संक्षिप्त चित्रण किया है। किंतु एक नजर विषादमठ की भूमिका पर डालना भी आवश्यक महसूस हो रहा है। भूमिका का एक अंश देखिए—"संसार में सिपाही उस समय आदर्शों के लिए लड़ रहे थे, पैसों के लिए कट रहे थे, साम्राज्यों का ध्वंस करने के लिए संसार हुंकार रहा था। कुचली मानवता पुकार रही थी, दूसरी ओर हाहाकारों पर अट्टहास गूँज उठते थे, किन्तु हिन्दुस्तान भूखा था, बंगाल भूखा था, मनुष्य भूखा था। जब भारत की शक्ति खंड-खंड होकर एक-दूसरे से लड़ रही थी, जब फूट के बल साम्राज्यवाद का भीषण पाप पल रहा था। हिन्दुस्तान की जनता राहों पर कराह-कराह कर दम तोड़ रही थी। स्त्रियाँ अपने पुरुषों के शवों पर खड़ी होकर अपनी संतान और सतीत्व को खुलेआम बेच रही थीं। पापों की सड़ाँध से राष्ट्र का सिर फटने लगा था। मेहनत करके दूसरों को भरपेट खिलानेवाले आज भूखे मर रहे थे।"[21] भीष्म साहनी यह संवाद अंग्रेजी हुकूमत के साझेदारों के बीच स्थापित करते हैं। जब भारतीय रेल का निर्माण भारत में हो रहा था और भारतीय बालक, जवान और वृद्ध सभी कौतूहल से उस धुआँ छोड़नेवाली गाड़ी को देख रहे थे, उस समय इंडिया हाउस लंदन में भारतीय रेलवे को लेकर अपने-अपने हिस्से का विवाद चल रहा था। वहाँ का विदेशी मंत्री बार-बार भारतीय रेलवे में लगाई गई पूँजी का विवरण दे रहा था और उससे होनेवाले फायदे का आँकड़ा। तभी ब्रिटिश अध्यापक जो अंग्रेजों की तानाशाही के खिलाफ था, पूछ बैठता है—उदाहरण द्रष्टव्य है।

"क्या मंत्री महोदय मेरे प्रश्न का उत्तर देंगे ? भारत से किस मात्रा में अनाज मँगवाया जा रहा है ?"

"भारत से मुख्यतः गेहूँ और चावल मँगवाया जाता है। आँकड़े इस प्रकार 1849 में 8 लाख 58 हजार पौण्ड दाम का अनाज 1901 में 9 करोड़ 30 लाख पौण्ड।"

"इस तरह 50 साल में भारत से अनाज का निर्यात लगभग 100 गुना बढ़ा

है।…अब एक छोटा-सा सवाल है। क्या मंत्री महोदय उन दुर्भिक्षों के बारे में भी आँकड़े प्रस्तुत कर देंगे, जो इसी अर्से में भारत में पड़ते रहे हैं।"

इस बार मंत्री जी का हाथ कँपा गया। गत शताब्दी के पहले पचास वर्षों में भारत में 7 दुर्भिक्ष पड़े थे। फिर तनिक रुककर बोले–"पर बाद के पिछले पचास वर्षों में 24 दुर्भिक्ष पड़े।" जब अध्यापक ने मरने वालों की संख्या पूछी तो पूरा इंडिया हाउस सकते में आ गया। "पहले पचास सालों में पन्द्रह लाख, पिछले 50 सालों में दो करोड़…।"

"मुझे और कुछ नहीं कहना है। अध्यापक ने कहा और अपनी जगह से उठकर बाहर चला गया।"[22] भीष्म साहनी महाकाल और विषादमठ के संदर्भ में यह उत्तर प्रस्तुत किए हैं। जब तक धरती के ऊपर साम्राज्यवादी ताकतें जिंदा रहेंगी, जनता इसी तरह महाकालों से मरती रहेगी।

(2) बूँद और समुद्र : इस उपन्यास में लेखक ने एक वृहत् कथानक को आधार बनाकर प्रस्तुत किया है। बूँद और समुद्र की कथा लखनऊ के एक मोहल्ले की है। वस्तु सामग्री का चयन वहीं की जनता से किया गया है, जो वास्तव में भारतीय समाज के विविध वर्गों का प्रतिनिधित्व करती है। महेन्द्र चतुर्वेदी ने लिखा है : "नागर जी के उपन्यासकार रूप को स्थायी यश से मंडित करनेवाली रचनाएँ हैं–बूँद और समुद्र तथा सुहाग के नूपुर। बूँद और समुद्र वृहदाकार उपन्यास है, जिसे लेखक ने अपने देश के मध्यवर्गीय नागरिक समाज का गुण-दोष भरा चित्र कहा है। मध्यवर्गीय नागरिक समाज के विविध तत्त्वों का प्रयत्न किया है। लेखक ने समाज के बहुविध अवयवों को विभिन्न दृष्टिकोणों और परिप्रेक्ष्य में देखते हुए एक विस्तृत पट पर उन्हें एक सूत्रित कर दिया है। जिसके द्वारा विविध चरित्रों का एक मेला-सा हमारे सामने लग जाता है। ऐसा चरित्र वैविध्य अन्यत्र दुर्लभ है।"[23]

इस उपन्यास के पुरुष-पात्रों में सज्जन और उसकी मित्र मंडली मुख्य है। राय साहब कवि विरहेश, रामजी साधु आदि पात्र जीवन के विविध क्षेत्रों से लिये गए हैं। इसी तरह ताई, बड़ी, नंदी, तारा और वनकन्या आदि स्त्री-पात्र भी विविध क्षेत्रों से ली गई हैं।

बूँद व्यक्ति की प्रतीक है और समुद्र समष्टि का। इनके परस्पर समन्वय की समस्या को लेखक ने इन शब्दों में प्रस्तुत किया है–"हर बूँद का महत्त्व है क्योंकि वही तो अनन्त सागर, एक बूँद भी व्यर्थ क्यों जाए ? कैसे यह बूँद अपने आपको महासागर अनुभव करे ? हर व्यक्ति आमतौर पर इस तरह अपनी बहुत छोटी-छोटी सीमाओं में रहता हुआ एक-दूसरे से अलग है। तब यह सागर कैसा है, जिसमें हर बूँद अलग है ? व्यक्ति यदि इतना ही अलग है तो समाज बँधता क्योंकर है ?…यह विरोधाभास लेकर मानव का जीवन चल ही कैसे सकता है।"[24] आज समाज में व्यक्तिवाद का माहौल बना हुआ है। दूसरों की चिन्ता बिल्कुल नहीं रह गई है। ऐसा लगता है कि "देश में, पृथ्वी पर केवल व्यक्ति रहता है, समाज नहीं। व्यक्ति केवल अपने दायरे में रहता, सोचता और कर्म करता। ऐसा लगता है जैसे हर व्यक्ति एक-एक द्वीप में अलग-अलग है।"[25] ऐसी परिस्थिति में सामाजिक उद्धार का सपना तभी देखा जा सकता है, जब "सुख-दुख में व्यक्ति का व्यक्ति से अटूट संबंध बना रहे–जैसे

बूँद से बूँद जुटी रहती है—लहरों से लहरें। लहरों से समुद्र बनता है—इस तरह बूँद में समुद्र समाया है।"[26] यही इस उपन्यास का मूल दर्शन है।

उपन्यास की शुरुआत लखनऊ के एक मोहल्ले में अभूती सुनार की दोनों जवान बहुएँ अपनी मुँडेरे पर झुकी हुई पड़ोसिन तारा से बातें कर रही हैं। बड़ी पतोहू का व्यक्तित्व वासनामय दिखाया गया है, जबकि छोटी बहू धीर-गंभीर और अपने घर में ही संतुष्ट रहनेवाली है। पति के होते हुए भी अपनी ननद-ननदों की सहायता से कवि विरहेश से मिलने लगती है।[27] पति के हाथों से पिटाई भी खाती है और जगहँसाई की पात्र भी बनती है। तारा अपने मौसिया के भतीजे डॉक्टर से शादी करने के लिए शारीरिक संबंध भी बना लेती हैं, परंतु शादी किसी और से करती है। ताई राजा बहादुर सर द्वारकादास की पहली पत्नी है। परंतु द्वारकादास ने जब दूसरी औरत रख ली तो घर छोड़कर चली गई और उस गम में विक्षिप्त भी हो गई। व्यष्टि और समष्टि के समन्वय की समस्या को महिपाल, सज्जन और वनकन्या के चरित्रों के माध्यम से प्रस्तुत किया है। महिपाल साहित्यकार है, जो यथार्थनिष्ठ दृष्टिकोण से अपनी और समाज की समस्याओं पर जीवन के अनुभव के आलोक में विचार करता है और उन्हें सुलझाने के लिए साहित्य सर्जना में प्रवृत्त होता है। वह अंधविश्वास और पाखंड का विरोधी है और इन विषमताओं से ऊपर एक नये समाज की रचना करना चाहता है। परंतु उसकी पत्नी कल्याणी पुराने खयालों की रहती है, जिसका परिणाम यह होता है कि महिपाल अपने उद्देश्य से भटक कर घोर वैयक्तिकवादी हो जाता है। उसकी दयनीय परिणति का कारण है, व्यष्टि और समष्टि के बीच समन्वय का अभाव।

सज्जन बूँद और समुद्र का नायक है। सज्जन में समन्वय चरितार्थ होता है। उसका चरित्र विकासोन्मुख है। शुरू-शुरू में उसके मन में नारी के प्रति भोग की ही भावना थी। परंतु वनकन्या उसकी नारी के प्रति विकृति भावनाओं को धो डालती है। वनकन्या का निष्कलुष आकर्षण मानों उसे जगा देता है। प्रेम की शक्ति को वह अपार मानती है। जिससे दुनिया बदली जा सकती है। इस समाज में नारी उपेक्षिता है। वह आर्थिक पहलुओं को लेकर पुरुष पर आश्रित है। उपन्यास के विविध पात्रों की व्यक्तिवादिता के विरोध में लेखक ने बाबा रामजी को प्रस्तुत किया है—जिनमें, व्यक्ति और समाज का समन्वय प्रतिफलित हुआ है। बाबा में गांधी के मानवतावाद के दर्शन होते हैं। बाबा रामजी से सज्जन और वनकन्या दोनों प्रभावित होते हैं। वनकन्या पूँजीवाद का घोर विरोध करती है। पूँजीवाद के अंत के लिए व्यक्ति का परिवर्तन आवश्यक है। "महिपाल के अंत और बाबा रामजी के सैद्धांतिक वक्तव्यों में लेखक का यह उद्देश्य ध्वनित होता है कि व्यक्ति को अपनी संकीर्ण सीमाओं से ऊपर उठकर सामूहिक चेतना को आत्मसात करने का प्रयत्न करना चाहिए। व्यक्ति की निजी सत्ता तथा समाज के साथ उसका अविच्छिन्न संबंध दोनों की रक्षा लेखक का अभीष्ट है।"[28]

(३) सुहाग के नूपुर : नागर जी ने सुहाग के नूपुर के संबंध में उपन्यास के मुखपृष्ठ में ही स्पष्ट कर दिया है—"मानव मन की शाश्वत अनुभूतियों का संवेदनापूर्ण और सजीव चित्रण करनेवाला यह सशक्त उपन्यास कवि इलंगोवन कृत

महाकाव्य शिलधदिकारम की कथा पर आधारित एक स्वतंत्र रचना है। इस प्रकार यद्यपि सुहाग के नूपुर की कथावस्तु नागर जी की मौलिक सोच की वृत्ति नहीं है, फिर भी इसके निर्माण कौशल में उन्हें बड़ी सावधानी से काम लेना पड़ा है। सुहाग के नूपुर में लेखक ने एक प्रेम-त्रिकोण का निर्माण कर उसके कोण-बिन्दुओं का स्पर्श करते हुए बाह्यरंग वृत्त के रूप में तत्कालीन सामाजिक जीवन, कला तथा अंतर्देशीय व्यापार को आधार बनाकर चलनेवाले राजनीतिक संघर्षों, कुचक्रों तथा सांस्कृतिक जीवन की विकृतियों की झाँकी प्रस्तुत कर दी है। प्रेम-त्रिकोण की सृष्टि के फलस्वरूप उपन्यास के मूल भाव के रूप में संघर्ष की परिव्याप्ति है। यह संघर्ष कुलवधू और नगरवधू का है, सुहाग के नूपुरों और नर्तकी के घुँघरुओं का है।"[29]

उपन्यास के आरंभ में महालिंगम और पापनाशन का कथोपकथन प्रस्तुत किया गया है :

"ठीक ही तो कहते हैं। कन्नगी सुंदरता में अद्वितीय है। उसे पाकर फिर किसी और की चाह क्यों रहे ?"

"नारी सौन्दर्य तभी तक आकर्षक रहता है, जब तक कि उस पर किसी पुरुष का अधिकार नहीं हो जाता।"

"और वेश्या का सौंदर्य ?"

"वेश्या पूरे तौर पर कभी किसी के अधिकार में नहीं आती पापनाशन। उस पर अधिकर प्राप्त करने की भावना ही मृग-मरीचिका है, उसका आकर्षण अनन्त है।"[30]

इस पूरे उपन्यास का विकास इसी कथोपकथन के आधार पर होता है। उपन्यास की मूल कथा कुलवधू कन्नगी और नगरवधू माधवी के बीच चेट्टिपुत्र कोवलन के भटकाव की जिंदगी है। माधवी विख्यात नृत्यांगना थी और उतनी ही सुंदर थी। कोवलन से उसकी नजर मिली और आँखें चार हो चलीं। महाराजा कारिहार बलवन के दरबार में वार्षिक नृत्योत्सव के अवसर पर दोनों के बीच संबंधों में और प्रगाढ़ता आती है और एक दिन माधवी कोवलन के संपर्क में आकर कन्या से नारी बन जाती है। "वेश्या पतियों के गले का मोती और पत्नियों के आँख का आँसू होती है। माधवी की अभिलाषा थी–यदि एक विपत्ति में न पड़कर कुलीनों के समान ही जीवन का व्यवहार कर पातीं।"[31] परंतु कोवलन सुहाग के नूपुर अपनी पत्नी कन्नगी के पैरों में ही डालता है। लेकिन माधवी के प्रति उसका आकर्षण इतना बढ़ा कि माधवी उससे अपनी बात मनवा लेती है। "कन्नगी के सपनों की पहली रात तुम मेरे यहाँ रहोगे और…तुम्हारी कन्नगी मेरी नागरत्ना की तरह तुम्हारी और मेरी सेवा में…।"[32] और कामासक्त कोवलन मान गया।

कोवलन अपने वायदे अनुसार कन्नगी को पहली ही रात माधवी के कोठे पर लिवा ले गया। माधवी ने कन्नगी से कहा–"परसों अपने विवाह के उत्सव में स्वर्ण-सिंहासन पर मेरे प्राणपति के साथ बैठकर नई सेठानी ने अपने पिता के कोठी में मेरा नृत्य देखा था। आज मेरे कोठे पर सेठानी नृत्य करेगी और मैं अपने प्रिय के साथ बैठकर देखूँगी।"[33] परंतु कोवलन माधवी के इस सपने को पूरा नहीं होने देता। वह माधवी को चाँटा मारकर अपनी पतिभक्ता और सुशीला पत्नी को लेकर सीढ़ियों से नीचे उतर जाता है। माधवी रोती-बिलखती रह जाती है। कन्नगी वहाँ पर भी प्रतिवाद

नहीं करती। "कन्नगी की मूक समर्पण-तत्परता ऐसा कवच है, जिससे टकराकर कोवलन का उद्धृत अहंकार और माधवी की सारी कुचक्र-शक्ति चूर-चूर हो जाती है। माधवी समाज की उन परंपराओं और रूढ़ मान्यताओं के प्रति विद्रोह की प्रतीक है, जो अदृष्ट-लब्ध परिवेश के लिए निर्दोष व्यक्ति को दंडित करती है। समाज के जड़ नियम उसे सती होकर भी सती का गौरव प्राप्त नहीं होने देते। फलतः उसके अंतर में विद्रोह-ज्वाला फूटती है, जिसमें वह सारे समाज को भस्म कर डालना चाहती है। किंतु उसमें भस्म होते हैं स्वयं उसका नारीत्व और प्रेम। माधवी अपने अंह पर कभी विजय नहीं पा सकी।"[34]

यही दुःखद प्रक्रिया संपूर्ण उपन्यास में चलती रहती है। माधवी के अंदर ज्यों-ज्यों सुहाग के नूपुर पाने की इच्छा प्रबल होती जाती है, त्यों-त्यों प्रतिक्रिया स्वरूप कन्नगी के सती रूप का संघर्ष भी तीव्रतर होता जाता है। हठी माधवी नारीत्व और मातृत्व के अधिकार पाने के लिए जिंदगी के अंतिम दिनों तक संघर्ष करती है। परंतु विजय कन्नगी की होती है। "पुरुष जाति के स्वार्थ और दंभ भरी मूर्खता से ही सारे पापों का उदय होता है। उसके स्वार्थ के कारण ही उसका अर्द्धांग-नारी जाति पीड़ित है। एकांगी दृष्टिकोण से सोचने के कारण ही पुरुष न तो स्त्री को सती बनाकर ही सुखी कर सका और न वेश्या बनाकर ही। इसी कारण वह स्वयं झकोरे खाता है और खाता रहेगा।"[35]

इस तरह भीष्म साहनी के साहित्य की तरह ही अमृतलाल नागर के उपन्यास साहित्य में ऐतिहासिक, सामाजिक, राजनीतिक तथा सांस्कृतिक पृष्ठभूमि में जनचेतना की अभिव्यक्ति मिलती है। भीष्म जी और अमृतलाल नागर जी की विविध औपन्यासिक कृतियाँ उच्च वर्ग, मध्य वर्ग तथा निम्न वर्ग की यथार्थ मनोवृत्ति का चित्रांकन करती हैं। इनके संपूर्ण साहित्य में मध्यवर्गीय जीवन की कुण्ठा उच्च वर्गीय समाज में व्याप्त संस्कारगत विकृतियाँ, निम्न वर्गीय जीवन की विडंबनात्मक परिणति, आर्थिक हीनताओं के फलस्वरूप उत्पन्न परिस्थितियाँ, विविध ग्रंथियों आदि का चित्रण विस्तार से हुआ है। ये दोनों जनवादी चेतना के लेखक हैं। जनता की पीड़ा ही इनके लेखकीय संवदेना का आधार है।

मोहन राकेश और भीष्म साहनी

मोहन राकेश की पहचान जितनी नाटक और कहानी के क्षेत्र में लंबी है, उतनी शायद उपन्यास के क्षेत्र में पहचान नहीं बन पाई है। छठवें दशक में विख्यात त्रयी कहानीकार मोहन राकेश, राजेन्द्र यादव और कमलेश्वर कहानी के क्षेत्र में विशिष्ट स्थान बना चुके थे। मोहन राकेश जी ने उस कहानी और नाटक के वातावरण में रच-बस जाने के वावजूद, उन्होंने तीन उपन्यासों की रचना की। पहला उपन्यास 'अँधेरे बंद कमरे', दूसरा 'अंतराल', और तीसरा 'न आने वाला कल'। अँधेरे बंद कमरे, मोहन राकेश की पहली औपन्यासिक रचना है। तीनों उपन्यासों में अँधेरे बंद कमरे की चर्चा काफी हुई है और अपने समय के प्रसिद्ध उपन्यासों की श्रेणी में एक है।

अँधेरे बंद कमरे : वर्तमान भारतीय समाज का अभिजातवर्गीय नगर मन दो हिस्सों में विभाजित है—एक में है पश्चिमी आधुनिकतावाद और दूसरे में है, वंशानुगत संस्कारवाद। इससे इस वर्ग के भीतर जो द्वंद्व पैदा है, उसमें पूर्णता के

बीच रिक्तता, स्वच्छंदता के बीच अवरोध और प्रकाश के बीच अधंकार आ खड़ा होता है। परिणामतः व्यक्ति ऊबने लगता है, भीतर-ही-भीतर, उसे क्रोध, ईर्ष्या और संदेह जकड़ लेते हैं, अपने ही लिए अनजबी हो उठता है वह और तब इसे हम हरवंश की शक्ल में पहचानते हैं। हरवंश इस उपन्यास का केन्द्रीय पात्र, जो दाम्पत्य संबंधों की सहज रागात्मकता, ऊष्मा और अर्थवत्ता· की तलाश में भटक रहा है। हरवंश और नीलिमा के माध्यम से पारस्परिक ईमानदारी भावनात्मक लगाव और मानसिक समदृष्टि से रिक्त दाम्पत्य-जीवन का यहाँ प्रभावशाली चित्रण हुआ है। अपनी पहचान के लिए पहचानहीन होते जा रहे भारतीय अभिजातवर्ग की भौतिक, बौद्धिक और सांस्कृतिक महात्वाकांक्षाओं के 'अँधेरे बंद कमरे' को खोलनेवाला यह उपन्यास हिंदी की विशिष्टतम कथा कृतियों में गण्य है।

भीष्म साहनी ने भी कड़ियाँ और कुंतो के माध्यम से ऐसे दम्पतियों की सहज अभिव्यक्ति की है जो क्रोध, ईर्ष्या और संदेह की पकड़ में पूरी तरह से जकड़े हुए हैं। जिन्हें सहज रागात्मकता, ऊष्मा और अर्थवत्ता की तलाश है। कड़ियाँ के महेन्द्र, प्रमिला और सुषमा और कुंतो, जयदेव, कुंतो और सुषमा, कुछ ऐसी ही ठोस जमीन की तलाश में भटक रहे हैं। मोहन राकेश ने अपनी भूमिका में जैसा कि कहा भी है–"और जहाँ तक परिचय है, मैं सोचकर भी तय नहीं कर पा रहा कि इसे क्या कहूँ, आज की दिल्ली का रेखाचित्र ? पत्रकार मधुसूदन की आत्मकथा ? हरवंश और नीलिमा के अंतर्द्वन्द्व की कहानी।"[36]

'अँधेरे बंद कमरे' एक बृहत् उपन्यास है, जिसकी कथा चार खण्डों में विभाजित है। प्रथम खंड में उपन्यास की कथा का आरंभ मधुसूदन और हरवंश की दिल्ली में भेंट से होता है। इसके बाद फ्लैश बैक शैली में लेखक पिछले नौ वर्षों की कथा को समेटे हुए रूप में वर्णित कर देता है। इस खंड में मधुसूदन की एक दैनिक पत्र में सहायक सम्पादक के पद पर नियुक्ति, कार्यालय में सहयोगियों से असंतोष, कस्सावपुरे में उसका जीवन, नीलिमा और हरवंश की खिंचाव भरी जिंदगी, हरवंश की विदेश यात्रा, कलाकारों का जीवन और अंत में मधुसूदन का नौकरी से त्यागपत्र देकर दिल्ली से प्रस्थान आदि घटनाओं को आधार बनाकर सूत्र का विकास हुआ है। दूसरे खंड में पहले खंड में आरंभवाले सूत्र को पुनः उठाया जाता है। इसकी कथा का आधार लखनऊ में मधुसूदन के पत्रकारिता के अनुभव, नीलिमा के विदेश जाने की सूचना और हरवंश द्वारा उनका विस्तृत वर्णन तथा मधुसूदन की राजनैतिक रिपोर्टिंग आदि के सूत्र हैं।

तीसरे खंड में मधुसूदन सांस्कृतिक रिपोर्टर हो जाता है और नाट्यशाला तथा रंगमंच आदि से सम्बद्ध अनेक नये पात्र कथा में समावेशित होते हैं। नीलिमा और हरवंश की जिंदगी की घुटन पूर्ववत् ही रहती है। चौथे खंड में सुषमा से मधुसूदन की घनिष्ठता और फिर उसका अंत ठकुराइन का असंतोष नीलिमा हरवंश के दिमागी कुहासे और मधुसूदन के मानसिक विवाद की स्थिति में उपन्यास का अंत होता है। कथानक तत्त्व की दृष्टि से इस उपन्यास की सबसे बड़ी कमी यह है कि इसमें कथा सूत्रों का केन्द्रीयकरण नहीं हो सकता है। इसका एक कारण यह भी है कि इस उपन्यास के सारे ताने-बाने के बीच कोई ऐसा चरित्र चित्रित नहीं किया जा सका है, जो कथा को सूत्रबद्ध कर सके। मधुसूदन में इस सक्षमता को उभारा जा सकता था, परंतु वह

नीलिमा और हरवंश के कार्यकलाप को ही आत्मीय संबंधता और अपने व्यक्तित्व से कभी प्रभावित नहीं कर पाता। उसको मिलाकर अन्य चरित्र भी इतने टूटे और कुचले हुए हैं कि जीवन के प्रति अनास्था का दृष्टिकोण ही वे सामने रख पाते हैं। हरवंश और नीलिमा एक हाल के नीचे पति-पत्नी के रूप में रहकर भी एक-दूसरे से बहुत दूर होते दिखाई देते हैं। छोटी-छोटी बातों में मतभेद उत्पन्न हो जाता है। जैसे नीलिमा के जाने के बाद हरवंश स्वयं से कहता है–"मैं इस जिंदगी से तंग आ गया हूँ।"[37] परंतु उपन्यास की सफलता इसमें मानी जा सकती है कि अनेक असंबद्ध विषय सूत्रों के कथा जाल को रोचकता के साथ प्रस्तुत किया गया है।

भीष्म साहनी जी ने तमस में मुख्य कथानक के इर्द-गिर्द कई उपकथाएँ रची हैं, जो देखने में तो कहीं-कहीं अलग-अलग दिखाई देती हैं, परंतु उन प्रत्येक उपकथाओं का संबद्ध मुख्य कथानक से है। वे सारी उपकथाएँ अंत में आकर एक सूत्र में बँध जाती हैं जो मोहन राकेश के उपन्यास अँधेरे बंद कमरे में दिखाई नहीं देतीं। अँधेरे बंद कमरे में इतने विस्तृत क्षेत्रीय कैनवास और दीर्घसूत्री कथानक की आवश्यकता नहीं थी, क्योंकि इन्हीं कारणों से उपन्यास में अनावश्यक विस्तार और सूत्रगत शिथिलता आई है। इस बृहत् उपन्यास में पात्रों की संख्या अधिक नहीं है। विशेष रूप से प्रधान पात्र तीन ही हैं। मधुसूदन, नीलिमा और हरवंश।

उपन्यास की सारी कथा आत्मकथात्मक शैली में मधुसूदन के द्वारा वर्णित की गई है, यद्यपि वह कथा का मुख्य पात्र नहीं है। दिल्ली में बेकारी से ऊब कर वह एक दिन अपनी घड़ी बेचकर वहाँ से भागने का निश्चय कर लेता है, परंतु इसकी नौबत नहीं आती और वह एक पत्र में सहायक संपादक नियुक्त हो जाता है। एक दिन अपनी बस्ती कस्सावपुरा लौटते समय उसे काठ बाजार से गुजरने का संयोग होता है। पहले वहाँ से गुजरते समय उसके मन में हमेशा बचपन के संस्कार जाग उठते थे। "तेरे साथ इसकी कौन जनम की दुश्मनी है।" गोपाल भी कहता है। "बेचारे को इसी में कुछ रस मिल जाता है, तो तेरा क्या जाता है। बेचारे के घर में न माई न लुगाई। छूटा साँड खेंचे में मुँह न मारे, तो क्या करे ?"[38] जब उसे बताया गया था कि उस बाजार में बैठने वाली स्त्रियाँ रंडियाँ हैं, जिन्हें खसमखानी कहा जाता है। क्योंकि वे अपने खसमों को चीर फाड़ कर खा जाती हैं। यह सब सोचकर पहले उसके कदमों की गति तीव्र हो जाती थी। पर उस रात ऐसा नहीं होता और वहीं टहलते हुए एक पहलवान से उसकी मुठभेड़ हो जाती है। वह उसे इसलिए अपमानित करता है क्योंकि मधुसूदन की जेब में उस समय केवल एक चवन्नी थी। वह आहत सा तेज कदमों से अपनी बस्ती की ओर बढ़ जाता है। अपने कार्यालयों के सहयोगियों से भी उसे उनकी संकुचित वृत्ति के कारण क्लेश होता है। हरवंश, नीलिमा, सुरजीत, शुक्ल आदि के अंतर्द्वन्द्व उसे व्यथित करते हैं। कभी-कभी उसे एक वितृष्णा सी होने लगती है कि वह कई लोगों के साथ एक पंक्ति में खड़ा है। एक बार वह यहाँ तक तय कर लेता है कि वह दिल्ली छोड़ कर चला जाएगा, पर जिंदगी चलती रहती है और एक दिन अभिजात वर्ग की नीलिमा उसे चकित करती उसके घर पहुँच जाती है। वह उसे हरवंश के पत्र देती है, जो उसने जहाज से, मार्सल्स से और लंदन से लिखे थे।

वह कुछ निश्चित नहीं कर पाता और एक बार फिर विक्षिप्त तुल्य अवस्था में काठ बाजार जाता है ताकि वह अपने घर जाने से पहले किसी और घर की पनाह ले, जहाँ वह अपने मन की कटुता और हताशा से कुछ हद तक मुक्ति पा सके। जहाँ उसका दिल और दिमाग कुछ देर के लिए सुन्न हो जाय और वह अपने अंदर की चुभन और अपने अंदर उबलते हुए लाबे की गरमी को कुछ देर के लिए भूल जाय, लेकिन उस दिन वह बाजार एक लड़की की मौत के मातम से बंद पाता है।

घर पहुँचकर उसके हल्के व्यवहार से ठकुराइन क्रुद्ध हो जाती है और अगले ही दिन वह नौकरी से त्यागपत्र देता है। लखनऊ में पत्रकारिता करने के बाद वह काफी वक्त बाद पुनः दिल्ली पहुँचता है और पहले राजनैतिक फिर सांस्कृतिक रिपोर्टिंग करता है। उसका सुषमा से परिचय होता है और वह एक आत्मीयता की अनुभूति के बाद उससे विरक्त होकर एक अनिश्चयात्मकता की स्थिति में रह जाता है। स्त्री पात्रों में नीलिमा का चरित्र प्रधान है। वह खालीपन की ऊब से संघर्ष नहीं कर सकती और जो वह करना चाहती है, वह उसका पति उसे करने नहीं देता। वह उसकी कत्थक की प्रैक्टिस भी छुड़ा देता है तथा भरतनाट्यम् सीखने के लिए मैसूर भी नहीं जाने देता। उसे औरतों का पब्लिक के बीच नाचना पसंद नहीं है। नीलिमा इस अकाट्य बंधन से मुक्त नहीं हो पाती और खाली रहने से बचने के लिए चित्रकारिता स्वीकारती है। मधुसूदन को वह कवि कहकर संबोधित करती है और एक बार काफी हाउस में बात करती हुई वह एक-दूसरे की इस बात पर कि कवि और पेंटर शब्द सुनने में अच्छे नहीं लगते, हँसती हुई कहती है–"क्योंकि कवि और पेंटर भले आदमी नहीं होते, कोई भला आदमी इन धंधों को नहीं अपनाता। इन्हें कौन लोग अपनाते हैं। ?"[39] आवारा और लफंगे परंतु वह अपने और पति के बीच की खाई को बढ़ने से नहीं रोक पाती और हरवंश लदंन चला जाता है। बाद में उसके आग्रह से वह भी वहाँ पहुँच जाती है। वह वहाँ प्रार्थना भी करती है तथा कभी-कभी दुर्बल भावनाओं के बहाव में आ जाती है। अंत में उसका और उसके पति का जीवन एक प्रकार के उत्साहहीन लगाव से आगे खिंचता रहता है, उसका पति हरवंश कभी भी उसके कला प्रेम और प्रदर्शन को स्वीकृति नहीं दे पाता और एक कुहासे से भरी हुई जिंदगी ढोता रहता है। वह निरंतर एक तरह की अकारण कलह और असंतोष का अनुभव करता है। सुरजीत है जो शुक्ला के आग्रह से अपना रिकार्ड प्लेयर हरवंश और नीलिमा के पास छोड़ आता है। शुक्ला जो अरसे तक भार्गव की ओर झुकी रह कर भी अंत में अनिश्चित के आकर्षण जाल में बँधी रहती है।

ठकुराइन है जो सौभाग्य सुख के बाद वैधव्य में अपनी कन्या निम्मा की शादी की फिक्र में इसका मुँह जोहती है, शिवमोहन है जो कला पर लंबी बहसें करता है और सुषमा है जो काफी हाथ-पैर मारने के बाद अब अपने जीवन में एक तरह की थकान का अनुभव करने लगी है। कथोपकथन में लघुवाक्यों से लेकर बृहत् वक्तव्यों तक का प्रयोग हुआ है। बीच-बीच में लंबे पात्रों के माध्यम से कथा को समेटकर सम्बद्ध किया गया है।

भीष्म जी ने कड़ियाँ और कुंतो में जिन पात्रों की चर्चा की है, उनमें 'अँधेरे बंद कमरे' का हरवंश और महेन्द्र अपनी आधुनिकता की दौड़ से तंग होकर दोनों कुछ एक जैसी ही बात करते हैं। दोनों का परिवेश महानगर दिल्ली का ही है। नीलिमा के व्यवहार से या अपने शकी स्वभाव की वजह से हरवंश तंग होकर मधुसूदन से कहता है—मैं तुम्हें पूरी बात शुरू से बताना चाहता हूँ, उसने कहा—''हो सकता है तुम मुझे कोई ऐसा सुझाव दे सको, जिससे मैं इस दलदल से बाहर निकल सकूँ। नहीं, मुझे तो लगता है कि मैं हमेशा के लिए गुम हो गया हूँ और मेरा अतीत, वर्तमान और भविष्य सब कुछ इस दलदल में खो गया है। मैं इससे बाहर निकलने की जितनी चेष्टा करता हूँ, उतना ही इसमें और धँसता जाता हूँ।''[40] इसी तरह जब महेन्द्र अपनी जिंदगी से ऊब जाता है तो वह प्रमिला को अपनी जिंदगी से निकालने का निर्णय ले लेता है। ''हमारी शादी नाकामयाब साबित हुई है, मैं इसे और घसीटना नहीं चाहता।''[41] मोहन राकेश और भीष्म दोनों ने शहरी पात्रों को चुना है। यद्यपि भीष्म साहनी का औपन्यासिक फलक बहुत लंबा-चौड़ा है। भीष्म जी परिवार और समाज के अलावा भी देश-दुनिया की बातें करते हैं। मोहन राकेश जीवन की उस सच्चाई को उघाड़ने में व्यस्त दिखाई देते हैं, जो बड़े-बड़े शहरों के बंगलों और फ्लैट में आधुनिकता के नाम पर घुट-घुट कर जीने के लिए मजबूर हैं।

यद्यपि, 'अँधेरे बंद कमरे' की नायिका नीलिमा, कड़ियाँ की प्रमिला और कुंतो की, कुंतो और सुषमा से ज्यादा संघर्षशील दिखाई देती है। फिर भी बसंती जैसी पात्र मोहन राकेश के पास नहीं है। हरवंश चाहता है कि नीलिमा न कत्थक करे और न ही पब्लिक के बीच जाए। वह सिर्फ उसकी बनकर रहे। जबकि दीनू चाहता है कि बसंती पूरे दिन काम करे और जो पैसा कमाकर लाए मुझे दे दे। कैसे भी करके लाए, लेकिन पैसा लाए। बसंती जीवन में ठहराव चाहती है। एक ऐसा सहारा चाहती है जो उसे इस भागदौड़ की जिंदगी से मुक्त कर दे। जिसे वह अपना कह सके। उसे अपना बना सके। परंतु नियति को ऐसा मंजूर नहीं है। भीष्म जी और मोहन राकेश दोनों ने कुछ भटके हुए पात्रों को चित्रित किया है। जिन्हें एक ऐसी मंजिल की तलाश है, जिसका उन्हें खुद ज्ञान नहीं है। अनिश्चितता की राह पर भटक रहे हैं। शायद मोहन राकेश इसीलिए अँधेरी कोठरी में बंद ऐसे लोगों का पिटारा खोलते हैं। कभी-कभी ऐसा आभास होता है जैसे इस उपन्यास में कुछ विशिष्ट चरित्रों के माध्यम से कुछ टूटे और थके व्यक्ति प्रस्तुत किए गए हैं। जो अपने हृदय की चिटकन का वर्णन अपने कटु अनुभवों के साथ कई-कई पृष्ठों के कथनों में करते हैं, जो पाठक के हृदय का गहराई के साथ संस्पर्श करते हैं।

मोहन राकेश की भाषा में भीष्म जी जैसी ही एक प्रकार की सहज और रूमानी रवानगी है, जो संयतता और प्रौढ़ता की सूचक है। संवाद छोटे और बड़े दोनों तरह के हैं, परंतु बोझिलता बिल्कुल नहीं है। भाषा पात्रों के स्तर के अनुसार प्रयोग में लाई गई है। भीष्म के पात्र जहाँ अतिबौद्धिकता और अशिक्षा की वजह से अपने निजी जीवन में संघर्ष करते हैं, वहीं मोहन राकेश के पात्र बौद्धिक युद्ध में रत रहते हैं। इस विश्वास के साथ कि कभी शायद आस्था की किरण कहीं से फूटेगी। भीष्म साहनी की ही तरह मोहन राकेश ने भी अपने उपन्यासों में बेकारी, आर्थिक संघर्ष,

सामाजिक नैतिकता-अनैतिकता, नवयुवकों की स्थिति, तथाकथित अभिजात्य वर्ग की 'स्नावरी' फैशन परस्ती, जीवन मूल्यों के विघटन आदि से लेकर राजनीति के राष्ट्रीय-अंतर्राष्ट्रीय दाँव-पेंच तक का वर्णन अलग-अलग कृतियों में किया है। दोनों के साहित्य में वर्तमान युग अपनी समग्रता के साथ मूर्तिमान हो उठा है।

भैरवप्रसाद गुप्त और भीष्म साहनी

भैरवप्रसाद गुप्त न केवल साम्यवादी विचारधारा के लेखक हैं, बल्कि उनका साम्यवादी दल से निकट का सम्पर्क भी रहा है। श्री गुप्त ने उस विचारधारा से जुड़कर प्रगतिशील साहित्य को नई दिशा दी और एक से बढ़कर एक अच्छे उपन्यासों की रचना की। उदाहरणस्वरूप मशाल, गंगा मैया, जंजीरे और नया आदमी, सतीमैया का चौरा, आदि।

(1) मशाल : मशाल गुप्त जी का प्रथम राजनीतिक उपन्यास है, मुख्यतः मशाल में, श्रमिक वर्ग के संघर्ष का चित्रण प्रस्तुत किया गया है। द्वितीय विश्वयुद्ध के समय भारतीय जन-मानस क्या निम्न वर्ग और क्या मध्यवर्ग पर साम्यवादी चेतना का प्रभाव विशेष रूप से पड़ता हुआ दृष्टिगत होता है। उपन्यासकार का मुख्य कथानक-प्रतिपाद्य भी उसी काल से सम्बद्ध है। यद्यपि श्री गुप्त ने मार्क्सवादी विचारधारा से प्रभावित होकर आर्थिक संघटन की पृष्ठभूमि में आधुनिक समाज व्यवस्था का चित्रण अपनी कृतियों में किया है। तथापि ऐसा लगता है कि इस उपन्यास में सिद्धांत प्रतिपादन की ओर लेखक का ध्यान मुख्य रूप से होने के कारण कलात्मक दृष्टि से यह उपन्यास सफल नहीं हो सका है। कहीं-कहीं पर तो श्रमिकों की सभाओं और हड़तालों आदि को लेकर किए गए कोरे प्रचारात्मक वर्णन ही एक रस हो गए हैं। परंतु भीष्म साहनी के उपन्यास तमस और मैयादास की माड़ी, एक राजनीतिक और दूसरा राजनीतिक और ऐतिहासिक उपन्यास होते हुए काफी सफल कृति साबित हुई है। तमस में जहाँ कहीं नारेबाजी हुई भी है तो वह प्रासंगिक और परिस्थिति के अनुकूल है। जबकि मशाल में प्रगतिवादी सिद्धांतों को केवल बौद्धिक स्तर पर ही उपन्यासकार ग्रहण कर सका है। अनुभूत्यात्मक रूप में नहीं। समाज के विभिन्न लोगों की पीड़ाजनक स्थिति का चित्रण करते हुए उनकी कष्टप्रद-असहाय अवस्था के विवरण मात्र देकर उनकी प्रगतिशील चेतना की अभिव्यक्ति प्रदान का प्रयत्न इस उपन्यास में अस्वाभाविक ही कहा जाएगा। वस्तुतः गंगा मैया में आकर ही उपन्यासकार सामाजिक यथार्थ का अंकन प्रगतिवादी दृष्टिकोण से करने में सफल हो सका है।

(2) गंगा मैया : गंगा मैया उपन्यास में गुप्त जी ने प्रगतिवादी दृष्टिकोण से सामाजिक यथार्थ का चित्रण किया है। समाज में व्याप्त भ्रष्टाचार, पारस्परिक संघर्ष, उच्च तथा मध्य वर्ग में फैले रीति-रिवाजों के खोखलेपन के अंतर्द्वन्द्व का सामयिक विश्लेषण नवाज गाँव के माध्यम से यथार्थ अवस्था का चित्र उपस्थित करके प्रमुख समस्या के अंकन के लिए मार्ग भी तैयार कर देता है। उपन्यासकार ने नारी वर्ग की प्रतिनिधि विधवा भाभी के माध्यम से सामाजिक विधान और स्त्री-पुरुष के सामाजिक वैषम्य पर बड़ा करारा प्रहार किया है। हिंदू विधवा की सामाजिक-आर्थिक स्थिति ऐसी है कि न तो पति के घर पर उसका कोई अधिकार होता है, न पिता के घर पर। उपन्यासकार के शब्दों में—"तू जो भाई-बाप पर इतराती रहती है, तो वहाँ जाकर भी

देख ले।...आटे दाल का भाव मालूम होगा, तब समझेगी कि कोई क्या कहती थी।" 42

गंगा मैया उपन्यास में समाज, विधवाओं तथा जमींदारों के जुल्म और अन्याय तथा संघर्षरत किसानों के महत्त्वपूर्ण कर्तव्यों के रूप में मटरू अपना जीवन अर्पित कर देता है। समाज में व्याप्त इन्हीं असमानताओं को दूर करने के लिए संघर्ष का शंखनाद और फलस्वरूप विजयश्री का वरण श्री गुप्त के प्रगतिवादी दृष्टिकोण को परिलक्षित करते हैं। मटरू समाज और दुनिया का विरोध झेलकर भी भाभी का विवाह पुनः करने के लिए ठान लेता है। गोपी इसके लिए तैयार भी होता है। परंतु उसके माता-पिता रूढ़िवादी होते हैं, और वे इसका विरोध करते हैं। भाभी अपनी सास और समाज से तिरस्कृत होती है और कुएँ में कूदकर आत्महत्या करने की कोशिश करती है। संयोग ऐसा होता है कि भाभी मटरू की झोंपड़ी में पहुँच जाती है और मटरू उसे अपनी बहन बनाकर गोपी से विवाह कर, समाज का विरोध करता है। इस तरह सुखांत हो उपन्यास आशा-विश्वास और मानवीयता का संदेश देता है। गोपी का यह आदर्श विवाह मटरू के शब्दों में–"पूरे समाज और उसकी लाखों विधवाओं का झगड़ा है।"[43]

इस तरह गंगा मैया किसानों के नवीन उद्‌बोधन की प्रतीक है, जिसके आधार पर समाजवादी चेतना और उसके माध्यम से बदलनेवाली सामंती प्रथा की झाँकी प्रस्तुत करना ही उपन्यास का मूल उद्देश्य है, जो उपन्यास को वाद सापेक्ष बनाता है।

(3) सती मैया का चौरा : भैरवप्रसाद गुप्त के इस बृहत्‌काय उपन्यास में वस्तु सामाजिक धरातल से उठकर राजनीति के धरातल पर पर्यवसित होती है और अपनी समग्रमा से सामाजिक चेतना को अभिव्यक्ति देती है। वस्तुतः उपन्यास चार खंडों में विभाजित है और सारी कथा उपन्यास के नायक मन्ने के चतुर्दिक् घूमती है। दरअसल मन्ने आजमगढ़ जिले के पिपरी गाँव के मुस्लिम जमींदार का पुत्र है। कथा के क्रमिक विकास के साथ उसके जीवन में तरह-तरह के व्यक्ति आते हैं और अपनी छाप छोड़ विलीन हो जाते हैं। उसके बाल्य जीवन का साथी मुन्नी ही एक ऐसा चरित्र है, जो अंत तक उसके साथ रहता है, पर उन दोनों के जीवन का अंत क्या है, इसका उत्तर उपन्यासकार ने नहीं दिया है। शायद इसीलिए कि यह समकालीन समाज का चित्रण है और उसका भविष्य स्वयं में निश्चित है।

'सती मैया का चौरा', में अनेक पात्रों और अनेक घटनाओं का चित्रण किया गया है। प्रमुख पुरुष पात्र हैं मन्ने के अब्बा जिन्हें मियाँ के नाम से पुकारा जाता रहा है, मन्ने के अब्बा, मन्ने का घनिष्ठ मित्र मुन्नी, मन्ने के अब्बा के दोस्त बाबू सहाय, पट्टीदार जुवली मियाँ, चौकीदार चन्नन, नौकर विलरा जमुनवान नूर, मीर साहब, मुंशी जी रहमान जुलाहा, जिल्ले मियाँ, मौलाना राधे बाबू, कैलाश, जलेसर, रामसागर, समरनाथ, भिखरिया, हरिभगत, अवधेश, और त्रिलोकीराम इत्यादि। महिला पात्रों में मन्ने के जीवन में आनेवाली चार स्त्रियाँ हैं–चमार की लड़की कैलसिया, जिसका मुकदमा उसके बाप ने लड़ा और मरने पर उसकी शादी का भार मन्ने पर छोड़ गए। कैलसिया की आर्थिक स्थिति कैसी भी रही हो, वह मन्ने को दो-दो रुपया जोड़कर अब्बे के मकबरा बनाने के लिए देती है। दूसरी औरत है–उसकी पत्नी जो मन्ने के लिए अपने जेवर बेचने को तैयार थी। मोटा-झोटा न खाने की आदत होने पर भी हर स्थिति में गाँव में मन्ने के साथ रहने को तत्पर थी। मन्ने के कारण मशहर की सूरत देखकर डर लगता। अच्छी

भली लड़की की हालत क्या हो गई थी। बाल बिखेरे, चेहरा सूखा, आँखों में वहशत, कपड़े बोसीदा, हरदम किसी को नोच खाने के लिए तैयार, हर वक्त बड़बड़हाट, लड़ाई, गाली, बद्दुआ, रोना, झींकना, बाल नोचना, छाती कूटना, दीवार से सर टकराना।

और मशहर की इस स्थिति का कारण थी, मन्ने के जीवन में प्रवेश करने वाली तीसरी स्त्री आयशा—मशहर की छोटी बहन। आयशा ने मन्ने को दीवाना बना दिया और उसके माँ-बाप भी उसके साथ थे कि उसकी शादी मन्ने के साथ हो जाए और वे जिम्मेदारी से छूटें। अंत में यह नहीं हुआ, बल्कि आयशा एक वृद्ध हाफिज के गले मढ़ दी गई। मशहर ने सौगंध खाई थी कि यह आग (सौतिया डाह) सारी जिंदगी बुझनेवाली नहीं है और इसी में जलकर स्वयं भी राख होगी और मन्ने को भी जलाकर राख कर देगी।

भीष्म साहनी ने कड़ियाँ उपन्यास में एक ऐसा ही वातावरण निर्मित किया है। प्रमिला का पति महेन्द्र ऐयाश किस्म का व्यक्ति है। उसके पति का संबंध सुषमा नाम की लड़की से है। प्रमिला स्वयं तो उस सौतिया डाह से जलती है और महेन्द्र को भी स्थिर नहीं बैठने देती। मन्ने जैसे चरित्र तो भीष्म जी ने कई रचे हैं। बसंती का दीनू, बरडू, कड़ियाँ का महेन्द्र और नाटा, मैयादास की माड़ी का मझले और बालमुकुन्द आदि।

'सती मैया के चौरा' में चौथी स्त्री है, गाँव की बसमतिया, निम्नवर्ग की प्रतीक। उसका चरित्र एक मिसाल है। मन्ने के संसर्ग में वह गर्भवती हो जाती है। जब वह उससे पिंड छुड़ाना चाहता है, वह कहती है—"कबहू हमारी बारी, कबहू, तुम्हारी बारी, चलो भाई पारा-पारी ! है न ! कभी आप मेरे पीछे पड़े थे, अब हम आपको सता रहे हैं...सच बताओ मियाँ, अब हममें कीड़ा पड़ गया न !" मन्ने के जोर देने पर न तो वह गर्भपात कराती है और न समाज के आगे झुकती है। कैलसिया व बसमतिया में जहाँ समाजवादी चेतना का अंश है, वहीं दूसरी ओर मशहर व आयशा सामाजिक बंधनों से ग्रस्त रूढ़िवादी नारी हैं और शायद जीवन में इसीलिए दुखी हैं।

भीष्म जी की नारी पात्र बसंती भी दीनू का गर्भ नहीं गिराती। परिवार और समाज दोनों के विरोध को झेलती है। बसमतिया जैसे। दोनों के अंदर चेतना का विकास हो चुका होता है। वस्तुतः सती मैया के चौरा की सभी नारी पात्र सामाजिक दुर्बलताओं से ऊपर उठ सकीं और विद्रोह की अपेक्षा समझौता के ही मार्ग को अपनाती हैं।

उपन्यास के अनेक चरित्र तो टाइप मात्र हैं, जिन्हें नाम देकर साँचे में ढाल दिया गया है। मानव नामक कोई वस्तु उन्हें छू नहीं गई। उपन्यास का नायक मन्ने एक दुर्बल चरित्र है। जीवन में उसने जो संघर्ष किए, वे आरोपित हैं, उसके व्यक्तित्व का जो विकास चित्रित भी है, उसके लिए फ्लैश बैक तथा आत्म-निरीक्षणात्मक पद्धति का अवलम्ब लिया गया है।

मुन्नी उपन्यास का प्रमुख राजनीतिक पात्र है और करीब तीन चौथाई स्थान घेरने के बाद उपन्यास मुन्नी के इस कथन के साथ राजनीतिक धरातल पर प्रवेश करता है।

"दो बार सत्याग्रह करके जेल गए। तीसरी बार बयालीस में पकड़ लिए गए और पाँच साल की सजा हो गई। अब की जेल में खूब जमकर पढ़ाई हुई है। तीन पुराने क्रांतिकारी भी हमारी जेल में थे।...और अब मैं कम्युनिस्ट होकर जेल से निकला हूँ।" कम्युनिस्ट हो जाने के कारण वह बयालीस की क्रांति में पाँच साल की सजा काटने

पर भी बयालीस की क्रांति नहीं मानता।

"कांग्रेस का इस समय मंत्रिमंडल...कल देश स्वतंत्र होता है, तो कांग्रेस की हुकूमत होगी, लेकिन कम्युनिस्ट...अभी इनको कितनी गालियाँ मिल रही हैं, इन्हें बयालीस का गद्दार कहा जाता है, 'भारत छोड़ो आंदोलन' की पीठ पर छुरा घोंपने वाला कहा जाता है। क्या थे, मुट्ठीभर कम्युनिस्ट इन क्रांतिकारियों के साथ होते, तो यह क्रांति सफल हो जाती ? झूठी बात है ? न तो यह कोई क्रांति थी, न इसके पीछे कोई क्रांतिकारी संगठन था, न इसे सफल होना था। यह तो सिर्फ गुस्से का उबाल था।"[44] वह स्वयं से तर्क भी करता। "फिर अगर यह कांग्रेस चालित क्रांतिकारी आंदोलन था, तो गांधी जी ने इस क्रांतिकारी आंदोलन की जिम्मेदारी से अपने को बरी करने की क्यों घोषणा की और इसके सारे परिणामों का उत्तरदायित्व सरकार पर ही क्यों मढ़ दिया ?"[45] "और फिर जेल से छूटते ही नेहरू ने इस आन्दोलन की सारी जिम्मेदारी अपने ऊपर ओढ़ ली ? और तो और थे सुभाष बोस भी नेता जी हो गए।"[46] "आजाद हिन्द फौज लेकर वे भारत से अंग्रेज को खदेड़ने के लिए चले थे। क्या अजब बात है कि जिन्होंने गलती की, वे देश के सिरमौर बने हुए हैं और जिन्होंने सही नीति बरती उन्हें गद्दार कहा जाता है।"[47]

मुन्नी का यह मानसिक परिवर्तन साम्यवादी दल की रीति-नीति के अनुरूप ही है और मन्ने भी उसकी दलीलों से प्रभावित हो कम्युनिस्ट की कल्पना करने लगता है। "मुन्नी कदाचित् कम्युनिस्ट पार्टी की सही नीति को समझकर ही उसमें शामिल हुआ है, वर्ना वह जेल तो एक कांग्रेसी हैसियत से गया था। जाने कितने कैदी मुन्नी की तरह कम्युनिस्ट होकर जेल से निकले होंगे। हमारे देश में कम्युनिस्ट आ जाए तो कितना अच्छा हो।"[48]

स्वाधीन भारत में कांग्रेस और उनके कार्यों की आलोचना ही उपन्यास का ध्येय बन जाता है। जमींदारी-उन्मूलन और परिणामस्वरूप गठित पंचायती राज्य की कल्पना मन्ने की दृष्टि में यों है—"मेरे देखने में तो गाँवों में कांग्रेस को संगठित करने और उसकी शक्ति बढ़ाने की यह योजना है।" जलेसर भी यही कहता है—"यह कांग्रेसियों की कौम बड़ी बद हो गई है। हुकूमत की बू आ गई है, इन लोगन में। इसी कारण जनताँ की स्थिति में कोई परिवर्तन नहीं आता।"

सती मैया के चौरे के पास जुब्ली नाम के पात्र की जमीन का एक टुकड़ा रहता है, जिसे वह रहमान को बेच देता है। रहमान उस जगह अपना घर बना लेता है। परिणाम यह निकलता है कि जनसंघ के लोग उस मकान को तोड़कर सती मैया के चौरे की सीमा वहाँ तक बढ़ा देते हैं। फिर पूरी जनसंघ मंडली धर्म की दुहाई देते हुए उस सीमा की रक्षा के लिए पूरे प्राण-पण से जुट जाती है। एक द्वंद्व शुरू होता है। प्रगतिशील जनवादी शक्ति को नीचा दिखाने के लिए प्रतिक्रियावादी शक्ति को अधिक सफलता मिलने की उम्मीद थी। परंतु ऐसा नहीं होता। गाँव में वर्ग चेतना का विकास हो जाता है और लोगबाग यह समझने लगे थे कि—"वह जमाना लद गया, बाबू जब आप लोग धरम के नाम पर हम लोगों को बेवकूफ बनाते थे। अब हम लोग जानने लगे हैं कि कौन हमारा दोस्त है और कौन दुश्मन।"[49] अंततः रहमान की जीत होती है और प्रतिक्रियावादी शक्तियों की पराजय होती है। मुन्नी मन्ने से कहता है—"चेतना की एक

साधारण-सी कि ण का यह प्रभाव है कि आज हिन्दू-मुस्लिम समस्या का यह मसला अब हल होने के रास्ते पर आ गया है? ...हमारा गाँव आँखें खोल चुका है। स्कूल...पंचा त...कोऑपरेटिव...फारम... ग्राम उद्योग...हर मंजिल पर जिंदगी सँवरती जाएगी। संघर्ष स धारण नहीं, लेकिन फिर हमारी जीत निश्चित है।"[50]

उपर्युक्त विवेचन से यह स्पष्ट हो जाता है कि सती मैया का चौरा में लगभग एक सदी के सामाजिक, राजनीतिक, आर्थिक इतिहास को दृष्टि में रखकर प्रगतिवादी दृष्टि से उपन्यासकार ने उसकी व्याख्या और विश्लेषण करने का प्रयत्न किया है। द्वंद्वात्मक भौतिकवादी दृष्टिकोण एवं रूस तथा चीन जैसे साम्यवाद की ओर अग्रसर देशों को राज्य व्यवस्थाओं एवं सामाजिक मूल्यों के प्रति इस उपन्यास में अगाध आस्था और विश्वास दिखाई देता है। परंतु भीष्म साहनी के साथ ऐसा नहीं है। भीष्म साहनी सूत्रबद्ध लेखक नहीं हैं। उन्होंने किसी भी सिद्धांत को एक बने-बनाए साँचे में फिट करने की कभी कोशिश नहीं की। भीष्म साहनी मार्क्सवादी हैं। उनका मार्क्सवाद उनकी रचनाओं में उसी तरह प्रवाहित होता रहता है जिस तरह रगों में रक्त। भैरवप्रसाद गुप्त के साथ यह बात दिखाई नहीं देती। भैरवप्रसाद गुप्त लिखते-लिखते आक्रामक हो उठते हैं। उनका मार्क्सवाद चीखता है—जैसे, मुन्नी कहता है—"भारत में इंसानों की शक्ति सोई पड़ी है और इसे जगाने के लिए रूसी और चीनी नेताओं की तरह के आदमी की जरूरत है। हमारे यहाँ के सफेदपोश नेताओं और अफसरों को प्रलय तक इसकी समझ न आएगी।"[51]

भीष्म साहनी मानवीय संवेदना और जीवन की आस्था के रचनाकार हैं और इस अर्थ में वे छद्म संवेदना और छद्म आस्था के विरोधी हैं। लेकिन उनका विरोध अराजक किस्म का नहीं है, बल्कि सामाजिक परिवेश के रूप में सामने आता है। यह बात उनके पात्रों के मानसिक अंतर्द्वन्द्व के रूप में सामने आती है। तमस के हरनाम सिंह के साथ रमजान की यही मानवीय संवेदना है—"दो-तीन बार रमजान ने कुल्हाड़ी उठाने की कोशिश की, पर कुल्हाड़ी हाथ में रहते भी उसे उठा नहीं पाया। काफिर को मारना और बात है, अपने घर के अंदर जान-पहचान के पनाहगीज को मारना, दूसरी बात। उसका खून करना पहाड़ की चोटी पार करने से भी ज्यादा कठिन हो रहा था। मजहबी जुनून और नफरत के इस माहौल में एक पतली-सी लकीर कहीं पर अभी भी खिंची थी, जिसे पार करना बहुत ही मुश्किल था। उसे रमजान भी नहीं पार कर पा रहा था।"[52] कुंतो उपन्यास में क्रांतिकारी हीरालाल कहता है—"ओ बख्शी जी ! वे तो हमें शहर में भी भून सकते हैं, भून डालेंगे। हम तो फकत अपनी आवाज उठा सकते हैं। क्यों हम अपनी आवाज भी न उठाएँ ?"[53]

भैरवप्रसाद गुप्त की तरह भीष्म साहनी ने भी अपने उपन्यास साहित्य में राजनीतिक पार्टियों की चर्चा की है। दोनों की विषयवस्तु लगभग एक जैसी होते हुए भी परिवेश में अंतर है। दोनों ने समाजवादी यथार्थ के धरातल पर रचना की है। गुप्त जी ने बहुत मोटे-मोटे पृष्ठों का उपन्यास रचा है। संभवतः इसी कारण कहा गया है कि सती मैया का चौरा एक ओर तो राजनीतिक पार्टियों का विचित्र इतिहास है, दूसरी ओर दो पीढ़ियों के बीच का संघर्ष। परंपरा और पीढ़ियों के

संघर्ष की अभिव्यक्ति वही लेखक कर सकता है, जिसकी चेतना में पीढ़ीगत बोध हो। टी.एस. ईलियट के अनुसार यह पीढ़ीगत बोध ही किसी लेखक की महानता की कसौटी होता है। सती मैया के चौरा में इसका अभाव है।"[54] फिर भी गुप्त जी में पीढ़ीगत बोध अवश्य है और अपने समय के एक सशक्त हस्ताक्षर भी हैं।

फणीश्वरनाथ रेणु और भीष्म साहनी

हिंदी साहित्य में आंचलिक उपन्यास नवीन धारा का प्रवर्तन करते हैं। आचार्य श्री नन्ददुलारे वाजपेयी के अनुसार यह धारा प्राचीन विषयवस्तु और लेखन-प्रक्रिया की ही प्रतिक्रिया है। धीरे-धीरे इस नव्य उपन्यास विधा में लोक रंग गहराने लगता है। वैयक्तिक चेतना के विरोध में सामाजिक चेतना की विजय-वैजयन्ती फहराने लगती है। पश्चिम में आंचलिक उपन्यासों का रचना काल 18वीं शताब्दी के आस-पास माना जाता है। मेरिया एजवर्थ, सर बाल्टर स्काट और टामस हार्डी के उपन्यासों से वहाँ आंचलिकता का बीजारोपण होता है। अमेरिका में भी मार्क्ट्वेन और अर्नेस्ट हिमिंग्वे ने उपन्यासों के कथा-क्षेत्र में आंचलिक प्रयोग किए हैं। अंग्रेजी उपन्यासकार टामस हार्डी ने अपने उपन्यासों में 'वेसेक्स' नामक भू-खंड को प्रधानता दी है।

हिंदी में आंचलिक उपन्यासों का समारम्भ वस्तुतः सन् 1950 के पश्चात् ही माना जाना चाहिए। यद्यपि आंचलिकता का अंकुरण तो बहुत पहले ही हो चुका था तथापि उसका पल्लवन अब होने लगा है। श्री वृंदावनलाल वर्मा ने 'झाँसी की रानी लक्ष्मीबाई' और 'मृगनयनी', उदयशंकर भट्ट ने 'सागर, लहरें और मनुष्य' अमृतलाल नागर ने 'बूँद और समुद्र', श्री देवेन्द्र सत्यार्थी ने 'ब्रह्मपुत्र', नागार्जुन ने 'बलचनमा', 'नयी पौध', 'बाबा बटेसरनाथ', 'वरुण के बेटे' और 'दुखमोचन', श्री शिवप्रसाद मिश्र 'रुद्र' ने 'बहती गंगा', भैरवप्रसाद गुप्त ने 'सती मैया का चौरा', राजेन्द्र अवस्थी 'तृषित' ने 'सूरज किरण की छाँव' और 'जंगल के फूल' आदि उपन्यास लिखकर इस आंचलिक धारा को प्रवर्तित किया है।

हिंदी के आंचलिक उपन्यासों की इस संक्षिप्त विकास-परंपरा में फणीश्वरनाथ रेणु बिहार के पूर्णिया जिले के सर्वोत्तम प्रवक्ता बनकर अवतरित हुए। इससे पूर्व वृंदावनलाल वर्मा ने बुन्देलखंड, उदयशंकर भट्ट ने बंबई के एक उपनगर वरसाका, अमृतलाल नागर ने लखनऊ चौक, देवेन्द्र सत्यार्थी ने आसाम, नागार्जुन ने मिथिला, शिवप्रसाद 'रुद्र' ने काशी और राजेन्द्र अवस्थी 'तृषित' ने बस्तर के जन जीवन को धूप-छाँही रंगों में चित्रित किया है। रेणु जी ने अपने आंचलिक उपन्यासों में बिहार के जाने-पहचाने भूखंडों की रीति-नीति, कला-संस्कृति आदि को वहीं की आंचलिक भाषा में उजागर किया है।

भीष्म साहनी और फणीश्वरनाथ रेणु में जो एक मौलिक अंतर नजर आता है, वह स्थान विशेष का है। रेणु जी की कथा-भूमि गाँव है जबकि भीष्म जी की कस्बा और शहरी भूमि है। दोनों किस हद तक एक-दूसरे के करीब हैं, यह जानने के लिए पहले रेणु के उपन्यास साहित्य का अध्ययन आवश्यक प्रतीत होता है।

रेणु के उपन्यास, 'मैला आँचल', 'परती परिकथा', 'जुलूस दीर्घतमा' और 'कितने चौराहे' में मैला आँचल, और परती परिकथा बहु चर्चित उपन्यासों की श्रेणी में गिना

जाता है।

(1) मैला आँचल : मैला आँचल उपन्यास में बिहार प्रदेश के पूर्णिया जिले में मेरीगंज नामक गाँव की व्यथा-कथा का चित्रण है। रेणु जी इस उपन्यास की भूमिका में घोषित करते हैं—"इस (उपन्यास) में फूल भी, शूल भी है। गुलाब भी, कीचड़ भी है। चंदन भी, सुंदरता भी है, कुरूपता भी—मैं किसी में से भी दामन बचाकर निकल नहीं पाया।" तत्पश्चात् रेणु जी ने पूर्णिया जिले के संबंध में स्वयं उपन्यासकार की आत्म-स्वीकृति की है कि—"मैंने इसके एक ही गाँव को पिछड़े गाँवों का प्रतीक मानकर इस उपन्यास का कथा क्षेत्र बनाया है।" वही ग्राम-वासिनी भारतमाता का खेतों में फैला हुआ धूल भरा सा मैला आँचल है। यह कवि पंत की एक पंक्ति भी है। मैला आँचल का शाब्दिक अर्थ है गंदा आँचल। लाक्षणिक अर्थ है, मैला प्रांत का प्रदेश। मैला इसलिए कि यह प्रांत अनेकानेक दृष्टि बिंदुओं से अन्य प्रांतों की अपेक्षा अधिक पिछड़ा हुआ है। शायद इसीलिए इस उपन्यास का एक पात्र डॉ. प्रशांत कहता है—"मैं फिर काम करूँगा यहीं इसी गाँव में। आँसू से भीगी हुई धरती पर प्यार के पौधे लहलहाएँगे। मैं साधना करूँगा, ग्रामवासिनी भारतमाता के मैले आँचल तले। कम से कम एक गाँव के कुछ प्राणियों के मुरझाए होंठों पर मुस्कराहट लौटा सकूँ। उनके हृदय में आशा और विश्वास को प्रतिष्ठित कर सकूँ।"[55]

क्योंकि रेणु जी का विश्वास है, "कम से कम मिट्टी को पहचानना।...मिट्टी और मनुष्य से गहरी मोहब्बत है। छोटी बात नहीं।"[56] तथा "मिट्टी और मनुष्य से इतनी गहरी मुहब्बत किसी लेबोरेटरी में नहीं बनती।"[57]

इसी संदर्भ में डॉ. देवीशंकर अवस्थी ने एक जगह लिखा है कि "मिट्टी और मनुष्य से मुहब्बत की गंध से न केवल लेखक स्वयं उन्मत हुआ है, अपितु वह औरों को भी उससे उन्मत करने में सफल हो सका।"[58] इतना ही नहीं, 'मैला आँचल' ने बीच में पड़े हुए पत्थर को हटाकर और झाड़-झंखड़ों को तोड़कर एक नया मार्ग प्रशस्त किया है।[59]

अतः 'मैला आँचल' के सभी पात्र इस मैले आँचल की गंदगी को दूर करने में प्रयत्नशील हैं, क्योंकि वे यह अनुभव करते हैं—"धरती-माता अभी स्वर्णांचला है। गेहूँ की सुनहली बालियों से भरे हुए खेतों में पुरवैया हवा लहरें पैदा करती है। सारे गाँव के लोग खेती में हैं। मानों सोने की नदी में, कमरभर सुनहले पानी में सारे गाँव के लोग क्रीड़ा कर रहे हैं। सुनहली लहरें।"[60]

'विवेक के रंग' में डॉ. अवस्थी ने लिखा है कि मैला आँचल उत्तर भारत के प्रत्येक उस मैले आँचल का चित्र है "जो सदियों से सोते-सोते जाग कर अँगड़ाई ले रहा है।"[61] उस अंचल विशेष के जन जीवन को सूक्ष्मता से परख कर एवं अपनी तूलिका से स्थानीय रंग भर कर उन्होंने ऐसा वर्णन किया है कि मिथिला की मिट्टी बोल उठी है, वहाँ का लोक-जीवन मुखर हो उठा है।[62] पात्र घटनाएँ तथा समस्त गाँव इस बात के प्रयत्न में पूर्णतया लीन दिखाई देते हैं कि इसके मैले को दूर कर इसको एक आदर्श गाँव के रूप में प्रदर्शित किया जा सके। परिणामस्वरूप भिन्न-भिन्न सेंटरों का खुलना तथा अस्तपाल का बनना और गाँव में युग चेतना का प्रवेश सभी कुछ ही इस मैल को दूर करने के लिए ही आते हैं। महेन्द्र चतुर्वेदी ने हिंदी उपन्यास—एक सर्वेक्षण

में मैला आँचल के संदर्भ में लिखा है, "लेखक ने साधारण को असाधारण के धरातल तक उठाने की अपेक्षा साधारणता की ही महत्ता स्वीकार की है और उसे दीप्ति से मंडित किया है।"[63]

अतः पात्र घटनाएँ, ग्राम आदि सभी के अनुसार मैला आँचल नाम पूर्णतया उचित बन पड़ा है। मैला आँचल रेणु की प्रखर शैली का द्योतक है। वह उनकी तरुणाई का प्रतीक उपन्यास माना जाता है। जिस प्रकार डॉ. हजारी प्रसाद द्विवेदी का प्रथम उपन्यास बाणभट्ट की आत्मकथा सर्वोत्तम उदाहरण माना जाता है उसी प्रकार मैला आँचल रेणु के आंचलिक व्यक्तित्व का परिचायक कहा जा सकता है। इस उपन्यास को पढ़ने से केवल मैला आँचल शब्द की सार्थकता ही व्यक्त नहीं होती, अपितु उनकी संपूर्ण उपन्यास कला का व्यक्तित्व प्रतिबिबिंत होता है और मैला आँचल ने उन्हें विशेष प्रशस्ति दी है। मैला आँचल नायक विहीन उपन्यास है। भीष्म साहनी का उपन्यास तमस भी मैला आँचल के समान नायक विहीन उपन्यास है। मैला आँचल में मेरीगंज गाँव नायक की शक्ल धारण करता है, जबकि तमस में आजादी के ठीक पहले का पंजाब अपनी संपूर्णता के साथ नायकत्व के रूप में मुखरित होता है। मैला आँचल और तमस कई दृष्टियों में समान विचारधारा वाले उपन्यास हैं। उदाहरणस्वरूप हम देखें तो पाते हैं कि मैला आँचल में ब्राह्मण तीन जातियों राजपूत, कायस्थ और यादवों को आपस में लड़ाकर अपने स्वार्थ की रोटी सेंकते हैं। जबकि तमस में अंग्रेजी हुकूमत का शासक रिचर्ड हिन्दू-मुस्लिम को लड़ाकर अपना स्वार्थ सिद्ध करता है। दृष्टांत द्रष्टव्य है।

अब गाँव में तीन प्रमुख दल हैं—कायस्थ, राजपूत, यादव। ब्राह्मण लोग अभी भी तृतीय शक्ति हैं। गाँव के अन्य शक्तिशाली लोग सुविधानुसार इन्हीं तीनों में बँटे हुए हैं। ब्राह्मणों की संख्या कम है, इसलिए वे हमेशा तीसरी शक्ति का कर्तव्य पूरा करते हैं। इसी तरह गांधीवादी बलदेव कहता है—"वह अपने गाँव में रहेगा, अपने समाज में, अपनी जाति में रहेगा। जाति बहुत बड़ी चीज है। जाति की बात ऐसी है कि अब बड़े से बड़े लीडर अपनी-अपनी जाति की पार्टी में हैं। यह तो राजनीति है।"[64]

तमस में रिचर्ड और लीजा के संवाद से मैला आँचल के उपर्युक्त संवाद एक जैसी दृष्टि की पूर्ति करते हैं। यथा—"बहुत चालाक नहीं बनो रिचर्ड। मैं सब जानती हूँ। देश के नाम पर ये लोग तुम्हारे साथ लड़ते हैं और धर्म के नाम पर तुम इन्हें आपस में लड़ाते हो। क्यों ठीक है, न ?[65]...तुम इन्हें लड़ने से रोक भी तो सकते हो। आखिर हैं तो ये एक ही जाति के लोग।"[66]

रिचर्ड को अपनी पत्नी का भोलापन प्यारा लगा। उसने झुककर लीजा का गाल चूम लिया। फिर बोला—"डार्लिंग, हुकूमत करनेवाले यह नहीं देखते कि प्रजा में कौन-सी समानता पाई जाती है, उसकी दिलचस्पी तो यह देखने में होती है कि वे किन-किन बातों में एक-दूसरे से अलग हैं।"[67]

मैला आँचल में सामाजिक समस्या के तहत नारी की समस्या, ग्राम समस्या, सामंतीय संस्कार, राजनीतिक समस्याओं के तहत चुनाव नीति, दलबंदी, पूँजीवाद और आर्थिक समस्याओं के सभी पहलू उभर कर सामने आए हैं। भीष्म जी ने भी लगभग-लगभग इन्हीं समस्याओं को अपने सारे उपन्यासों में उभारा है। मैला आँचल में रेणु जी ने नारी समस्या को बड़ी गंभीरता से लिया है। एक जगह लिखते हैं, "जब

जिसका मन हुआ किसी की रखेलिन बन गई, रंडी बन गई ? खेल है ?"[68] "यही नहीं"लड़की की जाति, बिना दवा-दारू के ही आरंभ हो जाता है।"[69] ऐसा समझा जाता है कि लड़की की बीमारी में एक पैसा भी खर्च नहीं होता। नारी मात्र मनोरंजन का साधन है, इसके अलावा उसे और कुछ नहीं समझा जाता। पवित्र स्थानों पर भी दशा बड़ी हेय समझी जाती है। मठ के स्वामी का कथन है–"लक्ष्मी का बाप जिस मठ का सेवक था, वह मेरीगंज के अधीन है, इसलिए लक्ष्मी पर मेरा अधिकार है।"

भीष्म जी इसी समस्या को बसंती उपन्यास में उठाते हैं। बसंती को दीनू, बरडू के हाथ तीन सौ रुपये में बेचकर अपने गाँव चला जाता है। एक बार पुनः जब बसंती उसके पास अपने बेटे पप्पू को लेकर वापस लौट जाती है, उस वक्त दीनू उससे स्वार्थ सिद्ध करता है, उसके बाद उसे छोड़ देता है। नरेटर के रूप में उपन्यासकार ने लिखा है–"व्यवहार में उसे किसी कोमल भावना का, किसी आत्मीयता या अपनेपन का भास मिला हो, ऐसा नहीं था। दीनू तब भी इसका शरीर ही चिंचोड़ता था।"[70] वह जब भी मना करती तो वह तमक कर बोलता, "एक झापड़ दूँगा। तुझे लाया किसलिए हूँ।"[71]

रेणु जी भी मार्क्स से काफी प्रभावित थे। कालीचरण समाजवादी चेतना से अनुप्राणित पात्र है और पुलिस के आतंक से त्रस्त हो डाकू बन जाने को विवश हो जाता है। एक अन्य पात्र चिनगारी के संपादक हैं, जो लक्ष्मी के आतिथ्य से प्रभावित हो मार्क्सवाद का दर्शन उसमें भी पा जाते हैं। वे उस पर मुक्त छंद की रचना करते हैं।

"ओ महान् सतगुरु की सेविका
गायिका पवित्र धर्मग्रंथ की
ओ महान् मार्क्स के दर्शन की दर्शिका
सुदर्शन, प्रियदर्शिनी ?
तुम स्वयं द्वंद्वयुक्त भौतिकवाद की सिन्थसिस हो।"

गांधी हत्याकांड की सामयिक राजनीति को चित्रित करते समय रेणु जी ने जनसंघ की गतिविधियों को भी नहीं भूला है। संघ के काली टोपीवाले संयोजक हिन्दुत्ववादी राष्ट्रीयता का प्रचार करते हुए यहाँ भी मिल जाते हैं। भीष्म जी तमस में भी मास्टर देवव्रत के माध्यम से जनसंघ की गतिविधियों को संचालित कराते हैं।

(2) परती परिकथा : रेणु के दूसरे बहु-चर्चित आंचलिक उपन्यास 'परती परिकथा' को हम स्थूल रूप से पुनर्निर्माण का उपन्यास भी कह सकते हैं। मैला आँचल के समान ही प्रस्तुत उपन्यास में भी राजनीतिक स्वर आंचलिकता में ही खोकर रह गए हैं। इसमें परानपुर नामक गाँव को आधार बनाकर सन् 1955 के आस-पास के वर्षों में हो रहे विकास कार्यों के यथार्थ परिवेश में संक्रमणयुगीन भारतीय ग्रामों और उनकी समस्याओं को देखने का प्रयास है। परानपुर तीन ओर से परती जमीन से घिरा है और राजनीतिक कुचक्रों से विक्षुब्ध जितेन गाँव लौटकर धूसर, बीरान, अंतर को योजनाबद्ध ढंग से बदलने का प्रयास करता है। इसी प्रसंग में लेखक विभिन्न ग्राम-सुधार एवं विकास योजनाएँ जमींदारी-उन्मूलन, लैण्ड सर्वे आपरेशन, कोसी-योजना आदि सामयिक घटनाओं से परिचित कराता चलता है।

जितेन के पिता जमींदार होने के कारण सामंतवाद के आधार स्तम्भ थे और

उनके समय की परिस्थिति का चित्रण कर सामंतवादी अनाचार और अत्याचार का विस्तृत चित्रण किया गया है। जितेन जब गाँव लौटता है, तब जमींदारी उन्मूलन योजना कार्यान्वित होती है और उसके परिणामस्वरूप जमींदार और किसान सभी की जमीन हड़पने का क्रम प्रारंभ होता है, जिसमें ग्राम का वातावरण अशांत हो उठता है। इस अवसर का लाभ उठाने के ध्येय से राजनीतिक दल क्रियाशील हैं और अनेक ग्रामनेता विभिन्न स्वार्थों से प्रेरित हो जनता के नेतृत्व का दावा करते हैं।

इसके साथ ही योजनाओं के प्रति ग्रामीणों की उपेक्षा, किसानों और भूमिहीनों के पारस्परिक विरोध, राजनीतिक पार्टियों के दाँव-पेंच के अनेक रंग-बिरंगे चित्र लेखक की रिपोताज शैली में सजीव हो उठते हैं। ये राजनीतिक हलचलें आर्थिक, सामाजिक एवं नैतिक समस्याओं के अंशरूप में हैं, अतः अपना विशिष्ट स्थान नहीं बना सकी हैं।

सच तो यह है कि 'परती परिकथा' में कथा तथा नायक को विशेष महत्त्व मिला ही नहीं है। जितेन और ताजयनी उल्लेखनीय पात्र होने पर भी नायक और नायिका की कोटि में नहीं रखे जा सकते। क्योंकि वे फल के उपभोक्ता नहीं दिखाई देते। हरिजन शिक्षिका मलारी तथा भूमिहार सुबंशलाल में प्रणय-व्यापार सामाजिक विद्रोह का प्रतीक होते हुए भी समय की पुकार का एक अंग है। इस स्वच्छंद प्रेम को समयानुसार बताने की दृष्टि से ही कांग्रेसी मंत्री द्वारा घोषणा कराई गई है कि हरिजन बाला से जो सवर्ण जातीय युवक वैवाहिक संबंध करेगा, उसे शासकीय छात्रवृत्ति प्रदान की जाएगी। वस्तुतः यह कांग्रेस के हरिजनोद्धार का ही एक सक्रिय एवं सामयिक उदाहरण है। परती परिकथा में भी कई पाटियाँ हैं। कांग्रेस पार्टी, भूदानवालों की पार्टी, कम्युनिस्ट पार्टी इत्यादि। इन पार्टियों का भी आपस में मतभेद है। भीष्म जी के तमस में भी यही स्थिति है। वहाँ भी कई पार्टियाँ हैं। कांग्रेस, जनसंघ, कम्युनिस्ट और मुस्लिम लीग। परती परिकथा में एक पार्टीवाला कहता है—"सोशलिस्ट और कम्युनिस्ट जिनकी मदद करेंगे, उन्हें जमीन हरगिज नहीं मिल सकती, ब्रह्मा-विष्णु भी उठकर आवें तब भी नहीं। इसमें बहुत बड़ा रहस्य है।"[72] तमस में एक आदमी कहता है—"कांग्रेस हिंदुओं की जमात है। इसके साथ मुसलमानों का कोई वास्ता नहीं है।"[73] पार्टी मतभेद हर जगह है।

विशिष्टताएँ : रेणु के आंचलिक उपन्यासों में बोध-प्रवाह, शैली में ग्रामीण सामाजिक जीवन का जो यथार्थ एवं निरपेक्ष चित्रण मिलता है, वह हिंदी उपन्यास साहित्य में अद्वितीय है। ग्राम विशेष के माध्यम से भारतीय ग्रामों को उनके निवासियों की सत् और असत् प्रवृत्तियों का ऐसा सूक्ष्म आकलन अन्य उपन्यासों में देखने को नहीं मिलता। भीष्म जी के कथा विन्यास का वातावरण कस्बाई या शहरी होते हुए भी पात्रों का परिवेश ग्रामीणों जैसा ही है। विशेष रूप में बसंती और तमस में ऐसे पात्र आए हैं। भीष्म जी की शैली में भी रेणु जी की ही तरह सामाजिक, राजनीतिक और आर्थिक जीवन का यथार्थ और निरपेक्ष सूक्ष्म चित्रण मिलता है। दोनों ने उन पात्रों को छुआ है, जो समाज में उपेक्षित जिंदगी जीने के लिए विवश हैं। उन कुरीतियों को उठाया है और उनके परिमार्जन के लिए संघर्ष किया है, जिन्हें समाज में गलत मान्यता प्राप्त थी। भीष्म की बसंती जैसी पात्र तो शायद ही हिंदी साहित्य में कोई दूसरी इतनी जुझारू, निर्भीक, अल्हड़ और बड़ी-से-बड़ी मुसीबतों को हँसकर झेल जानेवाली नारी हो। रेणु की

औपन्यासिक कला में यथार्थ का जीता-जागता चित्रण है। अनेक राजनीतिक प्रसंग एवं पात्र सजीव हो उठे हैं। इनके उपन्यासों में नवीनता है परंतु आंतरिक द्वंद्व इतना अस्पष्ट है कि व्यक्तित्व का चित्रण पाठक के समक्ष धुँधला सा दिखाई देता है। यह उपन्यासकार की कमजोरी कही जाएगी। उपन्यासकार का आंचलिकता के प्रति अधिक आग्रह होने के कारण वह तटस्थ नहीं रह पाया है।

संदर्भ

1. वी. अफानाशेव : मार्क्सिस्ट फिलासफी, पृ. 353; 2. योजना : जनवरी 29, 1961, पृ. 58; 3. डॉ. प्रतापनारायण टंडन : हिंदी उपन्यास कला, पृ. 350; 4. दादा कामरेड, पृ. 32; 5. डॉ. सुदर्शन मल्होत्रा, यशपाल के उपन्यासों का मूल्यांकन, पृ. 25; 6. सुरेशचन्द्र तिवारी : यशपाल और हिन्दी कथा साहित्य, पृ. 58; 7. झूठा-सच : पहला भाग, पृ. 40; 8. झूठा-सच : पहला भाग, पृ. 85; 9-11. झूठा-सच, पृ. 325, 401-402, 531; 12. झूठा-सच, पृ. 709; 13. मार्क्सवाद, पृ. 69; 14-15. हिन्दी उपन्यास : एक सर्वेक्षण : महेन्द्र चतुर्वेदी, पृ. 151; 16. हिन्दी उपन्यास का परिचयात्मक इतिहास : डॉ. प्रतापनारायण टंडन, पृ. 440; 17. हिन्दी उपन्यास : एक सर्वेक्षण : महेन्द्र चतुर्वेदी, पृ. 152; 18. महाकाल : अमृतलाल नागर, पृ. 163; 19. हिन्दी उपन्यास : शिवनारायण श्रीवास्तव, पृ. 375; 20. महाकाल : अमृतलाल नागर, पृ. 217; 21. विषादमठ : रांगेय राघव, पृ. 5-6 (भूमिका से), 22. मैयादास की माड़ी, पृ. 206, 207; 23. महेन्द्र चतुर्वेदी : हिंदी उपन्यास : एक सर्वेक्षण, पृ. 152; 24-27. बूँद और समुद्र : अमृतलाल नागर, पृ. 604, 606, 314; 28. महेन्द्र चतुर्वेदी : हिंदी उपन्यास : एक सर्वेक्षण, पृ. 154; 29. महेन्द्र चतुर्वेदी : हिंदी उपन्यास : एक सर्वेक्षण, पृ. 155; 30. अमृतलाल नागर : सुहाग के नूपुर, पृ. 504; 31-32. अमृतलाल नागर : सुहाग के नूपुर, पृ. 36, 59; 33. अमृतलाल नागर : सुहाग के नूपुर, पृ. 83; 34. महेन्द्र चतुर्वेदी : हिंदी उपन्यास : एक सर्वेक्षण, पृ. 155; 35. अमृतलाल नागर : सुहाग के नूपुर, पृ. 245; 36-37. अँधेरे बंद कमरे की भूमिका : मोहन राकेश, पृ. 176; 38. अँधेरे बंद कमरे, पृ. 46; 39. अँधेरे बंद कमरे, पृ. 235; 40. अँधेरे बंद कमरे, पृ. 164; 41. कड़ियाँ, पृ. 51; 42-43. गंगा मैया, पृ. 61, 141; 44-48. सती मैया का चौरा : भैरव प्रसाद गुप्त, पृ. 522, 524, 526, 527, 528; 49-51. सती मैया का चौरा, पृ. 663, 718, 601; 52. तमस. पृ. 197; 53. कुंतो, पृ. 267; 54. डॉ. त्रिभुवन सिंह : हिंदी उपन्यास और यथार्थवाद, पृ. 470; 55-57. मैला आँचल, पृ. 407, 401, 405; 58-59. विवेक के रंग : डॉ. देवीशंकर अवस्थी, पृ. 211, 215; 60. मैला आँचल, पृ. 181, 61. विवेक के रंग : डॉ. देवीशंकर अवस्थी, पृ. 208; 62. हिन्दी उपन्यास : शिवनारायण श्रीवास्तव, पृ. 556; 63. महेन्द्र चतुर्वेदी : हिन्दी उपन्यास : एक सर्वेक्षण, पृ. 210; 64. मैला आँचल, पृ. 396; 65-66. तमस, पृ. 45; 67. तमस, पृ. 45; 68-69. मैला आँचल, पृ. 306, 184; 70-71. बंसती, पृ. 132, 76; 72. परती परिकथा, पृ. 35; 73. तमस, पृ. 31।

अष्टम अध्याय

भीष्म साहनी का उपन्यासकार के रूप में योगदान

हिंदी उपन्यास साहित्य के उद्भव और विकास पर अगर ध्यान आकृष्ट किया जाए तो यह चर्चा काफी लंबी हो जाएगी जो विषयेतर होगी। परंतु भीष्म साहनी का योगदान एक उपन्यासकार के रूप में निर्धारित करने के लिए उपन्यास साहित्य के इतिहास में समय-समय पर जो नये परिवर्तन व प्रयोग हुए हैं, उनकी अति संक्षिप्त चर्चा प्रासंगिक प्रतीत होती है। अगर इस विषय पर चर्चा न की गई तो भीष्म जी किस परंपरा को आगे बढ़ाते हैं, निर्धारित कर पाना काफी दुष्कर कार्य होगा।

साहित्य संबंधी धारणाएँ और प्रवृत्तियाँ न तो एकाएक विकसित होती हैं और न परिवर्तित होती हैं, बल्कि वह साहित्य की युग चेतना, दायित्व और मूल्यों की एक लंबी परंपरा का प्रतिफल होती है जो ऐतिहासिक गति में अपना नया संस्कार करती रहती है। कुछ लेखक व साहित्यकार इन धारणाओं में या प्रवृत्तियों से अलग रहने की बात करते हैं। जबकि सच्चाई कुछ और है। समय-समय पर हमारे समाज व देश में जो परिवर्तन होते आए हैं, उनका प्रभाव प्रत्येक व्यक्ति पर पड़ा है। इस संदर्भ में मोहन राकेश जी का कथन द्रष्टव्य है–"आज की दुनिया में दो विचारधाराओं का स्पष्ट द्वंद्व चल रहा है और लेखक तो क्या कोई भी व्यक्ति इस द्वंद्व से अछूता नहीं रह सकता। जो प्रत्यक्ष रूप से इस द्वंद्व से अलग रहने की बात करते हैं, परोक्ष रूप से वे भी उस द्वंद्व से प्रभावित होकर ही चलते हैं। जो लोग यह कहते हैं कि लेखक का किसी एक विचारधारा के साथ संबंध रखना पूर्वाग्रह है, उसे तो क्षण-प्रतिक्षण अनुभूतियों को ज्यों का त्यों व्यक्त कर देना चाहिए, शायद लेखक को चेतन जीव न समझकर आटोमेटिक मशीन समझते हैं, जिसका जो बटन दब जाय वह उसी के अनुसार संख्या छाप देती है।"[1]

वर्तमान हिंदी साहित्य की यूँ तो कई प्रवृत्तियाँ हैं, परंतु प्रमुख रूप से तीन ही प्रवृत्तियाँ मानी जाती हैं। आदर्शवाद, यथार्थवाद और प्रयोगवाद। आदर्शवाद साहित्य की सबसे प्राचीन प्रवृत्ति है। यह प्रवृत्ति सामाजिक लोक-मंगल के प्रयोजन पर आधारित है। जिसमें व्यक्ति के जीवन की समस्याओं का चित्रण व्यक्ति में किसी व्यापक सामाजिक आदर्श की प्रतिष्ठा के निमित्त किया जाता है। यह आदर्श बहुधा प्राचीन परंपरा का आदर्श होता है, जो स्वांतत्र्योत्तर साहित्य के पूर्व साहित्य में दिखाई देता है। प्रयोगवादी प्रवृत्ति का प्रादुर्भाव स्वतंत्रता के पूर्व ही हो चुका था। परंतु यह अपनी विशिष्टताओं

के साथ स्वाधीनता के बाद ही विकसित हुआ है। इस प्रवृत्ति का प्रादुर्भाव अभिव्यक्ति के ढंग में नूतनता लाने का आग्रह का परिणाम है। परंपरागत रूप विधानों को छोड़कर शैली-शिल्प और रूप-विधान में नये-नये प्रयोग करना ही इसकी विशेषता है। इस प्रवृत्ति का प्रादुर्भाव यद्यपि काव्य क्षेत्र में हुआ था, लेकिन धीरे-धीरे साहित्य की सभी विधाओं पर उसके प्रभाव का विस्तार होता गया है और आज यह वर्तमान हिंदी साहित्य की एक प्रमुख प्रवृत्ति हो गई है। जिससे नये-पुराने सभी साहित्यकार प्रभावित हुए हैं और सभी की रचनाओं में शैली-शिल्प तथा भाषा के नये प्रयोगों का आग्रह किसी न किसी हद तक दिखाई देता है। प्रयोगवाद के संबंध में अज्ञेय ने लिखा है—"काव्य के प्रति एक अन्वेषी का दृष्टिकोण उन्हें समानता के सूत्र में बाँधता है।...बल्कि उनके तो एकत्र होने का कारण ही यह है कि वे किसी एक स्कूल के नहीं हैं, किसी एक मंजिल पर पहुँचे हुए नहीं हैं। अभी राही हैं, राहों के अन्वेषी हैं।"[2]

यथार्थवाद वर्तमान काल में साहित्य की सबसे अधिक व्यापक प्रवृत्ति है। यद्यपि यथार्थवाद के संबंध में कई प्रकार की भ्रांतियाँ हैं, जिसके संबंध में यहाँ चर्चा करना उपयुक्त न होगा। परंतु यथार्थवाद विशुद्ध रूप से जीवन के सत्य को देखने की एक वैज्ञानिक प्रक्रिया है, जिसमें जीवन को 'था, है और होगा' की समन्वित संपूर्णता में देखा जाता है। जीवन अपनी इन तीन स्थितियों की द्वंद्वात्मक अन्विति में विषम परिस्थितियों से संघर्ष करता हुआ विकास करता है। यथार्थवाद के संबंध में डॉ. त्रिभुवनसिंह ने लिखा है—कविता यथार्थवाद की उपेक्षा कर सकती है, संगीत यथार्थ को छोड़कर भी जा सकता है, पर उपन्यास और कहानी के लिए यथार्थ प्राण है।"[3] जब बात विचार या जीवन दर्शन की आती है तो प्रगतिवाद या मार्क्सवादी जीवन-दर्शन यथार्थवाद प्रवृत्ति के अंतर्गत ही मान्य दर्शन हैं, जो जीवन और जगत् की द्वंद्वात्मक प्रगति में जीवन की प्रगति चेतना को लेकर स्वाधीनता से पूर्व ही जन्मा था और स्वाधीनता प्राप्ति के समय तक यह जीवन-दर्शन हिंदी साहित्य के एक व्यापक फलक के रूप से स्वीकृत दर्शन हो गया। जिसके सबसे बड़े पोषक प्रेमचंद हुए। स्वातंत्र्योत्तर साहित्य में जिन्होंने इस परंपरा का निर्वाह किया है, उनमें से प्रमुख हैं, राहुल सांकृत्यायन, यशपाल, फणीश्वरनाथ रेणु, मोहन राकेश, राजेन्द्र यादव, अमृतलाल नागर, भैरवप्रसाद गुप्त, नागार्जुन, डॉ. रांगेय राघव, अमृतराय, भीष्म साहनी, कमलेश्वर, श्रीलाल शुक्ल और विष्णु प्रभाकर आदि। जिनका साहित्य पूरी तरह से मार्क्सवादी जीवन-दर्शन से प्रभावित है। उसी परंपरा का निर्वाह भीष्म साहनी भी करते हैं।

यद्यपि भीष्म साहनी का साहित्य पहले तो प्रेमचंद के करीब से गुजरता है, उसके बाद यशपाल के निकट आकर उनके समानांतर चलने लगता है। भीष्म साहनी जैसे समर्थ साहित्यकार ने हिंदी साहित्य के क्षेत्र में पदार्पण कर न केवल अपनी बहुमुखी प्रतिभा का परिचय दिया, बल्कि उनका आगमन हिंदी साहित्य के लिए नवीन दिशा ज्ञान का द्योतक है। देश की आजादी के लिए प्रत्यक्ष अथवा अप्रत्यक्ष संघर्षरत भीष्म जी के बँटवारे के बाद एक लंबी यात्रा करते हुए जब दिल्ली में पैर रुके तो साहित्य मंदिर के आलोकित द्वार पर बैठकर साधना आरंभ कर दी। साहित्य युग का प्रतिबिंब होता है। किसी भी भाषा के साहित्य से उस देश की प्रवृत्तियाँ, परिस्थितियाँ तथा मान्यताएँ सहज ही जानी जा सकती हैं। भीष्म जी का साहित्य, साहित्यकार के मन का वह दर्पण है,

जिसमें उसके सभी सिद्धांत और मान्यताएँ, उसकी आशाएँ, आकांक्षाएँ सहज ही प्रतिबिंबित हो उठी हैं।

भीष्म साहनी का कलाकार जिस दृष्टिकोण से जीवन, समाज और उनके विभिन्न अंगों-प्रत्यंगों को देखता है और उन्हें उसी रूप में जनता के समक्ष प्रस्तुत करता है। भीष्म जी के अपने सिद्धांत और मान्यताएँ हैं, वे समाज में क्रांति लाकर इसे नवीन रूप देना चाहते हैं।

दरअसल रचनाकार का दृष्टिकोण उसकी विचारधारा से बनता है। क्योंकि वैचारिक घटक-रचना-प्रक्रिया का एक अभिन्न अंग है। विचारधारा ही रचनाकार को वह व्यापक दृष्टिकोण प्रदान करती है, जिसके माध्यम से वह यथार्थ को उसकी समस्त संगतियों-विसंगतियों सहित समझने में सफल होता है। "भीष्म साहनी विचारों से मार्क्सवादी हैं, परंतु रचना और विचारधारा के अंतःसंबंधों को लेकर उनके यहाँ कोई परेशानी नहीं है। इसका कारण यह है कि विचारधारा उनके जीवन में पूरी तरह से रच-बस गई है। यही कारण है कि उनके यहाँ कोई वैचारिकी स्खलन नहीं है, आरोपण नहीं है, धारणात्मक इरादे नहीं हैं, यदि हैं तो यथार्थ का एक संपूर्ण और संश्लिष्ट बोध, जिसे वे बिना किसी आवेश या उतावलेपन के एक मानवीय संस्पर्श तथा प्रामाणिकता के साथ रचना-प्रक्रिया में ढाल देते हैं।"[4] भीष्म साहनी के संदर्भ में जोगेन्द्र सिंह वर्मा का यह कथन काफी सार्थक और सटीक प्रतीत होता है।

प्रेमचंद साहित्य को मनबहलाव या मनोरंजन का साधन नहीं मानते हैं इसके पूर्व जिस साहित्य की रचना हुई थी, उसका उद्देश्य केवल मनोरंजन था, पर प्रेमचंद इस दृष्टिकोण के समर्थक हैं कि—"आज साहित्यकार को जीवन में साहित्य रचना करना होगा। आज हमारी साहित्यिक रुचि बड़ी तेजी से बदल रही है। अब साहित्य केवल मनबहलाव की चीज नहीं है। मनोरंजन के सिवा उसका और भी कुछ उद्देश्य है⋯अब वह स्फूर्ति या प्रेरणा के लिए अद्‌भुत आश्चर्यजनक घटनाएँ नहीं ढूँढ़ता और न अनुप्रास का अन्वेषण करता है। किंतु उसे उन प्रश्नों से दिलचस्पी है जिससे समाज या व्यक्ति प्रभावित होते हैं। उसकी उत्कृष्टता की वर्तमान कसौटी अनुभूति वह तीव्रता है, जिससे हमारे भावों और विचारों में गति पैदा करता है।"[5]

भीष्म साहनी प्रगतिशील लेखक हैं, यह तो विचारधारा से ही स्पष्ट हो चुका है। उनकी रचनाओं में प्रेमचंद और यशपाल की तरह ही सामाजिक चेतना का यथार्थवादी विकास मिलता है। यद्यपि भीष्म साहनी प्रेमचंद के संतुलित जीवन दर्शन को ग्रहण करते हैं, जबकि यशपाल की दृष्टि अधिक तीक्ष्ण है। बल्कि यह कहना ज्यादा उचित होगा कि भीष्म साहनी का जीवन दर्शन प्रेमचंद और यशपाल के बीच का है। तीक्ष्ण और व्यंग्यात्मक होते हुए भी संतुलित दृष्टि है। भीष्म साहनी अपनी मान्यताओं को व्यक्त करने में कतई नहीं हिचकिचाते। इसकी वजह यही हो सकती है कि उन्हें अपनी मान्यताओं में दृढ़ विश्वास है। प्रगतिवादी साहित्य पर अक्सर यह आरोप लगाया जाता है कि मतवादी संकीर्णता और प्रचार की भावना से इस साहित्य को सस्ता बना दिया है। इन आलोचकों का कथन है कि वास्तव में अपने मूल रूप में जीवन का एक दृष्टिकोण होते हुए भी व्यावहारिक रूप में प्रगतिवादी एक विशेष राजनीतिक विचारधारा का ही रूप है जो बलपूर्वक साहित्य द्वारा अपनी प्रत्याभिव्यक्ति

चाहता है। इसलिए प्रायः उसमें वही सामाजिक उत्साह और प्रचार की भावना मिलती है, जो सम्प्रदायों में सर्वत्र मिलती है। परंतु ये सारी बातें अन्य प्रगतिवादी लेखकों के साथ लागू हो सकती हैं, किंतु भीष्म साहनी के साथ नहीं। भीष्म जी जिस विचारधारा के समर्थक हैं, वह तो शरीर में रक्त की तरह उनकी रचनाओं में रची-बसी है। भीष्म साहनी उपर्युक्त आलोचनाओं से बचे हुए हैं।

प्रेमचंद के बाद सामाजिक यथार्थ की तर्क-शक्ति को तोड़ने का प्रयास अज्ञेय, इलाचन्द्र जोशी और जैनेन्द्र आदि ने किया और हिंदी कथा को व्यक्ति मनोविज्ञान का विषय बना दिया। जबकि रेणु, नागार्जुन, यशपाल, भैरवप्रसाद गुप्त और अमृतलाल नागर आदि ने कथा की लोकधर्मिता को और उसकी जनवादी सृजन-धर्मिता को क्षीण नहीं होने दिया। "भीष्म साहनी हिंदी कथा की प्रगतिशील परंपरा के शक्तिशाली हस्ताक्षर हैं। इनके कथा मानस पर प्रेमचंद और यशपाल की गहरी छाप है। परिवेश की समग्रता में वस्तु और पात्र के अंतःसंबंधों को किस तरह खोला जाए तथा इन संबंधों में जनता के मुक्ति-कामी संघर्षों को कैसे प्रतिपादित किया जाय, यह शिल्प भीष्म जी को प्रेमचंद के निकट पहुँचा देता है। यद्यपि भीष्म साहनी ने प्रेमचंद के ग्रामीण वस्तु को नहीं पकड़ा फिर भी उनका मुहावरा प्रेमचंद से मिलता-जुलता है। वस्तु-परिप्रेक्ष्य और घटना दृष्टांतों की दृष्टि से भीष्म साहनी यशपाल के निकट दिखाई देते हैं।"[6]

भीष्म साहनी ने जिन छः उपन्यासों को लिखा है, उन प्रत्येक उपन्यासों में नये-नये पात्रों की सृष्टि अलग-अलग परिवेश में एक समाजवादी वैज्ञानिक दृष्टि से की है। भीष्म साहनी ने समाजवादी, यथार्थवाद के नाम पर न तो उसके चुने हुए कुत्सित और बीभत्स रूपों का चित्रण किया है, और न ही सतही यथार्थ के अंकन में ही अपने कर्तव्य की इतिश्री मानी है, बल्कि यथार्थ को उन्होंने एक व्यापक परिप्रेक्ष्य में और एक स्वस्थ एवं तटस्थ दृष्टिकोण से प्रस्तुत किया है। भीष्म साहनी के साहित्य में सामाजिक यथार्थ सिर्फ उतना ही नहीं आया है, जितना समाज की सतह पर उतरी हुई समस्याओं के रूप में सामने आता है, बल्कि उसका वह संघर्ष कहीं अधिक सामाजिक सत्य के रूप में उभरा है, जो सतह के नीचे की गहराई में ह्रासोन्मुख और प्रगतिशील शक्तियों के बीच अनवरत रूप से जारी रहता है। भीष्म साहनी अपनी कथावस्तु का चयन बड़े धीरज से करते हैं। लेकिन सिर्फ कथावस्तु की ही बात नहीं है, बल्कि भीष्म जी अपनी कथावस्तु के लिए जीवन और उसमें बिखरे पात्रों के निकट भी जाते हैं। इस कच्चे माल को कलात्मक कृति के रूप में प्रस्तुत करने के लिए, भीष्म जी भारी जीवटता के साथ अपनी सोच, समझ व दृष्टि के अनुरूप आकार प्रदान करते हैं।

भीष्म साहनी की एक और विशेषता है उनकी अद्‌भुत निरीक्षण शक्ति। इस मामले में उनमें अद्‌भुत जागरूकता भी है। भीष्म जी जिन पात्रों की चरित्र सृष्टि करते हैं, उन चरित्रों की संपूर्ण संरचना, उसका ढाँचा, उसकी हड्डियाँ, मांस-मज्जा, उसकी शिराएँ, उसका सोच, समझ, मानसिकता और संस्कार मानस पटल पर उभर आता है। भीष्म साहनी ने जिन विशिष्ट पात्रों की संरचना की है, वे निम्नानुसार हैं।

झरोखे का बालक और तुलसी, बसंती उपन्यास की नायिका बसंती, बुलाकीराम और दीनू, तमस का नत्थू, जनरैल, हरनामसिंह, मीरदाद, रणवीर, देवदत्त, देवव्रत, शाहनवाज, रघुनाथ, रिचर्ड, सोहनसिंह, रमजान, तेजासिंह, बख्शीजी, राजो, बंतो, अकरा,

प्रकाशो और लीजा। कड़ियाँ उपन्यास का महेन्द्र, नाटा, सुषमा और प्रमिला। मैयादास की माड़ी का दीवान मैयादास, दीवान धनपत, मलिक मंसाराम, रुक्मणी, कल्ले, मझला, हुकूमतराय, पुरोहित रामदास, बीरांवली, भागसुद्धी और राजा अमीरचंद आदि। जबकि कुंतो उपन्यास में प्रोफेस्साब, धनराज, जयदेव, कुंतो, सुषमा और गिरीश आदि। भीष्म जी के इन पात्रों में तुलसी, बसंती, नत्थू, हरनामसिंह, देवदत्त, रुक्मणी, प्रमिला, कुंतो और सुषमा हारे हुए पात्र होते हुए भी अमर हो गए हैं। इनका निरंतर संघर्ष, इन्हें ऊर्जावान बना देता है। ये पात्र किसी भी स्थिति में अपनी जीवटता और जीवंतता बनाए रहते हैं। ये टूटते नहीं, बल्कि जैसे-जैसे संघर्ष बढ़ता जाता है, इनकी क्षमता, साहस और धैर्य की कसौटी में निरंतर खरी उतरती जाती है।

समाजवादी लेखकों के उपन्यासों में प्राप्त यथार्थ का अध्ययन करने पर यह भी स्पष्ट हो जाता है कि उनके यथार्थ-चित्रण में एक गहराई है। वर्ग-विश्लेषण और सामाजिक अन्तर्विरोधों की वैज्ञानिक समझ उसके पीछे है। यही कारण है कि भीष्म साहनी जैसे लेखक अपने उपन्यासों में आज के जटिल जीवन यथार्थ के अनेक नये-नये आयामों का उद्घाटन करते हुए उसका रागात्मक स्वरूप चित्रित करने में, समर्थ हुए हैं। भीष्म जी ने झरोखे उपन्यास में एक मध्यवर्गीय परिवार के सदस्यों एवं उस परिवार से जुड़े पात्रों का विश्लेषण मनोवैज्ञानिक तरीके से किया है। भीष्म जी के उपन्यासों की पृथक्-पृथक् चर्चा करने की अपेक्षा उनके द्वारा अपने उपन्यासों में किन-किन बिंदुओं को या समस्याओं को उठाया है, की चर्चा करनी उपयुक्त प्रतीत होती है।

हिंदी के समाजवादी उपन्यासों के संदर्भ में एन. रवीन्द्र नाथ ने लिखा है—"द्वंद्वात्मक जीवन-विकास के विश्लेषण के संदर्भ में मार्क्सवाद से प्रभावित उपन्यासकारों ने उभरती हुई सामाजिक शक्ति के संघर्ष और आस्था पर बल देने के लिए सामाजिक विसंगतियों का पर्दाफाश भी किया है। इन्होंने सामंत, जमींदार, पूँजीपति, महंत मठाधीश जैसे शोषक वर्गों की कुटिल शोषण-नीतियों का तथा उनसे परिपीड़ित भारतीय ग्रामीण जनता के यथार्थ चित्र प्रस्तुत किए हैं। एक ओर राहुल सांकृत्यायन का जीने के लिए डॉ. रांगेय राघव का विषादमठ, अमृतलाल नागर का महाकाल आदि उपन्यास पूर्व भारत की शोषक-शक्तियों और उनके निर्मम अत्याचारों पर प्रकाश डालते हैं, तो दूसरी ओर अमृतराय का बीज, भैरवप्रसाद गुप्त का सती मैया का चौरा आदि उपन्यास स्वातंत्र्योत्तर भारत के सामंती जीवन की आड़ में छिपे अनाचार और बर्बरता को खोलकर दिखा देते हैं। "समाजवादी शोषणमूलक सामाजिक व्यवस्था के अस्तित्व का कारण ढूँढ़ते हुए इस निर्णय पर पहुँचे कि शोषण-प्रक्रिया के मूल में है—जनता का अज्ञान और संगठन का अभाव। इसलिए उन्होंने शोषित वर्ग के सामने संगठन और संघर्ष का आदर्श रखा।"[7]

भीष्म जी ने जिन समस्याओं को उठाया है, वे निम्नानुसार हैं :

(1) अशिक्षा—परिणाम और निदान।

(2) प्रेम—वैध और अवैध, यौन कुंठा।

(3) नारी की असहाय स्थिति।

(4) साम्प्रदायिकता—एक विकार।

(5) ऐतिहासिक परिप्रेक्ष्य में—राष्ट्रीय स्वाधीनता बनते-बिगड़ते चेहरे और स्वयं

की भूमिका की तलाश।

(6) पारंपरिक मूल्यों और आधुनिक विचारों के बीच द्वंद्व—मानवीय मूल्यों का ह्रास।

(7) शोषक, शोषित, समाज और व्यवस्था।

(8) जनसंख्या-विस्फोट—एक इशारा।

साहनी जी ने अपने उपन्यासों में उपर्युक्त समस्याओं को बड़ी कुशलता से उठाया है। जहाँ उन्होंने महसूस किया है कि इस समस्या का निदान आवश्यक है, वहाँ उन्होंने उसके निदान के लिए रास्ता सुझाया है या इशारा करके चुप हो गए हैं। जहाँ भीष्म जी ने यह समझा है कि सिर्फ पाठक को सच्चाई का आभास कराना है, वहाँ भीष्म जी ने यथार्थ का सहारा लेकर उस स्थिति को अपनी कलाभिव्यक्ति देकर उसके स्वरूप को निखार दिया है।

1. अशिक्षा—परिणाम और निदान

भीष्म साहनी ऐसे पहले लेखक नजर आते हैं, जिन्होंने शिक्षा के महत्त्व को अपने पहले उपन्यास झरोखे में रेखांकित किया है। झरोखे का तुलसी गाँव का सीधा-सादा युवक था। चालाकी, धूर्तता और छद्म संस्कारों से दूर वह एक सामान्य स्तर का चरित्र है, जो अपनी जिंदगी के तमाम वर्ष एक ही ढर्रे में गुजारता है। विवेक-बुद्धि में कमजोर तुलसी परिश्रम करने में अकूत क्षमता रखता है। लाला जी का परिवार आर्य समाजी है। घर में संध्यावंदन और संस्कार निर्माण का वातावरण तुलसी को प्रभावित करता है। तुलसी उस संगत में श्लोक पढ़ना और बोलना सीख जाता है। धीरे-धीरे उसका मन पढ़ाई में इतना रम जाता है कि वह काम से समय निकालकर पढ़ने बैठ जाया करता। भीष्म जी यहाँ पर एक साथ दो बातों की ओर इशारा करते हैं। पहली बात, तुलसी दुनिया की हवा से प्रभावित नहीं है, फिर भी वर्ग-भेद को अच्छी तरह से पहचानता है। दूसरी तरफ उच्चवर्गीय मानसिकता की कलई खोलने से भी नहीं चूकते। इस वर्ग की धारणा है कि अगर तुलसी जैसा पात्र पढ़ जाएगा तो उसकी जिंदगी बर्बाद हो जाएगी। क्योंकि तुलसी अगर पढ़ लेगा तो अपने पिछड़ेपन के कारण को पहचान लेगा, अपना वर्ग-शत्रु पहचान लेगा। उस समय वह बार-बार अपना अपमान बर्दाश्त नहीं करेगा, बल्कि उसके विरोध में तन कर खड़ा हो जाएगा। ''पढ़-लिख जाएगा तो क्या करेगा, क्या बैंक मैनेजर बन जाएगा ? यह बर्तन ही माँजेगा और क्या करेगा ? इसे जैसा है वैसा ही रहने दो। क्यों इसकी जिंदगी बर्बाद करते हो।''[8] डॉ. वीरेन्द्र मोहन का कथन इस संदर्भ में द्रष्टव्य है—''यह है वर्गीय मानसिकता। इसलिए जब तुलसी का बोध जाग्रत हो जाता है तो उच्च वर्ग उसके प्रति करुणा या सहानुभूति से कुछ नहीं करता। क्योंकि इस वर्ग की करुणा और सहानुभूति भी छद्म होती है। स्वार्थ के लिए, श्यामा बीबी की तरह। तुलसी आर्य समाज औषधालय, बैंक सब जगह भटकता है, नियतिवाद को ढोते हुए लेकिन उसे कहीं भी उचित मुआवजा नहीं मिलता। इसलिए वह औषधालय और बैंक के अनेक परिवारों का बोझा न ढोकर पुनः पुराने एक परिवार में आ जाता है।''[9] तुलसी शुरू से ही पढ़ा-लिखा होता तो शायद इस नियति को प्राप्त न होता।

इसी समस्या को भीष्म जी ने मैयादास की माड़ी में भी उठाया है। मैयादास की

माड़ी के वानप्रस्थी की बेटी सुमित्रा का पति सिर्फ इसलिए मर जाता है कि उसकी बीमारी की सूचना जिन पत्रों में आती है, सुमित्रा अशिक्षित होने की वजह से नहीं पढ़ पाती। जब उसका पिता वानप्रस्थी घर लौटकर आता है तो वह दुखी मन से कहती है—"मैंने भी दो अक्षर पढ़ लिए होते तो क्या मालूम वह बच ही जाते।"[10] सुमित्रा जब मृत्यु के आगोश में थी तो वानप्रस्थी मन ही मन प्रतिज्ञा करता है—"जो काम करने लगा हूँ, उससे मेरी बेटी तो नहीं पढ़ पाएगी, पर किसी की बेटी तो पढ़ेगी, किसी लड़की की तो भलाई होगी, मेरी मेहनत किसी के तो काम आएगी।"[11] और वानप्रस्थी लाख विरोधों के बावजूद स्कूल चलाता है।

भीष्म साहनी शिक्षा के प्रति बहुत सजग प्रहरी की तरह दिखाई देते हैं। सुमित्रा के पति की मृत्यु फिर सुमित्रा की मृत्यु इस बात की परिचायक बन जाती है कि अशिक्षा भी किसी महामारी से कम नहीं है। इसकी आड़ में कितने लोग घर से बेघर हो गए हैं, कभी उन्हें भाग्य के नाम पर छला गया है तो कभी किसी नाम पर। निश्चित रूप से भीष्म इस समस्या को वैज्ञानिक तरीके से सुलझाते हैं। यहाँ पर डॉ. रामविलास शर्मा का कथन महत्त्वपूर्ण प्रतीत होता है—"प्रगतिशील साहित्य से मतलब उस साहित्य से है जो समाज को आगे बढ़ाता है, मनुष्य के विकास में सहायक होता है।"[12] भीष्म जी एक विशेष दिशा में आगे बढ़ना ही प्रगति नहीं मानते, बल्कि मनुष्य के चतुर्दिक् विकास में विश्वास रखते हैं।

2. प्रेम—वैध और अवैध, यौन कुंठा

अनेक उपन्यासकारों ने प्रेम की परिकल्पना संबंधी दृष्टिकोण को भी अपनाकर नारी पात्रों की परिकल्पना की है। मानव जीवन में प्रेम का प्रमुख स्थान होता है। बिना प्रेम के जीवन एक प्रकार से शुष्क मरुस्थल के समान होता है। परंतु वही श्रेष्ठ माना गया है, जो व्यक्ति के अंदर छिपे हुए देवत्व का विकास कर उसे मानवता के उच्चासन पर बिठा दे। जो प्रेम विपरीत दिशा में ले जाए उसका कोई महत्त्व नहीं होता। समाजवादी उपन्यासों में भी प्रेम-तत्त्व का गंभीर प्रभाव मिलता है। सामाजिक स्थितियों और आर्थिक संघर्षों के भँवर-जाल में फँसे प्रेम को समाजवादी उपन्यास साहित्य में व्यापक सहानुभूति मिली है। समाजवादी लेखकों ने प्रेम की नाव को जीवन की सहज धारा में प्रवाहित किया है तथा प्रेम के सहज स्वाभाविक आधार पर ही जीवन-निर्माण के सत्य को उद्बोधित किया है। वे उसी प्रेम के पक्षपाती रहे हैं जो जीवन का विकास करे। प्रेम के क्षेत्र में पुरुष और नारी की स्वतंत्रता का समर्थन करते हुए समाजवादी उपन्यासकारों ने प्रेम को भी अन्य जीवन-तत्त्वों के समान ही द्वंद्वात्मक माना और उसे अंततः जीवन की सिद्धि का प्रेरक सोपान स्वीकार किया है।"[13]

भीष्म साहनी के प्रायः सभी उपन्यासों में प्रेम-तत्त्व की सृष्टि हुई है। प्रेम अपने विभिन्न रूपों में प्रकट हुआ है। प्रेमी-प्रेमिका, पति-पत्नी और पति, प्रेमिका और पत्नी के बीच त्रिकोणीय प्रेम का संचार भी हुआ है। कड़ियाँ उपन्यास का महेन्द्र एक तरफ अपनी पत्नी प्रमिला को भी प्यार करना चाहता है और प्रेमिका सुषमा को भी। परंतु एक पत्नी के होते हुए हमारे सामाजिक और पारंपरिक मूल्य इस तरह के प्रेम को प्रश्रय नहीं देते। महेन्द्र का प्यार विपरीत दिशा में अग्रसित होता है। जिसका परिणाम यह होता

है कि ना तो वह प्रमिला का हो पाता और ना ही सुषमा का। भीष्म साहनी का मानना है कि प्रेम में वासना का होना स्वाभाविक है, परंतु प्रेम वासना तक ही सीमित रह जाए, इस बात के घोर विरोधी दिखाई पड़ते हैं। तमस उपन्यास की प्रकाशो का अपहरण नाजायज होते हुए भी भीष्म जी अल्लारक्खा द्वारा भले ही एकतरफा शादी करा कर उसे अनैतिक के ऊपर नैतिक कार्य की मोहर लगा देते हैं। "प्रेमचंद भी नारियों के आदर्श प्रेम में विश्वास रखते थे। विवाह के पूर्व शारीरिक संबंध स्थापित होना, अथवा अन्य घृणित कार्यों को परंपरा के विरुद्ध मानते थे। उन्होंने जितने भी नारीपात्र प्रेमिका के रूप में चित्रित किए हैं, उन सभी में आदर्श प्रेम ही दिखाई पड़ता है। वे कभी अपने कर्तव्य पथ से च्युत नहीं होतीं, और अपनी आत्मा का हनन कर आत्म-प्रवंचना का शिकार नहीं होतीं। चाहे वह रंगभूमि की सोफिया हो, या गोदान की मालती या वरदान की विरजन। सभी में प्रेम का उच्च रूप मिलता है।"[14] भीष्म साहनी के नारी पात्रों में (विशेषतया उपन्यासों में) ऐसा चरित्र बसंती, उपन्यास की बसंती में दिखाई देता है या कुंतो उपन्यास की सुषमा में नजर आता है। बसंती, दीनू के करीब होते हुए भी तब तक उसे अपने शरीर में हाथ नहीं लगाने देती, जब तक दीनू के साथ वह ब्याह नहीं कर लेती। कुंतो की सुषमा में, सुषमा यद्यपि जयदेव की मौसेरी बहन थी, फिर भी लेखक ने दोनों के बीच जिस तरह की प्रेम सृष्टि की है, उससे दोनों का स्वरूप प्रेमी और प्रेमिका के रूप में उभरा है। भीष्म जी ने यहाँ पर बड़ी सतर्कता से काम किया है। जहाँ उन्होंने जयदेव को उच्छृंखल होने से बचाया, वहीं सुषमा के कौमार्य की भी रक्षा की। सुषमा, गिरीश से शादी के पहले तक जयदेव के प्रति पूरी निष्ठा के साथ समर्पित रहती है। सुषमा का प्रेम इतना पवित्र रहता है कि वह पुरुष के सामीप्य के अर्थ से भी अनभिज्ञ रहती है। जयदेव उसे जिज्ञासु बनाने की चेष्टा करता भी है, परंतु सुषमा पर इसका असर नहीं पड़ता। यह भी नहीं कहा जा सकता कि जयदेव का प्यार वासनात्मक था। लेकिन शादी के बाद जयदेव भले ही सुषमा के प्रति झुका रहा, किंतु सुषमा ने अपनी सीमा रेखा पहचान ली थी। उसके बाद उसका सब कुछ गिरीश हो गया था। यह है लेखकीय दायित्व जिसका भीष्म जी ने ईमानदारी से निर्वाह किया है।

यौन कुंठा के संदर्भ में यशपाल और भीष्म साहनी भिन्न मत रखते हैं। यशपाल खुले यौनाचार के प्रबल समर्थक हैं, इस संबंध में उनके अपने तर्क हैं। परंतु भीष्म साहनी यशपाल की तरह खुले यौनाचार के समर्थक नहीं हैं। भीष्म साहनी की अपनी सीमा है। यद्यपि उन्होंने भी इसे बंधनमुक्त स्वीकार किया है और झरोखे में इस पीड़ा को स्वयं जिया भी है। झरोखे में प्रवृत्ति दमन और व्यक्तित्व दमन का चित्रांकन कर वीर्यपात और स्वप्नदोष से आतंकित होकर तरुण किस तरह अपने यथार्थ विकास से विमुख हो जाते हैं, जिसका परिणाम यह होता है कि वे किताबों से औरत के चित्र फाड़ने लगते हैं। इस जीवन निषेध की भीष्म जी कटु आलोचना करते हैं। परंतु यशपाल का हरीश नारी के संपूर्ण सौंदर्य के नग्न-सौंदर्य को देखना चाहता है, जिसे शैल उसकी यह इच्छा भी पूर्ण कर देती है। भीष्म जी के पात्रों में दीवान धनपत जो एक रखैल का बेटा था और रखैल को रख भी लिया था, ऐसी अमर्यादित हरकत नहीं करता। जबकि अपनी आदतों से वह सनकी दीवान के रूप में विख्यात रहा है।

डॉ. रामविलास शर्मा ने यशपाल के देशद्रोही पर शरतचन्द्र का प्रभाव दिखाते हुए

यशपाल के दृष्टिकोण की आलोचना की है। "खन्ना को काँपते देख नूरन शिथिल हो पीछे हट गई। डाँटकर उसने कहा—उठा ले जा गठरी क्या देखता है ? गठरी ले जाते डॉक्टर की कमर पर आ पड़ी नूरन की लात। जिसने उसे जल्दी बाहर ढकेल दिया। इसके बाद जब नूरन डॉक्टर को देखती है तो थूक देती है और कहती है···नामर्द।"[15] स्तालिनग्राद में डॉ. खन्ना की मित्र और शिशुशाला की अध्यक्षा खातून को दिल डूबने की बीमारी थी। एकबार उसी का दौरा होने पर डॉक्टर उसके हृदय पर हाथ रख उसकी गति देखी और सो जाने की सलाह दी। इस स्थल पर खातून क्या उत्तर देती है। इस विषय में डॉ. रामविलास शर्मा का कथन है—"शरत के पाठक यहाँ समझ जाएँगे कि खातून क्या जवाब देगी। गृहदाग में अलचा जैसे सुरेश का हाथ अपने हृदय में दबा देती है, वैसे ही अपने हृदय पर रखा डॉक्टर का हाथ दबा खातून ने उसे उठने न दिया और कहा···नहीं तुम बैठो। औषध मैं बहुत दिन पी चुकी हूँ।"[16]

इस तरह का लेखन डॉ. रामविलास शर्मा की दृष्टि में सड़ी-गली साहित्यिकता से साहित्य के जल को गंदला करनेवाला है। उनका कथन उद्धृत है—"यशपाल के लिए सेक्स की तरफ मार्क्सवादी दृष्टिकोण क्या है, यह खुद मार्क्सवादियों के अमल से उन्होंने दिखा दिया। इस तरह का साहित्य जनता की सेवा किस तरह करता है और हमारी जातीय संस्कृति को किस तरह आगे विकसित करता है, यह बात हमारी समझ में नहीं आई। लेकिन इस दृष्टिकोण के लिए जहाँ यशपाल जिम्मेदार हैं, वहाँ उन आलोचकों की जिम्मेदारी भी कम नहीं जो उनके कथा साहित्य को प्रगतिशील का नमूना कह कर तारीफ करते रहे हैं।"[17] भीष्म साहनी भी कड़ियाँ उपन्यास में मानसिक कुंठाओं की प्रवृत्ति के प्रवाह में तो बहे, लेकिन जीवन के प्रति उनकी दृष्टि अन्ततः समाजवादी ही बनी नहीं रही। डॉ. रामविलास शर्मा का कथन मार्क्सवादी लेखकों के प्रति सटीक टिप्पणी है। दरअसल प्रेमचंदोत्तर-युग के मार्क्सवाद से प्रभावित उपन्यासकारों ने समाजवादी आदर्शों से परिपोषित काम, प्रेम एवं विवाह को भी द्वंद्वात्मक जीवन विकास में सहायक तत्त्व माना है। उनका यह विचार है कि यौन तृप्ति के प्रश्न को व्यक्ति की अपनी इच्छा के अनुसार सुलझाया जाना चाहिए। यही कारण है कि समाजवादी लेखकों के काम-संबंधी विचारों पर यह आक्षेप लगाया जाता है कि ये उच्छृंखलता और अराजकता के समर्थक हैं। भीष्म साहनी इस आरोप को स्वीकार करते हुए कुंतो उपन्यास में ऐसी प्रवृत्ति के विरोध में खड़े दिखाई देते हैं। अगर उनके समग्र उपन्यास साहित्य का सिंहावलोकन किया जाए तो कुंतो में उनकी दृष्टि स्पष्ट हो जाती है। जयदेव, कुंतो, सुषमा, गिरीश, धनराज, मोना डार्लिंग और थुलथुल के बीच खड़े प्रोफेस्साब के रूप में भीष्म साहनी ही हैं, जो जिंदगी के मध्यम मार्ग की शिक्षा देते हैं।

कुंतो में प्रोफेस्साब जैसे जीवन का निचोड़ समझा रहे हों। "इंसान जिस ओर अपनी वृत्तियों को मोड़े, वे मुड़ जाती हैं। मुख्य बात सही समझ की है, विवेक की, सही दृष्टि की। आकर्षण का होना तो स्वाभाविक है, परंतु आकर्षण पर अपना बस भी होना चाहिए। किसी की पत्नी सुंदर है, मैं उसके सौंदर्य की ओर खिंचा जाता हूँ, पर मैं बेलगाम होकर उसका पीछा नहीं कर सकता। मनुष्य की वृत्तियों के ऊपर उसका विवेक होता है, होना चाहिए। इसी को यूनानी दार्शनिकों ने मध्यम मार्ग कहा है। "दस फार एण्ड नो फर्दर। द गोल्डेन मीन।"[18] भीष्म साहनी ने यौन-आकर्षण को जीवन का

नहीं है। जिस प्रकार साम्यवाद समष्टि या समूह के हितों की चिंता और रक्षा करता है, व्यक्ति की नहीं, उसी प्रकार प्रगतिशील साहित्य समाज के सुख-दुख की अभिव्यक्ति को ही महत्त्व देता है। व्यक्ति के सुख-दुख की अभिव्यक्ति को नहीं। अर्थात् प्रगतिशील लेखक की भावना सामाजिक भावना है, व्यक्तिगत नहीं। वह सौंदर्य को अपने हृदय या दूसरे की आँखों में देखने की अपेक्षा सामाजिक स्वास्थ्य में देखता है।...दूसरे शब्दों में इस प्रकार प्रगतिशील साहित्य का उद्देश्य अहं का समाजीकरण है।''[28]

भीष्म जी ने तमस, मैयादास की माड़ी और कुंतो उपन्यास में राष्ट्रीय स्वाधीनता की जो समस्या उभारी है, उसे प्रगतिशील तरीके से सुलझाया भी है। तमस तो आजादी के मात्र पाँच दिन पूर्व की कथा है, जबकि मैयादास की माड़ी में सिक्ख अमलदारी के उखड़ते हुए पाँव और अंग्रेजी हुकूमत की बढ़ती शक्ति का चित्रण है और कुंतो में मुख्य कथा के साथ राष्ट्रीय आंदोलन की सहायक कथा कुछ चंद पात्रों के साथ चलती है। मैयादास की माड़ी में भीष्म जी ने ऐसे कई चेहरे उभारे हैं, जो उस शक्ति के विरोध में देश की खातिर अपने सिद्धांतों पर दृढ़ता से टिके हैं, जो जबकि कुछ टूटकर पाला बदल लेते हैं। इन दोनों के अलावा भी कुछ ऐसे हैं जो शुरू से इस बात को लेकर परेशान रहते हैं कि इस बदलते परिवेश में हमारी भूमिका क्या होगी। भले ही राजा अमीरचंद और मैयादास अस्तांचल के सूरज हों, लेकिन अपनी निष्ठा और स्वाधीनता के लिए भूलकर भी पाला नहीं बदलते। जबकि मलिक मंसाराम समय के साथ विदेशी सामानों का एजेंट बन जाता है। दीवान धनपत सिर्फ अपने स्वार्थ के लिए खालसा फौज के सेनापतियों की तरह शुरू से अंग्रेजों के हाथ मजबूत करता है। परंतु वहीं कुंतो का हीरालाल सब कुछ लुटाकर देश की आजादी प्राप्त करता है। वह साम्राज्यवादी ताकतों के सामने प्रताड़नाओं के बावजूद नहीं झुकता। इसी तरह विकट स्थितियों से घिरा मैयादास की माड़ी का लेखराज दीवान धनपत के सामने नहीं झुकता। अंततः उसे धनपत के इशारे पर अंग्रेजी हुकूमत लापता कर देती है।

डॉ. नामवर सिंह के अनुसार–''हिंदी में भीष्म साहनी की प्रतिष्ठा उनके उपन्यास तमस के कारण मिली और वह भी लगभग सातवें दशक के अंत में। कारण स्पष्ट ही इस उपन्यास की विषयवस्तु है। अर्थात् देश के विभाजन की त्रासदी। इसके पहले यशपाल का झूठा-सच जैसा विशाल उपन्यास छप चुका था। इसके बावजूद भीष्म जी ने तमस लिखना आवश्यक समझा, उसके द्वारा उनको ख्याति भी मिली। खासतौर से गोविंद निहलानी की फिल्म के बाद। तमस निश्चय ही देश के विभाजन पर लिखा हुआ एक महत्त्वपूर्ण उपन्यास है। किंतु मेरी नजर में वह न तो उनकी सर्वश्रेष्ठ कृति है और न ही देश के विभाजन पर लिखे हुए उर्दू-हिंदी के अन्य उपन्यासों में ही कोई विशिष्ट कृति। उदाहरण के लिए कुर्रतुल ऐन हैदर का 'आग का दरिया' और अब्दुल हुसैन का 'उदास नस्लें' यहाँ तक कि यशपाल का झूठा-सच उससे भी बेहतर उपन्यास है। मुझे तो भीष्म जी के उपन्यासों में मैयादास की माड़ी, नामक उपन्यास जो अभी ही छपा है, कई दृष्टियों से ज्यादा अच्छा लगा है।''[29]

राष्ट्रीय स्वाधीनता के नाम पर कितने लोगों ने अपने प्राणों की बलि चढ़ा दी फिर भी उन्हें कोई शिकायत नहीं रही। परंतु ऐसे लोगों की भी कमी नहीं थी, जिन्हें अपनी भूमिका को लेकर असमंजस की स्थिति का सामना करना पड़ा था। भीष्म जी

ने इन दोमुँहे चरित्रों का भी पर्दाफाश बड़ी कुशलता से किया है।

6. पारंपरिक मूल्यों और आधुनिक विचारों के बीच द्वंद्व– मानवीय मूल्यों का ह्रास

भीष्म साहनी ने अपने उपन्यासों में मूल्यों के बीच द्वंद्व की समस्या को कई स्थानों पर उठाया है। दरअसल भीष्म जी रूढ़िवादी परंपरावादी लेखक नहीं, बल्कि प्रगतिवादी लेखक हैं, और प्रगतिवादी लेखक प्राचीन परंपरागत मान्यताओं का तीव्र विरोध कर नवीन नैतिक मूल्यों तथा मान्यताओं की स्थापना करता है। उनका जीवन-दर्शन रूढ़ियों से चली आती हुई खोखली विचारधाराओं से नहीं बना, उसके पीछे विचार और अंतर्दृष्टि तथा अनुभव जैसे दृढ़ आधार हैं जो किसी प्रकार भी त्याज्य नहीं। भीष्म जी का विचार है कि मनुष्य व समाज अपने अनुभव से और परिस्थितियों के प्रभाव में अपने जीवन-निर्वाह के साधनों और व्यवस्था में परिवर्तन करता जाता है। समाज जिन जीवन-प्रणालियों और व्यवस्था के बीच से गुजरता है, उसकी विचारधारा भी वैसे ही हो जाती है। यशपाल के अनुसार–

"हमारे विचार, नैतिकता, मान्यताएँ अथवा आदर्श जीवन की प्रणाली का परिणाम ही होते हैं। हमारी मान्यताएँ अथवा हमारे आदर्श हमारे जीवन के क्रम और व्यवस्था को निश्चित नहीं करते, बल्कि जीवन के क्रम और व्यवस्था का परिणाम ही होते हैं। हमारी मान्यताएँ अथवा हमारे आदर्श हमारे जीवन के क्रम और व्यवस्था का परिणाम होते हैं, इसलिए मानव समाज अपनी विचारधारा और आदर्श को निश्चित करने में स्वतंत्र है। प्राचीन आदर्शों के प्रति मोह के कारण हम उनकी दुहाई तो देते रहते हैं, परंतु अपनी आवश्यकताओं के अनुसार आदर्शों को बदलते भी जाते हैं। प्राचीन काल का राजसत्ता का आदर्श, वर्ण-व्यवस्था का आदर्श, स्वामी-सेवक संबंध का आदर्श और सम्मिलित कुटुम्ब का आदर्श, आज हम निबाह नहीं सकते। उनका स्थान आज जनतंत्रवादी आर्थिक समता और स्त्री-पुरुष के समानाधिकार के आदर्शों ने ले लिया है।"[30] भीष्म जी ने बसंती उपन्यास की बसंती, झरोखे का तुलसी, तमस का जनरैल, सोहनसिंह, मीरदाद और देवदत्त, मैयादास की माड़ी का दीवान धनपत, हुकूमतराय, कुंतो का जयदेव, सुषमा, धनराज जैसे पात्रों को रूढ़ियों और परंपरागत मूल्यों के विरोध में खड़ा किया है। यद्यपि दीवान धनपत, हुकूमतराय और धनराज जैसे पात्र मानवीय मूल्यों की रक्षा भी नहीं कर पाते। इन सभी पात्रों में बसंती का अपना अलग चरित्र है। बसंती अपने पिता के विवाह की योजना को न केवल विफल कर देती है, बल्कि अपने ढंग से दीनू के साथ शादी भी करती है। एक परंपरा से चली आ रही बेटी को बेचनेवाली वैवाहिक पद्धति को जबरदस्त धक्का लगता है। इसी तरह दीवान धनपत भी पुरातन व्यवस्था को एक ही बार में नकार कर नयी व्यवस्था का सूत्रपात करता है। कहने का तात्पर्य यह हुआ कि भीष्म साहनी न तो पुरातन को पूरी तरह से नकारना चाहते हैं और न ही नूतन को पूरी तरह से आत्मसात करना चाहते। इसकी परिपुष्टि झरोखे के तुलसी से चलते-चलते, कुंतो के प्रोफेस्साब तक पूरी हो जाती है। जैसा कि भीष्म जी का पात्र प्रोफेस्साब कुंतो में माध्यम-मार्ग की बात को स्वीकार करता है।

7. शोषक, शोषित, समाज और व्यवस्था

समाजवादी उपन्यासों में शोषितों और शोषकों के संघर्ष के विशिष्ट पहलुओं का चित्रण पर्याप्त मात्रा में उपलब्ध होता है। स्वातंत्र्यपूर्व तथा स्वातंत्र्योत्तर भारतीय समाज में शोषित-शोषक-संघर्ष के दो विशिष्ट पहलू रहे हैं। किसान-जमींदार संघर्ष और मजदूर-पूँजीपति संघर्ष। भीष्म साहनी ने भी अपने उपन्यास साहित्य में मजदूर और पूँजीपति का संघर्ष चित्रित किया है।

भीष्म जी ने जिस परंपरा का निर्वाह किया है, वह समाजवादी उपन्यासकारों की ही परंपरा का विकास है। यद्यपि भीष्म जी का संपर्क किसान और जमींदार से नहीं रहा है, इसलिए उनके कथासाहित्य में मजदूर-पूँजीपति के संघर्ष का स्वरूप ही आया है। बहुत से समाजवादी लेखकों का इन दोनों पहलुओं से निकट का सम्पर्क रहा है और यही कारण है कि बहुतों के उपन्यास साहित्य में वर्ग-संघर्ष का चित्रण पूर्णतः समाजवादी, यथार्थवादी आधार पीठिका पर हुआ है। नागार्जुन के 'बलचनमा', 'बाबा बटेसरनाथ' और भैरवप्रसाद गुप्त के 'सती मैया का चौरा', 'गंगा मैया' आदि उपन्यासों में चित्रित किसान-जमींदार संघर्ष तथा यशपाल के 'दादा कामरेड', अंचल के 'चढ़ती-धूप', भैरवप्रसाद गुप्त के 'मशाल' आदि उपन्यासों में अभिव्यक्त मजदूर-पूँजीपति संघर्ष इस संबंध में उत्कृष्ट नमूने हैं। भीष्म साहनी के उपन्यास झरोखे, बसंती और तमस में मजदूर-पूँजीपति का वर्णित संघर्ष इस परंपरा की परिपुंष्टि करता है। यद्यपि भीष्म जी के उपन्यासों में यह संघर्ष नारेबाजी और जुलूस से हटकर एक नये तरह का संघर्ष है, जैसा कि तुलसी, नत्थू और बसंती के साथ होता है। ये पात्र अपने वर्ग की पीड़ा और अभाव की स्थितियाँ झेलते जाने के साथ-साथ जिंदगी के प्रति अडिग आस्था और भविष्य की सुंदर आकांक्षाएँ लिए संघर्ष पथ पर अग्रसित होते हैं। भीष्म जी का इन पात्रों के साथ खड़ा होना ही इस बात का प्रतीक है कि वर्ग-संघर्ष की भूमिका में समाज की नवीन एवं जीवंत शक्तियाँ पुरानी शक्तियों को नष्ट कर एक नवीन शोषण रहित समाज की स्थापना का प्रयास है।

8. जनसंख्या-विस्फोट—एक इशारा

भीष्म जी ने बढ़ती जनसंख्या की समस्या को कुंतो उपन्यास में उठाया है। यद्यपि यह समस्या एक इशारे के रूप में ही उठाई गई है, परंतु बड़ा मार्मिक चित्रण बन पड़ा है। भीष्म जी का मानना है कि अगर बढ़ती जनसंख्या पर अंकुश न लगाया गया तो एक दिन दुनिया की तस्वीर कुछ और ही होगी।

सारांश यह है कि समस्त कृतियों में हमें प्रगतिवादी के मूलतत्त्व साम्यवाद (जिसके मूल में मानवतावाद भी अन्तर्हित है) का समर्थन तथा पूँजीवाद और उससे सम्बद्ध राजनीतिक, सामाजिक, नैतिक और धार्मिक रूढ़ियों के विरुद्ध क्रांति, द्वंद्वात्मक, भौतिकवाद—ईश्वर और आत्मा की सत्ता की अस्वीकृति, भौतिक विधान की मान्यता और राष्ट्रीय भावना—जो साधारण दक्षिण पंथीय राष्ट्रीयता से भिन्न है, का समावेश भी इनकी रचनाओं में पूर्णरूपेण हुआ है।

भीष्म जी की भाषा शैली अलंकृत तथा संस्कृत शब्दावली से युक्त है, जिसमें

भाषा शैली की वक्रता, कलात्मकता और साहित्यिकता की छटा विकीर्ण है। भीष्म जी की भाषा शैली मौलिक है। शैली में अपनापन और वाणी में गंभीरता है, विचारों में तर्कशीलता तथा शैली में वह व्यंग्यात्मक चुटीलापन है जो सहज ही हृदय पर घाव करता है। इस प्रकार भीष्म साहनी का साहित्य भाव-पक्ष और कला-पक्ष दोनों ही दृष्टियों से उच्चकोटि का है। अंत में अत्यन्त विश्वास के साथ हम यही कहेंगे कि मतवादी आग्रह होते हुए भी भीष्म साहनी के साहित्य में शाश्वत तत्त्वों का अभाव बिल्कुल नहीं है। भीष्म साहनी के उपन्यास हिंदी साहित्य के श्रेष्ठतम उपन्यासों की पंक्ति में खड़े हैं। तमस जैसा उपन्यास तो अमरकृति का सबल प्रमाण है। यह उपन्यास न केवल साम्यवादियों के बीच चर्चा में है, बल्कि आम पाठकों का भी प्रिय है। मतवादी आग्रह होते हुए भी उनकी ग्रहण-शक्ति, पर्यवेक्षण-शक्ति तथा अन्तर्दृष्टि अत्यन्त व्यापक है। विधायक कल्पना, मीठे-कटु अनुभव, प्रखर अन्तर्भेदी दृष्टि, नवनवोन्मेषशालिनी प्रज्ञा, अनुभूति की सच्चाई, स्वाध्याय और यात्राओं से संचित इतिहास तथा शैली का चुटीलापन उनके साहित्य का दृढ़ सम्बल है जो उन्हें श्रेष्ठतम साहित्यकार बनाने में समर्थ है।

संदर्भ

1. साहित्य की समस्याएँ : मोहन राकेश (प्रकाशन समाचार) 1950, पृ. 224, 226; 2. तारसप्तक की भूमिका : अज्ञेय; 3. हिंदी उपन्यास और यथार्थवाद : भूमिका, डॉ. त्रिभुवनसिंह; 4. दस्तावेज-61, सं. विश्वनाथ तिवारी, पृ. 37, वर्ष अक्टूबर-दिसम्बर 93; 5. प्रेमचंद : कुछ विचार, पृ. 6; 6. भीष्म साहनी : व्यक्ति और रचना (भूमिका से) पृ. 2; 7. हिंदी के समाजवादी उपन्यास : उपलब्धियाँ एवं सीमाएँ, आलोचना जनवरी-मार्च 79, पृ. 84, 85; 8. झरोखे, पृ. 46; 9. भीष्म साहनी : व्यक्ति और रचना, पृ. 121; 10-11. मैयादास की माड़ी, पृ. 260, 261; 12. रामविलास शर्मा : प्रगति और परंपरा, पृ. 409; 13. आलोचना-48, पृ. 85; 14. डॉ. सुरेशसिन्हा : हिंदी उपन्यासों में नायिक की परिकल्पना, पृ. 249; 15-16. डॉ. रामविलास शर्मा : संस्कृति और साहित्य, पृ. 294, 296; 17. प्रगतिशील साहित्य की समस्याएँ : डॉ. रामविलास शर्मा, पृ. 116; 18. कुंतो, पृ. 22; 19. हिंदी उपन्यासों में नारी की परिकल्पना, पृ. 111; 20. भीष्म साहनी : व्यक्ति और रचना, पृ. 148; 21. कड़ियाँ, पृ. 198; 22. कुंतो, पृ. 278; 23. अमरकांत : भीष्म साहनी : रचना और व्यक्ति, पृ. 246; 24-25. वीरेन्द्र मोहन : उपन्यास दृष्टि और मानवीय आस्था (लेख से), पृ. 118; 26. राजेश्वर सक्सेना : सृजनशील यथार्थ (लेख से), पृ. 86; 27. आलोचना : पत्रिका (प्रगतिशील साहित्य किसे कहते हैं) लेख से उद्धृत, पृ. 93; 28. डॉ. नगेन्द्र : आधुनिक हिंदी कविता की प्रमुख प्रवृत्तियाँ, पृ. 100; 29. डॉ. नामवर सिंह : सारिका, अगस्त, 90, पृ. 44; 30. यशपाल अभिनंदन ग्रंथ, पृ. 9।

परिशिष्ट-एक

पुस्तकों की सूची

भीष्म साहनी-साहित्य

उपन्यास

पुस्तक का नाम	मूल संस्करण	प्रयुक्त संस्करण
1. झरोखे	1967	1991
2. कड़ियाँ	1970	1989
3. तमस	1973	1986
4. बसंती	1980	1990
5. मैयादास की माड़ी	1988	1992
6. कुंतो	1993	1993
नाटक		
1. हानूश	1977	1992
2. कविरा खड़ा बाजार में	1981	1991
3. माधवी	1984	1984
कहानी-संग्रह		
1. भाग्यरेखा	1961	1961
2. पटरियाँ	1961	1988
3. पहला पाठ	1961	1978
4. भटकती राख	1966	1989
5. बाङचू	1978	1978
6. शोभायात्रा	1978	1981
7. निशाचर	1978	1984
8. पाली	1989	1991
9. प्रतिनिधि कहानियाँ	1988	1988
निबंध-संग्रह		
1. अपनी बात	1988	1992

परिशिष्ट-दो

हिंदी के सहायक ग्रंथ

	लेखक	पुस्तक	प्रयुक्त संस्करण
1.	यशपाल	दादा कामरेड	1965
2.	यशपाल	देशद्रोही	1961
3.	यशपाल	पार्टी कामरेड	1963
4.	यशपाल	झूठा-सच, 1, 2	1963, 1964
5.	यशपाल	मनुष्य के रूप	1964
6.	यशपाल	बात बात में बात	1959
7.	फणीश्वरनाथ रेणु	मैला आँचल	1991
8.	फणीश्वरनाथ रेणु	परती परिकथा	1991
9.	मोहन राकेश	अँधेरे बंद कमरे में	1991
10.	अमृतलाल नागर	महाकाल	1956
11.	अमृतलाल नागर	सेठ बांकेलाल	1960
12.	अमृतलाल नागर	सुहाग के नूपुर	1991
13.	अमृतलाल नागर	बूँद और समुद्र	1980
14.	भैरवप्रसाद गुप्त	मशाल	1964
15.	भैरवप्रसाद गुप्त	सती मैया का चौरा	1964
16.	भैरवप्रसाद गुप्त	गंगा मैया	1964
17.	राजेश्वर सक्सेना/प्रतापठाकुर	भीष्म साहनी : व्यक्ति और रचना	1982
18.	डॉ. प्रतापनारायण टंडन	हिंदी उपन्यास का परिचयात्मक इतिहास	1967
19.	डॉ. प्रतापनारायण टंडन	हिंदी उपन्यास कला	1965
20.	डॉ. प्रतापनारायण टंडन	हिंदी उपन्यास में कथाशिल्प का विकास	1964
21.	अज्ञेय	तारसप्तक	1964
22.	डॉ. त्रिभुवन सिंह	हिंदी उपन्यास और यथार्थवाद	1955
23.	डॉ. त्रिभुवन सिंह	हिंदी उपन्यास : शिल्प और प्रयोग	1973
24.	प्रेमचंद	कुछ विचार	1973
25.	डॉ. रामविलास शर्मा	प्रगति और परंपरा	1965
26.	डॉ. रामविलास शर्मा	साहित्य और संस्कृति	1949
27.	डॉ. रामविलास शर्मा	प्रगतिशील साहित्य की समस्याएँ	1954
28.	डॉ. रणवीर रांग्रा	हिंदी उपन्यासों में चरित्र-चित्रण का विकास	1961

क्र.	लेखक	पुस्तक	वर्ष
29.	डॉ. कमला प्रसाद	रचना और आलोचना की द्वंद्वात्मकता	1981
30.	महेन्द्र चतुर्वेदी	हिंदी उपन्यास एक सर्वेक्षण	1962
31.	डॉ. उमा मिश्र	हजारी प्रसाद द्विवेदी का उपन्यास साहित्य : एक अनुशीलन	1976
32.	डॉ. सुरेश सिन्हा	हिंदी उपन्यासों में नायिका की परिकल्पना	1964
33.	डॉ. सुरेश सिन्हा	हिंदी उपन्यास उद्भव और विकास	1965
34.	डॉ. सरोज गुप्त	यशपाल : व्यक्तित्व और कृतित्व	1970
35.	डॉ. प्रभासचंद्र शर्मा 'महता'	प्रगतिवाद और हिंदी उपन्यास	1968
36.	डॉ. मुकुन्द द्विवेदी	हिंदी उपन्यास युग चेतना और पाठकीय संवेदना	1970
37.	डॉ. लक्ष्मीकांत सिन्हा	हिंदी उपन्यास : साहित्य का उद्भव और विकास	1966
38.	डॉ. सुदर्शन मल्होत्रा	यशपाल के उपन्यासों का मूल्यांकन	1973
39.	डॉ. रामगोपाल सिंह चौहान	स्वातंत्र्योत्तर हिंदी उपन्यास	1965
40.	सोमनाथ गुप्त	हिंदी नाटक साहित्य का इतिहास	1950
41.	डॉ. कमलकुमारी जौहरी	हिंदी के स्वच्छंदतावादी उपन्यास	1965
42.	डॉ. शांतिगोपाल पुरोहित	हिंदी नाटकों का विकासात्मक अध्ययन	1964
43.	फाक्स राल्फ	उपन्यास और लोक-जीवन	1957
44.	बाबू गुलाबराय	काव्य के रूप	1958
45.	संपादक रमेश सिन्हा	कार्लमार्क्स और फ्रेडरिक ऐंगिल्स धर्म	प्रथम
46.	डॉ. नगेन्द्र	विचार और अनुभूति	1991
47.	नंददुलारे वाजपेयी	नया साहित्य : नये प्रश्न	1955
48.	नंददुलारे वाजपेयी	राष्ट्रीय साहित्य तथा अन्य प्रश्न	1965
49.	डॉ. श्यामसुंदर दास	साहित्यालोचन	1942
50.	मन्मथनाथ गुप्त	भारतीय क्रांतिकारी आंदोलन का इतिहास	1960
51.	ठाकुर प्रसाद सिंह	हिंदी कहानी	1960
52.	डॉ. संकठा प्रसाद मिश्र	समीक्षक आचार्य महावीर प्रसाद द्विवेदी	1978
53.	डॉ. संकठा प्रसाद मिश्र	द्विवेदी युगीन, साहित्य और समीक्षा	1978
54.	डॉ. नगेन्द्र	आधुनिक हिंदी कविता की प्रमुख-प्रवृत्तियाँ	1972
55.	आचार्य रामचंद्र शुक्ल	हिंदी साहित्य का इतिहास	1954
56.	डॉ. दशरथ ओझा	हिंदी नाटक उद्भव और विकास	1965
57.	डॉ. श्यामसुंदरदास	साहित्यालोचन	1965
58.	डॉ. टोंग्या एवं पोथन	परिवार और समाज	1972
59.	डॉ. श्यामाचरण दुबे	मानव और संस्कृति	1972
60.	तोमर, गोथल और दर्शन	परिवार और समाज	1971

परिशिष्ट-तीन

हिंदी की पत्र-पत्रिकाएँ

नाम	प्रकाशन स्थल
1. आलोचना	नई दिल्ली
2. माया	इलाहाबाद
3. सारिका	नई दिल्ली
4. हंस	नई दिल्ली
5. पहल	जबलपुर
6. वसुधा	भोपाल
7. अब	सासाराम
8. दस्तावेज	गोरखपुर
9. धर्मयुग	बम्बई
10. नई कहानियाँ	नई दिल्ली
11. साक्षात्कार	भोपाल
12. साप्ताहिक हिन्दुस्तान	नई दिल्ली
13. वर्तमान साहित्य	गाजियाबाद
14. जनसत्ता	नई दिल्ली
15. नवनीत	बम्बई
16. नवभारत टाइम्स	नई दिल्ली
17. प्रकाशन समाचार	नई दिल्ली

□□